Großkommentare der Praxis

Bruck/Möller

Versicherungsvertragsgesetz

Großkommentar

9., völlig neu bearbeitete Auflage

herausgegeben von

Horst Baumann, Roland Michael Beckmann,
Katharina Johannsen, Ralf Johannsen (†), Robert Koch

Sechster Band

Transportversicherung

Teil 1

§§ 130–141 VVG
DTV Güter 2000/2011
DTV Verkehrshaftung 2003/2011

Bearbeiter:

§§ 130, 138, 141: Dieter Schwampe
§§ 131–137, 139–140: Christian Schneider
DTV-Güter: Jens-Berghe Riemer
DTV-VHV: Erwin Abele

De Gruyter

Stand der Bearbeitung: Oktober 2015

Zitiervorschlag: Bruck/Möller/*Schwampe*⁹ § 130 VVG Rn. 1
Bruck/Möller/*Abele*⁹ Ziff. 1 DTV-VHV 2003/2011 Rn. 6

Sachregister: Christian Klie

MIX
Papier aus verantwortungsvollen Quellen
FSC® C016439

ISBN 978-3-89949-136-4
e-ISBN(PDF) 978-3-11-024880-7
e-ISBN(EPUB) 978-3-11-039176-3

Bibliografische Information der Deutschen Nationalbibliothek

Die Deutsche Nationalbibliothek verzeichnet diese Publikation in der Deutschen Nationalbibliografie; detaillierte bibliografische Daten sind im Internet über http://dnb.d-nb.de abrufbar.

Datenkonvertierung/Satz: Dörlemann Satz, Lemförde
Druck: Druckerei Hubert & Co GmbH und Co KG, Göttingen

♾ Gedruckt auf säurefreiem Papier

Printed in Germany

www.degruyter.com

Verzeichnis der Bearbeiter der 9. Auflage

Erwin Abele, Rechtsanwalt in München
Dr. **Horst Baumann**, Professor an der Technischen Universität Berlin
Dr. **Roland Michael Beckmann**, Professor an der Universität des Saarlandes, Saarbrücken
Dr. **Oliver Brand**, LL.M. (Cambridge), Professor an der Universität Mannheim
Dr. **Christoph Brömmelmeyer**, Professor an der Europa-Universität Viadrina, Frankfurt (Oder)
Dr. **Heinrich Dörner**, Professor an der Westfälischen Wilhelms-Universität Münster
Dr. **Jan Dreyer**, Rechtsanwalt und Fachanwalt für Versicherungsrecht in Hamburg
Charlotte Echarti, Rechtsanwältin in Rellingen
Dr. **Jan Eichhorn**, Rechtsanwalt in Hamburg
Dr. **Thomas Gädtke**, Rechtsanwalt in München
Dr. **Sven Gerhard**, Allianz Global Corporate & Speciality AG, Hamburg
Dr. **Maximilian Guth**, LL.M. (Southampton), Rechtsanwalt in Hamburg, Solicitor of England & Wales
Dr. **Olaf Hartenstein**, D.E.A., LL.M., Rechtsanwalt in Hamburg
Dr. **Helmut Heiss**, LL.M. (Chicago), Professor an der Universität Zürich
Dr. **Jörg Henzler**, Rechtsanwalt in Stuttgart
Dr. **Harald Herrmann**, Professor an der Friedrich-Alexander-Universität Erlangen-Nürnberg und Leiter des Instituts für Versicherungswissenschaft
Dr. **Knut Höra**, Rechtsanwalt und Fachanwalt für Versicherungsrecht in Frankfurt am Main
Dr. **Detlef A. Huber**, Rechtsanwalt in Freiburg i.Br.
Jens Jaeger, Rechtsanwalt in Hamburg
Dr. **Katharina Johannsen**, Vorsitzende Richterin am Hanseatischen OLG a.D., Hamburg
Dr. **Ralf Johannsen** (†), Rechtsanwalt in Hamburg
Dr. **Rocco Jula**, Rechtsanwalt und Fachanwalt für Versicherungsrecht in Berlin
Dr. **Kai-Oliver Knops**, Professor an der Universität Hamburg
Dr. **Robert Koch**, LL.M. (McGill), Professor an der Universität Hamburg
Dr. **Hubertus W. Labes**, Rechtsanwalt in Rellingen
Dr. **Kent Leverenz**, Richter in Hamburg
Dr. **Annemarie Matusche-Beckmann**, Professor an der Universität des Saarlandes, Saarbrücken
Dr. **Helmut Müller**, Präsident des Bundesaufsichtsamts für das Versicherungswesen a.D., Berlin
Dr. **Ernst Niederleithinger**, Ministerialdirektor beim Bundesministerium der Justiz a.D., Honorarprofessor, Berlin
Dr. **Peter Präve**, Syndikus beim GDV, Berlin
Jürgen Raab, Rechtsanwalt in Hamburg
Dr. **Reinhard Renger**, Ministerialrat beim Bundesministerium der Justiz a.D., Bonn
Dr. **Jens-Berghe Riemer**, Rechtsanwalt und Fachanwalt für Versicherungsrecht sowie Transport- und Speditionsrecht in Nürnberg
Dr. **Claus von Rintelen**, Rechtsanwalt in Hamburg
Dr. **Christian Rolfs**, Professor an der Universität zu Köln
Dr. **Christian Schneider**, Rechtsanwalt und Fachanwalt für Versicherungsrecht in Köln
Dr. **Winfried Schnepp**, Rechtsanwalt und Fachanwalt für Versicherungsrecht in Köln

Verzeichnis der Bearbeiter der 9. Auflage

Arno Schubach, Rechtsanwalt und Fachanwalt für Versicherungsrecht in Koblenz
Dr. **Dieter Schwampe**, Professor an der Universität Hamburg, Rechtsanwalt in Hamburg
Dr. **Hans-Peter Schwintowski**, Professor an der Humboldt-Universität zu Berlin
Dr. **Ansgar Staudinger**, Professor an der Universität Bielefeld
Dr. **Wolfgang Voit**, Professor an der Philipps-Universität Marburg
Dr. **Eckhardt Wilkens**, Vorstand der R+V Versicherung AG und Vorsitzender des Vorstandes der Vereinigten Tierversicherung Gesellschaft auf Gegenseitigkeit a.D., Burgwedel
Dr. **Gerrit Winter**, Professor an der Universität Hamburg

Vorwort

Der vorliegende Teilband behandelt die gesetzlichen Vorschriften zur Transportversicherung (§§ 130–141 VVG), die Güterversicherung (DTV-Güter 2000/2011) und eine berichtigte und aktualisierte Fassung der in Teilband 6/2 abgedruckten Kommentierung zur Verkehrshaftungsversicherung (DTV-VHV 2003/2011). Nach Erscheinen von Teilband 6/2 im Dezember 2014 liegt damit die Kommentierung zur Transportversicherung vollständig vor.

Für die Kommentierungen konnten Verlag und Herausgeber in der Rechtspraxis dieser Themengebiete erfahrene Autoren gewinnen.

Rechtsprechung und Schrifttum wurden im Wesentlichen bis Oktober 2015 berücksichtigt. Für Kritik und Verbesserungsvorschläge sind Verlag und Herausgeber dankbar.

Berlin, Saarbrücken und Hamburg im November 2015.

Horst Baumann, Roland Michael Beckmann, Katharina Johannsen, Robert Koch

Inhaltsübersicht

Verzeichnis der Abkürzungen und der abgekürzt zitierten Literatur

4PL	Fourth-Party-Logistics-Provider
a.A.	anderer Ansicht
a.a.O.	am angegebenen Ort
ABBV	Allgemeine Bedingungen für die Baubestandsversicherung
ABE	Allgemeine Bedingungen für die Elektronikversicherung
ABG	Allgemeine Bedingungen für die Kaskoversicherung von Baugeräten
ABGB	Allgemeines Bürgerliches Gesetzbuch (Österreich)
abgedr.	abgedruckt
ABGF	Allgemeine Bedingungen für die dynamische Sachversicherung des Gewerbes und der Freien Berufe
Abk.	Abkommen
abl.	ablehnend
ABl.	Amtsblatt
ABMG	Allgemeine Bedingungen für die Maschinen- und Kasko-Versicherung von fahrbaren und transportablen Geräten
ABN	Allgemeine Bedingungen für die Bauleistungsversicherung von Gebäudeneubauten durch Auftraggeber
ABRK	Allgemeine Bedingungen für die Reparaturkosten von Kraftwagen
ABRV	Allgemeine Bedingungen für die Reise-Rücktrittskosten-Versicherung
ABS	Allgemeine Bedingungen für die Sachversicherung (Österreich)
Abs.	Absatz
Abschlussbericht	*siehe KomE*
Abschn.	Abschnitt
ABU	Allgemeine Bedingungen für die Bauleistungsversicherung von Unternehmerleistungen
ABV	Allgemeine Bedingungen der Vertrauensschadenversicherung
ABV (PKautV)	Allgemeine Bedingungen der Vertrauensschadenversicherung (Personenkautionsversicherung)
ABVerm	Allgemeine Bedingungen für die Vermögenshaftpflichtversicherung
abw.	abweichend
AcP	Archiv für civilistische Praxis (zit. nach Band, Jahr u. Seite)
ADB	Allgemeine Deutsche Binnen-Transportversicherungsbedingungen
ADS	Allgemeine Deutsche Seeversicherungsbedingungen von 1919
ADSp	Allgemeine Deutsche Spediteur-Bedingungen
a.E.	am Ende
AEB	Allgemeine Einbruchdiebstahlversicherungsbedingungen
ÄndG	Änderungsgesetz
ÄndVO	Änderungsverordnung
AERB	Allgemeine Bedingungen für die Einbruchdiebstahl- und Raubversicherung
AEUV	Vertrag über die Arbeitsweise der Europäischen Union
AFB	Allgemeine Bedingungen für die Feuerversicherung
AFVB	Allgemeine Bedingungen für die Fahrradverkehrsversicherung
a.F.	alte Fassung
AFG	Arbeitsförderungsgesetz
AG	Amtsgericht; Aktiengesellschaft
AGG	Allgemeines Gleichbehandlungsgesetz

AGBG	Gesetz zur Regelung des Rechts der Allgemeinen Geschäftsbedingungen (AGB-Gesetz)
AGlB	Allgemeine Bedingungen für die Glasversicherung
AGTG	Allgemeine Bedingungen für die Garantieverlängerungsversicherung von Technischen Geräten
AHagB	Allgemeine Hagelversicherungs-Bedingungen
AHB	Allgemeine Versicherungsbedingungen für die Haftpflichtversicherung
AKB	Allgemeine Bedingungen für die Kfz-Versicherung
AKadZ	Zeitschrift der Akademie für Deutsches Recht
AKB	Allgemeine Bedingungen für die KfZ-Versicherung
AktG	Gesetz über Aktiengesellschaften und Kommanditgesellschaften auf Aktien
ALB	Allgemeine Bedingungen für die kapitalbildende Lebensversicherung
allg.	allgemein
allg.M.	allgemeine Meinung
Alt.	Alternative
AltZertG	Gesetz über die Zertifizierung von Altersvorsorgeverträgen
a.M.	anderer Meinung
AMB	Allgemeine Maschinen-Versicherungsbedingungen; ab 2008: Allgemeine Bedingungen für die Maschinenversicherung von stationären Maschinen
AMBUB	Allgemeine Maschinen-Betriebsunterbrechungs-Versicherungsbedingungen
AMG	Arzneimittelgesetz
AMoB	Allgemeine Montageversicherungsbedingungen
amtl. Begr.	amtliche Begründung
Anh.	Anhang
Anl.	Anlage
Anm.	Anmerkung
AnwBl.	Anwaltsblatt
AnwKom/*Bearbeiter*	AnwaltKommentar BGB, hrsg. von Dauner Lieb/Heidel/Ring, 5 Bände (2005)
ao	außerordentlich
AO	Abgabenordnung
AöR	Archiv des öffentlichen Rechts
AP	Arbeitsrechtliche Praxis. Nachschlagewerk des Bundesarbeitsgerichts
ARB	Allgemeine Bedingungen für die Rechtsschutz-Versicherung
ArchBR	Archiv für Bürgerliches Recht
Art.	Artikel
ASKB	Allgemeine Bedingungen für die Sachversicherung von kerntechnischen Anlagen
Asmus/Sonnenberg	Kraftfahrtversicherung, 7. Aufl. (1998)
AssJhrB	Assekuranz-Jahrbuch
AStB	Allgemeine Bedingungen für die Sturmversicherung
AT	Allgemeiner Teil
AtomG	Gesetz über die friedliche Verwendung der Kernenergie und den Schutz gegen ihre Gefahren (Atomgesetz)
AUB	Allgemeine Unfallversicherungsbedingungen
AÜG	Arbeitnehmerüberlassungsgesetz
Auff.	Auffassung
Aufl.	Auflage
AuR	Arbeit und Recht
ausdrückl.	ausdrücklich
ausführl.	ausführlich
AusfVO	Ausführungsverordnung

ausl.	ausländisch
AuslG	Ausländergesetz
AuslPflVG	Gesetz über die Haftpflichtversicherung für ausländische Kraftfahrzeuge und Kraftfahrzeuganhänger
Auslunf	Unfälle mit Auslandsbezug
AusnVO	Ausnahmeverordnung
ausschl.	ausschließlich
Ausschussbericht	Beschlussempfehlung und Bericht des Rechtsausschusses zum Regierungsentwurf eines Gesetzes zur Reform des Versicherungsvertragsrechts (BTDrucks. 16/5862)
AV	Allgemeine Verfügung
AVB	Allgemeine Versicherungsbedingungen
AVB-AVG	Allgemeine Versicherungsbedingungen für die Vermögensschaden-Haftpflichtversicherung von Aufsichtsräten, Vorständen und Geschäftsführern
AVB MaV	Allgemeine Bedingungen für die Versicherung von Maschinen, maschinellen Einrichtungen und Apparaten
AVBR	Allgemeine Bedingungen für die Versicherung von Reisegepäck
AVBSP	Allgemeine Bedingungen für die Versicherung von Juwelen, Schmuck- und Pelzsachen im Privatbesitz
AVB Vermögen	Allgemeine Versicherungsbedingungen zur Haftpflichtversicherung für Vermögensschäden
AVBW	Allgemeine Bedingungen für die Kasko-Versicherung von Wassersportfahrzeugen
AVFE	Allgemeine Versicherungsbedingungen für Fernmelde- und sonstige elektronische Anlagen
AVFEBU	Allgemeine Betriebsunterbrechungs-Bedingungen bei Fernmelde- und sonstigen elektrotechnischen Anlagen
AVFEM	Allgemeine Bedingungen für die Mehrkostenversicherung bei Fernmeldeanlagen und sonstigen elektrotechnischen Anlagen
AVG	Angestelltenversicherungsgesetz
AVP	Allgemeine Bedingungen für die Versicherung von Pferden und anderen Einhufern
AVR	Allgemeine Bedingungen für die Versicherung von Rindern
AVSZ	Allgemeine Bedingungen für die Versicherung von Schweinen, Schafen und Ziegen
AVTHK	Allgemeine Bedingungen für die Tierkrankenversicherung von Hunden und Katzen
AWaB	Allgemeine Versicherungs-Bedingungen für die Waldbrandversicherung
AWB	Allgemeine Bedingungen für die Leitungswasserversicherung
AWG	Außenwirtschaftsgesetz
Az.	Aktenzeichen
Bach/Langheid	Aktuelle Rechtsfragen der Versicherungsvertragspraxis, 2. Aufl. (1990)
Bach/Moser	Private Krankenversicherung, MB/KK- und MB/KT-Kommentar, 4. Aufl. (2010)
BaFin	Bundesanstalt für Finanzdienstleistungsaufsicht
BAG	1. Bundesarbeitsgericht 2. Bundesamt für Güterverkehr
Bamberger/Roth/*Bearbeiter*	Kommentar zum Bürgerlichen Gesetzbuch in drei Bänden, 3. Aufl. (2012)
BankArch	Bankarchiv. Zeitschrift für Bank- und Börsenwesen
BAnz.	Bundesanzeiger
Baran	Das Versicherungsaufsichtsgesetz, 3. Aufl. (2000)

Basedow/Fock	Europäisches Versicherungsvertragsrecht, Bd. I–III (2002/03)
Bauer	Die Kraftfahrtversicherung, 6. Aufl. (2010)
BauGB	Baugesetzbuch
Baumgärtel/Prölss	Handbuch der Beweislast im Privatrecht, Bd. 5 (Versicherungsrecht) (1993)
Baumgärtel/Laumen/Prütting	Handbuch der Beweislast – BGB AT, §§ 1–240, 3. Aufl. (2007)
BAV (BAA)	Bundesaufsichtsamt für das Versicherungs- (bis 1973: und Bausparwesen (bis 2001)
BB	1. Der Betriebs-Berater 2. Betriebsbeschreibung
BBG	Bundesbeamtengesetz
BBR	Besondere Bedingungen und Risikobeschreibungen
BBR ITD	Besondere Bedingungen und Risikobeschreibungen für die Haftpflichtversicherung von IT-Dienstleistern
Bd.	Band
BDSG	Bundesdatenschutzgesetz
Bearb.	Bearbeitung
Beckmann/Matusche-Beckmann/*Bearbeiter*	Versicherungsrechts-Handbuch, 3. Aufl. (2015)
BeckOK-BGB	Beck'scher Online-Kommentar BGB, hrsg. von Bamberger/Roth (Stand: 1.2.2015)
BeckRS	Elektronische Entscheidungsdatenbank in beck-online (zitiert mit Jahrgang und lfd. Nummer)
BEEG	Gesetz zum Elterngeld und zur Elternzeit
begl.	beglaubigt
Begr.	Begründung zum VVG: RTDrucks Nr. 364, 12. Legislaturperiode, 1. Session 1907; zum PflVersG v. 7.11.1939: DJ 39, 1771; zur VO v. 19.12.1939: Amtl. Sonderveröffentl. d. DJ Nr. 20, Beilage zur DJ Nr. 3/1940; zum G v. 28.12.1942: DJ 43, 41ff.; zur VO v. 6.4.1943: DJ 43, 269; zum G v. 5.4.1965 (PflVersG n.F.): BRDrucks. IV/2252 S 11ff. zum RegE VVGReformG v. 20.12.2006 BTDrucks. 16/3945
Bek.	Bekanntmachung
Bekl.	Beklagter
Bem.	Bemerkung
Benkel/Hirschberg	Berufsunfähigkeits- und Lebensversicherung, ALB- und BUZ-Kommentar, 2. Aufl. (2011)
ber.	berichtigt
Berliner Kommentar/*Bearbeiter*	Berliner Kommentar zum Versicherungsvertragsgesetz: Kommentar zum deutschen und österreichischen VVG, hrsg. von H. Honsell (1999)
BerVersV	Versicherungsberichterstattungsverordnung vom 29.3.2006 (BGBl. I S. 622)
bes.	besonders
BesBed Arch	Besondere Bedingungen und Risikobeschreibungen für die Berufshaftpflichtversicherung von Architekten, Bauingenieuren und beratenden Ingenieuren
BesBed Priv	Besondere Bedingungen und Risikobeschreibungen für die Privathaftpflichtversicherung
Beschl.	Beschluss
Beschw.	Beschwerde
Bespr.	Besprechung
Best.	Bestimmung
bestr.	bestritten

betr.	betreffend
BetrAV	Betriebliche Altersversorgung
BetrAVG	Gesetz zur Verbesserung der betrieblichen Altersversorgung
BeurkG	Beurkundungsgesetz
BEW	Bedingungen für die Versicherung weiterer elementarer Schäden in der Wohngebäudeversicherung
BfA	Bundesversicherungsanstalt für Angestellte (heute: Rentenversicherung Bund)
BFH	Bundesfinanzhof
BGB	Bürgerliches Gesetzbuch
BGBl.	Bundesgesetzblatt
BGE	Entscheidungen des (Schweizerischen) Bundesgerichts
BGH	Bundesgerichtshof
BGHGrS	Bundesgerichtshof, Großer Senat
BGHR	BGH-Rechtsprechung Zivilsachen
BGHSt	Entscheidungen des Bundesgerichtshofes in Strafsachen (zit. nach Band u. Seite)
BGHZ	Entscheidungen des Bundesgerichtshofes in Zivilsachen (zit. nach Band u. Seite)
BilMoG	Bilanzrechtsmodernisierungsgesetz
BLAH/*Bearbeiter*	Baumbach/Lauterbach/Albers/Hartmann, Zivilprozessordnung, 73. Aufl. (2015)
BLVA	Bayerische Landesbrandversicherungsanstalt
BMI	Bundesminister(ium) des Inneren
BMJ	Bundesminister(ium) der Justiz
BOÄ	Bundesärzteordnung
Böhme/Biela	Kraftverkehrs-Haftpflicht-Schäden. Handbuch für die Praxis, 25. Aufl. (2013) (bis zur 22. Aufl. *Becker/Böhme)*
Boldt FeuerV	Feuerversicherung, 7. Aufl. (1995)
Bolze	Praxis des Reichsgerichts in Civilsachen (1886 ff.)
Borutta	Handbuch des Privatversicherungsrechts (Loseblatt-Ausgabe)
BR	Bundesrat
BRAK	Bundesrechtsanwaltskammer
BRAO	Bundesrechtsanwaltsordnung
BRAOÄndG	Gesetz zur Änderung der Bundesrechtsanwaltsordnung, der Patentrechtsanwaltsordnung und anderer Gesetze
Braun Lebensversicherung	Lebensversicherung (1932)
BRDrucks.	Bundesrats-Drucksache
BReg.	Bundesregierung
BRProt.	Protokolle des Bundesrates
BRRG	Beamtenrechtsrahmengesetz
BRStenBer.	Verhandlungen des Bundesrats, Stenographische Berichte (zit. nach Sitzung u. Seite)
Bruck PVR	Das Privatversicherungsrecht (1930)
Bruck Versicherungsvertrag	Kommentar zum Reichsgesetz über den Versicherungsvertrag, 7. Aufl. (1932)
Bruck/Dörstling	Das Recht des Lebensversicherungsvertrages: ein Kommentar zu den Allgemeinen Vertragsbedingungen der Kapitalversicherung auf den Todesfall, 2. Aufl. (1933)
Bruck/Möller/*Bearbeiter*[8]	Kommentar zum Versicherungsvertragsgesetz und zu den Allgemeinen Versicherungsbedingungen unter Einschluss des Versicherungsvermittlerrechtes, 8. Aufl. (1961–2002)
Bruck/Möller/*Bearbeiter*	Großkommentar zum Versicherungsvertragsgesetz und zu den Allgemeinen Versicherungsbedingungen, herausgegeben von Horst Baumann/Roland Michael Beckmann/Katharina Johannsen/Ralf Johannsen/Robert Koch, 9. Aufl. (2008 ff.)

BSG	Bundessozialgericht
BSHG	Bundessozialhilfegesetz
Bsp.	Beispiel
BStBl.	Bundessteuerblatt
BT	Besonderer Teil, Bundestag
BTDrucks.	Bundestagsdrucksache
BTProt.	s. BTVerh.
BTRAussch.	Rechtsausschuss des Deutschen Bundestags
BTStenBer.	Verhandlungen des deutschen Bundestages, Stenographische Berichte (zit. nach Wahlperiode u. Seite)
BU	Betriebsunterbrechung
Buchst.	Buchstabe
van Bühren/*Bearbeiter* Hdb	Handbuch Versicherungsrecht, 6. Aufl. (2014)
van Bühren	Versicherungsrecht in der anwaltlichen Praxis, 4. Aufl. (2000)
van Bühren/Nies	Reiseversicherung, 3. Aufl. (2010)
BUZ	Berufsunfähigkeits-Zusatzversicherung
BVB	Besondere Vertragsbedingungen
BVerfG	Bundesverfassungsgericht
BVerfGE	Entscheidungen des Bundesverfassungsgerichts (zit. nach Band u. Seite)
BVerfGG	Gesetz über das Bundesverfassungsgericht
BVerwG	Bundesverwaltungsgericht
BVerwGE	Entscheidungen des Bundesverwaltungsgerichts (zit. nach Band u. Seite)
bzgl.	bezüglich
bzw.	beziehungsweise
ca.	circa
CCZ	Corporate Compliance Zeitschrift
cic	culpa in contrahendo
CR	Computer und Recht
dagg.	dagegen
DAR	Deutsches Autorecht
DAV	Deutscher Anwaltsverein; Deutsche Aktuarvereinigung
DB	Der Betrieb
DDR	Deutsche Demokratische Republik
DeckRV	Deckungsrückstellungsverordnung vom 6.5.1996 (BGBl. I S. 670)
DepotG	Gesetz über die Verwahrung und Anschaffung von Wertpapieren (Depotgesetz)
ders.	derselbe
Deutsch	Das neue Versicherungsvertragsrecht, 6. Aufl. (2008)
dgl.	dergleichen
DGVZ	Deutsche Gerichtsvollzieher-Zeitung
d.h.	das heißt
dies.	dieselbe(n)
Dietz HausratV	Hausratversicherung 84, Kommentar, 2. Aufl. (1987)
Dietz WohngebäudeV	Wohngebäudeversicherung, Kommentar, 2. Aufl. (1999)
Diff., diff.	Differenzierung, differenzierend
Dig.	Digesta
Diller	Die Berufshaftpflichtversicherung für Rechtsanwälte. Kommentar (2009)
DIN	Deutsche Industrie Norm
Diss.	Dissertation
DJ	Deutsche Justiz
DJT	Deutscher Juristentag

DJZ	Deutsche Juristenzeitung (1896–1936)
DMW	Deutsche Medizinische Wochenschrift
DöV	Deutsche öffentlich-rechtliche Versicherung
Dörner AVB	Allgemeine Versicherungsbedingungen, Textausgabe, 6. Aufl. (2009)
D&O	Directors and Officers (Liability Insurance)
DOGE	Entscheidungen des Deutschen Obergerichts für das Vereinigte Wirtschaftsgebiet
DR	Deutsches Recht, Wochenausgabe (vereinigt mit Juristische Wochenschrift) (1931–1945)
DRechtsw.	Deutsche Rechtswissenschaft (1936–1943)
Dreher	Die Versicherung als Rechtsprodukt (1991)
DRiB	Deutscher Richterbund
DRiG	Deutsches Richtergesetz
DRiZ	Deutsche Richterzeitung
DRM	Deutsches Recht, Monatsausgabe (vereinigt mit Deutsche Rechtspflege)
DRpfl.	Deutsche Rechtspflege (1936–1939)
DRsp.	Deutsche Rechtsprechung, hrsg. von Feuerhake (Loseblattsammlung)
Drucks.	Drucksache
DRW	Deutsches Recht, Wochenausgabe
DRZ	Deutsche Rechts-Zeitschrift (1946–1950)
DS	Der Sachverständige
DSB	Datenschutzberater
DStrR	Deutsches Steuerrecht
dt.	deutsch
DTV-VHV	DTV-Verkehrshaftungsversicherung
DuR	Demokratie und Recht
DVBl.	Deutsches Verwaltungsblatt
DVers.	Deutsche Versicherung
DVersPresse	Deutsche Versicherungspresse
DVO	Durchführungsverordnung
DVollzO	Dienst- und Vollzugsordnung
DVP	Deutsche Verwaltungspraxis
DVR	Datenverarbeitung im Recht (bis 1985, danach vereinigt mit IuR)
DVZ	Deutsche Versicherungszeitschrift
DZWIR	Deutsche Zeitschrift für Wirtschaftsrecht
E	Entwurf bzw. Entscheidung
ebd.	ebenda
ebso.	ebenso
ECB	Bedingungen für die Versicherung zusätzlicher Gefahren zur Feuerversicherung für Industrie- und Handelsbetriebe
ECBUB	Bedingungen für die Versicherung zusätzlicher Gefahren zur Feuer-Betriebsunterbrechungs-Versicherung für Industrie- und Handelsbetriebe
ED	Einbruchdiebstahl
ed(s)	editor(s)
EDV	Einbruchdiebstahlversicherung
EFG	Entscheidung der Finanzgerichte (zit. nach Band u. Seite)
EG	Einführungsgesetz bzw. Europäische Gemeinschaft(en) bzw. Erinnerungsgabe
EGBGB	Einführungsgesetz zum Bürgerlichen Gesetzbuch
EGGVG	Einführungsgesetz zum Gerichtsverfassungsgesetz v. 27.1.1877
EGInsO	Einführungsgesetz zur Insolvenzordnung
EGInsOÄndG	Gesetz zur Änderung des Einführungsgesetzes zur Insolvenzordnung und anderer Gesetze

EGKS	Europäische Gemeinschaft für Kohle und Stahl
EGMR	Europäischer Gerichtshof für Menschenrecht
EGOWiG	Einführungsgesetz zum Gesetz über Ordnungswidrigkeiten
EGStGB	Einführungsgesetz zum Strafgesetzbuch
EGStPO	Einführungsgesetz zur Strafprozessordnung
EGV	Vertrag zur Gründung der Europäischen Gemeinschaft
EGVVG	Einführungsgesetz zum VVG
EheG	Ehegesetz
ehem.	ehemalig
Ehrenberg	Privatversicherungsrecht (1923)
Ehrenzweig	Deutsches (österreichisches) Versicherungs-Vertragsrecht (1952)
Einf.	Einführung
eingeh.	eingehend
einschl.	einschließlich
einschr.	einschränkend
Einl.	Einleitung
EKMR	Europäische Kommission für Menschenrechte
EMRK	Europäische Menschenrechtskonvention
entgg.	entgegen
Entsch.	Entscheidung
entspr.	entsprechend
Entw.	Entwurf
ErfK/*Bearbeiter*	Erfurter Kommentar zum Arbeitsrecht, hrsg. von Dieterich/Hanau/Schaub, 15. Aufl. (2015)
Erg.	Ergebnis bzw. Ergänzung
ErgBd.	Ergänzungsband
Erl.	Erläuterung
Erman/*Bearbeiter*	Handkommentar zum Bürgerlichen Gesetzbuch, hrsg. von Grunewald, 14. Aufl. (2014)
Erw.	Erwiderung
EStG	Einkommensteuergesetz
etc.	et cetera
EU	Europäische Union
EuGH	Gerichtshof der Europäischen Gemeinschaft
EuGHE	Entscheidungen des Gerichtshofs der Europäischen Gemeinschaften – Amtliche Sammlung
EuGRZ	Europäische Grundrechte-Zeitschrift
EuGVVO	Verordnung des Rates über die gerichtliche Zuständigkeit und die Anerkennung und Vollstreckung von Entscheidungen in Zivil- und Handelssachen (EG-Verordnung Nr. 44/2001)
EuR	Europarecht
EurKomMR	Europäische Kommission für Menschenrechte
europ.	europäisch
EuropolG	Europol-Gesetz
EUV	Vertrag über die Europäische Union (Lissabon-Vertrag)
EuZW	Europäische Zeitschrift für Wirtschaftsrecht
EV	Vertrag zwischen der Bundesrepublik Deutschland und der Deutschen Demokratischen Republik über die Herstellung der Einheit Deutschlands (Einigungsvertrag)
evtl.	eventuell
EWG	Europäische Wirtschaftsgemeinschaft
EWGV	Vertrag zur Gründung der Europäischen Wirtschaftsgemeinschaft
EWiR	Entscheidungen zum Wirtschaftsrecht
EWiV	Europäische wirtschaftliche Interessenvereinigung

f., ff.	folgende
FAG	Gesetz über Fernmeldeanlagen
Fahr/Kaulbach/Bähr	Versicherungsaufsichtsgesetz, 4. Aufl. (2007)
Fahr/Kaulbach/Bähr/ Pohlmann	Versicherungsaufsichtsgesetz, 5. Aufl. (2012)
FamRZ	Ehe und Familie im privaten und öffentlichen Recht. Zeitschrift für das gesamte Familienrecht
FAO	Fachanwaltsordnung
Farny	Versicherungsbetriebslehre, 5. Aufl. (2011)
FBUB	Allgemeine Feuer-Betriebsunterbrechungs-Versicherungsbedingungen
Fenyves/Kronsteiner/Schauer	Kommentar zu den Novellen zum VersVG (Österreich) (1998)
FG	Finanzgericht
FGG	Gesetz über die Angelegenheiten der freiwilligen Gerichtsbarkeit
FGO	Finanzgerichtsordnung
FHB	Feuerhaftungs-Versicherungsbedingung
FinDAG	Finanzdienstleistungsaufsichtsgesetz
FJL	*Feyock/Jacobsen/Lemor* Kraftfahrtversicherung, 3. Aufl. (2009)
Fn.	Fußnote
Foerste/Graf von Westphalen/ *Bearbeiter*	Produkthaftungshandbuch, 3. Aufl. (2012)
fragl.	fraglich
FS	Festschrift
FVG	Gesetz über die Finanzverwaltung
v. Fürstenwerth/Weiß	Versicherungsalphabet, 10. Aufl. (2001)
G	Gesetz
GB BAV	Geschäftsbericht des Bundesaufsichtsamtes für das Versicherungswesen
GB GDV	Geschäftsbericht des Gesamtverbandes der Deutschen Versicherungswirtschaft e.V.
GBl.	Gesetzblatt
GDV	Gesamtverband der Deutschen Versicherungswirtschaft e.V.
GE	Geschäftsplanmäßige Erklärung
Geimer/Schütze/*Bearbeiter*	Europäisches Zivilverfahrensrecht, 3. Aufl. (2010)
gem.	gemäß
GenG	Gesetz betreffend die Erwerbs- und Wirtschaftsgenossenschaften
Gerhard/Hagen	Kommentar zum deutschen Reichsgesetz über den Versicherungsvertrag (1908)
GerS	Der Gerichtssaal
GeschO	Geschäftsordnung
gesetzl.	gesetzlich
GewArch	Gewerbearchiv, Zeitschrift für Gewerbe- u. Wirtschaftsverwaltungsrecht
GewO	Gewerbeordnung
gg.	gegen
GG	Grundgesetz für die Bundesrepublik Deutschland
ggf.	gegebenenfalls
von Gierke Versicherungsrecht I	J. von Gierke, Versicherungsrecht, Bd. I (1937)
von Gierke Versicherungsrecht II	J. von Gierke, Versicherungsrecht, Bd. II (1947)
GKG	Gerichtskostengesetz
GKV	Gesetzliche Krankenversicherung
gl.	gleich
GmbHG	Gesetz betr. die Gesellschaften mit beschränkter Haftung
GmbHR	GmbH-Rundschau (vorher: Rundschau für GmbH)

GMBl.	Gemeinsames Ministerialblatt
GoA	Geschäftsführung ohne Auftrag
grdl.	grundlegend
grds.	grundsätzlich
Grimm	Unfallversicherung, 5. Aufl. (2009)
Großkomm-AktG/*Bearbeiter*	Aktiengesetz, hrsg. von Hopt/Wiedemann, 4. Aufl. (1992ff.)
GrS	Großer Senat
GrSZ	Großer Senat in Zivilsachen
Grubmann	Das Versicherungsvertragsgesetz, 6. Aufl. (2007) (Österreich)
GRUR	Gewerblicher Rechtsschutz und Urheberrecht
GS	Gedächtnisschrift
GüKG	Güterkraftverkehrsgesetz
GVBl.	Gesetz- und Verordnungsblatt
GVG	Gerichtsverfassungsgesetz
GWB	Gesetz gegen Wettbewerbsbeschränkungen
GwG	Gesetz über das Aufspüren von Gewinnen aus schweren Straftaten (Geldwäschegesetz)
h.A.	herrschende Ansicht
Hagelschuer	Lebensversicherung, 2. Aufl. (1987)
Hagen Versicherungsrecht	in: Ehrenbergs Handbuch des gesamten Handelsrechts, 8. Band, I. und II. Abteilung (1922)
Halbs.	Halbsatz
Halm/Engelbrecht/Krahe	Handbuch des Fachanwalts Versicherungsrecht, 5. Aufl. (2015)
Hansen Beweislast	Beweislast und Beweiswürdigung im Versicherungsrecht (1990)
HansRGZ	Hanseatische Rechts- und Gerichtszeitschrift
HansRZ	Hanseatische Rechtszeitschrift
Harbauer	Rechtsschutzversicherung. Kommentar zu den Allgemeinen Bedingungen für die Rechtsschutzversicherung (ARB), 8. Aufl. (2009)
Hauss	25 Jahre Karlsruher Forum. Beiträge zum Haftungs- und Versicherungsrecht (1983)
Hax	Grundlagen des Versicherungswesens (1964)
Hdb.	Handbuch
HdV	Handwörterbuch der Versicherung, hrsg. von Farny/Helten/Koch/Schmidt (1988)
HeilPrG	Gesetz über die berufsmäßige Ausübung der Heilkunde ohne Bestallung (Heilpraktikergesetz)
Heiss	Treu und Glauben im Versicherungsvertragsrecht (1989)
Heiss/Lorenz	Versicherungsvertragsgesetz, 2. Aufl. (1996)
Herdt	Die mehrfache Kausalität im Versicherungsrecht (1978)
HEZ	Höchstrichterliche Entscheidungen (Zivilsachen)
HFR	Höchstrichterliche Finanzrechtsprechung
HGB	Handelsgesetzbuch
HGZ	Hanseatische Gerichtszeitung
hins.	hinsichtlich
Hinw.	Hinweis
HK BGB/*Bearbeiter*	Bürgerliches Gesetzbuch Handkommentar, hrsg. von Schulze/Dörner/Ebert et. al., 8. Aufl. (2014)
HK ZPO/*Bearbeiter*	Zivilprozessordnung Handkommentar, hrsg. von Saenger, 6. Aufl. (2015)
HK VVG/*Bearbeiter*	Versicherungsvertragsgesetz Handkommentar, hrsg. von Rüffer/Halbach/Schimikowski, 2. Aufl. (2011)
h.A.	herrschende Ansicht, herrschende Auffassung
h.L.	herrschende Lehre
h.M.	herrschende Meinung
Hofmann PVR	Privatversicherungsrecht, 4. Auflage (1998)

HRR	Höchstrichterliche Rechtsprechung (1928–1942), bis 1927: Die Rechtsprechung, Beilage zur Zeitschrift Juristische Rundschau
Hrsg./hrsg.	Herausgeber/herausgegeben
h.Rspr.	herrschende Rechtsprechung
Hübner	Allgemeine Versicherungsbedingungen und AGB-Gesetz, 5. Aufl. (1997)
Hüffer	Aktiengesetz, 11. Aufl. (2014)
i.Allg.	im Allgemeinen
i.d.F.	in der Fassung
i.d.R.	in der Regel
i.d.S.	in diesem Sinne
i.E.	im Ergebnis
i.e.S.	im engeren Sinne
IFG	Informationsfreiheitsgesetz
i.gl.S.	im gleichen Sinne
i.Grds.	im Grundsatz
IHK	Industrie- und Handelskammer
i.H.v.	in Höhe von
ILC	International Law Commission
IM	Innenministerium
InfoV	*siehe VVG-InfoV*
inl.	inländisch
insbes.	insbesondere
insges.	insgesamt
InsO	Insolvenzordnung
inzw.	inzwischen
IPBPR	Internationaler Pakt über bürgerliche und politische Rechte
i.R.d.	im Rahmen der/des
i.R.v.	im Rahmen von
i.S.	im Sinne
i.S.d.	im Sinne der/des
i.S.e.	im Sinne einer(s)
i.S.v.	im Sinne von
i.techn.S.	im technischen Sinne
i.U.	im Unterschied
i.üb.	im Übrigen
IuKDG	Gesetz zur Regelung der Rahmenbedingungen für Informations- und Kommunikationsdienste (Informations- und Kommunikationsdienstegesetz)
IuR	Informatik und Recht
IVH	Info-Letter Versicherungs- und Haftungsrecht
i.V.m.	in Verbindung mit
i.w.	im Wesentlichen
i.w.S.	im weiteren Sinne
i.Z.m.	im Zusammenhang mit
JA	Juristische Arbeitsblätter für Ausbildung und Examen
Jabornegg	Das Risiko des Versicherers (1979)
JahrbÖR	Jahrbuch des öffentlichen Rechts der Gegenwart
JBeitrO	Justizbeitreibungsordnung
JBl.	Juristische Blätter (Österreich)
JBlRhPf.	Justizblatt Rheinland-Pfalz
JBl Saar	Justizblatt des Saarlandes
jew.	jeweils
JK	Jura-Kartei

JM	Justizminister(ium)
JOR	Jahrbuch für Ostrecht
JR	Juristische Rundschau
JRPV	Juristische Rundschau für die Privatversicherung
Jula	Sachversicherungsrecht, 3. Aufl. (2013)
JurA	Juristische Analysen
Jura	Juristische Ausbildung
jurisPK/*Bearbeiter*	juris Praxiskommentar BGB, hrsg. von Herberger/Martinek/Rüßmann/Weth, 7. Aufl. (2014)
jurisPR	juris PraxisReport
JurJahrb.	Juristen-Jahrbuch
JuS	Juristische Schulung. Zeitschrift für Studium und Ausbildung
Justiz	Die Justiz. Amtsblatt des Justizministeriums von Baden-Württemberg
JuV	Justiz und Verwaltung
JVBl.	Justizverwaltungsblatt
JVKostO	Gesetz über Kosten im Bereich der Justizverwaltung
JW	Juristische Wochenschrift
JZ	Juristenzeitung
JZ-GD	Juristenzeitung – Gesetzgebungsdienst
KalV	Verordnung über die versicherungsmathematischen Methoden zur Prämienkalkulation und zur Berechnung der Alterungsrückstellung in der privaten Krankenversicherung (Kalkulationsverordnung – KalV)
Kap.	Kapitel
Kfz.	Kraftfahrzeug
KfzPflVV	Kraftfahrzeugpflichtversicherungsverordnung
KG	Kammergericht, Kommanditgesellschaft
KGJ	Jahrbuch für Entscheidungen des Kammergerichts in Sachen der freiwilligen Gerichtsbarkeit, in Kosten-, Stempel- und Strafsachen (1881–1922) (zit. nach Band u. Seite)
KH	Kraftfahrzeug-Haftpflicht
Kisch Versicherungsschein	Der Versicherungsschein (1952)
Kisch Mehrfache Versicherung	Die Mehrfache Versicherung desselben Interesses (1935)
Kisch PVR II	Handbuch des Privatversicherungsrechts, Bd. II (1920)
Kisch PVR III	Handbuch des Privatversicherungsrechts, Bd. III (1922)
KJ	Kritische Justiz
KK-OWiG/*Bearbeiter*	Karlsruher Kommentar zum Gesetz über Ordnungswidrigkeiten, 4. Aufl. (2014)
Kl.	Klausel
KLV	Kapitalbildende Lebensversicherung
Knoerrich/Rotkies	Rechtsgrundlagen der Individualversicherung
KO	Konkursordnung
Koch/Weiss	Gabler Versicherungslexikon (1994)
Koller	Transportrecht, 8. Aufl. (2013)
KomE	Kommissionsentwurf zur Reform des Versicherungsvertragsrechts; zitiert nach: Abschlussbericht der Kommission zur Reform des Versicherungsvertragsrechts vom 19. April (2004), hrsg. von Egon Lorenz (2004)
KorrBekG	Gesetz zur Bekämpfung der Korruption
K&R	Kommunikation und Recht
krit.	kritisch
KritVj	Kritische Vierteljahresschrift für Gesetzgebung und Rechtsprechung
KrW-/AbfG	Gesetz zur Förderung der Kreislaufwirtschaft und Sicherung der umweltverträglichen Beseitigung von Abfällen (Kreislaufwirtschafts- und Abfallgesetz)
KStG	Körperschaftsteuergesetz

KTS	Zeitschrift für Konkurs-, Treuhand- und Schiedsgerichtswesen
Kühnholz	Versicherungsrecht (1989)
KunstUrhG	Kunsturhebergesetz
Kuwert	Allgemeine Haftpflichtversicherung. Leitfaden durch die AHB, 4. Aufl. (1992)
Kuwert/Erdbrügger	Privat-Haftpflichtversicherung. Leitfaden durch die besonderen Bedingungen und Risikobeschreibungen, 2. Aufl. (1990)
KuV	Kraftfahrt und Verkehrsrecht
KWG	Gesetz über das Kreditwesen
Lackner/Kühl	StGB, 28. Aufl. (2014)
Landmann/Rohmer/*Bearbeiter*	Umweltrecht, 75. Ergänzungslieferung 2015
Langheid/Wandt/*Bearbeiter*	Münchener Kommentar Versicherungsvertragsgesetz: VVG; Band 1: §§ 1–99 VVG (Teil 1. Allgemeiner Teil) und Erläuterungen zum EGVVG (2010); Band 2: §§ 100–191 VVG (Teil 2. Einzelne Versicherungszweige) (2011); Band 3: §§ 192–215 VVG, Synopsen, Materialien (2009)
LegPer.	Legislaturperiode
LG	Landgericht
lit.	littera (Buchstabe)
Lit.	Literatur
LM	Nachschlagewerk des Bundesgerichtshofs, hrsg. von Lindenmaier/Möhring u.a. (zit. nach Paragraph u. Nummer)
LMK	Kommentierte BGH-Rechtsprechung Lindenmaier-Möhring
Looschelders/Pohlmann/*Bearbeiter*	VVG Versicherungsvertragsgesetz, Kommentar, 2. Aufl. (2011)
LPG	Landespressegesetz
LS	Leitsatz
lt.	laut
LVerf.	Landesverfassung
LZ	Leipziger Zeitschrift für Deutsches Recht (1907–1933)
LZB	Zusatzbedingungen für die Feuerversicherung landwirtschaftlicher Betriebe
m.	mit
MaBV	Makler- und Bauträgerverordnung
Mahr	Einführung in die Versicherungswirtschaft, 3. Aufl. (1970)
Maier	Das Versicherungs-Vertragsrecht (1911)
MalßZ	Zeitschrift für Versicherungsrecht, hrsg. v. Conrad Malß (Bd. I v. 1866, Bd. II v. 1878)
Manes Versicherungslexikon	Versicherungslexikon, 3. Aufl. (1930)
m. Anm.	mit Anmerkung
Marlow/Spuhl	Das neue VVG, 4. Aufl. (2010)
Martin SVR	Sachversicherungsrecht, Kommentar, 3. Aufl. (1992)
Maunz/Dürig/*Bearbeiter*	Grundgesetz, Loseblatt-Kommentar, 73. Ergänzungslieferung (12/2014), begr. von Maunz/Dürig
m.a.W.	mit anderen Worten
m.Bespr.	mit Besprechung
MBKK	Musterbedingungen für die Krankheitskosten- und Krankenhaustagegeldversicherung
MBKT	Musterbedingungen für die Krankentagegeldversicherung
MBPPV	Musterbedingungen für die private Pflegeversicherung
MBUB	Allgemeine Maschinen-Betriebsunterbrechungs-Versicherungsbedingungen
MdB	Mitglied des Bundestags

MdL	Mitglied des Landtags
MDR	Monatsschrift für Deutsches Recht
MDStV	Staatsvertrag über Mediendienste
MedR	Zeitschrift für Medizinrecht
Meixner/Steinbeck	Allgemeines Versicherungsvertragsrecht, 2. Aufl. (2011)
missverst.	missverständlich
m.krit.Anm.	mit kritischer Anmerkung (von)
MMR	MultiMedia und Recht
MMW	Münchner Medizinische Wochenschrift
Möller Verantwortlichkeit	Verantwortlichkeit des Versicherungsnehmers für das Verhalten Dritter (1939)
Möller Versicherungsvertragsrecht	Versicherungsvertragsrecht, 3. Aufl. (1977)
MontÜG	Montrealer-Übereinkommen-Durchführungsgesetz vom 6.4.2004
Motive	Motive zum VVG, Nachdruck (1963)
MÜ	Montrealer Übereinkommen (Übereinkommen zur Vereinheitlichung bestimmter Vorschriften über die Beförderung im internationalen Luftverkehr vom 28.5.1999)
MüKo-AktG/*Bearbeiter*	Münchener Kommentar zum Aktiengesetz, hrsg. von Goette/Habersack/Kalss, 3. Aufl. (2008ff.) / 4. Aufl. (2014ff.)
MüKo-BGB/*Bearbeiter*	Münchener Kommentar zum Bürgerlichen Gesetzbuch, hrsg. von Rebmann/Säcker/Rixecker, 6. Aufl. (2009ff.)
MüKo-ZPO/*Bearbeiter*	Münchener Kommentar zur Zivilprozessordnung mit Gerichtsverfassungsgesetz und Nebengesetzen, hrsg. von Rauscher/Wax/Wenzel, 4. Aufl. (2012ff.)
MüKo-StGB/*Bearbeiter*	Münchener Kommentar zum Strafgesetzbuch, hrsg. von Joecks/Miebach, 2. Aufl. (2011ff.)
H. Müller	Versicherungsbinnenmarkt (1998)
Musielak/*Bearbeiter*	Kommentar zur Zivilprozessordnung, 12. Aufl. (2015)
m.w.N.	mit weiteren Nachweisen
m.zust.Anm.	mit zustimmender Anmerkung
N.	Nachweise
Nachtr.	Nachtrag
Nds.GVBl.	Niedersächsisches Gesetz- und Verordnungsblatt
Nds.Rpfl	Niedersächsische Rechtspflege
NEGB	Allgemeine Bedingungen für die Neuwertversicherung der Elektro- und Gasgeräte des Haushalts
NEhelG	Gesetz über die Rechtsstellung der nichtehelichen Kinder
Neum.	Neumanns Zeitschrift für Versicherungswesen
n.F.	neue Fassung
Niederleithinger	Das neue VVG (2007)
NJ	Neue Justiz
NJOZ	Neue Juristische Online Zeitung
NJW	Neue Juristische Wochenschrift
NJWE-VHR	NJW-Entscheidungsdienst Versicherungs-/Haftungsrecht
NJW-RR	NJW-Rechtsprechungs-Report Zivilrecht
Nr.	Nummer
NStZ	Neue Zeitschrift für Strafrecht
NVersZ	Neue Zeitschrift für Versicherung und Recht
NVwZ	Neue Zeitschrift für Verwaltungsrecht
NwIG	Sonderbedingungen für die Neuwertversicherung von Industrie und Gewerbe
NwSoBed	Sonderbedingungen für die Neuwertversicherung
NwSoBedIuG	Sonderbedingungen für die Neuwertversicherung von Industrie und Gewerbe

NwSoBedlwGeb	Sonderbedingungen für die Neuwertversicherung landwirtschaftlicher Gebäude
NZA	Neue Zeitschrift für Arbeits- und Sozialrecht
NZG	Neue Zeitschrift für Gesellschaftsrecht
NZI	Neue Zeitschrift für Insolvenzrecht
NZS	Neue Zeitschrift für Sozialrecht
NZV	Neue Zeitschrift für Verkehrsrecht
o.	oben
o.ä.	oder ähnlich
ob.dict.	obiter dictum
OBGer	Obergericht (Schweizer Kantone)
Oetker/*Bearbeiter*	Handelsgesetzbuch, 4. Aufl. (2015)
öffentl.	öffentlich
ÖJVersG	Österr. Bundesgesetz über internationales Versicherungsvertragsrecht für den Europäischen Wirtschaftsraum
ÖJZ	Österreichische Juristenzeitung
OLGR	OLG-Report, Rechtsprechung der Oberlandesgerichte
ÖVVG	Österreichisches Versicherungsvertragsgesetz (*auch* VersVG)
o.g.	oben genannt
OG	Oberstes Gericht der DDR
OGDDR	Entscheidungen des Obersten Gerichts der DDR in Zivilsachen
ÖOGH	Österreichischer Oberster Gerichtshof
OHG	Offene Handelsgesellschaft
OLG	Oberlandesgericht
OLGZ	Entscheidungen der Oberlandesgerichte in Zivilsachen, einschließlich der freiwilligen Gerichtsbarkeit
OVG	Oberverwaltungsgericht
OWiG	Gesetz über Ordnungswidrigkeiten
Palandt/*Bearbeiter*	Bürgerliches Gesetzbuch, 74. Aufl. (2015)
PaPfleReQ	Patienten- und PflegeRecht mit Qualitätsmanagement
PartGG	Partnerschaftsgesellschaftsgesetz
PatG	Patentgesetz
PAuswG	Gesetz über Personalausweise
PflVG	Pflichtversicherungsgesetz
PHi	Haftpflicht international (vormals Produkthaftpflicht international)
PKV	Private Krankenversicherung
polit.	politisch
PostG	Gesetz über das Postwesen (Postgesetz)
PostO	Postordnung
Pr.	Praxis des Versicherungsrechts, Beilage zur „Oeffentlich-rechtlichen Versicherung“ (1926–1928: „Versicherung und Geldwirtschaft“)
Präve AGB	Versicherungsbedingungen und AGB-Gesetz (1998)
PrG	Pressegesetz
ProdHM	Besondere Bedingungen und Risikobeschreibungen für die Produkthaftpflicht-versicherung von Industrie- und Handelsbetrieben
Prölss/Martin/*Bearbeiter*	Versicherungsvertragsgesetz, 29. Aufl. (2015)
Prölss/*Bearbeiter* VAG	Versicherungsaufsichtsgesetz, hrsg. von Kollhosser, 12. Aufl. (2005)
PrOVG	Preußisches Oberverwaltungsgericht
PStG	Personenstandsgesetz
psych.	psychisch
QIR	Angerer/Ollick, Quellen zum Individualversicherungsrecht

RAA	Reichsaufsichtsamt für Privatversicherung
RAO	Reichsabgabenordnung
Raiser	Kommentar der Allgemeinen Feuerversicherungs-Bedingungen, 2. Aufl. (1937)
RAnz.	Deutscher Reichsanzeiger
RAussch.	Rechtsausschuß/Rechtsausschuss
RBerG	Rechtsberatungsgesetz (bis 1962: Gesetz zur Verhütung von Mißbräuchen auf dem Gebiete der Rechtsberatung)
RdA	Recht der Arbeit
RdErl.	Runderlaß/Runderlass
RDG	Rechtsdienstleistungsgesetz
RdJB	Recht der Jugend und des Bildungswesens
RdK	Das Recht des Kraftfahrers, Unabhängige Monatsschrift des Kraftverkehrsrechts (1926–43, 1949–55)
RdSchr.	Rundschreiben
RDV	Recht der Datenverarbeitung
RdW	Recht der Wirtschaft (Österreich)
Recht	Das Recht, begründet von Soergel (1897–1944)
RechtsM	Rechtsmedizin
rechtspol.	rechtspolitisch
rechtsvergl.	rechtsvergleichend
RechVersV	Verordnung über die Rechnungslegung von Versicherungsunternehmen vom 8.11.1994 (BGBl. I S. 3378)
RefE	Referentenentwurf des Bundesministeriums der Justiz zur Reform des Versicherungsvertragsrechts mit Begründung (nicht veröffentlicht; zitiert nach der vom BMJ online zur Verfügung gestellten PDF-Datei; u.a. noch abrufbar unter: http://www.brak.de/seiten/pdf/aktuelles/versicherungsvertragsrecht.pdf)
ReformG	Gesetz zur Reform des Versicherungsvertragsrechts vom 23.11.2007 (BGBl. I S. 2631) (siehe auch VVG-Reform 2008)
Reg.	Regierung
RegE	Regierungsentwurf eines Gesetzes zur Reform des Versicherungsvertragsrechts (BTDrucks. 16/3945); siehe auch *Ausschussbericht*
RegBl.	Regierungsblatt
Reichert-Facilides/*Bearbeiter*	Aspekte des internationalen Versicherungsvertragsrechts im Europäischen Wirtschaftsraum, hrsg. von Reichert-Facilides (1994)
rel.	relativ
RfB	Rückstellung für die Beitragserstattung
RFH	Reichsfinanzhof
RfStV	Rundfunkstaatsvertrag
RG	Reichsgericht
RGBl.	Reichsgesetzblatt
RGRK/*Bearbeiter*	Reichsgerichtsrätekommentar – Das Bürgerliche Gesetzbuch. Kommentar, hrsg. von den Mitgliedern des Bundesgerichtshofs, 12. Aufl. (1975ff.)
RGZ	Entscheidungen des Reichsgerichts in Zivilsachen (zit. nach Band u. Seite)
RHG	Reichshaftpflichtgesetz
Richter PVR	Privatversicherungsrecht (1980)
Riebesell	Unfallversicherungsrecht und AUB 88, 2. Aufl. (1991)
Ritter/Abraham	Das Recht der Seeversicherung. Kommentar zu den Allgemeinen Deutschen Seeschiffahrts-Bedingungen, 2. Aufl. (1967)
RKG	Reichsknappschaftsgesetz
RL	Richtlinie

Rn.	Randnummer(n)
Rom I–VO	Rom I-Verordnung (Verordnung (EG) Nr. 593/2008 des Europäischen Parlaments und des Rates über das auf vertragliche Schuldverhältnisse anzuwendende Recht)
Römer	Neuere höchstrichterliche Rechtsprechung zum Versicherungsvertragsrecht, 7. Aufl. (1997)
Römer/Langheid	Versicherungsvertragsgesetz, 4. Aufl. (2014)
ROW	Recht in Ost und West. Zeitschrift für Rechtsvergleichung und interzonale Rechtsprobleme
Rpfleger	Der Deutsche Rechtspfleger
RpflG	Rechtspflegergesetz
Rspr.	Rechtsprechung
RStBl.	Reichssteuerblatt
RT	Reichstag
RTDrucks.	Drucksachen des Reichstags
RTVerh.	Verhandlungen des Reichstags
Rudisch Versicherungsrecht	Das neue Versicherungsrecht: Gesetzestexte, Materialien, Hinweise (1994)
RuP	Recht und Politik. Vierteljahreshefte für Rechts- und Verwaltungspolitik
RuS	Recht und Schaden
RVerkBl.	Reichsverkehrsblatt
RVG	Rechtsanwaltsvergütungsgesetz
RVO	Reichsversicherungsordnung
RzW	Rechtsprechung zum Wiedergutmachungsrecht
s.	siehe
S.	Satz, Seite
s.a.	siehe auch
SaarRZ	Saarländische Rechts- und Steuerzeitschrift
Sachs/*Bearbeiter*	Grundgesetz, Kommentar, hrsg. von Sachs, 7. Aufl. (2014)
SB	Selbstbeteiligung
SBR	Sonderbedingungen für die Beraubungsversicherung
Schauer	Das österreichische Versicherungsvertragsrecht, 3. Aufl. (1995)
ScheckG	Scheckgesetz
SchiedsVZ	Zeitschrift für Schiedsverfahren – German Arbitration Journal
Schimikowski	Versicherungsvertragsrecht, 4. Aufl. (2014)
Schimikowski/Höra	Das neue Versicherungsvertragsrecht (2008)
SchlHA	Schleswig-Holsteinische Anzeigen
SchHB 79	Allgemeine Bedingungen für die gleitende NeuwertVers von Gebäuden gegen Schäden durch Schwamm und Hausbockkäfer
Schmidt-Futterer/*Bearbeiter*	Mietrecht, hrsg. von Blank, 12. Aufl. (2015)
Schmidt-Salzer/Schramm	Kommentar zur Umwelthaftpflichtversicherung (1993)
Schmidt-Salzer/*Bearbeiter*	Produkthaftung, Bd. IV/1: Produkthaftpflichtversicherung, 3. Auflage (1994)
Schmidt/Müller-Stüler	Das Recht der öffentlich-rechtlichen Sachversicherung, 3. Aufl. (1979)
Schmidt Obliegenheiten	Reimer Schmidt, Die Obliegenheiten (1953)
Schönke/Schröder	Strafgesetzbuch, Kommentar, 29. Aufl. (2014)
Schwintowski	Der private Versicherungsvertrag zwischen Recht und Markt (1987)
Schwintowski/Brömmelmeyer/*Bearbeiter*	Praxiskommentar zum Versicherungsvertragsrecht, 2. Aufl. (2010)
SchwJZ	Schweizerische Juristen-Zeitung
SchwZStr.	Schweizer Zeitschrift für Strafrecht (zit. nach Band u. Seite)
Sen.	Senat
SGB I, IV, V, VIII, X, XI	I: Sozialgesetzbuch, Allg. Teil

	IV: Sozialgesetzbuch, Gemeinsame Vorschriften für die Sozialversicherung V: Sozialgesetzbuch, Gesetzliche Krankenversicherung VIII: Sozialgesetzbuch, Kinder- und Jugendhilfe X: Sozialgesetzbuch, Verwaltungsverfahren, Zusammenarbeit der Leistungsträger und ihre Beziehung zu Dritten XI: Soziale Pflegeversicherung
SGb.	Sozialgerichtsbarkeit / Die Sozialgerichtsbarkeit (Zeitschrift)
SGG	Sozialgerichtsgesetz
SGlN	Sonderbedingungen für die gleitende Neuwertversicherung von Wohn-, Geschäfts- und landwirtschaftlichen Gebäuden
Sieg Versicherungsvertragsrecht	Allgemeines Versicherungsvertragsrecht, 3. Aufl. (1994)
SJZ	Süddeutsche Juristen-Zeitung (1946–50), dann Juristenzeitung
s.o.	siehe oben
Soergel/*Bearbeiter*	Bürgerliches Gesetzbuch, 13. Aufl. (2000ff.)
sog.	sogenannt(e)
Sonderausschuss	Sonderausschuß des Bundestags für die Strafrechtsreform, Niederschriften zitiert nach Wahlperiode und Sitzung
SozVers	Die Sozialversicherung
SP	Schadenspraxis
Späte AHB	Haftpflichtversicherung. Kommentar zu den Allgemeinen Versicherungsbedingungen für die Haftpflichtversicherung (AHB) (1993)
spez.	speziell
SPV	Mindestbedingungen für die Speditionsversicherung
SpV	Spektrum für Versicherungsrecht
StaatsGH	Staatsgerichtshof
Staudinger/*Bearbeiter*	Kommentar zum Bürgerlichen Gesetzbuch mit Einführungsgesetz und Nebengesetzen, 13. Bearbeitung (1993ff.)
StAZ	Das Standesamt. Zeitschrift f. Standesamtswesen, Personenstandsrecht, Ehe- u. Kindschaftsrecht, Staatsangehörigkeitsrecht
Stein/Jonas/*Bearbeiter*	Kommentar zur Zivilprozessordnung, 23. Aufl. (2013ff.)
StenBer	Stenographischer Bericht
StGB	Strafgesetzbuch
Stiefel/Hofmann	Kraftfahrtversicherung. Kommentar zu den Allgemeinen Bedingungen für die Kraftversicherung (AKB) und zu den Allgemeinen Bedingungen für die Verkehrs-Service-Versicherung (AVSB), 17. Aufl. (2000)
Stiefel/Maier	Kraftfahrtversicherung. Kommentar zu den Allgemeinen Bedingungen für die Kraftfahrtversicherung – AKB mit Kommentierungen zu VVG (Auszug), Pflichtversicherungsgesetz (Auszug) und Pflichtversicherungsverordnung, 18. Aufl. (2010)
StPO	Strafprozessordnung
str.	strittig, streitig
st.Rspr.	ständige Rechtsprechung
StuR	Staat und Recht
StVG	Straßenverkehrsgesetz
StVj	Steuerliche Vierteljahresschrift
StVO	Straßenverkehrsordnung
SLVS	Speditions-, Logistik- und Lagerversicherungsschein
SVS	Speditions-Versicherungsschein
SVS/RVS	Speditions- und Rollfuhr-Versicherungsschein
StVZO	Straßenverkehrs-Zulassungs-Ordnung
s.u.	siehe unten

SubvG	Subventionsgesetz
SV	Sachverhalt
SZ	Entscheidungen des Österreichischen Obersten Gerichtshofes in Zivil- und Justizverwaltungssachen
TDG	Gesetz über die Nutzung von Telediensten
Terbille/*Bearbeiter* MAH	Münchener Anwaltshandbuch Versicherungsrecht, hrsg. von Terbille, 3. Aufl. (2013)
Thume/de la Motte/Ehlers/*Bearbeiter*	Transportversicherungsrecht, 2. Aufl. (2011)
TierschG	Tierschutzgesetz
Tit.	Titel
TKG	Telekommunikationsgesetz
TranspR	Transportrecht
TumSchG	Gesetz über die durch innere Unruhen verursachten Schäden vom 12.5.1920
TV	Truppenvertrag
Tz.	Textzahl
u.	unten
u.a.	unter anderem
u.ä.	und ähnlich
u.a.m.	und anderes mehr
Üb.	Überblick, Übersicht
ÜbergangsAO	Übergangsanordnung
Übk.	Übereinkommen
ü.M.	überwiegende Meinung
UFITA	Archiv für Urheber-, Film-, Funk- und Theaterrecht
U-Haft	Untersuchungshaft
Ulmer/Brandner/Hensen	AGBG-Kommentar, 11. Aufl. (2011)
umstr.	umstritten
UmweltHM	Besondere Bedingungen und Risikobeschreibungen für die Versicherung der Haftpflicht wegen Schäden durch Umwelteinwirkung
UNO	United Nations Organization (Vereinte Nationen)
unv.	unveröffentlicht
u.ö.	und öfter
UrhG	Gesetz über Urheberrecht und verwandte Schutzrechte (Urheberrechtsgesetz)
UStG	Umsatzsteuergesetz
USV	Allgemeine Versicherungsbedingungen für die Umweltschadensversicherung
usw.	und so weiter
u.U.	unter Umständen
UWG	Gesetz gegen den unlauteren Wettbewerb
UZwG	Gesetz über den unmittelbaren Zwang bei Ausübung öffentlicher Gewalt durch Vollzugsbeamte des Bundes
VA	Veröffentlichungen des Reichsaufsichtsamtes für Privatversicherung, ab 1947: … des Zonenamtes des Reichsaufsichtsamtes für das Versicherungswesen (Hamburg)
VA (Berlin)	Veröffentlichungen des Aufsichtsamts für das Versicherungswesen Groß-Berlin (ab 15.9.1948)
VAE	Verkehrsrechtliche Abhandlungen und Entscheidungen
VAG	Gesetz über die Beaufsichtigung der Versicherungsunternehmungen
v.A.w.	von Amts wegen

VBlBW	Verwaltungsblätter für Baden-Württemberg
VD	Verkehrsdient
VDEW	Vereinigung Deutscher Elektrizitätswerke, ab 2000: Verband der Elektrizitätswirtschaft
VDEW-Bed.	Versicherungsbedingungen für die Mitglieder der VDEW
VE	Vorentwurf
Veith/Gräfe/*Bearbeiter*	Versicherungsprozess, 2. Aufl. (2010)
VerAfP	Veröffentlichungen des Reichsaufsichtsamtes für das Versicherungswesen
VerBAV/VerBaFin	Veröffentlichungen des Bundesaufsichtsamtes für das Versicherungs- und Bausparwesen, ab 1973: ... des Bundesaufsichtsamtes für das Versicherungswesen, ab Mai 2002: VerBAFin = Veröffentlichungen der Bundesanstalt für Finanzdienstleistungsaufsicht (Versicherungsbereich)
VereinsG	Gesetz zur Regelung des öffentlichen Vereinsrechts (Vereinsgesetz)
VerfGH	Verfassungsgerichtshof
VerglO	Vergleichsordnung
Verh.	Verhandlungen des Deutschen Bundestages (BT), des Deutschen Juristentages (DJT) usw.
VerkMitt	Verkehrsrechtliche Mitteilungen
vermitt.	vermittelnd
VerschG	Verschollenheitsgesetz
VersG	Gesetz über Versammlungen und Aufzüge (Versammlungsgesetz)
VersEnzyklopädie/*Bearbeiter*	Versicherungsenzyklopädie, hrsg. von Grosse/Müller-Lutz/Schmidt, 4. Aufl. (1991)
VersAG	Versicherungsaktiengesellschaft
VersArch	Versicherungsarchiv
VersM	Versicherungsmedizin
VersPrax, VP	Die Versicherungspraxis
VersR	Versicherungsrecht. Zeitschrift für Versicherungsrecht, Haftungs- und Schadensrecht
VersRAI	Versicherungsrecht. Beilage Ausland
VersRdsch.	Versicherungsrundschau (Österreich)
VersSlg	Sammlung der seit 1945 ergangenen höchstrichterlichen Entscheidungen in Vertragsversicherungssachen, hrsg. von K. Wahle (1961)
VersVermV	Verordnung über die Versicherungsvermittlung und -beratung
VersVO	Dritte DurchführungsVO zu MRG Nr. 63 (VersicherungsVO)
VersWissArch	Versicherungswissenschaftliches Archiv
VersWiss. Stud.	Versicherungswissenschaftliche Studien, hrsg. von Brömmelmeyer et. al.
VerwArch.	Verwaltungsarchiv
VG	Verwaltungsgericht
VGB	Allgemeine Bedingungen für die Neuwertversicherung von Wohngebäuden gegen Feuer-, Leitungswasser- und Sturmschäden
VGB 2008, 2010	Allgemeine Wohngebäude-Versicherungsbedingungen
VGH	Verwaltungsgerichtshof
vgl.	vergleiche
VGS	Vereinigter Großer Senat
VHB	Allgemeine Bedingungen für die Neuwertversicherung des Hausrats gegen Feuer-, Einbruchdiebstahl-, Beraubungs-, Leitungswasser-, Sturm- und Glasbruchschäden/Allgemeine Hausratversicherungsbedingungen
VHB 2008	Allgemeine Hausrat-Versicherungsbedingungen
VHV	Verkehrshaftungsversicherung
VN	Versicherungsnehmer/in

Vogel/Stockmeier/*Bearbeiter*	Umwelthaftpflichtversicherung/Umweltschadensversicherung, 2. Aufl. (2009)
VO	Verordnung
VOBl.	Verordnungsblatt
VOBlBZ.	Verordnungsblatt für die Britische Zone
VOR	Zeitschrift für Verkehrs- und Ordnungswidrigkeitenrecht
vorangeh.	vorangehend
Voraufl.	Vorauflage
Vorbem.	Vorbemerkung
vorgen.	vorgenannt
VorstAG	Gesetz zur Angemessenheit der Vorstandsvergütung
VRR	Verkehrsrechtliche Rundschau
VR	Versicherer
VRS	Verkehrsrechts-Sammlung, Entscheidungen aus allen Gebieten des Verkehrsrechts (zit. nach Band u. Seite)
VU	Versicherungsunternehmen
VuR	Verbraucher und Recht
VVaG	Versicherungsverein auf Gegenseitigkeit
VVG	Gesetz über den Versicherungsvertrag (Versicherungsvertragsgesetz)
VVG-InfoV	Verordnung über Informationspflichten bei Versicherungsverträgen
VVGE	Entscheidungssammlung zum Versicherungsvertragsrecht (VVGE): Entscheidungen zum Versicherungsvertragsgesetz (VVG) und zu den Allgemeinen Versicherungsbedingungen (AVB), hrsg. von Dietrich Müller
VVG-Kommission	Kommission zur Reform des Versicherungsvertragsrechts
VVGRefG *bzw.* VVG-Reform 2008	Gesetz zur Reform des Versicherungsvertragsrechts vom 23.11.2007 (BGBl. I S. 2631) (siehe auch ReformG)
VVV	Versicherungswissenschaft, Versicherungspraxis, insbesondere Versicherungsmedizin (später DVZ)
VW	Versicherungswirtschaft
VwGO	Verwaltungsgerichtsordnung
VwVfG	Verwaltungsverfahrensgesetz
VwVG	Verwaltungsvollstreckungsgesetz
VwZG	Verwaltungszustellungsgesetz
WaffG	Waffengesetz
Wallm.	Wallmanns Versicherungszeitschrift
Wandt	Versicherungsrecht, 5. Aufl. (2010)
WarnRspr	Sammlung zivilrechtlicher Entscheidungen des RG, hrsg. von Warneyer (zit. nach Jahr u. Nummer)
weitergeh.	weitergehend
Werber/Winter	Grundzüge des Versicherungsvertragsrechts (1986)
von Westphalen/*Bearbeiter*	Produkthaftungshandbuch Bd. 1, 2. Aufl. (1997); Bd. 2, 2 Aufl. (1999); 3. Aufl. siehe Foerste/Graf von Westphalen
WHG	Gesetz zur Ordnung des Wasserhaushalts (Wasserhaushaltsgesetz)
WI	Wussows Informationen
WiB	Wirtschaftsrechtliche Beratung
1. WiKG	1. Gesetz zur Bekämpfung der Wirtschaftskriminalität
2. WiKG	2. Gesetz zur Bekämpfung der Wirtschaftskriminalität
Winter	Versicherungsaufsichtsrecht (2007)
WiStG	Gesetz zur weiteren Vereinfachung des Wirtschaftsstrafrechts (Wirtschaftsstrafgesetz 1954)
WM	Wertpapier-Mitteilungen
Wolf/Lindacher/Pfeiffer	AGB-Recht, Kommentar, 6. Aufl. (2013)
WPg	Die Wirtschaftsprüfung
WpHG	Gesetz über Wertpapierhandel

WRP	Wettbewerb in Recht und Praxis
WuM	Wohnungswirtschaft und Mietrecht
WuR	Wirtschaft und Recht der Versicherung. Beiheft zu Mitt., ab 1926 zu „Versicherung und Geldwirtschaft“, ab 1929 zu OeffV, ab 1935 zur DOeffV
Wussow	Unfallhaftpflichtrecht, 16. Aufl. (2014)
Wussow AHB	Allgemeine Versicherungsbedingungen für die Haftpflichtversicherung, 8. Aufl. (1976)
Wussow FeuerV	Kommentar zu den AFB und den §§ 1127–1130 BGB, §§ 97–107c VVG, 2. Aufl. (1975)
WZG	Warenzeichengesetz
WzS	Wege zur Sozialversicherung
(Z)	Entscheidung in Zivilsachen
ZAkDR	Zeitschrift der Akademie für Deutsches Recht (1934–44)
ZaöRV	Zeitschrift für ausländisches öffentliches Recht und Völkerrecht
ZAP	Zeitschrift für die Anwaltspraxis
z. B.	zum Beispiel
ZentrBlHR	Zentral-Blatt für Handelsrecht
ZEuP	Zeitschrift für Europäisches Privatrecht
ZfBR	Zeitschrift für deutsches und internationales Baurecht
ZFBUB	Zusatzbedingungen zu den FBUB
ZfgA 81b	Zusatzbedingungen (zu den AFB) für Fabriken und gewerbliche Anlagen
ZfRV	Zeitschrift für Rechtsvergleichung, Internationales Privatrecht u. Europarecht
ZfS/zfs	Zeitschrift für Schadensrecht
ZfV	Zeitschrift für Versicherungswesen
ZfW	Zeitschrift für Wasserrecht
ZfZ	Zeitschrift für Zölle und Verbrauchssteuern
ZGR	Zeitschrift für Unternehmens- und Gesellschaftsrecht
ZGS	Zeitschrift für das gesamte Schuldrecht
ZHR	Zeitschrift für das gesamte Handelsrecht und Wirtschaftsrecht, begr. v. Goldschmidt
Ziff.	Ziffer
ZIP	Zeitschrift für Wirtschaftsrecht
zit.	zitiert
ZJBl.	Zentral-Justizblatt für die Britische Zone
ZK	Zollkodex
ZMR	Zeitschrift für Miet- und Raumrecht
Zöller/*Bearbeiter*	Zivilprozessordnung mit Gerichtsverfassungsgesetz und Nebengesetzen; Kommentar 30. Aufl. (2013)
ZollG	Zollgesetz
ZPO	Zivilprozessordnung
ZRP	Zeitschrift für Rechtspolitik
ZR-QuotenV	Verordnung über die Mindestbeitragsrückerstattung in der Lebensversicherung vom 23.7.1996 (BGBl. I S. 1190)
ZSchwR	Zeitschrift für Schweizerisches Recht
ZSK	Zusatzklauseln
ZSW	Zeitschrift für das gesamte Sachverständigenwesen
z. T.	zum Teil
ZTR	Zeitschrift für Tarifrecht
ZUM	Zeitschrift für Urheber- und Medienrecht/Film und Recht
ZusBedIT	Zusatzbedingungen zur Betriebshaftpflichtversicherung für die Nutzer von Internet-Technologien

zusf.	zusammenfassend
zust.	zustimmend
ZustG	Zustimmungsgesetz
zutr.	zutreffend
z.V.b.	zur Veröffentlichung bestimmt
ZVBl.	Zentralverordnungsblatt für die sowjetische Besatzungszone Deutschlands
ZVerkR	(Österr.) Zeitschrift für Verkehrsrecht
ZVersWiss	Zeitschrift für die gesamte Versicherungswissenschaft (zitiert nach Jahr und Seite)
ZVG	Gesetz über die Zwangsversteigerung und die Zwangsverwaltung (Zwangsversteigerungsgesetz)
zw.	zweifelhaft
zz.	zurzeit
ZZP	Zeitschrift für Zivilprozess

Versicherungsvertragsgesetz

Artikel 1 des Gesetzes vom 23.11.2007 (BGBl. I S. 2631),
in Kraft getreten am 1.1.2008
zuletzt geändert durch Art. 2 Abs. 49 des Gesetzes vom 1.4.2015 (BGBl. I S. 434)

TEIL 2
EINZELNE VERSICHERUNGSZWEIGE

Kapitel 3
Transportversicherung

§ 130
Umfang der Gefahrtragung

(1) Bei der Versicherung von Gütern gegen die Gefahren der Beförderung zu Lande oder auf Binnengewässern sowie der damit verbundenen Lagerung trägt der Versicherer alle Gefahren, denen die Güter während der Dauer der Versicherung ausgesetzt sind.

(2) Bei der Versicherung eines Schiffes gegen die Gefahren der Binnenschifffahrt trägt der Versicherer alle Gefahren, denen das Schiff während der Dauer der Versicherung ausgesetzt ist. Der Versicherer haftet auch für den Schaden, den der Versicherungsnehmer infolge eines Zusammenstoßes von Schiffen oder eines Schiffes mit festen oder schwimmenden Gegenständen dadurch erleidet, dass er den einem Dritten zugefügten Schaden zu ersetzen hat.

(3) Die Versicherung gegen die Gefahren der Binnenschifffahrt umfasst die Beiträge zur großen Haverei, soweit durch die Haverei-Maßnahme ein vom Versicherer zu ersetzender Schaden abgewendet werden sollte.

Übersicht

A. Einführung

I. Begriff der Transportversicherung

1 Das VVG verwendet den Begriff der Transportversicherung nur noch als Überschrift von Kapitel 3.[1] Geregelt werden in Kapitel 3 aber nicht alle Transportversicherungen schlechthin, sondern nur die Gütertransportversicherung zu Lande und auf Binnengewässern (§ 130 Abs. 1) und die Binnen-Kaskoversicherung von Schiffen einschließlich eines gewissen Haftpflichtelements (§ 130 Abs. 2). Bis zum 30.06.1990 enthielt darüber hinaus § 187 i.d.F. 1908[2] eine Bestimmung, nach der die „Transportversicherung von Gütern" von den im damaligen VVG enthaltenen Beschränkungen der Vertragsfreiheit ausgenommen war. Deshalb war es bis zum 30.06.1990 zwar nicht für die Anwendbarkeit der §§ 129ff. a.F. von Bedeutung, ob eine Versicherung Transportversicherung (von Gütern) war, wohl aber für § 187 a.F. Mit der Änderung in § 187 i.d.F. 1990 und die Bezugnahme auf Art. 10 Abs. 1 EGVVG erfolgte eine Erweiterung auf die „unter den Nummern 4 bis 7, 10 Buchstabe b, 11 und 12 der Anlage Teil A zum Versicherungsaufsichtsgesetz erfassten Transport- und Haftpflichtversicherungen". Damit ist eine weitere Lockerung eingetreten. Denn in der Anlage Teil A wird der Begriff der Transportversicherung zwar noch verwendet, allerdings nur noch als Bezeichnung für eine spartenübergreifende Zulassung zum Geschäftsbetrieb in lit. B.b) („See- und Transportversicherung"), also für rein aufsichtsrechtliche Zwecke, und in Ziff. 7 als Überschrift für die eigentliche materielle Bestimmung der Versicherung von „sämtliche(n) Schäden an transportierten Gütern, unabhängig von dem jeweils verwendeten Transportmittel". Damit hat der Begriff der „Transportversicherung" für die Rechtsanwendung des VVG nur noch eine untergeordnete Bedeutung. Er bestimmt nicht, ob die §§ 130ff. Anwendung finden. Diese Frage hängt allein davon ab, ob eine „Versicherung von Gütern gegen die Gefahren der Beförderung zu Lande oder auf Binnengewässern sowie der damit verbundenen Lagerung" (Abs. 1) oder eine „Versicherung eines Schiffes gegen die Gefahren der Binnenschifffahrt" vorliegt. Und im Bereich der von den

---

[1] Prölss/Martin/*Koller* § 130 Rn. 1.

[2] Abgedr. bei Bruck/Möller/*Renger* vor §§ 53–58 Rn. 1.

§§ 130ff. erfassten Versicherungen kommt es auch für die Befreiung von den halbzwingenden Normen des VVG nicht darauf, ob eine Versicherung als „Transportversicherung“ eingeordnet wird, sondern gem. § 210 Abs. 2 Nr. 1 i.V.m. Anlage Teil A zum VAG darauf, ob die Versicherung die in Ziff. 7 der Anlage angesprochenen „Schäden an transportierten Gütern, unabhängig von dem jeweils verwendeten Transportmittel“[3] oder die in Ziff. 6 angesprochenen Schäden an den dort genannten Schiffen deckt. Deshalb ist jedenfalls für die Anwendung des VVG weder eine allgemeine Definition der Transportversicherung erforderlich[4] noch die Beantwortung der Frage, ob eine Versicherung „Transportversicherung“ ist. Das hindert die meisten gängigen Kommentierungen jedoch nicht, sich mit beiden Fragen intensiv zu beschäftigen.[5] Die nachfolgend wiedergegebenen Beispiele aus der Rechtsprechung[6] haben nur noch rechtshistorische Bedeutung. (ja= Transportversicherung; nein= keine Transportversicherung):

AusstellungsVers (VerBAV **1951** 163; **1953** 78; **1988** 216): nein. **2**

AutoinhaltsVers: ja (Koblenz VersR **1988** 1061).

CMR-Versicherung: nein (BGH TranspR **1998** 21; **1999** 155).

EinheitsVers: nein (VerBAV **1973** 86, **1978** 29; **1984** 390, 399; **1985** 164, 262; **1987** 176, 178) Die Transportgefahr überwiegt nicht. Ebenso in der **Juwelierwaren-EinheitsVers** (AVB Reparatur, VerBAV **1986** 349) und der **Rauchwaren-EinheitsVers** (AVB Rauchwaren – Kundeneigentum 84, VerBAV **1984** 176).

FahrradVers: nein (VerBAV **1986** 485).

FotoapparateVers: nein (VerBAV **1985** 241).

GarderobenVers: nein (VerBAV **1980** 321).

HakenlastVers: nein (*Hammacher* VersR **1997** 288).

Jagd-SportwaffenVers: nein (VerBAV **1987** 6).

Kfz-Vers auf Basis AKB: nein (Prölss/Martin/*Prölss*, § 130 Rn. 9.

KühlgüterVers: nein (VerBAV **1967** 90; **1968** 199; **1986** 383). Das Risiko des An- und Abtransports überwiegt nicht.

MaschinenVers auf Basis AMB: nein (Prölss/Martin/*Prölss* Teil III N Vorbem.).

MontageVers auf Basis AmoB: nein(Prölss/Martin/*Prölss* Teil III N).

MusikinstrumentenVers: nein (VerBAV **1987** 8).

ReisegepäckVers: nein (*Terbille/Remé/Gercke* § 11 Rn. 2; *Römer/Langheid* § 129 Rn. 8; LG Hamburg VersR **1990** 1234).

ReiselagerVers für Juweliere (AVB 1988/2008): nein (Karlsruhe v. 15.11.2007 – 12 U 69/07). Das Transportrisiko überwiegt nicht (BGH VersR **1972** 85; LG Karlsruhe VersR **1990** 786, **a.A.** LG Berlin VersR **1969** 1131; GB **1980** 68, Müller S. 180).

SchaustellerVers: nein (BGH VersR **1983** 949).

Tank- und FassleckageVers: nein (VerBAV **1987** 15).

Valoren-Transport-Vers: ja (BGH TranspR **2008** 86; **2008**, 129).

WassersportfahrzeugVers: SachVers, kann aber auch als TransportVers i.S.v. Abs. 2 betrachtet werden. (BGHZ 105, 288 = VersR **1988** 463; *Römer/Langheid* § 129 Rn. 8, *Roos* FS Hübner, S. 197; *Terbille/Remé/Gercke* § 11 Rn. 2; einschr. *Gerhard* TranspR **2007** 459). Text und Erläuterungen in Bruck/Möller/*Raab*, Bd. 6/2.

---

[3] Ziff. 7 der Anlage Teil A zum VAG spricht von „sämtliche(n) Güter(n)“. Eine Versicherung unterfällt aber schon dann dem § 210 Abs. 1 Nr. 2, wenn sie nur einzelne Güter erfasst.

[4] Prölss/Martin/*Koller* § 130 Rn. 1.

[5] Langheid/Wand/*Kollatz* § 130 Rn. 13ff.; Prölss/Martin/Koller § 130 Rn. 9; HK-VVG/*Harms* § 130 Rn. 1 und 11; Thume/de la Motte/Ehlers/*Thume* § 130 Rn. 424.

[6] Zitiert nach Prölss/Martin/*Prölss* § 130 Rn. 9.

Werkverkehrs-GüterVers: ja (LG Stuttgart VersR **1978** 835; **1989** 1191, LG Köln VersR **1979** 618; LG Hamburg VersR **1983** 236; Düsseldorf VersR **1998**, 573).

3 Da der Begriff der Transportversicherung für die Anwendung der §§ 130ff. unmaßgeblich ist, ist auch die Feststellung, dass es für die Einordnung auf den Typus ankomme,[7] nicht auf Bezeichnung durch die Vertragsparteien,[8] nicht von Bedeutung. Gleiches gilt für die h.M., das Vorliegen einer Transportversicherung setze Beförderung in fremder Obhut voraus.[9] Dem ist im Übrigen ohnehin nicht zu folgen.[10] Hier wird offenbar in den Bereich der Transportversicherung ein Element des Frachtvertrages eingeführt, der in der Tat fremde Obhut (des Frachtführers) erfordert.[11] Diese Verquickung ist jedenfalls für Zwecke des § 130 unzulässig. Denn dieser fordert allein die Beförderung, nicht die Beförderung aufgrund eines Frachtvertrages. Auch die Aussage, Transportversicherung sei keine Selbstversicherung,[12] ist weder terminologisch richtig, noch findet sie im Gesetz eine Stütze. Von Selbstversicherung spricht man in der Transportversicherung dann, wenn der VN nicht den ganzen Versicherungswert versichert hat. So in § 8 Satz 1 ADS. Was offenbar gemeint ist, ist nicht Selbstversicherung, sondern Selbstbeförderung. Diese schließt aber weder der Wortlaut des § 130 noch das allgemeine Konzept der Transportversicherung aus. Auch Güter im Werksverkehr können durch eine Transportversicherung geschützt werden.[13]

II. Entstehungsgeschichte

4 § 130 ist im Zuge der VVG-Reform neu formuliert worden. Die Bestimmung entspricht in den Absätzen 1 und 2 im Wesentlichen (Unterschied: ausdrückliche Erwähnung mit der Beförderung verbundener Lagerungen) dem § 129 a.F. und fügt als Absatz 3 den § 133 a.F. an. Weitere Gefahrregelungen des VVG a.F. sind ersatzlos entfallen (§ 135: Umfang der Eisenbahngefahr; § 136: Leichtergefahr). Deutlich verschlankt sind auch die Vorschriften zur Dauer der Versicherung. Sie wird – wie schon in § 129 a.F. in § 130 angesprochen; anders als im VVG a.F. gibt es aber keine weitergehenden Bestimmungen mehr. Die Bestimmungen in § 134 a.F. (Dauer der Güterversicherung), §§ 138f. (Dauer und Verlängerung der Schiffsversicherung) sind nicht übernommen.

5 Die Gesetzesbegründung (BTDrucks. 16/3945 S. 91f.) führt aus:

„Die Transportversicherung erfasst in § 129 VVG die Versicherung von Gütern gegen die Gefahren der Beförderung zu Lande und auf Binnengewässern sowie die Versicherung von Schiffen gegen die Gefahren der Binnenschifffahrt einschließlich der Haftpflicht für Kollisionsschäden.

Der Versicherer trägt alle Gefahren, welche die Beförderung von Gütern und die Binnenschiff-

---

7 BGH 29.6.1983 VersR **1983** 949; Römer/Langheid/*Langheid* § 130 Rn. 15.

8 Römer/Langheid/*Langheid* § 130 Rn. 15.

9 BGH 26.2.1969 VersR **1969** 507; BGH 24.11.1971 VersR **1972** 85; BGH 29.6.1983 VersR **1983** 949; Berliner Kommentar/*Dallmayr* § 130 Rn. 5; Römer/Langheid/*Langheid* § 130 Rn. 15; HK VVG/*Harms* § 130 Rn. 1; Beckmann/Matusche-Beckmann/*Heiss/Trümper* Rn. 15.

10 Ebenso *Ehlers* TranspR **2006** 7; Looschelders/Pohlmann/*Paffenholz* § 130 Rn. 4, Prölss/Martin/*Koller* § 130 Rn. 1 und 2; wohl auch Thume/de la Motte/Ehlers/*Thume* Kap. 2 Rn. 412; kritisch auch OLG Hamburg 12.6.1975 VersR **1976** 433.

11 *Koller* § 407 Rn. 15.

12 Berliner Kommentar/*Dallmayr* § 130 Rn. 5.

13 OLG Hamm 04.10.1985 VersR **1986** 55; LG Stuttgart 21.4.1978 VersR **1978** 835, 24.1.1989 VersR **1989** 1191; LG Köln 29.01.1979 VersR **1979** 618; LG Hamburg 4.11.1981 VersR **1983** 236; *Ehlers* TranspR **2006** 7; Römer/Langheid/*Langheid* § 130 Rn. 16; Looschelders/Pohlmann/*Paffenholz* § 130 Rn. 6.

fahrt in sich bergen. Im Gegensatz zu den anderen Zweigen der Schadensversicherung, die beherrscht sind vom Grundsatz der Spezialität, ist die Transportversicherung beherrscht vom Grundsatz der Universalität der Gefahr.

Der Anwendungsbereich des Kapitels 3 für die Transportversicherung wird wie im geltenden Recht begrenzt. Wie bisher wird die Seeversicherung generell aus dem Anwendungsbereich des VVG ausgeklammert (vgl. § 209 VVG-E und die Begründung hierzu).

Auch bei der Luftfahrtversicherung verbleibt es hinsichtlich des Anwendungsbereichs grundsätzlich beim geltenden Recht. Ob und inwieweit die Vorschriften über die Transportversicherung auch auf die Luftfahrtgüter- und Luftfahrtkaskoversicherung anzuwenden sind, bleibt der Parteiautonomie überlassen (vgl. Allgemeine Deutsche Binnen-Transportversicherungsbedingungen – ADB), da die Luftfahrtversicherung überwiegend international ausgerichtet und durch Abkommen geregelt ist. Die Vertragsparteien können von den Vorschriften des VVG-E, auch soweit sie nicht abdingbar sind, stets abweichen, da es sich bei der Luftfahrtversicherung um Großrisiken im Sinn des § 210 VVG-E in Verbindung mit Artikel 10 Abs. 1 Satz 2 EGVVG handelt.

Zu Absatz 1: Die Vorschrift entspricht der Regelung in § 129 Abs. 1 VVG. Ausdrücklich wird klargestellt, dass die Transportversicherung auch die Gefahren der Lagerung der Güter, die mit der Beförderung verbunden ist, erfasst. Wegen der geltenden Regelungen über den Gefahrübergang beförderter Güter – FOB oder CIF – stellt die Güterversicherung regelmäßig nicht auf die Dauer der Beförderung, sondern auf die vereinbarte Dauer der Versicherung ab.

Zu Absatz 2: Satz 1 entspricht dem bisherigen § 129 Abs. 2 Satz 1 VVG.

Satz 2 regelt – wie bisher § 129 Abs. 2 Satz 2 VVG – die Kollisionshaftpflicht in der Binnenschifffahrt, die nur in Verbindung mit der Flusskaskoversicherung möglich ist. Zusätzlich wird der Fall erfasst, dass der Schaden durch einen Zusammenstoß des Schiffes mit einem Gegenstand verursacht wird. Diese Haftpflicht unterliegt nicht den § 100ff. VVG-E, sondern den Regeln der Transportversicherung. Im Übrigen kann aber die Haftpflicht gegenüber Dritten aus Schiffsunfällen nicht als Transportversicherung gedeckt werden. Soweit durch Rechtsvorschrift der Abschluss einer entsprechenden Haftpflichtversicherung vorgeschrieben ist, handelt es sich um eine Pflichtversicherung, die nach den dafür geltenden Vorschriften zu beurteilen ist.

Zu Absatz 3: Die Vorschrift stimmt sachlich mit der bisherigen Regelung des § 133 Abs. 1 Satz 1 VVG überein."

Die in der Gesetzesbegründung angesprochenen Allgemeinen Deutsche Binnen-Transportversicherungsbedingungen (ADB) haben sich in der Praxis nicht durchgesetzt und spielen keine Rolle.[14] **6**

III. Inhalt, Zweck und Systematik der Regelung

1. Inhalt

Die Bestimmung beschäftigt sich mit der Versicherung von Gütern und Schiffen. Es werden jedoch weder alle Güter noch alle Schiffe erfasst. Bei Güter geht es nur um in bestimmter Weise beförderte oder gelagerte Güter; bei Schiffen um zur Binnenschifffahrt eingesetzte Schiffe. Die Bestimmung legt fest, gegen welche Gefahren diese Versicherungen schützen. **7**

---

[14] *Ehlers* TranspR 2000 11; *Enge/Schwampe* 342; Prölss/Martin/*Koller* Vorbem ADS Güterversicherung.

2. Zweck

8 Die Bestimmung bezweckt, erstens, die Festlegung des Umfang der Gefahrtragung für Versicherungen, die gegen bestimmte Gefahren genommen werden: die Versicherung von Gütern gegen die Gefahren der Beförderung zu Lande oder auf Binnengewässern sowie der damit verbundenen Lagerung und die Versicherung von Schiffen gegen die Gefahren der Binnenschifffahrt. Nicht ist bezweckt, Transportversicherung (die nur in der Überschrift des Kapitel 3 auftaucht[15]) dahingehend einzuengen, das nur das versichert ist, was § 130 anspricht. Deshalb besteht Versicherungsschutz (natürlich) auch unter solchen Versicherungsverträgen, die andere als die in § 130 genannte Gefahren versichern. Deshalb ist es missverständlich, wenn man in Kommentierungen die Erörterung findet, ob etwas „versichert" ist, wenn es von den Merkmalen des § 130 abweicht.[16]

9 Die Bestimmung bezweckt, zweitens, die Anwendbarkeit der nachfolgenden §§ 131 bis 141 zu bestimmen. Auf Versicherungen, die die Tatbestandsmerkmale des § 130 erfüllen, sind diese Bestimmungen anwendbar. Auf andere Versicherungen(z.B. die Luftfahrtversicherung, siehe dazu. Rn.13) sind sie es nicht. Zu Mischformen siehe Rn.13. Unterfällt eine Versicherung der Bestimmung und eröffnet dies deshalb den Anwendungsbereich der nachfolgenden §§ 131 bis 141, werden durch diese die Bestimmungen des Kapitels 1 des Gesetzes teilweise abgeändert, teilweise ergänzt.

10 Schließlich hat die Bestimmung, drittens, den Zweck, das gesetzliche Leitbild des Umfangs versicherter Gefahren bei den geregelten Versicherungen von Gütern und Schiffen zu bestimmen. Es ist aber unbestritten, dass die Vertragsparteien hiervon, auch und gerade durch AVB, abweichen können (näher dazu bei Rn. 18ff)

3. Systematik

11 Absatz 1 regelt einen Ausschnitt der Versicherung von Gütern. Soweit es um die Bewegung der Güter geht, ist maßgeblich wo (auf dem Land; auf Binnengewässern) sie bewegt werden, nicht womit sie bewegt werden. Ob auf Binnengewässern mit einem Schiff oder anderweitig befördert wird, ist einerlei. Erreicht wird dies aber nicht dadurch, dass der Beförderungsweg vorgegeben wird, sondern dadurch, dass nur die Gefahren als versichert bezeichnet werden, denen die Güter bei solcher Beförderung ausgesetzt sind. Da es nur um Güter geht, sind Personen nicht erfasst.

12 Absatz 2 befasst sich mit der Versicherung von Schiffen. Es wird keine Unterscheidung zwischen der Art von Schiffen (See- oder Binnenschiff) oder dem Zweck der Schiffe (Güterschiff; Personenschiff; Schlepper; Schubboot usw.) getroffen. Die Einschränkung folgt nicht durch lokale Begrenzung auf Binnengewässer, sondern durch die Begrenzung der Gefahren auf solche der Binnenschifffahrt, nicht nur Gefahren der Beförderung auf Binnengewässern, so dass Schiffe auch dann versichert sind, wenn sie nicht befördern.

Absatz 3 regelt die Deckung im Havarie-grosse-Fall. Angesprochen sind dort Gefahren der Binnenschifffahrt.

---

15 Worauf Prölss/Martin/*Koller* § 130 Rn. 1 hinweist.

16 So bei Prölss/Martin/*Koller* § 130 Rn. 2 zur Versicherung von Leichtertransporten; Römer/Langheid/*Langheid* § 130 Rn. 18 zur „Mitversicherung" zur Beförderung bereit stehende Güter; Schwintowski/Brömmelmeyer/*Pisani* § 130 Rn. 8 zur Versicherung unfreiwilliger Aufenthalte; Langheid/Wand/*Kollatz* § 130 Rn. 6 zur Versicherung von Verpackung.

IV. Anwendungsbereich

Zu unterscheiden sind die Versicherung von Gütern und die Versicherung von Schiffen. 13
Bei der **Versicherung von Gütern** erfasst die Vorschrift nur Güterbeförderung zu Lande oder auf Binnengewässern und damit verbundene Lagerungen. Nicht erfasst wird die Versicherung von Gütern auf **Seegewässern** oder in der **Luft**. Dass VVG behandelt die Seegüter- und die Luftfahrtgüterversicherung in unterschiedlicher Weise. Die Seegüterversicherung unterfällt dem VVG überhaupt nicht. § 209 nimmt sie aus dem Anwendungsbereich des VVG komplett heraus. Anders bei der **Luftfahrtgüterversicherung**. Sie ist in § 209 nicht erwähnt und unterfällt deshalb grundsätzlich dem VVG. Allerdings ist die Luftbeförderung von Gütern nicht in § 130 genannt. Auf diese Versicherung finden daher alle anderen Vorschriften des VVG Anwendung, nicht aber die im Kapitel 3 enthaltenen Vorschriften der §§ 130ff.[17] Die Luftfahrtgüterversicherung ist aber Großrisiko gem. § 210 Abs. 1 i.V.m. Ziff. 7 der Anlage Teil A zum VAG, so dass auch für sie von den halbzwingenden Normen des VVG abgewichen werden kann.[18] Die Auffassung von *Müller-Rostin*,[19] die §§ 130ff. würden Anwendung finden, findet im Gesetz keine Stütze, denn § 130 knüpft die Anwendbarkeit des Kapitels 3 an den Transport zu Lande oder per Schiff auf Binnengewässern. Beide Voraussetzungen erfüllt die Luftfahrtgüterversicherung nicht. Die Parteien können Kapitel 3 zwar vertraglich vereinbaren,[20] der Verweis in der Regierungsbegründung auf die Allgemeinen Deutschen Binnen-Transportversicherungsbedingungen ADB ist dabei überholt,[21] weil die ADB schon seit langem nicht mehr verwendet werden.[22] Soweit es um Güterversicherung geht, werden regelmäßig die ADS Güterversicherung 1973, zunehmend aber die DTV Güter 2000 vereinbart.[23] Diese erklären ihrerseits aber nicht die §§ 130ff. für anwendbar.

Bei **gemischten Versicherungen**, in denen sowohl Risiken der Land- und Binnengewäs- 14
serbeförderung als auch **stationäre Risiken** versichert sind, soll entscheidend sein, ob Elemente der Transportversicherung im Vordergrund stehen.[24] Ist dies der Fall, soll sich der gesamte Vertrag nach den §§ 130ff. richten. Dem ist zuzustimmen.

Ist es nicht der Fall, steht gleichwohl einer Anwendung der §§ 130ff. auf die Versicherung von hier durch erfassten Interessen nicht entgegen, sofern eine Abgrenzung möglich ist. So etwa, wenn durch einen einheitlichen Vertrag Güter gegen jede Art von Binnentransport und jede Art von Lagerung, also nicht nur mit der Beförderung verbundener Lagerungen, versichert sind. Dann gelten für versicherte Beförderungen die §§ 130ff.

Auf gemischte Beförderungen **zu Lande und auf Binnengewässern sowie zur See** fand nach § 147 a.F. das in §§ 778 HGB a.F. geregelte Seeversicherungsrecht Anwendung. Diese

[17] *Ehlers TranspR* **2007** 5, 7; HK-VVG/*Harms* § 130 Rn. 3; Prölss/Martin/*Koller* § 130 Rn. 2; Thume/de la Motte/Ehlers/*Thume* Kap. 2 Rn. 407.

[18] *Ehlers TranspR* **2007** 5,7; HK-VVG/*Harms* § 130 Rn. 3.

[19] Thume/de la Motte/Ehlers/*Müller-Rostin* Kap. 5 Rn. 781.

[20] Römer/Langheid/*Langheid* § 130 Rn. 1, dessen Begründung, die Luftfahrtversicherung sei durch internationale Abkommen geregelt allerdings nicht trägt, denn internationale Abkommen gibt es zwar in der Tat weitgehend im Haftungsrecht, nicht aber für Versicherungen.

[21] BTDrucks. 16/3945, 91.

[22] Thume/de la Motte/Ehlers/*Ehlers* Kap. 5 Rn. 8.

[23] Thume/de la Motte/Ehlers/*Ehlers* Kap. 5 Rn. 8; Thume/de la Motte/Ehlers/*Müller-Rostin* Kap. 5 Rn. 782.

[24] BGH 29.6.1983 VersR **1983** 949; Römer/Langheid/*Langheid* § 130 Rn. 16; HK-VVG/*Harms* § 130 Rn. 1.

Vorschrift wurde, nach Auffassung von *Koller* aus Versehen,[25] nicht in das neue VVG übernommen. Nach der VVG-Reform sind zu dieser Frage noch keine Entscheidungen veröffentlicht worden. In der Literatur gibt es unterschiedliche Auffassungen. So wird verbreitet vertreten, dass auf kombinierte Versicherungen (Land/Binnengewässer; See; Luft) gegebenenfalls drei verschiedene rechtliche Regelungen zur Anwendung kommen können.[26]*Koller* meint, dass bei bekanntem Schadensort auf die zurückzulegende Strecke abzustellen ist, mit der bei Vertragsschluss zu rechnen war.[27] Dabei könnten aber jedenfalls die ADS auch im Anwendungsbereich des § 130 vereinbart werden,[28] so dass sich unterschiedliche Ergebnisse nur im Falle der Inhaltskontrolle solcher AVB ergäben.[29] Nach wieder anderer Meinung unterfallen jedenfalls kombinierte Beförderungen unter Einschluss einer Seestrecke nicht dem VVG.[30] Nach einer weiteren Meinung soll es bei kombinierter Land-/Binnengewässer- und Seebeförderung darauf ankommen, ob der Binnentransport oder Seetransport überwiegt.[31]

15 **Stellungnahme**: Für die Kombination von Land-/Binnengewässerbeförderung und Luftbeförderung muss es bei der vom BGH bestimmten Rechtsanwendung nach Transportabschnitten bleiben. Das Problem unbekannter Schadensorte[32] ist wie im Frachtrecht zu lösen: Es gilt das für den VN günstigste Recht. Auf Kombinationen der Land-/Binnengewässerbeförderung und der Seebeförderung findet das VVG keine Anwendung. Zwar gibt es keine dem § 147 a.F. entsprechende Regelung mehr, die vorsah, dass beim Zusammentreffen von Binnen- und Seeversicherung allein Seeversicherungsrecht galt. Zur Frage, welches Recht auf derart kombinierte Versicherungen anzuwenden ist, ist die Gesetzesbegründung nicht ergiebig. Insbesondere lässt sich, entgegen *Ehlers,*[33] nicht aus der Begründung zu Art. 2 entnehmen, dass der Gesetzgeber auf den Wegfall des § 147 a.F. mit bestimmten Übergangsvorschriften reagiert hätte, so dass der Schluss gezogen werden dürfte, der Gesetzgeber habe sich positiv gegen die Seeversicherungslösung des § 147 a.F. gestellt. Solches ergibt sich insbesondere auch nicht aus der Erwähnung des § 147 a.F. in der Begründung zu Art. 5 des Reformgesetzes.[34] Denn dort wird die Nichtübernahme des § 147 a.F. damit begründet, dass er „das Seeversicherungsrecht des HGB für anwendbar erklärt", welches im Rahmen der VVG-Reform abgeschafft wurde. Jedenfalls lässt sich der Gesetzesbegründung an keiner Stelle entnehmen, dass vom früheren Rechtszustand abgewichen werden sollte. Im Gegenteil: Liest man die Begründung zu § 209, wird deutlich, dass der Gesetzgeber die Sonderstellung der Seeversicherung anerkannt hat. Einziger Unterschied zur bisherigen Rechtslage soll erkennbar sein, dass sie jetzt spezialgesetzlich nicht mehr geregelt ist. Den Worten „auch für die Seeversicherung soll es beim bisherigen Rechtszustand verbleiben"[35] ist kaum etwas hinzuzufügen, allenfalls der Hinweis, dass der „bisherige Rechtszustand" gerade durch § 147 a.F. gekennzeichnet war, der bei teilweiser Beförderung über See in das Seeversicherungsrecht führte. „Die Seeversicherung" im Sinne der Be-

---

[25] Dahingehend auch Prölss/Martin/*Klimke* § 209 Rn. 17.

[26] Looschelders/Pohlmann/*Paffenholz* vor § 130 Rn. 6; Schwintowski/Brömmelmeyer/*Pisani* § 130 Rn. 2a; HK-VVG/*Harms* § 130 Rn. 4; Thume/de la Motte/Ehlers/*Thume* Kap. 2 Rn. 408.

[27] Prölss/Martin/*Koller* § 130 Rn. 2.

[28] Looschelders/Pohlmann/*Paffenholz* vor § 130 Rn. 6.

[29] HK-VVG/*Harms* § 130 Rn. 4.

[30] Prölss/Martin/*Klimke* § 209 Rn. 17; Römer/Langheid/*Langheid* § 130 Rn. 13.

[31] *Enge/Schwampe* 39; *Flach* TranspR **2008** 56, 59; Prölss/Martin/*Koller* § 130 Rn. 2, der dies aber offenbar nur im Falle eines unbekannten Schadensorts anwenden will.

[32] Prölss/Martin/*Koller* § 130 Rn. 2.

[33] TranspR **2007** 5, 8.

[34] BTDrucks. 16/3945, 120.

[35] BTDrucks. 16/3945, 115.

gründung ist also jede Versicherung, bei der mindestens eine Teilstrecke über See geht. Derartige Versicherungen unterfielen vor der Reform nicht dem VVG. Die Reformkommission hatte mit ihrem Vorschlag der Einbeziehung der Seeversicherung in dass VVG einen anderen Weg gehen wollen. Den Ausführungen von *Ehlers*[36] merkt man das Bedauern an, dass der Gesetzgeber dem Vorschlag nicht gefolgt ist. Der Versuch *Ehlers*, den gescheiterten Vorschlag jedenfalls insoweit am Leben zu halten, als bei auf die Versicherung kombinierter Land-/Binnengewässer- und Seebeförderungen das VVG anzuwenden sei, scheitert aber am klaren Willen des Gesetzgebers. *Ehlers* hat Recht, wenn er meint, „in der Praxis findet eine Versicherung nur der Seereise so gut wie gar nicht statt. In der Praxis haben wir es in der Regel mit der Versicherung der Güter auf multimodalen Transporten zu tun." Das war auch vor der VVG-Reform nicht anders. Auf diese Versicherungen fand vor der VVG-Reform Seeversicherungsrecht Anwendung, nicht das VVG. Gerade diese Seeversicherung in der Form, wie sie vor der Reform bestand, wollte der Gesetzgeber durch die Reform nicht dem VVG unterwerfen. Die einzige Rechtsänderung, die er für diese Seeversicherung vornehmen wollte und vorgenommen hat, ist, sie von den Zwängen des veralteten HGB zu befreien.

Zu gemischten Beförderungen **zu Lande und auf Binnengewässern sowie in der** Luft **16**
gab es weder im VVG a.F. noch im geltenden Recht eine Spezialvorschrift. Das VVG galt und gilt für all diese Beförderungsarten. Soweit es um die Beförderung zu Lande oder auf Binnengewässern geht, finden die §§ 130ff. Anwendung, ansonsten das übrige VVG.[37]

Bei der **Versicherung von Fahrzeugen** findet die Bestimmung allein auf **Schiffe** Anwen- **17**
dung. Weitere Unterscheidungen trifft das Gesetz nicht. Abgrenzungskriterium ist allein, dass das Schiff den Gefahren des Einsatzes auf Binnenschifffahrt ausgesetzt ist. Sind Schiffe versichert, die sowohl den Gefahren der Binnenschifffahrt als auch solchen der Seeschifffahrt ausgesetzt sind, findet auch hier, wie bei der Güterversicherung, dass VVG keine Anwendung (zur Begründung siehe Rn. 15).

V. Vertragsfreiheit

§ 210 Abs. 1 gewährt für **Großrisiken** Freistellung von den Beschränkungen der Ver- **18**
tragsfreiheit, die durch Vorschriften des VVG erfolgen. Regelungstechnisch erfolgt dies dadurch, dass § 210 Abs. 2 für die Bestimmung von Großrisiken auf die Anl. Teil A zum VAG Bezug nimmt. Die unter § 130 fallenden Versicherungen sind sämtlich Großrisiken gem. § 210 Abs. 2 Nr. 1 i.V.m. Ziff. 7 Anl. Teil A zum VAG. Dabei entspricht das VVG weder in der Terminologie noch in der Struktur derjenigen der Anlage Teil A zum VAG. Das VVG bezeichnet als Transportversicherung nur diejenigen Versicherungen, die in § 130ff. geregelt sind, also die Güterversicherung gegen die Gefahren der Beförderung und damit verbundenen Lagerungen zu Lande oder auf Binnengewässern und die Schiffskaskoversicherung gegen die Gefahren der Binnenschifffahrt. Die Anl. Teil A zum VAG unterscheidet dagegen bei der Kaskoversicherung nach dem Transportmittel, lässt sowohl das Transportmittel als auch den Transportweg für die Gütertransportversicherung unbeachtet und fasst im Übrigen bei Zulassung für mehrere Sparten auch die Versicherung der „Haftpflicht aller Art (einschließlich derjenigen des Frachtführers), die sich aus der Verwendung von Fluss-

[36] *Ehlers* TranspR **2007** 5, 8.

[37] BGH 20.5.1963 VersR **1963** 717; Prölss/Martin/*Voit/Knappmann*[27] § 147 Rn. 1.

schiffen, Binnenseeschiffen und Seeschiffen ergibt" gem. Anlage Teil A Ziff. 12 zum VAG und die Schienenfahrzeug-Kaskoversicherung („Sämtliche Schäden an Schienenfahrzeugen") gem. Anlage Teil A Ziff. 4 zum VAG; vgl. Teil B lit. b) zum VAG unter der Bezeichnung „See- und Transportversicherung" zusammen.[38]

19 § 210 bewirkt nicht, dass die Transportversicherung von den sonstigen Bestimmungen des VVG freigestellt wäre, oder dass seine halbzwingenden Normen keine Anwendung finden, sondern nur, dass (auch) von den halbzwingenden Normen abgewichen werden kann.[39] Das ist (natürlich) möglich durch Individualvereinbarung, praktisch relevanter aber ist die Abbedingung durch AVB. Diese unterliegen dann der AGB-Kontrolle,[40] wobei die VVG-Vorschriften gesetzlichen Leitbildcharakter haben.[41] Besonders von Bedeutung ist dabei die Abänderung der Obliegenheitsvorschriften in § 28. Ob eine Abbedingung vorliegt, ist Auslegungsfrage. Diese Frage ist einfach zu beantworten, wenn § 28 ausdrücklich abbedungen wird,[42] wobei die vollständige Abbedingung gem. § 307 BGB unwirksam ist.[43] Bei bloßer Bestimmung einer Obliegenheit und der Leistungsfreiheit als Verletzungsfolge kann nach dem BGH auch ein geschäftskundiger VN daraus nicht erkennen, dass § 28 abbedungen sein soll.[44] Bei der Auslegung ist allerdings zu berücksichtigen, dass VN zumeist Kaufleute sind.[45] Im Übrigen ist auch auf die Internationalität des Regelungsbereichs Rücksicht zu nehmen,[46] insbesondere dann, wenn in internationaler Praxis Klauseln üblich geworden sind, die von deutschem dispositivem Gesetzesrecht abweichen.[47]

20 Werden im Versicherungsvertrag Klauseln vereinbart, die einem ausländischen Rechtskreis entstammen, erfolgt die Auslegung nach dem Rechtsverständnis desjenigen Landes, in dem die Klausel entwickelt wurde.[48]

21 Wird die Versicherung von Großrisiken nach § 210 Abs. 2 mit der Versicherung anderer Risiken kombiniert, fallen solche **kombinierten Versicherungen** nicht mehr unter § 210, so dass Beschränkungen der Vertragsfreiheit bestehen bleiben.[49] Anders nur dann, wenn die mitversicherten Gefahren hinter den versicherten Großrisikogefahren deutlich zurückbleiben.[50]

22 Transportversicherung in der Form der Güterversicherung wird regelmäßig als **laufende Versicherung** (§ 53) genommen[51] und ist auch deshalb von den Beschränkungen der Vertragsfreiheit ausgenommen. Ist eine solche laufende Transportgüterversicherung um so viele andere gedeckte Risiken erweitert, dass die Großrisiken des § 210 nicht mehr im Vordergrund stehen, folgt die Vertragsfreiheit aus der Qualifizierung als laufende Versicherung (§ 210 Abs. 1).

---

38 Einzelheiten bei Bruck/Möller/*Renger* § 210 Rn. 18ff..

39 Römer/Langheid/*Langheid* § 130 Rn. 7; HK-VVG/*Harms* § 130 Rn. 2.

40 Looschelders/Pohlmann/*Paffenholz* § 130 Rn. 12.

41 BGH 2.12.1992 VersR **1993** 223; Römer/Langheid/*Langheid* § 130 Rn. 7.

42 Römer/Langheid/*Langheid* § 130 Rn. 9.

43 BGH 9.5.1984 VersR **1984** 830; Römer/Langheid/*Langheid* § 130 Rn. 10.

44 BGH 3.6.1992 VersR **1992** 1089.

45 BGH 3.6.1992 VersR **1992** 1089; Römer/Langheid/*Langheid* § 130 Rn. 12.

46 Looschelders/Pohlmann/*Paffenholz* § 130 Rn. 12.

47 Looschelders/Pohlmann/*Paffenholz* § 130 Rn. 12.

48 BGH 2.12.1991 VersR **1992** 595; OLG Hamburg 22.12.1994 VersR **1996** 229; *Remé* VersR **1980** 207; Thume/de la Motte/Ehlers/*Ehlers* Kap. 5 Rn. 11.

49 BGH 24.11.1971 VersR **1972** 85, 86.

50 BGH 24.11.1971 VersR **1972** 85; BGH 29.6.1983 VersR **1983** 949; Langheid/Wand/*Kollatz* § 130 Rn. 5.

51 Langheid/Wand/*Kollatz* § 130 Rn. 4; Thume/de la Motte/Ehlers/*Thume* Kap. 2 Rn. 407.

B. Erläuterungen der Bestimmung

I. Güterversicherung (Absatz 1)

1. Versichertes Interesse

Güterversicherung ist Sachversicherung, nicht Haftpflichtversicherung, und deckt das **Sacherhaltungsinteresse** des Eigentümers des versicherten Gutes.[52] Die Parteien können durch vertragliche Vereinbarung aber auch andere Interessen mitversichern.[53] Das Transportmittel ist nicht mitversichert.[54] Nur **rechtmäßige Interessen** sind versichert.[55]Die Unrechtmäßigkeit kann sich auf das zugrunde liegende Handelsgeschäft beziehen[56] oder auf die Versicherung, wobei nicht ausreichend ist, wenn nach Abschluss der Beförderung und nach Ende der Versicherung gegen ein Gesetz verstoßen wird oder verstoßen werden soll.[57] Bei Unrechtmäßigkeit des Handelsgeschäfts oder der Versicherung folgt die Unwirksamkeit aus §§ 134, 138 BGB,[58] ohne dass es dafür Bestimmungen im Versicherungsvertrag bedürfte. In beiden Fällen ist die Reichweite der Unwirksamkeit zu bestimmen. Es ist also zu entscheiden, ob gegebenenfalls der Vertrag nur im Hinblick auf die Versicherung des betreffenden Interesses, die gegen ein gesetzliches Verbot verstößt oder sittenwidrig ist, oder vollen Umfangs unwirksam ist. Dies ist keine Frage des Versicherungsrechts, sondern des allgemeinen Zivilrechts. Auch wenn dort der Grundsatz besteht, dass das gesamte Rechtsgeschäft, also der Versicherungsvertrag in seiner Gesamtheit, nichtig ist,[59] wird für viele Versicherungsverträge, insbesondere laufende Gütertransportversicherungsverträge, bei denen nur ein Teil der versicherten Risiken gegen ein gesetzliches Verbot verstößt oder sittenwidrig ist, Teilnichtigkeit im Hinblick auf die betreffenden Risiken bestehen, denn regelmäßig wird in einem solchen Fall anzunehmen sein, dass die Parteien den Versicherungsvertrag im Übrigen, also ohne den gesetzeswidrigen oder sittenwidrigen Teil, abgeschlossen hätten (vgl. § 139 BGB). Folge der Nichtigkeit ist auch, dass die Prämienzahlungspflicht entfällt,[60] im Fall der Teilnichtigkeit die entsprechende Teilprämie. Unter § 134 BGB fallen nur deutsche Gesetze,[61] zu denen auch EU-Verordnungen zählen. Ausländische Gesetze können aber für die Frage der Sittenwidrigkeit nach § 138 BGB herangezogen werden.[62] Der BGH hat bei Kenntnis beider Parteien Nichtigkeit gem. § 138 BGB angenommen, bei Kenntnis lediglich des VN Unwirksamkeit wegen des Mangels eines versicherbaren Interesses. 23

Beispiele aus der Rechtsprechung (ja = Unwirksam; nein = nicht unwirksam): fehlende Genehmigung nach EU-Recht (ja),[63] Verstoß gegen amerikanische Embargovorschriften

---

52 BGH 25.3.1974 VersR **1974** 745; BGH 7.5.2003 VersR **2003** 1171; Berliner Kommentar/*Dallmayr* § 129 Rn. 3; Langheid/Wand/*Kollatz* § 130 Rn. 3; Römer/Langheid/*Langheid* § 130 Rn. 18; HK-VVG/*Harms* § 130 Rn. 1; Schwintowski/Brömmelmeyer/*Pisani* § 130 Rn. 3; Thume/de la Motte/Ehlers/*Thume* Kap. 2 Rn. 407.

53 BGH 07.05.2003 VersR **2003** 1171, 1172; Prölss/Martin/*Koller* § 130 Rn. 2.

54 Langheid/Wand/*Kollatz* § 130 Rn. 5.

55 Schwintowski/Brömmelmeyer/*Pisani* § 130 Rn. 16; Thume/de la Motte/Ehlers/*Ehlers* Kap. 5 Rn.16.

56 De la Motte, VersR **1988** 317; Langheid/Wand/*Kollatz* § 130 Rn. 11; Looschelders/Pohlmann/*Paffenholz* § 130 Rn. 11.

57 BGH 8.4.1976 VersR **1976** 678.

58 Prölss/Martin/*Koller* § 130 Rn. 1.

59 Palandt/*Ellenberger* § 134 Rn. 13, § 138 Rn. 19.

60 Langheid/Wand/*Kollatz* § 130 Rn. 16.

61 Thume/de la Motte/Ehlers/*Thume* Kap. 2 Rn. 423.

62 ebenda.

63 OLG 28.9.1999 Saarbrücken VersR **2000** 760.

bzgl. des Exports bestimmter Güter nach Osteuropa (ja),[64] Verstoß gegen nigerianische Ausfuhrvorschriften zum Schutz von Kulturgütern (ja),[65]Verstoß gegen Zoll- und Importvorschriften (nein).[66]

24 Viel diskutiert sind in jüngerer Zeit **Sanktionen**, insbesondere in Zusammenhang mit den amerikanischen und europäischen Sanktionen gegen Iran und Syrien, die sich dadurch auszeichnen, dass sie ausdrückliche Versicherungsverbote enthalten.[67] Auch bei solchen Sanktionsverstößen wäre Unwirksamkeit der Versicherung gem. § 134 BGB gegeben: Dennoch nehmen die deutschen VR inzwischen weitgehend Sanktionsklauseln in ihre Versicherungsverträge auf, um eine sich sonst u.U. aus § 34 AWG ergebende Strafbarkeit zu vermeiden.[68]

Die Auffassung, dass sich ein VR u.U. nicht auf die Unwirksamkeit berufen dürfe, wenn er die zur Nichtigkeit führenden Umstände kannte,[69] ist abzulehnen. Die Nichtigkeit nach §§ 134, 138 BGB steht nicht zur Disposition der Parteien.

2. Güter

25 Die Versicherung muss sich auf Güter, gleich welcher aller Art, beziehen.[70]Dem Begriff des Gutes wohnt keine irgendwie geartete Begrenzung inne.[71] „Güter" können Sachen aller Art sein,[72] unabhängig davon ob sie gewerblichen oder privaten Zwecken dienen.[73] Zu eng ist es, wenn gefordert wird, dass das Gut Gegenstand eines Beförderungsvertrages ist,[74] denn auch durch den VN selbst transportierte Güter können versichert werden.[75] Eine Einschränkung auf beförderte oder damit in Zusammenhang gelagerte Güter ergibt

---

64 BGHZ 21.12.1960, **34** 169; BGH 24.5.1962 VersR **1962** 659.

65 BGH 22.6.1972 VersR **1972** 849.

66 BGH 8.4.1976 VersR **1976** 678 (Argentinien); OLG Hamburg 18.8.1983 VersR **1983** 1151 (Nigeria).

67 Art. 35 der Verordnung (EU) 267/2012 Amtsblatt **2012** L 88/1: allgemeines Versicherungsverbot betreffend im Einzelnen bezeichneter iranischer Einrichtungen und Unternehmen; Art. 6 (d) der Verordnung (EU) 36/2012, Amtsblatt **2012** L 16: Verbot der Versicherung syrischen Rohöls oder Erdölerzeugnissen.

68 Zur verbandsempfohlenen deutschen Sanktionsklausel, die auch als Ziff. 1.2 Bestandteil der DTV Güter 2000/2011 ist, siehe Bruck/Möller/*Riemer* Ziff. 1 DTV Güter Rn. 19 sowie ausführlich Bruck/Möller/*Koch*, Ziff. 1 AHB Rn. 89ff..

69 Langheid/Wand/*Kollatz* § 130 Rn. 16; Looschelders/Pohlmann/*Paffenholz* § 130 Rn. 11; Prölss/Martin/*Voit/Knappmann* § 129 Rn. 22.

70 Schwintowski/Brömmelmeyer/*Pisani* § 130 Rn. 11.

71 Anders BGH 29.6.1983 VersR **1983** 949: „Schon bei den versicherten Gegenständen handelt es sich nicht um „Güter", also um Handelsgüter, Reisegepäck, Valoren oder ähnliches".

72 Prölss/Martin/*Koller* § 130 Rn. 2.

73 OLG Hamburg 29.6.1970 MDR **1970** 1016; Berliner Kommentar/*Dallmayr* § 129 Rn. 6; Schwintowski/Brömmelmeyer/*Pisani* § 130 Rn. 11.

74 So aber Berliner Kommentar/*Dallmayr* § 129 Rn. 6; Schwintowski/Brömmelmeyer/*Pisani* § 130 Rn. 11; Looschelders/Pohlmann/*Paffenholz* § 130 Rn. 8; Thume/de la Motte/Ehlers/*Thume* Kap. 2 Rn. 414, alle unter Bezugnahme auf OLG Hamburg 29.6.1970 MDR **1970** 1016; schwankend Langheid/Wand/*Kollatz* § 130, der in Rn. 6 einen Beförderungsvertrag fordert, aber in Rn. 8 ausführt, dass es auf die die Beförderung ausführende Person nicht ankomme.

75 So auch Thume/de la Motte/Ehlers/*Thume* Kap. 2 Rn. 412, der davon spricht, dass die Güter „meist" fremder und wechselnder Obhut überlassen werden: Damit ist weder der Beförderungsvertrag noch die fremde Obhut Tatbestandsmerkmal der Transportversicherung. Siehe auch Langheid/Wand/*Kollatz* § 130 Rn. 8.

sich, entgegen *Koller,*[76] deshalb auch nicht aus dem Begriff der Güter (Güter können gem. § 467 HGB auch ohne jeden Zusammenhang mit einem Transport gelagert werden), sondern aus dem daneben bestehenden Erfordernis von Beförderung oder Lagerung. Richtig ist allerdings, dass Sachen, die durch den Beförderer zur Beförderung (oder Lagerung) des Gutes eingesetzt werden, nicht selbst Güter im Sinne der Vorschrift sind.[77] Der LKW, der Container oder die Laschgurte, die vom Beförderer verwendet werden, unterfallen als solche nicht dem Leitbild der Güterversicherung. Das gleiche gilt für Lademittel, die das Transportmittel mit sich führt. Sie sind unabhängig davon, ob sie fest installiert (z.B. Kräne) oder lose mitgeführt werden (z.B. Gabelstapler) nicht selbst Güter.[78] Lade- oder Transportmittel können jedoch ihrerseits Güter sein, wenn ihre Ortsveränderung Zweck ihrer Beförderung ist. Deshalb können auch **Verpackungsmittel** Güter sein, wenn sie leer transportiert werden (z.B. Wechselbrücken Paletten, Container)[79] und nicht selbst zu Zwecken des Transports eingesetzt werden.[80] Deshalb können auch **Beförderungsmitteln** selbst Güter sein, nämlich dann, wenn sie selbst befördert werden. Dabei bedarf es nicht einmal eines gesonderten Beförderungsmittel (Beispiel: der „auf eigener Achse" beförderte LKW). Ob Verpackung zu den Gütern zählt, lässt sich weder allgemein bejahen,[81] noch allgemein verneinen. Nicht entscheidend ist jedenfalls, ob der Wert der Verpackung in den Versicherungswert eingegangen ist.[82] Ist er es, ist dies allerdings in der Tat deutliches Indiz, dass die Verpackung versichert sein soll. Der Umkehrschluss ist aber nicht zulässig. Denn eine unrichtige Wertbestimmung kann keinen Einfluss auf den Umfang der Versicherung haben, schon gar nicht angesichts der in der Transportversicherung üblichen Taxierung des Versicherungswerts.[83] Wird die Verpackung beim Transport beschädigt, stellt sich regelmäßig nicht die Frage, ob überhaupt Güter betroffen sind, sondern ob ein Schaden entstanden ist. Siehe dazu Rn. 44ff. Im Übrigen ist es den Parteien unbenommen, im Versicherungsvertrag die Mitversicherung von Verpackungs- oder Lademitteln zu vereinbaren. Die §§ 130ff. bleiben dann anwendbar, sofern die Transportversicherung nach wie vor im Vordergrund steht (Rn. 13ff).

3. Beförderung

Beförderung ist Ortsveränderung,[84] beinhaltet aber auch schon unter § 129 a.F. vorübergehende Ruhezustände, soweit sie mit dem Transport zusammenhingen und die Güter in Bewegungsbereitschaft waren.[85] Die zurückgelegte Entfernung ist ebenso unbedeutend, wie die Frage, ob in Richtung auf den Bestimmungsort befördert wird[86] oder nicht. Abweichungen vom vereinbarten oder üblichen Transportweg mögen Gefahrände- **26**

[76] Prölss/Martin/*Koller* § 130 Rn. 2.
[77] Prölss/Martin/*Koller* § 130 Rn. 2.
[78] Schimikowski/Brömmelmeyer/*Pisani* § 130 Rn. 13.
[79] Berliner Kommentar/*Dallmayr* § 129 Rn. 6; Thume/de la Motte/Ehlers/*Thume* Kap. 2 Rn. 414.
[80] Schwintowski/Brömmelmeyer/*Pisani* § 130 Rn. 13.
[81] So aber Prölss/Martin/*Koller* § 130 Rn. 2; Thume/de la Motte/Ehlers/*Thume* Kap. 2 Rn. 414
[82] So Thume/de la Motte/Ehlers/*Thume* Kap. 2 Rn. 302.
[83] *Enge/Schwampe* 88.
[84] BGH 29.6.1994 VersR **1994** 1058; Berliner Kommentar/*Dallmayr* § 129 Rn. 4; Langheid/Wand/*Kollatz* § 130 Rn. 8; Prölss/Martin/*Koller* § 130 Rn. 2; Römer/Langheid/*Langheid* § 130 Rn. 18; Schwintowski/Brömmelmeyer/*Pisani* § 130 Rn. 5; *Thume*/de la Motte/Ehlers/*Thume* Kap. 2 Rn. 415.
[85] BGH 24.11.1971 VersR **1972**, 85; OLG Frankfurt 09.11.1982 **1983**, 946.
[86] So aber Prölss/Martin/*Koller* § 130 Rn. 2.

rungen sein oder zur Leistungsfreiheit führen,[87] sie ändern nichts daran, dass es sich um Beförderung handelt. Eine einmal begonnene Beförderung hält grundsätzlich an, bis sie beendet wird. Die Beendigung kann mit Erreichen des Zielortes erfolgen, oder vor Erreichen durch Abbruch der Beförderung. Solange der Zielort nicht erreicht oder die Beförderung nicht abgebrochen ist, hält sie grundsätzlich an, auch wenn es zu **Verzögerungen** der Beförderung kommt, die Gefahränderungen sein können,[88] und bei denen Schäden, die durch die Verzögerung verursacht werden,[89] durch die üblichen Versicherungsbedingungen vom Versicherungsschutz regelmäßig ausgenommen sind.[90] Wird dagegen in den Beförderungsablauf ohne besondere Erfordernisse und Umstände der Beförderung eingegriffen und die Beförderung abgebrochen, liegt keine Beförderung mehr vor (und auch keine mit der Beförderung verbundene Lagerung). Das bedeutet indessen nicht, dass sich ein Versicherungsvertrag nicht auch auf solche Konstellationen erstrecken kann.[91] Tut er es, erfasst der Vertrag neben Beförderungsrisiken auch stationäre Risiken. Ob dann noch die §§ 130ff. anwendbar sind, hängt davon ab, ob die Beförderungsrisiken immer noch im Vordergrund stehen (Rn. 12ff.).

27 Der Begriff der Beförderung umfasst auch den **Umschlag**[92] sowie das Ein- und Ausladen. Reine Lagerung ist nicht erfasst, auch nicht, wenn sie in Binnenschiffen erfolgt und damit den Gefahren der Binnenschifffahrt ausgesetzt ist. Die Versicherung des zur Lagerung eingesetzten Binnenschiffs kann dagegen Absatz 2 unterfallen.

28 a) **Beförderung zu Lande.** Mit welchem Beförderungsmittel zu Lande befördert wird, ist unbedeutend. Hauptanwendungsfälle sind sicherlich LKW und Bahn,[93] aber natürlich auch PKW, Fahrrad oder die Beförderung zu Fuß. Gedanklich etwas ferner liegend, aber ebenso erfasst, sind Förderbänder oder Pipelines. „Zu Lande" wird auch befördert, was durch ein mit dem Land verbundenes Beförderungsmittel durch die Luft befördert wird, also z.B. die Verbringung von Gütern vom Erdboden in oder auf ein Gebäude per Kran.

29 b) **Beförderung auf Binnengewässern.** Die Abgrenzung erfolgt nach allgemeiner Ansicht nach Flaggenrecht,[94] genauer nach § 1 FlRV,[95] der die Grenzen der Seefahrt wie folgt bestimmt:

> *„Als Grenzen der Seefahrt im Sinne des § 1 des Flaggenrechtsgesetzes werden bestimmt:*
> 1. *die Festland- und Inselküstenlinie bei mittlerem Hochwasser,*
> 2. *die seewärtige Begrenzung der Binnenwasserstraßen,*
> 3. *bei an der Küste gelegenen Häfen die Verbindungslinie der Molenköpfe und*
> 4. *bei Mündungen von Flüssen, die keine Binnenwasserstraßen sind, die Verbindungslinie der äußeren Uferausläufe."*

---

87 Ziff. 2.3 ADS Güterversicherung; Ziff. 5.3 DTV Güter; Näheres bei Bruck/Möller/*Riemer* Ziff. 5 DTV Güter Rn. 2 und Ziff. 6 DTV Güter Rn. 1ff.

88 Ziff. 2.3 ADS Güterversicherung; Ziff. 5.3 DTV Güter; Näheres bei Bruck/Möller/*Riemer* Ziff. 5 DTV Güter Rn. 2

89 OLG Hamburg 18.08.1983 VersR **1983** 1151.

90 Ziff. 1.4.1.1 ADS Güterversicherung; Ziff. 2.5.1.1 DTV Güter; Näheres bei Bruck/Möller/*Riemer* Ziff. 2 DTV Güter Rn. 55ff.

91 So etwa bei der Mitversicherung verfügter Lagerungen gem. Ziff. 5.2.3 ADS Güterversicherung (30 Tage) und Ziff. 8.2.6 i.V.m. Ziff. 9.1 DTV Güter (zu vereinbarender Zeitraum).

92 Prölss/Martin/*Koller* § 130 Rn. 2.

93 Langheid/Wand/*Kollatz* § 130 Rn. 7.

94 BGH 13.3.1980 VersR **1980** 546; Langheid/Wand/*Kollatz* § 130 Rn. 7.

95 BGBl. **1990** I 1389; unrichtig deshalb der Rückgriff von Berliner Kommentar/*Dallmayr* § 130 Rn. 7 auf die DVO zum FlaggRG, die mit Inkrafttreten der FlRV außer Kraft getreten ist.

Dazu gehört nicht das Wattenmeer,[96] wohl aber die Elbe bei Cuxhaven[97] und die Schlei.[98] Die Abgrenzung erfolgt also geografisch. Die Versicherung von Gütern auf der Beförderung von Brunsbüttel nach Cuxhaven unterfällt deshalb den §§ 130ff., auch wenn in dem weiten Trichter der Elbmündung durchaus Seegefahren auftreten können.

Nach anderer Ansicht soll ein Überschreiten der Seegrenze vorliegen, wenn der See- **30**
fahrt eigentümliche Gefahren und Schwierigkeiten auftreten.[99]

Der h.M. ist zuzustimmen. Die Reglungen in § 1 FlRV ermöglichen eine Abgrenzung **31**
von Binnen- und Seegewässern auch außerhalb Deutschlands, weil sie allgemein sind und nicht auf regionale deutsche Besonderheiten Rücksicht nehmen. Der Abgrenzungsversuch *Pisanis* führt notwendigerweise zu Unklarheiten, die tunlichst vermieden werden. Denn insbesondere auf großen Binnenseen können durchaus Gefahren auftreten, die denen der See nicht unähnlich sein müssen. Das ändert aber nichts daran, dass es sich um Binnengewässer handelt.

Abgestellt wird nur auf die Beförderung auf Binnengewässern, nicht auf die Beförderung mit Schiffen. Auch die Versicherung von Gütern bei Beförderung auf Binnengewässern mit Fahrzeugen, die nicht Schiffe sind (zum Schiffsbegriff siehe Rn. 66), unterfällt der Bestimmung. Wie bei der Beförderung zu Lande bedarf es überhaupt keines Beförderungsmittels. Auch Holzstämme, die auf Flüssen geflößt werden, werden auf Binnengewässern befördert. Ihre Versicherung unterfällt den §§ 130ff.

Für den Hauptfall der Beförderung durch Schiffe ist die **Art des eingesetzten Schiffes** **32**
unerheblich.[100] Auch der Transport von Gütern mit einem Seeschiff von Rotterdam nach Duisburg unterfällt der Bestimmung. *Koller*[101] macht die Versicherung des Transports mit Leichtern von der Dauer der Versicherung abhängig. Das ist missverständlich. Die Dauer der Versicherung ist nicht nur bei Leichtern zu beachten, sondern in jedem Fall. Die Vorschrift des § 136 a.F. ist mit der VVG-Reform ersatzlos entfallen. Sie sah vor, dass der VR bei der Versicherung von Gütern gegen die Gefahren der Beförderung auf Binnengewässern die Gefahr der Benutzung von Leichterfahrzeugen bei der Verladung oder Ausladung trägt, wenn die Benutzung ortüblich ist, sog. „Leichtergefahr". Der Entfall ist unproblematisch und hinterlässt keine Lücken. Denn wenn es um die Ver- und Ausladung aus Seeschiffen auf Binnengewässern geht (z.B. in den Häfen in Hamburg oder Bremen), dann trägt der VR die Gefahr ohnehin, weil es sich um Beförderung auf Binnengewässern handelt. Seinen Anwendungsbereich hatte § 136 a.F. bei der Gefahrerhöhung, weil in der nicht ortsüblichen Leichterung eine Gefahränderung gesehen wurde.[102] Diese war im VVG a.F.

---

[96] BGH 13.3.1980 VersR **1980** 546; RGZ **13**, 68; **102**, 45; Prölss/Martin/*Koller* § 130 Rn. 2; Römer/Langheid/*Langheid* § 130 Rn. 18; Schimikowski/Brömmelmeyer/*Pisani* § 130 Rn. 7, der aber andererseits und insoweit widersprüchlich auf das Auftreten seefahrtstypischer Gefahren abstellen will (siehe Rn. 28).

[97] BGH NJW 6.12.1984 **1987** 496.

[98] Soweit BGHZ 9.7.1987 **102** 1 die Schlei als „Meeresarm und Teil der Ostsee" bezeichnet, ist dies keine flaggenrechtliche Einordnung, sondern eine nicht einmal die Entscheidung tragende eigentumsrechtliche Betrachtung vor dem Hintergrund von Art. 97, 171 WRV und Art. 89 GG.

[99] Schwintowski/Brömmelmeyer/*Pisani* § 130 Rn. 7, der sich auf Beckmann/Matusche-Beckmann/*Heiss/Trümper* § 38 Rn. 17 beruft, wo dies jedoch nur dort herangezogen werden soll, wo nach der flaggenrechtlichen Abgrenzung „keine verbindliche Festlegung der Seegrenze" möglich ist, was indessen anhand § 1 FlRV immer möglich ist.

[100] Prölss/Martin/*Koller* § 130 Rn. 2.

[101] Prölss/Martin/*Koller* § 130 Rn. 2.

[102] Vgl. Ziff. 2.3 ADS Güterversicherung.

nach § 23 a.F. verboten. In der Transportversicherung galt nichts anderes mit Ausnahme der Sonderregelung in § 142, wonach der VR wegen einer unabhängig vom Willen des VN eingetretenen Gefahrerhöhung (entgegen § 24 Abs. 1 a.F.) nicht kündigen konnte. Schon die ADS Güterversicherung haben in Ziff. 2 die Gefahrstandpflicht durch ein Gefahränderungsrecht mit Anzeigeobliegenheit ersetzt. Das Gesetz hat dies jetzt in § 132 übernommen.

33 Zu **gemischten Beförderungen** siehe oben Rn. 14.

4. Mit der Beförderung verbundene Lagerung

34 Die mit der Beförderung verbundene Lagerung war in § 129 a.F. nicht genannt, wurde aber im Rahmen einer nicht näher abgegrenzten „Bewegungsbereitschaft" als miterfasst angesehen.[103] Wo dafür auf die Haus-zu-Haus Regelung in Ziff. 5 ADS Güterversicherung 1973 verwiesen wurde,[104] war dies schon deshalb keine tragfähige Begründung, weil es sich dabei um Allgemeine Versicherungsbedingungen handelte, die zur Auslegung einer Gesetzesbestimmung ungeeignet ist. Nach der VVG-Reform erstreckt sich § 130 ausdrücklich auf die mit der Beförderung zu Lande oder auf Binnengewässern verbundene Lagerung.[105] Das soll bedeuten, dass das Gut in unmittelbarem räumlichem und zeitlichem Zusammenhang zur Beförderung bereit steht.[106] *Kollatz* spricht von einer „engen Kausalität" zum Transport.[107]

Pisani meint, dass sich die Deckung von transportbezogenen Lagerrisiken aus den Gefahrtragungsregeln der üblicherweise verwendeten Incoterms ergebe[108] und verweist dafür auf die Gesetzesbegründung.[109] Diese verweist, allerdings ebenfalls zu Unrecht, auf die Gefahrtragungsregeln in Zusammenhang mit der Dauer der Versicherung, nicht mit der Erstreckung der Versicherung auf transportbedingte Lagerungen. Mit Gefahrtragung hat die Bestimmung allerdings nichts zu tun.

35 Auf die **Art des Lagers** kommt es nicht an. Erfasst werden sowohl Lagerhallen als auch Freilager.[110] Es bedarf nicht einmal eines besonders abgegrenzten Lagers, denn nicht das „Lager" ist konstituierendes Merkmal, sondern die „Lagerung". Bei Konsignations- und Auslieferungslagern fehlt grundsätzlich der Transportzusammenhang,[111] kann aber bei besonderen Umständen des Einzelfalls doch vorkommen.[112] Umstritten ist, ob auch der Beförderungsaufenthalt zwecks vom Frachtführer veranlasster Verpackung bei einem Spezialbetrieb beförderungsbedingt ist.[113] Das ist zu bejahen. Der erforderliche Zusammenhang zwischen Beförderung und Lagerung ist durch die Verbundenheit denkbar schwach. Angesichts der frachtrechtlichen Erfordernisse der beförderungsgerechten Verpackung (§ 411 HGB) ist diese Verbundenheit gegeben.

---

103 Looschelders/Pohlmann/*Paffenholz* § 130 Rn. 5; Thume/de la Motte/Ehlers/*Thume* Kap. 2 Rn. 412.

104 Berliner Kommentar/*Dallmayr* § 130 Rn. 4; Prölss/Martin/*Voit/Knappmann*[27] § 129 Rn. 10; Schwintowski/Brömmelmeyer/*Pisani* § 130 Rn. 5.

105 Nach Begr. BTDrucks. 16/3945 S. 91 nur eine Klarstellung

106 Römer/Langheid/*Langheid* § 130 Rn. 18.

107 Langheid/Wand/*Kollatz* § 130 Rn. 9.

108 Schwintowski/Brömmelmeyer/*Pisani* § 130 Rn. 8.

109 BTDrucks. 16/3945 S. 91.

110 Thume/de La Motte/Ehlers/*Ehlers* Kap. 5 Rn. 19; *ders.* TranspR **2006** 7, 10.

111 Schwintowski/Brömmelmeyer/*Pisani* § 130 Rn. 10; *Ehlers* TranspR **2006** 7, 11.

112 Thume/de La Motte/Ehlers/*Ehlers* Kap. 5 Rn. 292.

113 Bejahend: Prölss/Martin/*Koller* § 130 Rn. 2 und Ziff. 9 DTV Güter Rn. 1; verneinend *Ehlers* TranspR **2006** 7, 11 und Thume/de la Motte/Ehlers/*Thume* Kap. 2 Rn. 274.

Wenn für unfreiwillige Aufenthalte,[114] transportbedingte Vor- oder Zwischenlagerungen,[115] vom VN im Zusammenhang mit dem Transport bestimmte (disponierte) Lagerungen,[116] bei denen ein kausaler Zusammenhang mit dem Transport bestehen muss, teils davon gesprochen wird, dass diese versichert seien, ist dies missverständlich. § 130 bestimmt nicht, was unter dem Vertrag versichert ist. Er bestimmt, welche Gefahren versichert sind, wenn eine Versicherung „gegen die Gefahren der Beförderung zu Lande oder auf Binnengewässern sowie der damit verbundenen Lagerung" genommen ist. Erfasst eine Versicherung nicht nur unfreiwillige, sondern auch freiwillige Aufenthalte, nicht nur transportbedingte, sondern auch alle anderen Vor- oder Zwischenlagerungen, also auch alle vom VN disponierten Lagerungen, dann sind diese Lagerungen natürlich versichert und nicht etwa deshalb unversichert, weil sie nicht unter den Tatbestand von § 130 zu subsumieren sind. Man hat es dann schlicht mit einem Fall zu tun, in dem ein Versicherungsvertrag neben den mobilen Risiken des § 130 auch stationäre Risiken deckt. Es stellt sich nicht die Frage nach dem Umfang des Versicherungsschutzes, sondern nach der Anwendbarkeit der §§ 130ff. (dazu oben Rn. 12 ff). **36**

Die gängigen AVB enthalten zur Versicherung von Lagerungen detaillierte Regelungen, und zwar zumeist im Zusammenhang mit der Dauer der Versicherung.[117] Anders als nach § 130 spielt deshalb der Umstand, ob eine Lagerung disponiert oder transportbedingt ist, nach den marktüblichen Bedingungen keine Rolle für die Frage, ob überhaupt Versicherungsschutz besteht, sondern für welchen Zeitraum. Für transportbedingte Lagerungen besteht grundsätzlich für unbeschränkte Dauer Versicherungsschutz,[118] während für disponierte Lagerungen Versicherungsschutz nur für die besonders vereinbarte Zeitdauer besteht.[119] **37**

5. Versicherte Gefahr

§ 130 bestimmt als Leitbild für die dem VVG unterfallende Transportversicherung die Allgefahrendeckung. § 130 ist eindeutig und spricht schlicht von „allen Gefahren", was auch sog. kommerzielle Gefahren erfasst.[120] Entgegen teilweise missverständlicher Formulierungen[121] engt die Bestimmung die versicherten Gefahren nicht auf solche der Beförderung oder der Lagerung ein.[122]. Das Gegenteil ist richtig: Wer Gefahren der Beförderung und der damit verbundener Lagerung oder Gefahren der Binnenschifffahrt versichert, der **38**

---

114 Schwintowski/Brömmelmeyer/*Pisani* § 130 Rn. 9.

115 Schwintowski/Brömmelmeyer/*Pisani* § 130 Rn. 9.

116 Schwintowski/Brömmelmeyer/*Pisani* § 130 Rn. 9.

117 Bruck/Möller/*Riemer* Ziff. 8 (DTV Güter Rn. 1ff.

118 Thume/de la Motte/Ehlers/*Ehlers* Kap. 5 Rn. 290; Ausnahme: See- und Lufttransport; bei Seetransport ist das VVG aber überhaupt nicht anwendbar, bei Lufttransport jedenfalls nicht die §§ 130 ff, vgl. Rn. 13.

119 Vgl. Ziff. 9.1 DTV Güter.

120 BGH 9.2.1981 VersR **1981** 524 („Green Park"); Thume/de la Motte/Ehlers/*Ehlers* Kap. 5 Rn. 35.

121 Langheid/Wand/*Kollatz* § 130 Rn. 8 („Transportgefahren, Lagergefahren"); missverständlich auch Römer/Langheid/*Langheid* § 130 Rn. 17, der zwar einerseits von der Universalität spricht, andererseits Schadensentstehung aus einer „Transportgefahr" fordert, und Schwintowski/ Brömmelmeyer/*Pisani*, der zwar bei § 130 Rn. 3 ausdrücklich eine Einschränkung ablehnt, aber gleichfalls bei 130 Rn. 17 von „Transportgefahr" spricht.

122 Looschelders/Pohlmann/*Paffenholz* § 130 Rn. 3 und 14; Prölss/Martin/Koller § 130 Rn. 2; Schwintowski/Brömmelmeyer/*Pisani* § 130 Rn. 3; Thume/de la Motte/Ehlers/*Thume* Kap. 2 Rn. 415 und 418; Thume/de la Motte/Ehlers/*Ehlers* Kap. 5 Rn. 18 und 35.

versichert alle Gefahren. Deshalb gibt es zwischen der Versicherung von Gütertransport mit Binnenschiffen nach Abs. 1 und der Versicherung der Binnenschiffe selbst nach Abs. 2 auch keinen Unterschied hinsichtlich der gedeckten Gefahren. Zwar werden in Abs. 1 Gefahren der Beförderung auf Binnengewässern angesprochen, in Abs. 2 die Gefahren der Binnenschifffahrt. Für beide bleibt es aber bei der Anordnung, dass alle Gefahren versichert sind. Dagegen kann auch nicht der BGH ins Feld geführt werden. Zwar hat er durchaus das Vorliegen einer Versicherung gegen Transportgefahren geprüft,[123] allerdings nicht, um die Aussage zu treffen, dass eine Versicherung gegen Beförderungsgefahren ausschließlich diese, und nicht alle Gefahren decke, sondern um im Rahmen des § 187 a.F. das nach damaligem Recht maßgebliche Vorliegen einer Transportversicherung von einer Versicherung stationärer Risiken zu unterscheiden. Im Übrigen hat die Feststellung, dass bei der Versicherung gegen die Gefahren der Beförderung und der damit verbundener Lagerung oder gegen die Gefahren der Binnenschifffahrt alle Gefahren trägt, keine größere praktische Bedeutung. Zwar legt die Bestimmung das gesetzliche Leitbild fest, sie ist aber abänderbar (Rn. 114). In der Praxis gibt es keine Transportversicherung, die die versicherten Gefahren nicht selbst beschreiben würde. Ob alle Gefahren, und wenn das nicht der Fall ist welche Gefahren versichert sind, ergibt sich deshalb praktisch immer aus dem Versicherungsvertrag, nicht aus § 130. So hat etwas das OLG Hamburg mit einer für das betroffene Rechtsgebiet versteckt veröffentlichten und deshalb von der Praxis nicht wahrgenommenen Entscheidung, deren Tenor die Bedeutung der Entscheidung nicht erkennen lässt, zur Seekaskoversicherung nach den Allgemeinen Deutschen Seeversicherungsbedingungen von 1919 (ADS) die Auffassung vertreten, die erfasse nicht alle Gefahren, sondern nur alle Gefahren der Seeschifffahrt [124]. Das Urteil betrifft nicht die Auslegung von § 130, denn das Gesetz bestimmt bei der Versicherung gegen die Gefahren der Beförderung und der damit verbundener Lagerung oder gegen die Gefahren der Binnenschifffahrt den Umfang der Gefahrtragung nur dann, wenn die Parteien im Vertrag den Umfang der versichertengefahren nicht selbst geregelt haben. Für vertragliche Vereinbarungen hat das Urteil dagegen durchaus Bedeutung, insbesondere für die DTV Güter und die DTV-ADS, denn die Parallele von §§ 1 und 28 ADS findet sich dort in Ziff. 1.1.1 und 2.1 DTV Güter und Ziff. 1 und 27 DTV-ADS wieder. Auch dort ist das Urteil bislang aber nicht beachtet worden.

39 Deshalb sind auch alle Erörterungen, ob die Überlassung der Güter während der Beförderung in fremde bzw. wechselnde Obhut Voraussetzung für das Vorliegen einer Beförderungsgefahr ist,[125] unerheblich. Sie sind Überbleibsel des alten Rechts, die bedeutungslos geworden sind, nachdem das VVG an den Begriff der Transportversicherung keine Rechtsfolgen mehr knüpft (s.o. Rn. 1 ff).

40 Bei einer Allgefahrenversicherung sind alle Gefahren versichert, die nicht ausdrücklich vom Versicherungsschutz ausgenommen sind.[126] Die besondere Bedeutung liegt neben dem Umstand, dass eine Deckung benannter Gefahren (Spezialitätsgrundsatz) immer das Risiko läuft, nicht alle tatsächlich drohenden Gefahren erfasst zu haben, in der Beweislast (siehe Rn. 61 ff.) Die marktüblichen AVB enthalten zahlreiche Ausschlüsse, wobei AVB terminologisch Gefahr- und Schadensausschluss vermischen, zumeist ohne dass die Literatur

---

[123] BGH 24.11.1971 VersR **1972** 85.

[124] OLG Hamburg 12.05.2012, VRS **2013** 93

[125] Langheid/Wand/*Kollatz* § 130 Rn. 8 (unter Berufung auf: BGH 24.11.1971 VersR **1972** 85), der aber andererseits offenbar auch meint, dass es auf die Art Gefahr nicht ankommt, sondern darauf, dass die Güter ihr während der Beförderung ausgesetzt sind. Skeptisch auch Prölss/Martin/*Koller* § 130 Rn. 2, nach dem dies „allenfalls“ ein Indiz ist.

[126] BGH 9.2.1981 VersR **1981** 524 („Green Park“); Thume/de la Motte/Ehlers/*Ehlers* Kap. 5 Rn. 35.

das aufgreifen würde.[127] So unterscheidet Ziff. 2 DTV Güter zwischen ausgeschlossenen Gefahren (Ziff. 2.4) und ausgeschlossenen Schäden (Ziff. 2.5). Tatsächlich enthält jedoch auch Ziff. 2.5 mit Ausnahme des Regelung zu mittelbaren Schäden (Ziff. 2.5.2; die auch kein Ausschluss, sondern nur Klarstellung ist, vgl. Rn. 44) ausschließlich Gefahrausschlüsse, was eigentlich schon aus den einleitenden Worten klar sein sollte („Der VR leistet keinen Ersatz für Schäden, verursacht durch …").

Das VVG enthält folgende Ausschlüsse: die vom VN gewollte vertragswidrige Beförderung (§ 133 Abs. 1; ungewollte Änderung der Beförderung ist gem. § 133 Abs. 2 nicht Ausschluss, sondern Gefahränderung gem. § 132), ungeeignete Beförderungsmittel (§ 134), Herbeiführung des Versicherungsfalls (§ 137). **41**

Die Allgefahrenversicherung ist nur Regelungsmodell des Gesetzgebers. Die Parteien können auch anderes vereinbaren.[128] Allgefahrenversicherung ist in der Güterversicherung zwar üblich, [129] wobei die ADS Güterversicherung selbst für die dort sonst geltende Allgefahrenversicherung in Ziff. 1.3.1 vorsehen, dass für Güter, die mit Zustimmung des VN auf Deck verladen sind, nur die Strandungsfalldeckung gilt. Güterversicherung kann aber auch als eingeschränkte Deckung nur gegen benannte Gefahren genommen werden. [130] Binnenschiffskaskoversicherung wird auf Grundlage der im Markt vorherrschenden AVB Flusskasko regelmäßig als Versicherung gegen benannte Gefahren angeboten. [131] **42**

6. Versicherter Schaden

§ 130 bestimmt zwar eine Versicherung gegen alle Gefahren, aber nicht gegen alle Schäden.[132] Allerdings wird auch nicht bestimmt, für welche Schäden Versicherungsschutz besteht. Die gängigen Bedingungswerken ADS Güterversicherung und DTV Güter bestimmen, dass Ersatz für Verlust oder Beschädigung geleistet wird.[133] Aus dem Umstand einer Allgefahrendeckung (Rn. 40) folgt nicht, dass der VR auch alle Schäden decken würde.[134] Wie schon oben (Rn. 40 ff) angesprochen, handelt es sich bei den in beiden Bedingungswerken enthaltenen Bestimmungen über „nicht ersatzpflichtige Schäden" tatsächlich zumeist nicht um Schadensausschlüsse, sondern um Gefahrausschlüsse.[135] Selbst der Ausschluss mittelbarer Schäden in Ziff. 1.4.2 ADS Güterversicherung und Ziff. 2.5.2 DTV Güter ist kein echter Ausschluss, sondern nur Klarstellung,[136] jedenfalls soweit man mit **43**

---

[127] So behandelt Berliner Kommentar/*Dallmayr* § 129 Rn. 12 eindeutige Gefahrausschlüsse wie die Verzögerung der Reise als Schadensausschluss, während es sich der Sache nach um einen Gefahrausschluss handelt. Langheid/Wand/*Kollatz* § 130 Rn. 12 erörtert gar, ob ein „vertraglich ausgeschlossener Schaden als deckungsausschließende Ursache" gewertet werden könne. Schäden sind jedoch nicht Ursachen, sondern Folgen, und zwar Folgen der Gefahrverwirklichung.

[128] Unstr.; Berliner Kommentar/*Dallmayr* § 129 Rn. 11; *Ehlers* TranspR **2007** 5, 11; Looschelders/Pohlmann/*Paffenholz* § 130 Rn. 3; Langheid/Wand/*Kollatz* § 130 Rn. 4; Römer/Langheid/*Langheid* § 130 Rn. 27.

[129] § 28 ADS; Ziff. 2.1 DTV Güter 2000/2011; *Enge/Schwampe* 132.

[130] Looschelders/Pohlmann/*Paffenholz* § 130 Rn. 3; Schwintowski/Brömmelmeyer/*Pisani* § 130 Rn. 4, vgl. DTV Güter 2000/2011 Eingeschränkte Deckung, abgedr. bei Thume/ de la Motte/Ehlers/*Ehlers* Kap. 5 Rn. 661ff. sowie die Teilkommentierung bei Bruck/Möller/*Riemer* in diesem Band

[131] Dazu Bruck/Möller/*Hartenstein*, Bd. 6/2

[132] Römer/Langheid/*Langheid* § 130 Rn. 17.

[133] Ziff. 1.2 ADS Güterversicherung; Ziff. 2.1 DTV Güter.

[134] OLG Frankfurt, 28.07.1998 VersR **1999** 755; Prölss/Martin/*Koller* § 130 Rn. 2.

[135] So auch Prölss/Martin/*Koller* Ziff. 2 DTV Güter Rn. 4.

[136] *Enge/Schwampe* 141.

der h.M. davon ausgeht, dass es dabei um Marktverluste und sonstige Schäden geht, also gerade nicht um Verlust oder Beschädigung,[137] sondern um reine Vermögensschäden.[138]

44 Im VVG und dort, wo Bedingungen nichts zu den ersatzpflichtigen Schäden sagen, müssen diese aus allgemeinen Grundsätzen abgeleitet werden. Ausgangspunkt ist, dass der versicherte Schaden nichts anderes ist als das Ergebnis der Beeinträchtigung des versicherten Interesses durch eine versicherte Gefahr. Da die Transportversicherung das Sacherhaltungsinteresse des VN schützt, es also um Sachversicherung geht, werden, wenn nichts anderes vereinbart ist, nur Sachsubstanzschäden ersetzt.[139] Versicherte Substanzschäden sind Verlust und Beschädigung. Nicht erfasst werden Vermögensschäden. Einzige gesetzliche Ausnahme ist die Deckung der Beiträge zur großen Haverei gem. Abs. 3[140] sowie, allerdings nur für die Schiffsversicherung nach Abs. 2, die sog. Ersatz-an-Dritte Deckung.

45 a) **Verlust.** Verlust liegt vor, wenn das Gut untergegangen, unauffindbar oder aus rechtlichen oder tatsächlichen Gründen auf absehbare Zeit nicht abgeliefert werden kann,[141] dem VN ohne Aussicht auf Wiedererlangung entzogen ist.[142] Der Verlust kann auch in der Ablieferung an einen falschen Empfänger liegen.[143] Ob der Frachtführer die Güter fahrlässig falsch ausliefert oder ob er zur falschen Auslieferung durch eine Täuschung veranlasst wird, ist einerlei.[144]

46 Eine Rolle spielen soll die Täuschung nach einem Urteil des OLG Frankfurt dagegen dann, wenn die Güter jemandem übergeben werden, der sie befördern zu wollen vorgibt, tatsächlich aber ein Betrüger ist und die Güter unterschlägt.[145] Dann soll kein Verlust vorliegen, weil die Besitzaufgabe durch den VN nicht unfreiwillig, sondern freiwillig geschah, so dass kein Abhandenkommen im Sinne von § 935 BGB vorliege. Dem ist nicht zu folgen. Entgegen dem OLG Frankfurt war die Klage nicht etwa unschlüssig, sondern begründet. Dem Urteil lagen die ADS Güterversicherung 1973 zugrunde. Diese gewähren Schutz vor Verlust und Beschädigung. Den Verlust hat das OLG Frankfurt zu Unrecht mit der Begründung verneint, dass dieser nicht bei Freiwilligkeit eintrete. Eine solch enge Bedeutung ist dem Begriff Verlust indessen natürlich nicht zu entnehmen. Zwar ist dem OLG Frankfurt zuzustimmen, dass die, wenn auch auf einer Täuschung beruhende, Freiwilligkeit das Vorliegen von Abhandenkommen ausschließt.[146] Das bedeutet aber nicht, dass im Wege des Umkehrschlusses richtig wäre, dass alles, was nicht Abhandenkommen ist, kein Verlust im Sinne der Transportversicherung sein könne. Tatsächlich spielt die sachenrechtliche Bestimmung über die Unmöglichkeit gutgläubigen Erwerbs an abhanden gekommenen Sa-

---

137 Prölss/Martin/*Koller* Ziff. 1 ADS Güterversicherung Rn. 26.

138 Thume/de la Motte/Ehlers/*Ehlers* Kap. 5 Rn. 167.

139 Berliner Kommentar/*Dallmayr* § 129 Rn. 12; Langheid/Wand/*Kollatz* § 130 Rn. 10; *Engel Schwampe* 109; Looschelders/Pohlmann/*Paffenholz* § 130 Rn. 13; Prölss/Martin/*Koller* § 130 Rn. 4; Schwintowski/Brömmelmeyer/*Pisani* § 130 Rn. 14; Thume/de la Motte/Ehlers/*Thume* Kap. 2 Rn. 416.

140 Prölss/Martin/Koller § 130 Rn. 2.

141 BGH 13.1.1978; VersR **1978** 318; BGH 27.10.1978 VersR **1979** 276; Langheid/Wand/*Kollatz* § 130 Rn. 10; Schwintowski/Brömmelmeyer/*Pisani* § 130 Rn. 14; Looschelders/Pohlmann/*Paffenholz* § 130 Rn. 8; Prölss/Martin/*Koller* Ziff. 1 ADS Güter Rn. 12; Thume/de la Motte/Ehlers/*Thume* Kap. 2 Rn. 416; Thume/de la Motte/Ehlers/*Ehlers* Kap. 5 Rn. 38.

142 OLG Hamburg 25.6.1981 VersR **1982** 138 mit Nichtannahmebeschluss BGH 15.2.1982 VersR **1982** 394; Beckmann/Matusche-Beckmann/*Heiss/Trümper* § 38 Rn. 92.

143 Prölss/Martin/*Koller* Ziff. 1 ADS Güter Rn. 12.

144 Prölss/Martin/*Koller* Ziff. 1 ADS Güter Rn. 12.

145 OLG Frankfurt 28.7.1998 VersR **1999** 755; offenbar zustimmend Prölss/Martin/*Koller* Ziff. 1 ADS Güter Rn. 12.

146 Palandt/*Bassenge* § 935 Rn. 3.

chen keine Rolle für die Frage, wann versicherungsrechtlich ein Verlust vorliegt. Das OLG Frankfurt beruft sich insoweit auch zu Unrecht auf das OLG Hamburg[147] (und den diesbezüglichen Nichtannahmebeschluss des BGH),[148] denn das OLG Hamburg stellt nicht darauf ab, dass die Güter dem VN abhanden gekommen sind. Vielmehr stellt es das viel weitere Kriterium auf, dass die Güter dem VN ohne Aussicht auf Wiedererlangung entzogen sind.[149] In seinem Nichtannahmebeschluss hebt der BGH zu Recht hervor, dass der Begriff des Verlustes der Güter eine eigene transportversicherungsrechtliche Bedeutung hat, die von der frachtrechtlichen Bedeutung unabhängig ist. Das gilt erst Recht für den zivilrechtlichen Begriff des Abhandenkommens.

b) **Beschädigung.** Beschädigung ist jede Substanzbeeinträchtigung, die mit der Folge wirtschaftlicher Werteinbuße[150]zu einer Beeinträchtigung des der Sache eigentümlichen Zwecks führt.[151] Dies ist schon gegeben bei Antauen von Tiefkühlware,[152] denn diese Ware kann dann nicht erneut eingefroren werden,[153] oder beim Tiefgefrieren von Kühlfleisch, dass dann nicht mehr als Frischfleisch verkauft werden kann.[154] Mangelnde Verkehrsfähigkeit ist auch dann Schaden, wenn überhaupt keine Substanzbeeinträchtigung vorliegt. So etwa der aufgrund lebensmittelrechtlicher Vorschriften zur Verkehrsunfähigkeit führende Transport von Speiseölen in einem Tankcontainer, der zuvor vorschriftwidrig für den Transport von Mineralölen verwendet wurde. Ein Schadensverdacht, der sich schnell als falsch herausstellt, ist kein Schaden.[155] Anders ist es, wenn der Schadensverdacht nur mit aufwendigeren Untersuchungen geprüft werden kann.[156] Insoweit gilt im Versicherungsrecht nichts anderes als im Transportrecht.[157] **47**

Ist Ware verpackt und wird sie mit dieser **Verpackung** gehandelt, stellt sie also zusammen mit der Ware zusammen eine Verkaufseinheit dar,[158] ist auch dann ein ersatzfähiger Schaden gegeben, wenn nur die Verpackung, nicht aber das Gut selbst beschädigt ist.[159] Ist die Verpackung nicht Bestandteil der Handelsware, sondern dient sie nur der Beförderung (Palette) oder dem Schutz vor Beförderungsgefahren (Schrumpffolie), dann liegt bei Beschädigung ein versicherter Schaden vor, wenn die Verpackung wiederverwendbar war und auch wiederverwendet werden sollte (Palette), nicht aber bei Einmalverpackung, wenn diese nach der Ankunft ohnehin entfernt wird (Schrumpffolie).[160] **48**

---

147 OLG Hamburg 25.6.1981 VersR **1982** 138.
148 OLG Hamburg 25.06.1981 VersR 1982 394.
149 Ebenso OLG Hamburg 28.2.2002 VersR **2003** 730.
150 Langheid/Wand/*Kollatz* § 130 Rn. 10; Looschelders/Pohlmann/*Paffenholz* § 130 Rn. 9; Thume/de la Motte/Ehlers/*Thume* Kap. 2 Rn. 416.
151 Bruck/Möller/*Johannsen* 8. Aufl. Anm. G 72; Thume/de la Motte/Ehlers/*Schwampe* Kap. 7 Rn. 578.
152 BGH 03.07.1974 NJW **1974** 1616; Berliner Kommentar/*Dallmayr* § 129 Rn. 12; Langheid/Wand/*Kollatz* § 130 Rn. 10; Looschelders/Pohlmann/*Paffenholz* § 130 Rn. 13; Römer/*Langheid* § 130 Rn. 17; Schwintowski/Brömmelmeyer/*Pisani* § 130 Rn. 11; Thume/de la Motte/Ehlers/*Thume* Kap. 2 Rn. 416.
153 OLG Hamburg 30.03.1989 VersR **1989** 1214; Thume/de la Motte/Ehlers/*Schwampe* Kap. 7 Rn. 578.
154 Thume/de la Motte/Ehlers/*Schwampe* Kap. 7 Rn. 578.
155 OLG Hamburg 13.9.1990 VersR **1991** 1271, ergangen zu § 606 HGB; Berliner Kommentar/*Dallmayr* § 129 Rn. 12; Schwintowski/Brömmelmeyer/*Pisani* § 130 Rn. 15.
156 Ähnlich Prölss/Martin/*Koller* § 136 Rn. 3.
157 BGH 24.05.2000 VersR **2001** 127; BGH 11.07.2002 TranspR **2002** 440.
158 OLG Hamburg 25.6.1981 VersR **1982** 157; Berliner Kommentar/*Dallmayr* § 129 Rn. 12; Langheid/Wand/*Kollatz* § 130 Rn. 6; Schimikowski/Brömmelmeyer/*Pisani* § 130 Rn. 12.
159 *Enge/Schwampe* 225; Langheid/Wand/*Kollatz* § 130 Rn. 10; Looschelders/Pohlmann/*Paffenholz* § 130 Rn. 13.
160 *Enge/Schwampe* 225.

49 **Reine Vermögensschäden** sind nicht versichert, können aber vertraglich eingeschlossen werden. So ist die Mitversicherung entgangenen Gewinns[161] ebenso möglich, wie die Mitversicherung von Güterfolgeschäden.[162]

7. Während der Dauer der Versicherung

50 Während der Dauer der Versicherung muss sich die **Gefahr verwirklicht** haben,[163] nicht notwendigerweise der **Schaden entstehen.**[164] Es geht also darum, dass die Ursache während der Dauer der Versicherung gesetzt wurde. Dies schließt von der Versicherung einerseits den Schaden aus, der vor Versicherungsbeginn verursacht wurde, aber erst während der Dauer der Versicherung eintritt, wie es andererseits den Schaden einschließt, der während der Dauer der Versicherung verursacht wird, aber erst nach ihrem Ende eintritt. Beispiel: Güter werden während des Transports nass, erst nach dem Ende der Versicherung bildet sich Schimmel. Hier stellt sich nicht die Frage, ob überhaupt ein versicherter Schaden vorliegt, sondern ob der VN wegen Verletzung seiner Schadenabwendungs- und Schadenminderungsobliegenheit seinen Deckungsanspruch ganz oder teilweise nach § 82 verliert.

51 Der geltende Gesetzestext entspricht demjenigen des § 129 a.F., dennoch ist eine maßgebliche Änderung der Rechtslage dadurch eingetreten, dass § 134 a.F. nicht übernommen wurde. Dort war vorgesehen, dass sich Versicherung auf die (ganze) Dauer der (versicherten) Reise erstreckte und mit Übernahme der Güter durch den Frachtführer zur unmittelbaren Beförderung oder vorherigen einstweiligen Verwahrung begann sowie mit der Ablieferung an den Empfänger endete. Die in § 129 a.F. angesprochene Dauer war also die in § 134 a.F. bestimmte Dauer. Nach der Neuregelung ist nicht mehr die **Dauer der Beförderung** maßgebend für die Gefahrtragung des VR, sondern allein die **vertragliche Vereinbarung über die Dauer der Versicherung.**

52 Nach der Gesetzesbegründung sollen Zweck der Beschränkung des Versicherungsschutzes für Gefahrverwirklichung während der Dauer der Versicherung die geltenden Regelungen zum Gefahrübergang (z.B. FOB oder CIF) sein,[165] so dass nicht auf die Dauer der Beförderung abzustellen sei. Dies überzeugt nicht. Die Bezugnahme auf diese Klauseln zeigt, dass es bei der Dauer der Versicherung nicht auf die Gefahrtragung ankommen kann, sondern dass sich die Dauer der Versicherung nach den kaufvertraglichen Erfordernissen und Vereinbarungen richten muss. Denn sowohl bei FOB als auch bei CIF geht die Gefahr vom Verkäufer auf den Käufer über, wenn die Güter im Schiff sind.[166] Bei einem FOB-Verkauf trifft den Verkäufer überhaupt keine Versicherungspflicht, bei einem CIF-Verkauf hat der Verkäufer eine jeweils in Ziff. A.3.b) Incoterms im Einzelnen bestimmte Versicherung zu beschaffen. Nicht die Gefahrtragung ist also maßgebend, sondern die vertraglichen Vereinbarungen der Parteien zur Frage der Eindeckung des Versicherungsschutzes. In der Praxis stellt sich das von der Gesetzesbegründung anvisierte Problem nicht, weil nach den gängigen AVB die Versicherung regelmäßig ohnehin erst mit dem Ende der Beförderung

161 Berliner Kommentar/*Dallmayr* § 129 Rn. 12.

162 Einzelheiten bei Bruck/Möller/*Riemer* Güterfolgeschaden-Klausel, Rn. 1ff.

163 Schwintowski/Brömmelmeyer/*Pisani* § 130 Rn. 4.

164 So aber Looschelders/Pohlmann/*Paffenholz* § 130 Rn. 13; Prölss/Martin/*Koller* § 130 Rn. 5.

165 BTDrucks. 16/3945 S. 91; Langheid/Wand/*Kollatz* § 130 Rn. 5; Schwintowski/Brömmelmeyer/*Pisani* § 130 Rn. 8.

166 Jeweils Ziff. A.5 der Klauseln FOB und CIF, abgedr. bei Baumbach/Hopt, Teil 2 Ziff. IV (6).

167 Ziff. 8 DTV Güter 2000/2011; Ziff. 5 ADS Güterversicherung 1973/1994.

endet.[167] Nur bei den Incoterms FOB und CFR sieht Ziff. 8.2.4 DTV Güter vor, dass die Versicherung endet, wenn die Güter an Bord des Seeschiffs verstaut sind.[168]

Nachdem § 134 a.F. nicht in das geltende Recht übernommen wurde, regelt das Gesetz selbst die Dauer der Versicherung nicht. Schon unter dem VVG a.F. waren die Parteien wegen der Abdingbarkeit von § 134 a.F. frei,[169] die Versicherungsdauer anders zu regeln.[170] Jetzt müssen sie es auch, weil es keine gesetzliche Auffangvorschrift mehr gibt. Gängige AVB sehen die Deckung **von Haus zu Haus** vor.[171] *Koller*[172] meint, dass sich im Zweifel die Versicherung auf die ganze Dauer der versicherten Reise erstreckt. Eine solche Zweifelsregelung gibt es nicht und hat es auch vor der VVG-Reform nicht gegeben. Die Bindung der Dauer der Versicherung an die Dauer der Reise hat das VVG mit der Nichtübernahme des § 134 a.F. aufgegeben. Ergibt sich aus den Vereinbarungen der Parteien, dass der Versicherungsvertrag endet, bevor die Reise beendet ist, dann sind die Güter auf dem nach dem Ende der Versicherungsdauer verbleibenden Teil der Reise unversichert. So etwa bei Vereinbarung der DTV Güter 2000: bei Versendungen auf den Incoterms FOB und CFR endet die Versicherung, wenn die Güter an Bord des Seeschiffes verstaut sind (Ziff. 8.2.4 DTV Güter),[173] also praktisch vor dem wesentlichen Teil des Transports. Ebenso wenig gibt es eine von *Koller*[174] angenommene Zweifelsregelung, nach der bei einer Haus-zu-Haus Versicherung der Versicherungsschutz „mit dem Verbringen vom Versandlager zur eigentlichen Beförderung" endet. Die von *Koller* in Bezug genommene Bestimmung der Ziff. 8 DTV Güter stellt nicht auf ein Versandlager ab, sondern auf die Stelle, an der sie bisher aufbewahrt wurden. Maßgeblich ist auch nicht die Verbringung zur eigentlichen Beförderung, sondern die Entfernung von der Stelle der bisherigen Aufbewahrung, allerdings nur dann, wenn sie von dort zur unverzüglichen Beförderung entfernt werden. Ist all dies der Fall, beginnt die Versicherung, und zwar in jedem Fall, nicht nur „im Zweifel". **53**

Von der Dauer der Versicherung ist strikt das **Bestehen eines versicherten Interesses** zu unterscheiden. Auch dann, wenn die Versicherung bei einer Haus-zu-Haus Versicherung nach den eben beschriebenen Grundsätzen beginnt, ist erforderlich, dass der VN (oder der Versicherte) die Beeinträchtigung eines versicherten Interesses gelten machen kann. Nur und erst von dem Moment an, in dem dies der Fall ist, entsteht eine Leistungspflicht des VR. Dies hat der BGH in der bekannten Entscheidung *fob Hongkong Airport*[175] verkannt. Der BGH hat dort unter Hinweis auf die vereinbarte Haus-zu-Haus Klausel dem fob Hongkong Flughafen kaufenden VN Ersatz des Schadens zugesprochen, der ihm dadurch entstanden ist, dass die Ladung auf dem Weg vom Verkäufer zum Flughafen also vor Übergang der Gefahr auf den VN, durch wertlose Falsifikate ersetzt wurden. Der BGH hat sich bei seiner Entscheidung davon leiten lassen, dass der VN auf Basis eines Akkreditivs gekauft hatte, dass das Akkreditiv gezogen worden war, dass der VN nun einen u.U. schwer und in Hongkong durchzusetzenden Rückzahlungsanspruch gehabt habe, und dass dies ein versicherbares Interesse begründe. Dem BGH ist insoweit Recht zugeben, dass ein solches Interesse in der Tat versicherbar ist.[176] Es hätte allerdings der Feststellung bedurft, ob **54**

---

168 dazu Bruck/Möller/*Riemer* Ziff. 8 DTV Güter Rn. 4.

169 Prölss/Martin/*Voith/Knappmann*27 § 134 Rn. 4.

170 Siehe etwa zu einer Vereinbarung, dass die Versicherung „mit Beendigung der Roll-off-Operation auf der Pier in X" endet OLG Hamburg 11.9.1986 VersR **1987** 1234.

171 Ziff. 5 ADS Güterversicherung; Ziff. 8 DTV Güter.

172 Prölss/Martin/*Koller* § 130 Rn. 3.

173 dazu Bruck/Möller/*Riemer* Ziff. 8 Rn. 4.

174 Prölss/Martin/*Koller* § 130 Rn. 3.

175 BGH 3.10.1983 VersR **1984** 56.

176 So auch Thume/de la Motte/Ehlers/*Ehlers* Kap. 5 Rn. 13.

es auch tatsächlich versichert war. Diese Feststellung hat der BGH unterlassen, weswegen das Urteil zu Recht abgelehnt wird.[177]

55 Für den Fall einer **Täuschung des VN** durch jemanden, der sich als Frachtführer ausgibt und damit die Übergabe des Transportgutes an ihn erwirkt, hat das OLG Frankfurt entschieden, dass die **Versicherung noch nicht begonnen** habe, weil der Betrüger die Güter nicht zur Ausführung der versicherten Reise übernommen habe, sondern zum Zwecke der anderweitigen Verbringung und rechtswidrigen Aneignung.[178] Dann soll es nicht um die „versicherte Reise" gehen. Das Gericht hat jedoch zu Unrecht angenommen, es fehle an einer „versicherten Reise" im Sinne der der Versicherung zugrunde liegenden Ziff. 5.1 ADS Güterversicherung. Denn die Versicherung beginnt gem. Ziff. 5.1, „sobald die Güter am Absendungsort zur Beförderung auf der versicherten Reise von der Stelle entfernt werden, an der sie bisher aufbewahrt wurden." Um sie dem Betrüger zu übergeben, musste der VN sie daher zunächst „von der Stelle entfernen, an der sie bisher aufbewahrt wurden". Richtig ist zwar, dass dies zu einem bestimmten Zweck geschehen muss, nämlich „zur Beförderung auf der versicherten Reise". Das war hier aber zweifelsohne der Fall, denn der VN – auf den es hinsichtlich des Zwecks ankommt – hatte nach den Feststellungen des Gerichtes gerade keine Kenntnis von den betrügerischen Absichten. Damit hatte die versicherte Reise, deren erster Abschnitt in der Entfernung von der bisherigen Ausbewahrungsstelle lag, bereits vor und nicht erst mit der Übergabe an den Betrüger begonnen. Die Gefahr, dass die Güter auf der versicherten Reise in die Hände eines Betrügers gelangen, ist eine der „allen Gefahren", denen die Güter während der Dauer der Versicherung ausgesetzt sind. Einen Ausschluss dieser Gefahr sehen weder das Gesetz noch die genannten Versicherungsbedingungen vor. Im Ergebnis hat das OLG Frankfurt deshalb sowohl der Vorinstanz als auch den Parteien Unrecht getan mit seiner Aussage: „Die Parteien haben ebenso wie das LG die Nr. 5.1 ADS Güterversicherung 1973/1984 einfach übersehen. Die Klausel ist auch nicht unklar i.S.d. § 5 AGBG a.F. Ihr Wortlaut ist eindeutig und bedarf keiner Auslegung". Letzteres ist sicherlich richtig, aber nicht in dem Sinne, wie es das OLG Frankfurt gemeint hat.

56 Hinsichtlich der Dauer der Versicherung ist schließlich bei der üblicherweise in der Form der **laufenden Versicherung** genommenen Gütertransportversicherung zu unterscheiden zwischen der Dauer der laufenden Versicherung als solcher und der Dauer der für das einzelne Risiko bestehenden Versicherung. § 130 spricht nur die Dauer des Einzelrisikos an. Für die Beendigung der laufenden Versicherung als solches enthalten die AVB besondere Regelungen.[179]

8. Kausalitätsregel

57 Es gilt, wie überall im Zivilrecht und damit auch dem Transportversicherungsrecht, die **Adäquanztheorie.**[180] Der Ansicht, sie biete im Transportversicherungsrecht keine Lösung, wenn sich neben Transportgefahren auch andere Gefahren verwirklicht haben,[181] ist nicht zu folgen. Die Adäquanztheorie bietet auch hier sehr wohl eine Lösung: der Ausschluss setzt sich durch und beseitigt die Deckung. Und zwar auch dann, wenn die ausgeschlossene Gefahr nur mitursächlich war. Auf den Grad der Mitursächlichkeit kommt es nicht an.

58 Ob in der Binnentransportversicherung aus mehreren teils gedeckten, teils ausgeschlossenen Gefahren anhand der sogenannten **causa-proxima-Regel**[182] eine einzige als die

[177] *Enge* VersR **1984** 511; *Enge/Schwampe* 176.

[178] OLG Frankfurt 28.07.1998 VersR **1999** 755.

[179] Siehe etwa Ziff. 7 der Bestimmungen für die laufende Versicherung zu den DTV Gütern.

[180] Langheid/Wand/*Kollatz* § 130 Rn. 11.

[181] Langheid/Wand/*Kollatz* § 130 Rn. 11.

[182] Einzelheiten dazu, jeweils mit Nachweisen zur Rspr., bei Enge/Schwampe 65 ff.; Ritter/

rechtlich allein relevante Ursache herauszufiltern ist, ist umstritten.[183] Als Gewohnheitsrecht ist die Regel allein im Seeversicherungsrecht ausgebildet. Fast alle veröffentlichenden Entscheidungen betreffen Seeversicherungen, insbesondere auch jene, auf die sich die Verfechter der Anwendung der Regel berufen.[184] Entscheidungen, die die causa-proxima-Regel auch außerhalb der Seeversicherung zur Anwendung bringen, sind vereinzelt geblieben, thematisieren das Problem nicht und stellen insbesondere nicht eine gewohnheitsrechtliche Geltung dieser Kausalitätslehre außerhalb der Seeversicherung fest.[185] Der Feststellung solchen Gewohnheitsrechts bedürfte es indessen, um die Anwendbarkeit der causa-proxima-Lehre auf das Transportversicherungsrecht des VVG zu begründen. Den BGH hat dies nicht gehindert, jüngst die Regel auch für das Binnentransportversicherungsrecht für anwendbar zu erklären.[186] Begründet wurde dies damit, dass in der Seeversicherung die Regel darauf beruhe, dass der Versicherungsschutz bei einer Vielzahl von Ursachen für den Schaden nicht vorschnell entfallen solle, was sich auch auf die Binnentransportversicherung übertragen lasse, weil dort in vergleichbarer Weise ein Zusammenwirken von Natureinflüssen, Technik und menschlichem Verhalten auftrete. Anderenfalls würde „jede noch so entfernte Ursache den Versicherungsschutz gefährden". Die Entscheidung überzeugt nicht. Das Zusammenwirken mehrerer Ursachen, von denen einige natürliche Einflüsse sind, andere technische Einflüsse und wieder andere auf menschlichem Verhalten beruhen, ist keine Wesensart der Transportversicherung. Sie ist in allen Bereichen der Versicherung anzutreffen. Dennoch hat der BGH bislang nicht entschieden, dass wegen dieses möglichen Zusammenwirkens im gesamten Versicherungsrecht die causa-proxima Regel gelten soll. Vielleicht soll das ja aber noch folgen. Der BGH hat hier ohne tiefergehende Begründung das Kausalitätsrecht der Binnentransportversicherung drastisch umgestaltet. Und das ohne Not, denn die Adäquanztheorie ist kein zwingendes Binnentransportversicherungsrecht. Wenn die Parteien die Adäquanztheorie im Binnentransportversicherungsrecht für untragbar halten, können sie sie vertraglich durch die causa-proxima-Regel ersetzen. Eben dies hat etwa iff. 2.6 DTV Güter 2000 im Auge gehabt (dazu näher bei Rn. 60). Letztlich hat der BGH mit der genannten Entscheidung sein Verständnis dessen, was in der Transportversicherung gelten soll, an die Stelle des Willens von Parteien gesetzt, die regelmäßig Kaufleute sind. Dennoch ist nicht zu verkennen, dass die Praxis nunmehr durch diese neue Rechtsprechung gekennzeichnet sein wird.

Wo es sich um mit einem Seetransport kombinierte Versicherungen handelt, die insge- **59**
samt der Seeversicherung unterliegen (Rn. 14) und damit gem. § 209 aus dem Anwendungsbereich des VVG herausfallen, findet die causa-proxima Regel indes natürlich An-

---

Abraham § 28 Anm. 22 ff; Thume/de la Motte/Ehlers/Ehlers , Kap. 5 Rn. 169; kritisch zur causa-proxima-Regel Schwampe TranspR 2006 55, 58.

183 bejahend: LG Berlin 5.3.2001 NVersZ 2002 410; Langheid/Wand/Kollatz § 130 Rn. 11; Römer/Langheid/Langheid § 130 Rn. 17; Prölss/Martin/Koller § 130 Rn. 4 („causa-proxima-Figur"), § 137 Rn. 2 und Ziff. 3 AVB Flusskasko Rn. 21; HK-VVG/Harms § 130 Rn. 7, der sich zu Unrecht auf Schwampe TranspR 2006 55 beruft, wo nur die Seeversicherung abgehandelt wird; Schimikowski/Brömmelmeyer/Pisani § 130 Rn. 17. Verneinend: Thume/de la Motte/Ehlers/Ehlers Kap. 5 Rn. 39 und 169; Bruck/Möller/Sieg8 § 49 Anm. 144

184 So etwa BGH 18.3.1971 VersR **1971** 559;BGH 8.5.**2002** VersR 2002 845; OLG Hamburg 18.8.1983 VersR **1983** 1151; OLG Hamburg 28.02.1985 VersR **1986** 1016; OLG Hamburg 11.6.**1987** VersR 1987 1004; OLG Bremen 7.1.1988 VersR **1988** 716.

185 OLG Karlsruhe 2.9.1994 TranspR **1994** 445 zu einer Landtransportversicherung; OLG München 13.11.2002 VersR **2003** 1299 zu einer kombinierten Land-/Lufttransportversicherung.

186 BGH 27.5.2015 VersR **2015** 1020

wendung, und zwar dann auch auf Schäden, die nicht auf dem Seetransportteil verursacht werden. Das ist aber keine Folge der Anwendbarkeit der causa-proxima-Regel auf den Land-, Binnengewässer- oder Lufttransport, sondern Folge des Umstandes, dass diese kombinierten Versicherungen auch nach der VVG-Reform in ihrer Gesamtheit wie Seeversicherungen zu behandeln sind.

60 Werden reine Seeversicherungsregelungen für die Verwendung von Binnenversicherung verwendet (z.B. die ADS mit den ADS Güterversicherung 1973 im Bereich der Güterversicherung, oder die ADS mit den DTV Kaskoklauseln oder die DTV-ADS für die Versicherung von Binnenschiffen), dann wird dadurch aus einer dem VVG unterliegenden Binnenversicherung zwar keine Seeversicherung,[187] dennoch gilt dann auch in diesen Fällen die causa-proxima- Regel als ein wesentlicher und diesen Bedingungswerken zugrunde liegender Bestandteil.[188] Denn für derartige AVB der Seeversicherung stellt die causa-proxima-Regel mit ihrem Abstellen allein auf die wirksamste Ursache einen prägenden Umstand dar. Seeversicherungsrechtliche AVB würden bei Außerachtlassung dieses Kausalitätsprinzips drastisch ihren Charakter ändern. Deshalb muss der Parteiwille bei Einbeziehung solcher Bedingungen in eine dem VVG unterliegende Transportversicherung jedenfalls dann, wenn kein anderer Wille erkennbar ist, so verstanden werden, dass dieses derartige AVB prägende Kau- salitätsprinzip anwendbar sein soll. Da die Adäquanztheorie als Kausalitätsprinzip des VVG nicht zwingend gilt, steht einer solchen vertraglichen Vereinbarung der causa-proxima-Regel auch nichts entgegen.

Die Frage, ob durch Ziff. 2.6 DTV Güter die Nicht-Seeversicherung im Wege vertraglicher Vereinbarung der causa-proxima Regel unterstellt ist,[189] oder ob es sich nur um eine Beweisvereinfachungsregel handelt, nach der nur überwiegende Wahrscheinlichkeit nachgewiesen werden muss[190], ist für § 130 ohne Bedeutung, bedarf für Ziff. 2.6 aber weiterer Betrachtung[191]. Jedenfalls führt Ziff. 2.6 DTV Güter richtigerweise nur dann zur Einführung der causa-proxima-Regel in die Transportversicherung nach VVG, wenn diese Bedingungen vereinbart wurden. Die bloße Existenz derartiger Versicherungsbedingungen hat auf das gesetzlich geltende Kausalitätsprinzip keinen Einfluss.[192] Folgt man dem BGH (siehe Rn. 58), bedarf es keiner Parteivereinbarung, weil dann die causa-proxima-Regel ohnehin auch für die Binnentransportversicherung gilt.

9. Beweislast

61 Da alle Gefahren versichert sind, muss der VN nur beweisen, dass der Schaden während der Dauer der Versicherung verursacht worden ist,[193] also dass die Güter bei Beginn des Versicherungszeitraums unbeschädigt und bei Ende der Versicherung entweder in Verlust geraten oder beschädigt waren. Etwas verallgemeinernd findet sich in der Literatur das Erfordernis, dass die Güter beim Empfänger entweder überhaupt nicht abgeliefert wurden,

---

187 Prölss/Martin/*Koller* Ziff. 1 ADS Güter Rn. 1.

188 Prölss/Martin/*Klimke* § 209 Rn. 19.

189 Langheid/Wand/*Kollatz* § 130 Rn. 11; Thume/de la Motte/Ehlers/*Thume* Kap. 2 Rn. 420; Thume/de la Motte/Ehlers/*Ehlers* Kap. 5 Rn. 40 und 169; Bruck/Möller/*Riemer* Ziff. 2 DTV Güter Rn. 75 ff.

190 Looschelders/Pohlmann/*Paffenholz* § 130 Rn. 15.

191 Bruck/Möller/*Riemer* Ziff. 2.6 DTV Güter Rn. 75 ff.

192 Unklar insoweit Römer/Langheid/*Langheid* § 130 Rn. 17; Thume/de la Motte/Ehlers/*Thume* § 130 Rn. 420.

193 OLG Hamburg 11.10.1979 VersR **1980** 576 OLG Hamburg; 27.4.1989 VersR **1991** 544; Prölss/Martin/*Koller* § 130 Rn. 5 und Ziff. 2 DTV Güter Rn. 6; siehe aber OLG Hamburg VRS 2013, 93 zur Beweislast bei den ADS.

oder bei Ablieferung an den Empfänger beschädigt waren.[194] Diese Umschreibung ist allerdings etwas ungenau. Sie ist vermutlich aus Zeiten vor der VVG-Reform fortgeschrieben worden. Dort endete die Versicherung in der Tat gem. § 134 Abs. 2 a.F. „mit dem Zeitpunkt, in welchem die Güter dem Empfänger am Ablieferungsort abgeliefert" hat. Nachdem im Rahmen der VVG-Reform § 134 a.F. nicht übernommen wurde (dazu näher bei Rn. 51), ist nicht mehr die Ablieferung maßgeblich, sondern allein die vertragliche Vereinbarung über die Dauer der Versicherung. Das kann die Ablieferung beim Empfänger sein, muss es aber nicht, und ist es in der Praxis auch nicht ausnahmslos. Die marktgängigen Bedingungen enthalten umfangreiche Bestimmungen zur Dauer der Versicherung, die auch ohne bzw. vor Ablieferung an den Empfänger enden kann.[195]

Während der VN also die Gefahrverwirklichung während der Dauer der Versicherung **62**
zu beweisen hat, muss er zwar auch die Entstehung eines Schadens beweisen. Dieser Schaden darf aber nach dem Ende der Versicherung eingetreten sein, denn es kommt hinsichtlich der Dauer allein auf die Verursachung ein, nicht den Schadenseintritt[196] (oben Rn. 50).

Für den Nachweis des Schadenseintritts sollen dem VN nach *Koller* Beweiserleichterungen zur Verfügung stehen.[197] Die Entscheidung des OLG Hamm,[198] auf die *Koller* Bezug nimmt, ist zu dem transportversicherungsrechtlich eher atypischen Fall eines Diebstahls von Computerteilen aus dem eigenen PKW Kombi des VN ergangen. Das OLG Hamm hat nicht allgemein zur Fragen der Beweiserleichterung im Transportversicherungsrecht Stellung genommen, sondern nur mit einem Satz die in der Rechtsprechung zur Diebstahlversicherung im Kaskoversicherungsbereich entwickelten Beweiserleichterungen als auf diesen Fall anwendbar bezeichnet.[199] Auf andere Situationen kann dies nicht übertragen werden. Insoweit bleibt es bei den allgemeinen Beweisgrundsätzen. Wo typische Geschehensabläufe bestehen, kann deshalb auch ein Anscheinsbeweis zur Verfügung stehen.[200]

AVB können besondere Bestimmungen zur Beweislast enthalten. So etwa Ziff. 2.2.2 DTV **63**
Güter, wo für den Fall, dass die Güter bei Beginn der Versicherung beschädigt sind, bestimmt ist, dass der VN für den Verlust oder die Beschädigung nur Ersatz verlangen kann, wenn die vorhandene Beschädigung ohne Einfluss auf den während des versicherten Zeitraums eingetretenen Schaden war. Hier hat der VR das Vorliegen einer Vorschädigung zu beweisen. Ist dieser Beweis erbracht, hat der VN zu beweisen, dass die Vorschädigung keinen Einfluss auf den durch eine versicherte Gefahr verursachten Schaden hatte.[201] Ist dieser Beweis erbracht, trägt der VR die Beweislast dafür, dass der Schaden durch eine ausgeschlossene Gefahr verursacht wurde.[202] Auch hier kann bei typischen Geschehensabläufen ein Anscheinsbeweis

---

194 Looschelders/Pohlmann/*Paffenholz* § 130 Rn. 14; Langheid/Wand/*Kollatz* § 130 Rn. 27; Prölss/Martin/*Koller* § 130 Rn. 4; Römer/Langheid/*Langheid* § 130 Rn. 24; Thume/de la Motte/Ehlers/*Thume* Kap. 2 Rn. 418.

195 Ziff. 8 und 9 DTV Güter, erläutert bei Bruck/Möller/*Riemer* ebd.

196 Unrichtig insoweit Prölss/Martin/*Koller* § 130 Rn. 5.

197 Prölss/Martin/*Koller* § 130 Rn. 5.

198 OLG Hamm 18.9.1996 ZfS **1997** 30.

199 „Die für die Diebstahlversicherung im Kaskobereich entwickelten Beweiserleichterungen gelten auch in der Transportversicherung dann, wenn versicherte Sachen aus oder zusammen mit dem Pkw entwendet werden. Insoweit besteht der gleiche Beweisnotstand wie in der Kaskoversicherung bei der Entwendung eines Fahrzeuges."

200 OLG Hamburg 28.2.2002 VersR **2003** 730, wo das OLG aber die Frage verneint, ob ein Brand auf einem in einem kriegerischen Gebiet abandonierten Schiff typischerweise durch eine Kriegsgefahr verursacht ist

201 Thume/de la Motte/Ehlers/*Ehlers* Kap. 5 Rn. 52.

202 OLG Hamburg 27.4.1989 VersR **1991** 545; Looschelders/Pohlmann/*Paffenholz* § 130 Rn. 14; Prölss/Martin/*Koller* § 130 Rn. 5; *Thume*/de la Motte/Ehlers/*Ehlers* Kap. 2 Rn. 418.

zur Verfügung stehen. Zu großzügig *Koller*,[203] nach dem es schon ausreichen soll, dass „nach der Lebenserfahrung und nicht ganz fernliegend der Schaden auch aus einer nicht versicherten Gefahr ... entstanden sein kann". Der VR muss Vollbeweis der Kausalität der ausgeschlossenen Gefahr erbringen. Die bloße Möglichkeit reicht hier, wie auch sonst, nicht aus.

65 Verursachung durch eine konkrete Gefahr muss der VN nur dann beweisen, wenn in Rede steht, ob der Schaden überhaupt während der Dauer der Versicherung verursacht wurde.[204]

64 Besteht in Abweichung des Allgefahrengrundsatzes des § 130 nur eine Versicherung für benannte Gefahren,[205] so trifft den VN die Beweislast dafür, dass der versicherte Schaden durch eine der im Einzelnen benannten versicherten Gefahren verursacht wurde.[206]

II. Kaskoversicherung (Absatz 2)

1. Versichertes Interesse

65 Die Schiffskaskoversicherung ist, wie die Güterversicherung, Sachversicherung[207] und deckt das **Sacherhaltungsinteresse** des Eigentümers des versicherten Schiffes.[208] Durch Absatz 2 wird nicht etwa die Versicherung der Güter nach Absatz 1 erweitert,[209] es wird vielmehr eine ganz andere Art der Transportversicherung geregelt: nicht diejenige des transportierten Gutes, sondern des Transportmittels. Kombinierte Versicherungen von Gut und Schiff kommen im Markt nicht vor. Während sich Abs. 1 allein mit der Güterbeförderung beschäftigt, erfasst Abs. 2 mit seiner Anknüpfung an Schiffe nicht nur die Fracht-, sondern auch die Personenschifffahrt.

2. Schiff

66 Ein Schiff ist nach verbreiteter Definition ein schwimmfähiger Hohlkörper von nicht ganz unbedeutender Größe, der fähig und dazu bestimmt ist, auf oder unter dem Wasser fortbewegt zu werden und dabei Personen oder Sachen zu tragen.[210] Einzelheiten aus der Rechtsprechung und Literatur (bejahend = Schiffe): Schwimmkräne,[211] Schwimmbagger,[212] Getreideheber,[213] größere Sport- und Vergnügungsschiffe,[214] ein Proviantboot von 8 m Länge,

---

[203] Prölss/Martin/*Koller* Ziff. 2 DTV Güter Rn. 6.

[204] *Enge/Schwampe* 67ff.

[205] Beispiele: Ziff. 2 DTV Güter 2000/2011 Eingeschränkte Deckung; Ziff. 1 DTV Güter 2000/2011 Kriegsklausel.

[206] OLG Hamburg 28.2.2002 VersR **2003** 730.

[207] *Thume*/de la Motte/Ehlers/*Ehlers* Kap. 2 Rn. 425.

[208] Ziff. 3 AVB Flusskasko 2008.

[209] So aber Berliner Kommentar/*Dallmayr* § 129 Rn. 15.

[210] BGH 14.12.1951 NJW **1952** 1135; BGH 13.03.**1980 546** VersR; Berliner Kommentar/*Dallmayr* § 129 Rn. 16; Langheid/Wand/*Kollatz* § 130 Rn. 17; Looschelders/Pohlmann/*Paffenholz* § 130 Rn. 10; Prölss/Martin/*Koller* § 130 Rn. 6; Römer/Langheid/*Langheid* § 130 Rn. 19; Schwintowski/Brömmelmeyer/*Pisani* § 130 Rn. 20a; Thume/de la Motte/Ehlers/*Gerhard*, Kap. 6 Rn. 579; Thume/de la Motte/Ehlers/*Schwampe* Kap. 7 Rn. 519; Waldstein/*Holland* § 1 BinSchG Rn. 3ff.

[211] BGH NJW **1952** 1135; Langheid/Wand/*Kollatz* § 130 Rn. 20; Prölss/Martin/*Koller* § 130 Rn. 5

[212] BGH 13.3.1980 VersR **1980** 546; Langheid/Wand/*Kollatz* § 130 Rn. 20; Prölss/Martin/*Koller* § 130 Rn. 5

[213] OLG Hamburg 6.1.1977 VersR **1977** 813; Langheid/Wand/*Kollatz* § 130 Rn. 20; Prölss/Martin/*Koller* § 130 Rn. 5.

[214] BGHZ 29.06.1951 **3**, 34, 43; Langheid/Wand/*Kollatz* § 130 Rn. 20; Schimikowski/Brömmelmeyer/*Pisani* § 130 Rn. 20a

2,35 m Breite und einem 55 PS Motor,[215] Jollenkreuzer mit 20 qm Segelfläche.[216] Verneinend = keine Schiffe): Kleinfahrzeuge, die mit Muskelkraft bewegt werden,[217] Bojen[218] oder Schwimmdocks,[219] weil sie nicht der Beförderung dienen. Aus dem gleichen Grunde nicht dauerhaft festliegende schwimmende Restaurants[220] und Hotel- oder Lagerschiffe.

Das Schiff ist eine **Sachgesamtheit** (zusammengesetzte einheitliche Sache),[221] zu der alle und nicht nur die wesentlichen Bestandteile nach § 93 BGB zählen. Nicht dazu gehört, wenn nicht ausdrücklich mitversichert,[222] das Zubehör nach § 97 BGB oder die Ausrüstung (zum Begriff siehe § 138 Rn. 22). **67**

Das Abgrenzungsmerkmal des § 130 Abs. 2 ist nicht die Versicherung von Binnenschiffen, sondern die Versicherung gegen die Gefahren der Binnenschifffahrt. Erfasst wird deshalb jedes Schiff, das diesen Gefahren ausgesetzt ist, also nicht nur Binnenschiffe.[223] Auch die Versicherung eines nur auf Binnengewässern eingesetzten Seeschiffes unterfällt damit § 130ff. Dabei geht es nicht um den tatsächlichen Einsatz, sondern um den beabsichtigten Einsatz. Nur wenn ausschließlich Binnengewässerfahrt beabsichtigt war, sind § 130ff. anwendbar. Wenn Seefahrt nicht ausgeschlossen war, liegt Mischform vor, die der Seeversicherung unterliegt (Rn. 14). **68**

Soweit es um die Versicherung auf Binnengewässern geht, unterfallen **Sportboote und Yachten**, wenn sie dem obigen Schiffsbegriff entsprechen, dem § 130.[224] Für die Versicherung seegängiger Yachten, die auch auf Binnengewässern eingesetzt werden, gelten die Grundsätze der Rn. 14ff. Der BGH behandelt die Wassersportkaskoversicherung als Transportversicherung,[225] hat aber später abgeschwächt, dass sie „zwar zur Transportversicherung zählen könnte ..., jedenfalls aber auch den Charakter einer Sachversicherung hat".[226] Es ging dort aber um die Zulässigkeit der Neuwertversicherung, nicht um die Anwendbarkeit des Kapitels 3 auf die Yachtversicherung. Im neueren Schrifttum wird überwiegend auf den „durchschnittlichen Nutzer" einer Wassersportkaskoversicherung abgestellt, dieser als „Verbraucher" betrachtet und mit diesem Argument die Anwendbarkeit der §§ 130ff. verneint; zudem wird aus Verbraucherschutzerwägungen dafür plädiert, die Versicherung privat benutzter Wassersportfahrzeuge aus dem Anwendungsbereich nicht nur des § 210 herauszunehmen, sie also nicht also Großrisiko zu behandeln und damit die Anwendbarkeit der halbzwingenden Normen des VVG sicherzustellen.[227] Zu Einzelheiten **69**

---

215 BGH 14.1.1960 VersR **1960**, 305; Prölss/Martin/*Koller* § 130 Rn. 5; Schwintowski/Brömmelmeyer/*Pisani* § 130 Rn. 20a.

216 BGHZ 29.11.1971 57 309; Langheid/Wand/*Kollatz* § 130 Rn. 20; Prölss/Martin/*Koller* § 130 Rn. 5.

217 BGHZ 29.11.1971 57 309; Langheid/Wand/*Kollatz* § 130 Rn. 19; Looschelders/Pohlmann/*Paffenholz* § 130 Rn. 10; Prölss/Martin/*Koller* § 130 Rn. 5; Kleinfahrzeuge sind auch nicht in Ziff. 1.2 AVB Flusskasko einbezogen, die sich ansonsten an Art. 1 (1) (b) CLNI orientiert, die solche Kleinfahrzeuge erfasst.

218 Berliner Kommentar/*Dallmayr* § 129 Rn. 16; Prölss/Martin/*Koller* § 130 Rn. 5.

219 Langheid/Wand/*Kollatz* § 130 Rn. 20; Schwintowski/Brömmelmeyer/*Pisani* § 130 Rn. 22.

220 Prölss/Martin/*Koller* § 130 Rn. 5.

221 Prölss/Martin/*Koller* Ziff. 1 AVB Flusskasko Rn. 5.

222 So etwa durch Ziff. 1.1 AVB Flusskasko.

223 Langheid/Wand/*Kollatz* § 130 Rn. 19; Looschelders/Pohlmann/*Paffenholz* § 130 Rn. 10; Prölss/Martin/*Koller* § 130 Rn. 2.

224 Schwintowski/Brömmelmeyer/*Pisani* § 130 Rn. 20a; Terbille/*Remé*/*Gerke* MAH § 11 Rn. 2.

225 BGH 21.2.1974 VersR **1974** 589; BGH 21.12.1981 VersR **1982** 381; BGH 4.12.2000 VersR **2001** 457; ebenso *Engel/Schwampe* 349; Beckmann/Matusche-Beckmann/*Heiss*/*Trümper* § 38 Rn. 321.

226 BGH 8.2.1988 VersR **1988** 463.

227 *Bremke*/*Gerhard* TranspR **2009** 15; Thume/de la Motte/Ehlers/*Gerhard* Kap. 6 Rn. 757; *Gerhard* TranspR **2007** 459;

siehe die Erläuterungen zu § 210 und zu den AVB Wassersportfahrzeuge 2008. Die Bedeutung der Frage ist allerdings zurückgegangen, nachdem, wie von Ehlers schon direkt nach Inkrafttreten der Reform vermutet,[228] die AVB der Wassersportversicherung das Alles-oder-Nichts-Prinzip aufgegeben haben.

70 Die Schiffseigenschaft von **Flößen und Pontons** wird zum Teil pauschal bestritten.[229] Hier muss man aber differenzieren. Flößen fehlt es an dem geforderten Hohlraum.[230] Pontons dagegen haben sehr wohl Hohlräume. Diese sind zwar regelmäßig nicht für den Transport von Ladung vorgesehen, sondern zum Ballasten/Trimmen des Pontons. Aufnahme der Ladung in Hohlräume ist indessen auch kein Bestandteil des Schiffsbegriffs. Pontons sind deshalb Schiffe.[231]

71 Wie auch anderweitig in § 130 bedeutet der Umstand, dass unter einem Versicherungsvertrag etwas versichert wird, was nicht den Schiffsbegriff des § 130 erfüllt, nicht, dass kein Versicherungsschutz bestünde. Die Parteien sind frei, über derartige Fahrzeuge oder Gegenstände Versicherungsverträge abzuschließen. Nur unterfallen diese Verträge dann nicht den §§ 130ff., so dass es bei den allgemeinen Bestimmungen des VVG verbleibt.

72 Der Begriff des Schiffs ist nicht der Parteivereinbarung zugänglich ist. Anders offenbar *Koller*,[232] der meint, dass die übereinstimmende Einordnung im Versicherungsvertrag Vorrang hat. So etwa in Ziff. 1.2 AVB Flusskasko: „*Einem Schiff sind gleichzusetzen: Baggereifahrzeuge, Krane, Elevatoren und alle sonstigen schwimmenden und beweglichen Anlagen und Geräte ähnlicher Art*“, wobei einige der genannten Gegenstände durchaus den Schiffsbegriff erfüllen können. Der Auffassung, dass auf diesem Wege durch Parteivereinbarung der Schiffsbegriff erweitert werden kann, ist nicht zu folgen. Die Einordnung als Schiff ist maßgeblich für die Anwendbarkeit der § 130ff. wie auch, über die Anlage Teil A zum VAG, des § 210. Den Schiffsbegriff der Parteivereinbarung öffnen, würde bedeuten, den Anwendungsbereich der §§ 130ff., 210 zu erweitern. Das ist insoweit problematisch, als die §§ 130ff. von den allgemeinen Vorschriften des VVG abweichen und sich dabei über die dort teilweise geltende (halb-)zwingende Wirkung hinwegsetzen. So etwa im Falle der Verletzung der vorvertraglichen Anzeigepflicht, bei der § 131 von § 19 abweicht. Handelt es sich bei dem versicherten Gegenstand nicht um ein Schiff, ist § 19 wegen § 32 nicht abänderbar. Entsprechendes gilt für § 210. Was nicht dem Schiffsbegriff der Anlage Teil zum VAG entspricht, ist nicht Großrisiko und deshalb auch dort nicht über § 210 von den Beschränkungen der Vertragsfreiheit ausgenommen.[233] Diesen Schutz können die Parteien nicht durch Vereinbarung beseitigen, dass ein Gegenstand, der nicht Schiff im, Sinne des Gesetzes ist, unter dem Vertrag als solcher behandelt werden soll.

Prölss/Martin/*Klimke* § 210 Rn. 5; Prölss/Martin/*Knappmann* Vorbem. AVB Wassersportfahrzeuge Rn. 2; Schwintowski/Brömmelmeyer/*Pisani* § 130 Rn. 24b; **a.A.** LG Hamburg 28.02.2005 IPRspr **2005** Nr. 28, 68, 70; *Flach* TranspR **2008** 60; Schimikowski/Brömmelmeyer/ *Pisani* § 130 Rn. 22a.

228 *Ehlers* TranspR **2007** 5, 11; Einzelheiten bei Bruck/Möller/*Raab* Ziff. 12 AVB Wassersportfahrzeuge.

229 Berliner Kommentar/*Dallmayr* § 129 Rn. 16; Langheid/Wand/*Kollatz* § 130 Rn. 20; Prölss/Martin/*Koller* § 130 Rn. 5; Schwintowski/Brömmelmeyer/*Pisani* § 130 Rn. 22.

230 *Ramming* Hamburger Handbuch zum Binnenschifffahrtsfrachtrecht, Rn. 7.

231 So auch *Ramming* Hamburger Handbuch zum Binnenschifffahrtsfrachtrecht, Rn. 11.

232 Prölss/Martin/*Koller* § 130 Rn. 5 und Ziff. 1 AVB Flusskasko Rn. 3.

233 Unklar *Ehlers* TranspR **2007** 5, 11, der meint, man könne das Großschadenprivileg des § 210 jedenfalls dann anwenden, wenn das Flusskaskorisiko von Schiffen im Vordergrund stehe.

3. Haftpflichtversicherungsannex

Nach Abs. 3 Satz 2 „haftet (der VR) auch für den Schaden, den der VN infolge eines Zusammenstoßes von Schiffen oder eines Schiffes mit festen oder schwimmenden Gegenständen dadurch erleidet, dass er den einem Dritten zugefügten Schaden zu ersetzen hat". Dies entspricht im Wesentlichen § 129 Abs. 2 Satz 2 a.F., der sich aber nur auf den Zusammenstoß von Schiffen beschränkte, während jetzt eine Erweiterung auf den Zusammenstoß auch mit festen oder schwimmenden Gegenständen erstreckt. Die hierdurch gewährte Versicherung ist echte **Haftpflichtversicherung.**[234] Richtig ist sicherlich, dass diese Haftpflichtversicherung deshalb in der Transportversicherung, und nicht der Haftpflichtversicherung, mit geregelt ist, weil der Gesetzgeber nicht die Einheit der Transportversicherung gefährden wollte.[235] Hauptgrund ist aber die Historie: das Kollisionshaftpflichtrisiko ist seit jeher, und zwar schon lange vor Erlass des VVG im Jahre 1908, Bestandteil der Schiffskaskoversicherung gewesen. Nicht nur Seeversicherungsrecht des HGB[236] und des ADHGB[237] sahen dies so vor. *Zeller*[238] verortet es schon in der Hamburger Assecuranz- und Havereyordnung von 1731. 73

a) **Anwendbares Recht.** Obwohl es sich unstreitig um Haftpflichtversicherung handelt, ist ebenso unstreitig, dass nicht die Vorschriften zur Haftpflichtversicherung gem. § 100ff. zur Anwendung kommen, sondern ausschließlich die Vorschriften zur Transportversicherung gem. § 130ff.[239] Die Klauselpraxis ist deshalb nicht gehindert, diese Haftpflichtversicherung anders auszugestalten, als die §§ 100ff. dies vorschreiben. Vertraglich muss also nicht Freistellung gem. § 100 gewährt werden. Vielmehr kann auch vorgesehen werden, dass der VR nur ersetzt, was der VN entweder bereits ersetzt hat, oder zu ersetzen verpflichtet ist. Die Versicherung muss nicht Kosten des Rechtsschutzes nach § 101 umfassen. Obwohl die Versicherung sachlich Betriebshaftpflichtversicherung i.S.v. § 102 ist, sind Betriebsangehörige, insbesondere der Schiffsführer, nicht mitversichert.[240] Entgegen § 105 dürfen AVB Anerkennungsverbote enthalten; sie dürften es allerdings ohnehin deshalb, weil die Schiffshaftpflichtversicherung gem. Ziff. 12 der Anlage Teil A zum VAG die Binnensee- und Flussschifffahrtshaftpflichtversicherung Großrisiko im Sinne von § 209 ist und deshalb von der Beschränkung des § 105 befreit wäre.[241] 74

Die Darstellung der Gesetzesbegründung, Kollisionshaftpflicht sei nur zusammen mit der Versicherung des Kaskos selbst versicherbar, ist nicht richtig.[242] Zwar geht das Gesetz davon aus, dass der VR „auch" für Ersatz an Dritte haftet. Das scheint die Versicherung des Kaskos nach Abs. 2 Satz 1 vorauszusetzen. Die gesamte Vorschrift ist aber ohnehin 75

---

234 RGZ **59**, 158; Berliner Kommentar/*Dallmayr* § 129 Rn. 15; ebenso Prölss/Martin/*Koller* Ziff. 4 AVB Flusskasko Rn. 1; Thume/de la Motte/*Gerhard* Ziff. Kap. 6 Rn. 628; ebenso Thume/de la Motte/Ehlers/*Schwampe* Kap. 6 Rn. 296 für die Ersatz-an-Dritte Klausel der Seekaskoversicherung.

235 Römer/Langheid/*Langheid* § 130 Rn. 19.

236 §§ 820, 821 HGB a.F.

237 § 824 Nr. 7 ADHGB.

238 *Zeller*, Die Deckung von Haftpflicht-Risiken im Rahmen der Seekasko-Versicherung, Frankfurt 1987, 9ff., 15.

239 Begr. BTDrucks. 16/3945 (92); BGH 18.5.2011 VersR **2011** 1048; OLG Karlsruhe 27.6.1996 VersR **1997** 737; *Brunn* Erläuterungen 38; Looschelders/Pohlmann/*Paffenholz* § 130 Rn. 15; Langheid/Wand/*Kollatz* § 130 Rn. 22; Prölss/Martin/*Koller* § 130 Rn. 6; Römer/Langheid/*Langheid* § 130 Rn. 19; Thume/de la Motte/Ehlers/*Thume* Kap. 2 Rn. 427.

240 Prölss/Martin/*Koller* Ziff. 4 AVB Flusskasko Rn. 2.

241 Prölss/Martin/*Lücke* § 105 Rn. 3; nach Bruck/Möller/*R. Koch* § 105 Rn. 22 scheitert die Abbedingung an§ 307 Abs. 2 BGB.

242 Begr. BTDrucks. 16/3945 (92.

nicht zwingend (Rn. 114), kann also in jeder Weise abgeändert werden. Im Rahmen der Vertragsfreiheit können die Parteien deshalb sehr wohl unter Abbedingung des Kaskoschutzes nach Abs. 1 Satz 1 insoliert die Versicherung des Kollisionshaftpflichtrisikos nach Abs. 2 Satz 2 vereinbaren. Auch diese Versicherung würde allein den §§ 130ff. unterliegen.[243] In der Praxis kommen solche isolierten Versicherungen jedoch nicht vor; die den Markt beherrschenden Kaskoversicherungsbedingungen schließen das Kollisionsrisiko mit ein (Ziff. 4 AVB Flusskaskoversicherung 2008/2013).

76 Deckt eine Versicherung zusammen mit den in Absatz 2 genannten auch **andere Haftpflichtrisiken**, können diese zwar immer noch Bestandteil einer Transportversicherung sein,[244] für sie sollen nach allgemeiner Meinung dann aber die §§ 100ff. gelten.[245] Diese Meinung kann sich auf die Gesetzesbegründung stützen: „Im Übrigen kann aber die Haftpflicht gegenüber Dritten aus Schiffsunfällen nicht als Transportversicherung gedeckt werden." Dies war auch schon vor der VVG-Reform der Fall, wurde aber von Praxis und Rechtsprechung zumindest insoweit außer Acht gelassen, als die die Versicherung der Haftung aus dem Zusammenstoß mit festen und schwimmenden Gegenständen (anderen als Schiffen) nicht nach den §§ 149ff. a.F. behandelt wurde, obwohl sie seit langem Deckungsbestandteil der marktbeherrschenden AVB Flusskasko war.[246]

Wie sich die Verfechter einer Anwendbarkeit der §§ 100ff. im Einzelnen vorstellen, wird leider nicht ausgeführt. Die Problematik liegt weniger in der Frage, ob die §§ 100ff. neben den § 130ff. anwendbar sind. Eine parallele Anwendung wird regelmäßig keine Probleme bereiten, denn die Regelungsbereiche der §§ 100ff. und der § 130 überschneiden sich praktisch nicht. Werden jedoch die §§ 130ff. verdrängt, soweit der Versicherungsvertrag zusätzliche Haftungsrisiken deckt, stellt sich die Frage, ob die Verdrängung nur für die zusätzlich vereinbarten Risiken gilt, für den gesamten Haftpflichtteil, also auch für den in Abs. 2 Satz 2 geregelten Ersatz-an-Dritte, oder gar für den ganzen Vertrag. Letzteres wird kaum jemand befürworten, denn die Anwendung von Haftpflichtvorschriften auf die Deckung von Sacherhaltungsinteressen macht keinen Sinn. Diese Antwort löst die Probleme aber nicht, sie schafft sie erst. Denn sie führt dazu, dass der Kaskoteil der Deckung weiterhin den §§ 130ff. unterliegt, der Haftpflichtteil den §§ 100ff. Die besondere Bedeutung dieser Aussage liegt dann darin, dass auf den Haftpflichtteil nicht § 132 (Verletzung der Anzeigepflicht), § 133 (Gefahränderung), § 135 (Aufwendungsersatz), § 137 (Herbeiführung des Versicherungsfalls), § 138 (Haftungsausschluss bei Schiffen) § 140 (Veräußerung des versicherten Schiffes) und § 141 (Befreiung durch Zahlung der Versicherungssumme) zur Anwendung kommen, für den Kaskoteil aber sehr wohl. Das führt zu nicht auflösbaren Widersprüchen, etwa dergestalt, dass ein und dieselbe Gefahränderung wegen § 132 unter dem Kaskoteil der Deckung erlaubt wäre und nur zu einer Mehrprämie führt, im

243 **a.A.** aber ohne Begründung Langheid/Wand/*Kollatz* § 130 Rn. 22; Schwintowski/Brömmelmeyer/*Pisani* § 130 Rn. 23.

244 Insbesondere bezeichnet Teil B. lit. b) der Anlage zum VAG auch die nach Teil A. Ziff. 12 der Anlage zum VAG genommene Versicherung gegen „Haftpflicht aller Art (einschließlich derjenigen des Frachtführers), die sich aus der Verwendung von Flussschiffen, Binnenseeschiffen und Seeschiffen ergibt" als „See- und Transportversicherung".

245 Looschelders/Pohlmann/*Paffenholz* § 130 Rn. 15; Langheid/Wand/*Kollatz* § 130 Rn. 22; Römer/Langheid/*Langheid* § 130 Rn. 19; HK-VVG/*Harms* § 130 Rn. 7; Schwintowski/Brömmelmeyer/*Pisani* § 130 Rn. 24a; *Thume*/de la Motte/Ehlers/*Thume* Kap. 2 Rn. 427.

246 Siehe Ziff. 4.1 AVB Flusskasko 1984; BGH 18.5.2011 VersR **2011** 1048 wendet § 132 a.F. ausdrücklich auf die über § 129 a.F. hinausgehende Versicherung der Haftung wegen Zusammenstoßes mit festen Gegenständen (dort: Schleusentor) an.

Haftpflichtteil dagegen gem. § 23 Abs. 1 nicht gestattet wäre und den VR nach § 24 zur Kündigung berechtigen würde. Noch viel problematischer wären Fälle der Verletzung der vorvertragliche Anzeigepflichtverletzung. Im Haftpflichtbereich gälte § 19 Abs. 2 mit der Folge des Rücktrittsrechts des VR, im Kaskoteil dagegen § 131, der das Rücktrittsrecht ausschließt und lediglich Leistungsfreiheit gewährt. Der Rücktritt kann jedoch nur einheitlich gehandhabt werden, schon deshalb, weil nach der Gesetzesbegründung (allerdings unrichtigerweise) die Auffassung vertreten wird, dass das Haftpflichtrisiko nicht isoliert versichert werden kann. Würde man einen Teilrücktritt für möglich halten, käme es zu einer Situation, in der der Vertrag hinsichtlich des Kaskoteils aufrechterhalten, hinsichtlich des Haftpflichtteils rückabgewickelt werden müsste – mit der Folge, dass der VN, wegen des gemäß Gesetzesbegründung (unberechtigt) nicht isoliert zu nehmenden Haftpflichtversicherungsschutzes, ohne die Möglichkeit anderweitiger Eindeckung der Haftpflicht dastünde. Richtigerweise kann es deshalb nicht zu einer Verdrängung der §§ 130ff. kommen, sondern nur zu ihrer Ergänzung durch die §§ 100ff. Die für die Schiffsversicherung oben angesprochenen Sonderregelungen behalten auch für die Teile der Versicherung Anwendung, die ergänzend §§ 100ff. unterliegen.

Im Übrigen muss auch hier der auch anderweitig angewendete (oben Rn. 14) Grundsatz gelten, dass allein die §§ 130ff., nicht auch ergänzend die §§ 100ff. anwendbar sind, wo der vom Gesetz beschriebene Deckungsbereich nur unwesentlich erweitert wird. Dies ist schon jetzt so und war es auch vor der VVG-Reform durch die marktüblichen AVB Flusskasko der Fall gewesen. Diese sehen in Ziff. 7 nicht nur Deckung für Haftung aus Zusammenstoß vor, sondern – weitergehend[247] – für Haftung „durch unmittelbare navigatorische Maßnahmen im Zusammenhang mit der Teilnahme am Schiffsverkehr" vor. Dadurch werden z.B. sog. Schwellschäden erfasst, die ein Schiff durch zu schnelle Vorbeifahrt verursacht und die nicht unter den Anwendungsbereich des § 130 fallen. Ebenfalls über § 130 hinaus geht die Deckung für Wrackbeseitigungskosten nach Ziff. 7 AVB Flusskasko. Diese Deckungserweiterungen sind aber nicht so beträchtlich, dass sie den Kern der durch § 130 Abs. 2 Satz 2 gegebenen Deckung so verändern, dass diese Deckungsanteile (zusätzlich) den §§ 100 unterfallen würden. **77**

Soweit für Binnenschifffahrt eine Haftpflichtversicherungspflicht besteht, gelten die Vorschriften über die Pflichtversicherung; § 113ff.[248]

b) Zusammenstoß mit Schiffen oder festen oder schwimmenden Gegenständen. Nicht jede Haftung, der der VN aus dem Betrieb des Schiffes ausgesetzt ist, fällt unter den Versicherungsschutz, sondern nur solche aus Zusammenstoß. Das Gesetz unterscheidet zwischen Zusammenstoß mit einem Schiff (zum Begriff des Schiffes siehe oben Rn. 66) und einem Zusammenstoß mit festen oder schwimmenden (anderen) Gegenständen. Die nach § 129 a.F. für den Haftpflichtannex noch maßgebliche Frage, ob das versicherte Schiff mit einem Schiff zusammengestoßen ist, oder mit einem anderen Gegenstand, ist nach der Reform mithin nicht mehr von Bedeutung. Damit folgt das Gesetz jetzt dem Marktstandard der AVB Flusskasko,[249] der seinerseits der Ersatz-an-Dritte in der Seekaskoversicherung[250] nachgebildet ist. Deshalb ist es entgegen *Kollatz*[251] auch ohne Bedeutung, dass § 92 Abs. 3 BSchG zu Schiffen auch Kleinfahrzeuge und bewegliche Teile von Schiffbrücken zählt. Deshalb ist die **78**

247 Thume/de la Motte/Ehlers/*Gerhard* Kap. 6 Rn. 634.
248 BTDrucks. 16/3945 (92); Looschelders/Pohlmann/*Paffenholz* § 130 Rn. 15.
249 Ziff. 4 AVB Flusskasko.
250 Ziff. 34 DTV Kaskoklauseln; Ziff. 65 DTV-ADS 2009.
251 Langheid/Wand/*Kollatz* § 130 Rn. 23.

Rechtsprechung zur Frage, ob Zusammenstoß mit dem Ankerdraht eines anderen Schiffes ein Zusammenstoß zwischen Schiffen ist,[252] heute ebenso wenig relevant wie die Rechtsprechung, dass es nicht erforderlich ist, dass sich beide Schiffe in Bewegung befinden.[253] Das ist ohne Weiteres einsichtig für das anfahrende Schiff. Aber es handelt sich natürlich auch für das angefahrene Schiff um einen Zusammenstoß. Wird gegen den Eigner des angefahrenen Schiffes ein Schadenersatzanspruch erhoben (z.B. mit der Begründung, das Schiff habe an der fraglichen Stelle nicht liegen dürfen), unterfällt ein solcher Anspruch der Bestimmung.

79 Ein **Zusammenstoß** erfordert Kontakt zwischen dem versicherten Schiff und dem anderen Schiff oder Gegenstand.[254] Deshalb ist die in §§ 92 Abs. 2 BSchG, 572 HGB geregelte sog. Fernschädigung vom Gesetz nicht erfasst.

80 c) **Dritter.** Die Haftung muss **gegenüber einem Dritten** bestehen. Ein Dritter ist jeder, der nicht am Versicherungsverhältnis beteiligt ist,[255] wobei es insoweit nicht um die Einbeziehung in den Vertrag geht, sondern um den Träger des versicherten Interesses. Das ist auch dann gegeben, wenn zwei unter dem gleichen Versicherungsvertrag versicherte Schiffe verschiedener Eigner zusammenstoßen.[256] Es ist aber nicht gegeben beim Zusammenstoß von zwei Schiffen des gleichen Eigners[257] oder beim Anstoß des Schiffes des VN gegen eine VN-eigene Entladeanlage. Die aus der Seeversicherung bekannt sog. Schwesterschiffsklausel[258] ist in der Binnenversicherung nicht üblich.[259] Ziff. 4.9 AVB Flusskasko bestimmt vielmehr, dass im Falle des Zusammenstoßes zweier Schiffe desselben VN der VN „bzw. dessen VR" den Schaden selbst zu tragen hat.[260] Die Bestimmung ist einerseits unzureichend, andererseits überflüssig, allenfalls Klarstellung. Unzureichend ist sie deshalb, weil sie nur auf den VN abstellt und damit zwei Schiffe desselben Versicherten nicht erfasst. Überflüssig ist sie deshalb, weil ohnehin niemand Ansprüche gegen sich selbst haben kann (§ 194 BGB), und Ansprüche, die nicht bestehen, auch nicht auf einen VR übergegangen sein können.

Es gilt keine wirtschaftliche, sondern eine formal-rechtliche Betrachtung. Ein Schiff eines Dritten liegt auch dann vor, wenn zwei im Eigentum jeweils einer separaten Gesellschaft stehende Schiffe kollidieren, deren Gesellschafter identisch sind.

81 Die in der Praxis weit verbreiteten AVB Flusskasko gehen noch weiter und verzichten auf das Erfordernis einen Zusammenstoßes. Hier genügt, dass der Schaden durch **unmittelbare navigatorische Maßnahmen** im Zusammenhang mit der Teilnahme am Schiffsverkehr verursacht worden sind.[261]

---

252 OLG Hamburg 22.12.1988 VersR **1989** 721; Prölss/Martin/*Koller* § 130 Rn. 6.

253 OLG Hamburg 6.1.1977 VersR **1977** 813; Prölss/Martin/*Koller* § 130 Rn. 6; missverständlich Berliner Kommentar/*Dallmayr* § 139 Rn. 18, der ausführt, dass „die Schiffe" nicht in Bewegung sein müssen. Liegen beide Schiffe still, kann es nicht zu einem Zusammenstoß kommen.

254 Langheid/Wand/*Kollatz* § 130 Rn. 21; *v. Waldstein/Holland* § 92 Rn. 11.

255 Prölss/Martin/*Voit/Knappmann*[27] § 129 a.F. Rn. 18; *Ritter/Abraham* § 78 ADS, Anm. 9; *Schwampe* Seekaskoversicherung Klausel 34 Rn. 21; Zeller 336; Beckmann/Matusche-Beckmann/*Heiss/Trümper* § 38 Rn. 335.

256 *Schwampe* Seekaskoversicherung Klausel 34 Rn. 21.

257 Berliner Kommentar/*Dallmayr* § 129 Rn. 20.

258 Vgl. Ziff. 66 DTV-ADS 2009 und Ziff. 34.10 DTV Kaskoklausel, dazu *Schwampe* Seekaskoversicherung Klausel 34 Rn. 21 und Thume/de la Motte/Ehlers/*Schwampe* Kap. 6 Rn. 334ff.

259 Prölss/Martin/*Koller* § 130 Rn. 6.

260 Erläuterungen dazu bei Bruck/Möller/*Hartenstein* Ziff. 4 AVB Flusskasko 1992/2008 Rn. 20.

261 Näher Bruck/Möller/*Hartenstein* Ziff. 4 AVB Flusskasko Rn. 8; zur unterschiedlichen Behandlung in der Seekaskoversicherung, bei der auch die bloße Bewegung des Schiffes

d) **Geschützte Person.** Geschützt wird nur der VN, bei Versicherung für fremde Rechnung der Versicherte. Wird die Versicherung durch den **Ausrüster** genommen, ist nur das Risiko des Ausrüsters gedeckt. Zwar kann eine Haftung des Eigners mitversichert werden, so dass die Versicherung insoweit zur Versicherung für fremde Rechnung wird; es bedarf dafür aber der vertraglichen Vereinbarung.[262] 82

e) **Zu ersetzender Schaden.** Nach dem Gesetzeswortlaut haftet der VR für jeden vom VN zu ersetzenden Schaden, also sowohl Sachschaden, Vermögensfolgeschäden von Sachschäden, reine Vermögensschäden und Personenschäden.[263] Die marktüblichen AVB Flusskasko schränken dies auf eine Deckung der Haftung für Sachschäden ein, wozu aber die aus dem Sachschaden folgenden Vermögensschäden[264] gehören. Ziff 4.7 und 4.8 AVB Flusskasko schließen die Deckung der Haftung für das Freiwerden von flüssigen oder gasförmigen Stoffen, Chemikalien und sonstige gefährliche Güter aus (es sei denn, diese Schäden sind als nächste Folge eines Zusammenstoßes des versicherten Schiffes mit einem anderen Schiff an diesem oder den darauf befindlichen Sachen eingetreten), wegen Umweltschäden und für Verlust oder Beschädigung von Sachen, die sich an Bord des versicherten Schiffes befinden aus. 83

f) **Haftungsbeschränkung.** Besondere Bedeutung hat im Binnenschifffahrtsrecht die Möglichkeit des Eigners, eine Haftungsbeschränkung nach §§ 4ff. BschG oder den Vorschriften des Straßburger Übereinkommens über die Beschränkung der Haftung in der Binnenschifffahrt (CLNI) vom 4. November 1988[265] in Anspruch zu nehmen. Das Verfahren regelt das Gesetz über das Verfahren bei der Errichtung und Verteilung eines Fonds zur Beschränkung der Haftung in der See- und Binnenschifffahrt vom 25. Juli 1986 (Schifffahrtsrechtliche Verteilungsordnung, SVertO)[266] Die Haftungsbeschränkung wird bewirkt entweder durch Erhebung einer Einrede oder durch Errichtung eines Haftungsfonds (§ 5d Abs. 2 und 3 BSchG, Art. 10f. CLNI). Die Einrede hat der VN gegebenenfalls in Erfüllung seiner Schadenminderungsobliegenheit gem. § 82 Abs. 1 zu erheben; allerdings bestimmt Ziff. 4.4 der marktüblichen AVB Flusskasko, dass der VR den Rechtsstreit im Namen des VN führt. Reicht eine bloße Einrede nicht aus, weil der VN von mehreren Geschädigten in verschiedenen Prozessen in Anspruch genommen wird, so dass ein Haftungsfonds zu errichten ist, steht dem VN in Höhe des zu errichtenden Haftungsfonds (aber immer beschränkt auf die Versicherungssumme)[267] ein Vorschussanspruch nach § 83 Abs. 1 Satz 2 zu. 84

g) **Maßgebliches Haftungsrecht.** Die meisten Kommentierungen sprechen als Haftungsrecht nur deutsche Vorschriften wie §§ 735 HGB a.F. (jetzt § 570ff.) i.V.m. § 92 BSchG oder internationale Abkommen an.[268] Die Deckung beschränkt sich aber weder auf deutsches Haftungsrecht (einschließlich von Deutschland ratifizierter internationaler Übereinkommen), noch ist gesagt, dass deutsches Haftungsrecht überhaupt eine Rolle 85

---

ausreicht, siehe Thume/de la Motte/Ehlers/*Schwampe* Kap. 6 Rn. 302.

262 Anders Thume/de La Motte/Ehlers/*Gerhard* Kap. 6 Rn. 629.

263 Prölss/Martin/*Koller* § 130 Rn. 6

264 *Brunn* 39; Prölss/Martin/*Koller* Ziff. 4 AVB Flusskasko Rn. 1; für die insoweit wortgleiche Seekaskoversicherung ebenso Thume/ de la Motte/Ehlers/*Schwampe* Kap. 6 Rn. 298.

265 BGBl. 1998 II S. 1643.

266 BGBl. I S. 530; 2000 I S. 149.

267 bzw. die nach Ziff. 14.2 AVB Flusskasko für Ersatz-an-Dritte vereinbarte versicherte Summe.

268 Berliner Kommentar/*Dallmayr* § 129 Rn. 21; Looschelders/Pohlmann/*Paffenholz* § 130 Rn. 15; Schwintowski/Brömmelmeyer/*Pisani* § 130 Rn. 24.

spielt. Maßgeblich ist nämlich das nach dem internationalen Privatrecht anwendbare Haftungsrecht.[269] Eine Beschränkung auf **gesetzliche Haftpflichtbestimmungen privatrechtlichen Inhalts** sieht das Gesetz nicht vor.[270] Erfasst wird mithin auch die Haftung nach anderen gesetzlichen als privatrechtlichen Grundlagen. Anders als die marktüblichen AVB Flusskasko in Ziff. 4.1 erfasst das Gesetz auch die Haftung auf vertraglicher Grundlage, die z.B. in Betracht kommt, wenn ein Schiff aufgrund eines Vertragsverhältnisses eine Lade- oder Entladeanlage nutzt und diese dabei durch Anstoß beschädigt.

86 h) **Prozesskosten.** Obwohl die Kaskoversicherung im Hinblick auf Ersatz an Dritte Haftpflichtversicherung ist (Rn. 73), ist Rechtsschutz, anders als nach § 101 nicht Hauptleistung.[271] Prozesskosten sind deshalb allein als Aufwendungsersatz nach § 82 gedeckt, wenn die dortigen Voraussetzungen erfüllt sind. Sind sie es, werden die Prozesskosten gem. § 135 auch über die Versicherungssumme hinaus ersetzt, sofern der VR nicht von seinem Abandonrecht gem. § 141 Gebrauch gemacht hat.

87 i) **Versicherungssumme.** Kapitel 3 enthält keine Sonderbestimmung zur Versicherungssumme. Die Leistungspflicht des VR ist deshalb (auch nach Wegfall des§ 50 a.F.)[272] durch die Versicherungssumme begrenzt, so das dem VN nach der Gesetzeslage die Versicherungssumme für seinen eigenen Kaskoschaden und seine Haftung gegenüber Dritten nur einmal zur Verfügung steht. Dies entspricht der früheren Gestaltung in der Seekaskoversicherung nach §§ 78, 37 ADS. Im Falle eines Totalverlustes des versicherten Schiffes bleibt dann für den VN ein Teil des versicherten Sacherhaltungsinteresses oder ein Teil des versicherten Haftpflichtinteresses ungedeckt. Dies ist natürlich durch AVB abweichend regelbar. Anders als die Seekaskoversicherung in Ziff. 34.8 DTV Kaskoklauseln[273] bzw. Ziff. 65.8 DTV-ADS 2009[274] sieht Ziff. 14.2 AVB Flusskasko 2008 nicht vor, dass die für die Kaskoversicherung vereinbarte Versicherungssumme für die Haftpflicht ein zweites Mal zur Verfügung steht (sog. Separathaftung), sondern dass für Ersatz an Dritte eine eigene Versicherungssumme zu vereinbaren ist.[275]

88 j) **Art und Fälligkeit des Versicherungsschutzes.** Beides ist gesetzlich nicht näher vorgegeben. Das Gesetz besagt allerdings, dass der VR für einen Schaden des VN haftet, und zwar für einen Schaden, der diesem dadurch entsteht, dass er einem Dritten ein Schaden „zu ersetzen hat“, nicht „ersetzt hat“. Damit geht das Gesetz jedenfalls nicht davon aus, dass der VN zunächst den Dritten entschädigt haben muss, um einen Deckungsanspruch gegen seinen VR zu erlangen. Auch der Marktstandard AVB Flusskasko enthält hierzu keine völlig klaren Regelungen.[276]

---

[269] Prölss/Martin/*Koller* Ziff. 4 AVB Flusskasko Rn. 1; Thume/de la Motte/Ehlers/*Gerhard* Kap. 6 Rn. 630 („auch ausländische Haftungsbestimmungen erfasst“; ebenso Thume/de la Motte/Ehlers/*Schwampe* Kap. 6 Rn. 298 für Ersatz-an-Dritte in der Seekaskoversicherung.

[270] Prölss/Martin/*Koller* Ziff. 4 AVB Flusskasko Rn. 1.

[271] RGZ 02.12.1896 **38** 55; 26.11.1926 **115**, 65; Berliner Kommentar/*Dallmayr* § 129 Rn. 20.

[272] Prölss/Martin/*Armbrüster* vor § 74 Rn. 14; Schwintowski/Brömmelmeyer/*Kloth/Neuhaus* §§ 74–87 Rn. 14; Beckmann/Matusche-Beckmann/*Heiss/Trümper* § 38 Rn. 312.

[273] Thume/de la Motte/Ehlers/*Schwampe* Kap. 6 Rn. 332.

[274] Bruck/Möller/*Eichhorn* Ziff. 65 DTV-ADS 2009 Rn. 46.

[275] Einzelheiten bei Bruck/Möller/*Hartenstein* Ziff. 4 AVB Flusskasko 2008 Rn. 7.

[276] Ziff. 4.2 AVB Flusskasko ist wortgleich mit Ziff. 34.5 DTV Kaskoklauseln (= Ziff. 65.5 DTV-ADS).

4. Versicherte Gefahr

Auch die Schiffsversicherung gegen die Gefahren der Binnenschifffahrt ist eine Versicherung gegen **alle Gefahren**. Wie bei der Güterversicherung nach Abs. 1 der Kreis dieser aller Gefahren nicht auf alle Gefahren der Binnengewässer beschränkt ist (Rn. 38 ff), sind die versicherten Gefahren der Schiffsversicherung nicht auf solche der Binnenschifffahrt beschränkt. Die Gefahren der Binnenschifffahrt sind nur als Vertragsinhalt angesprochen („Bei der Versicherung eines Schiffes gegen die Gefahren der Binnenschifffahrt ..."). Wo dies gegeben ist, deckt der Gesetzgeber nach klarem Gesetzeswortlaut alle Gefahren. **89**

Die Schiffsversicherung wird im Übrigen üblicherweise als Versicherung benannter Gefahren angeboten.[277] Das weicht zwar vom gesetzlichen Leitbild des § 130 ab, ist aber zulässig.[278]

Eine Abweichung von der Allgefahrendeckung gibt es nur für die in Abs. 2 Satz 2 geregelte Haftpflichtversicherung. Hier sind nicht alle Haftpflichtgefahren versichert, nicht einmal alle Gefahren aus dem Betrieb des Schiffes, sondern nur die ausdrücklich **benannten Gefahren** des Zusammenstoßes mit Schiffen und anderen schwimmenden oder festen Gegenständen. Soweit in AVB allgemeine Gefahrausschlüsse statuiert werden, ist jeweils zu prüfen, ob diese Ausschlüsse auch für die Haftpflichtdeckung Anwendung finden.[279] **90**

5. Kausalität

In der Schiffsversicherung gibt es hinsichtlich der Kausalität keine Besonderheiten gegenüber der Güterversicherung. Auf die dortigen Ausführung (Rn. 57ff.) wird verwiesen. **91**

6. Versicherter Schaden

Auch für den in der Schiffsversicherung versicherten Schaden kann für die Schiffsversicherung auf die Ausführungen zur Güterversicherung verwiesen werden (Rn. 44). Die AVB Flusskasko sehen in Ziff. 3.1.1 Ersatz für Verlust oder Beschädigung des versicherten Schiffes vor. Daneben kennen die AVB Flusskasko die Reparaturunfähigkeit und die Reparaturunwürdigkeit, die dem Totalverlust gleichgestellt werden.[280] Zum versicherten Schaden in der Schiffshaftpflichtversicherung siehe oben Rn. 83ff. **92**

7. Dauer der Versicherung

Siehe hierzu zunächst oben Rn. 50ff. Das in der Schiffskaskoversicherung bedeutsame Risiko von **Konstruktionsfehlern, Fertigungsfehlern und Materialfehlern** verwirklicht sich regelmäßig bereits beim Bau des Schiffes, also vor Beginn der Versicherung. Es wird daher von der Schiffskaskoversicherung nicht erfasst. Anders als in der Seekaskoversicherung[281] decken die marktüblichen AVB Flusskasko dieses Risiko nicht. Vor der Reform enthielt das VVG mit § 138 Regelungen zu Beginn und Ende der Reiseversicherung, mit § 139 a.F. eine Regelung zur Verlängerung der Schiffsversicherung. All dies ist mit der Reform entfallen. Maßgeblich sind nunmehr allein die Vereinbarungen der Parteien zur Dauer der Versiche- **93**

---

277 Siehe Ziff. 3 AVB Flusskasko.

278 Siehe dazu BGH 18.5.2011 VersR **2011** 1048 sowie Bruck/Möller/*Hartenstein* Ziff. 4 AVB Flusskasko Rn. 22. Ziff. 4.10 AVB Flusskasko erklärt jetzt Ziff. 3.2.1 ausdr. für anwendbar.

279 Näher Bruck/Möller/*Hartenstein* Ziff. 1 AVB Flusskasko Rn. 3.

280 Einzelheiten bei Bruck/Möller/*Hartenstein* Ziff. 19 AVB Flusskasko Rn. 1ff.

281 Ziff. 20.2 DTV Kaskoklauseln, Ziff. 59 DTV-ADS.

rung. In der Praxis findet man zumeist Zeitversicherungen. Durch den Wegfall von § 139 a.F. endet die Versicherung nunmehr gem. § 188 BGB mit Ablauf des letzten Tages der vereinbarten Versicherungsdauer. Die Versicherung verlängert sich für den Fall, dass das Schiff zu diesem Zeitpunkt auf einer Reise ist, nicht mehr, wie noch nach § 139 a.F., bis zur Ankunft des Schiffes am nächsten Bestimmungsort. Eine Verlängerung oder Verlängerungsmöglichkeit, wie sie Ziff. 2 DTV Kaskoklauseln oder Ziff. 9.2 DTV-ADS für die Seekaskoversicherung vorsehen, enthalten auch die AVB Flusskasko nicht. Gegebenenfalls endet die Versicherung also, während das Schiff auf einer Reise ist.

94 Einzige Ausnahme von der Beendigung der Versicherung mit Ablauf der Versicherung ist der Verkauf des Schiffes. In diesem Fall tritt nicht gem. § 95 der Erwerber an die Stelle des VN in die Versicherung ein, sondern die Versicherung endet gem. § 140 mit der Übergabe des Schiffes an den Erwerber, für unterwegs befindliche Schiffe mit der Übergabe an den Erwerber im Bestimmungshafen. Dies gilt nicht nur für die Schiffskaskoversicherung, sondern auch für die Schiffshaftpflichtversicherung, die deshalb entgegen *Koller*[282] nie übergeht.

8. Repräsentanten des VN

95 Für die Binnenschiffsversicherung gibt es noch keine Entscheidung, wonach der Schiffsführer Repräsentant des VN wäre. Teile der Literatur[283] haben ohne nähere Erörterung Entscheidungen zur Stellung des Kapitäns in der Seeversicherung[284] übernommen und gehen auch im Rahmen von § 130 von einer Repräsentantenstellung aus. Zu Einzelheiten siehe § 137 Rn. 14.

9. Beweislast

96 Die Auffassung, dass auch in der Flusskaskoversicherung der VN nur Schadensfreiheit bei Versicherungsbeginn beweisen muss und es dem VR obliegt, Verursachung durch eine nicht versicherte Gefahr zu beweisen,[285] ist zwar nach der gesetzlichen Regelung richtig. Die am Markt gebräuchlichen Flusskaskoversicherungsbedingungen sind aber nicht als Allgefahrenversicherung ausgestaltet, so dass der VN hier die Verursachung durch eine versicherte Gefahr zu beweisen hat.[286]

10. Schutz der Realgläubiger

97 Realgläubiger, also Schiffshypothekare, deren Hypotheken in einem deutschen Schiffsregister eingetragen sind, genießen besonderen Schutz.[287] Gem. § 32 SchRG erstreckt dich die Schiffshypothek auf die Versicherungsforderung. Von Fristsetzung und Kündigung wegen Prämienrückständen hat der VR den Hypothekar gem. § 34 SchRG zu informieren. Eine Kündigung wird dem Hypothekar gegenüber erst nach zwei Wochen wirksam. Kernvorschrift ist § 36 SchRG, wonach der VR sich gegenüber dem Hypothekar nicht auf eine gegenüber dem VN bestehende Leistungsfreiheit berufen kann, wenn diese auf einem Ver-

---

282 Prölss/Martin/*Koller* § 1309 Rn. 6.

283 Berliner Kommentar/*Dallmayr* § 129 Rn. 21.

284 BGH 07.02.1983 VersR **1983** 479; vgl. auch OLG Hamburg 11.06.1987 VersR **1987** 1004; LG Hamburg 10.07.2003 TranspR **2004** 263.

285 Looschelders/Pohlmann/*Paffenholz* § 130 Rn. 14; Langheid/Wand/*Kollatz* § 130 Rn. 27.

286 Beckmann/Matuschke-Beckmann/*Heiss/Trümper* § 38 Rn. 304, siehe aber OLG Hamburg VRS 2013/93 zur Beweislast bei den ADS.

287 Beckmann/Matusche-Beckmann/*Heiss/Trümper* § 38 Rn. 303 und 296.

halten des VN beruht. Die Leistungsfreiheit auch gegenüber dem Hypothekar bleibt nur erhalten, wenn sie auf nicht rechtzeitiger Prämienzahlung, Reiseanritt in nicht fahrtüchtigem Zustand oder ohne gehörige Ausrüstung oder Bemannung oder Abweichung vom Reiseweg beruht.

III. Große Haverei (Absatz 3)

1. Die Havarie-grosse im Schifffahrtsrecht

Das Recht der Großen Haverei – das Gesetz verwendet immer noch diese in der Praxis schon seit Jahrzehnten zugunsten des Begriffs der Havarie-grosse aufgegebene altertümliche Bezeichnung – bestand bis 2013 aus sehr detaillierten Bestimmungen, die in den §§ 78–91 BSchG a.F. enthalten waren. Im Zuge der Seerechtsreform, in deren Rahmen der Gesetzgeber die noch umfangreicheren Havarie-grosse-Regelungen des Seerechts deutlich verschlankt hat, wurde auch die Havarie-grosse der Binnenschifffahrt deutlich verkürzt. Übrig geblieben ist mit § 78 BSchG eine einzige Vorschrift, die allerdings auf die Vorschriften der §§ 589 bis 592, 594 und 595 des HGB verweist, die die Havarie-grosse im Seerecht regeln. **98**

In der Praxis spielt das gesetzliche Havarie-grosse-Recht keine große Rolle. Üblicherweise werden besondere vertragliche Vereinbarungen getroffen. Im Bereich der Seeschifffahrt sind dies die sog. York-Antwerp-Rules, im Bereich der Binnenschifffahrt sind es die **Havarie-grosse-Regeln IVR**, die in der Praxis sog. Rheinregeln. Sie wurden 1956 ursprünglich, wie der Name belegt, für die Verwendung auf dem Rhein entwickelt. Mit Öffnung des Rhein-Main-Donau-Kanals weitete sich ihre Bedeutung deutlich aus. Sie verdrängen immer mehr andere Regionalregeln.[288] **99**

2. Grundprinzipien der Havarie-grosse

Das Prinzip der Havarie-grosse besteht darin, dass für den Fall, dass das Schiff – mit dem jetzt neuerdings separat genannten Treibstoff –, und die Ladung durch eine **gemeinsame Gefahr** bedroht werden, und dass der Kapitän mindestens einem dieser Werte Schäden zufügt oder Aufwendungen eingeht, um der Gefahr zu begegnen, diese Schäden oder Aufwendungen von allen gemeinsam Gefährdeten – vom Gesetz „**Beteiligte**" genannt – gleichmäßig getragen werden (§ 78 BSchG). Beteiligte, deren Werte gerettet wurden, müssen einen **Beitrag** leisten (§ 591 Abs. 1 HGB); Beteiligte, der Werte ganz oder teilweise beschädigt wurden – das Gesetz nennt dies in § 78 Abs. 1 BSchG „Aufopferung" – oder die Aufwendungen eingegangen sind, haben einen Anspruch auf **Vergütung** (§ 590 HGB). Dem Prinzip der Havarie-grosse entsprechend, die alle gleichmäßig belasten will, ergibt die Summe aller Beiträge die Summe aller Vergütungen. **100**

Nach altem Havereirecht setzte eine Havereiverteilung voraus, dass sowohl Schiff als auch Ladung zumindest teilweise gerettete worden sein mussten (§ 78 BSchG a.F.). Dies ist jetzt aufgegeben worden: Es genügt, wenn Schiff oder Ladung gerettet sind. Dabei kann die Beitragspflicht eines Beteiligten nicht den Wert seines geretteten Gutes übersteigen (§ 592 Abs. 2 HGB). Wird nichts gerettet, ist Havarie-grosse nicht möglich, denn dann fehlt es an beitragspflichtigen Werten. **100**

[288] Vertrag betreffend die Regelung der großen Haverei auf der Elbe vom 1. Januar 1954 (Elbevertrag); Donauregeln für die Havarie Grosse von 1990 (Anl. 5 zum Abkommen über die Allgemeinen Verfrachtungsbedingungen im internationalen Güterverkehr auf der Donau).

101 Hinsichtlich der **Beitragspflicht** hat die Reform deutliche Veränderungen gebracht, die im See- und Binnenschifffahrtsrecht nicht einmal einheitlich sind. Während das Havarie-grosse-Recht sowohl der See- als auch der Binnenschifffahrt bis zur Seerechtsreform die Beitragspflicht denjenigen auferlegte, die zum Zeitpunkt der Beendigung der Reise Eigentümer des geretteten Wertes waren, knüpft das Gesetz nach der Neuregelung jetzt für die Binnenschifffahrt an das Eigentum zum Zeitpunkt des Havereifalles an (§ 78 Abs. 1 BSchG). Für das Seerecht hat der Gesetzgeber noch eine andere Gestaltung gewählt: hier ist das Eigentum zum Zeitpunkt des Havereifalles nur im Hinblick auf Schiff und Treibstoff maßgeblich. Hinsichtlich der Ladung und der Fracht ist derjenige beitragspflichtig, der die Gefahr trägt. Das früher maßgebliche Kriterium des Endes der Reise ist nur noch für die Berechnung des beitragenden Wertes maßgeblich (§ 591 Abs. 2 Satz 2 HGB).

102 Das Rechenwerk, durch das Beiträge und Vergütungen zusammengestellt werden, nennt das Gesetz **Dispache**. Nach § 595 Abs. 1 HGB ist jeder Beteiligte berechtigt, die Aufmachung der Dispache zu veranlassen. Für den Reeder ist es eine Pflicht, dies zu veranlassen, wenn Treibstoff oder Ladung beschädigt oder aufgeopfert wurden. Unterlässt er dies, ist er den Beteiligten für den daraus entstehenden Schaden verantwortlich. Aufgestellt wird die Dispache durch einen **Dispacheur**, der dafür entweder allgemein öffentlich bestellt ist oder im Einzelfall vom Gericht besonders ernannt wurde (§ 595 Abs. 2 HGB).[289] Der Vertrag mit dem Dispacheur ist Vertrag mit Schutzwirkung zugunsten Dritter. Gleich von wem beauftragt, hat der Dispacheur die Interessen aller Beteiligten zu vertreten.[290]

103 Die Vergütungsberechtigten werden hinsichtlich ihrer Ansprüche dinglich gesichert. Am Schiff und an Frachtforderungen bestehen gem. § 78 Abs. 2 BSchG **Schiffsgläubigerrechte**, die sich nach den §§ 102 bis 115 BSchG richten; an Treibstoff und Ladung bestehen **Pfandrechte** nach § 594 Abs. 1 HGB. Treibstoff und Ladung darf der Kapitän des Schiffes, bei Binnenschiffen der Schiffer, vor der Berichtigung oder Sicherstellung der Beiträge nicht ausliefern. Liefert er sie dennoch aus, so haftet er für den Schaden, der den Vergütungsberechtigten durch sein Verschulden entsteht. Dies gilt auch dann, wenn der Kapitän auf Anweisung des Reeders gehandelt hat (§ 594 Abs. 5 HGB). Der Schiffseigner seinerseits haftet dann den Vergütungsberechtigten nach § 3 BSchG.

104 Das **Verschulden eines Beteiligten** bleibt bei der Havarie-grosse zunächst außer Betracht. § 589 Abs. 1 Satz 1 HGB bestimmt, dass die Anwendung der Vorschriften über die Große Haverei nicht dadurch ausgeschlossen wird, dass die Gefahr durch Verschulden eines Beteiligten oder eines Dritten herbeigeführt ist. Das bedeutet aber nicht, dass das Verschulden keinerlei Rolle spielt. Es soll vielmehr nur sicher gestellt werden, dass unter denjenigen, denen kein Verschulden zur Last fällt, die Havarie-grosse ganz normal abgerechnet wird. Das Verschulden spielt erst in zweiter Linie eine Rolle. Denn gem. § 589 Abs. 1 Satz 2 HGB kann derjenige Beteiligte, dem ein Verschulden zur Last fällt, wegen eines ihm entstandenen Schadens keine Vergütung verlangen. Diese Vorschrift wirkt also in den Händen der schuldlosen Beteiligten wie ein Schild, mit dem sie Ansprüche des schuldigen Beteiligten abwehren können. Das Gesetz belässt es aber nicht nur bei dem Schild, es stellt den schuldlos Beteiligten auch ein Schwert zur Verfügung: Gem. § 589 Abs. 2 HGB ist derjenige, der die Gefahr schuldhaft herbeigeführt hat, allen Beitragspflichtigen zum Ersatz des Schadens verpflichtet, den sie dadurch erleiden, dass sie die Schäden und Aufwendungen, die zur Errettung aus der Gefahr entstanden sind, gemeinschaftlich tragen müssen.[291]

---

289 Grundlegend zur Rechtsposition und zu den Aufgaben eines Dispacheurs BGH 23.9.1996 VersR **1997** 90.

290 BGH 23.09.1996 VersR **1997** 90.

291 Siehe dazu BGH 24.04.1989 VersR **1989** 761.

3. Umfang der Havarie-grosse-Deckung

a) **Inhalt der gesetzlichen Regelung nach der VVG-Reform.** Die Havarie-grosse-Deckung war vor der VVG Reform in § 133 a.F. geregelt, jetzt findet sie sich in § 130 Abs. 3. Zwar verwendet das Gesetz den in Abs. 3 genannten Begriff der „Gefahren der Binnenschifffahrt" nur für die Schiffsversicherung nach Abs. 1, während für die Güterversicherung nach Abs. 1 von den „Gefahren der Beförderung auf Binnengewässern" spricht. Es wird ersichtlich aber von niemandem die Auffassung vertreten, dass sich die Havarie-grosse-Deckung nach Abs. 3 nur auf die Schiffsversicherung nach Abs. 2 erstreckt, nicht auch auf die Güterversicherung nach Abs. 1. **105**

Die gesetzliche Neuregelung ist einerseits kürzer als diejenige in § 133 a.F., enthält aber eine neue, wichtige Einschränkung. Entfallen ist § 133 Abs. 1 a.F., der bestimmte, dass sich die Versicherung bei ausschließlicher Verladung von Gütern, die im Eigentum des Schiffseigners stehen, auf das erstreckt, was im Havarie-grosse-Fall Aufopferung wäre. Die Vorschrift ist mit Recht entfallen. Zwar kommt es, unter wirtschaftlicher Betrachtung, auch heute durchaus vor, dass „eigene" Güter befördert werden. Formalrechtlich wird heutzutage aber das Eigentum an einem Schiff regelmäßig nicht beim Eigentümer der Ladung liegen. Die Bestimmung hat deshalb in der Praxis – wie auch in der Seeschifffahrt – zu großen Teilen ihre Bedeutung verloren. Ziff. 5.3 AVB Flusskasko sieht sie auf vertraglicher Ebene nach wie vor vor. **106**

Entfallen ist auch die Regelung, dass eine vom Schiffer aufgestellte Dispache für den VR nur dann verbindlich ist, wenn er der Aufstellung durch den Schiffer zugestimmt hat. § 87 Abs. 1 BSchG a.F. sah in der Tat die Aufstellung der Dispache durch den Schiffer vor. Vom Schiffer aufgestellte Dispachen gibt es in der Praxis schon lange nicht mehr. Nach der Änderung des Havarie-grosse-Rechts auch der Binnenschifffahrt im Zuge der Seerechtsreform ist die Aufstellung der Dispache allein Dispacheuren überlassen. Ziff. 5.1 AVB Flusskasko bestimmt, dass der Umfang der Leistung des VR durch eine nach Gesetz aufgemachte und von den zuständigen Dispache-Prüfungsstellen anerkannte Dispache bestimmt wird und dass eine entsprechend den Havarie-grosse-Regeln IVR aufgemachte Dispache als gesetzmäßig gilt. Ziff. 2.3.1.1 DTV Güter bindet die Leistungspflicht des VR an eine nach Gesetz, den Rhein-Regeln IVR oder anderen international anerkannten Haverei-Regeln aufgemachte Dispache. **107**

b) **Deckungsumfang.** Die Deckung umfasst nur den **Beitrag**, der dem Beteiligten als VN einer Gütertransportversicherung oder Binnenschiffskaskoversicherung obliegt. Weitergehende Zahlungspflichten, etwa die Schadenersatzpflicht des die Gefahrensituation verschuldenden VN gem. § 78 BSchG i.V.m. § 589 Abs. 2 HGB, deckt der VR nicht. Eine materielle Änderung hat die Reform des Havarie-grosse-Rechts auch für den Bereich der Vergütungen gebracht. Nach altem Recht haftete der VR auch für Vergütungen, auf die der VN einen Anspruch hatte,[292] denn § 133 Abs. 2 a.F. verwies auf § 838 HGB a.F. Der VR übernahm durch Übernahme der Beiträge wie auch der Vergütungen mithin die gesamte Havarie-grosse. All dies ist durch die Reform hinfällig geworden.[293] Vergütungen fallen nicht mehr unter die Deckung. **108**

Für **Aufopferungen** des versicherten Gegenstandes haftet der VR bereits nach den allgemeinen Bestimmungen,[294] also außerhalb der Havarie-grosse. **109**

---

[292] BGH 21.3.1977 VersR **1977** 709, Thume/de La/Motte/Ehlers/*Ehlers* Kap. 5 Rn. 63.

[293] Was Thume/de La/Motte/Ehlers/*Ehlers* Kap. 5 Rn. 63 übersieht.

[294] Thume/de la Motte/Ehlers/*Ehlers* Kap. 5 Rn. 59; zur Güterversicherung und Bruck/Möller/*Hartenstein* Ziff. 6 AVB Flusskasko Rn. 3 zur Schiffsversicherung.

110 Versicherungsschutz besteht für die Beiträge nur soweit durch die Haverei-Maßnahme ein vom VR zu ersetzender **Schaden abgewendet** werden sollte. Die ADS Güterversicherung haben dies in Ziff. 1.5.1.1, die DTV Güter in Ziff. 2.3.1 1 und die AVB Flusskasko in Ziff. 5.4 seit jeher so vorgesehen. Das Gesetz hat dies erst im Rahmen der VVG-Reform aufgenommen. Dient also die Havarie-grosse-Maßnahme einer nicht versicherten Gefahr – Beispiele gesetzlicher Ausschlüsse: ungeeignetes Beförderungsmittel (§ 137); fahruntüchtiges Schiff (§ 138) – dann deckt der VR auch nicht den Beitrag des VN, der sich daraus ergibt, dass anderen Vergütungsansprüche zustehen, die sich in der Beitragspflicht des VN widerspiegeln.

111 Die Leistungspflicht des VR besteht bis zur Höhe der Versicherungssumme. Treten Schäden an Ladung oder Schiff zusammen mit Havarie-grosse-Beiträgen zusammen auf, begrenzt die Versicherungssumme die Gesamtleistung des VR. Bei dieser nach dem Gesetz bestehenden Limitierung bleibt es auch bei den marktüblichen AVB Flusskasko.[295] In der Güterversicherung hängt es von den verwendeten Bedingungen ab. Die ADS Güterversicherung bauen noch auf die ADS auf,[296] die gem. § 37 ADS nur Schadenabwendungs- und Schadenminderungskosten über die Versicherungssumme hinaus ersetzen, nicht aber Havarie-grosse-Beiträge. Anders die DTV Güter, die in Ziff. 21.2 vorsehen, dass weder die Schadenabwendungskosten noch die Havarie-grosse-Beiträge die Versicherungssumme mindern.

112 Der VR ist als solcher nicht Beteiligter einer Havarie-grosse und unterliegt deshalb auch nicht eigenen Beitragspflichten. Vergütungsberechtigte können deshalb ihre Vergütungsansprüche nicht direkt gegenüber dem VR geltend machen. Erbringt der VR unter der Police Leistungen, die in Havarie-grosse vergütungsberechtigt sind, gehen auf ihn aber gem. § 86 die Vergütungsansprüche des VN über. Auch hier enthalten die Bedingungen teils Sonderregelungen für Aufopferungen. Nach § 31 Abs. 2 ADS und Ziff. 23.1 DTV Güter geht der Anspruch des VN auf die ihm zustehende Vergütung schon mit seiner Entstehung auf den VR über, soweit der VR für Aufopferungen haftet. Abweichend von § 86 erwirbt der VR den Anspruch also schon vor seiner Leistung.

113 Eine Deckung der in der Praxis in Havarie-grosse Fällen bedeutsamen **Sicherheit**, die der Beitragspflichtige gegebenenfalls zu stellen hat (oben Rn. 103) sieht das Gesetz nicht vor. Die Güterversicherung stellt diese Deckung in Ziff. 2.3.4 DTV Güter bereit, die AVB Flusskasko sprechen sie nicht an.

114 c) **Abänderbarkeit.** Die Vorschrift ist abänderbar.[297] In der Praxis finden sich im Vertrag Bestimmungen zur versicherten Gefahr. Dabei ist eine Abweichung vom Allgefahrenprinzip des § 130 unproblematisch zulässig. Die Binnenschiffskaskoversicherung etwa wird seit jeher nicht als Allgefahrenversicherung, sondern als Versicherung gegen benannte Gefahren genommen. [298] Auch in der Güterversicherung gibt es mit der Eingeschränkten Deckung nach den DTV Güter eine Versicherung gegen benannte Gefahren. [299] Wo die Versicherungsbedingungen von allen Gefahren sprechen, muss allerdings durch Auslegung des Vertrages geprüft werden, ob wirklich alle Gefahren versichert sein sollen, oder nur alle Gefahren einer bestimmten Kategorie. So hat das OLG Hamburg entschieden, dass bei einer auf Basis der Allgemeinen Deutschen Seeversicherungsbedingungen (ADS) genommenen Seekaskoversicherung aufgrund der Bestimmungen in §§ 1, 28 ADS nicht alle Gefahren, sondern nur alle Gefahren der Seeschifffahrt versichert sind. [300] Das Urteil ist nicht

---

295 Bruck/Möller/*Hartenstein* Ziff. 14. AVB Flusskasko Rn. 6.

296 Ziff. 9.6.2 ADS Güterversicherung.

297 Looschelders/Pohlmann/*Paffenholz* § 130 Rn. 15; Schimikowski/Brömmelmeyer/*Pisani* § 130 Rn. 34.

298 Bruck/Möller/Hartenstein, Ziff. 3 AVB Flusskasko, Rn. 3

299 Bruck/Möller/Riemer, DTV Güter Eingeschränkte Deckung, Rn. 1ff.

300 OLG Hamburg 12.05.2012, VRS **2013** 93

nur für die ADS von Bedeutung, sondern auch für die ähnlich strukturierten Allgefahrendeckungen nach Ziff. 1.1.1, 2.1 DTV Güter und Ziff. 1, 27 DTV-ADS. Von den bisherigen Kommentierungen ist es bislang noch nicht erfasst worden

§ 131
Verletzung der Anzeigepflicht

(1) Abweichend von § 19 Abs. 2 ist bei Verletzung der Anzeigepflicht der Rücktritt des Versicherers ausgeschlossen; der Versicherer kann innerhalb eines Monats von dem Zeitpunkt an, zu dem er Kenntnis von dem nicht oder unrichtig angezeigten Umstand erlangt hat, den Vertrag kündigen und die Leistung verweigern. Der Versicherer bleibt zur Leistung verpflichtet, soweit der nicht oder unrichtig angezeigte Umstand nicht ursächlich für den Eintritt des Versicherungsfalles oder den Umfang der Leistungspflicht war.

(2) Verweigert der Versicherer die Leistung, kann der Versicherungsnehmer den Vertrag kündigen. Das Kündigungsrecht erlischt, wenn es nicht innerhalb eines Monats von dem Zeitpunkt an ausgeübt wird, zu welchem dem Versicherungsnehmer die Entscheidung des Versicherers, die Leistung zu verweigern, zugeht.

Übersicht

A. Überblick

1 § **131** enthält eine **Sonderregel** für die **Verletzung vorvertraglicher Anzeigepflichten** des VN in der Transportversicherung.[1] Sie entspricht dem für die Laufende Versicherung geltenden § 56.[2] Danach ist der VR bei der Verletzung vorvertraglicher Anzeigepflichten durch den VN **leistungsfrei.** Außerdem kann der VR den Vertrag binnen Monatsfrist ab Kenntnis von der Anzeigepflichtverletzung kündigen (§ 131 Abs. 1). Verweigert er die Leistung, ohne den Vertrag zu **kündigen**, ist der VN zur Kündigung des Vertrages berechtigt (§ 131 Abs. 2).

2 § 131 ist mit der VVG-Reform neu zum 1.1.2008 in das Gesetz aufgenommen worden und hat keine Entsprechung in der vorangegangenen Fassung des Gesetzes. Zwar kann im Bereich der Transportversicherung, da Großrisiko (§ 210), stets auch von den (halb-)zwingenden Vorschriften der §§ 19ff. abgewichen werden. Mit der Vorschrift des § 131 wollte der Gesetzgeber aber ausschließen, dass die in § 19 Abs. 2–4 vorgesehenen Rechtsfolgen für die Verletzung vorvertraglicher Anzeigepflichten als **gesetzliches Leitbild** auch für die Transportversicherung angesehen werden.[3] Deshalb werden in § 131 generell die Leis-

[1] Dazu Begr. RegE, BTDrucks. 16/3945, S. 92.
[2] Vgl. Bruck/Möller/*Renger* § 56 Rn. 2ff., 11ff.
[3] Begr. RegE, BTDrucks. 16/3945, S. 92.

tungsfreiheit und ein Kündigungsrecht des VR im Falle von Anzeigepflichtverletzungen des VN vorgesehen. Durch die mangelnde Abstimmung des § 131 auf die Regelungen des allgemeinen Teils in § 19ff. bleiben allerdings eine Reihe von Zweifelsfragen, die nur im Auslegungsweg beantwortet werden können.

3 In der **Praxis** finden sich in den Bedingungswerken gesonderte Regelungen zu den Anzeigepflichten, die insbesondere auf Tatbestandsseite von der Rechtslage des geltenden VVG erheblich abweichen (Rn. 7ff.).

B. Regelungsinhalt

I. Anzeigepflichten des VN

1. Gesetzliche Anzeigepflichten (§§ 19ff.)

4 Die vorvertraglichen **Anzeigepflichten des VN** selbst sind **nicht in § 131 geregelt**. Sie richten sich daher im Grundsatz nach den **§ 19 Abs. 1, § 20** (zu Abweichungen in der Praxis s. Rn. 7ff.).

5 Der VN muss also alle in Textform von dem VR erfragten Gefahrumstände umfassend anzeigen, sofern er Kenntnis von diesen hat. Der VR bestimmt durch seine in der erforderlichen Textform zu stellenden Fragen den Umfang der Anzeigepflicht und trägt das Risiko einer Fehleinschätzung der gefahrerheblichen Umstände.[4] Die Fragen müssen hinreichend klar und eindeutig sein; bei einer offensichtlich unklaren und unvollständigen Antwort des VN hat der VR Nachfragen zu stellen (zu all dem vgl. § 19 Rn. 19ff.). Insoweit bestehen bei den gesetzlichen Regelungen für die Transportversicherung keine Besonderheiten.

6 In der Gesetzesbegründung heißt es, dass Gegenstand der Anzeigepflicht des VN nicht solche Umstände sind, die (die) Art und (den) Umfang des versicherten Interesses betreffen.[5] Sofern allerdings im Rahmen der Vertragsanbahnung Fragen des VR hierzu erfolgen, dürfte der Anwendungsbereich des § 19 betroffen sein. Die Anmeldepflicht in der Laufenden Versicherung nach § 53 stellt keine vorvertragliche Anzeigepflicht dar; für sie gilt § 131 ebenfalls nicht.[6]

2. Abweichungen in AVB

7 Was die Tatbestandsseite der vorvertraglichen Anzeigepflichten betrifft, sehen die transportversicherungsrechtlichen Bedingungswerke allerdings von den gesetzlichen Regelungen der §§ 19ff. stark **abweichende Regelungen** vor und behalten in der Sache größtenteils den Rechtsstand der §§ 16ff. VVG a. F. bei.

8 Danach bedarf es keiner gesonderten Frage des VR in Textform, um eine Anzeigepflicht des VN auszulösen. Vielmehr hat der VN bei dem Vertragsschluss **alle ihm bekannten gefahrerheblichen Umstände** anzuzeigen (spontane Anzeigepflicht; vgl. Ziff. 4 DTV-Güter 2000/2011, insbes. Ziff. 4.1). Der VN hat also auch ohne eine entsprechende Frage des VR sämtliche erheblichen objektiven und subjektiven Gefahrumstände anzuzeigen.[7] Damit werden letztlich dem VN die Risiken einer Fehleinschätzung der gefahrerheblichen Umstände auferlegt (zum Verschulden vgl. Rn. 18). Soweit der VN allerdings **schriftliche**

---

[4] Begr. RegE, BTDrucks. 16/3945, S. 64.
[5] Begr. RegE, BTDrucks. 16/3945, S. 92.
[6] Begr. RegE, BTDrucks. 16/3945, S. 92.
[7] Langheid/Wandt/*Kollatz* § 131 Rn. 6; Thume/de la Motte/Ehlers/*Ehlers* Teil 5, Rn. 190ff.

Fragen vom VR vorgelegt bekommt, darf er davon ausgehen, dass diese die erheblichen Umstände vollständig abfragen (Ziff. 4.3 DTV-Güter 2000/2011). Bei unterbliebener Anzeige eines Umstands, nach dem nicht ausdrücklich gefragt worden ist, kann sich der VR nur dann auf die Leistungsfreiheit berufen, wenn dieser Umstand vom VN oder dessen Vertreter arglistig verschwiegen worden ist (Ziff. 4.3 DTV-Güter 2000/2011; vgl. auch § 18 Abs. 2 a.F.).

Die in der Praxis verwandten Bedingungswerke weichen von den gesetzlichen Regelungen auch insoweit ab, als es um die Kenntnis des VN geht. Das Gesetz sieht in § 19 Abs. 1 Satz 1 vor, dass der VN (lediglich) alle ihm bekannten gefahrerheblichen Umstände anzuzeigen hat. Die gängigen AVB lassen den VR demgegenüber auch dann leistungsfrei werden, wenn die Anzeige der Umstände aufgrund der grob fahrlässigen Unkenntnis des VN unterblieben ist (vgl. z.B. Ziff. 4.2 DTV-Güter 2000/2011). **9**

Derartige **Abweichungen** in den Bedingungswerken sind **zulässig** und **wirksam**. Insbesondere steht ihnen § 32 nicht entgegen, da die Beschränkungen der Vertragsfreiheit für Transportversicherungen wegen § 210 Abs. 1 nicht gelten.[8] Auch sollen die Klauseln in den AVB bereits im vorvertraglichen Stadium für den Inhalt und den Umfang der vorvertraglichen Anzeigepflichten maßgeblich sein bzw. die Rechtsbeziehung bei Anbahnung des Vertrages regeln können.[9] Es bleibt aber dabei, dass auch die AVB der Transportversicherung nach § 307 BGB überprüft werden können. Vom Kerngehalt einer gesetzlichen Vorschrift dürfen die AVB daher nicht abweichen. Zu dem Kerngehalt der §§ 19ff. wird man das Verschuldensprinzip zählen müssen, weshalb also bei schuldlosen Anzeigepflichtverletzungen – jedenfalls für die Vergangenheit – die Deckung nicht entfallen darf.[10] Dass nach § 19 Abs. 1 die anzuzeigenden Umstände dem VN bekannt sein müssen, dürfte hingegen nicht zum Kernbereich der Regelung zählen. Daher kann – wie in Ziff. 4.2 DTV-Güter 2000/2011 geschehen – auch bei Nichtanzeige auf Grund (grob) fahrlässiger Unkenntnis der Gefahrumstände die Leistungsfreiheit des VR vereinbart werden. Durch das Verschuldensprinzip ist der VN hinreichend geschützt.[11] **10**

II. Zeitpunkt der Anzeigepflicht

Maßgeblicher Zeitpunkt für die Erfüllung der Anzeigepflicht und dementsprechend für die Kenntnis des VN ist nach § 19 Abs. 1 die Abgabe der Vertragserklärung des VN. Damit ist die auf den Abschluss der Police gerichtete Willenserklärung des VN maßgeblich, also in der Regel der Antrag.[12] **11**

Die gängigen AVB nennen demgegenüber als maßgeblichen Zeitpunkt für die Anzeigepflicht den Abschluss des Vertrages (vgl. Ziff. 4.1 DTV-Güter 2000/2008). Die Bedingungen orientieren sich auch insoweit an dem bis zum 1.1.2008 geltenden Rechtsstand (vgl. § 16 Abs. 1 VVG a.F.). Gegebenenfalls kann den VN daher die Pflicht treffen, auch nach Abgabe seines Antrags ihm bekannt werdende Umstände nachzumelden.[13] **12**

---

[8] Beckmann/Matusche-Beckmann/*Heiss/Trümper* § 38 Rn. 103; Römer/Langheid/*Langheid* § 131 Rn. 4; Thume/de la Motte/*Ehlers* Teil 5, Rn. 190ff.

[9] Beckmann/Matusche-Beckmann/*Heiss/Trümper* § 38 Rn. 102 unter Hinweis auf BGH 18.12.1989 VersR **1990** 384; vgl. hierzu auch BK-VVG/*Voit* § 16 a.F., Rn. 108.

[10] Beckmann/Matusche-Beckmann/*Knappmann* § 14 Rn. 139.

[11] Beckmann/Matusche-Beckmann/*Knappmann* § 14 Rn. 139.

[12] Begr. RegE BTDrucks. 16/3945 S. 65.

[13] Dazu Berliner Kommentar/*Voit* § 16 a.F. Rn. 40f.

III. Rechtsfolgen bei Verletzung der Anzeigepflicht

13 § 131 Abs. 1 regelt allein die Rechtsfolgen einer Anzeigepflichtverletzung des VN und modifiziert die Regelung des § 19 Abs. 2, der dem VR ein Rücktrittsrecht einräumt. Da in der Sache auch die weiteren Vorschriften der Abs. 3–4 von § 19 wie auch die Regelungen in § 21 im Ausgangspunkt an § 19 Abs. 2 anknüpfen, werden auch diese Vorschriften von § 131 überlagert und modifiziert.

14 Soweit § 131 allerdings keine spezielleren Regelungen enthält, bleiben die Vorschriften der §§ 19ff. ergänzend anwendbar. Dies gilt insbesondere für die Regelungen über das Erlöschen der Rechte des VR in § 21 Abs. 3.

15 Unklar ist, ob auch die Regelung des **§ 19 Abs. 5** im Rahmen der Transportversicherung maßgeblich bleibt. Dann wäre erforderlich, dass der VR den VN durch **gesonderte Mitteilung** auf die Folgen einer Anzeigepflichtverletzung hingewiesen hat.[14] Jedenfalls wird diese Regelung von § 131 Abs. 1 nicht ausdrücklich abbedungen. Es dürfte aber kaum die Intention des Reform-Gesetzgebers gewesen sein, die zum Schutz des VN zum 1.1.2008 neu eingeführte Regelung des § 19 Abs. 5 auch auf die Transportversicherung zu übertragen, bei der er ausdrücklich niedrigere und den internationalen Gepflogenheiten angepasste Standards setzen wollte. Ob § 19 Abs. 5 in der Transportversicherung zu berücksichtigen ist, hängt letztlich davon ab, ob § 19 Abs. 5 systematisch als eine Regelung zu den Konsequenzen der Anzeigepflichtverletzung einzuordnen ist (dann wäre sie durch § 131 abbedungen) oder sie im Zusammenhang mit § 19 Abs. 1 zu sehen ist und die Voraussetzungen einer Sanktion bei Anzeigepflichtverletzungen regelt (dann bliebe sie von § 131 unberührt und wäre auch bei Transportversicherungsverträgen zu beachten). Die Belehrung nach § 19 Abs. 5 dürfte wohl eher im Zusammenhang mit § 19 Abs. 1 zu sehen sein. Sie ist, gleichermaßen wie die Textform für Risikofragen des VR, ein Erfordernis, das die Tatbestandsseite der Anzeigepflicht betrifft und die Voraussetzungen regelt, unter denen der VR überhaupt Konsequenzen aus Anzeigepflichtverletzungen ziehen kann (abgesehen von Fällen der Arglist; vgl. § 22). Zudem muss auch die Belehrung nach § 19 Abs. 5 vor Vertragsschluss erfolgen; in der Regel wird sie im Fragebogen oder bei dessen Vorlage erteilt.[15] Damit dürfte nach Maßgabe der gesetzlichen Regelung die in § 19 Abs. 5 geregelte Belehrungspflicht grundsätzlich auch bei Abschluss von Transportversicherungen gelten. Es dürfte sich empfehlen, dieses Erfordernis in den AVB abzubedingen.

1. Kündigungs- und Leistungsverweigerungsrecht des VR

16 Das in § 19 Abs. 2 vorgesehene Rücktrittsrecht des VR steht diesem nach § 131 Abs. 1 nicht zu. Vielmehr kann er bei einer Verletzung der vorvertraglichen Anzeigepflichten durch den VN nach § 131 Abs. 1 Satz 1 den **Vertrag kündigen** und die **Leistung verweigern**. Die Leistungsverweigerung setzt nicht voraus, dass der VR den Vertrag auch zugleich kündigt.[16] Dies ergibt sich bereits daraus, dass dem VN in § 131 Abs. 2 Satz 1 seinerseits ein Kündigungsrecht für den Fall der Leistungsablehnung durch den VR eingeräumt wird. Dieses Kündigungsrecht des VN wäre andernfalls weitestgehend überflüssig.[17] Beide

[14] So Prölss/Martin/*Koller* § 131 Rn. 1; Römer/Langheid/*Langheid* § 131 Rn. 5; a.M. wohl Looschelders/Pohlmann/*Paffenholz* § 131 Rn. 8.

[15] Zum erforderlichen Zeitpunkt vgl. Römer/Langheid/*Langheid* § 19 Rn. 122; Langheid/Wandt/*Langheid* § 19 Rn. 159; *Grote/C. Schneider* BB **2007** 2689, 2692.

[16] A.M. offenbar HK-VVG/*Harms* § 131 Rn. 1.

[17] Looschelders/Pohlmann/*Paffenholz* § 131 Rn. 7; Langheid/Wandt/*Kollatz* § 131 Rn. 9.

Rechte, Kündigung und Leistungsverweigerung, können vom VR also unabhängig voneinander und nebeneinander ausgeübt werden.

a) **Verschulden des VN.** § 131 äußert sich nicht ausdrücklich dazu, ob die Rechte des VR (Kündigung, Leistungsverweigerung) ein Verschulden des VN in Bezug auf die Anzeigepflichtverletzung voraussetzen. 17

Verbreitet wird vertreten, dass ein Verschulden des VN nicht erforderlich sei, da die allgemeinen Regelungen in § 19 Abs. 3–4 über das Verschulden des VN ebenfalls von § 131 verdrängt würden.[18] Dies kann nicht überzeugen. Insoweit ist zu bedenken, dass ein Verschuldenserfordernis im Rahmen des § 19 zum Kernbereich der Norm zählen dürfte (vgl. oben, Rn. 10). Auch das bis zum 1.1.2008 geltende Recht sah in § 16 Abs. 3 VVG a.F. vor, dass eine Sanktion der Anzeigepflichtverletzung ausgeschlossen war, wenn die Anzeige ohne Verschulden des VN unterblieben ist. Da bis zum 1.1.2008 keine Sonderregel für die vorvertraglichen Anzeigepflichten im Transportversicherungsrecht existierte, galten die Regelungen des §§ 16ff. VVG a.F. und somit kam eine Sanktion von Anzeigepflichtverletzungen auch in der Transportversicherung nur bei Verschulden des VN in Frage (wobei allerdings einfache Fahrlässigkeit genügte). Die gesetzlichen Materialien geben keinen Anhaltspunkt dafür, dass abweichend vom bisherigen Rechtsstand auch ohne Verschulden des VN Leistungsfreiheit eintreten soll. Dies dürfte auch nicht gewollt gewesen sein. Daher sollte nach den allgemeinen Grundsätzen erforderlich sein, dass dem VN im Hinblick auf die Anzeigepflichtverletzung **wenigstens Fahrlässigkeit** zur Last fällt. Da der VN – jedenfalls nach § 19 Abs. 1 – ohnehin nur solche Gefahrumstände anzugeben hat, die ihm „bekannt“ sind, dürfte bei Nichtanzeige eines bekannten Umstandes zumeist der Fahrlässigkeitsvorwurf nahe liegen, so dass die praktischen Auswirkungen dieser Frage gering sind. 18

Zudem bestimmen die gängigen **AVB** in der Transportversicherung ohnehin, dass ein schuldloses Unterlassen der Anzeige von Gefahrumständen oder eine schuldlos falsche Anzeigen kein Leistungsverweigerungsrecht des VR begründet (vgl. Ziff. 4.3 Abs. 2 DTV-Güter 2000/2011; freilich ist nach diesen Bedingungen eine Kenntnis des VN von den Gefahrumständen nicht erforderlich, sondern es genügt auch grob fahrlässige Unkenntnis; vgl. Rn. 9). Der erhöhten Gefahr kann durch Zuschlagprämien Rechnung getragen werden (siehe Ziff. 4.4 DTV-Güter 2000/2008). 19

b) **Kausalität bei Leistungsverweigerung.** Als weitere Voraussetzungen für die Leistungsfreiheit des VR verlangt § 131 Abs. 1 Satz 2, dass der nicht oder nicht richtig angezeigte Umstand ursächlich für den Eintritt des Versicherungsfalles oder den Umfang der Leistungspflicht des VR gewesen ist. Eine Mitursächlichkeit ist ausreichend, um Deckungsansprüche entfallen zu lassen.[19] Die Regelung entspricht der Bestimmung von § 21 Abs. 2 im Allgemeinen Teil. Auf die dortigen Erläuterungen ist zu verweisen.[20] 20

c) **Frist zur Ausübung der Rechte des VR.** Eine **Kündigung** hat der VR gemäß § 131 Abs. 1 Satz 1 binnen einer Frist von einem Monat ab Kenntnis von dem nicht oder unrichtig angezeigten Umstand zu erklären. Erforderlich ist eine zuverlässige Kenntnis von der Anzeigepflichtverletzung (§ 21 Rn. 23ff.). Bei Bestehen entsprechender Anhaltspunkte hat der VR entsprechende Nachforschungen anzustellen oder Rückfragen vorzunehmen. Unterlässt der VR dies, beginnt die Frist zu dem Zeitpunkt, in dem der VR bei ordnungsge- 21

---

[18] Looschelders/Pohlmann/*Paffenholz* § 131 Rn. 8; Langheid/Wandt/*Kollatz* § 131 Rn. 9; Prölss/Martin/*Koller* § 131 Rn. 1.

[19] BGH VersR **1990** 297; Schwintowski/Brömmelmeyer/*Pisani* § 131 Rn. 21.

[20] Bruck/Möller/*Rolfs* § 21 Rn. 40ff.

mäßer Rückfrage Kenntnis von den Umständen erlangt hätte. Die Rechtslage unterscheidet sich nicht von den Regelungen des Allgemeinen Teils.[21]

22 **§ 21 Abs. 1 Satz 3** verlangt, dass der VR die Umstände angibt, auf die er die Ausübung seiner Rechte nach § 19 Abs. 2–4 stützt. Dieses Erfordernis dürfte auch im Rahmen des § 131 Abs. 1 gelten, so dass der VR darzulegen hat, aus welchen Gründen er sich auf Leistungsfreiheit beruft bzw. den Vertrag kündigt. Zwar handelt es sich bei § 21 Abs. 1 Satz 3 um eine Vorschrift im Zusammenhang mit den Rechtsfolgen einer Anzeigepflichtverletzung des VN. Es geht dort aber nur um die Modalitäten der Ausübung, die § 131 – abgesehen von der (mit § 21 Abs. 1 inhaltsgleichen: s. Rn. 23) Kündigungsfrist des VR – nicht regelt.

23 Die **Monatsfrist** in § 131 Abs. 1 Satz 1 ist aber nicht allein eine Kündigungsfrist für den VR.[22] Es handelt sich nach dem Wortlaut der Norm – und ebenso wie in der Parallelvorschrift des § 21 Abs. 1 – um eine **Ausübungsfrist** für die Rechte des VR anlässlich der Anzeigepflichtverletzung insgesamt. Auch auf seine **Leistungsfreiheit** muss sich der VR daher **binnen Monatsfrist** ab sicherer Kenntnis **berufen**. Auf die Erläuterungen zu § 21 (dort Rn. 22ff.) wird verwiesen.

2. Kündigungsrecht des VN

24 Verweigert der VR die Leistung unter Berufung auf § 131 Abs. 1, kann der VN den Vertrag seinerseits kündigen. Dieses Recht besteht gerade auch dann, wenn die Leistungsverweigerung des VR rechtmäßig war (aber z.B. der VR die Police nicht seinerseits kündigt; vgl. Rn. 16).[23] Das Kündigungsrecht steht dem VN aber auch dann zu, wenn die Leistungsablehnung unberechtigt erfolgte.[24] In diesen Fällen kann freilich bereits nach allgemeinen Grundsätzen (§ 314 Abs. 1 BGB) ein Kündigungsrecht des VN zu bejahen sein.[25]

25 Die Kündigung des VN muss binnen einer **Frist von einem Monat** nach Zugang der Entscheidung des VR über die Leistungsverweigerung erfolgen. Nach Ablauf der Kündigungsfrist ist das Kündigungsrecht ausgeschlossen. Auf die Frist sind die Hemmungsvorschriften der §§ 203ff. BGB nicht anzuwenden.[26]

C. Beweislast

26 Den VR trifft nach den allgemeinen Grundsätzen die Darlegungs- und Beweislast für das **Vorliegen einer Anzeigepflichtverletzung** des VN.[27]

27 Was das erforderliche **Verschulden** des VN (Rn. 17ff.) angeht, obliegt es nach Maßgabe der in der Praxis verwendeten AVB dem VN, nachzuweisen, dass die unrichtigen oder unvollständigen Angaben weder von ihm noch von seinem Vertreter schuldhaft gemacht wurden (Ziff. 4.3 DTV-Güter 2000/2011). Dies entspricht dem Rechtsstand des bis zum 31.12.2007 geltenden VVG (§ 16 Abs. 3 VVG a.F.), wonach sich der VN von jeglichem Verschulden zu entlasten hatte. § 131 trifft zu der Beweislast für das Verschulden des VN

---

21 Dazu ausf. Bruck/Möller/*Rolfs* § 21 Rn. 22ff., 26ff.

22 So offenbar Langheid/Wandt/*Kollatz* § 131 Rn. 11; Looschelders/Pohlmann/*Paffenholz* § 131 Rn. 7.

23 Begr. RegE BTDrucks. 16/3945 S. 92.

24 Begr. RegE BTDrucks. 16/3945 S. 92.

25 Looschelders/Pohlmann/C. *Schneider* § 11 Rn. 23.

26 Schwintowski/Brömmelmeyer/*Pisani* § 131 Rn. 24.

27 Langheid/Wandt/*Kollatz* § 131 Rn. 13; Schwintowski/Brömmelmeyer/*Pisani* § 131 Rn. 25.

keine Regelung. Die Vorschriften der § 19 Abs. 2–4 passen auf § 131 nicht unmittelbar, da sie die Beweislast nach Verschuldensgrad unterschiedlich verteilen,[28] für § 131 Abs. 1 aber jede Fahrlässigkeit des VN genügt (oben, Rn. 18). Diese Regelungslücke dürfte – sofern die jeweiligen AVB hierzu keine Anordnungen treffen – durch eine entsprechende Anwendung des § 19 Abs. 3 dahin gehend zu schließen sein, dass der VN sich von jeglichem Verschulden zu entlasten hat. Eine unterschiedliche Beweislast nach Verschuldensgraden ergibt im Anwendungsbereich von § 131 keinen Sinn; da der Gesetzgeber zudem die Transportversicherung strengeren Regeln unterworfen hat (Rn. 1f.), ist es gerechtfertigt, den Entlastungsbeweis im Rahmen des § 131 auch auf das Nichtvorliegen einfacher Fahrlässigkeit zu erstrecken. Da der VR ohnehin für das Vorliegen einer Anzeigepflichtverletzung beweisbelastet ist (Rn. 26) und dies eine unterlassene oder nicht vollständige Anzeige von Gefahrumständen *trotz Kenntnis* des VN verlangt (Rn. 5), würde den VN wohl ohnehin auch nach den allgemeinen Beweislastregeln die sekundäre Beweislast für sein fehlendes Verschulden treffen, sofern der VR die Anzeigepflichtverletzung dargelegt und ggf. bewiesen hat.

Für den Kausalitätsgegenbeweis nach § 131 Abs. 1 Satz 2 ist hingegen der VN darlegungs- und beweisbelastet,[29] wie es sich bereits aus dem Wortlaut der Norm ergibt; dies entspricht den Regelungen im Allgemeinen Teil (§ 21 Abs. 2 Satz 1).[30] Will sich der VN auf die Unwirksamkeit der Kündigung oder Leistungsablehnung wegen Ablaufs der Monatsfrist von § 131 Abs. 1 Satz 1 berufen, hat er den Zeitpunkt der Kenntniserlangung durch den VR darzulegen. **28**

D. Abdingbarkeit

Die Vorschrift des § 131 ist **dispositiv.** Insbesondere können in der Transportversicherung die Voraussetzungen für die Anzeigepflichten des VN abweichend von den allgemeinen Regelungen der §§ 19ff. ausgestaltet werden (Rn. 7ff.). **29**

§ 132
Gefahränderung

(1) Der Versicherungsnehmer darf abweichend von § 23 die Gefahr erhöhen oder in anderer Weise ändern und die Änderung durch einen Dritten gestatten. Die Änderung hat er dem Versicherer unverzüglich anzuzeigen.

(2) Hat der Versicherungsnehmer eine Gefahrerhöhung nicht angezeigt, ist der Versicherer nicht zur Leistung verpflichtet, wenn der Versicherungsfall nach dem Zeitpunkt eintritt, zu dem die Anzeige dem Versicherer hätte zugehen müssen. Er ist zur Leistung verpflichtet,

1. wenn ihm die Gefahrerhöhung zu dem Zeitpunkt bekannt war, zu dem ihm die Anzeige hätte zugehen müssen,
2. wenn die Anzeigepflicht weder vorsätzlich noch grob fahrlässig verletzt worden ist oder

[28] Vgl. § 19 Rn. 175.
[29] Looschelders/Pohlmann/*Paffenholz* § 131 Rn. 9; Römer/Langheid/*Langheid* § 131 Rn. 7.
[30] Vgl. Bruck/Möller/*Rolfs* § 21 Rn. 63.

3. soweit die Gefahrerhöhung nicht ursächlich für den Eintritt des Versicherungsfalles oder den Umfang der Leistungspflicht war.

(3) Der Versicherer ist abweichend von § 24 nicht berechtigt, den Vertrag wegen einer Gefahrerhöhung zu kündigen.

Übersicht

A. Überblick

1 Nach § 132 Abs. 1 Satz 1 **darf der VN** – abweichend von der allgemeinen Vorschrift des § 23 – **die Gefahr erhöhen** oder in anderer Weise ändern sowie die Änderung der Gefahr durch Dritte gestatten. § 132 soll dem Umstand Rechnung tragen, dass in der Transportversicherung häufig Gefahränderungen eintreten, denen sich der VN nicht entziehen kann, er jedoch sein berechtigtes Interesse am Fortbestand der Versicherung schützen will.[1] Die Bestimmung geht weiter als die Vorgängervorschrift des § 143 VVG a.F., die das Kündigungsrecht des VR nur ausschloss, wenn eine Gefahrerhöhung unabhängig vom Willen des VN eintrat.

2 Die zum 1.1.2008 in Kraft getretene Neuregelung in § 132 lehnt sich eng an der Bedingungspraxis der Transportversicherung an.[2] Die Vorschrift wurde durch die VVG-Reform neu gefasst und ersetzt die zuvor in den §§ 142 und 143 VVG a.F. enthaltenen Regelungen.

3 Soweit sich in § 132 Sonderregeln finden, sind die allgemeinen Bestimmungen zur Gefahrerhöhung in den §§ 23ff. verdrängt; im Übrigen finden die Vorschriften der §§ 23ff. in der Transportversicherung Anwendung.

B. Regelungsinhalt

I. Gefahränderung und Gefahrerhöhung

4 § 132 Abs. 1 Satz 1 stellt klar, dass der VN in der Transportversicherung zur Erhöhung oder Änderung der Gefahr berechtigt ist und auch einem Dritten Gefahränderungen gestatten darf.

1. Gefahränderung

5 Gefahränderung ist eine nachträgliche Änderung der bei Vertragsschluss gegebenen gefahrerheblichen Umstände des versicherten Risikos.[3] Die Gefahränderung muss sich über

[1] RegE, BTDrucks. 16/3945, S. 92.

[2] Vgl. etwa Ziff. 5 DTV-Güter 2000 bzw. DTV-Güter 2000/2011.

[3] Thume/de la Motte/*Ehlers* Kap. 3 Rn. 212; Langheid/Wandt/*Kollatz* § 132, Rn. 5.

einen nicht ganz unerheblichen Zeitraum erstrecken, darf also nicht von ganz vorübergehender Natur sein.[4] Maßgeblich ist, ob der VR bei Kenntnis der geänderten Gefahr den Versicherungsvertrag nicht oder nicht mit diesem Inhalt abgeschlossen hätte, wobei aber grundsätzlich objektive Kriterien heranzuziehen sind.[5] Nach Ziff. 5.3 DTV-Güter 2000/2011 soll eine Gefahränderung insbesondere vorliegen, wenn der Antritt oder die Vollendung des versicherten Transports erheblich verzögert wird, von der angegebenen oder üblichen Transportstrecke erheblich abgewichen wird, der Bestimmungshafen bzw. Zielflughafen geändert wird oder die Güter an Deck verladen werden.[6]

Das Gesetz nennt zudem in § 133 Abs. 2 die Änderung oder Aufgabe einer Güterbeförderung nach Versicherungsbeginn als Gefahränderung, wenn dies ohne Zustimmung des VN oder aufgrund eines versicherten Ereignisses stattfindet.[7] § 134 Abs. 3 Satz 1 stellt klar, dass die Benutzung ungeeigneter Beförderungsmittel bei der Beförderung von Gütern eine Gefahränderung darstellt. 6

Von der Gefahränderung zu unterscheiden sind Maßnahmen oder Ereignisse, die zur Folge haben, dass ein völlig **anderes als das versicherte Risiko** entsteht (**Gefahrwechsel**).[8] Auf einen solchen Fall finden die Vorschriften über die Gefahrerhöhung keine Anwendung; eine solche Gefahränderung ist dem VN mithin nicht erlaubt.[9] 7

2. Gefahrerhöhung

Eine Gefahrerhöhung als qualifizierte Form der Gefahränderung[10] liegt vor, wenn die nachträglichen Änderungen der gefahrerheblichen Umstände die Wahrscheinlichkeit des Eintritts des Versicherungsfalls erhöhen oder eine Vergrößerung des Schadens zu verursachen geeignet sind.[11] Ebenso wie bei der Gefahränderung ist bei der Gefahrerhöhung eine gewisse Dauer des geänderten Gefährdungszustandes erforderlich.[12] 8

Angenommen wurde eine Gefahrerhöhung z. B. bei Warenumschlag auf hoher See und der Verwendung undichter Container.[13] Auch in verkehrsunüblichem Maße gegenüber dem Spediteur oder Frachtführer erklärte Regressverzichte oder Haftungseinschränkungen sollen eine Gefahrerhöhung darstellen.[14] 9

II. Anzeigepflicht des VN (Abs. 1)

Eine **Gefahränderung** (zum Begriff oben Rn. 5 ff.) **hat der VN** gemäß § 132 Abs. 1 Satz 2 **unverzüglich**, also ohne schuldhaftes Zögern (§ 121 Abs. 1 Satz 1 BGB), dem VR **anzuzeigen**. Dabei sind hier im Unterschied zu § 131 diejenigen Umstände gemeint, die sich erst nach Vertragsschluss ergeben haben.[15] Von der Anzeigepflicht sind alle Umstände, 10

---

[4] Looschelders/Pohlmann/*Paffenholz* § 132 Rn. 8.
[5] Thume/de la Motte/*Ehlers* Kap. 3 Rn. 218.
[6] Vgl. auch OLG Hamburg TranspR **1985** 365.
[7] Begr. RegE, BTDrucks. 16/3945, S. 92.
[8] Bruck/Möller/*Matusche-Beckmann* § 23 Rn. 13; Römer/Langheid/*Langheid* § 23 Rn. 38.
[9] Looschelders/Pohlmann/*Paffenholz* § 132 Rn. 2.
[10] Looschelders/Pohlmann/*Paffenholz* § 132 Rn. 9.
[11] Bspw. OLG Düsseldorf VersR **1997** 231; Thume/de la Motte/Ehlers/*Ehlers* Teil 5, Rn. 229.
[12] § 23 Rn. 4 ff.; Schwintowski/Brömmelmeyer/*Pisani* § 132 Rn. 5.
[13] OLG Bremen VersR **1987** 43.
[14] Thume/de la Motte/*Ehlers* Kap. 3 Rn. 213.
[15] Looschelders/Pohlmann/*Paffenholz* § 132 Rn. 3.

die objektiv – also nach der Verkehrsanschauung – das Vertragsrisiko des VR verändern, erfasst.[16]

11 Nach dem Wortlaut der Bestimmung ist unklar, ob sich die Anzeigepflicht nur auf die in § 132 Abs. 1 Satz 1 erwähnten Gefahränderungen durch den VN und vom VN gestattete Gefahränderungen durch Dritte bezieht. Das hätte zur Folge, dass **Gefahränderungen durch Dritte ohne oder solche gegen den Willen** des VN nicht anzeigepflichtig wären.[17] Eine solche Unterscheidung dürfte indes nicht gewollt sein und sie findet sich auch nicht in den Bedingungswerken der Praxis.[18] Darin läge zudem eine – gewiss nicht beabsichtigte – Abweichung von § 57, wonach der VN in der laufenden Versicherung jegliche Gefahränderung anzuzeigen hat.[19] Zudem stünde ein solches Verständnis im Widerspruch zu § 133 Abs. 2 Satz 2. Dort wird für den Fall einer Änderung der Beförderung ohne Zustimmung des VN – also einer ohne den Willen des VN erfolgten Gefahränderung – „klargestellt",[20] dass die Vorschrift des § 132 gilt, was sich in der Sache gerade auch auf die entsprechende Anzeigepflicht beziehen muss. Dasselbe gilt für den Verweis in § 134 Abs. 3 Satz 2 im Falle der mangelnden Eignung des Beförderungsmittels.

12 Daher ist also auch im Rahmen von § 132 Abs. 1 **jegliche Gefahränderung anzeigepflichtig.**[21]

III. Rechtsfolgen der Anzeigepflichtverletzung

1. Leistungsfreiheit (Abs. 2 Satz 1)

13 Die **Rechtsfolgen** einer unterbliebenen Anzeige regelt **§ 132 Abs. 2.** Abweichend von den Vorschriften der §§ 23 ff. wird der VR bei einer Anzeigepflichtverletzung grundsätzlich **leistungsfrei.**

14 Die Bestimmung ist identisch mit der Regelung über Gefahränderungen in der laufenden Versicherung (§ 57 Abs. 2 und 3). Unterbleibt die Anzeige, ist der **VR vollständig leistungsfrei,** sofern der Versicherungsfall nach dem Zeitpunkt eintritt, zu dem ihm die Anzeige hätte zugehen müssen.

15 § 132 weicht für den Fall grob fahrlässigen Verhaltens des VN von § 26 Abs. 1 und 2 ab und behält das sog. **Alles-oder-Nichts-Prinzip** bei, anstatt eine Quotelung vorzusehen. Die Leistungsfreiheit beruht allerdings nur auf der – vorsätzlichen oder grob fahrlässigen – Nichtvornahme der erforderlichen Anzeige (trotz Kenntnis der gefahrerhöhenden Umständen, wobei dem VN die gefahrerhöhende Eigenschaft der Umstände nicht bewusst sein muss[22]), nicht auf der Gefahrerhöhung an sich. Dies folgt daraus, dass nach dem gesetzlichen Verständnis der VR in der Transportversicherung bei rechtzeitiger Anzeige eine Änderung der Gefahrenlage für das Versicherungsgut grundsätzlich hinnehmen muss.[23]

---

[16] Thume/de la Motte/*Ehlers* Kap. 3 Rn. 215.
[17] So HK-VVG/*Harms* § 132 Rn. 1.
[18] Vgl. z.B. Ziff. 5 DTV-Güter 2000/2011.
[19] Vgl. die – insoweit identische – Begründung des Gesetzentwurfs in BTDrucks. 16/3945, S. 76 und S. 92.
[20] So Begr. RegE, BTDrucks. 16/3945, S. 76
[21] Marlow/Spuhl/*C. Schneider* Rn. 911; im Ergebnis Looschelders/Pohlmann/*Paffenholz* § 132 Rn. 6.
[22] BGH 10.9.2014 VersR **2014** 1313.
[23] Looschelders/Pohlmann/*Paffenholz* § 132 Rn. 10.

2. Fortbestehen der Leistungspflicht (Abs. 2 Satz 2)

Trotz unterbliebener Anzeige bleibt der VR in den in § 132 Abs. 2 Satz 2 geregelten Fällen zur Leistung verpflichtet. Das Gesetz regelt an dieser Stelle sachlich gebotene Einschränkungen der Leistungsfreiheit.[24] Es handelt sich um Konstellationen, in denen der VR entweder nicht schutzwürdig ist, oder in denen das Gesetz den VN üblicherweise nicht mit einem Verlust seines Deckungsanspruchs belegt. So tritt nach Abs. 2 Satz 2 Nr. 1 keine Leistungsfreiheit ein, wenn dem VR die Gefahrerhöhung zu dem Zeitpunkt, an dem die Anzeige hätte erfolgen müssen, bekannt war. Ebenso wenig wird der VR leistungsfrei, wenn der VN seine Anzeigepflicht weder vorsätzlich noch grob fahrlässig verletzt hat (§ 132 Abs. 2 Satz 2 Nr. 2; ebenso Ziff. 5.4 DTV-Güter 2000/2011). Schließlich bleibt der VR nach § 132 Abs. 2 Satz 2 Nr. 3 leistungspflichtig, wenn die Gefahrerhöhung weder für den Eintritt noch für den Umfang der Leistungspflicht des VR ursächlich war (ebenso Ziff. 5.4 DTV-Güter 2000/2008). 16

3. Kein Kündigungsrecht des VR (Abs. 3)

Das Kündigungsrecht nach § 24 steht dem VR bei Gefahrerhöhung oder Gefahränderung nicht zu, § 132 Abs. 3. Damit wird der Tatsache Rechnung getragen, dass eine Änderung der Gefahr grundsätzlich nicht unzulässig ist (Rn. 1).[25] Diese Regelung entspricht inhaltlich Ziff. 5.6 DTV-Güter 2000/2011. 17

Es greifen aber die allgemeinen Vorschriften des § 25. Der VR ist also berechtigt, eine der höheren Gefahr entsprechend **höhere Prämie** zu verlangen oder **die höhere Gefahr auszuschließen**. Dass diese Rechte an sich an die Stelle des gerade ausgeschlossenen Kündigungsrechts gemäß § 24 treten, hindert die Anwendung von § 25 nicht. § 25 wird von § 132 Abs. 3 gerade nicht ausgeschlossen. Freilich kann der VR die Rechte nach § 25 nur geltend machen, wenn – an sich – die Voraussetzungen für ein Kündigungsrecht nach § 24 tatbestandlich erfüllt sind.[26] Das Recht, eine Zuschlagsprämie zu verlangen, ist auch in den üblichen Bedingungenwerken der Praxis vorgesehen (z.B. Ziff. 5.5 DTV-Güter 2000/2011). 18

C. Beweislast

Der VN trägt die Darlegungs- und Beweislast für die Kenntnis des VR von der Gefahrerhöhung nach § 132 Abs. 2 Nr. 1, sowie für fehlenden Vorsatz bzw. grobe Fahrlässigkeit bei der Anzeigepflichtverletzung nach § 132 Abs. 2 Nr. 2[27] und die mangelnde Kausalität zwischen Gefahrerhöhung und Versicherungsfall nach § 132 Abs. 2 Nr. 3.[28] 19

D. Abdingbarkeit

Diese Vorschrift ist **dispositiv**. 20

---

[24] Begr. RegE, BTDrucks. 16/3945, S. 92.
[25] Looschelders/Pohlmann/*Paffenholz* § 132 Rn. 14.
[26] *Langheid* FS Wälder, S. 35.
[27] Looschelders/Pohlmann/*Paffenholz* § 132 Rn. 12.
[28] Schwintowski/Brömmelmeyer/*Pisani* § 132 Rn. 13.

§ 133
Vertragswidrige Beförderung

(1) Werden die Güter mit einem Beförderungsmittel anderer Art befördert als vereinbart oder werden sie umgeladen, obwohl direkter Transport vereinbart ist, ist der Versicherer nicht zur Leistung verpflichtet. Dies gilt auch, wenn ausschließlich ein bestimmtes Beförderungsmittel oder ein bestimmter Transportweg vereinbart ist.

(2) Der Versicherer bleibt zur Leistung verpflichtet, wenn nach Beginn der Versicherung die Beförderung ohne Zustimmung des Versicherungsnehmers oder infolge eines versicherten Ereignisses geändert oder aufgegeben wird. § 132 ist anzuwenden.

(3) Die Versicherung umfasst in den Fällen des Absatzes 2 die Kosten der Umladung oder der einstweiligen Lagerung sowie die Mehrkosten der Weiterbeförderung.

Übersicht

A. Überblick

1 § 133 ist anwendbar, wenn der Versicherungsvertrag **die Nutzung bestimmter Transportmittel oder Transportwege** vorsieht. Werden die vereinbarten Transportmodalitäten dann bei der Durchführung nicht eingehalten, ist der VR gemäß § 133 Abs. 1 **leistungsfrei,** da das Gesetz dies als einen ungedeckten Risikowechsel bzw. als Umgestaltung des Vertragsrisikos ansieht.[1] § 133 entspricht § 137 VVG a. F., wobei die Formulierung des Gesetzes im Zuge der **VVG-Reform zum** 1.1.2008 an die Bedingungspraxis angepasst wurde.[2]

2 § 133 ist (weiterhin) als **Deckungsausschluss** und nicht als Obliegenheitsverletzung konzipiert. Hier tritt also eine strengere Sanktionierung ein als in den Fällen, bei denen kein bestimmtes Beförderungsmittel vereinbart war (vgl. § 134): Dort ist der Einsatz ungeeigneter Beförderungsmittel seit dem 1.1.2008 nur noch als Obliegenheitsverletzung ausgestaltet (§ 134 Rn. 2). Die unterschiedliche Behandlung erscheint nicht zwingend, ist aber nun Gesetz.[3]

---

1 *Ehrenzweig* 346; Thume/de la Motte/*Ehlers* Kap. 3 Rn. 233.

2 RegE BTDrucks 16/3945, S. 92; vgl. Ziff. 6 DTV-Güter 2000/2011.

3 A.M. – unter Hinweis auf BGH 18.05.2011 VersR **2011** 1048,1049 (zu § 132 VVG a.F.) – *Koch* VersR **2015** 133, 134 (Obliegenheit).

B. Regelungsinhalt

I. Leistungsfreiheit bei vertragswidriger Beförderung (Abs. 1)

Eine **vertragswidrige Beförderung** ist nach § 133 Abs. 1 Satz 1 Alt. 1 zunächst die Verwendung eines Beförderungsmittel anderer Art als zwischen VR und VN (Rn. 7ff.) vereinbart. Gleiches gilt, wenn die Ware bei vereinbartem Direkttransport umgeladen wird, § 133 Abs. 1 Satz 1 Alt. 2, oder wenn ein *bestimmtes* Beförderungsmittel oder ein *bestimmter* Transportweg zwischen VR und VN vereinbart war und der VN hiervon abweicht, § 133 Abs. 1 Satz 2. 3

Maßgeblich dafür, ob von den vereinbarten Transportmodalitäten abgewichen wurde, **ist allein der Versicherungsvertrag**, also das Vertragsverhältnis zwischen dem VN und VR. Vereinbarungen des VN mit dem Frachtführer sind insoweit nicht zu berücksichtigen.[4] Die Anwendbarkeit von § 133 Abs. 1 hängt mithin davon ab, ob und in welcher Detailtiefe die Parteien des Versicherungsvertrages die Modalitäten des Transports regeln. Wenn keine Vereinbarungen über die Art der Beförderung getroffen wurden oder dem VN ein Wahlrecht zwischen mehreren vertraglich abgesprochenen Beförderungsarten zusteht, ist § 133 nicht anwendbar.[5] 4

Die Vorschrift des § 133 soll zudem dann nicht eingreifen, wenn die Abweichung von der vereinbarten Beförderung nur **geringfügig und sachlich begründet** ist, da in solchen Fällen die Abweichung keinen Einfluss auf das Vertragsrisiko habe.[6] Dem ist zuzustimmen. Die Geringfügigkeit der Abweichung wie auch ihre Rechtfertigung sind vom VN nachzuweisen (Rn. 20). Maßgeblich dürfte sein, ob die Parteien des Versicherungsvertrages nach Maßgabe der getroffenen Vereinbarungen die Abweichung gebilligt und als vertragsgemäß akzeptiert hätten. Dies kann nur bei unerheblichen Abweichungen der Fall sein und würde bspw. einen Wechsel von Schienen- auf Straßentransport nicht erfassen.[7] 5

Die Regelung des § 133 gilt, wie sich aus Abs. 1 ergibt, allein für die **Güterversicherung**.[8] 6

1. Beförderungsmittel anderer Art (Abs. 1 Satz 1 Alt. 1)

Wird das Beförderungsmittel in der Police nur allgemein gattungsmäßig festlegt (Binnenschiff, Luftfahrzeug, LKW, Eisenbahn etc.), führt (nur) die Verwendung eines gattungsmäßig anderen Transportmittels zur Leistungsfreiheit des VR (§ 133 Abs. 1 Satz 1 Alt. 1). So liegt bspw. eine unzulässige Beförderung anderer Art vor, wenn anstatt eines Binnenschiffs ein LKW eingesetzt wird.[9] 7

Maßgeblich sind die Vereinbarungen im Einzelfall und die Ausgestaltung des jeweiligen Gattungsbegriffs.[10] Ist etwa nur allgemein ein Transport per LKW vereinbart, kann nicht die Benutzung eines bestimmten LKW-Typs verlangt werden und kommt insoweit eine 8

---

4 HK-VVG/*Harms* § 133 Rn. 1; Langheid/Wandt/*Kollatz* § 133 Rn. 3; Römer/Langheid/*Langheid* § 133 Rn. 2; Staudinger/Halm/Wendt/*Ramming* § 133 Rn. 1; Thume/de la Motte/*Ehlers* Teil 5, Rn. 244.

5 Looschelders/Pohlmann/*Paffenholz* § 132 Rn. 4; Langheid/Wandt/*Kollatz* § 133 Rn. 4.

6 Looschelders/Pohlmann/*Paffenholz* § 132 Rn. 9; Langheid/Wandt/*Kollatz* § 133 Rn. 5; Römer/Langheid/*Langheid* § 133 Rn. 3; Schwintowski/Brömmelmeyer/*Pisani* § 133 Rn. 6.

7 Langheid/Wandt/*Kollatz* § 133 Rn. 5.

8 Langheid/Wandt/*Kollatz* § 133 Rn. 2.

9 Looschelders/Pohlmann/*Paffenholz* § 133 Rn. 5.

10 Looschelders/Pohlmann*Paffenholz* § 132 Rn. 5; Langheid/Wandt/*Kollatz* § 133 Rn. 2.

Leistungsfreiheit des VR nicht in Frage.[11] Ist hingegen vereinbart, dass die Güter per Schwertransport zu befördern sind, stellt die Beförderung durch einen gewöhnlichen LKW einen vertragswidrigen Transport dar.[12] Bei Schiffen kann bspw. eine weiter gehende Konkretisierung als Kühlschiff, Tanker, Schwergutfrachter oder Containerschiff erfolgen und ist dann sub specie § 133 Abs. 1 maßgeblich.[13]

9 Wenn die zu verwendenden Beförderungsmittel nicht lediglich ihrer Art nach im Versicherungsvertrag geregelt sind, sondern ein bestimmtes Transportmittel vorgesehen ist, gilt § 133 Abs. 1 Satz 2.

2. Umladung trotz vereinbarten Direkttransportes (Abs. 1 Satz 1 Alt. 2)

10 Sofern ein Direkttransport der Ware an ihren Bestimmungsort vereinbart ist, führt ein Umladen der Güter nach § 133 Abs. 1 Satz 1 Alt. 2 ebenfalls zur Leistungsfreiheit des VR. Maßgeblich für die Frage, ob ein Direkttransport vorgesehen ist, sind abermals ausschließlich die versicherungsvertraglichen Bestimmungen;[14] der Inhalt eines Fracht- oder Speditionsvertrages ist unerheblich.[15]

3. Abweichung von bestimmtem Beförderungsmittel oder Transportweg (Abs. 1 Satz 2)

11 Wird in der Police – etwa aufgrund bestimmter Eigenschaften – ein **individualisiertes Beförderungsmittel** vorgesehen, kann der VN den Transport grundsätzlich nur mit diesem Fahrzeug durchführen.[16] Andernfalls ist der VR leistungsfrei (§ 133 Abs. 1 Satz 2). **Einschränkungen** sind jedoch geboten, wenn statt des vereinbarten Transportmittels ein anderes, aber gleichwertiges Fahrzeug genutzt wird, also ein solches, das dieselben Eigenschaften aufweist wie das vereinbarte Fahrzeug. In diesem Fall – und sofern kein anderweitiger Grund für die Festlegung des individualisierten Beförderungsmittels bestand – wäre es unbillig und besteht kein Anlass, dem VN den Versicherungsschutz zu versagen.[17] In der Sache ist dies eine Frage der Auslegung des Versicherungsvertrages. Wenn trotz Vereinbarung eines individualisierten Beförderungsmittels in der Police die Verwendung eines gleichwertigen Fahrzeugs zulässig erscheint, dürfte es sich letztlich nicht um einen Fall von Abs. 1 Satz 1 Alt. 2 handeln, sondern um die Festlegung einer – entsprechend engen – Gattung für das Transportmittel, so dass Abs. 1 Satz 1 Alt. 1 eingreift.

12 Dasselbe gilt, wenn im Versicherungsvertrag ein konkreter **Transportweg** vorgesehen ist, von dem im Zuge der Beförderung abgewichen wird. Auch dann ist der VR grundsätzlich leistungsfrei. Abermals ist eine Einschränkung für solche Fälle zu machen, in denen die Abweichung lediglich als geringfügig und sachlich begründet anzusehen ist,[18] diese also bei Auslegung der vertraglichen Vereinbarungen als irrelevant einzustufen ist. Zur Beweislast vgl. Rn. 20.

---

[11] Schwintowski/Brömmelmeyer/*Pisani* § 133 Rn. 4.

[12] Looschelders/Pohlmann/*Paffenholz* § 133 Rn. 5.

[13] Thume/de la Motte/*Ehlers* Kap. 3 Rn. 233.

[14] Looschelders/Pohlmann/*Paffenholz* § 133 Rn. 7; Prölss/Martin/*Koller* § 133 Rn. 2.

[15] Thume/de la Motte/*Ehlers* Kap 3 Rn. 235; Prölss/Martin/*Koller* § 133 Rn. 2.

[16] Looschelders/Pohlmann/*Paffenholz* § 133 Rn. 9.

[17] Looschelders/Pohlmann/*Paffenholz* § 133 Rn. 9; Langheid/Wandt/*Kollatz* § 133 Rn. 8; **a.A.** Prölss/Martin/*Koller* § 133 Rn. 2.

[18] Langheid/Wandt/*Kollatz* § 133 Rn. 8; Schwintowski/Brömmelmeyer/*Pisani* § 133 Rn. 6.

II. Änderung oder Aufgabe der Beförderung (Abs. 2)

Wenn nach Beginn der Versicherung[19] ohne Zustimmung des VN oder durch den Eintritt eines versicherten Ereignisses die Beförderung verändert oder aufgegeben wird, bleibt der VR zur Leistung verpflichtet, § 133 Abs. 2 Satz 1. Es liegt dann allerdings eine Gefahränderung nach § 132 vor,[20] weshalb der VN entsprechend § 132 die Änderung oder Aufgabe des Transports dem VR unverzüglich anzeigen muss, um den Versicherungsschutz aufrecht zu erhalten, § 133 Abs. 2 Satz 2. **13**

1. Änderung oder Aufgabe des Transports ohne Zustimmung des Versicherungsnehmers

Erfolgt nach Versicherungsbeginn und **ohne die Zustimmung des VN** eine Änderung oder die Aufgabe der Beförderung, bleibt der Versicherungsschutz bestehen. Eine deckungsschädliche Zustimmung des VN muss *vor* der Beförderungsänderung bzw. -aufgabe erfolgen und kann auch konkludent erteilt werden.[21] Die nachträgliche Genehmigung genügt hingegen nicht und ist daher keine Zustimmung im Sinne von § 133 Abs. 2.[22] Der Zustimmung des VN steht eine Zustimmung seiner Repräsentanten gleich,[23] nicht jedoch eine Zustimmung des Frachtführers.[24] **14**

Der Deckungsausschluss greift auch bei einer stillschweigenden Zustimmung des VN oder etwa bei einer vorweg im Frachtvertrag erklärten Zustimmung des VN zu einer Änderung der Beförderung.[25] Entsprechende Befugnisse zu Änderungen der Transportmodalitäten finden sich oft in den Speditions- und Frachtverträgen (sog. **Zustimmungsklauseln**), die dann auch gegen den VN wirken und deckungsschädlich sind, wenn es dann zu entsprechenden Transportänderungen kommt.[26] Für den VN ist es daher vorteilhaft, kein bestimmtes Beförderungsmittel und keinen bestimmten Transportweg im Versicherungsvertrag zu vereinbaren.[27] Deckungsunschädlich sollen hingegen die verkehrsüblichen Umladungsklauseln in Konnossementen sein, da darin keine Zustimmung des VN im Sinne von Abs. 2 liege.[28] **15**

2. Änderung oder Aufgabe infolge eines versicherten Ereignisses

Der Versicherungsschutz wird nicht beeinträchtigt, wenn es infolge eines versicherten Ereignisses zu einer Änderung oder Aufgabe der Beförderung kommt (§ 133 Abs. 2 Satz 1 Alt. 2). Nachdem die Transportversicherung als Allgefahrenversicherung ausgestaltet ist, zählen zu den versicherten Ereignissen grundsätzlich sämtliche Beförderungs- oder Ablieferungshindernisse, die bspw. eine Umladung, einstweilige Lagerung oder eine anderweitige Beförderung erforderlich machen.[29] **16**

---

[19] § 136 Rn. 6.
[20] Begr. RegE, BTDrucks. 16/3945, S. 92.
[21] Thume/de la Motte/*Ehlers* Teil 5, Rn. 252.
[22] Langheid/Wandt/*Kollatz* § 133 Rn. 10; Thume/de la Motte/*Ehlers* Teil 5, Rn. 252.
[23] Looschelders/Pohlmann/*Paffenholz* § 133 Rn. 11; Langheid/Wandt/*Kollatz* § 133 Rn. 10.
[24] Looschelders/Pohlmann/*Paffenholz* § 133 Rn. 11; Thume/de la Motte/*Ehlers* Kap. 3 Rn. 240.
[25] *Ehrenzweig* 246.
[26] HK-VVG/*Harms* § 133 Rn. 1; Langheid/Wandt/*Kollatz* § 133 Rn. 11.
[27] HK-VVG/*Harms* § 133 Rn. 1.
[28] HK-VVG/*Harms* § 133 Rn. 1; Thume/de la Motte/*Ehlers* Kap. 3 Rn. 241.
[29] Prölss/Martin/*Koller* § 134 Rn. 5.

17 Es ist **nicht erforderlich**, dass der Eintritt eines versicherten Ereignisses zu einem **Versicherungsfall** oder einem Unfall des Transportmittels führt.[30] Vielmehr genügt es, wenn der Transport durch das versicherte Ereignis in einer Weise beeinflusst wird, dass er nicht mehr wie im Versicherungsvertrag vorgesehen, sondern nur mit einem anderen Transportmittel oder auf einem anderen Transportweg fortgeführt werden kann.[31]

3. Zusatzkosten (Abs. 3)

18 Im Fall der Änderung oder Aufgabe der Beförderung durch ein versichertes Ereignis nach § 133 Abs. 2 hat der VR auch dadurch verursachte zusätzliche Kosten zu tragen. Voraussetzung ist freilich, dass der VN die Anzeigepflicht des § 132 gewahrt hat. Diese Regelung geht über die Vorschriften der §§ 82, 83 hinaus und räumt dem VN einen weitergehenden Aufwendungsersatzanspruch ein, da § 133 Abs. 3 nicht voraussetzt, dass es auf Grund des versicherten Ereignisses bereits zu einem Versicherungsfall gekommen ist (Rn. 17).

19 Ersetzt werden nach **§ 133 Abs. 3** die **Kosten der Umladung**, der **einstweiligen Lagerung** sowie die **Mehrkosten der Weiterbeförderung**. Die Kosten der Lagerung müssen von dem VR nur ersetzt werden, bis eine Weiterbeförderung möglich und zumutbar ist. Diese Einschränkung ergibt sich bereits aus dem Wortlaut der Norm, die dem VR nur die Kosten einer „einstweiligen Lagerung" auferlegt.[32]

C. Beweislast

20 Den allgemeinen Grundsätzen entsprechend, obliegt dem VR die Darlegungs- und Beweislast für eine Leistungsfreiheit aufgrund vertragswidriger Beförderung (Deckungsausschluss).[33] Beruft sich der VN auf die Gleichwertigkeit eines anderen als des vertraglich vereinbarten Transportmittels bzw. Transportweges mit den vereinbarten Modalitäten (geringfügige Abweichung; Rn. 11, 12), hat er dies darzulegen und zu beweisen.[34]

D. Abdingbarkeit

21 Die Vorschriften des § 133 sind **dispositiv**.

§ 134
Ungeeignete Beförderungsmittel

(1) Ist für die Beförderung der Güter kein bestimmtes Beförderungsmittel vereinbart, ist der Versicherungsnehmer, soweit er auf dessen Auswahl Einfluss hat, verpflichtet, Beförderungsmittel einzusetzen, die für die Aufnahme und Beförderung der Güter geeignet sind.

(2) Verletzt der Versicherungsnehmer diese Obliegenheit vorsätzlich oder grob fahrläs-

[30] Prölss/Martin/*Koller* § 133 Rn. 5, 6; Looschelders/Pohlmann/*Paffenholz* § 133 Rn. 13.

[31] Looschelders/Pohlmann/*Paffenholz* § 133 Rn. 13.

[32] Looschelders/Pohlmann/*Paffenholz* § 133 Rn. 14.

[33] Schwintowski/Brömmelmeyer/*Pisani* § 133 Rn. 8.

[34] Thume/de la Motte/*Ehlers* Kap. 3 Rn. 236, 237.

sig, ist der Versicherer nicht zur Leistung verpflichtet, es sei denn, die Verletzung war nicht ursächlich für den Eintritt des Versicherungsfalles oder den Umfang der Leistungspflicht.

(3) Erlangt der Versicherungsnehmer Kenntnis von der mangelnden Eignung des Beförderungsmittels, hat er diesen Umstand dem Versicherer unverzüglich anzuzeigen. § 132 ist anzuwenden.

Übersicht

A. Überblick

Die Bestimmung des § 134 ist mit der VVG-Reform zum 1.1.2008 neu in das Gesetz aufgenommen worden und hat keine Entsprechung in dem VVG a.F. Sie ergänzt § 133 (vertragswidrige Beförderung) und greift (nur) dann ein, wenn **im Versicherungsvertrag kein bestimmtes Beförderungsmittel vereinbart** wurde. In diesem Fall ist der VN verpflichtet, sofern er auf die Auswahl des Beförderungsmittels Einfluss hat, nur solche Beförderungsmittel einzusetzen, die für die Aufnahme und Beförderung der Güter geeignet sind (§ 134 Abs. 1). **1**

Der Gesetzgeber übernimmt in § 134 eine Regelung aus der Bedingungspraxis (Ziff. 7.1 DTV-Güter 2000/2011). Die in den Bedingungen vormals als Risikoausschluss enthaltene Bestimmung wird in § 134 jedoch als **Obliegenheit** ausgestaltet. Für die Rechtsfolgen einer Verletzung dieser Obliegenheit sind indes strengere Regeln als nach den Bestimmungen des allgemeinen Teils des VVG vorgesehen (Abs. 2; unten, Rn.7f.). **2**

Die Vorschrift gilt, wie sich aus Abs. 1 ergibt, allein für die **Güterversicherung**. **3**

B. Regelungsinhalt

I. Einsatz geeigneter Beförderungsmittel durch den VN (Abs. 1)

Die Obliegenheit des VN, ein für den Transport geeignetes Beförderungsmittel zu wählen (Abs. 1), besteht immer, aber auch nur dann, wenn er auf die Wahl des Beförderungsmittels Einfluss nehmen kann. Die praktische Relevanz dieser Vorschrift ist gering, da der VN oft keine solche Einflussmöglichkeit hat. Die Auswahl des geeigneten Beförderungsmittels obliegt regelmäßig dem Beförderer, der aus dem Frachtvertrag hierzu verpflichtet ist.[1] Meist übergibt der VN nur die zu befördernde Ware an den Spediteur, ohne weiteren Einfluss auf die Beförderung nehmen zu können. **4**

Wenn der VN die in Abs. 1 vorausgesetzte Möglichkeit zur Einflussnahme auf das **5**

---

[1] Langheid/Wandt/*Kollatz* § 134 Rn. 3; Prölss/Martin/*Koller* § 134 Rn.3; Schwintowski/Brömmelmeyer/*Pisani* § 134 Rn. 1.

Transportmittel hat, ist er verpflichtet, ein **objektiv geeignetes Beförderungsmittel** auszuwählen (s. auch Ziff. 7.1 DTV Güter 2000/2011).[2] Dem dürfte es im Allgemeinen genügen, wenn das Transportmittel ordnungsgemäß zugelassen sowie uneingeschränkt verkehrstauglich und betriebssicher ist.[3] Zusätzliche Anforderungen können sich aus der Art der Transportgüter ergeben. Wird etwa Schwergut transportiert, muss der VN hierfür geeignete Binnenschiffe, Schienenfahrzeuge oder Lkw verwenden. Bei dem Transport von Gefahrgut oder Spezialgütern wie Flüssiggas, Chemikalien oder Gefriergut sowie bei Lebendtieren muss den Besonderheiten des Transportguts bei der Auswahl des Beförderungsmittels ausreichend Rechnung getragen werden.[4] Außerdem hat der VN gegebenenfalls dafür Sorge zu tragen, dass das Transportpersonal für die konkrete Transportsituation ausreichend geschult ist.[5]

6 Für die – von § 134 freilich nicht erfasste (§ 130 Rn. 1) – **Seeversicherung** (§ 209) hat der VN gemäß Ziff. 7.1 2000/2011 neben der generellen Eignung des eingesetzten Schiffs auch die Eignung nach der DTV-Klassifikations- und Altersklausel zu beachten.[6]

II. Rechtsfolgen von Obliegenheitsverletzung (Abs. 2)

7 Verletzt der VN die Obliegenheit des § 134 Abs. 1 **vorsätzlich** oder **grob fahrlässig**, ist der VR von der Pflicht zur Leistung frei. **Einfach fahrlässige** Obliegenheitsverletzungen des VN beeinträchtigen den Versicherungsschutz demnach nicht.

8 Anders als nach den Vorschriften des allgemeinen Teils des VVG verbleibt es im Rahmen des § 134 auch bei grober Fahrlässigkeit bei dem sog. **Alles-oder-nichts-Prinzip.** Eine dem Verschuldensmaß entsprechende Leistungskürzung, wie sie § 28 anordnet, ist nicht vorgesehen. Der Gesetzgeber begründet dies mit den Gepflogenheiten der internationalen Transportversicherungspraxis und verweist darauf, dass die Transportversicherung als Großrisiko gilt, für die die Erwägungen zum Schutz des VN in § 28 nicht gelten.[7] Eine generelle Regelung über die Rechtsfolgen von Obliegenheitsverletzungen in der Transportversicherung enthalten die §§ 130ff. freilich nicht. Im Grundsatz gilt daher bei der Verletzung von vertraglichen Obliegenheiten des VN in der Transportversicherung die Vorschrift des § 28, sofern die vereinbarten Versicherungsbedingungen nichts anderes vorsehen. Vorschriften über die Rechtsfolgen von Obliegenheitsverletzungen finden sich in den §§ 130ff. nur bei **gesetzlichen Obliegenheiten** über die Gefahränderung (§ 132) und für die – in § 134 geregelte – Verwendung ungeeigneter Beförderungsmittel.

9 Die Leistungsfreiheit des VR setzt nach § 134 Abs. 2 weiterhin voraus, dass die Obliegenheitsverletzung für den Versicherungsfall oder den Umfang der Leistungspflicht ursächlich ist. Fehlt es an einem solchen **Kausalzusammenhang**, bleibt die Leistungspflicht des VR bestehen.[8] Dies entspricht im Wesentlichen der Regelung in § 28 Abs. 3 (allerdings ohne die in § 28 Abs. 3 Satz 2 enthaltene Rückausnahme für die arglistige Obliegenheitsverletzung). Zur Beweislast s. Rn. 15.

---

[2] Looschelders/Pohlmann/*Paffenholz* § 134 Rn. 3; Prölss/Martin/*Koller* § 134 Rn. 1.

[3] Langheid/Wandt/*Kollatz* § 134 Rn. 4; Schwintowski/Brömmelmeyer/*Pisani* § 134 Rn. 4.

[4] Looschelders/Pohlmann/*Paffenholz* § 134 Rn. 4; Römer/Langheid/*Langheid* § 134 Rn. 3; Thume/de la Motte/*Ehlers* Kap. 3 Rn. 255.

[5] Schwintowski/Brömmelmeyer/*Pisani* § 134 Rn. 4.

[6] Thume/de la Motte/*Ehlers* Kap. 3 Ziff. 7.2 DTV-Güter 2000 Rn. 246ff.

[7] Begr. RegE, BTDrucks. 16/3945 S. 92.

[8] Looschelders/Pohlmann/*Paffenholz* § 134 Rn. 6; Langheid/Wandt/*Kollatz* § 134 Rn. 5.

Die Bedingungspraxis sieht daneben vor, dass auch bei Einsatz nicht geeigneter Beförderungsmittel der Versicherungsschutz bestehen bleibt, wenn der VN keinen Einfluss auf die Auswahl des Transportmittels hatte, bzw. den Spediteur oder den Frachtführer/Verfrachter mit der Sorgfalt eines ordentlichen Kaufmannes ausgewählt hat (vgl. Ziff. 7.2 DTV-Güter 2000/2011). **10**

III. Anzeigeobliegenheit bei nachträglicher Kenntniserlangung (Abs. 3)

Erlangt der VN Kenntnis von der mangelnden Eignung des Beförderungsmittels, hat er dies dem VR unverzüglich anzuzeigen, § 134 Abs. 3 Satz 1. Diese gesetzliche Obliegenheit dürfte nicht auf die Fälle des Abs. 1 beschränkt sein, greift also auch dann, wenn der VN keinen Einfluss auf die Auswahl des Beförderungsmittels hat. **11**

Eine Anzeigepflicht besteht – wie sich aus dem Wortlaut von Abs. 3 ergibt – nur bei **positiver Kenntnis**, nicht hingegen bei bloßem Kennenmüssen.[9] Den allgemeinen Regelungen entsprechend muss sich der VN die Kenntnis seiner Vertreter und Repräsentanten zurechnen lassen.[10] **12**

§ 134 Abs. 3 Satz 2 erklärt auf diese Konstellation § 132 für anwendbar. Damit soll klargestellt werden, dass im **Einsatz ungeeigneter Beförderungsmittel** eine **Gefahränderung** im Sinne des § 132 liegt.[11] Unter den in § 132 geregelten Voraussetzungen kann der VR somit leistungsfrei werden, wenn der VN entgegen § 134 und trotz Kenntniserlangung die fehlende Eignung des Transportmittels dem VR nicht anzeigt (näher § 132 Rn. 11ff.). Die Ziff. 7.2 DTV Güter 2000/2011 sieht zudem vor, dass der VN eine zu vereinbarende Zuschlagprämie zu entrichten hat. **13**

C. Beweislast

Nach den allgemeinen Beweislastregeln ist der VR für das Vorliegen von Vorsatz oder grober Fahrlässigkeit als Voraussetzung darlegungs- und beweisbelastet, wenn er sich auf Leistungsfreiheit berufen will.[12] Mangels anderweitiger Regelung im Gesetz, wie sie etwa § 28 Abs. 2 Satz 2 enthält, obliegt es bei § 134 Abs. 2 also nicht dem VN, sich von grober Fahrlässigkeit zu entlasten. Dies ließe sich im Grundsatz damit rechtfertigen, dass bei § 134 auch im Falle grober Fahrlässigkeit vollständige Leistungsfreiheit eintritt. Das Gesetz ist insoweit aber nicht einheitlich: Nach den Regeln über die Gefahrerhöhung in § 132 hat wiederum der VN darzulegen, dass er seine Anzeigepflichten nicht grob fahrlässig verletzt hat. Diese Regelung gilt gemäß § 134 Abs. 3 auch für die Nichtanzeige bei späterer Kenntniserlangung über die Ungeeignetheit des Transportmittels. **14**

Für die fehlende Kausalität der Obliegenheitsverletzung, die eine Leistungsfreiheit des VR ausschließt, ist – ebenso wie nach den Regelungen des Allgemeinen Teils des VVG (§ 28 Abs. 3, § 81 Abs. 4) – der VN beweisbelastet (§ 134 Abs. 2 a. E.).[13] **15**

---

9 Looschelders/Pohlmann/*Paffenholz* § 134 Rn. 7.

10 Schwintowski/Brömmelmeyer/*Pisani* § 134 Rn. 8.

11 Begr. RegE, BTDrucks. 16/3945, S. 92.

12 Looschelders/Pohlmann/*Paffenholz* § 134 Rn. 8; Langheid/Wandt/*Kollatz* § 134 Rn. 14; a.M. (allerdings auf die Begr. des Gesetzgebers zu § 28 Bezug nehmend) Prölss/Martin/*Koller* § 134 Rn. 3.

13 Looschelders/Pohlmann/*Paffenholz* § 134 Rn. 8; Prölss/Martin/*Koller* § 134 Rn. 3.

D. Abdingbarkeit

16 Die Vorschrift des § 134 ist **dispositiv.**

§ 135
Aufwendungsersatz

(1) Aufwendungen, die dem Versicherungsnehmer zur Abwendung oder Minderung des Schadens entstehen, sowie die Kosten für die Ermittlung und Feststellung des Schadens hat der Versicherer auch insoweit zu erstatten, als sie zusammen mit der übrigen Entschädigung die Versicherungssumme übersteigen.

(2) Sind Aufwendungen zur Abwendung oder Minderung oder zur Ermittlung und Feststellung des Schadens oder zur Wiederherstellung oder Ausbesserung der durch einen Versicherungsfall beschädigten Sache gemacht oder Beiträge zur großen Haverei geleistet oder ist eine persönliche Verpflichtung des Versicherungsnehmers zur Entrichtung solcher Beiträge entstanden, hat der Versicherer den Schaden, der durch einen späteren Versicherungsfall verursacht wird, ohne Rücksicht auf die von ihm zu erstattenden früheren Aufwendungen und Beiträge zu ersetzen.

Übersicht

A. Überblick

1 § 135 erstreckt die Leistungspflicht des VR auf die genannten Aufwendungen und Kosten, wobei die Ersatzpflicht ggf. über Versicherungshöchstgrenzen hinaus gehen kann; sie ergänzt und erweitert die entsprechenden Vorschriften des allgemeinen Teils (§§ 82f., 85).

2 Zunächst hat der VR Aufwendungen, die dem VN zur **Abwendung oder Minderung eines Schadens** entstehen, auch insoweit zu ersetzen, als sie zusammen mit der übrigen Entschädigung die Versicherungssumme übersteigen, **§ 135 Abs. 1**. Nicht maßgeblich ist, ob diese Kosten auf Weisung des VR aufgewandt wurden (so § 83 Abs. 2). Die in der Vorgängervorschrift des § 144 Abs. 1 VVG a.F. enthaltene ausdrückliche Beschränkung der Erstattungspflicht auf solche Anwendungen, die der VN für geboten halten durfte, ist entfallen. In der Sache ergeben sich hieraus aber keine Abweichungen (vgl. Rn. 12).

3 Ebenfalls über die Deckungslimits hinaus zu ersetzen hat der VR Kosten zur Ermittlung oder Feststellung des Schadens (Rn. 14ff.); diese Regelung wurde zum 1.1.2008 in Anlehnung an die Bedingungspraxis neu in das Gesetz aufgenommen.[1]

4 Schließlich stellt **Abs. 2** klar, dass die Versicherungssumme durch derartige Aufwen-

[1] Begr. RegE, BT-Drucks. 16/3945, S. 92.

dungen oder die weiteren genannten Kosten auch im Hinblick auf einen erst später eintretenden Versicherungsfall nicht verbraucht wird (Rn. 17).[2]

Das Recht des VR, sich nach Eintritt des Versicherungsfalls durch Zahlung der Versicherungssumme von allen weiteren Verbindlichkeiten zu befreien (**Abandon**) ist nunmehr in § 141 geregelt. Macht der VR von diesem Recht Gebrauch, bestehen keine weitergehenden Zahlungspflichten aus § 135. In bestimmtem Umfang bleiben aber Kosten im Sinne von § 135, die bis zur Erklärung des Abandon entstanden sind, auch über die Versicherungssumme hinaus gedeckt (vgl. § 141 Abs. 1 Satz 2; näher § 141 Rn. 4, 23). 5

B. Regelungsinhalt

I. Aufwendungs- und Kostenerstattung (Abs. 1)

Es ergibt sich aus § 135 nicht unmittelbar, ob diese Norm auch die **Erstattungspflicht** des VR für Kosten und Aufwendungen **dem Grunde nach** regelt, oder ob sie nur den **Umfang der Leistungspflicht** bestimmt, sich also auf die Anordnung beschränkt, dass der VR für diese Aufwendungen und Kosten auch dann eintrittspflichtig ist, wenn sie zusammen mit der übrigen Entschädigung die Versicherungssumme übersteigen. Relevant ist diese Frage, weil § 135 Abs. 1 keine weiteren Voraussetzungen regelt, unter denen der VN entsprechende Kosten auslösen und deren Ersatz verlangen darf. Insbesondere findet sich in § 135 Abs. 1 keine Einschränkung dahingehend, dass nur solche Kosten und Aufwendungen vom VR zu ersetzen sind, die der VN **nach den Umständen für geboten** halten durfte. 6

Zum Teil wird deshalb vertreten, dass der VR bis zur Grenze des Missbrauchs auch Ersatz ungeeigneter Aufwendungen schuldet, selbst wenn der VN die Ungeeignetheit (grob) fahrlässig nicht erkannt hat.[3] Dem ist nicht zu folgen. Kern der Regelung des § 135 Abs. 1 ist allein die **Ausdehnung der Leistungspflicht** des VR über die vereinbarte Versicherungssumme hinaus („... hat der Versicherer *auch insoweit* zu erstatten ..."). Der **Rechtsgrund der Erstattungspflicht** als solches **wird von § 135 Abs. 1** also **nicht geregelt**, sondern vorausgesetzt. Deshalb ist der Rückgriff auf die allgemeinen Vorschriften der §§ 82f., 90 (Abwendung und Minderung des Schadens, Aufwendungsersatz) und § 85 (Schadenermittlungskosten) nicht etwa versperrt, sondern erforderlich (Rn. 8 und 16).[4] 7

Die allgemeinen Vorschriften erfahren durch § 135 lediglich Modifikationen. So sind wegen § 135 Abs. 1 z.B. Aufwendungen zur Schadenabwendung und -minderung nicht nur dann über die Deckungssumme hinaus zu ersetzen, wenn sie auf Weisung des VR entstanden sind (so § 83 Abs. 3), sondern auch ohne eine solche Veranlassung (originärer Regelungsbereich von Abs. 1). Soweit § 135 keine Abänderung der Vorschriften des allgemeinen Teils anordnet, bleiben diese anwendbar. Daher sind auch z.B. im Rahmen des § 135 Abs. 1 nur solche Kosten vom VR zu ersetzen, die der VN den Umständen nach für geboten halten durfte (Rn. 11; so auch die Bedingungswerke, z.B. Ziff. 2.3.1.2.1. DTV-Güter 2000/2008).[5] 8

§ 135 Abs. 1 gilt sowohl für die Güter- als auch die gesamte Schiffsversicherung.[6] 9

---

[2] Bis zum 31.12.2007 geregelt in § 144 Abs. 2 VVG a.F. oder etwa § 37 Abs. 2 ADS; vgl. Begr. RegE, BT-Drucks. 16/3945, S. 92.

[3] So HK-VVG/*Harms*, § 135 Rn. 1.

[4] Gleichsinnig Prölss/Martin/*Koller*, § 135 Rn. 1.

[5] Im Ergebnis ebenso MünchKommVVG/*Kollatz*, § 135 Rn. 4; Looschelders/Pohlmann/*Paffenholz*, § 135 Rn. 4; Prölss/Martin/*Koller*, § 135 Rn. 1.

[6] Begr. RegE, BT-Drucks. 163945, S. 92; Prölss/Martin/*Koller*, § 136 Rn. 1.

1. Aufwendungen zur Abwehr oder Minderung des Schadens

10 § 135 Abs. 1 regelt zunächst einen Erstattungsanspruch des VN für Aufwendungen, die über die Versicherungssumme hinaus gehen, wenn diese zur Abwendung oder Minderung eines versicherten Schadensereignisses erbracht wurden. Unter Aufwendungen sind alle freiwilligen oder unfreiwilligen Vermögensminderungen zu verstehen, die durch die Maßnahmen des VN zur Gefahrabwehr oder Minderung entstanden sind.[7] Voraussetzung ist, dass die vom VN getätigten Aufwendungen objektiv auf die Abwendung oder Minderung des Schadens abzielten. Es darf also z.B. kein Missverhältnis zwischen den Aufwendungen zum möglichen Erfolg bestehen (§ 83 Rn. 44). Die Ersatzpflicht des VR kann sich unter diesen Voraussetzungen auch auf Sachen beziehen, die vom Deckungsumfang der Police als solches nicht umfasst sind.[8]

11 Waren die getroffenen Maßnahmen objektiv ungeeignet, ist für den Aufwendungsersatzanspruch zudem erforderlich, dass der **VN** die getroffenen Maßnahmen nach den Umständen **für geboten halten durfte** (§ 83 Abs. 1 Satz 1; vgl. auch § 83 Rn. 49; anders nur, wenn die Aufwendungen auf Weisung des VR getätigt wurden, § 83 Abs. 3; vgl. § 83 Rn. 42). Im Hinblick auf die Gebotenheit der Aufwendungen schadet dem VN nach h.M. nur eine grob fahrlässige Fehleinschätzung. Deren Rechtsfolgen sind in § 83 nicht geregelt und daher umstritten. Mehrheitlich wird in Anlehnung an die allgemeinen Vorschriften (z.B. §§ 28 Abs. 2, 81 Abs. 2) eine Quotelung der Ersatzpflicht des VR entsprechend dem Verschulden des VN angenommen.[9] Für den Bereich der Transportversicherung dürfte indes davon auszugehen sein, dass der VR vollständig **leistungsfrei** in Anbetracht von Aufwendungen ist, die durch eine grob fahrlässige Fehleinschätzung des VN ausgelöst wurden. Das entspricht dem in der Transportversicherung durchgehend beibehaltenen Alles-Oder-Nichts-Prinzips bei grober Fahrlässigkeit des VN (z.B. §§ 132 Abs. 2, 134 Abs. 2, § 137 Abs. 1). Daher ist die Regelungslücke des § 83 Abs. 1 hier im Rückgriff auf die Wertungen der §§ 130ff. zu schließen.

12 Bei objektiver Geeignetheit der Rettungsmaßnahmen ist unerheblich, ob der VN subjektiv mit dem Willen zur Abwehr oder Minderung eines Schadens handelte.[10] Anders dürfte dies nur sein, wenn die Abwendung des Schadens eine bloße Reflexwirkung einer Handlung des VN ist, die Handlung des VN also eigentlich auf ein anderes Interesse abzielt, die Rettung der versicherten Güter dabei nur geringfügiges Nebeninteresse darstellt.[11] Wird durch die Rettungshandlung sowohl der Schutz versicherter als auch nichtversicherter Sachen bezweckt, sind die Aufwendungen vom VR anteilig zu erstatten.[12]

13 Als Aufwendungen i.S.d. § 135 Abs. 1 können die Kosten einer Um- oder Neuverpackung beschädigter Güter erstattungsfähig sein,[13] ebenso Kosten für Löschschäden an nicht versicherten Gütern[14] sowie für die Beseitigung der durch das Löschen entstandenen giftigen Stoffe.[15] Zu ersetzen sind weiterhin Aufwendungen für die Beauftragung eines Gutachters oder Sachverständigen für erfolglose Reparaturversuche, die einen Totalverlust der Sache vermeiden sollen.[16]

---

7 BGH 21.03.1977 VersR 1977, 709.

8 Looschelders/Pohlmann/*Paffenholz*, § 135 Rn. 3.

9 Zum Diskussionsstand vgl. § 83 Rn 57ff. und Römer/Langheid/*Langheid*, § 83 Rn. 9.

10 § 82 Rn. 152; Schwintowski/Brömmelmeyer/*Pisani*, § 135 Rn. 6.

11 BGH 13.07.1994 VersR 1994, 1181, 1182; a.M. OLG Köln 11.10.2005 r+s 2006, 147, 148; OLG Hamm 07.05.2004 VersR 2004, 1409.

12 Looschelders/Pohlmann/*Paffenholz*, § 135 Rn. 4.

13 Thume/de la Motte/*Ehlers*, Kap. 3 Rn. 65.

14 BGH 21.03.1977 VersR 1977, 709.

15 OLG Oldenburg 08.11.1989 VersR 1990, 516.

16 MünchKommVVG/*Kollatz*, § 135 Rn. 5.

2. Kosten für Schadensermittlung und -feststellung

Nach § 135 Abs. 1 sind dem VN zudem die Kosten der Schadensermittlung und Schadensfeststellung zu ersetzen, auch wenn diese zusammen mit der Entschädigungsleistung die Versicherungssumme übersteigen. Wegen der einheitlichen Rechtsfolge ist die Abgrenzung von Ermittlungs- gegen Feststellungskosten (dazu § 85 Rn. 5) nicht entscheidend. **14**

Anders als im Rahmen des Abs. 1 ist Voraussetzung für eine Leistungspflicht des VR für solche Kosten, dass sich tatsächlich ein versicherter Schaden feststellen lässt.[17] Besteht mangels versicherten Schadens keine Einstandspflicht des VR, haftet er auch für die Kosten des VN für die entsprechende Prüfung.[18] Entfällt der Deckungsanspruch aus anderen Gründen, etwa auf Grund einer **Obliegenheitsverletzung**, besteht gleichermaßen kein Anspruch auf Ersatz von Schadenermittlungs- oder -feststellungskosten.[19] **15**

Die Erstattungsfähigkeit von Kosten richtet sich nach der allgemeinen Vorschrift des § 85 (s. dort). Kosten nach Abs. 2 umfassen unter anderem kaufmännische, buchhalterische, forensische und organisatorische Maßnahmen eines eingeschalteten Dritten oder sonstige Aufwendungen des VN, etwa zur Sicherung des Schadensortes. Für die Beauftragung eines Sachverständigen oder eines Rechtsanwalts gelten im Grundsatz die Restriktionen von § 85 Abs. 2; die Bedingungswerke können dies abweichend regeln und lassen es für die Ersatzpflicht genügen, wenn der VN die Beauftragung den Umständen nach für geboten hielt (z.B. Ziff. 2.3.1.2.3 DTV Güter 2000/2008).[20] Eigene Kosten des VN hat der VR nur ausnahmsweise zu ersetzen, nämlich wenn die ihnen zu Grunde liegenden Ermittlungs- oder Feststellungstätigkeiten in den beruflichen oder gewerblichen Tätigkeitsbereich des VN fallen und dort entstanden sind (§ 85 Rn. 7).[21] **16**

II. Kein Verbrauch der Versicherungssumme (Abs. 2)

§ 135 Abs. 2 stellt klar, dass die Versicherungssumme durch erstattete Aufwendungen und Kosten nach Abs. 1 auch im Hinblick auf einen später eintretenden Versicherungsfall nicht verbraucht wird. Dasselbe gilt, sofern Zahlungen zur Wiederherstellung oder Ausbesserung einer durch einen Versicherungsfall beschädigten Sache gemacht, Beiträge zur großen Haverei geleistet wurden oder der VN zur Zahlung solcher Beiträge verpflichtet ist. Im Ergebnis bedeutet dies, dass dem VN für jeden Versicherungsfall – vorbehaltlich von Deckungsmaximierungen – die volle Versicherungssumme erneut zur Verfügung steht. Dies gilt selbst dann, wenn sich die Versicherungsfälle auf dieselbe versicherte Sache beziehen und unter Umständen die Versicherungssumme durch die verschiedenen Versicherungsfälle mehrfach verbraucht wird. Der VR hat mithin auch den späteren Schaden ohne Rücksicht auf früher erstattete Aufwendungen, Kosten und Beiträge bis zur vereinbarten Versicherungssumme zu decken und dies abermals zuzüglich der in Abs. 1 genannten Kosten.[22] **17**

---

[17] Looschelders/Pohlmann/*Paffenholz*, § 135 Rn. 6.

[18] Schwintowski/Brömmelmeyer/*Pisani*, § 135 Rn. 8; Looschelders/Pohlmann/*Paffenholz*, § 135 Rn. 6.

[19] RGZ 88, 313, OLG Karlsruhe 17.02.1994 VersR 1995, 1088.

[20] Looschelders/Pohlmann/*Paffenholz*, § 135 Rn. 7.

[21] Schwintowski/Brömmelmeyer/*Pisani*, § 135 Rn. 10.

[22] Looschelders/Pohlmann/*Paffenholz*, § 135 Rn. 8; MünchKommVVG/*Kollatz*, § 135 Rn. 9.

C. Abdingbarkeit

18 Die Vorschrift ist **dispositiv.**

§ 136
Versicherungswert

(1) Als Versicherungswert der Güter gilt der gemeine Handelswert und in dessen Ermangelung der gemeine Wert, den die Güter am Ort der Absendung bei Beginn der Versicherung haben, zuzüglich der Versicherungskosten, der Kosten, die bis zur Annahme der Güter durch den Beförderer entstehen, und der endgültig bezahlten Fracht.

(2) Der sich nach Absatz 1 ergebende Wert gilt auch bei Eintritt des Versicherungsfalles als Versicherungswert.

(3) Bei Gütern, die beschädigt am Ablieferungsort ankommen, ist der Wert, den sie dort in beschädigtem Zustand haben, von dem Wert abzuziehen, den sie an diesem Ort in unbeschädigtem Zustand hätten. Der dem Verhältnis der Wertminderung zu ihrem Wert in unbeschädigtem Zustand entsprechende Bruchteil des Versicherungswertes gilt als Betrag des Schadens.

Übersicht

A. Überblick

1 § 136 regelt die **Ermittlung des Versicherungswertes** bei der **Transportversicherung von Gütern.** Er tritt in seinem Anwendungsbereich an Stelle der allgemeinen Vorschrift des § 88. Der Versicherungswert soll die Feststellung ermöglichen, ob eine Über- oder Unterversicherung (§§ 74, 75) vorliegt und ist damit letztlich maßgeblich für die Bestimmung der vom VR zu leistenden Entschädigung.[1] Weil es nach Abs. 1 und 2 stets auf den Versicherungswert bei Versicherungsbeginn ankommt, wird insoweit auch von dem Grundsatz der **Unveränderlichkeit des Versicherungswertes** in der Transportversicherung gesprochen (Rn. 14).[2]

2 Die Vorschriften in **Abs. 1 und 2** übernehmen sachlich die Regelungen der § 140 Abs. 1 und 2 VVG a.F. in der bis zum 31.12.2007 geltenden Fassung, wobei die Formulierung des Gesetzes an die Bedingungswerke der Praxis angepasst wurde.[3] Die Vorschrift des **Abs. 3** entspricht § 140 Abs. 3 VVG a.F. und wurde ebenfalls lediglich sprachlich überarbeitet.

---

[1] Römer/Langheid/*Langheid*, § 136 Rn. 2.

[2] Looschelders/Pohlmann/*Paffenholz*, § 136 Rn. 1; Schwintowski/Brömmelmeyer/*Pisani*, § 136 Rn. 1.

[3] Begr. RegE, BT-Drucks. 16/3945, S. 93.

Das Gesetz verzichtet in der seit dem 1.1.2008 geltenden Fassung auf eine gesetzliche Regelung zum **Versicherungswert von Schiffen**. Der Gesetzgeber hielt insoweit die Regelung von § 88 für ausreichend, sofern nicht ohnehin abweichende Regelungen von den Parteien des Versicherungsvertrages getroffen werden.[4] 3

B. Regelungsinhalt

I. Versicherungswert (Abs. 1)

1. Allgemeine Kriterien

Nach § 136 Abs. 1 wird der Versicherungswert – also der Wert des versicherten Interesses – zunächst durch den gemeinen Handelswert bestimmt (Rn. 7f.). Liegt ein solcher nicht vor, ist der gemeine Wert heranzuziehen (Rn. 9). Der Versicherungswert muss einen Geldwert haben.[5] 4

Bei **Verlust** eines Teils oder aller versicherten Güter während des Versicherungszeitraums sind zudem die in § 136 Abs. 1 genannten **Kosten** zum Sachwert hinzuzurechnen (Rn. 10). Bei bloßer **Beschädigung** der Güter greift jedoch allein Abs. 3 (Rn. 15ff.). 5

Maßgeblich für die Ermittlung des Versicherungswerts ist stets der Wert der Güter am **Absendungsort** und **zu Versicherungsbeginn** (§ 10). Der Versicherungsbeginn richtet sich nach den versicherungsvertraglichen Vereinbarungen (§ 130 Rn. 51) und kann etwa der **Beginn des Transports** sein (z.B. Ziff. 8.1 DTV Güter 2000/2008: Entfernung der Güter am Absendungsort zur unverzüglichen Beförderung; Haus zu Haus-Deckung).[6] Nicht entscheidend ist hingegen der Vertragsbeginn der Police als solcher.[7] 6

a) **Gemeiner Handelswert.** Zunächst ist der Versicherungswert gemäß Abs. 1 anhand des gemeinen Handelswerts zu ermitteln. Ein solcher Wert kommt Gütern zu, die im kaufmännischen Verkehr regelmäßig gehandelt werden. Unerheblich ist, ob ein Börsen- oder Marktpreis existiert.[8] Maßgeblich ist der objektive Handelswert auf der Handelsstufe des VN (z.B. Hersteller, Großhändler, Einzelhändler),[9] bei der Versicherung für fremde Rechnung der Handelswert auf der Verkaufsstufe des Versicherten.[10] Der Einkaufswert oder der Betrag der Einkaufsrechnung sind nicht relevant; der Versicherungswert kann also darunter oder darüber liegen.[11] 7

Der Verkaufswert schließt, sofern der Versicherte zugleich Verkäufer ist, regelmäßig den zu erwartenden Gewinn des Versicherten mit ein, namentlich dann, wenn der Verkäuflichkeitswert die Anschaffungskosten übersteigt.[12] Im Rahmen der Transportversicherung ist insoweit von je her das Gewinninteresse des VN mitversichert, ohne dass dies gegen das Bereicherungsverbot des § 55 VVG a.F. für die Sachversicherung verstoßen hätte.[13] Nach 8

---

4 Begr. RegE, BT-Drucks.

5 Schwintowski/Brömmelmeyer/*Pisani*, § 136 RN. 3; MünchKommVVG/*Kollatz*, § 136 Rn. 5.

6 So ausdrücklich noch z.B. § 134 Abs. 2, 138 VVG a.F.; vgl. hierzu Looschelders/Pohlmann/*C. Schneider*, § 10 Rn. 6; *Ehrenzweig*, § 44 Ziff. 2.

7 Unklar Schwintowski/Brömmelmeyer/*Pisani*, § 136 Rn. 1.

8 Thume/de la Motte/*Ehlers*, Kap. 3 Rn. 286.

9 BGH 28.06.1993 VersR 1994, 91.

10 Prölss/Martin/*Koller*, § 136 Rn. 2.

11 Vgl. Schwintowski/Brömmelmeyer/*Pisani*, § 136 Rn. 4.

12 BGH 04.11.1955 VersR 1955, 756; BGH 28.06.1993 VersR 1994, 91 (zu § 430 HGB a.F.); OLG Celle v. 19.2.1998, 11 U 300/96; Römer/Langheid/*Langheid*, § 136 Rn. 4.

13 BGH 28.06.1993 VersR 1994, 91.

dem ab dem 1.1.2008 geltenden Recht und dem ersatzlosen Wegfall des § 55 VVG a.F. kann der Einschluss entgangenen Gewinns in die Versicherungsleistung ohnehin nicht mehr beanstandet werden. Im Übrigen erlaubt das Gesetz in § 76 generell die Vereinbarung einer Taxe als Entschädigung.[14]

9 b) **Gemeiner Wert.** Wenn der gemeine Handelswert nicht festgestellt werden kann, ist der Versicherungswert anhand des gemeinen Wertes der Güter zu ermitteln. Dies ist der Wert, den das Transportgut nach seiner objektiven Beschaffenheit für jedermann hat.[15] Maßgebend ist also der Betrag, zu dem sich die versicherten Güter unter Berücksichtigung ihrer Beschaffenheit im Allgemeinen verkaufen lassen.[16] Zu berücksichtigen ist hierbei abermals die jeweilige Handelsstufe des Versicherten.[17]

10 c) **Weitere Kosten.** Nach § 136 Abs. 1 sind bei der Ermittlung des Versicherungswerts zudem Kosten, die bis zur Annahme der Güter durch den Beförderer anfallen, also etwa Verpackungs- und Transportkosten, sowie die Kosten der endgültig bezahlten Fracht hinzuzurechnen. Mit den Kosten der endgültig bezahlten Fracht ist der Teil des Frachtlohns gemeint, der auch bei Nichtbeendigung des Transportes anfällt.[18] Weiterhin sind angefallene Versicherungskosten zu berücksichtigen. Dies schließt neben der Versicherungsprämie mitsamt Steuer auch etwaige Vermittlungskosten ein, soweit diese nicht in der Prämie enthalten sind.[19]

11 **Abs. 1** ist, auch wenn sich diese Einschränkung nicht aus dem Wortlaut ergibt, nur bei einem teilweisen oder vollständigen **Verlust der versicherten Güter** anwendbar. Werden die **Transportgüter beschädigt**, kommt allein § 136 Abs. 3 zur Anwendung. Dort sind die Kosten nach Abs. 1 nicht gesondert zu berücksichtigen, da sie im Marktpreis am Anlieferungsort, auf den nach Abs. 3 für die Ermittlung des Schadensbetrages abzustellen ist, bereits enthalten sind.[20]

2. Verhältnis von Versicherungswert zu Versicherungssumme

12 § 136 enthält keine Regelung über das Verhältnis des Versicherungswerts zu der möglicherweise davon abweichenden Versicherungssumme. Insoweit verbleibt es bei den allgemeinen Vorschriften der Schadensversicherung (§§ 74, 75, ggf. §§ 78f.).[21] Im Fall einer **Überversicherung,** wenn also die Versicherungssumme den Versicherungswert erheblich übersteigt, hat der VN lediglich einen Anspruch bis zur Höhe des Versicherungswertes (§ 74 Abs. 1). Wurde die Überversicherung vom VN zur Erlangung eines rechtswidrigen Vorteils genommen, ist der Vertrag nichtig (§ 74 Abs. 2). Bei einer **Unterversicherung,** also wenn die Versicherungssumme erheblich niedriger ist als der Versicherungswert, gilt § 75. Der VR ist dann nur anteilig zur Leistung verpflichtet, wobei sich die Entschädigung nach dem Verhältnis der Versicherungssumme zum Versicherungswert bemisst. Zur **Mehrfachversicherung** vgl. §§ 78f.

13 Zu abweichenden Vereinbarungen, etwa der Festsetzung einer **Taxe,** vgl. Rn. 19f.

---

14 BGH 28.06.1993 VersR 1994, 91; vgl. auch Römer/Langheid/*Langheid*, § 136 Rn. 3.

15 Prölss/Martin/*Koller,* § 136 Rn. 2.

16 RGZ 96, 124, 125; Looschelders/Pohlmann/*Paffenholz,* § 136 Rn. 3.

17 Römer/Langheid/*Langheid*, § 136 Rn. 4; Looschelders/Pohlmann/*Paffenholz*, § 136 Rn. 3.

18 Vgl. BGH 28.06.1993 VersR 1994, 91.

19 Prölss/Martin/*Koller*, § 136 Rn. 2.

20 Prölss/Martin/*Koller*, § 136 RN. 3.

21 Looschelders/Pohlmann/*Paffenholz*, § 136 Rn. 5.

III. Versicherungswert im Versicherungsfall (Abs. 2)

§ 136 Abs. 2 ordnet an, dass der nach Abs. 1 ermittelte Versicherungswert auch im Versicherungsfall maßgeblich ist. Der Versicherungswert bei Versicherungsbeginn bleibt also auch bei einer späteren Steigerung oder Minderung des Wertes der versicherten Güter maßgeblich. Darin liegt eine Abweichung von der Vorschrift des § 88, nach der es für die Bestimmung des Versicherungswerts auf die Zeitpunkt ankommt, zu dem der Versicherungsfall eintritt (§ 88 Rn. 55ff.). In der Transportversicherung wird daher von der sog. **Unveränderlichkeit des Versicherungswertes** gesprochen. Freilich bezieht sich diese nur auf einen vergleichsweise geringen Zeitraum, nämlich den Transport und einer damit verbundenen Lagerung (§ 130 Abs. 1). Für andere Zweige der Sachversicherung wäre eine solche Regel wohl auch nicht sachgerecht. **14**

IV. Versicherungsleistung bei Beschädigung (Abs. 3)

Abs. 3 regelt den Fall, dass die Güter nicht verloren sind (dann: Abs. 1 und 2), sondern lediglich beschädigt wurden. **Beschädigung** im Sinne dieser Vorschrift ist jede innere oder äußere Veränderung der Substanz des Transportgutes, die zu einer Wertminderung führt. Im Einzelfall kann eine Beschädigung auch ohne Substanzverletzung anzunehmen sein (etwa: Verlust der Verkehrsfähigkeit) oder ein bloßer Schadensverdacht, der nur mit aufwendigen Untersuchungen überprüft werden kann (näher § 130 Rn. 47f.). **15**

Bei einer Ankunft des versicherten Gutes in beschädigtem Zustand ist die Schadenshöhe durch einen Vergleich des Wertes der Güter vor und nach der Beschädigung zu ermitteln, § 136 Abs. 3. Dabei ist der Wert, den die beschädigten Güter am Ablieferungsort haben (Krankwert = K), von dem Wert abzuziehen, den sie dort unbeschädigt haben würden (Gesundwert = G). Der dem Verhältnis der Wertminderung (G – K) zum Gesundwert entsprechende Bruchteil des Versicherungswertes (W) gilt dann als Schadensbetrag (x).[22] Also $x = G-K-G * W$. Maßgeblich ist mithin der tatsächliche Wert der Güter am Ablieferungsort und dessen hypothetischen Wert bei unbeschädigter Ablieferung ebenda (s. auch Ziff. 17.3.1 DTV-Güter 2000/2008). **16**

Beispiel:[23] Der Versicherungswert der Ware nach § 136 Abs. 1 (am Absendeort bei Versicherungsbeginn) beträgt EUR 10.000. Der Wert der beschädigten Ware am Ablieferungsort beläuft sich demgegenüber auf EUR 6.000 (Krankwert), hätte in unbeschädigtem Zustand aber bei EUR 12.000 gelegen (Gesundwert). Der Wertverlust beträgt somit 50 %. Die Entschädigung beläuft sich dann auf 50 % des Versicherungswertes, hier also EUR 5.000 (sofern keine Unterversicherung vorliegt). **17**

C. Beweislast

Für die Höhe des Versicherungswertes ist der VN darlegungs- und beweisbelastet (s. auch § 88 Rn. 112), wobei der Beweis durch Sachverständigengutachten geführt werden kann. Häufig sehen die AVB die Möglichkeit eines Sachverständigenverfahrens vor (z.B. Ziff. 20 DTV Güter 2000/2008). Für den Einwand der Unterversicherung ist der VR beweisbelastet. **18**

---

22 *Ehrenzweig*, § 106 Ziff. II. 1.

23 Nach Reichs-Drucks. Nr. 364, S. 1907, zit. nach Schwintowski/Brömmelmeyer/*Pisani*, § 136 Rn. 12 und Römer/Langheid/*Langheid*, § 136 Rn. 10.

D. Abdingbarkeit

19 Wie alle Vorschriften des Transportversicherungsrechts ist § 136 **dispositiv.** Von ihr kann insbesondere durch Vereinbarung einer **Taxe** oder anderweitige Kostenklauseln (z.B. **imaginärer Gewinn**) abgewichen werden.[24]

20 Die **Vereinbarung einer Taxe** kann auf Basis von Klauseln der Bedingungswerke und nach deren Regeln erfolgen, oder aber auch nach Maßgabe der – in Details abweichenden – allgemeinen Vorschrift des § 76.[25] Haben die Vertragsparteien den Versicherungswert auf eine bestimmte Taxe festgesetzt, so ist diese Taxe für den Versicherungswert maßgeblich (vgl. Ziff. 10.5 DTV-Güter 2000/2008; ebenso § 76 Satz 1). Ist die Taxe erheblich[26] höher als der wirkliche Versicherungswert, kann der VR nach den üblichen Klauseln deren Herabsetzung verlangen (Ziff. 10.5 DTV Güter 2000/2008); nach § 76 Satz 2 erfolgt die Herabsetzung *ex lege* (vgl. § 76 Rn. 47). Wenn hingegen die Taxe die Versicherungssumme unterschreitet, haftet der VR nur nach dem Verhältnis der Versicherungssumme zu der Taxe (Ziff. 10.5 DTV Güter 2000/2008; ebenso § 76 Satz 3).

§ 137
Herbeiführung des Versicherungsfalles

(1) Der Versicherer ist nicht zur Leistung verpflichtet, wenn der Versicherungsnehmer vorsätzlich oder grob fahrlässig den Versicherungsfall herbeiführt.

(2) Der Versicherungsnehmer hat das Verhalten der Schiffsbesatzung bei der Führung des Schiffes nicht zu vertreten.

Übersicht

A. Überblick

1 § 137 ersetzt in der Transportversicherung die allgemeine Vorschrift des § 81. Nach beiden Vorschriften ist der VR bei vorsätzlicher Herbeiführung des Versicherungsfalls durch den VN leistungsfrei. Während § 81 bei grob fahrlässigem Verhalten nur eine der Schwere des Verschuldens entsprechende Kürzung der Deckungsansprüche vorsieht, entfällt demgegenüber in der Transportversicherung auch bei einem grob fahrlässiges Herbei-

---

[24] BGH 28.06.1993 VersR 1994, 91 = BGH NJW-RR 1993, 1371 (dort auch unter 3.).

[25] Looschelders/Pohlmann/*Paffenholz* § 136 Rn. 6.

[26] Regelmäßig wenigstens eine Abweichung von mehr als 10 % erforderlich (*vgl. § 76 Rn. 46*); je nach Zweck der Taxe sind im Einzelfall aber auch höhere Abweichungen bestandskräftig (vgl. BGH 04.04.2001 VersR 2001, 749).

führen des Versicherungsfalls durch den VN die Deckungspflicht des VR stets vollständig (§ 137 Abs. 1). Es verbleibt also insoweit auch nach der VVG-Reform bei dem sog. **Alles-oder-Nichts-Prinzip.** Die Erwägungen, die den Gesetzgeber im Allgemeinen Teil zur Einführung der Quotelungsregel bei grober Fahrlässigkeit veranlasst haben, hielt er bei der Transportversicherung als Großrisiko für nicht einschlägig.[1]

§ 137 Abs. 1 ist allerdings enger als die Vorgängervorschrift des § 130 VVG a. F., nach der bereits bei einfach fahrlässigem Verhalten des VN keine Deckungsansprüche bestanden. Allerdings verlangten die einschlägigen Bedingungswerke bereits damals durchweg wenigstens grobe Fahrlässigkeit des VN für eine Leistungsfreiheit des VR (vgl. z.B. Ziff. 3 DTV Güter 2000/2008). Dies hat der Gesetzgeber nun in § 137 Abs. 1 übernommen.[2] **2**

Die Bestimmung des **§ 131 VVG a. F.** in der bis zum 31.12.2007 geltenden Fassung, wonach der VR nicht für Schäden haftete, die von dem Absender oder Empfänger der Güter vorsätzlich oder fahrlässig verursacht wurden, ist im Zuge der VVG-Reform ersatzlos entfallen. **3**

Obgleich § 137 Abs. 1 an ein Verhalten des VN oder derjenigen Personen, deren Handeln er sich zurechnen lassen muss, anknüpft, handelt es sich bei dieser Vorschrift (ebenso wie bei § 81) nicht um eine Obliegenheit, sondern um einen **subjektiven Risikoausschluss** (s. auch § 81 Rn. 19ff.).[3] Dies erklärt sich bereits daraus, dass eine allgemeine Schadenverhütungsobliegenheit des VN nicht existiert.[4] Das gilt auch in der Transportversicherung, wie der BGH jedenfalls für den Bereich der Binnentransportversicherung festgestellt hat.[5] Abzugrenzen ist der Anwendungsbereich des § 137 gegen die Obliegenheit des VN, für Schadenabwendung und -minderung zu sorgen. Diese Obliegenheit besteht nach dem seit dem 1.1.2008 geltenden Recht freilich erst ab Eintritt des Versicherungsfalls (§ 82 Abs. 1).[6] Schadenabwendungsbemühungen vor Eintritt des Versicherungsfalls lösen Aufwendungsersatzansprüche des VN aus (§§ 90, 135), ohne dass eine entsprechende Pflicht zu solchen Maßnahmen bestünde. **4**

§ 137 Abs. 2 stellt klar, dass sich der VN sog. **nautisches Verschulden** der Schiffsbesatzung nicht zurechnen lassen muss (Rn. 18). Die Regelung tritt an Stelle des bis zum 31.12.2007 geltenden § 130 Satz 2 VVG a.F. **5**

B. Regelungsinhalt

I. Ausschluss der Leistungspflicht (Abs. 1)

Führt der VN den Versicherungsfall **vorsätzlich oder grob fahrlässig** herbei, ist der VR gemäß § 137 Abs. 1 **leistungsfrei.** Abweichungen hiervon in AVB, auch eine Absenkung des Verschuldensgrads, sind zulässig (Rn. 22 vgl. auch § 81 Rn. 19 und 181ff.). **6**

---

1 Begr. RegE, BT-Drucks. 16/3945, S. 93.
2 Begr. RegE, BT-Druchs. 16/3945, S. 93.
3 OLG Hamburg 17.03.1988 VersR 1988, 1147; MünchKommVVG/*Kollatz*, § 137 Rn. 3,
4 BGH 05.10.1983 VersR 1984, 25; dazu Prölss/Martin/*Armbrüster*, § 81 Rn. 3ff.; Römer/Langheid/*Langheid*, § 81 Rn. 6.
5 BGH 24.02.1986 VersR 1986, 696; offengelassen für die Seeversicherung in BGH 28.04.1980 VersR 1980, 964 (mit Nw. zur älteren Gegenauffassung im Bereich der Seeversicherung) und VersR 1986, 696.
6 Dazu Römer/Langheid/*Langheid*, § 82 Rn. 5ff.

1. Grob schuldhafte Herbeiführung des Versicherungsfalls

7 a) **Vorsatz.** Das Vorliegen von Vorsatz bestimmt sich nach den allgemeinen Regelungen des BGB,[7] verlangt also das Wissen und Wollen des rechtswidrigen Erfolges.[8] Dies ist bspw. der Fall, wenn der VN ein versichertes Schiff oder ein mit versicherten Gütern beladenes Schiffes in kollusivem Zusammenwirken mit der Besatzung versenken lässt.[9] Das Gleiche gilt bei der Täuschung über einen Diebstahl des Transportmittels bei tatsächlich bereits erfolgter Veräußerung der versicherten Güter oder zur rechtswidrigen Weiterveräußerung dieser Güter.[10]

8 b) **Grobe Fahrlässigkeit.** Ob grob fahrlässigen Verhalten vorliegt, richtet sich ebenfalls nach den Vorschriften des allgemeinen Zivilrechts. Dies ist zu bejahen bei einem besonders schweren Verstoß gegen die objektiv erforderliche Sorgfalt (vgl. § 276 Abs. 2 BGB, § 347 Abs. 1 HGB),[11] also wenn schon einfache, naheliegende Überlegungen nicht angestellt werden und das nicht beachtet wird, was im gegebenen Fall jedem einleuchten müsste.[12] Dabei muss der VN in dem Bewusstsein handeln, durch sein Verhalten den Eintritt des Versicherungsfalls oder der Umfang des Schadens deutlich fördern zu können.[13]

9 Das Maß der vom VN anzuwendenden Sorgfalt ist nach den tatsächlichen Umständen des Einzelfalls zu ermitteln. Dabei sind u.a. die Beförderungsgefahr für die Transportmittel und die versicherten Güter maßgebend.[14] Im Einzelfall kann sich auch ein branchenübliches Verhalten als grob fahrlässig erweisen.[15]

10 **Kasuistik:** Als grob fahrlässige Herbeiführung des Versicherungsfalls wurde beispielsweise das halbstündige Abstellen eines offenen, mit Textilien beladenen PKW auf einer wenig benutzten und schlecht beleuchteten Straße zu später Tageszeit angesehen,[16] ebenso das unbeaufsichtigte Abstellen eines beladenen LKW in der Mailänder Innenstadt[17] sowie das Abstellen eines unzureichend gesicherten LKW auf einem grenznahen, unbewachten Autobahnparkplatz.[18] Grobe Fahrlässigkeit kann ebenso vorliegen, wenn zu transportierende Maschinen nicht ordnungsgemäß befestigt werden[19] oder im Führerhaus eines LKW eine brennende Zigarette abgelegt wird.[20] Des Weiteren kann die Fahrt mit einer erheblich überschrittenen Fahrtgeschwindigkeit bei schlechten Wetter- und Straßenbedingungen mit besonders schwerer Ladung nach Lage des Einzelfalls ein grob fahrlässiges Verhalten darstellen.[21]

11 Grobe Fahrlässigkeit kann zudem in dem Befahren unbekannter Gewässer liegen, ohne dass zuvor entsprechende Informationen eingeholt werden,[22] oder in dem Verlassen der Fahrrinne.[23] Wegen § 137 Abs. 2 führt dies aber im Regelfall nicht zur Leistungsfreiheit;

---

7 MünchKommVVG/*Kollatz*, § 137 Rn. 7.
8 Palandt/*Grüneberg*, § 276 Rn. 10.
9 MünchKommVVG/*Kollatz*, § 137 Rn. 8.
10 DTV-Güterversicherungsbedingungen 2000/*Ehlers*, Ziff. 3 Rn. 14; vgl. auch BGH ZfSch 2013, 633.
11 MünchKommBGB/*Grundmann*, § 276 Rn. 94; vgl. auch VVG Bruck/Möller/*Baumann*, § 81 Rn. 66ff.
12 Palandt/*Grüneberg*, § 277 Rn. 5.
13 MünchKommVVG/*Kollatz*, § 137 Rn. 9
14 Schwintowski/Brömmelmeyer/*Pisani*, § 137 Rn. 6.
15 OLG Köln 16.11.1990 VersR 1991, 348.
16 LG Münster 09.01.1951 VersR 1951, 84.
17 BGH NJW 1984, 2033, 2034; OLG Hamburg 28.01.1993 VersR 1994, 422 (LS) = TranspR 1993, 361.
18 OLG Hamm 23.11.2009 MDR 2010, 505; weitere Beispiele grober Fahrlässigkeit bei Raub oder Diebstahl bei *Bayer*, VersR 1995, 626.
19 OLG Nürnberg 24.09.1981 VersR 1982, 1166.
20 LG Berlin 27.06.1989 VersR 1990, 1006.
21 Rechtbank van Koophandel Tongeren, Europäisches Transportrecht 2005, 862.
22 OLG Frankfurt a.M. NJW-RR 2004, 28.
23 OLG Köln 01.10.1999 TranspR 2001, 180; HK-VVG/*Harms*, § 137 Rn. 3.

anders freilich, wenn der VN das Schiff selbst führt und die AVB für diesen Fall die Rechtsfolgen von § 137 Abs. 1 anordnen (vgl. Rn. 20).

Demgegenüber wurde bei dem nächtlichen Abstellen eines mit Textilien beladenen, nicht einsehbaren Kleintransporters vor einem Hotel in Norditalien mangels anderweitiger Parkmöglichkeiten kein grob fahrlässiges Herbeiführen des Diebstahls angenommen.[24] Ebenso wurde bei dem Abstellen eines LKW auf einem von Wohnhäusern umgebenen und nur durch eine schmale Einfahrt erreichbaren Betriebshof kein grob fahrlässiges Herbeiführen des Versicherungsfalls festgestellt.[25] Auch die Überschreitung der zulässigen Höchstgeschwindigkeit von 40 km/h durch einen LKW um fast 100 %, bevor dieser ins Schleudern geriet, stürzte und die Ladung zerstört wurde, soll nicht den Vorwurf einer grob fahrlässigen Schadensherbeiführung begründen.[26] **12**

2. Herbeiführung durch VN oder Repräsentanten

a) Haftung für eigenes Verschulden. Leistungsfreiheit kann zunächst durch eigenes Verschulden des VN eintreten. Ein solches eigenes Verschulden kann beispielsweise in einem Organisationsverschulden des VN aufgrund fehlerhafter Auswahl oder Überwachung des Transportpersonals liegen.[27] Sind Personengesellschaften oder juristische Personen VN, wird ihnen das Verhalten ihrer gesetzlichen Vertreter und Organe als eigenes Verhalten zugerechnet.[28] **13**

b) Repräsentatenhaftung. Der VN muss sich zudem – vorbehaltlich der Regelung in § 137 Abs. 2 (Rn. 18) – ein schuldhaftes Verhalten seiner Repräsentanten zurechnen lassen. Als Repräsentant gilt, wer aufgrund eines Vertretungs- oder ähnlichen Verhältnisses in dem maßgeblichen Geschäftsbereich der Risikoverwaltung an die Stelle des VN getreten ist.[29] Dabei muss der Repräsentant aufgrund seiner Betrauung durch den VN zu selbständigem Handeln in nicht ganz unbedeutendem Umfang berechtigt sein.[30] Ihm darf also nicht bloß die Obhut über das versicherte Gut überlassen sein.[31] Untergeordnete Hilfspersonen sind grundsätzlich keine Repräsentanten.[32] Die Zurechnung zum Nachteil des VN reicht stets nur so weit, wie es um Handlungen oder Unterlassungen des Dritten geht, die zu dem Verantwortungsbereich des VN selbst gehören.[33] **14**

Bejaht wird die Repräsentanteneigenschaft unter anderem bei einem vom VN beauftragten Dritten, der die Verpackung und Verstauung der Ladung[34] oder deren Verladung vornimmt.[35] Ob der Kapitän eines Schiffs Repräsentant des VN ist, hängt von der Versicherungsart ab. Er ist Repräsentant des Reeders, wenn eine Schiffskaskoversicherung **15**

---

[24] OLG Saarbrücken 29.04.1997 VersR 1998, 450.
[25] Versicherungsrechts-Handbuch/*Heiss/Trümper*, § 38 Rn. 82.
[26] LG Darmstadt 09.02.1999 TranspR 2001, 272.
[27] Schwintowski/Brömmelmeyer/*Pisani*, § 137 Rn. 7.
[28] OLG Karlsruhe 15.10.1981 VersR 1982, 1189; Looschelders/Pohlmann/*Paffenholz*, § 137 Rn. 7.
[29] Vgl. z.B. BGH 24.07.2013 ZfSch 2013, 633; BGH 13.04.2005 VersR 2005, 1387, NJW-RR 2003, 1250.
[30] Schwintowski/Brömmelmeyer/*Pisani*, § 137 Rn. 11.
[31] BGH 23.03.1977 VersR 1977, 517; BGH 24.02.1986 VersR 1986, 696; BGH 13.04.2005 VersR 2005, 1387; BGH 25.06.2003 VersR 2003, 1250; Thume/de la Motte/*Ehlers*, Kap. 3 Rn. 171.
[32] Langheid/Römer/*Römer*, § 130 Rn. 2.
[33] BGH 18.05.2011 r+s 2011, 430, 432.
[34] OLG Hamburg 06.03.1969 VersR 1969, 558; *Sieg*, TranspR 1995, 195, 196.
[35] OLG Karlsruhe 02.09.1994 VersR 1995, 413; a.M. Prölss/Martin/*Koller*, § 137 Rn. 2a.

vorliegt,[36] nicht jedoch im Rahmen der Güterversicherung (s. aber § 137 Abs. 2).[37] Allein die Erteilung von Prokura durch den VN führt nicht zu einer Repräsentantenstellung; hierfür sind die Umstände des Einzelfalls und der Tätigkeitsbereich des Prokuristen maßgeblich.[38]

16 Kein Repräsentant ist ein Fahrer, der Güter für den VN befördert, da dieser lediglich als untergeordnete Hilfsperson anzusehen ist.[39] Dies gilt auch für einen Fahrer, der ständig bei dem VN angestellt ist.[40] Ebenso sind der Frachtführer[41] und der Spediteur[42] regelmäßig keine Repräsentanten des VN.

17 Ist der Versicherungsvertrag als **Versicherung für fremde Rechnung** ausgestaltet, ist das Verhalten der Versicherten (etwa Versender, Absender oder Empfänger) wegen § 47 Abs. 1 stets von Bedeutung; es kommt dann nicht darauf an, ob die Versicherten Repräsentanten des VN sind (z.B. Ziff. 13.6 DTV Güter 2000/2008).[43]

II. Verschulden der Besatzung bei Schiffsführung (Abs. 2)

18 Nach § 137 Abs. 2 ist das Verhalten der Schiffsbesatzung bei der Führung eines Schiffes nicht dem VN zuzurechnen. Zur **Schiffsbesatzung** gehören nach § 3 Abs. 2 BinSchG der Kapitän (Schiffer), die Schiffsmannschaft (§ 21 BinSchG) und alle übrigen auf dem Schiff angestellten Personen.[44] Unter **Führung des Schiffes** sind alle Maßnahmen der Besatzung in Bezug auf die Fortbewegung des Schiffes zu verstehen.[45] Die Einschränkung des § 137 Abs. 2 bezieht sich also allein auf sog. **nautischen Verschuldens.**[46] Ein solches, dem VN nicht zuzurechnendes Verschulden kann auch darin liegen, dass der übermüdete Wachoffizier des Schiffes einschläft und das Schiff auf Grund läuft, weil zudem der automatische Weckalarm nicht eingeschaltet war.[47]

19 Auf andere Fälle der Herbeiführung des Versicherungsfalls durch grob fahrlässiges oder vorsätzliches Handeln der Schiffsbesatzung bleibt § 137 Abs. 1 anwendbar. Darunter fällt etwa die fehlerhafte Beladung des Schiffes[48] oder die unterlassene Herstellung der Fahrtauglichkeit des Schiffes vor Reiseantritt.[49]

20 Sofern der **VN das Schiff selbst führt**, hat der Gesetzgeber die Regelung dieser Konstellation – die Behandlung nautischen Verschuldens – den Vertragsparteien überlassen.[50] Ein entsprechender Deckungsausschluss für diese Konstellation ist z.B. in Ziff. 3.2.1.1. AVB Flusskasko 2008/2013 enthalten.

---

36 BGH 07.02.1983 VersR 1983, 479.

37 BGHZ 77, 88, 91f. = VersR 1980, 964; krit.für die Seeversicherung, bei der § 137 Abs. 2 nicht gilt *Looks*, VersR 2003, 1509.

38 Römer/Langheid/*Langheid*, § 137 Rn. 5; Prölss/Martin/*Koller*, § 137 Rn. 2a; a.M. wohl OLG Hamburg 17.03.1988 VersR 1988, 1147.

39 BGH 29.10.1985 VersR 1986, 96.

40 BGH 17.04.1997 VersR 1998, 79.

41 BGH 28.06.1993 VersR 1994, 91.

42 *Sieg*, TranspR 1995, 195, 196; Prölss/Martin/*Koller*, § 137 Rn. 2a.

43 Prölss/Martin/*Koller*, § 137 Rn. 2a.

44 Dazu HK-VVG/*Harms*, § 137 Rn. 5; Thume/de la Motte/*Thume*, Kap. 3 Rn. 463

45 BGH 26.10.2006 VersR 2007, 417: „sämtliche Schiffsmanöver, Ruder- und Maschinenkommandos, das Absetzen des Kurses, die Besetzung des Ausgucks, die Standortbestimmung, das Hinzuziehen von Lotsen, die Beobachtung des Radars, die Signalgebung sowie die Beachtung der Vorschriften des Seestraßenrechts"; näher *Schlegelberger*, Seeversicherungsrecht, § 33 Rn. 4.

46 BGH 26.10.2006 VersR 2007, 417, auch zum haftungsrechtlichen Hintergrund dieser Regelungen; Thume/de la Motte/*Thume*, Kap. 3 Rn. 463; Schwintowski/Brömmelmeyer/*Pisani*, § 137 Rn. 15.

47 So – in haftungsrechtlichem Kontext – BGH 26.10.2006 VersR 2007, 417.

48 Looschelders/Pohlmann/*Paffenholz*, § 137 Rn. 10.

49 BGH 28.06.1971 VersR 1971, 833.

50 Vgl. Begr. RegE, BT-Drucks. 16/3945, S. 93.

C. Beweislast

Aus der Rechtsnatur des § 137 als Risikoausschluss ergibt sich, dass den VR die Darlegungs- und Beweislast für eine vorsätzliche oder grob fahrlässige Herbeiführung des Versicherungsfalls durch den VN trifft. Dies umfasst das pflichtwidrige Verhalten des VN, den Verschuldensgrad und die Kausalität des Verhaltens des VN für den Eintritt des Versicherungsfalls.[51] Ein Anscheinsbeweis ist möglich.[52] Es kann aber z.B. aus der Aussage des Lkw-Fahrers über einen normal verlaufenen Straßengütertransport nicht prima facie auf Verpackungsmängel als Ursache für Schäden am Gut geschlossen werden.[53] Gleichermaßen ist der VR für die Voraussetzungen einer Zurechnung des Verhaltens Dritter als Repräsentanten des VN darlegungs- und beweisbelastet. **21**

D. Abdingbarkeit

Wie sämtliche Vorschriften des Transportversicherungsrechts ist die Regelung, bedingt durch Großrisiken (§ 210), **dispositiv.** Abweichende Regelungen können daher insbesondere niedrigere Anforderungen an das Verschulden des VN oder der ihm zuzurechnenden Personen vorsehen und auch bei einfacher Fahrlässigkeit oder Verstoß gegen die Sorgfalt eines ordentlichen Kaufmanns[54] Leistungsfreiheit des VR anordnen. Zwar bleibt einfache Fahrlässigkeit im Rahmen der §§ 28, 81 folgenlos. Darin kommt aber kein Leitbild des Gesetzes zum Ausdruck, wie sich z.B. daran zeigt, dass bei der Laufenden Versicherung – typischerweise ebenfalls ein Großrisiko – strengere Regeln getroffen wurden und jede schuldhafte Obliegenheitsverletzung zur Leistungsfreiheit des VR führt (§ 58).[55] Eine solche Ausgestaltung ist deshalb auch im Rahmen des § 137 möglich. **22**

Die Vereinbarung einer Leistungsfreiheit ohne Verschuldenserfordernis wäre indes unzulässig.[56] Ebenso wenig ist eine vertragliche Ausdehnung des Kreises der Repräsentanten des VN über die von der Rechtsprechung festgelegten Kriterien hinaus möglich; abweichende Klauseln sind – auch in der Transportversicherung – gemäß § 307 Abs. 2 Nr. 1 BGB unwirksam.[57] **23**

§ 138
Haftungsausschluss bei Schiffen

Bei der Versicherung eines Schiffes ist der Versicherer nicht zum Ersatz eines Schadens verpflichtet, der daraus entsteht, dass das Schiff in einem nicht fahrtüchtigen Zustand oder

[51] Vgl. BGH NJW 1982, 824, 825; MünchKommVVG/*Kollatz*, § 137 Rn. 16.
[52] Prölls/Martin/*Koller*, § 137 Rn. 2a.
[53] BGH 04.10.1984 VersR 1985, 133.
[54] OLG Karlsruhe 15.10.1981 VersR 1982, 1189.
[55] Marlow/Spuhl/C. *Schneider*, Rn. 1446; MünchKommVVG/*Looschelders*, § 210 Rn. 11; *Freitag*, r+s 2008, 96, 99; MünchKommVVG/*Kollatz*, § 137 Rn. 5; a.M. § 81 Rn. 185f.
[56] BGH TranspR 1984, 215, 217.
[57] HK-VVG/*Harms*, § 137 Rn. 1; Thume de la Motte/*Thume*, Kap. 3 Rn. 461; vgl. BGH 21.04.1993 VersR 1993, 830; OLG Karlsruhe 17.09.1998 VersR 1999, 1237; OLG München 06.12.2005 VersR 2006, 970; OLG Köln 30.04.2002 VersR 2003, 1252.

nicht ausreichend ausgerüstet oder personell ausgestattet die Reise antritt. Dies gilt auch für einen Schaden, der nur eine Folge der Abnutzung des Schiffes in gewöhnlichem Gebrauch ist.

Schrifttum

Siehe Schrifttum zu § 130.

Übersicht

A. Einführung

I. Entstehungsgeschichte

1 § 138 entspricht, bei sprachlichen Modernisierungen, im Wesentlichen § 132 a.F.[1] Unterschiede bestehen darin, dass im Rahmen von Satz 1 nicht mehr auf die Bemannung abgestellt wird, sondern auf den weiteren Begriff der personellen Besetzung (unter Rn. 23 ff), und dass in Satz 2 die Alternativen „oder nur durch Alter, Fäulnis oder Wurmfraß“ entfallen sind. Durch beide Änderungen ist, entgegen Gesetzesbegründung[2] und verbreiteter Ansicht,[3] wenn auch nur in Randbereichen, sehr wohl ein geänderter Rechtszustand eingetreten (Rn. 23 und 38). Ausweislich der Gesetzesbegründung hat der Gesetzgeber offenbar keine Veranlassung gesehen, in den Regelungsinhalt ändernd einzugreifen. Das kann man durchaus so versehen, dass der Gesetzgeber der durch die Rechtsprechung insbesondere des BGH der Norm gegebenen Rechtsanwendungsrealität zugestimmt hat. In diesem Lichte wird die nach der VVG-Reform erfolgte Änderung der Rechtsprechung zur Frage des Vorliegens eines verschuldensunabhängigen Ausschlusses zu betrachten sein (Rn. 5 ff).

---

[1] Langheid/Wand/*Kollatz* § 138 Rn. 1.

[2] BTDrucks. 16/3945 S. 93: *„Die Vorschrift übernimmt sachlich unverändert den bisherigen§ 132 VVG.“*

[3] Looschelders/Pohlmann/*Paffenholz* § 138 Rn. 1; Römer/Langheid/*Langheid* § 138 Rn. 1.

II. Inhalt, Zweck und Systematik

1. Inhalt

2 Die Vorschrift nimmt bestimmte Schadensursachen – Fahruntüchtigkeit, unzureichende Ausrüstung und personelle Ausstattung, Abnutzung durch gewöhnlichen Gebrauch – vom Deckungsschutz aus.

2. Zweck

3 § 138 begründet für die Transportversicherung das Leitbild der Allgefahrenversicherung. Anders als bei einer Versicherung benannter Gefahren, bei der von vorneherein nur einzelne Gefahren versichert sind, bedarf es bei der Allgefahrendeckung des Ausschlusses dessen, was nicht versichert sein soll. Denn alles, was nicht ausgeschlossen ist, ist versichert. Zweck der Vorschrift ist es, den Kreis der versicherten Gefahren einzuschränken. Die hier ausgeschlossenen Gefahren werden deshalb ausgeschlossen, weil die Versicherung nicht bezwecken soll, dem VN den ordentlichen Unterhalt seines Schiffes abzunehmen. Ebenso wenig soll sie Schäden abdecken, die wie bei der Abnutzung zwangsläufig eintreten.

3. Systematik

4 Bis zum Jahre 2011 wurde die Bestimmung vom BGH als Ausschluss verstanden, seither als verhüllte Obliegenheit (näher Rn. 7).

B. Erläuterungen der Bestimmung

I. Fahruntüchtigkeit, nicht ausreichende Ausrüstung, nicht ausreichende personelle Ausstattung

1. Ausschluss oder verhüllte Obliegenheit

5 Die Bestimmung galt weitgehend unbestritten und durch die Rechtsprechung,[4] einschließlich des BGH[5] bestätigt seit Inkrafttreten des VVG auch unter dem anders formulierten, aber inhaltsgleichen § 132 a.F. als **objektiver Risikoausschluss.**[6]

---

4 OLG Karlsruhe 2.6.1981 VersR **1983** 74.

5 BGH 4.7.1966 VersR **1966** 749 zu § 4c der Allgemeinen Bedingungen der Versicherung auf Kasko für die Schifffahrt auf Binnengewässern); BGH 11.2.1985 VersR **1985** 629.

6 BGH 4.7.1966 VersR **1966** 749; BGH 11.2.1985 VersR **1985** 629; OLG Karlsruhe 2.6.1981 VersR **1983** 74; *Enge/Schwampe* 346; Prölss/Martin/*Koller* § 138 Rn. 2; Römer/Langheid/*Langheid* § 138 Rn. 2; HK-VVG/*Harms* § 138 Rn. 2; unentschieden Looschelders/Pohlmann/*Paffenholz* § 138 Rn. 7 unter Hinweis auf BGH 24.5.2000 VersR **2000** 969 zu Ziff. 6.1.5 GüWerkAVB als verhüllte Obliegenheit; für eine verhüllte Obliegenheit Langheid/Wand/*Kollatz* § 138 Rn. 3; Thume de la Motte/Ehlers/*Gerhard* Kap. 6 Rn. 610 und Beckmann/Matusche-Beckmann/*Heiss/Trümper* zu Ziff. 3.2.1.2 AVB Flusskasko, die allerdings das Verschuldenserfordernis selbst enthalten, wo also die Obliegenheit jetzt offen und nicht mehr „verhüllt'" ist.

6 Nach anderer Ansicht ist sie **verhüllte Obliegenheit.**[7] Denn es komme nicht auf die formale Abgrenzung an, die sich etwa aus einer Gesetzesüberschrift – wie bei § 138 – ergibt, sondern auf das Verständnis eines durchschnittlichen VN an. Ein verständiger VN werde bei § 138 davon ausgehen, dass von ihm ein Verhalten erwartet werde.[8] Nicht zu folgen ist der Auffassung von *Kollatz,*[9] dass sich die Einordnung als verhüllte Obliegenheit daraus ergebe, dass Ziff. 3.2.1.2 AVB Flusskasko Leistungsfreiheit nicht schon bei objektiver, sondern nur bei zu vertretender Fahruntüchtigkeit vorsehe. Die Ausgestaltung des Versicherungsverhältnisses durch AVB ist grundsätzlich nicht geeignet, Rückschlüsse auf das Gesetzesrecht zu ziehen.

Selbst wenn man die Vorschrift als verhüllte Obliegenheit ansehen sollte, können AVB sie als objektiven Ausschluss ausgestalten, denn die Vorschrift ist abdingbar.[10]

Zur Frage ob nach Einführung eines subjektiven Elements in Ziff. 3 AVB Flusskasko eine verhüllte Obliegenheit oder ein subjektiver Risikoausschluss vorliege, siehe Bruck/Möller/*Hartenstein*, Ziff. 3 AVB Flusskasko Rn. 37.

7 Der BGH hat im Jahre 2011 noch zu § 132 a.F. seine bisherige Meinung, es handele sich um einen objektiven Ausschluss, zugunsten einer **verhüllten Obliegenheit** aufgegeben,[11] nachdem er schon im Jahre 2000 zu Ziff. 6.1.5 der AVB Werksverkehr entschieden hatte, dass der dort geforderte verkehrssichere Zustand der Fahrzeuge nicht objektiver Ausschluss, sondern verhüllte Obliegenheit sei.[12] Unter Rückgriff auf diese Entscheidung hat der BGH festgehalten, dass die frühere formale Betrachtung, nach der nicht auf ein Verhalten des VN abgestellt werde, sondern an den Zustand der Sache, nicht hinreichend das Verständnis eines durchschnittlichen VN berücksichtige. Auf seine Rechtsprechung zur Abgrenzung von Ausschlüssen und verhüllten Obliegenheiten[13] hinweisend, hat der BGH zunächst wiederholt, dass es nicht auf Wortlaut und Stellung einer Versicherungsbedingung ankomme, sondern auf den materiellen Gehalt. Maßgeblich sei, ob eine individualisierende Beschreibung eines bestimmten Wagnisses vorgenommen worden sei, für das der VR Versicherungsschutz gewähren wolle, oder ob ein bestimmtes Verhalten des VN gefordert werde. Für § 132 a.F. sieht der BGH bereits den Wortlaut als mit einer verhüllten Obliegenheit in Einklang stehend an. Mängel der Fahrtauglichkeit und Ausrüstung könne der VN vermeiden, so dass von ihm ein gefahrminderndes Verhalten gefordert sei. Dagegen sei der Vorschrift nicht zu entnehmen, dass der Versicherungsschutz auch bei vom VN unverschuldeter und ihm unbekannter Fahruntüchtigkeit entfallen solle. Der Einordnung als verschuldensabhängiger Obliegenheit entspreche auch der Zweck der Bestimmung, dass der VR nicht für Schäden haften solle, die der VN durch ordnungsgemäße Instandhaltung des Schiffes und seiner Ausrüstung sowie ordnungsgemäßer Besetzung vermeiden könne. Während der VN damit rechnen müsse, dass er keinen Versicherungsschutz habe, wenn er solche Zustände zu verantworten habe, würden die berechtigten Interessen des VR es nicht erfordern, eine Leistungsfreiheit auch ohne Verschulden zuzulassen.

8 **Stellungnahme.** Das Urteil ist in mehrfacher Hinsicht problematisch, allerdings in seiner Bedeutung für die Praxis sehr beschränkt. Letzteres deshalb, weil die Situation, in die sich der BGH selbst hineinmanövriert hat, durch eine Änderung der AVB nicht mehr auf-

---

[7] Langheid/Wand/*Kollatz* § 138 Rn. 6; unentschieden Looschelders/Pohlmann/*Paffenholz* § 138 Rn. 7.
[8] Langheid/Wand/*Kollatz* § 138 Rn. 6.
[9] Langheid/Wand/*Kollatz* § 138 Rn. 6.
[10] Looschelders/Pohlmann/*Paffenholz* § 138 Rn. 7; Langheid/Wand/*Kollatz* § 138 Rn. 17.
[11] BGH 18.5.2011 VersR **2011** 1048.
[12] BGH 24.5.2000 VersR **2000** 969.
[13] BGH 18.6.2008 VersR **2008** 1107; BGH 16.11.2005 VersR **2006** 215; BGH 14.5.2003 VersR **2003** 897.

treten kann. Im konkreten Fall war die Deckung auf Basis AVB Flusskasko 2000 genommen. Sie enthielt, anders als die geltenden AVB Flusskasko 2008 in Ziff. 4.10, noch nicht die Bestimmung, dass für die Ersatz-an-Dritte Deckung nach Ziff. 4 AVB Flusskasko die Ausschlüsse der Ziff. 3.2.1 unberührt bleiben. Ohne eine solche Bestimmung sah sich der BGH daran gehindert, den in Ziff. 3.2.1.2 enthaltenen Ausschluss der Fahruntüchtigkeit auf die Ersatz-an-Dritte Deckung anzuwenden – ein Ergebnis, dass man mittragen kann, dass man aber mit beachtlichen Argumenten auch anders hätte sehen können. Nachdem sich der BGH die Berücksichtigung der in den Vorinstanzen festgestellten Fahruntüchtigkeit selbst unmöglich gemacht hatte, hat er dann als Ausweg auf § 132 a.F. zurückgegriffen und diesen dann wie oben beschrieben beurteilt. Relevanz hat das Urteil nur noch für die alten AVB Flusskasko 2000, die im Markt praktisch ausnahmslos durch die Version von 2008 ersetzt ist. Dort kann das Problem nicht mehr auftauchen, denn dort ist, wie beschrieben, geklärt, dass Ziff. 3.2.1.2 auch auf Ersatz-an-Dritte zur Anwendung kommt. Die Frage der – ergänzenden – Anwendung von § 138 und die damit verbundene Frage, ob es sich um einen objektiven Risikoausschluss handelt, stellt sich deshalb nicht mehr, weil Ziff. 3.2.1.2 im letzten Satz selbst bestimmt, dass keine Leistungsfreiheit eintritt, wenn der VN die Fahruntüchtigkeit nicht zu vertreten hat. Dies hat als vertragliche Vereinbarung in jedem Falle Vorrang vor § 138, gleich wie man ihn versteht.

Auch wenn die praktische Bedeutung des Urteils mithin gering ist, kann es doch nicht **9**
unwidersprochen bleiben. Denn erstmals hat der BGH seine Rechtsprechung zu verhüllten Obliegenheiten nicht auf AVB zur Anwendung gebracht, sondern auf eine Gesetzesbestimmung. Man hätte erwarten mögen, dass der BGH diesen großen Schritt eingehend begründet. Eine Begründung findet man jedoch nicht. Stattdessen findet man nur Hinweise zur eigenen Rechtsprechung des BGH zur Abgrenzung von Ausschlüssen und (verhüllten) Obliegenheiten, verbunden mit dem Ausspruch: „Das gilt auch für gesetzliche Bestimmungen, die den Verlust des Versicherungsschutzes unter bestimmten Voraussetzungen vorsehen". Dies ist indessen keine Begründung, sondern eine Behauptung, der es gerade an einer Begründung mangelt. Tatsächlich bestehen zwischen vertraglich begründeten und gesetzlich bestimmten Leistungsbegrenzungen gravierende Unterschiede. Das gesamte Konzept der sog. verhüllten Obliegenheiten und die dazu ergangene Rechtsprechung findet seine Grundlage in § 28 (§ 6 a.F.) und dessen halbzwingender Geltung gem. § 32 (§ 15a a.F.).[14] Der VR soll den durch § 28 gesetzlich gegebenen Schutz für die Fälle vertraglich vereinbarter gefahrbezogener Obliegenheiten nicht dadurch aushebeln können, dass er eine Verhaltensanforderung an den VN, die eigentlich unter § 28 fällt, in die Form eines Ausschlusses kleidet. Diesem Versuch schiebt die Rechtsprechung zu den verhüllten Obliegenheiten einen Riegel vor und verschafft damit den §§ 28, 32 Geltung. Der Ansatz versagt allerdings, wo die Leistungseinschränkung nicht durch den VR im Wege der Vertragsgestaltung vorgenommen wird, sondern wenn das Gesetz dies selbst vorsieht. Denn eine Missbrauchsmöglichkeit durch den VR besteht dann gerade nicht. Die Leistungsfreiheit tritt nicht deshalb ein, weil der VR sie mit dem VN vertraglich vereinbart hat, sondern weil der Gesetzgeber sie so vorgesehen hat. Schon das spricht gegen eine schlichte Übernahme der Rechtsprechung zu verhüllten Obliegenheiten, die man besser und genauer als Rechtsprechung zu verhüllten vertraglichen Obliegenheiten bezeichnet hätte, in den Bereich gesetzlich vorgesehener Leistungsbegrenzungen. Schon die Verortung dieser Rechtsprechung beim § 28 macht deutlich, dass man die Rechtsprechung nicht schlicht übertragen kann,

---

[14] Allgemein zum Konzept der verhüllten Obliegenheit und den dazu vertretenen Auffassungen Bruck/Möller/*Heiss* § 28 Rn. 16ff.

denn § 28 findet nach allgemeiner Ansicht nur auf vertraglich vereinbarte Obliegenheiten Anwendung sowie auf vertraglich vereinbarte Verwirkungsfolgen gesetzlich angeordneter Obliegenheiten, die selbst keine Verwirkungsfolgen bestimmen.[15] Gesetzliche Obliegenheiten erfasst § 28 damit nur insoweit, als sie *leges imperfectae* sind,[16] Ausschlüsse werden gar nicht erfasst. Der schlichten Übertragung der für vertragliche Obliegenheiten und allenfalls vertragliche Verwirkungsfolgen begründeten Rechtsprechung auf andere Gesetzesbestimmungen ist deshalb fragwürdig. Sie lässt sich jedenfalls nicht mit dem von §§ 28, 32 gewollten Schutz des VN begründen.

10 Fragwürdig ist auch, dass der BGH in Fortsetzung seiner für verhüllte vertragliche Obliegenheiten entwickelten Auffassung auf das Verständnis eines durchschnittlichen VN abstellt.[17] Das ist für die Frage der Auslegung von AVB zu Recht gefestigte Rechtsprechung.[18] Soweit ersichtlich hat aber noch niemand, auch nicht der BGH, die Auffassung vertreten, Gesetze seien anhand der Verständnismöglichkeiten eines durchschnittlichen VN auszulegen. Fehlt es mithin an der Grundlage der Übertragung der BGH-Rechtsprechung zu vertraglichen verhüllten Obliegenheiten auf gesetzliche Ausschlüsse, und ist daneben auch das Abstellen auf die Verständnismöglichkeiten eines durchschnittlichen VN verfehlt, bliebe nur der übliche Kanon der Gesetzesauslegung, den der BGH aber nicht wirklich bemüht hat. Denn aus den anerkannten Auslegungsmitteln spricht der BGH nur den Wortlaut an, auch das allerdings nur mit dürren Worten. Er begründet nicht, warum dem Gesetz zu entnehmen sei, dass über das sich ohne Weiteres aus dem Wortlaut von § 132 a.F. (§ 138) ergebenden Erfordernis der objektiven Fahruntüchtigkeit hinaus auch ein Vertretenmüssen des VN vorliegen müsse. Dem Wortlaut ist das in der Tat nicht zu entnehmen. Auch der BGH entnimmt es ihm nicht; er meint lediglich, dass von dem VN ein gefahrminderndes Verhalten gefordert werde. Das mag sein. Es eröffnet aber nicht die Anwendung von § 6 a.F. (§ 28), die schon daran scheitert, dass dort gerade vorausgesetzt wird, dass es sich um eine vertragliche Vereinbarung handelt. Und es rechtfertigt auch nicht, in das Gesetz etwas hineinzulesen, was dort schlicht nicht steht, und dies dann auch noch mit dem Argument zu begründen, das es mit dem Wortlaut in Einklang stehe. Noch weiter geht der BGH, wenn er feststellt: „Dass der Versicherungsschutz auch schon dann entfallen soll, wenn das Schiff ohne Verschulden und möglicherweise sogar ohne Kenntnis des VN in einen verkehrsunischeren Zustand geraten ist, kann der Formulierung des § 132 VVG a.F. nicht entnommen werden." Nach hier vertretener Auffassung ist das genaue Gegenteil der Fall: Verschulden oder Kenntnis sind in § 132 a.F. ebenso wenig angesprochen, wie in § 138. Wenn also den Vorschriften im Hinblick auf Verschulden und Kenntnis des VN etwas entnommen werden kann, dann allenfalls, dass es auf beides nicht ankommt.

11 Der BGH hat auch die Gesetzesbegründung zum VVG 1908 befragt mit dem Ergebnis, dass sich aus ihr nichts gegen seine soeben zitierte Auffassung finde. Auch hier muss widersprochen werden. Wenn sich die Gesetzesbegründung nicht mit Verschulden und Kenntnis des VN befasst, so allein deshalb, weil es darauf nach dem Gesetz nicht ankommt. Im Übrigen stellen die Motive ausdrücklich fest, dass § 132 a.F. dem § 821 Nr. 1 HGB a.F. nachgebildet ist.[19] Für diesen war, wie für § 58 ADS unbestritten, dass es sich um

---

[15] BGH 10.01.1951 VersR **1951** 67; OLG Hamm 21.3.1980 VersR **1981** 454; OLG Oldenburg 10.7.1985 VersR **1985** 977; OLG Frankfurt 25.01.1983 VersR **1983** 1045; OLG Düsseldorf 16.7.2002 VersR **2003** 102; OLG Düsseldorf 5.7.1996 VersR **1997** 56.

[16] Prölss/Martin/*Prölss* § 28 Rn. 2.

[17] Mit guten Argumenten kritisch dazu Prölss/Martin/*Prölss* § 38 Rn. 13.

[18] Nachweise bei Bruck/Möller/*Beckmann* Einf. C Rn. 166ff.

[19] Motive, 189.

einen objektiven Ausschluss handelte.[20] Insbesondere ist aber für § 138, der nach Auffassung des BGH sicherlich in gleicher Weise wie § 132 a.F. zu beurteilen ist, ein Blick nicht nur in die Gesetzesbegründung zum VVG 1908 von Bedeutung, sondern in diejenige zur VVG-Reform. Dort findet sich zu § 138 ein schlichter Satz: „*Die Vorschrift übernimmt sachlich unverändert den bisherigen § 132 VVG.*" Ersichtlich wollte der Gesetzgeber also am vorherigen Rechtszustand des § 132 a.F. nichts ändern. Dieser Rechtszustand war gerade durch die Rechtsprechung des BGH selbst gekennzeichnet, dass es sich um einen verschuldensunabhängigen objektiven Ausschluss handelte.[21] In anderen Fällen ist der BGH mit dem Willen des Gesetzgebers sehr vorsichtig umgegangen. So hat er zur Frage der Haftungsfreiheit für nautisches Verschulden im Seerecht ausgeführt: „Der Gesetzgeber hat trotz der seit langem bekannten Kritik im Schrifttum (...) an der Haftungsverteilung in § 607 Abs. 2 HGB bewusst festgehalten (...). Namentlich auch bei der Transportrechtsreform ist kein dringender Bedarf für eine Änderung der Haftungsregelung im Bereich der Seebeförderung gesehen worden (...). Eine Beschränkung des in § 607 Abs. 2 HGB bestimmten Haftungsausschlusses auf fahrlässige Verhaltensweisen scheidet damit aus".[22] Bei ähnlicher Zurückhaltung wird man jedenfalls nach der VVG-Reform zu § 138 zu sagen haben, dass der Gesetzgeber trotz der BGH-Rechtsprechung zu den verhüllten Obliegenheiten, insbesondere angesichts des bekannten Urteils vom 24.5.2000 zu den AVB Werksverkehr,[23] an dem objektiven Ausschluss der Fahruntüchtigkeit festgehalten und auch im Rahmen der VVG-Reform keinen dringenden Bedarf für eine Änderung der Fahruntüchtigkeit im Schiffsversicherungsrecht des VVG gesehen hat, so dass damit eine Beschränkung des Ausschlusses auf Fälle, in denen die Fahruntüchtigkeit zu vertreten ist, ausscheidet.

Folgt man dagegen dem BGH, so ist auf den gesetzlichen Ausschlusstatbestand des § 138 das gesetzliche Obliegenheitsrecht des § 28 anzuwenden. Der VR hat danach ein ihm nach den § 130ff. ansonsten nicht zustehendes Kündigungsrecht in den Fällen von Vorsatz und grober Fahrlässigkeit. Leistungsfrei wäre der VR nur im Fall des Vorsatzes. Bei grober Fahrlässigkeit käme es zur bekannten teilweisen Deckung. Auch dieses Ergebnis ist Beleg dafür, dass die Lösung des BGH nicht mit dem Willen des Gesetzgebers übereinstimmt. In der Gesetzesbegründung heißt es zur Gefahränderung (§ 132): „*Abweichend von § 26 Abs. 1 und 2 VVG-E soll es bei der Transportversicherung auch wegen ihres teilweise starken internationalen Bezugs beim bisherigen Alles-oder-nichts-Prinzip bleiben*";[24] zu ungeeigneten Beförderungsmitteln (§ 134): „*In Absatz 2 wird abweichend von den §§ 28, 81 VVG-E das bisherige Alles-oder-nichts-Prinzip beibehalten, da es der internationalen Transportversicherungspraxis entspricht und die für die Aufhebung dieses Prinzips maßgeblichen Gründe auf Versicherungsverträge über Großrisiken nicht zutreffen*",[25] zur Herbeiführung des Versicherungsfalls (§ 137): „*Für die Transportversicherung verbleibt es beim bisherigen Alles-oder-nichts-Prinzip, da die für dessen Aufhebung maßgeblichen Gesichtspunkte auf Versicherungsverträge über Großrisiken nicht zutreffen*".[26] Deutlicher kann der Gesetzgeber seinen Willen kaum darlegen. Eine Rechtsprechung, die über das Konstrukt einer verhüllten gesetzlichen Obliegenheit den § 28 und damit das Proportionalitätsprinzip zur Anwendung bringt, wird diesem Willen nicht gerecht. 12

Die praktische Bedeutung der neuen Rechtsprechung ist, wie gesagt, gering, denn Ziff. 3.2.1.2 AVB Flusskasko sehen – in zulässiger Abweichung vom Gesetz – Leistungsfreiheit 13

---

[20] *Ritter/Abraham* § 58 Anm. 19 und die dort aufgeführte ältere Rechtsprechung.
[21] BGH 11.2.1985 VersR **1985** 629.
[22] BGH 26.10.2006 TranspR **2007** 36, 40.
[23] BGH 24.5.2000 VersR **2000** 969.
[24] BTDrucks. 16/3949 (92).
[25] BTDrucks. 16/3949 (92).
[26] BTDrucks. 16/3949 (93).

bei zu vertretender Fahruntüchtigkeit vor, also schon bei einfacher Fahrlässigkeit. Wo jedoch andere – oder gar keine – Bedingungen zum Einsatz kommen, würden die beschriebenen Folgen der BGH-Rechtsprechung eintreten. Sie sind jedoch aus den genannten Gründen nicht angezeigt.

2. Fahruntüchtigkeit

14 a) **Allgemeines.** Das Gesetz unterscheidet von der Fahrtüchtigkeit („oder") die nicht ausreichende Ausrüstung oder personelle Ausstattung. Dies erweckt den Eindruck, als könne ein Schiff, das unzureichend ausgerüstet oder personell nicht hinreichend ausgestattet ist, fahrtüchtig sein. Die nachfolgend zitierte Rechtsprechung wird zeigen, dass dem nicht so ist. Rechtsprechung und Literatur haben unzureichend ausgerüstete und personell nicht hinreichend ausgestattete Schiffe durchgehend als fahruntüchtig angesehen. Den sich im Gesetz andeutenden Gegensatz gibt es nicht. Unzureichende Ausrüstung und personelle Besetzung sind nur besondere Fälle der Fahruntüchtigkeit. Treffender sind deshalb die Formulierungen in Ziff. 3.2.1.2 AVB Flusskasko, Ziff. 23 DTV Kaskoklauseln und Ziff. 33.2.1.1 DTV-ADS 2009 („insbesondere").

15 Der Begriff der Fahrtüchtigkeit im Versicherungsrecht entspricht dem im Binnenschifffahrtsrecht, weswegen auf die dortigen Entscheidungen zurückgegriffen werden kann.[27] Ein Schiff ist dann fahruntüchtig, wenn es nicht in der Lage ist, die **gewöhnlichen Gefahren der geplanten Reise** zu bestehen.[28] Das Gesetz fordert nicht, dass das Schiff schlechthin jeder Gefahr standhalten muss, die auf irgendeinem Binnengewässer drohen mag, sondern nur, dass das Schiff die gewöhnlichen Gefahren bestehen kann, die es auf der geplanten Reise antreffen wird. Gefordert ist damit die **relative Fahrtüchtigkeit.**[29]

16 Der Begriff der Fahruntüchtigkeit umfasst die **Liegeuntüchtigkeit.**[30] Es kommt also nicht allein darauf an, dass ein Schiff sicher fahren kann, sondern es muss auch sicher liegen können. So hat das RG bereits 1921 zum Fall eines nach Beendigung der Fahrt an der Liegestelle eines Elbkahns eingetretenen Schadens entschieden:

> *„Nach § 4c der Policebedingungen haftet die Beklagte nicht für Schäden, die daraus entstanden sind, dass das Schiff nicht gehörig bemannt ist. Das Berufungsgericht fasst diese Vorschrift zu eng auf, wenn es sie nur auf die Bemannung während der Reise und der eigentlichen Navigierung des Schiffes beziehen will, da damit die einer Schiffsmannschaft der fraglichen Art obliegenden nautischen Verrichtungen nicht erschöpft sind. Wenn der Kahn des Klägers … an der betreffenden Liegestelle zu seiner Sicherheit einer ständigen Obhut durch mindestens eine Persönlichkeit bedurfte, die bereit und im Stande war, den zu gewärtigenden Gefährdungen des Schiffes durch geeignete nautische Maßnahmen zu begegnen, so gehört das Vorhandensein einer solchen Persönlichkeit zur gehörigen Bemannung des Kahns"*.[31]

---

[27] OLG Karlsruhe 2.6.1981 VersR **1983** 74.

[28] BGH 18.5.2011 VersR **2011** 1048; BGH 4.12.2000 VersR **2001** 457; BGH 15.10.1979 VersR **1980** 65; OLG Hamm 4.2.1976 VersR **1978** 58; OLG Hamm 12.2.1982 VersR **1982** 1041; OLG Hamburg 22.06.1981 VersR **1982** 565; Looschelders/Pohlmann/*Paffenholz* § 138 Rn. 2; Römer/Langheid/*Langheid* § 138 Rn. 3; HK-VVG/*Harms* § 138 Rn. 1.

[29] BGH 15.10.1979 VersR **1980** 65; BGH 20.2.1995 VersR **1995** 685; *v. Waldstein/Holland* § 8 Rn. 10; ebenso einhellige Meinung für die Seetüchtigkeit in der Seeversicherung; *Ritter/Abraham* § 58 Anm. 8; Thume/de la Motte/Ehlers/*Schwampe* Kap. 6 Rn. 210. Thume/de la Motte/Ehlers/*Gerhard* Kap. 6 Rn. 609.

[30] OLG Hamm 12.2.**1982** VersR **1982** 1041; siehe auch LG Berlin 5.3.2001 NVersZ **2002** 410, das ohne jede weitere Erörterung die Fahruntüchtigkeit eines reinen Lagerschiffes prüft; Thume/de la Motte/*Gerhard* Kap. 6 Rn. 609.

[31] RGZ 20.4.1921 **102** 111, 113.

Zu den Rechtsfolgen der Liegeuntüchtigkeit vor Reiseantritt siehe Rn. 30f.

b) **Gewöhnliche Gefahren.** Gewöhnliche Gefahren sind nicht nur solche, die zu erwarten ist, sondern solche, die jahreszeitlich bedingt nicht unüblich sind.[32] Für **Wettervorhersagen** gilt: Die Vorhersage unsicheren Wetters für einen späteren Streckenabschnitt soll ein Schiff nach dem BGH nicht ab Reiseantritt fahruntüchtig machen, weil ansonsten die Fahrtauglichkeit von der Richtigkeit der Wettervorhersage abhängen würde. Schlechten Witterungsbedingungen während der Reise müsse der Schiffsführer gegebenenfalls dadurch begegnen, dass er die Reise unterbreche.[33] Dem ist zuzustimmen, allerdings mit der Maßgabe, dass eine Unterbrechung an sicherem Platz noch möglich ist. 17

c) **Geplante Reise.** Die geplante Reise ist diejenige Reise, auf die der VN das Schiff aussendet. Das muss nicht notwendig die frachtvertraglich vereinbarte Reise sein. Ist das Schiff für die frachtvertraglich vereinbarte Reise fahrtüchtig, beabsichtigt der VN aber unter Verletzung des Frachtvertrages die Reise anders auszuführen, muss das Schiff für diese anderweitig geplante Reise fahrtüchtig sein. Die Fahrtüchtigkeit des Schiffes muss für die gesamte geplante Reise gegeben sein.[34] Die marktüblichen AVB Flusskasko sprechen in Ziff. 3.2.1.2 weder von gewöhnlichen Gefahren, noch von der geplanten Reise. Wie für die Seetüchtigkeit in der Seeversicherung gem. Ziff. 23 DTV Kaskoklauseln gilt indessen auch hier, dass nur relative Fahrtüchtigkeit zu fordern ist.[35] 18

Ist zu erwarten, dass **behebbare Mängel** behoben sein werden, bevor das Schiff die Gefahr auf der Reise tatsächlich antrifft, so ist das Schiff nicht als bei Reiseantritt fahruntüchtig anzusehen.[36] Zu den behebbaren Mängeln zählt der BGH offenbar auch, dass von einem Schiffsführer erwartet werden könne, dass er sich über Wind- und Witterungsbedingungen informiert, bevor er einen potentiell gefährlichen Streckenabschnitt (hier: Ijsselmeer) befährt.[37] Hierauf muss man aber nicht rekurrieren, wenn man mit dem BGH annimmt, dass der Reiseantritt bei ungünstiger Wettervorhersage für einen späteren Reiseabschnitt ohnehin keine Fahruntüchtigkeit bewirkt (oben Rn. 17). 19

d) **Grund der Fahruntüchtigkeit.** Warum das Schiff fahruntüchtig ist, ist unmaßgeblich. Sie kann sich zunächst aus der **Bauart** des Schiffes ergeben.[38] So, wenn ein offenes Schiff bei zu erwartendem starken Wellengang eingesetzt werden soll und die Gefahr besteht, dass Wellen in das Schiff schlagen.[39] Die Fahruntüchtigkeit kann durch einen vorangegangenen Bedienungsfehler beeinträchtigt sein.[40] Sie kann sich auch aus dem **baulichen Zustand** des Schiffes ergeben. So, wenn die Ruderanlage durch eindringendes Wasser schon durch gewöhnlichen Wellenschlag während der Fahrt ausfallen kann,[41] oder wenn die Außenhaut des Schiffes so stark abgerostet ist, dass während der normalen Reise ein Leck auftritt,[42] oder wenn aufgrund eines technischen Defekts Steuerbefehle nicht weiter- 20

---

32 OLG Köln 3.7.1998 TranspR **2000** 130.

33 BGH 20.2.1995 VersR **1995** 685 zur Einfahrt in das Ijsselmeer.

34 BGH 20.2.1995 VersR **1995** 685; siehe auch BGH 17.1.1974 VersR **1974** 483 zum Seefrachtrecht.

35 BGH 2.11.1988 VersR **1989** 75; *Ritter/Abraham* § 58 Anm. 8; Thume/de la Motte/Ehlers/*Schwampe* Kap. 6 Rn. 210.

36 Prölss/Martin/*Koller* § 138 Rn. 1 unter Hinweis auf BGH 26.10.2006 TranspR **2007** 36; *v. Waldstein/Holland* § 8 Rn. 8.

37 BGH 20.2.1995 VersR **1995** 685.

38 *v. Waldstein/Holland* § 8 Rn. 7.

39 OLG Köln 3.7.1998 TranspR **2000** 130.

40 BGH 18.5.2011 VersR **2011** 1048 (Überfüllen eines Ölspeichers).

41 BGH 24.4.1989 VersR **1989** 761.

42 Als Beispiel für Fahruntüchtigkeit angesprochen von OLG Karlsruhe 2.6.1981 VersR **1983** 74; siehe weitere Beispiele aus der Rechtsprechung zur Seekaskoversicherung bei Thume/de la Motte/Ehlers/*Schwampe* Kap. 6 Rn. 211.

geleitet werden.[43] Bauliche Mängel können auch auf einem **Konstruktionsfehler** beruhen. Dann erübrigt sich aber die Prüfung des § 138, denn Fehler bei der Konstruktion erfolgen regelmäßig vor Beginn der Versicherung (seltene Ausnahme: Während der Dauer der Versicherung wird ein neues Austauschteil fehlerhaft konstruiert und in das Schiff eingebaut), so dass es an der Gefahrverwirklichung während der Dauer der Versicherung fehlt und damit an der Deckungsvoraussetzung nach § 130 (dort Rn. 50 und 93ff).[44] Die Fahruntüchtigkeit kann auch auf der **Beladung** des Schiffes oder darauf beruhen, dass das Schiff für die auf der Reise anzutreffende Wassertiefe **zu tief abgeladen** ist, was dazu führen kann, dass das Schiff aufsetzt[45] oder zu geringen Freibord hat, so dass Wellen in das offene Schiff schlagen können.[46] Sie kann sich auch durch **falsche Stauung** ergeben, wenn das Schiff dadurch **instabil** wird,[47] wobei in der Trockenfahrt Stabilitätsprobleme in der Binnenschifffahrt zumeist nur durch zu hohen Schwerpunkt von Deckladung entstanden sind. Während in der Containerfahrt, nicht zuletzt aufgrund der auch in der allgemeinen Öffentlichkeit stark beachteten Havarie des BMS „Excelsior“ Stabilitätsprobleme mittlerweile in den Mittelpunkt der Aufmerksamkeit gerückt sind,[48] waren zum Zeitpunkt der nicht minder öffentlichkeitswirksamen Havarie des Tankschiffes „Waldhof“ Stabilitätsprobleme in der Binnentankschifffahrt, auch durch den Gesetzgeber und die Ausbildungsvorschriften für Schiffsführer, weitgehend unerkannt geblieben. Eine falsche Stauung kann auch vorliegen, wenn bei der Verladung von Gütern gegen **Sicherheitsvorschriften** verstoßen wird.[49]

21 e) **Nicht ausreichende Ausrüstung.** Das Schiff ist dann nicht ausreichend ausgerüstet, wenn es zum Bestehen der auf der geplanten Reise Ausrüstung benötigt, um den auf dieser Weise gewöhnlichen Gefahren zu begegnen. Der Begriff der **Ausrüstung** ist, anders als derjenige des **Zubehörs** gesetzlich nicht definiert. Während Zubehör dem dauerhaften Gebrauch des Schiffes dient (§ 97 BGB), sind Ausrüstung alle Gegenstände, die für die Reise erforderlich sind, aber deren Bestimmung gerade im Verbrauch besteht.[50] § 138 spricht nur die Ausrüstung an, was zur Überlegung führen könnte, dass nicht ausreichendes Zubehör ohne Auswirkung auf den Versicherungsschutz sein könnte. Diese enge Auffassung wird aber von niemandem vertreten. Richtig ist, dass das Gesetz sowohl die Vorräte[51] als auch das Schiffszubehör[52] anspricht.

---

43 BGH 18.5.2011 VersR **2011** 1048.

44 Dies übersieht OLG Hamm 12.2.1982 VersR **1982** 1041, welches das Vorliegen eines Konstruktionsfehlers als Ausschlussgrund intensiv prüft.

45 BGH 15.10.1979 VersR **1980** 65; BGH 7.7.1980 VersR **1980** 1045; OLG Karlsruhe 2.6.1981 VersR **1983** 74; Looschelders/Pohlmann/*Paffenholz* § 138 Rn. 2; Langheid/Wand/*Kollatz* § 138 Rn. 8; Römer/Langheid/*Langheid* § 138 Rn. 3.

46 OLG Köln 3.7.1998 TranspR **2000** 130.

47 BGH 28.6.1971 VersR **1971** 833 (zum Seefrachtrecht); BGH 21.4.1975 VersR **1975** 1117; BGH 14.6.1982 VersR **1982** 902; BGH 12.3.1984 VersR **1984** 580; BGH 11.2.1985 VersR **1985** 629; Langheid/Wand/*Kollatz* § 138 Rn. 8; Römer/Langheid/*Langheid* § 138 Rn. 3; Looschelders/Pohlmann/*Paffenholz* § 138 Rn. 2; HK-VVG/*Harms* § 138 Rn. 1.

48 Siehe etwas § 1.07 Nr. 4 RSchPVO: „Bei Fahrzeugen, die Container befördern, muss außerdem vor Antritt der Fahrt eine besondere Überprüfung der Stabilität in folgenden Fällen vorgenommen werden: …“.

49 BGH 14.12.1972 VersR **1973** 218 (zum Seefrachtrecht); BGH 11.3.1974 VersR **1974** 771 (zum Seefrachtrecht): Looschelders/Pohlmann/*Paffenholz* § 138 Rn. 2; Langheid/Wand/*Kollatz* § 138 Rn. 8; Prölss/Martin/*Koller* § 138 Rn. 1; Römer/Langheid//*Langheid* § 138 Rn. 3 unter Hinweis auf.

50 Thume/de la Motte/Ehlers/*Schwampe* Kap. 6 Rn. 20f.

51 Looschelders/Pohlmann/*Paffenholz* § 138 Rn. 3; Langheid/Wand/*Kollatz* § 138 Rn. 9.

52 Looschelders/Pohlmann/*Paffenholz* § 138 Rn. 3; Langheid/Wand/*Kollatz* § 138 Rn. 9; Römer/Langheid/*Langheid* § 138 Rn. 4; vgl. auch *v. Waldstein/Holland* § 8 Rn. 13.

Nicht ausreichend ausgerüstet ist das Schiff dann, wenn Ausrüstung entgegen gesetzlichem Erfordernis **nicht an Bord** ist,[53] oder zwar an Bord ist, aber **nicht funktioniert.** Ebenfalls nicht ordentlich ausgerüstet ist ein Schiff dann, wenn es nicht die Ausrüstung hat, die ein Schiff dieser Art für die geplante Reise üblicherweise an Bord hat. Danach ist ein Schiff dann fahruntüchtig, wenn es an den erforderlichen **Karten** fehlt,[54] wobei diese Karten nicht etwa nur dann an Bord sein müssen, wenn der Schiffsführer einen ihm unbekannten Streckenabschnitt durchfährt,[55] sondern immer.

Das **Fehlen von Hilfsmitteln**, die nicht vorgeschrieben sind, begründet keine unzurei- **22** chende Ausrüstung.[56] *Kollatz*[57] meint, dass **vorhandene Hilfsmittel** auch dann in Betrieb gehalten werden müssen, wenn sie gesetzlich nicht vorgeschrieben sind. Er schließt dies aus einem Urteil des BGH aus dem Jahre 1991.[58] Dort ging es um ein an Bord eines Schiffes vorhandenes, aber nicht eingeschaltetes Funkgerät. Der BGH hat aber mitnichten ausgeführt, dass das betreffende Schiff wegen Nichtbenutzung eines vorhandenen, aber nicht vorgeschriebenen technischen Hilfsmittels fahruntüchtig wäre. Er hat nur entschieden, dass es ein „sorgfältiger Rheinschiffer" ein an Bord befindliches Funkgerät eingeschaltet haben muss, weil er alle Wahrnehmungsmöglichkeiten zur Vermeidung der Gefährdung von Menschenleben, des Entstehens von Sachschäden oder von Behinderungen der Schifffahrt einsetzen muss. Dieses Gebot richtet sich mithin eindeutig an den Schiffsführer an Bord. Daneben mag der Schiffseigner Überwachungs- und Kontrollpflichten hinsichtlich des Einsatzes zwar nicht vorgeschriebener, aber vorhandener Ausrüstung unterliegen.[59] Mit der ordnungsgemäßen Ausrüstung des Schiffes hat es nichts zu tun. *Paffenholz*[60] wiederum meint, mit dem genannten Urteil habe der BGH seine frühere Rechtsprechung aus dem Jahr 1980 (Fn. 56) aufgegeben. Auch das ist nicht richtig. Die Entscheidung aus dem Jahre 1980 betraf einen Fall, in der eine Funkanlage gar nicht an Bord war. Der BGH hat dort nur verneint, dass das Fehlen einer gesetzlich nicht vorgeschriebenen Sicherheitseinrichtung ein Ausrüstungsproblem darstellen kann.

Sehen vertragliche Vereinbarungen vor, dass die ordnungsgemäße Ausrüstung und Fahrtüchtigkeit gegeben ist, bezieht sich das nicht auf verbrauchbare Ausrüstungsgegenstände wie Treibstoff.[61]

f) Unzureichende personelle Ausstattung. Die erforderliche personelle Ausstattung hat **23** sowohl einen quantitativen als auch einen qualitativen[62] Aspekt. Am quantitativen Element fehlt es dann, wenn nicht die gesetzlich vorgeschriebene Mindestanzahl an Besat-

---

53 *v. Waldstein/Holland* § 8 Rn. 16.

54 Looschelders/Pohlmann/*Paffenholz* § 138 Rn. 3; Langheid/Wand/*Kollatz* § 138 Rn. 8; Römer/Langheid/*Langheid* § 138 Rn. 4 und HK-VVG/*Harms* § 138 Rn. 1, die unter Hinweis auf LG Hamburg 10.7.2003 VersR **2003** 1438 (zum Seeversicherungsrecht) das Vorhandensein von Seekarten fordern, was angesichts des Umstandes, dass gem. § 130 nur die Gefahren der Binnenschifffahrt erfasst unrichtig ist. Soweit Karten der Binnengewässer mitzuführen sind, ist der Grundsatz aber natürlich richtig.

55 So aber *v. Waldstein/Holland* § 8 Rn. 7.

56 BGH 7.7.1980 VersR **1980** 1045 (Funkanlage).

57 Langheid/Wand/*Kollatz* § 138 Rn. 9.

58 BGH 4.3.1991 VersR **1991** 605; ähnlich schon vorher BGH 1.12.1975 VersR **1976** 243 zur Benutzung eines Radars auf einem Seeschiff und nachher BGH 9.11.1992 MDR **1993** 322 zu Schallsignalen; siehe auch BGH 4.10.1982 VersR **1982** 1138 zur Benutzung eines Funkgeräts auf einem Seeschiff.

59 Vgl. dazu BGH 26.10.2006 TranspR **2007** 36 zur Überwachung und Kontrolle der Schiffsführung bzgl. des Einsatzes eines sog. „watch alarm" in der Seeschifffahrt.

60 Looschelders/Pohlmann/*Paffenholz* § 138 Rn. 3.

61 OLG Hamburg 5.12.1974 VersR **1975** 1022.

62 Langheid/Wand/*Kollatz* § 138 Rn. 10; Römer/Langheid/*Langheid* § 138 Rn. 5.

zungsmitgliedern an Bord ist.[63] Qualitativ nicht ausreichend besetzt ist das Schiff dann, wenn der Schiffsführer und gegebenenfalls weitere Besatzungsmitglieder nicht die erforderlichen Patente oder Führerscheine haben.[64] Welche Anzahl von Besatzungsmitgliedern mit welcher Qualifikation an Bord sein muss, richtet sich nach dem auf den Betrieb des Schiffes anwendbaren Recht. In der deutschen Berufsschifffahrt ergeben sich die Einzelheiten aus dem Schiffsattest, dem Schiffstyp und der Einsatzart,[65] bei der Wassersportversicherung insbesondere auch aus den vertraglichen Vereinbarungen im Versicherungsvertrag.[66] Vorgeschriebene Ruhezeiten müssen eingehalten sein.[67] Der Schiffsführer und sonstige für den sicheren Betrieb des Schiffes Schiffsführer dürfen nicht alkoholisiert, unter Drogen stehen oder aus anderen Gründen an der sicheren Führung des Schiffes gehindert sein.[68]

24 Sehen die anwendbaren Vorschriften vor, dass das Schiff einen **Lotsen** nehmen muss, liegt eine unzureichende personelle Besetzung auch dann vor, wenn kein Lotse genommen wird.[69] Insofern ist durch die VVG-Reform eine Verschärfung eingetreten. Nach § 132 a.F. ging es nur um die Bemannung, die allein die Schiffsbesatzung betraf. Nunmehr geht es um die personelle Besetzung. Dies geht weiter und erfasst auch Lotsen. Anders die Situation im Seeversicherungsrecht, wo das Fehlen eines Lotsen nicht zur Seeuntüchtigkeit führt und allenfalls eine Gefahrerhöhung oder eine Herbeiführung des Versicherungsfalls darstellt.[70] Ist das Schiff ordnungsgemäß besetzt, wird die Besatzung jedoch nicht ordnungsgemäß eingesetzt, liegt keine unzureichende personelle Ausstattung vor. So, wenn der Schiffsführer die Führung des Schiffes einem ungeeigneten Matrosen überlässt,[71] was allerdings ohnehin nur dann von Bedeutung ist, wenn es schon bei Reiseantritt erfolgt ist. Oder dann, wenn ein dazu nicht befähigter (und auch noch angetrunkener) Matrose das ordnungsgemäß besetzte Schiff in Fahrt setzt und eine Kollision herbeiführt.[72] Oder wenn es der Schiffsführer unterlässt, einen erforderlichen Ausguck einzuteilen.[73]

g) Zeitpunkt (Antritt der Reise)

25 **aa) Reise oder Frachtreise.** Bei der Frage, welche Reise im Hinblick auf den Antritt zu betrachten ist, wird unterschieden zwischen der Reise als solcher und der sog. Frachtreise. Mehrheitlich soll es beim Reiseantritt nicht um den Antritt der Reise des Schiffes als solchen gehen, sondern um den Antritt der Frachtreise.[74] Für während einer Reise zugeladene Güter soll deshalb der Reiseantritt am Zuladungsort liegen, während Güter, die schon zuvor geladen waren, dort ihre Reise nicht antreten, sondern fortsetzen. Nach anderer An-

---

63 Langheid/Wand/*Kollatz* § 138 Rn. 10.

64 BGH 4.12.2000 VersR **2001** 457; BGH 26.10.2006 TranspR **2007** 36 (Seefrachtrecht); *Brunn* 28; Langheid/Wand/*Kollatz* § 138 Rn. 10; Prölss/Martin/*Koller* § 138 Rn. 1; Thume/de la Motte/Ehlers/*Gerhard* Kap. 6 Rn. 610.

65 Einzelheiten bei *v. Waldstein/Holland* § 8 Rn. 18.

66 Siehe etwa die Vereinbarung des Erfordernisses eines Führerscheins LG München 7.12.2004 VersR **2005** 830.

67 *v. Waldstein/Holland* § 8 Rn. 18; siehe auch BGH 26.10.2006 TranspR **2007** 36 zur Seeuntüchtigkeit wegen Übermüdung.

68 Thume/de la Motte/Ehlers/*Gerhard* Kap. 6 Rn. 610; *v. Waldstein/Holland* § 8 Rn. 18.

69 *Brunn* 29; Langheid/Wand/*Kollatz* § 138 Rn. 10; Prölss/Martin/*Koller* § 138 Rn. 1; Römer/Langheid//*Langheid* § 138 Rn. 5.

70 *Schwampe* Seekaskoversicherung Klausel 23 Rn. 11.

71 BGH 22.6.1972 VersR **1972** 970 (offen, ob zur Seeversicherung ergangen; jedenfalls sank das Schiff auf der Ostsee); Looschelders/Pohlmann/*Paffenholz* § 138 Rn. 4; Prölss/Martin/*Koller* § 138 Rn. 1.

72 BGH 4.7.1966 VersR **1966** 749.

73 BGH 4.7.1966 VersR **1966** 749.

74 Römer/Langheid/*Langheid* § 138 Rn. 7.

sicht[75] meint Antritt der Reise jedes Ablegen von einem Hafen. Letzterer Ansicht ist zuzustimmen, allerdings mit der Maßgabe, dass eine Reise nicht nur von einem Hafen angetreten werden kann, sondern von jedem Platz aus, an dem das Schiff zuvor lag.[76] Die Gegenansicht, die auf die Frachtreise abstellen will, übersieht, dass die Bestimmung nur für die „Versicherung des Schiffs“ Anwendung findet. Bei ihr macht es keinen Sinn, auf den Beginn einer Frachtreise abzustellen.[77] Zum einen kann auch das unbeladene Schiff, für das es keine „Frachtreise“ gibt, eine Reise antreten und muss auf dieser fahrtüchtig sein. Zum anderen muss es vom Standpunkt der Schiffsversicherung immer einen Zeitpunkt geben, der für die Betrachtung maßgeblich ist. Deshalb kommt es entgegen *Paffenholz*[78] und *Kollatz*[79] auch nicht darauf an, ob man § 138 als Ausschluss oder verhüllte Obliegenheit betrachtet (oben Rn. 5 ff.). Denn auch *Paffenholz* und *Kollatz* argumentieren frachtrechtlich, wenn sie meinen, es käme bei Annahme eines objektiven Ausschlusses zu einer unangemessenen Ausweitung der *Haftung* des VN, wenn auf die Frachtreise abgestellt würde, während sie meinen, dass es bei Annahme einer verhüllten Obliegenheit das dann erforderliche Verschulden angemessen erscheinen lasse, auf die einzelne Frachtreise abzustellen. Die beiden BGH-Urteile, auf die sich *Paffenholz* und *Koller* berufen, sind indessen nicht zur Schiffsversicherung ergangen, sondern zur Haftung des Eigners gegenüber Ladungsbeteiligten aus Frachtvertrag[80] und wegen verschuldeter Havarie-grosse-Situation.[81] Dort geht es in der Tat um den Transport von Gütern aufgrund von Frachtverträgen, so dass dort die Anknüpfung an die Ladung und damit gegebenenfalls unterschiedliche Zeitpunkte und Orte für unterschiedliche Ladung sinnvoll ist. Dort kann es mithin in der Tat so sein, dass eine auftretende Fahruntüchtigkeit für eine Ladung vor Reiseantritt eingetreten ist, während sie sich für andere Ladung, die zum Zeitpunkt des Eintretens der Fahruntüchtigkeit bereits unterwegs war, eine nachträgliche war. Für die Schiffsversicherung ist diese Unterscheidung bedeutungslos.

bb) Unterbrechung und Fortsetzung. Der Antritt einer Reise ist von deren Fortsetzung 26
nach einer bloßen Unterbrechung zu unterscheiden. Die sich daraus ergebenden Abgrenzungsfragen sind deshalb von Bedeutung, weil die Fahruntüchtigkeit, die während einer nach bloßer Unterbrechung wiederaufgenommenen Reise eintritt, den Versicherungsschutz nicht beeinträchtigt, während kein Versicherungsschutz besteht, wenn die Fortsetzung der Reise nach der Unterbrechung als Antritt einer – neuen – Reise gewertet wird. Man kommt hier um Wertungen nicht herum, die in Randbereichen im Einzelfall schwierig sein mögen, führt die Abgrenzung doch zu einer Art „Alles-oder-Nichts“ – was dem Transportversicherungsrecht ja aber auch ansonsten nicht fremd ist.

Wartet ein Schiff vor der Schleuse, fährt es dann ein und setzt es seine Fahrt nach der 27
Schleusung fort, liegt eine einheitliche Reise vor, und nicht jeweils neu angetretene Reisen. Für einige Aspekte der Fahrtüchtigkeit ergibt sich die Abgrenzung aus der Natur der Sache. So verändert sich regelmäßig die Stabilität des Schiffes, wenn Ladung teilweise gelöscht oder wenn zugeladen wird. Daraus ergibt sich, dass insoweit der Antritt der Reise der Fahrtbeginn nach **Teilentlöschung oder Zuladung** ist. Teils ergibt sich dies auch direkt aus gesetzlichen Vorschriften, wie z. B. § 1.07 RSchPVO, die für bestimmte Fälle Stabilitätsberechnungen vor „Antritt der Fahrt“ fordert. Entsprechendes gilt, wenn es um zu tiefe Ab-

75 HK-VVG/*Harms* § 138 Rn. 3.
76 Siehe auch *Schwampe* Seekaskoversicherung Klausel 23 Rn. 19 zur Seekaskoversicherung.
77 HK-VVG/*Harms* § 138 Rn. 3.
78 Looschelders/Pohlmann/*Paffenholz* § 138 Rn. 5.
79 Langheid/Wand/*Kollatz* § 138 Rn. 3 und 17.
80 BGH 11.3.1974 VersR **1974** 771 (zum Seefrachtrecht).
81 BGH 24.4.1989 VersR **1989** 761.

ladung des Schiffes oder Verstoß gegen besondere Vorschriften zur sicheren Verladung von Gütern geht. In der Praxis ebenso unproblematisch dürften die Fälle sein, in denen Bauart, Konstruktion oder Erhaltungszustand des Schiffes die Fahrtüchtigkeit beeinträchtigen, da üblicherweise keines dieser Probleme so kurzfristig auftritt, dass die Abgrenzung im Rahmen von Reiseunterbrechungen eine Rolle spielen wird. Für sicheres Liegen hat das RG es als ausreichend angesehen, dass zu Beginn des Liegens die erforderliche Besatzung an Bord war. Dass diese dann später das Schiff verlassen hat, beeinträchtige nicht den Versicherungsschutz.[82] Der BGH hat dies später im Wege eines *obiter dictum* bestätigt.[83]

28 Diese Urteile haben allerdings zum Teil zu wenig überzeugenden Ausführungen verführt. So ist es zumindest missverständlich, wenn *Paffenholz*[84] ausführt, dass eine „ordnungsgemäße Besatzung" des Schiffes gegeben sein könne, wenn niemand mehr an Bord ist. Tatsächlich liest man dies in beiden Urteilen. In dem vom BGH zu entscheidenden Fall war das Schiff jedoch sowohl bei Reiseantritt als auch im Schadenszeitpunkt ordnungsgemäß besetzt; es wurde lediglich von einem (angetrunkenen) Matrosen in Fahrt gesetzt, der dann eine Kollision verursacht. In diesem Zusammenhang hat der BGH dann, schon als *obiter dictum*, erklärt, dass ein Schiff nicht dadurch fahruntüchtig werde, dass das an Bord befindliche Personal nicht sachgerecht eingesetzt werde, wobei ausdrücklich auf das Unterlassen der Einteilung eines nautisch erforderlichen Ausgucks angestellt wurde. Beiden Gerichten ging es ersichtlich aber nicht um die Frage, ob ein nicht besetztes Schiff als ordnungsgemäß besetzt gilt, sondern allein darum, dass entscheidender Moment für die Ordnungsmäßigkeit der Besetzung jedenfalls nicht der Moment des Eintritts des Versicherungsfalles ist. Dabei verkürzt der BGH sogar, ohne dass es für seine eigene Entscheidung darauf angekommen wäre, was das Reichsgericht gesagt hat. In den Worten des Reichsgerichts:

> *„Nun besagt aber die Vorschrift in § 4 c der Versicherungsbedingungen, wonach der Versicherer von der Haftung für die durch die nicht gehörige Bemannung des Schiffes entstandenen Schäden befreit ist, nach ihrem Sinn und Zweck nur, dass Seitens des versicherten Schiffseigners die erforderliche Mannschaft gestellt und alles sonst Sachdienliche getan werden muss, um eine gehörige Bemannung des Kahns aufrecht zu erhalten. Ist dies, wie solches hier unbestritten der Fall ist, geschehen, so ist … der Kahn gehörig bemannt, und wird daran durch ein ohne Wissen oder Willen des Klägers eingetretene vorübergehende Abwesenheit des mit dem Schiffsdienst beauftragten Schiffsmanns nichts geändert"*.

Kein Wort also davon, dass ein nicht besetztes Schiff gehörig besetzt wäre. Sondern nur die – richtige – Aussage, dass ein Schiff, das zum maßgeblichen Zeitpunkt richtig besetzt war, nicht wegen unrichtiger Besetzung zu einem späteren, unmaßgeblichen, Zeitpunkt seinen Versicherungsschutz verliert. Die personelle Besetzung des Schiffes ist dann, entgegen *Paffenholz*, zum Schadenszeitpunkt natürlich nicht ordnungsgemäß, sie beeinträchtigt lediglich nicht den Versicherungsschutz. Denn alles was nach Reiseantritt geschieht, ist nicht deckungsrelevant.[85] Die nach Reiseantritt eintretende Fahruntüchtigkeit ist Bestandteil der gem. § 130 versicherten allen Gefahren. Sie kann aber eine anzeigepflichtige Gefahränderung nach § 132 darstellen,[86] oder eine Herbeiführung des Versicherungsfalls.

29 Die marktüblichen AVB Flusskasko stellen in Ziff. 3.2.1.2 für die Fahruntüchtigkeit nicht auf den Reiseantritt ab, so dass es nach diesen Bedingungen auch eine während der

[82] RGZ 20.04.1921 **102** 111.
[83] BGH 04.07.1966 VersR **1966** 749.
[84] Looschelders/Pohlmann/*Paffenholz* § 138 Rn. 4.
[85] Looschelders/Pohlmann/*Paffenholz* § 138 Rn. 6; Langheid/Wand/*Kollatz* § 138 Rn. 14; Prölss/Martin/*Koller* § 138 Rn. 1; Römer/Langheid/*Langheid* § 138 Rn. 7.
[86] Looschelders/Pohlmann/*Paffenholz* § 138 Rn. 6; Langheid/Wand/*Kollatz* § 138 Rn. 15.

Reise eintretende Fahruntüchtigkeit schädlich ist.[87] Derartige Modifizierungen der gesetzlichen Bestimmung sind zulässig.[88] Anders als nach der Gesetzeslage entfällt dann der Versicherungsschutz, wenn z.B. ein Teil der Besatzung nach Reiseantritt von Bord geht.[89]

cc) **Fahruntüchtigkeit vor Reiseantritt.** Der Antritt der Reise ist maßgeblich, nicht der Beginn der Versicherung.[90] Damit stellt sich die Frage, wie mit einem **untüchtigen Zustand des Schiffes vor Reiseantritt** umzugehen ist. In der Seekaskoversicherung ist anerkannt, dass das Seeschiff auch in einem Zustand sein muss, der sicheres Liegen in einem Hafen erlaubt.[91] Bei einer am Gesetzeszweck orientierten Auslegung kann für § 138 nichts anderes gelten. Die Vorschrift will bewirken, dass der VR nicht mit Kosten belastet wird, die bei einem ordnungsgemäßen Unterhalt des Schiffes gar nicht anfallen würden. Ist ein Schiff in einem solch schlechten Zustand, dass es nicht erst aufgrund der nach Antritt der Reise wirkenden Gefahren Schaden nimmt, sondern sogar schon aufgrund der grundsätzlich geringeren Gefahren vor Reiseantritt, dann müssen derartige Schäden erst Recht von der Deckung ausgenommen sein. Zweck des Kriteriums des Antritts der Reise ist allein, die *nach Reiseantritt* eintretende Fahruntüchtigkeit, die versichert ist, von der nicht versicherten Fahruntüchtigkeit *vor Reiseantritt* abzugrenzen. 30

II. Abnutzung im gewöhnlichen Gebrauch

Als separaten Ausschlussgrund nennt das Gesetz neben der Fahruntüchtigkeit die Abnutzung im gewöhnlichen Gebrauch. Erläuterungen hierzu gibt es praktisch keine, sieht man von der etwas isoliert anmutenden Aussage ab, dass sie jedenfalls nicht vorliegen soll, wenn zur Rettung von Schiff und Ladung Eis durchbrochen wird.[92] Da es kein hierzu veröffentlichtes Urteil gibt, ist diese Aussage vermutlich veranlasst durch Ziff. 3.2.1.3 AVB Flusskasko. Dort wird Rettung von Schiff und Ladung als Ausnahme des Deckungsausschlusses Durchbrechen von Eis genannt. Mit Abnutzung in gewöhnlichem Gebrauch hat all dies nichts zu tun.[93] In der Seeversicherung ist das Thema detailliert diskutiert worden. Die dortigen Ergebnisse sind wegen des insoweit identischen Wortlauts auch für § 138 verwertbar. 31

1. Abnutzung

Danach ist die Abnutzung Veränderung einer Sache durch Umwelteinflüsse. Schon begrifflich (Ab-„Nutzung") setzt sie die Nutzung, also den Gebrauch, der Sache voraus.[94] Dem Begriff wohnt eine gewisse Allmählichkeit inne, also eine Entwicklung über einen ge- 32

---

[87] Prölss/Martin/*Koller* Ziff. 3 AVB Flusskasko Rn. **19.**

[88] Bejahend OLG Hamburg 5.12.1974 VersR 1975 1022; Looschelders/Pohlmann/*Paffenholz* § 138 Rn. 7; Langheid/Wand/*Kollatz* § 138 Rn. 14; Prölss/Martin/*Koller* Ziff. 3 AVB Flusskasko Rn. 19; noch offen gelassen in BGH 4.7.1966 VersR **1966** 749.

[89] Langheid/Wand/*Kollatz* § 138 Rn. 28.

[90] Prölss/Martin/*Koller* § 138 Rn. 1.

[91] *Ritter/Abraham* § 58 Anm. 27 („Das bedeutet natürlich nicht, dass das Schiff außerhalb der See untüchtig sein darf"); *Schlegelberger* § 58 Rn. 14 („Das Schiff muss natürlich auch im Hafen seetüchtig sein"); *Schwampe* Seekaskoversicherung Klausel 23 Rn. 21; Thume/de la Motte/Ehlers/*Schwampe* Kap. 6 Rn. 214.

[92] Langheid/Wand/*Kollatz* § 138 Rn. 11; Prölss/Martin/*Koller* § 138 Rn. 3; Römer/Langheid//*Langheid* § 138 Rn. 6.

[93] Einzelheiten bei Bruck/Möller/*Hartenstein* Ziff. 3 AVB Flusskasko Rn. Xxxx.

[94] *Schwampe* Seekaskoversicherung Klausel 27 Rn. 6.

wissen Zeitraum hinweg. Plötzlich eintretende Veränderungen sind auch dann keine Abnutzung, wenn sie aus gewöhnlichem Gebrauch entstehen.[95] Instruktiv ist insoweit ein Urteil des OLG Hamburg, in dem es um Schäden am Laderaum im Zuge von Greiferentlöschung kam: „Derartige Verletzungen des Schiffskörpers, die in einem so kurzen Zeitraume, wie eine Entlöschung währt, verursacht sind, stehen gerade im Gegensatz zu einer Abnutzung in gewöhnlichem Gebrauche, die sich in häufiger Wiederholung der schädigenden Ereignisse, im einzelnen Falle dem Auge kaum wahrnehmbar, vollzieht".[96]

33 Verfehlt wäre es, den Begriff der Nutzung zu eng zu fassen. Insbesondere geht es nicht um die Nutzung eines bestimmten Teils des Schiffes, sondern um die **Nutzung des Schiffes** als solchem. Unrichtig ist deshalb insoweit eine Entscheidung des LG Berlin aus dem Jahre 2001.[97] Dort ging es um das Sinken eines als reines Lagerschiff genutzten Tankschiffes. Nach den Feststellungen des Gerichtes war es zu einer Leckage an der Dichtung der Propellerwelle gekommen. Während ein laufender Propeller durch die Drehung der Welle diese in der Dichtung fluchtend gehalten hätte, drückte die stehende Welle statisch auf die Dichtung und konnte diese langsam verformen, bis die Leckage eintrat und Wasser in das Schiff eindrang. Das LG sah den Ausschluss der Abnutzung in gewöhnlichem Gebrauch gem. Ziff. 3.2.1.10 AVB Flusskaskoversicherung deshalb nicht als gegeben an, „weil die abgedichtete Welle gar nicht in Gebrauch war". Wohl aber war das Schiff als solches in Gebrauch, und zwar vertragsgemäß als Lagerschiff, bei dem sich naturgemäß die Propellerwelle nicht dreht. Es hat sich also sehr wohl durch den nicht nur gewöhnlichen, sondern vertragsgemäßen Gebrauch mit der erforderlichen Allmählichkeit eine Veränderung der Dichtung ergeben, die letztlich zum Eindringen des Wassers und zum Sinken des Schiffes führte. Richtigerweise greift hier der Ausschluss ein.

34 Anders als beim Gebrauch unterscheidet der Gesetzwortlaut bei der Abnutzung nicht zwischen gewöhnlich und ungewöhnlich. Erfasst zu sein scheint danach beides, also sowohl die gewöhnliche als auch die ungewöhnliche Abnutzung. Der Gebrauch dagegen qualifiziert für den Ausschluss nur dann, wenn er gewöhnlich gewesen ist. Die einhellige Meinung zum identischen Ausschluss in der Seeversicherung versteht den Ausschluss anders. Nicht der Gebrauch muss gewöhnlich sei, es wird vielmehr jeder Art des Gebrauches erfasst. Die Abnutzung dagegen führt nur dann zum Ausschluss, wenn sie **ungewöhnliche Abnutzung** ist.[98] Die Einschränkung des Ausschlusses – also die Erweiterung der Deckung – über den Gesetzeswortlaut hinaus auf ungewöhnliche Abnutzung rechtfertigt sich aus dem Zweck der Bestimmung, sich zwangsläufig ergebende Schäden von der Deckung auszunehmen,[99] denn was den VN ohnehin trifft, soll ihm der VR nicht abnehmen; der VN kann es in seinen Wirtschaftsplan aufnehmen.[100] Allein die gewöhnliche Abnutzung gehört zu in diese Kategorie, nicht auch die ungewöhnliche Abnutzung. Gerade ihre Ungewöhnlichkeit ist Grund, sie vom Ausschluss auszunehmen. Ähnlich wohl *Koller,*[101] wenn er meint, dass keine Abnutzung vorliegt, wenn ein Mangel trotz ordnungsgemäßer Wartung entsteht. Allerdings beruft sich *Koller* insoweit zu Unrecht auf das schon genannte Urteil des LG Berlin. Denn dort wird der Aspekt der ordnungsgemäßen Wartung nicht in Zusammenhang mit der Abnutzung erörtert, sondern der Fahruntüchtigkeit. Was die Ord-

---

95 LG Berlin 5.3.2001 NVersZ **2002** 410; Siehe auch Thume/de la Motte/Ehlers/*Gerhard* Kap. 6 Rn. 798.

96 OLG Hamburg HansRZ **1927** 14.

97 LG Berlin 5.3.2001 NVersZ **2002** 410.

98 *Enge/Schwampe* 258; *Georgacopoulos* 103; *Passehl* 41; *Ritter/Abraham* § 59 Anm. 12; eingehend *Schwampe* Seekaskoversicherung Klausel 27 Rn. 7ff.

99 *Enge/Schwampe* 259.

100 *Schwampe* Seekaskoversicherung Klausel 27 Rn. 7.

101 Prölss/Martin/*Koller* Ziff. 3 AVB Flusskasko Rn. 30.

nungsmäßigkeit, der ein gewisses subjektives Element beinhaltet angeht, ist diese bei der Fahruntüchtigkeit jedenfalls nach Ziff. 3.2.1.2 auch richtig verortet, denn die AVB Flusskasko lassen, anders als § 138 (oben Rn. 14 ff) den Versicherungsschutz bei Fahruntüchtigkeit nur im Falle des Vertretenmüssens entfallen.

2. Gebrauch

Während die Einschränkung eines Ausschlusses aufgrund des Zwecks des Ausschlusses 35
unproblematisch ist, könnten Bedenken bestehen, ihn andererseits dadurch auszuweiten, dass nicht nur die Fälle des gewöhnlichen Gebrauchs erfasst werden, sondern die Fälle jeden Gebrauchs, also auch des **ungewöhnlichen Gebrauchs**. Auch hier ist der einhelligen Meinung[102] aber zuzustimmen. Ihre Rechtfertigung findet sie darin, dass es, was die Vertragsparteien angeht, überhaupt keinen Gebrauch gibt, der nicht dem Versicherungsvertrag unterfallen würde. Was bei Vertragsschluss schon Gebrauch war, ist Bestandteil der Gefahrenlage. Wenn es dem VR nicht zur Kenntnis gelangt, mag eine Verletzung der vorvertraglichen Anzeigepflicht vorliegen, die dann die Rechtsfolgen des § 131 zeitigt. An der Gewöhnlichkeit des Gebrauchs ändert dies indessen nichts. Und Gebrauch, der während der Dauer der Versicherung von diesem Gebrauch abweicht, würde eine Gefahränderung darstellen. Solche Gefahränderungen berühren aber seit der VVG-Reform durch § 132, anders als nach den allgemeinen Vorschriften der §§ 23ff. und anders als noch nach § 143 a.F. (bei dem nur unabhängig vom Willen des VN eintretende Gefahrerhöhungen von der Gefahrstandspflicht des § 23 a.F. ausgenommen wurden), den Bestand des Versicherungsschutzes nicht. Der VN darf die Gefahr ändern. Er darf das Schiff ungewöhnlich gebrauchen. Er muss dies nur anzeigen. Das Gesetz sieht nicht einmal eine Anpassung der Prämie vor, mutet dem VR also die Tragung einer erhöhten Gefahr, also einer erhöhte Leistung, ohne erhöhte Gegenleistung zu (anders Ziff. 11.2.1 AVB Flusskasko, die einen Prämienzuschlag vorsieht). Das ändert aber nichts daran, dass aus im Ansatz vom Vertrag nicht erfasstem ungewöhnlichem Gebrauch für dieses Schiff vertragsgemäßer gewöhnlicher Gebrauch geworden ist. Durch die die Zulassung von gewillkürten Gefahränderungen durch § 132 wohnt der Gewöhnlichkeit des Gebrauchs in § 138 mithin kein Abgrenzungskriterium mehr inne.[103]

3. Subjektives Element

Die Abnutzung in gewöhnlichem Gebrauch hat kein subjektives Element, sie ist objek- 36
tiver Ausschluss. Es ist allerdings nicht ausgeschlossen, dass der BGH seine zur Fahruntüchtigkeit gebildete Auffassung, es liege eine verhüllte Obliegenheit vor, auch auf die Abnutzung im gewöhnlichen Gebrauch ausdehnt. Dies wäre aber, wie bei der Fahruntüchtigkeit (Rn. 8 ff), abzulehnen. Deshalb kommt es auch nicht darauf an, ob Wartungsmaßnahmen *ordnungsgemäß* durchgeführt. Selbst wenn sie es wurden und dennoch gewöhnliche Abnutzung auftritt, greift der Ausschluss ein.[104]

---

102 *Enge/Schwampe* 258; *Georgacopoulos* 103; Passehl 41; *Ritter/Abraham* § 59 Anm. 12; eingehend *Schwampe* Seekaskoversicherung Klausel 27 Rn. 7ff.

103 *Schwampe* Seekaskoversicherung Klausel 27 Rn. 9.

104 Anders u.U. Prölss/Martin/*Koller* Ziff. 3 AVB Flusskasko Rn. 30.

4. Reiseantritt

37 Die Abnutzung muss nicht schon bei Reiseantritt vorgelegen haben,[105] was sich schon aus dem Gesetzeswortlaut ergibt. Durch die erforderliche Allmählichkeit (Rn. 32) spielt dies allerdings ohnehin zumeist keine Rolle

5. Alter, Fäulnis und Wurmfraß

38 Die in § 132 a.F. neben der Abnutzung in gewöhnlichem Gebrauch separaten Ausschlusstatbestände Alter, Fäulnis und Wurmfraß sind im Zuge der VVG-Reform entfallen. Entgegen der Gesetzesbegründung[106] liegt in dieser Streichung sehr wohl eine inhaltliche Änderung, denn weder Fäulnis noch Wurmfraß noch Alterung sind notwendigerweise Fälle der Abnutzung noch des Gebrauchs. Treten Schäden aufgrund dieser Gegebenheiten auf, sind sie nach der Gesetzeslage nicht vom Versicherungsschutz ausgenommen. Die Versicherungsbedingungen erweitern den Ausschluss in der Flusskaskoversicherung wieder auf Alter, Rost, Korrosion oder Kavitation,[107] in der Wassersportkaskoversicherung auf Alter, Rost, Oxydation, Korrosion, Kavitation, Osmose und Fäulnis.[108]

III.Kausalität

39 Das maßgebliche Kausalitätsprinzip ist, wie überall im VVG die Adäquanztheorie, nicht die causa-proxima-Lehre.[109] Die Fahruntüchtigkeit[110] oder die Abnutzung[111] müssen für den eingetretenen Schaden kausal gewesen sein. Das ist dann nicht gegeben, wenn die Fahruntüchtigkeit ihrerseits auf einen versicherten Unfall zurückzuführen ist.[112] Tritt andererseits ein an sich versicherter Unfall nur deshalb ein, weil das Schiff fahruntüchtig war, besteht kein Versicherungsschutz.

IV. Verschulden

40 Nach richtiger Ansicht bedarf es für die Leistungsfreiheit des VR keines Verschuldens des VN, denn es handelt sich bei § 138 sowohl bei der Fahruntüchtigkeit als auch bei der Abnutzung im gewöhnlichen Gebrauch um einen verschuldensunabhängigen Ausschluss. Nach der neueren Rechtsprechung und eines Teils der Literatur soll es sich dagegen jedenfalls bei der Fahruntüchtigkeit um eine verhüllte Obliegenheit handeln (oben Rn. 5 ff). Wer das für richtig hält, muss § 28 zur Anwendung bringen. Die vollständige Leistungsfreiheit tritt dann nur bei Vorsatz ein. In Fällen einfacher Fahrlässigkeit bleibt der VR voll leis-

---

105 Langheid/Wand/*Kollatz* § 138 Rn. 12.

106 BTDrucks. 16/3945 S. 93: *„Die Vorschrift übernimmt sachlich unverändert den bisherigen § 132 VVG."*

107 Dazu Bruck/Möller/*Hartenstein* Ziff. 3 AVB Flusskasko Rn. 58.

108 Bruck/Möller/*Raab* Ziff. 3. AVB Wassersportfahrzeuge Rn. 12.

109 Eingehend Bruck/Möller/*Schwampe* § 130 Rn. 57ff.

110 BGH 21.02.1974 VersR **1974** 589; BGH 4.12.2000 VersR **2001** 457; Looschelders/Pohlmann/*Paffenholz* § 138 Rn. 8; Langheid/Wand/*Kollatz* § 138 Rn. 16; Prölss/Martin/*Koller* § 138 Rn. 2; Römer/Langheid/*Langheid* § 138 Rn. 9; HK-VVG/*Harms* § 138 Rn. 2.

111 OLG Hamm 4.2.1976 VersR **1978** 58; Looschelders/Pohlmann/*Paffenholz* § 138 Rn. 8; Langheid/Wand/*Kollatz* § 138 Rn. 18.

112 OLG Hamm 4.2.1976 VersR **1978** 58; Looschelders/Pohlmann/*Paffenholz* § 138 Rn. 8; Langheid/Wand/*Kollatz* § 138 Rn. 16.

tungspflichtig. Bei grober Fahrlässigkeit ist anteilig Deckung zu gewähren.[113] Die darin liegende Abkehr vom Alles-oder-Nichts-Prinzip, die der Gesetzgeber nach eindeutigen und mehrfachen Äußerungen in der Gesetzesbegründung nicht antasten wollte (oben Rn. 12), ist einer der wesentlichen Gründe, warum die neuere BGH-Rechtsprechung verfehlt ist (oben Rn. 8 ff).

V. Kündigungsrecht

Das Gesetz gewährt dem VR kein Recht, nach Feststellung einer Fahruntüchtigkeit des Schiffes den Versicherungsvertrag zu kündigen. Einzige gesetzlich vorgesehene Rechtsfolge ist die Leistungsfreiheit. Wer mit dem BGH die Vorschrift als verhüllte Obliegenheit ansieht, muss dem VR über § 28 Abs. 1 ein Kündigungsrecht einräumen. Auch dies verstärkt die Zweifel an der Auffassung des BGH. Der BGH musste sich zum Kündigungsrecht in seiner Entscheidung nicht äußern. In der Praxis wird die Frage allerdings deshalb nur in Ausnahmefällen eine Rolle spielen, weil aufgrund der marktüblichen AVB der Schiffsversicherung beiden Parteien nach jedem Schadensfall ein Kündigungsrecht zusteht, ohne dass es auf Fahruntüchtigkeit ankäme.[114] Relevant wären Fälle, in denen der VR unabhängig von einem Schadensfall von einer Fahruntüchtigkeit des Schiffes erfährt, in denen also vertragliche Schadensfallkündigung nicht möglich ist. Wie der BGH damit umgehen wird, wenn ein VR das Kündigungsrecht in Anspruch nimmt, ist deshalb offen. Jedenfalls lässt sich ein Kündigungsrecht mit der sonstigen Gesetzeslage nicht in Einklang bringen. Der Gesetzgeber wollte die unter § 132 a.F. bestehende Rechtslage ausdrücklich unverändert lassen (§ 130 Rn. 5). Ersichtlich hat zu § 132 a.F. niemand die Auffassung vertreten, dem VR stünde ein Kündigungsrecht zu. Selbst die nach § 24 für den Fall einer Gefahrerhöhung gegebene Kündigungsmöglichkeit des VR ist durch § 132 Abs. 3 ausdrücklich aufgehoben.[115] **41**

VI. Beweislast

Die Beweislast für das Vorliegen einer Fahruntüchtigkeit, für unzureichende Ausrüstung und unzureichende personelle Ausstattung trägt der VR.[116] Ebenso die Beweislast für Schadensverursachung durch diese Umstände.[117] Beweiserleichterungen stehen zur Verfügung,[118] so ein **Anscheinsbeweis.**[119] Er ist akzeptiert worden, wenn ein Poller des Schiffes auf der Reise während des Schleppens ohne besondere Beanspruchung bricht,[120] wenn ein **42**

[113] Zu Einzelheiten siehe Bruck/Möller/*Heiss* § 28 Rn. 183ff.

[114] Etwa Ziff. 29 AVB Flusskasko; Ziff. 14 AVB Wassersportfahrzeuge.

[115] Dazu Bruck/Möller/*Schneider* § 132 Rn. 17.

[116] OLG Hamburg 5.12.1974 VersR **1975** 1022;OLG Hamm 12.02.1982 VersR **1982** 1041; Looschelders/Pohlmann/*Paffenholz* § 138 Rn. 7; HK-VVG/*Harms* § 138 Rn. 2.

[117] Langheid/Wand/*Kollatz* § 138 Rn. 18.

[118] Looschelders/Pohlmann/*Paffenholz* § 138 Rn. 8; Römer/Langheid/*Langheid* § 138 Rn. 8.

[119] BGH 21.02.1974 VersR **1974** 589; BGH 15.10.1979 VersR **1980** 65; BGH 4.12.2000 VersR **2001** 457, wo im konkreten Fall aber ein typischer Geschehensablauf verneint wird; Langheid/Wand/*Kollatz* § 138 Rn. 18; Prölss/Martin/*Koller* § 138 Rn. 1; HK-VVG/*Harms* § 138 Rn. 2.

[120] BGH 21.12.1974 VersR **1974** 589, Revisionsinstanz zu OLG Hamburg 9.11.1972 VersR **1973** 538; Looschelders/Pohlmann/*Paffenholz* § 138 Rn. 8; Römer/Langheid/*Langheid* § 138 Rn. 8.

Schiff wegen zu tiefer Abladung festkommt[121] und dabei einen Bodenschaden erleidet.[122] Ein Anscheinsbeweis kann auch zur Verfügung stehen zwischen der fehlenden Qualifikation eines Schiffsführers und einem eingetretenen Schaden, wenn typischerweise ein qualifizierter Schiffsführer die Schadensentstehung erkannt und den Schaden verhindert hätte.[123]

43 **Kein Anscheinsbeweis** wurde akzeptiert für den Fall, dass ein Teil eines Bootsantriebs (entweder) durch einen(nicht versicherten) Konstruktions-, Fabrikations- oder Materialfehler oder durch (ausgeschlossenen) natürlichen Verschleiß entstanden ist, solange auch ein (versicherter) Bedienungsfehler denkbar ist.[124] Keine Vermutung der Verursachung durch Fahruntüchtigkeit, wenn Schiff ohne Mitwirkung eines äußeren Ereignisses beschädigt wird.[125] Entgegen dem OLG Hamm gibt auch es keinen „allgemeinen Beweisgrundsatz" in § 58 Abs. 2 ADS.[126] Dort findet sich, dass für den Fall von Verlust oder Beschädigung des Schiffes ohne Mitwirkung eines äußeren Ereignisses der Schaden als im Zweifel durch Seeuntüchtigkeit verursacht gilt. Ein Rückgriff hierauf scheidet schon deshalb aus, weil die ADS allgemeine Geschäftsbedingungen sind. Sie sind deshalb ungeeignet, ohne Einbeziehung in den Vertrag Beweisregeln für Gesetzesvorschriften aufzustellen. Soweit das OLG Hamm sich für seine Auffassung auf ein Urteil des OLG Hamburg[127] berufen will, trägt dieser Verweis nicht. Denn das OLG Hamburg hat aus dem Abbrechen eines Pollers bei normaler Witterung schlichtweg im Wege des Anscheinsbeweises das Vorliegen von Fahruntüchtigkeit bejaht, ohne dabei § 58 ADS anzuwenden oder ihn zu einem allgemeinen Grundsatz zu erklären.

44 Welche Konsequenzen sich aus der Anmerkung von *Koller*[128] ergeben sollen, dass der Schluss auf die Ursächlichkeit der Fahruntüchtigkeit „nahe liege", wenn im Falle der nachgewiesenen Fahruntüchtigkeit andere Ursachen ausscheiden, wird nicht recht deutlich. Der Sache nach kommt dies der Erwägung des OLG Hamm nahe, ohne dass auf § 58 ADS Bezug genommen würde. Einen Beweisgrundsatz, dass mangels äußerer Ereignisse eine festgestellte Fahruntüchtigkeit als ursächlich zu gelten habe, gibt es jedenfalls nicht. Dem VR steht allerdings im Wege des Ausschlussbeweises der Nachweis offen, dass keine andere Ursache wirksam geworden sein kann.

45 Hält man die Vorschrift für eine **verhüllte Obliegenheit**, ist die allgemeine Aussage von *Kollatz*,[129] der VR müsse auch das **Verschulden** beweisen, unrichtig. *Kollatz* beruft sich für seine Meinung auf einen Umkehrschluss aus einem BGH-Urteil.[130] Das Urteil eignet sich aber für den von *Kollatz* daraus entnommenen Umkehrschluss nicht. Dort hat das Gericht die Aussagen eines Besatzungsmitgliedes zu seinen Wahrnehmungen an Bord verwertet, um einen typischen Geschehensablauf zu verneinen. Der Umstand, dass das Gericht dann ausführt, dass weitere Feststellungen (tatsächlicher Art) nicht in Betracht kämen, so dass der VR letztlich zur Leistung verurteilt wurde, stellt weder eine Beweislastentscheidung dar, noch hat es etwas mit einem Verschuldensnachweis zu tun, denn alle Ausführungen des BGH befassen sich allein mit dem Kausalzusammenhang, nicht mit dem Verschulden.

---

121 BGH 7.7.1980 VersR **1980** 1045.

122 BGH 15.10.1979 VersR **1980** 65.

123 BGH 4.12.2000 VersR **2001** 457, im dortigen Fall wegen der tatsächlichen Umstände aber verneint.

124 OLG Hamm 4.2.1976 VersR **1978** 58.

125 Prölss/Martin/*Koller* Ziff. 3 AVB Flusskasko Rn. 21.

126 So aber OLG Hamm 12.2.1982 VersR **1982** 1041, das lediglich die Voraussetzungen von § 58 Abs. 2 ADS verneint.

127 OLG Hamburg 9.11.1972 VersR **1973** 538; bestätigt durch BGH 21.02.1974 VersR **1974** 589.

128 Prölss/Martin/*Koller* Ziff. 3 AVB Flusskasko Rn. 21.

129 Langheid/Wand/*Kollatz* § 138 Rn. 18.

130 BGH 4.12.2000 VersR **2001** 457.

Die Beweislast für Vorsatz trifft im Rahmen von § 28 den VR,[131] während sich der VN von grober Fahrlässigkeit entlasten muss.[132]

VII. Abänderbarkeit

Die Vorschrift ist abänderbar.[133] 46

§ 139
Veräußerung der versicherten Sache oder Güter

(1) Ist eine versicherte Sache, für die eine Einzelpolice oder ein Versicherungszertifikat ausgestellt worden ist, veräußert worden, haftet der Erwerber abweichend von § 95 nicht für die Prämie. Der Versicherer kann sich gegenüber dem Erwerber nicht auf Leistungsfreiheit wegen Nichtzahlung der Prämie oder wegen Nichtleistung einer Sicherheit berufen, es sei denn, der Erwerber kannte den Grund für die Leistungsfreiheit oder hätte ihn kennen müssen.

(2) Der Versicherer ist abweichend von § 96 nicht berechtigt, das Versicherungsverhältnis wegen Veräußerung der versicherten Güter zu kündigen.

(3) Der Versicherungsnehmer ist abweichend von § 97 nicht verpflichtet, dem Versicherer die Veräußerung anzuzeigen.

Übersicht

A. Überblick

§ 139 regelt Besonderheiten der Transportversicherung bei der Veräußerung versicherter Sachen oder Güter. Erfolgt eine solche Veräußerung während des Transports, können die versicherten Gegenstände nur schwer umgehend anderweitig versichert werden. Es besteht daher ein wirtschaftliches Bedürfnis für den Fortbestand des vom Veräußerer unterhaltenen Versicherungsschutzes, dem § 139 Rechnung trägt.[1] Die Norm ordnet zu diesem Zweck Abweichungen von den allgemeinen Vorschriften der §§ 95 – 97 an. 1

Die Norm des **§ 139 Abs. 1** wurde durch die VVG-Reform zum 1. Januar 2008 neu in das Gesetz aufgenommen. Sie orientiert sich an den gebräuchlichen Regelungen der Praxis und ist an Ziff. 14.2 DTV-Güter 2000/2008 angelehnt. Die Vorschrift enthält insbesondere 2

---

131 Bruck/Möller/*Heiss* § 28 Rn. 215.

132 Bruck/Möller/*Heiss* § 28 Rn. 216.

133 Langheid/Wand/*Kollatz* § 138 Rn. 2; Römer/Langheid/*Langheid* § 138 Rn. 10.

1 MünchKommVVG/*Kollatz* § 139 Rn. 2; Looschelders/Pohlmann/*Paffenholz* § 139 Rn. 1.

Abweichungen von § 95. **§ 139 Abs. 2** und **Abs. 3** entsprechen in ihrem Regelungsgehalt § 142 VVG a.F. in der bis zum 31. Dezember 2007 geltenden Fassung (s. auch Ziff. 14.4. und 14.5 DTV-Güter 2000/2008).[2] Sie modifizieren die §§ 96, 97.

B. Regelungsinhalt

3 § 139 schränkt die Rechte des VR im Falle der Veräußerung versicherter Sachen gegenüber den allgemeinen Vorschriften für die Sachversicherung (§§ 95–97) zugunsten des VN und des Erwerbers ein. Sie sorgt damit für den **Fortbestand der Transportdeckung trotz Veräußerung.**

4 Die Norm unterscheidet begrifflich zwischen versicherten **Sachen** (Abs. 1) und versicherten **Gütern** (Abs. 2). Der Begriff der versicherten Sachen ist weit und umfasst auch versicherte Güter.[3] Als versicherte Sachen, die keine Güter sind, kommen z.B. versicherte Schiffe in Betracht.[4] Regelfall für den Anwendungsbereich von § 139 ist freilich die Versicherung des Transportguts (zur Veräußerung versicherter Schiffe vgl. § 140).

I. Haftungs- und Einwendungsausschluss zugunsten des Erwerbers (Abs. 1)

5 Der Schutz des § 139 Abs. 1 beschränkt sich auf versicherte Sachen, für die eine **Einzelpolice** oder ein **Versicherungszertifikat** ausgestellt ist. Damit sind die in § 55 erwähnten Tatbestände der **laufenden Versicherung** (§§ 53ff.) angesprochen. Bei den genannten Dokumenten handelt es sich um Versicherungsbestätigungen für Einzelrisiken im Rahmen einer laufenden Versicherung (§ 55 Rn. 4). Die Begriffe Einzelpolice und Versicherungszertifikat sind eine rein terminologische Unterscheidung ohne inhaltliche Bedeutung (vgl. § 55 Abs. 3).[5] § 139 Abs. 1 ergänzt damit die Vorschrift des § 55. Außerhalb der laufenden Versicherung gelten die Regelungen des § 139 Abs. 1 nicht.[6]

1. Keine Haftung des Erwerbers für Prämie (Abs. 1 Satz 1)

6 Bei Veräußerung der versicherten Sache tritt der Erwerber gemäß § 95 Abs. 1 in die Rechte und Pflichten aus dem Versicherungsvertrag ein, wird also neuer VN. § 139 Abs. 1 Satz 1 bestimmt, dass der Erwerber abweichend von § 95 Abs. 2 nicht für die Prämie haftet, wenn für die betreffende Sache eine Einzelpolice bzw. ein Versicherungszertifikat ausgestellt worden ist. Die Bestimmung flankiert die in Veräußerungsverträgen üblichen Vereinbarungen, nach denen sich der VN gegenüber dem Erwerber verpflichtet, die Kosten der Versicherung auch dann zu tragen, wenn der Eigentumsübergang vor Beendigung des Transport stattfindet (z.B. beim cif-Verkauf, „*Cost, Insurance and Freight*").[7]

7 Von dem Regelungsbereich des § 139 Abs. 1 zu **unterscheiden** ist der Fall, dass der Versicherungsvertrag als **Versicherung für fremde Rechnung** (§§ 43ff.) ausgestaltet ist. In diesem Fall tritt der Erwerber nicht in den Versicherungsvertrag ein; vielmehr bleibt der Ver-

---

[2] Vgl. Begr. RegE, BT-Drucks. 16/3945, S. 93.

[3] Prölss/Martin/*Koller* § 140 Rn. 1; zum Begriff der Güter vgl. *Ehrenzweig* § 102 Ziff. 1. b.

[4] Prölss/Martin/*Koller* § 140 Rn. 1.

[5] Looschelders/Pohlmann/*Looschelders/Gesing* § 55 Rn. 2.

[6] Prölss/Martin/*Koller* § 140 Rn. 2.

[7] Rüffer/Halbach/Schimikowski/*Harms* § 139 Rn. 1.

äußerer der VN. Es verbleibt dann bei den Regelungen der Fremdversicherung, die insoweit vorgehen (s. auch Ziff. 13 DTV-Güter 2000/2008).[8]

2. Leistungsfreiheit des Versicherers (Abs. 1 Satz 2)

Gemäß § 139 Abs. 1 Satz 2 kann sich der VR gegenüber dem Erwerber nur dann auf **Leistungsfreiheit** wegen Nichtzahlung der Prämie oder Nichtleistung einer Sicherheit berufen, wenn dieser den Grund für die Leistungsfreiheit kannte oder aber hätte kennen müssen (§ 122 Abs. 2 BGB). Mit der Neuerung wurde das Gesetz an die Bedingungspraxis angepasst.[9] Der VR hat sich dann wegen der ausstehenden Prämie bzw. der Rechtsfolgen des Zahlungsverzuges an den (ursprünglichen) VN zu halten. 8

Wie sich aus der Formulierung von Abs. 1 Satz 2 ergibt, liegt die **Beweislast** für die Kenntnis oder das Kennenmüssen des Erwerbers bei dem VR, wenn er aus der Nichtzahlung der Prämie Rechte gegenüber dem Erwerber herleiten möchte. 9

II. Kündigungsausschluss (Abs. 2)

In der Transportversicherung ist der **VR** zudem abweichend von § 96 Abs. 1 **nicht berechtigt**, den Vertrag **anlässlich der Veräußerung** der versicherten Sache **zu kündigen** (§ 139 Abs. 2).[10] Der Erwerber soll davor geschützt werden, neuen Versicherungsschutz für Güter, die bereits transportiert werden, einkaufen zu müssen oder angesichts der Schwierigkeiten einer anderweitigen Eindeckung womöglich das volle Transportrisiko zu tragen (Rn. 3). 10

Das **Kündigungsrecht des Erwerbers** mit sofortiger Wirkung oder für den Schluss der laufenden Versicherungsperiode nach § 96 Abs. 2 bleibt hiervon **unberührt**.[11] 11

Auch § 139 Abs. 2 gilt nur für **versicherte Güter**, mithin nicht für sonstige versicherte Sachen (zur Kündigung bei Veräußerung versicherter Schiffe s. § 140). 12

III. Keine Anzeigepflicht (Abs. 3)

Schließlich ist der VN abweichend von der allgemeinen Vorschrift des § 97 Abs. 1 auch nicht verpflichtet, die Veräußerung der versicherten Sachen oder Güter dem VR anzuzeigen (§ 139 Abs. 3). Es droht demensprechend auch keine Leistungsfreiheit des VR bei unterbliebener Anzeige. Diese Regelung folgt als Konsequenz aus dem fehlenden Kündigungsrecht des VR (§ 139 Abs. 2). Kann der VR den Vertrag aufgrund der Veräußerung ohnehin nicht kündigen, besteht auch kein Bedürfnis, eine entsprechende Anzeigepflicht vorzusehen.[12] 13

Die Vorschrift des § 139 Abs. 3 gilt nicht für die Veräußerung von versicherten Schiffen (dazu § 140). 14

---

8 Staudinger/Halm/Wendt/*Ramming* Ziff. 14 DTV-Güter 2000/2008, Rn. 1.

9 Vgl. Ziff. 14 DTV 2000 bzw. 2000/2008.

10 Vgl. § 142 Satz 1 VVG a. F.; RegE, BT-Drucks. 16/3934, S. 93.

11 Rüffer/Halbach/Schimikowski/*Harms* § 139 Rn. 3.

12 Looschelders/Pohlmann/*Paffenholz* § 139 Rn. 4.

C. Abdingbarkeit

15 Die Regelung des § 139 ist dispositiv. Die transportversicherungsrechtlichen Standardbedingungswerke enthalten in der Regel gesonderte Klauseln für die Veräußerung von versicherten Sachen (Rn. 4).

§ 140
Veräußerung des versicherten Schiffes

Wird ein versichertes Schiff veräußert, endet abweichend von § 95 die Versicherung mit der Übergabe des Schiffes an den Erwerber, für unterwegs befindliche Schiffe mit der Übergabe an den Erwerber im Bestimmungshafen.

Übersicht

A. Regelungshintergrund

1 Die Regelung des § 140 regelt – abweichend von § 139 – die Rechtslage bei Veräußerung eines **versicherten Schiffes.** § 140 betrifft die **zeitliche Wirkung** einer Kündigung des VR im Falle der Veräußerung von Schiffen. Hier soll der VR in jedem Fall bis zur Übergabe des Schiffes an den Erwerber – bei auf Reisen befindlichen Schiffen erst im Bestimmungshafen – leistungspflichtig bleiben. Die Vorschrift ist im Zuge der **VVG-Reform** zum 1. Januar 2008 an die Stelle von § 143 Abs. 1 VVG a.F. getreten. Sie soll Schwierigkeiten vermeiden helfen, die mit der Versicherung eines auf Reisen befindlichen Schiffes verbunden sind.

2 § 140 ist in mehrerlei Hinsicht **ungenau und missverständlich formuliert.** Nach der allgemeinen Bestimmung des § 95 Abs. 1 – auf die § 140 Bezug nimmt – tritt der Erwerber einer versicherten Sache mit Eigentumsübergang in die Rechte und Pflichten der für die erworbenen Sache bestehenden Versicherung ein. Von dieser Regelung wird durch § 140 ausweislich des Wortlauts ausdrücklich abgewichen, der bestimmt, dass der Versicherungsvertrag mit der Übergabe des Schiffs an den Erwerber endet. Bei unbefangener Lektüre könnte man § 140 so verstehen, als finde ein Eintritt des Erwerbers in die Versicherung des Schiffes – abweichend von § 95 – nicht oder nur vorübergehend statt und als werde der Versicherungsvertrag in jedem Fall aufgrund der Veräußerung mit der Übergabe des Schiffes an den Erwerber beendet.[1] Das ist ausweislich der Gesetzesbegründung aber nicht gewollt (zu entspr. AVB-Regelungen s. unten, Rn. 13). Es ging dem Gesetzgeber darum, wie auch schon bei der – deutlich klarer gefassten – Vorgängervorschrift des § 143

[1] So offenbar Prölss/Martin/*Koller* § 140 Rn. 1; Staudinger/Halm/Wendt/*Ramming* § 140 Rn. 1; dies entspricht zwar der Bedingungspraxis (s. Rn. 13), nicht aber der Gesetzeslage.

a.F., allein die zeitlichen Wirkungen einer **Kündigung des VR** in § 140 zu regeln.[2] Die Kündigung durch den VR und deren Wirkung sind in § 95 allerdings gar nicht geregelt; der Verweis in § 140 auf die Vorschrift des § 95 ist insofern irreführend (und auch unvollständig; dazu Rn. 4).

Mithin sind die Regelungen des § 95 auch im Anwendungsbereich von § 140 grundsätzlich zu beachten. Auch hier tritt der Erwerber des Schiffs mit dem Eigentumsübergang gemäß § 95 Abs. 1 in den Versicherungsvertrag ein. Will der VR das Vertragsverhältnis anlässlich der Veräußerung beenden, muss er auch hier den Vertrag kündigen.[3] Nur auf diesen Fall bezieht sich § 140 und modifiziert die Wirkungen einer solchen Kündigung.[4] Aus dem Wortlaut der Norm ergibt sich dies indes nicht. **3**

Die Formulierung in § 140 ist zudem insofern unvollständig, als die Norm scheinbar lediglich eine Abweichung von § 95 anordnet. Die Bestimmungen der §§ 96, 97 werden in § 140 nicht erwähnt. Da es aber gerade um eine Modifikation der Wirkungen einer Kündigung des VR geht, werden **durch § 140** freilich **auch §§ 96, 97 modifiziert.** Dies lässt sich der Bestimmung ebenfalls nur im Wege der Auslegung entnehmen (dazu unten, Rn. 12). **4**

B. Anwendungsbereich

Wie der gesamte Abschnitt der §§ 130ff. gilt § 140 **nicht für die Seeversicherung** (vgl. § 209 und § 130 Abs. 1 und 2).[5] Die Regelung erfasst daher nur Beförderungen durch Schiffe **auf Binnengewässern.** Bei multimodalen Transporten (gemischten Reisen), also solchen, die teils über See, teils über Land oder Binnengewässer führen, gelten für den Teil des Transports, der nicht Seetransport ist, die §§ 130 ff. (§ 130 Rn. 13ff.).[6] **5**

Veräußerung im Sinne des § 140 meint die Übertragung des Eigentums an einen Erwerber. Dem steht die Zwangsvollstreckung gleich (DTV-ADS 2009, Ziff. 53 Rn. 3). Die Veräußerung eines Schiffsparts (Gesellschaftsanteil am Reedereivermögen) fällt nicht hierunter. Sonderregeln für diesen Fall finden sich z.B. in Ziff. 53 DTV-ADS 2009. **6**

C. Regelungsinhalt

§ 140 knüpft an die Regelung des § 97 Abs. 1 an, wonach die Veräußerung des Schiffs unverzüglich dem VR anzuzeigen ist und der VR leistungsfrei wird, wenn der Versicherungsfall später als einen Monat nach dem Zeitpunkt eintritt, zu dem die Anzeige dem VR hätte zugehen müssen. Außerdem ist der VR gemäß § 96 Abs. 1 berechtigt, das Versicherungsverhältnis dem Erwerber gegenüber mit einer Frist von einem Monat zu kündigen. Diese Regelungen bleiben im Grundsatz zwar anwendbar, werden aber durch § 140 dahingehend modifiziert, dass maßgeblich für die Beendigung des Versicherungsschutzes – sofern es aufgrund unterlassener Anzeige oder Kündigung durch den VR hierzu kommt – nicht der Eigentumsübergang der versicherten Sache, sondern die **Übergabe** (§§ 854ff. BGB) des Schiffes an den Erwerber ist.[7] **7**

---

[2] Begr. RegE, BT-Drucks. 16/3945, S. 93.
[3] Looschelders/Pohlmann/*Paffenholz* § 140 Rn. 2; a.M. offenbar Prölss/Martin/*Koller*, § 140 Rn. 1.
[4] Begr. RegE, BT-Drucks. 16/3945, S. 93.
[5] Dazu § 209 Rn. 206ff.; Marlow/Spuhl/*C. Schneider*, Rn. 896f.
[6] Looschelders/Pohlmann/*Paffenholz* Vor § 130 Rn. 6; *Ehlers*, TransportR 2007, 5, 8; *Remé*, VersR 2008, 756, 760.
[7] Begr. RegE, BT-Drucks. 16/3945, S. 93.

8 Die Bestimmung ist – wie erwähnt (Rn. 4) – unvollständig, da in der Sache auch von den §§ 96, 97 abgewichen werden soll, das Gesetz insoweit aber keine Regelungen bereithält.

I. Anzeige der Veräußerung

9 Die **Veräußerung** des Schiffes selbst **ist gemäß § 97 anzeigepflichtig;**[8] die Regelung **des § 139 Abs. 3** ist auf die Veräußerung von Schiffen **nicht anwendbar** (§ 139 Rn. 14).[9] Nach der Gesetzesbegründung soll der VR aber auch bei unterlassener Veräußerungsanzeige leistungspflichtig bleiben, soweit sein Kündigungsrecht nach § 140 eingeschränkt oder ausgeschlossen ist.[10] Das passt aber nicht zu § 97 Abs. 1, demzufolge der VR bei unterbliebener Anzeige leistungsfrei wird, wenn der Versicherungsfall später als einen Monat nach dem Zeitpunkt eintritt, an dem ihm die Anzeige hätte zugehen müssen. Die Anwendung von § 97 Abs. 1 würde dann zur Leistungsfreiheit des VR führen, auch wenn – bei entsprechender langer Reisedauer – noch keine Übergabe an den Erwerber erfolgt ist. Das ist ersichtlich nicht gewollt; ein solches Ergebnis stünde im Widerspruch zu der gesetzgeberischen Intention des § 140.[11] Der Haftungsausschluss in § 97 Abs. 1 Satz 2 muss – sofern die Veräußerung nicht angezeigt wurde – damit zeitlich auf Versicherungsfälle nach Abschluss der Reise beschränkt bleiben.[12]

II. Kündigungsrechte des VR und des Erwerbers

10 Im Falle einer **Veräußerung des versicherten Schiffes** steht dem VR zudem das in § 96 Abs. 1 geregelte **Kündigungsrecht** zu, wie sich aus der Gesetzesbegründung ergibt.[13] Die Vorschrift des **§ 139 Abs. 2** findet mithin **keine Anwendung.** Gleichwohl soll die Kündigung wegen § 140 erst mit Übergabe des Schiffes an den Erwerber Wirkung entfalten.

11 Das **Kündigungsrecht des Erwerbers** des Schiffes wird von der Regelung in § 140 nicht berührt. Insoweit verbleibt es bei der Regelung des § 96 Abs. 2.

III. Rechtsfolgen

12 Die Regelung von § 140 ist dahingehend auszulegen, dass trotz Kündigung oder unterbliebener Anzeige der Veräußerung und entgegen der §§ 96, 97 der VR jedenfalls bis zur Übergabe des Schiffes an den Erwerber bzw. bei unterwegs befindlichen Schiffen bis zur Übergabe an den Erwerber im Bestimmungshafen Versicherungsschutz besteht. Eine unterlassene Anzeige nach § 97 Abs. 1 Satz 1 ist bis dahin unschädlich. Relevanz hat die unterbliebene Anzeige, wenn das Schiff auf Zeit oder für mehrere Reisen versichert ist.[14] Eine Kündigung kann der VR frühestens auf den Zeitpunkt der Übergabe erklären. Der Praxis ist dazu zu raten, diese Unklarheit durch vertragliche Vereinbarungen auszuräumen.[15]

---

[8] Begr. RegE, BT-Drucks. 16/3945, S. 93.
[9] Prölss/Martin/*Koller* § 140 Rn. 1; MünchKommVVG/*Kollatz* § 140 Rn. 3.
[10] RegE, BT-Drucks. 16/3945, S. 93.
[11] HK-VVG/*Harms* § 140 Rn. 2.
[12] MünchKommVVG/*Kollatz* § 140 Rn. 3; Römer/Langheid/*Langheid* § 140 Rn. 4.
[13] Begr. RegE, BT-Drucks. 16/3945, S. 93.
[14] Römer/Langheid/*Langheid* § 140 Rn. 4.
[15] HK-VVG/*Harms* § 140 Rn. 2.

D. Abdingbarkeit

§ 140 ist – wie alle Bestimmungen des Transportversicherungsrechts – **dispositiv.** Da die Transportversicherung zudem stets Großrisiko im Sinne des § 210 Abs. 2 ist, besteht Vertragsfreiheit gemäß § 210 Abs. 1. Die Parteien können also abweichende Regelungen treffen. Jedenfalls Präzisierungen sind ihnen, mit Blick auf die oben erläuterten Unklarheiten der Norm (Rn. 2ff.) auch zu empfehlen. Die Bedingungswerke, z.B. Ziff. 53.1 DTV-ADS 2009, sehen insoweit – abweichend von § 140 (vgl. Rn. 7) – vor, dass der Versicherungsvertrag durch die Veräußerung des versicherten Schiffes endet, ohne dass es einer Kündigung durch den VR bedarf. **13**

§ 141
Befreiung durch Zahlung der Versicherungssumme

(1) Der Versicherer ist nach Eintritt des Versicherungsfalles berechtigt, sich durch Zahlung der Versicherungssumme von allen weiteren Verbindlichkeiten zu befreien. Der Versicherer bleibt zum Ersatz der Kosten verpflichtet, die zur Abwendung oder Minderung des Schadens oder zur Wiederherstellung oder Ausbesserung der versicherten Sache aufgewendet worden sind, bevor seine Erklärung, dass er sich durch Zahlung der Versicherungssumme befreien wolle, dem Versicherungsnehmer zugegangen ist.

(2) Das Recht des Versicherers, sich durch Zahlung der Versicherungssumme zu befreien, erlischt, wenn die Erklärung dem Versicherungsnehmer nicht innerhalb einer Woche nach dem Zeitpunkt, zu dem der Versicherer Kenntnis von dem Versicherungsfall und seinen unmittelbaren Folgen erlangt hat, zugeht.

Schrifttum

Siehe Schrifttum vor § 130 VVG.

Übersicht

A. Einführung

I. Entstehungsgeschichte

Die Vorschrift entspricht in Absatz 1 bis auf geringfügige sprachliche Glättungen wörtlich § 145 a.F. Absatz 2 ist im, Rahmen der VVG-Reform neu hinzugefügt worden. Vor der Reform unterlag der Abandon keiner Frist. Für das Seeversicherungsrecht sah § 841 a.F., wie § 38 ADS, eine Ausübungsfrist von 5 Werktagen vor. **1**

2 Die Gesetzesbegründung (BTDrucks. 16/3945 S. 93) führt aus:

„Zu Absatz 1

Der in der internationalen See- und Transportversicherung übliche und im deutschen Recht in § 145 VVG und § 841 HGB sowie in § 38 ADS geregelte so genannte Abandon dient dem Schutz des Versicherers gegen die Ausdehnungseiner Haftung über die vereinbarte Versicherungssumme hinaus. Mit der Erklärung des Abandon und Leistung der Versicherungssumme befreit sich der Versicherer von künftig entstehenden Kosten der Schadensminderung, Wiederherstellung oder Ausbesserung. Mit den vor Erklärung des Abandon hierfür angefallenen Kosten bleibt der Versicherer aber weiterhin belastet.

Zu Absatz 2

Bisher ist das Recht des Versicherers, den Abandon zu erklären und sich durch Zahlung der Versicherungssumme von allen weiteren Verbindlichkeiten zu befreien, nichtbefristet. Im Interesse des Versicherungsnehmers ist es aber notwendig, dieses Recht auf eine bestimmte Frist nach erlangter Kenntnis vom Eintritt des Versicherungsfalles zu beschränken."

II. Inhalt und Zweck der Regelung

1. Inhalt

3 Die Vorschrift bestimmt in Abs. 1, dass der VR den Inhalt des Versicherungsvertrages durch eine Erklärung, nämlich die Erklärung, die Versicherungssumme zahlen zu wollen, ändern kann. Nach dieser Erklärung schuldet der VR nur noch diese Zahlung der Versicherungssumme sowie gewisser bis dahin entstandener Aufwendungen. Abs. 2 bestimmt eine Frist, innerhalb derer diese Erklärung abgegeben werden kann.

2. Zweck

4 Anders als sonst im VVG, sieht § 135 Abs. 1 für die Transportversicherung vor, dass Aufwendungen zur Schadensabwendung und Schadensminderung über die Versicherungssumme hinaus ersetzt werden. Zweck des in der internationalen See- und Transportversicherung üblichen[1] Abandons nach § 141 ist der Schutz des VR vor Ausweitung seiner Haftung für derartige Aufwendungen.[2] Der VR soll selbst entscheiden können, wann er die Hoffnung auf erfolgreiche Schadensminderung aufgeben und stattdessen schlicht die Versicherungssumme zahlen will. Entgegen *Pisani*[3] geht es nicht auch um die Begrenzung der Kosten für Wiederherstellung oder Ausbesserung, weil diese ohnehin durch die Versicherungssumme begrenzt werden.[4] Die Vorschrift begünstigt dabei nicht einseitig den VR, sondern bezweckt den Ausgleich der Interessen.[5] Deshalb bleiben Aufwendungen, die bis zum Zeitpunkt der Erklärung entstanden sind, gedeckt. Damit die Verhältnisse zeitnah geklärt werden, bestimmt Abs. 2 eine Wochenfrist.[6] Der VR soll seine Entscheidung deshalb

---

1 Looschelders/Pohlmann/*Paffenholz* § 141 Rn. 1; Schwintowski/Brömmelmeyer/*Pisani* § 141 Rn. 1.

2 Looschelders/Pohlmann/*Paffenholz* § 141 Rn. 1; Prölss/Martin/*Koller* § 141 Rn. 1; Schwintowski/Brömmelmeyer/*Pisani* § 141 Rn. 1.

3 Schwintowski/Brömmelmeyer/*Pisani* § 141 Rn. 1.

4 Prölss/Martin/*Dörner* vor § 74 Rn. 1.

5 Looschelders/Pohlmann/*Paffenholz* § 141 Rn. 1, Römer/Langheid/*Langheid* § 141 Rn. 3; Thume/de la Motte/Ehlers/*Ehlers* Kap. 2 Rn. 478; Thume/de la Motte/Ehlers/*Gerhard* Kap. 6 Rn. 743.

6 Berliner Kommentar/*Dallmayr* § 145 Rn. 2; *Enge/Schwampe* 120; Schwintowski/Brömmelmeyer/*Pisani* § 141 Rn. 8.

nicht allzu lange herauszögern dürfen.[7] Die Interessen des VR wiederum sind dadurch gewahrt, dass die Frist nicht schon mit Kenntnis vom Versicherungsfall zu laufen beginnt, sondern erst, wenn er auch Kenntnis von seinen unmittelbaren Folgen hat.

III. Anwendungsbereich

Die Bestimmung gilt für alle § 130 unterfallenden Versicherungen, also für die Gütertransportversicherung zu Lande und auf Binnengewässern nach § 130 Abs. 1 und für die Schiffsversicherung gegen die Gefahren der Binnenschifffahrt nach § 130 Abs. 2 einschließlich des Haftpflichtannexes hinsichtlich des Zusammenstoßes mit Schiffen und festen und anderen schwimmenden Gegenständen. 5

B. Erläuterung der Bestimmung

I. Begriff des Abandons

Allgemein ist der Abandon die Preisgabe eines Rechts, um sich einer Verpflichtung zu entledigen.[8] Das Gesetz verwendet diesen Begriff nicht, obwohl es sich in der Praxis durchgesetzt hat. VR erklären in der Praxis nicht, dass sie sich „durch Zahlung der Versicherungssumme von der weiteren Haftung befreien" wollen, VR erklären, dass „sie abandonieren". Entsprechend wird dieser Begriff auch von den Gerichten,[9] der Literatur.[10]Versicherungsbedingungen[11] und sogar der Gesetzesbegründung[12] verwendet. 6

Zwar ist im Versicherungsrecht auch ein Recht des VN zum Abandon bekannt.[13] Die Vorschrift gewährt ein solches Recht allerdings nicht.[14]

II. Erklärung des Abandons

Der Abandon ist eine einseitige, grundsätzlich formfreie (AVB können Textformerfordernisse[15] vorsehen) empfangsbedürftige Willenserklärung.[16] Er ist ein Gestaltungsrecht,[17] dessen Gestaltungswirkung mit Zugang eintritt.[18] Aufgrund der Einseitigkeit 7

---

[7] Schwintowski/Brömmelmeyer/*Pisani* § 141 Rn. 8.

[8] Berliner Kommentar/*Dallmayr* § 145 Rn. 1; *Engel/Schwampe* 119.

[9] BGH 05.07.1971 VersR **1971** 1012 („Scarlett"), nahezu wortgleich mit BGH 05.07.1971 VersR **1971** 1031 („Tina").

[10] Siehe etwa *Engel/Schwampe* 119; Beckmann/Matusche-Beckmann/*Heiss/Trümper* § 38 Rn. 172 und 291;

[11] Ziff. 28 AVB Flusskasko; Ziff. 19 DTV Güter; Ziff. 42 DTV-ADS.

[12] BTDrucks. 16/3945, 93.

[13] *Engel/Schwampe* 120.

[14] Looschelders/Pohlmann/*Paffenholz* § 141 Rn. 1; Schwintowski/Brömmelmeyer/*Pisani* § 141 Rn. 3; Thume/de la Motte/Ehlers/*Ehlers* Kap. 5 Rn. 545.

[15] Textform gem. Ziff. 31.1 AVB Flusskasko.

[16] Berliner Kommentar/*Dallmayr* § 145 Rn. 2; *Engel/Schwampe* 119; Langheid/Wand/*Kollatz* § 141 Rn. 4; Prölss/Martin/*Koller* § 141 Rn. 1; Schwintowski/Brömmelmeyer/*Pisani* § 141 Rn. 4 und 11.

[17] BGH 05.07.1971 VersR **1971** 1031; Looschelders/Pohlmann/*Paffenholz* § 141 Rn. 1; Langheid/Wand/*Kollatz* § 141 Rn. 4; HK-VVG/*Harms* § 141 Rn. 2; Schwintowski/Brömmelmeyer/*Pisani* § 141 Rn. 1; Thume/de la Motte/Ehlers/*Thume* Kap. 2 Rn. 479.

[18] Looschelders/Pohlmann/*Paffenholz* § 141 Rn. 3.

bedarf er, um Rechtswirkungen zu erzeugen, keiner Zustimmung des VN.[19] Aus dem gleichen Grunde ist auch ein Widerspruch des VN wirkungslos. Zur Zustimmung des VN zu einer verspätet abgegebenen Abandonerklärung siehe Rn. 28. Nach der VVG-Reform ist der Abandon nicht mehr fristfrei (so noch § 145 a.F.), sondern innerhalb einer Woche zu erklären (Abs. 2, näher Rn. 26 ff). Der Erklärung muss zu entnehmen sein, dass sich der VR durch die Zahlung der Versicherungssumme von weiteren Verpflichtungen lösen will.[20] Das ist aufgrund der Handelsüblichkeit des Begriffs des Abandons auch dann gegeben, wenn der VR erklärt, er abandonniere. Kein Abandon liegt vor, wenn VR lediglich Abschlagszahlung ankündigt,[21] was zwar angesichts der kurzen Frist nach Abs. 2 in der Praxis keine Relevanz besitzt, bei Abschlägen oder Vorschüssen auf Schadenabwendungsaufwendungen aber durchaus eine Rolle spielen kann.

8 Der Abandon kann erst nach Eintritt des Versicherungsfalls erklärt werden könne.[22] Wenn *Dallmayr*,[23] meint, der Abandon könne „zu jedem beliebigen Zeitpunkt" erklärt werden, will er damit ersichtlich nicht auf eine Erklärung vor Eintritt des Versicherungsfalls abstellen, oder seinen einen beliebigen Zeitpunkt danach. Dabei ist zu berücksichtigen, dass *Dallmayrs* Kommentierung noch zu § 145 a.F. erfolgte, also vor Schaffung der in Abs. 2 enthaltenen Ausübungsfrist. Für die Güterversicherung und die Versicherung des Eigentümerinteresses des Schiffseigners mag Abandon erst nach dem Versicherungsfall selbst erklärend sein, denn kaum ein VR wird vor Eintritt eines Versicherungsfalls gewillt sein, sich durch eine Abandonerklärung zur Zahlung der Versicherungssumme zu verpflichten. Bedeutung hat der Erklärungszeitpunkt allenfalls in der Theorie, denn er verhindert, dass der VR die vertragsbeendigende Wirkung des Abandons (unten Rn. 16 ff) ohne Versicherungsfall herbeiführen kann. Das Erfordernis des Versicherungsfalls darf im Übrigen im Rahmen des Haftpflichtannexes des § 130 Abs. 2 Satz nicht dahingehend falsch verstanden werden, dass der VR erst abandonnieren dürfe, nachdem sich ein Haftpflichtrisiko verwirklicht hat. Ist ein Kaskoschaden eingetreten, etwa nach einer Kollision, erfasst der Abandon auch die Haftpflichtdeckung, allerdings nicht im Hinblick auf bereits entstandene Haftpflichten (näher bei Rn. 19 ff).

9 Das Gesetz nennt als **Erklärungsempfänger** nur den **VN**, gegenüber dem grundsätzlich zu erklären ist,[24] bei mehreren VN allen gegenüber.[25] Ist die Versicherung für fremde Rechnung genommen, ist gegenüber dem **Versicherten** zu erklären, wenn der VN der Geltendmachung der Rechte durch den Versicherten zustimmt hat oder der Versicherte im Besitz der Police ist, siehe § 44 Abs. 2.[26] Ist der Versicherte nicht so berechtigt, ist die Erklärung auch bei Versicherung für fremde Rechnung allein gegenüber dem VN zu erklären.[27] Schon aus den allgemeinen Regeln folgt, dass und im Rahmen der Insolvenz gegenüber dem **Insolvenzverwalter** zu erklären ist.[28]

---

[19] *Enge/Schwampe* 119; Looschelders/Pohlmann/*Paffenholz* § 141 Rn. 1; Römer/*Langheid* § 141 Rn. 5; Schwintowski/Brömmelmeyer/*Pisani* § 141 Rn. 4; Thume/de la Motte/Ehlers/*Thume* Kap. 2 Rn. 479.

[20] Schwintowski/Brömmelmeyer/*Pisani* § 141 Rn. 4.

[21] Langheid/Wand/*Kollatz* § 141 Rn. 5; Schwintowski/Brömmelmeyer/*Pisani* § 141 Rn. 4.

[22] Looschelders/Pohlmann/*Paffenholz* § 141 Rn. 4; Langheid/Wand/*Kollatz* § 141 Rn. 4; Prölss/Martin/*Koller* § 141 Rn. 1; Thume/de la Motte/Ehlers/*Ehlers* Kap. 5 Rn. 545.

[23] Berliner Kommentar/*Dallmayr* § 145 Rn. 2.

[24] Berliner Kommentar/*Dallmayr* § 145 Rn. 2; Looschelders/Pohlmann/*Paffenholz* § 141 Rn. 2; Langheid/Wand/*Kollatz* § 141 Rn. 5; Römer/Langheid/*Langheid* § 141 Rn. 5; HK-VVG/*Harms* § 141 Rn. 2; Schwintowski/Brömmelmeyer/*Pisani* § 141 Rn. 10; Thume/de la Motte/Ehlers/*Thume* Kap. 2 Rn. 479.

[25] Berliner Kommentar/*Dallmayr* § 145 Rn. 2.

[26] Prölss/Martin/*Koller* § 141 Rn. 1; *Ritter/Abraham* § 38 Anm. 9; Thume/de la Motte/Ehlers/*Ehlers* Kap. 5 Rn. 548.

[27] *Ritter/Abraham* § 38 Anm. 9.

[28] Berliner Kommentar/*Dallmayr* § 145 Rn. 2.

Strittig ist, ob auch in anderen Fällen gegenüber sonstigen Dritten zu erklären ist, wobei man zu unterscheiden hat, ob der VR auch gegenüber anderen als dem VN erklären *kann*, um die Wirkung des Abandons herbeizuführen, oder ob er dies *muss*. Teilweise wird vertreten, dass die Erklärung gegenüber dem **Vertreter** von VN oder Versichertem abzugeben sei.[29] Das ist abzulehnen. Auch dann, wenn der VN oder der Versicherte einen Vertreter bestellen, bleibt die Erklärung gegenüber dem Berechtigten möglich und löst die Wirkungen nach § 141 aus. Davon zu trennen ist, ob eine Erklärung gegenüber dem Vertreter zulässig ist. Das hängt davon ab, ob der Vertreter für den Empfang dieser Erklärung bevollmächtigt ist. Ohne eine solche Vollmacht, wie etwa eine zur Entgegennahme aller Erklärungen bevollmächtigende Maklerklausel, ist dies nicht der Fall.[30] 10

Auch der in dieser Allgemeinheit getroffenen Feststellung, dass immer gegenüber dem **Anspruchserhebenden** zur erklären sei, ist nicht zu folgen. Das ergibt sich schon aus der Überlegung, dass nicht jede Anspruchserhebung berechtigt sein muss. Gegenüber einem nicht Berechtigten muss sicherlich keine das Versicherungsverhältnis gestaltende Erklärung abgegeben werden. Geht es um berechtigte Anspruchsteller, wird hinsichtlich deren Position unterschieden. So wird die Auffassung vertreten, dass im Falle der Abtretung gegenüber dem **Zessionar** zu erklären sei.[31] Auch dem ist nicht zu folgen. Die Abtretung überträgt allein Rechte aus dem Versicherungsvertrag. Sie führt nicht dazu, dass der Zessionar in die Vertragsposition des VN eintritt. Deshalb ist auch weiterhin der VN und nicht der Zessionar zur Schadenminderung verpflichtet. Deshalb kann auch nur ein gegenüber dem VN erklärter Abandon den Zweck der Vorschrift erfüllen, Klarheit darüber zu geben, ob er, der VN, weiterhin der Schadenminderungsobliegenheit unterliegt und ob weitere Aufwendungen zur Schadensminderung noch gedeckt sind. Schon weil die Erklärung nicht nur die abgetretene Forderung betrifft, sondern den Vertrag als Ganzes inhaltlich ändert (Rn. 16 ff), muss sie gegenüber dem VN abgegeben werden. Deshalb war auch die zum alten VVG gezogene Parallele von Abandon und § 12 Abs. 3 a.F. unrichtig.[32] Bei § 12 Abs. 3 a.F. ging es nur um den – u.U. abgetretenen – Deckungsanspruch. Beim Abandon geht es um die Umgestaltung des Vertrages. Die Rechtsposition des Zessionars wird durch die Erklärung des Abandons auch nicht beeinträchtigt. Er kann sich eines Abandons nicht erwehren, denn die erworbene Forderung ist mit dem Abandonrecht des VR belastet, genauer: sie ist damit belastet, das der VR die abgetretene Forderung durch gestaltende Erklärung auch nach der Abtretung noch ändern kann. Auch in der Person des Zessionars besteht die Forderung nach dem Abandon in einer Forderung auf Zahlung der Versicherungssumme. Vor wirksamer Zahlung der Versicherungssumme an den VN schützt den Zessionar § 407 BGB. Gegebenenfalls stehen dem VN Bereicherungsansprüche gegen den Zessionar zu, wenn die Versicherungssumme das übersteigt, weshalb die Abtretung vorgenommen wurde. 11

Werden Ansprüche nach Pfändung und Überweisung von einem **Vollstreckungsgläubiger** (§ 835 f. ZPO) verfolgt, gilt nichts anderes, als bei der soeben erörterten Abtretung. Der Vollstreckungsgläubiger befindet sich nach Überweisung der Forderung zur Einziehung in keiner anderen Position als der Zessionar, dem der VN die Forderung freiwillig abgetreten hat. Deshalb ist auch hier gegenüber dem VN zu abandonieren.[33] 12

---

[29] Berliner Kommentar/*Dallmayr* § 145 Rn. 2.

[30] *Ritter/Abraham* § 17 Anm. 22 und 9 zur Entgegennahme der Kündigung wegen Nichtzahlung von Prämien.

[31] Berliner Kommentar/*Dallmayr* § 145 Rn. 2.

[32] Angesprochen, aber nicht entschieden in BGH 05.07.1971 VersR **1971** 1031.

[33] **A.A.** Berliner Kommentar/*Dallmayr* § 145 Rn. 2.

13 Zum **Hypothekar** hat der BGH[34] entschieden, dass jedenfalls dann, wenn der Hypothekar noch keinen Anspruch auf die Versicherungsleistung erhoben hat, nur gegenüber dem VN zu erklären ist. Offengelassen hat er, ob das auch dann gilt, wenn dieser Anspruch erhoben wurde, wobei der BGH offenbar davon ausgeht, dass selbst in diesem Fall auch gegenüber dem VN zu erklären ist, denn er hat nur offengelassen, ob die Erklärung „auch" dem Hypothekar gegenüber zu erklären ist. Auch soweit dies bejaht wird,[35] ist dem nicht zu folgen. Die Rechtswirkungen einer in einem deutschen Register eingetragenen Schiffshypothek ergeben sich aus dem Schiffsrechtegesetz (SchRG). Das SchRG selbst enthält keine Bestimmung, die den Abandon und wem gegenüber er zu erklären ist, beträfe. Aus § 34 SchRG lässt sich aber durchaus entnehmen, dass das SchRG davon ausgeht, dass vertragliche Erklärungen des VR weiterhin gegenüber dem VN abzugeben sind. Denn die Anordnung, dass vertragsbeendigende Erklärungen gegenüber dem Hypothekar erst 2 Wochen nach der Kenntnis des Hypothekars eintreten, setzt gerade voraus, dass sie nicht gegenüber dem Hypothekar, sondern gegenüber dem VN abzugeben sind. Auch die gem. § 32 Abs. 1 SchRG erfolgende Erstreckung der Hypothek auf die Versicherungsforderung führt zu keinem anderen Ergebnis. Sie bewirkt gem. § 32 Abs. 2 SchRG, dass die für eine verpfändete Forderung geltenden Vorschriften des BGB sinngemäß anzuwenden sind. Dort ist zwar in § 1283 Abs. 2 BGB vorgesehen, dass der Schuldner wirksam nur gegenüber Pfändungsgläubiger und Gläubiger gemeinsam kündigen kann. Zum einen geht dem aber § 34 SchRG vor, aus dem sich gerade ergibt, dass die Kündigung gegenüber dem VN allein wirksam sein muss, denn ansonsten müsste das Gesetz ihr gegenüber dem Hypothekar nicht die Wirksamkeit versagen, wenn er selbst keine Kenntnis hat. Zum anderen ist der Abandon zwar ein einseitiges Gestaltungsrecht. Er ist aber keine Kündigung, denn er beendet nicht schlicht das Rechtsverhältnis, sondern er gestaltet es um (Rn. 16).

14 Aufgrund des Zwecks schneller Klärung ist der Abandon grundsätzlich **bedingungsfeindlich.**[36] Zulässig ist es aber, den Abandon davon abhängig zu machen, dass überhaupt Versicherungsschutz besteht. Ob das eine Rechtsbedingung im eigentlichen Sinne ist,[37] ist einerlei, denn auch wenn es eine echte Bedingung nach § 158 BGB ist, wäre sie nach der Rechtsprechung des BGH nicht unzulässig. Bedingungsfeindlich sind Gestaltungsgeschäfte nämlich auch nach dem BGH nur dann, wenn durch die Bedingung eine untragbare Ungewissheit über den neuen Rechtszustand eintreten würde.[38] Hinsichtlich der nach Zugang der Abandonerklärung nicht weiter gedeckten Schadenabwendungskosten und Kosten der Wiederherstellung und Ausbesserung wird der VN aber dadurch, dass der Abandon vom Bestehen von Versicherungsschutz abhängig gemacht wird, nicht in eine untragbare Ungewissheit gestürzt. Diese weiteren Kosten sind nie versichert: besteht kein Versicherungsschutz, dann aus eben diesem Grunde; besteht er, wirkt der Abandon und schneidet weitere Deckungsansprüche ab.[39] Außerdem lässt sich mit dem Zweck des § 138, ausufernder Ersatzpflicht nach § 135 zu begegnen, nicht begründen, warum ein VR durch die kurze Frist des Abs. 2 gezwungen sein soll, sich der Ablehnung eines nicht gedeckten Schadens zu begeben, nur um den vom Gesetz erwünschten Erfolg der Leistungsbegrenzung zu erreichen. Die Möglichkeit, einen Abandon unter der Bedingung des Bestehens von Versicherungsschutz zu erklären, ist daher gegeben. Sie ist jedenfalls der Auffassung vorzuziehen, dass die Fristregelung nach Abs. 2 so großzügig gehandhabt werden kann, dass auch die Mög-

---

[34] BGH 05.07.1971 VersR **1971** 1031.
[35] Berliner Kommentar/*Dallmayr* § 145 Rn. 2.
[36] Berliner Kommentar/*Dallmayr* § 145 Rn. 2; grundsätzlich ebenso *Enge/Schwampe* 120.
[37] So *Enge/Schwampe* 120.
[38] BGH 21.03.1986 NJW **1986** 2245.
[39] So *Enge/Schwampe* 120.

lichkeit der Prüfung der eigenen Leistungspflicht entscheidend für den Fristbeginn sei (unten Rn. 27).

Im Übrigen ist eine **Anfechtung** der Abandonerklärung nur nach §§ 119, 121 BGB möglich.[40] Ein Irrtum des VR über die Rettungsaussichten ist als Motivirrtum unbeachtlich und erlaubt keine Anfechtung.[41] **15**

III. Rechtsfolge

Der Abandon gestaltet den Vertrag inhaltlich um.[42] Die Rechtsfolgen treten nicht erst im Moment der Zahlung,[43] sondern im Moment des Zugangs (insoweit ungenau *Thume*[44]: mit Abgabe) der Erklärung ein.[45] Die Aussage, der VR sei verpflichtet, wie im Totalschaden zu handeln,[46] ist nicht ganz präzise. Denn auch im Totalschadensfall sind gegebenenfalls Kosten für die Ermittlung und Feststellung des Schadens zu erstatten, und zwar gem. § 135 gegebenenfalls über die Versicherungssumme hinaus. Eben jene Kosten sind es jedoch, die im Falle des Abandons nicht ersatzfähig sind (siehe unten Rn. 23). Richtigerweise sollte deshalb nicht gesagt werden, dass der VR den Fall wie einen Totalschadensfall zu behandeln habe, sondern schlicht das Gesetz beim Wort genommen werden: Der VR hat die Versicherungssumme zu zahlen. Künftige Aufwendungen sind nicht mit der Versicherungssumme „abgegolten",[47] sondern der VR ist nach dem Gesetzestext davon befreit.[48] Die Leistungspflicht unter dem Vertrag, die nach der sog. Gefahrtragungslehre auf die Tragung der Gefahr, nach der sog. Geldleistungstheorie auf eine bedingte Geldleistung gerichtet sein soll,[49] verengt sich auf die Pflicht des VR, die volle Versicherungssumme auszuzahlen.[50] Deshalb wird auch eine Unterversicherung nicht berücksichtigt,[51] was allerdings wegen der weitgehenden Taxierung in der Transportversicherung[52] ohnehin keine praktische Relevanz hat. Nach der Erklärung des Abandons spielen weder Gefahrausschlüsse, noch Schadensausschlüsse eine Rolle mehr. Ebenso wenig Obliegenheiten des **16**

40 Berliner Kommentar/*Dallmayr* § 145 Rn. 2.

41 Berliner Kommentar/*Dallmayr* § 145 Rn. 2.

42 BGH 05.07.1971 VersR **1971** 1031.

43 So aber Looschelders/Pohlmann/*Paffenholz* § 141 Rn. 2.

44 Thume/de la Motte/Ehlers/*Thume* Kap. 2 Rn. 478.

45 BGH 05.07.1971 VersR **1971** 1032; Beckmann/Matusche-Beckmann/*Heiss/Trümper* § 38 Rn. 172; Prölss/Martin/*Koller* § 141 Rn. 1; Schwintowski/Brömmelmeyer/*Pisani* § 141 Rn. 7.

46 Berliner Kommentar/*Dallmayr* § 145 Rn. 3; Langheid/Wand/*Kollatz* § 141 Rn. 7; Looschelders/Pohlmann/*Paffenholz* § 141 Rn. 5; Prölss/Martin/*Koller* § 141 Rn. 1; Römer/Langheid/*Langheid* § 141 Rn. 3; Schwintowski/Brömmelmeyer/*Pisani* § 141 Rn. 3 und 12; Thume/de la Motte/Ehlers/*Gerhard* Kap. 6 Rn. 743.

47 Berliner Kommentar/*Dallmayr* § 145 Rn. 4; Prölss/Martin/*Koller* § 141 Rn. 1; Schwintowski/Brömmelmeyer/*Pisani* § 141 Rn. 12.

48 BGH 5.7.1971 VersR **1971** 1031; Beckmann/Matusche-Beckmann/*Heiss/Trümper* § 38 Rn. 172; Berliner Kommentar/*Dallmayr* § 145 Rn. 4; Looschelders/Pohlmann/*Paffenholz* § 141 Rn. 5; Langheid/Wand/*Kollatz* § 141 Rn. 5; Römer/Langheid/*Langheid* § 141 Rn. 4; HK-VVG/*Harms* § 141 Rn. 2; Schwintowski/Brömmelmeyer/*Pisani* § 141 Rn. 4; Thume/de la Motte/Ehlers/*Ehlers* Kap. 5 Rn. 547.

49 Detailliert Bruck/Möller/*Baumann* § 1 Rn. 27ff.

50 Beckmann/Matusche-Beckmann/*Heiss/Trümper* § 38 Rn. 172; Berliner Kommentar/*Dallmayr* § 145 Rn. 3; Prölss/Martin/*Koller* § 141 Rn. 1; Schwintowski/Brömmelmeyer/*Pisani* § 141 Rn. 3;.

51 Berliner Kommentar/*Dallmayr* § 145 Rn. 3; Langheid/Wand/*Kollatz* § 141 Rn. 8; Prölss/Martin/*Koller* § 141 Rn. 1; Schwintowski/Brömmelmeyer/*Pisani* § 141 Rn. 12.

52 *Enge/Schwampe* 88ff.

VN, so dass sich die Frage von *Koller*,[53] ob der VR sich nach Erklärung des Abandons auf die Schadenminderungsobliegenheit des VN berufen darf, gar nicht stellt. Obliegenheiten bleiben nur erhalten, sofern sie in Zusammenhang mit den auf den VR übergehenden Ansprüchen gegen Dritte (Rn. 25) stehen.[54]

17 Aus Vorstehendem folgt, dass die verbreitete Aussage zum Erlöschen oder zur Beendigung des Versicherungsverhältnisses, das mit dem Zugang der Abandonerklärung eintrete,[55] in dieser Allgemeinheit nicht richtig ist. Zuzustimmen ist ihr insoweit, als dass es für den betreffenden versicherten Gegenstand nicht mehr Grundlage weiteren Versicherungsschutzes ist.[56] Das Versicherungsverhältnis also solches besteht aber fort, allerdings mit geändertem Inhalt. Auch der BGH spricht von „Gestaltung", nicht „Beendigung" des Versicherungsverhältnisses.[57] Es kann auch nicht mit Erklärungszugang erlöschen, sondern muss erhalten bleiben, denn es ist nun ja gerade Grundlage für den Anspruch des VN auf die Versicherungssumme, auf deren Zahlung es für die Rechtsfolgen des Abandons nicht ankommt.[58] Es bleibt auch weiterhin Grundlage für ausstehende Prämienforderungen, mit denen der VR nach den allgemeinen Grundsätzen der §§ 389ff. BGB gegen die Versicherungssumme aufrechnen kann.

18 Sind **mehrere Gegenstände unter dem gleichen Vertrag** versichert, setzt sich der Vertrag für die anderen Gegenstände unverändert fort. Der VR kann deshalb auch für verschiedene Gegenstände, die vom gleichen Versicherungsfall betroffen sind, einzeln abandonieren.

19 Was den **Ersatz-an-Dritte** Bestandteil der Schiffsversicherung angeht (§ 130 Abs. 2 Satz 2), so beendet der Abandon im Hinblick auf den Kaskobestandteil der Deckung auch den (in der Praxis unselbständigen, vgl. § 130 Rn. 75) Haftpflichtannex.[59] Allerdings bleibt der VR leistungspflichtig, soweit sich das Haftpflichtrisiko bereits realisiert hat. Für nachfolgende Fälle des Zusammenstoßes besteht dagegen keine Deckung mehr. Die Unterschiede zeigt folgendes Beispiel auf: Das versicherte Schiff A sinkt nach einer Kollision mit Schiff B mitten im Fluss. Der VR abandoniert. Anschließend läuft Schiff C auf das Wrack. Die vor dem Abandon entstandene Kollisionshaftpflicht von A gegenüber B wird vom Abandon nicht berührt. Die Haftung gegenüber C ist dagegen nicht mehr versichert, weil sie erst nach der durch den Abandon bewirkten Beendigung des Versicherungsvertrages eintritt. Zur Meinung von *Gerhard*,[60] in der Flusskaskoversicherung könne nur die Kaskoversicherung als Aktivenversicherung abandoniert werden, nicht dagegen die gem. Ziff. 7 AVB als Passivenversicherung mitgedeckte Versicherung der Wrackbeseitigungskosten, die als selbständige Deckung unberührt bleibe, siehe Bruck/Möller/*Hartenstein* Ziff. 28 Rn. 7.

20 Von der Befreiung des VR von allen weiteren Verbindlichkeiten sind gem. Abs. 1 die Kosten ausgenommen, die zur Abwendung oder Minderung des Schadens oder zur Wiederherstellung oder Ausbesserung der versicherten Sache aufgewendet worden sind, bevor

---

[53] Prölss/Martin/*Koller* Ziff. 28 AVB Flusskasko Rn. 2.

[54] So etwa Ziff. 15.65 DTV Güter („Regresswahrung").

[55] Berliner Kommentar/*Dallmayr* § 145 Rn. 4; Langheid/Wand/*Kollatz* § 141 Rn. 8; Looschelders/Pohlmann/*Paffenholz* § 141 Rn. 2; Schwintowski/Brömmelmeyer/*Pisani* § 141 Rn. 14.

[56] *Enge/Schwampe* 119.

[57] BGH 5.7.1971 VersR **1971** 1031.

[58] BGH 05.07.1971 VersR **1971** 1012; Looschelders/Pohlmann/*Paffenholz* § 141 Rn. 3; Langheid/Wand/*Kollatz* § 141 Rn. 5; Beckmann/Matusche-Beckmann/*Heiss/Trümper* § 38 Rn. 172; Schwintowski/Brömmelmeyer/*Pisani* § 141 Rn. 4; Thume/de la Motte/Ehlers/*Ehlers* Kap. 5 Rn. 547.

[59] So auch Thume/de la Motte/Ehlers/*Gerhard* Kap. 6 Rn. 744 und *Zeller* 226 (zur Seekaskoversicherung).

[60] Thume/de la Motte/Ehlers/*Gerhard* Kap. 6 Rn. 744.

dem VN die Abandonerklärung des VR zugegangen ist. Dieser Aspekt ist es, der in der Praxis den größeren Druck auf die Entscheidung des VR ausübt, nicht die nach Abs. 2 bestehende Ausübungsfrist von einer Woche. Denn je mehr Zeit verstreicht und je mehr Kosten schon aufgewendet worden sind, desto größerer wird die Leistungspflicht des VR im Falle des Abandons.

Der Druck auf den VR wird noch dadurch erhöht, dass nach richtiger Ansicht nicht 21
nur diejenigen Kosten zu ersetzen sind, die der VN bis zum Zugang der Abandonerklärung tatsächlich aufgewendet, also gezahlt, hat, sondern auch solche, für die eine **Verpflichtung zur Zahlung** eingegangen wurde.[61] Dies gilt nicht nur dann, wenn Versicherungsbedingungen dies ausdrücklich vorsehen, wie etwa Ziff. 19.2 DTV Güter und Ziff. 28.2 AVB Flusskasko, sondern auch unter § 141. Grund ist, dass das Gesetz von Abwendung und Minderung des Schadens spricht, was auf § 82 verweist, der wiederum § 83 in Bezug nimmt. Dort ist es anerkannt, dass Aufwendung jede Art der Vermögensminderung ist.[62] Dazu gehört anerkanntermaßen auch das Eingehen von Verbindlichkeiten.[63] Das ist insbesondere bei der Bergung von Bedeutung, bei der die Zahlungsverpflichtung, wenn auch bedingt durch einen Bergungserfolg, schon mit Vertragsabschluss entsteht. Dabei tritt eine vertragliche Verpflichtung des Trägers des Eigentümerinteresses durch einen vom Schiffsführer abgeschlossenen Bergungsvertrag auch in der Güterversicherung ein, denn der Schiffsführer hat gem. §§ 79 BSchG, 584 Abs. 1 HGB Vollmacht zum Abschluss eines Bergungsvertrages auch für die Eigentümer der Güter an Bord. Laut *Gerhard*[64] gehören dazu auch Vertragsstrafen für den Fall der Kündigung eines bereits vergebenen Reparaturauftrags. Ähnlich *Koller*:[65] Kosten, die der VN im Fall der Kündigung an den Reparaturunternehmer zahlen muss. In beiden Fällen stellt sich nur die Frage, ob die Vertragsbestimmungen den Test nach § 83 bestehen, dass der VN sie für geboten halten durfte.

Vorstehendes gilt nicht nur für Aufwendungen der Schadensabwendung, sondern 22
grundsätzlich auch für die Wiederherstellung oder Ausbesserung der versicherten Sache. Für die Güterversicherung wie auch für die Wassersportkaskoversicherung ist dies aber ein eher theoretischer Fall, weil die Aufwendungen des VN regelmäßig Schadenabwendungsaufwendungen sein und die Frist nach Abs. 2 verstrichen sein dürfte, wenn es schon um Wiederherstellung geht. In der Schiffskaskoversicherung steht vor der Wiederherstellung ohnehin die gemeinsame Schadensfeststellung nach Ziff. 16 AVB Flusskasko und dann das Einholen von Reparaturkostenangeboten nach Ziff. 20 AVB Flusskasko, zu der der VR bei so großen Schäden, die die Überlegung des Abandons rechtfertigen, regelmäßig auffordert.

Ziff. 28.1 Satz 2 AVB Flusskasko nehmen außerdem solche Kosten von der Befreiung aus, „die unter der Police besonders gedeckt sind".[66] Laut *Gerhard*[67] soll sich daraus ergeben, dass die nach Ziff. 7 AVB Flusskasko versicherten Wrackbeseitigungskosten außerhalb der Ziff. 28 AVB Flusskasko, also unabhängig vom Abandon, zu zahlen sind.[68]

Nicht alle Kosten, die gem. § 135 gegebenenfalls über der Versicherungssumme hinaus 23
zu erstatten sind, muss der VR bis zum Zugang der Abandonerklärung erstatten. Dies gilt vielmehr nur für die bereits angesprochenen Aufwendungen zur Schadensabwendung oder

[61] Prölss/Martin/*Koller* § 141 Rn. 1 unter Berufung auf Palandt/*Sprau* § 670 Rn. 2.
[62] Näher Bruck/Möller/*Koch* § 83 Rn. 14ff.
[63] Bruck/Möller/*Koch* § 83 Rn. 24.
[64] Thume/de la Motte/Ehlers/*Gerhard* Kap. 6 Rn. 747.
[65] Prölss/Martin/*Koller* Ziff. 28 AVB Flusskasko Rn. 2.
[66] Dazu Bruck/Möller/*Hartenstein* Ziff. 28 Rn. 7.
[67] Thume/de la Motte/Ehlers/*Gerhard* Kap. 6 Rn. 746.
[68] Dazu Bruck/Möller/*Hartenstein* Ziff. 28 Rn. 7.

Schadensminderung und zur Wiederherstellung und Ausbesserung der versicherten Sache. Nicht erfasst werden die weiter in § 135 angesprochenen Kosten für die Ermittlung und Feststellung des Schadens,[69] erst recht nicht die nicht einmal in § 135 angesprochenen Havarie-grosse-Beiträge (dazu § 130 Rn. 98ff.). Die Vorschrift ist auf beides auch nicht zu erweitern.[70]

24 Es ist unstrittig, dass der VR keine Rechte an den versicherten Gegenständen erwirbt,[71] auch wenn dies, anders als in einigen Versicherungsbedingungen,[72] nicht ausdrücklich erwähnt wird. Es bedarf dieser Erwähnung auch nicht. Denn ohne ausdrückliche gesetzliche Regelung kann ein VR nicht aufgrund eigener Entscheidung das Eigentum des VN an sich ziehen. Die Rechte am versicherten Gegenstand verbleiben mithin beim VN[73] (Ziff. 19.4 DTV Güter bestimmt dies ausdrücklich), der frei entscheiden kann, wie er mit ihm verfährt.[74] Ein Rettungserlös steht deshalb allein dem VN zu.[75] Bereicherungsansprüche nach § 812 BGB sind ausgeschlossen.[76]

25 Die Zahlung der Versicherungssumme nach Abandonerklärung ist Erfüllungsleistung unter dem Versicherungsvertrag.[77] Sie löst deshalb den normalen Anspruchsübergang nach § 86 aus: Ersatzansprüche gegen Dritte gehen in Höhe der Zahlung des VR auf diesen über.[78]

IV. Frist (Abs. 2)

1. Ausschlussfrist

26 Abs. 2 statuiert eine Ausschlussfrist[79] von einer Woche. Auf die Fristberechnung findet § 187 BGB ff. Anwendung.[80] Die Frist ist nur dann gewahrt, wenn die Erklärung innerhalb der Ausschlussfrist dem VN zugeht.[81]

---

69 Prölss/Martin/*Koller* § 141 Rn. 1; Schwintowski/Brömmelmeyer/*Pisani* § 141 Rn. 4.

70 Schwintowski/Brömmelmeyer/*Pisani* § 141 Rn. 4.

71 Beckmann/Matusche-Beckmann/*Heiss/Trümper* § 38 Rn. 291; Berliner Kommentar/*Dallmayr* § 145 Rn. 4; *Enge/Schwampe* 119; Terbille/*Remé/Gerke* MAH § 11 Rn. 60; Langheid/Wand/*Kollatz* § 141 Rn. 9; Prölss/Martin/*Koller* § 141 Rn. 2; Schwintowski/Brömmelmeyer/*Pisani* § 141 Rn. 13.

72 Ziff. 18 DTV Güter; Ziff. 18.3 AVB Flusskasko.

73 Beckmann/Matusche-Beckmann/*Heiss/Trümper* § 38 Rn. 172; Berliner Kommentar/*Dallmayr* § 145 Rn. 4; Prölss/Martin/*Koller* § 141 Rn. 2.

74 Beckmann/Matusche-Beckmann/*Heiss/Trümper* § 38 Rn. 172.

75 *Enge/Schwampe* 119; Langheid/Wand/*Kollatz* § 141 Rn. 9; Römer/Langheid/*Langheid* § 141 Rn. 3; Thume/de la Motte/Ehlers/*Thume* Kap. 2 Rn. 478.

76 Berliner Kommentar/*Dallmayr* § 145 Rn. 4; Prölss/Martin/*Koller* § 141 Rn. 2; Römer/Langheid/*Langheid* § 141 Rn. 3; Schwintowski/Brömmelmeyer/*Pisani* § 141 Rn. 13.

77 Langheid/Wand/*Kollatz* § 141 Rn. 9; Schwintowski/Brömmelmeyer/*Pisani* § 141 Rn. 13; Thume/de la Motte/Ehlers/*Thume* Kap. 2 Rn. 478.

78 Berliner Kommentar/*Dallmayr* § 145 Rn. 4; *Enge/Schwampe* 119; Langheid/Wand/*Kollatz* § 141 Rn. 9; Prölss/Martin/*Koller* § 141 Rn. 2; Römer/Langheid/*Langheid* § 141 Rn. 3; Schwintowski/Brömmelmeyer/*Pisani* § 141 Rn. 13; Thume/de la Motte/Ehlers/*Thume* Kap. 2 Rn. 478.

79 Looschelders/Pohlmann/*Paffenholz* § 141 Rn. 6; Langheid/Wand/*Kollatz* § 141 Rn. 6; Schwintowski/Brömmelmeyer/*Pisani* § 141 Rn. 8;.

80 Looschelders/Pohlmann/*Paffenholz* § 141 Rn. 6; Langheid/Wand/*Kollatz* § 141 Rn. 6.

81 *Enge/Schwampe* 119; Looschelders/Pohlmann/*Paffenholz* § 141 Rn. 6; Langheid/Wand/*Kollatz* § 141 Rn. 6; Schwintowski/Brömmelmeyer/*Pisani* § 141 Rn. 8.

2. Fristbeginn

Der Abandon kann **ab Eintritt des Versicherungsfalls** erklärt werden (oben Rn. 18), die 27
Frist beginnt aber nicht mit Eintritt des Versicherungsfalls zu laufen, sondern frühestens mit Kenntnis des VR.[82] Nach ausdrücklicher Regelung genügt nicht die **Kenntnis** des Versicherungsfalls oder des „Schadens als solchem",[83] sondern erfordert auch Kenntnis von den **unmittelbaren Folgen** des Versicherungsfalls. Wann das genau der Fall ist, lässt sich schwer allgemein umschreiben. Die Formulierung, dass der VR Gelegenheit gehabt haben muss, sich ein Bild vom Umfang der möglichen Reparaturmaßnahmen und Rettungskosten zu machen,[84] ist wenig präzise. Jedenfalls wird es regelmäßig der Prüfung von Bergungsmöglichkeit bedürfen, was seinerseits die Durchführung von Taucheruntersuchungen erfordern kann. Wo, wie nach Ziff. 19 AVB Flusskasko, die Reparaturunwürdigkeit des Schiffes (die vorliegt, wenn die Kosten der Reparatur höher sind als der Versicherungswert), eine Rolle spielt, kann dazu auch die Ermittlung der Reparaturkosten gehören.[85] Die Auffassung, dass sich der VR auch ein Bild von möglichen behördlichen Anordnungen zur Vermeidung von Gewässerverunreinigungen machen können soll,[86] geht dagegen zu weit. Soweit es um Sacherhaltungsinteressen geht, steht eine Haftung des VR für derartige Kosten nicht in Rede, so dass keine Veranlassung besteht, derartige Überlegungen fristbestimmend zu behandeln. Soweit es um den Haftpflichtannex der Schiffskaskoversicherung geht, erfasst dieser für den Fall des Zusammenstoßes zwar Haftung des VN für jede Art von Schaden, also auch für etwaige Gewässerverunreinigungen, so dass Verfügungen von Behörden jedenfalls grundsätzlich von Bedeutung sein könnte. Die marktüblichen Bedingungen nehmen jedoch gerade die Haftung für solche Schäden von der Deckung aus,[87] so dass auch insoweit kein Grund besteht, zugunsten des VR die Frist auszudehnen. Gegenüber der Auffassung von *Gerhard*,[88] der Gesetzeswortlaut lasse Raum für die Überlegung, ob auch die Leistungspflicht des VR feststehen müsse, ist Skepsis angebracht. Im Übrigen dürfte ein so weit nach hinten geschobener Fristbeginn dem eigentlichen Ziel der Vorschrift nicht mehr gerecht werden. Wartet ein VR ab, bis er seine Leistungspflicht verlässlich feststellen kann, dürften im Regelfall bis dahin schon die maßgeblichen Schadenabwendungskosten angefallen und damit neben der Versicherungssumme zu ersetzen sein.

3. Rechtfolge

Rechtfolge der Versäumnis der Frist ist entgegen *Koller*[89] und *Heiss/Trümper*[90] keine 28
Verwirkung, sondern der Untergang des Abandonrechts aufgrund gesetzlicher Anordnung.[91] Eine nach Fristablauf abgegebenen Abandonerklärung kann aber in ein Angebot

---

82 Römer/Langheid/*Langheid* § 141 Rn. 7; Schwintowski/Brömmelmeyer/*Pisani* § 141 Rn. 9.

83 Langheid/Wand/*Kollatz* § 141 Rn. 7; Schwintowski/Brömmelmeyer/*Pisani* § 141 Rn. 9.

84 Langheid/Wand/*Kollatz* § 141 Rn. 7; Prölss/Martin/*Koller* § 141 Rn. 1; Römer/Langheid/*Langheid* § 141 Rn. 8; HK-VVG/*Harms* § 141 Rn. 2; Schwintowski/Brömmelmeyer/*Pisani* § 141 Rn. 9; Thume/de la Motte/Ehlers/*Thume* Kap. 2 Rn. 480.

85 Zu allem Vorstehenden *Enge/Schwampe* 120.

86 Schwintowski/Brömmelmeyer/*Pisani* § 141 Rn. 9.

87 Ziff. 4.7 AVB Flusskasko.

88 Thume/de la Motte/Ehlers/*Gerhard* Kap. 6 Rn. 745.

89 Langheid/Wand/*Kollatz* § 141 Rn. 6.

90 Beckmann/Matusche-Beckmann/*Heiss/Trümper* § 38 Rn. 172.

91 Looschelders/Pohlmann/*Paffenholz* § 141 Rn. 6; Schwintowski/Brömmelmeyer/*Pisani* § 141 Rn. 8.

des VR zur inhaltlichen Änderung des Versicherungsvertrages angesehen werden. Ein solches Angebot kann der VN annehmen. Es treten dann, aufgrund vertraglicher Vereinbarung der Parteien, die gleichen Rechtsfolgen ein, die bei rechtzeitiger Erklärung eingetreten wären.

4. Beweislast

29 Will der VR sich auf die Haftungsbeschränkung berufen, so muss er beweisen, dass er sein Recht fristgemäß ausgeübt hat.[92] Die Auffassung von *Kollatz*[93] und *Pisani*,[94] dass er auch die Zahlung der Versicherungssmme beweisen müsse, ist nicht zu folgen, weil die Beschränkung bereits durch Erklärung eintritt (oben Rn. 16).

Fordert der VN aufgrund einer von ihm behaupteten Abandonerklärung, muss er deren Zugang beweisen.[95] Will der VN über die Versicherungssumme hinaus Kosten geltend machen, muss er beweisen, dass sie vor Zugang der Abandonerklärung entstanden sind.[96]

5. Abdingbarkeit

Die Bestimmung ist abdingbar.[97]

---

92 Schwintowski/Brömmelmeyer/*Pisani* § 141 Rn. 15.

93 Langheid/Wand/*Kollatz* § 141 Rn. 10.

94 Schwintowski/Brömmelmeyer/*Pisani* § 141 Rn. 15.

95 *Baumgärtl* Handb. der Beweislast im Zivilrecht, Bd. 5, § 145 Rn. 1; Langheid/Wand/*Kollatz* § 141 Rn. 10; Schwintowski/Brömmelmeyer/*Pisani* § 141 Rn. 15.

96 Langheid/Wand/*Kollatz* § 141 Rn. 10; Schwintowski/Brömmelmeyer/*Pisani* § 141 Rn. 15.

97 Römer/Langheid/*Langheid* § 141 Rn. 9; Schwintowski/Brömmelmeyer/*Pisani* § 141 Rn. 15; Thume/de la Motte/Ehlers/*Thume* Kap. 2 Rn. 481.

DTV-Güterversicherungsbedingungen 2000/2011 (DTV-Güter 2000/2011)

DTV-Güterversicherungsbedingungen 2000/2011

Synopse

ADS Güterversicherung 73/84/94 – DTV-Güter 2000/2011

ADS-Güterversicherung 73/84/94	DTV-Güter 2011
1. Umfang der Versicherung	**2. Umfang der Versicherung**
1.1 Versicherte und nicht versicherte Gefahren	**2.1 Versicherte Gefahren und Schäden**
1.1.1 Der Versicherer trägt alle Gefahren, denen die Güter während der Dauer der Versicherung ausgesetzt sind.	Der Versicherer trägt alle Gefahren, denen die Güter während der Dauer der Versicherung ausgesetzt sind, sofern nichts anderes bestimmt ist.
	2.4 Nicht versicherte Gefahren
1.1.2 Falls nicht etwas anderes vereinbart ist, sind ausgeschlossen die Gefahren	2.4.1 Ausgeschlossen sind die Gefahren
1.1.2.1 des Krieges, Bürgerkrieges oder kriegsähnlicher Ereignisse und solche, die sich unabhängig vom Kriegszustand aus der feindlichen Verwendung von Kriegswerkzeugen sowie aus dem Vorhandensein von Kriegswerkzeugen als Folge einer dieser Gefahren ergeben;	2.4.1.1 **identisch**
1.1.2.2 von Streik, Aussperrung, Arbeitsunruhen, terroristischen oder politischen Gewalthandlungen, unabhängig von der Anzahl der daran beteiligten Personen, Aufruhr und sonstigen bürgerlichen Unruhen;	2.4.1.2 **identisch**
1.1.2.3 der Kernenergie	2.4.1.4 der Kernenergie oder sonstiger ionisierender Strahlung
1.1.2.4 der Beschlagnahme, Entziehung oder sonstiger Eingriffe von hoher Hand;	2.4.1.3 **identisch**
1.1.2.5 der Zahlungsunfähigkeit und des Zahlungsverzuges des Reeders, Charterers oder Betreibers des Schiffes oder sonstiger finanzieller Auseinandersetzungen mit den genannten Parteien.	2.4.1.6 der Zahlungsunfähigkeit und des Zahlungsverzuges des Reeders, Charterers oder Betreibers des Schiffes oder sonstiger finanzieller Auseinandersetzungen mit den genannten Parteien, es sei denn, dass – der Versicherungsnehmer nachweist, dass er die genannten Parteien oder den beauftragten Spediteur mit der Sorgfalt eines ordentlichen Kaufmanns ausgewählt hat; – der Versicherungsnehmer bzw. Versicherte der Käufer ist und nach den Bedingungen des Kaufvertrags keinen Einfluss auf die Auswahl der am Transport beteiligten Personen nehmen konnte.
1.1.3 Für den Einschluss der Gefahren gemäß Ziffer 1.1.2.1 und 1.1.2.2 gelten die entsprechenden DTV-Klauseln.	2.4.2 Die Gefahren gemäß Ziffer 2.4.1.1–2.4.1.3 sowie 2.4.1.5 können im Rahmen der entsprechenden DTV-Klauseln mitversichert werden.
1.2 Deckungsformen	**2.1 Versicherte Gefahren und Schäden**
Volle Deckung (falls nichts anderes vereinbart).	
Der Versicherer leistet ohne Franchise Ersatz für Verlust oder Beschädigung der versicherten Güter als Folge einer versicherten Gefahr.	**identisch**
Strandungsfalldeckung (falls vereinbart).	**Eingeschränkte Deckung**
	2.1 Versicherte Gefahren und Schäden
Der Versicherer leistet ohne Franchise Ersatz für Verlust oder Beschädigung der versicherten Güter als Folge der nachstehenden Ereignisse:	**identisch**
a) Strandung; eine Strandung liegt vor, wenn das die Güter befördernde Schiff auf Grund stößt oder auf Grund festgerät, kentert, sinkt, scheitert, mit anderen Fahrzeugen oder Sachen zusammenstößt oder durch Eis beschädigt wird;	a) Unfall des die Güter befördernden Transportmittels; ein Transportmittelunfall liegt auch vor bei Strandung, Aufgrundstoßen, Kentern, Sinken, Scheitern oder Beschädigung des die Güter befördernden Schiffes durch Eis;
b) Unfall des die Güter befördernden anderen Transportmittels;	

ADS-Güterversicherung 73/84/94	DTV-Güter 2011
c) Einsturz von Lagergebäuden;	b) **identisch mit c) ADS 73/84/94**
d) Brand, Blitzschlag, Explosion; Erdbeben, Seebeben, vulkanische Ausbrüche und sonstige Naturkatastrophen; Anprall oder Absturz eines Flugkörpers, seiner Teile oder seiner Ladung;	c) **identisch mit d) ADS 73/84/94**
e) Überbordwerfen, Überbordspülen oder Überbordgehen durch schweres Wetter;	d) **identisch mit e) ADS 73/84/94**
f) Aufopferung der Güter;	e) **identisch mit f) ADS 73/84/94**
g) Entladen, Zwischenlagern und Verladen von Gütern in einem Nothafen, der infolge des Eintritts einer versicherten Gefahr angelaufen wurde.	f) **identisch mit g) ADS 73/84/94, ergänzt um „Flughafen" und „oder infolge einer Notlandung eines Luftfahrzeugs angeflogen"**
	g) Totalverlust ganzer Kolli beim Be-, Um- oder Entladen eines Transportmittels.
1.3 Besondere Fälle	**2.2 Besondere Fälle**
1.3.1 Deckladungsgüter	**gestrichen**
Falls nicht etwas anderes vereinbart ist, gilt für Güter, die mit Zustimmung des Versicherungsnehmers auf Deck verladen sind, nur die Strandungsfalldeckung.	
Güter in allseitig geschlossenen Containern oder Seeschiffsleichtern sind auf Deck zu den gleichen Bedingungen wie im Raum versichert.	
1.3.2 Vorreise- oder Retourgüter	2.2.1 Vorreise- oder Retourgüter
Für Güter, die auf der versicherten Reise im Anschluss an eine andere Reise weiter- oder zurückbefördert werden (Vorreise- oder Retourgüter), gilt, falls nichts anderes vereinbart ist, nur die Strandungsfalldeckung, es sei denn, dass dieser Umstand dem Versicherer bei Schließung des Vertrages angezeigt wurde oder ihm bekannt sein musste oder dass der Schaden nur auf der versicherten Reise entstanden sein kann.	Vorreise- oder Retourgüter sind zu den gleichen Bedingungen versichert wie andere Güter. Die Verpflichtung des Versicherungsnehmers nachzuweisen, dass der Schaden während des versicherten Transports entstanden ist, bleibt unberührt.
1.3.3 Beschädigte Güter	2.2.2 Beschädigte Güter
Sind die Güter bei Beginn der versicherten Reise beschädigt, so leistet der Versicherer, falls nicht etwas anderes vereinbart ist, für einen Verlust oder eine Beschädigung nur Ersatz, wenn die bei Reisebeginn vorhandene Beschädigung ohne Einfluss auf den während der versicherten Reise eingetretenen Schaden war.	Sind die Güter bei Beginn der Versicherung beschädigt, so leistet der Versicherer für den Verlust oder die Beschädigung nur Ersatz, wenn die vorhandene Beschädigung ohne Einfluss auf den während des versicherten Zeitraums eingetretenen Schaden war.
1.4 Nicht ersatzpflichtige Schäden	**2.5 Nicht ersatzpflichtige Schäden**
1.4.1 Falls nicht etwas anderes vereinbart ist, leistet der Versicherer keinen Ersatz für Schäden, verursacht durch	2.5.1 Der Versicherer leistet keinen Ersatz für Schäden verursacht durch
1.4.1.1 eine Verzögerung der Reise;	2.5.1.1 **identisch**
1.4.1.2 inneren Verderb oder die natürliche Beschaffenheit der Güter;	2.5.1.2 **identisch**
1.4.1.3 handelsübliche Mengen-, Maß- und Gewichtsdifferenzen oder -verluste, die jedoch als berücksichtigt gelten, sofern hierfür eine Abzugsfranchise vereinbart ist;	2.5.1.3 **identisch**
1.4.1.4 normale Luftfeuchtigkeit oder gewöhnliche Temperaturschwankungen;	2.5.1.4 **identisch**
1.4.1.5 nicht beanspruchungsgerechte Verpackung.	2.5.1.5 nicht beanspruchungsgerechte Verpackung oder unsachgemäße Verladeweise, es sei denn der Versicherungsnehmer hat diese weder vorsätzlich noch grob fahrlässig verschuldet.
1.4.2 Falls nicht etwas anderes vereinbart ist, leistet der Versicherer ferner keinen Ersatz für mittelbare Schäden aller Art.	2.5.2 Der Versicherer leistet keinen Ersatz für mittelbare Schäden aller Art, sofern nichts anderes vereinbart ist.

ADS-Güterversicherung 73/84/94	DTV-Güter 2011
1.5 Versicherte Aufwendungen und Kosten	**2.3 Versicherte Aufwendungen und Kosten**
1.5.1 Der Versicherer ersetzt	2.3.1 Der Versicherer ersetzt auch
1.5.1.1 den Beitrag, den der Versicherungsnehmer zur großen Haverei aufgrund einer nach Gesetz oder den York Antwerpener Regeln aufgemachten Dispache zu leisten hat, soweit durch die Haverei-Maßregel ein dem Versicherer zur Last fallender Schaden abgewendet werden sollte. Übersteigt der Beitragswert den Versicherungswert, so leistet der Versicherer vollen Ersatz bis zur Höhe der Versicherungssumme. Die Bestimmungen über die Unterversicherung bleiben unberührt.	2.3.1.1 den Beitrag zur großen Haverei, den der Versicherungsnehmer aufgrund einer nach Gesetz, den York Antwerpener Regeln, den Rheinregeln IVR oder anderen international anerkannten Haverei-Regeln aufgemachten Dispache zu leisten hat, soweit durch die Haverei-Maßregel ein versicherter Schaden abgewendet werden sollte. Übersteigt der Beitragswert den Versicherungswert und entspricht dieser der Versicherungssumme, so leistet der Versicherer vollen Ersatz bis zur Höhe der Versicherungssumme. Die Bestimmungen über die Unterversicherung sowie Ziffer 2.3.3 bleiben unberührt.
	Im Rahmen dieser Bedingungen hält der Versicherer den Versicherungsnehmer frei von Ersatzansprüchen und Aufwendungen, die sich aus der vertraglichen Vereinbarung der Both-to-Blame-Collision-Clause ergeben.
1.5.1.2 die Kosten der Umladung, der einstweiligen Lagerung sowie die Mehrkosten der Weiterbeförderung infolge eines versicherten Unfalls nach Beginn der Versicherung, soweit der Versicherungsnehmer sie nach den Umständen für geboten halten durfte oder soweit er sie gemäß den Weisungen des Versicherers aufwendet.	2.3.1.3 Die Kosten der Umladung, der einstweiligen Lagerung sowie die Mehrkosten der Weiterbeförderung infolge eines Versicherungsfalls oder versicherten Unfalls des Transportmittels, soweit der Versicherungsnehmer sie nach den Umständen für geboten halten durfte oder er sie gemäß den Weisungen des Versicherers aufwendet und diese Kosten nicht bereits unter Ziffer 2.3.1.2 fallen.
1.5.1.3 Aufwendungen zur Abwendung oder Minderung des Schadens bei Eintritt des Versicherungsfalls und Kosten der Schadenfeststellung durch Dritte, soweit der Versicherungsnehmer sie nach den Umständen für geboten halten durfte oder soweit er sie gemäß den Weisungen des Versicherers macht.	2.3.1.2 Schadenabwendungs-, Schadenminderungs-, Schaden-feststellungskosten, und zwar
	2.3.1.2.1 Aufwendungen zur Abwendung oder Minderung eines versicherten Schadens, wenn der Schaden unmittelbar droht oder eingetreten ist, soweit der Versicherungsnehmer sie nach den Umständen für geboten halten durfte;
	2.3.1.2.2 Aufwendungen, die der Versicherungsnehmer beim Eintritt des Versicherungsfalls gemäß den Weisungen des Versicherers macht;
	2.3.1.2.3 Kosten der Ermittlung und Feststellung des versicherten Schadens sowie Kosten durch einen für diese Zwecke beauftragten Dritten, soweit der Versicherungsnehmer sie nach den Umständen für geboten halten durfte oder soweit er sie gemäß den Weisungen des Versicherers macht.
1.5.2 Der Versicherungsnehmer kann verlangen, dass der Versicherer für die Entrichtung von Beiträgen zur großen Haverei die Bürgschaft übernimmt und den für Aufwendungen zur Schadenabwendung und -minderung erforderlichen Betrag vorschießt.	2.3.4 Der Versicherungsnehmer kann verlangen, dass der Versicherer für die Entrichtung von Beiträgen zur großen Haverei die Bürgschaft oder Garantie übernimmt, den Einschuss zur großen Haverei vorleistet und den für Aufwendungen zur Schadenabwendung und -minderung sowie zur Schadenfeststellung erforderlichen Betrag vorschießt.
2. Gefahränderung	**5. Gefahränderung**
2.1 Der Versicherungsnehmer darf die Gefahr ändern, insbesondere erhöhen, und die Änderung durch einen Dritten gestatten.	5.1 **identisch**
2.2 Ändert der Versicherungsnehmer die Gefahr oder erlangt er von einer Gefahränderung Kenntnis, so hat er dies dem Versicherer unverzüglich anzuzeigen.	5.2 **identisch**

ADS-Güterversicherung 73/84/94	DTV-Güter 2011
2.3 Als eine Gefahränderung ist es insbesondere anzusehen, wenn	5.3 Als eine Gefahränderung ist es insbesondere anzusehen, wenn
– der Antritt oder die Vollendung der versicherten Reise erheblich verzögert wird	– der Antritt oder die Vollendung des versicherten Transports erheblich verzögert wird;
– von dem angegebenen oder üblichen Reiseweg erheblich abgewichen wird	– von der angegebenen oder üblichen Transportstrecke erheblich abgewichen wird;
– der Bestimmungshafen geändert wird	– der Bestimmungshafen bzw. Zielflughafen geändert wird;
– die Güter in Leichterfahrzeugen befördert werden, ohne dass dies ortsüblich ist	– **gestrichen**
– die Güter an Deck verladen werden.	– **identisch**
2.4 Hat der Versicherungsnehmer eine Gefahrerhöhung nicht angezeigt, so ist der Versicherer, falls nicht etwas anderes vereinbart ist, von der Verpflichtung zur Leistung frei, es sei denn, die Verletzung der Anzeigepflicht beruhte weder auf Vorsatz noch auf grober Fahrlässigkeit oder die Gefahrerhöhung hatte weder Einfluss auf den Eintritt des Versicherungsfalls noch auf den Umfang der Leistungspflicht des Versicherers.	5.4 **identisch**
2.5 Dem Versicherer gebührt für Gefahrerhöhungen eine zu vereinbarende Zuschlagprämie, es sei denn, die Gefahrerhöhung war durch das Interesse des Versicherers oder durch ein Gebot der Menschlichkeit veranlasst oder durch ein versichertes, die Güter bedrohendes Ereignis geboten.	5.5 **identisch**
3. Transportmittel	**7. Transportmittel**
3.1 Für Transporte mit Seeschiffen gilt die DTV-Klassifikations- und Altersklausel. 3.2.1 Falls nicht etwas anderes vereinbart ist, sind Transporte mit anderen Transportmitteln nur versichert, wenn diese für die Aufnahme und Beförderung der versicherten Güter geeignet sind. Binnenschiffe sind als geeignet anzusehen, wenn sie von einem anerkannten Klassifikationsregister entsprechend klassifiziert sind.	7.1 Ist für die Beförderung der Güter kein bestimmtes Beförderungsmittel vereinbart, ist der Versicherungsnehmer, soweit er auf dessen Auswahl Einfluss hat, verpflichtet, Beförderungsmittel einzusetzen, die für die Aufnahme und Beförderung der Güter geeignet sind.
	Seeschiffe gelten darüber hinaus nur dann als geeignet, wenn sie zusätzlich die Voraussetzungen der DTV-Klassifikations- und Altersklausel erfüllen sowie – falls erforderlich – gemäß International Safety Management Code (ISM-Code) zertifiziert sind, oder wenn ein gültiges Document of Compliance (DoC) beim Eigner oder Betreiber des Schiffes vorliegt, wie es die SOLAS-Konvention 1974 nebst Ergänzungen vorsieht.
3.2.2 Liegen diese Voraussetzungen nicht vor, sind die Transporte gleichwohl versichert, wenn der Versicherungsnehmer das Transportmittel oder den Spediteur oder den Frachtführer mit der Sorgfalt eines ordentlichen Kaufmannes ausgewählt hat. Erlangt der Versicherungsnehmer Kenntnis von der mangelnden Eignung des Transportmittels, so hat er unverzüglich Anzeige zu erstatten und eine zu vereinbarende Zuschlagsprämie zu entrichten.	7.2 Bei Einsatz nicht geeigneter Transportmittel sind die Transporte gleichwohl versichert, wenn der Versicherungsnehmer keinen Einfluss auf die Auswahl des Transportmittels hatte, bzw. den Spediteur oder den Frachtführer/Verfrachter mit der Sorgfalt eines ordentlichen Kaufmannes ausgewählt hat. Erlangt der Versicherungsnehmer Kenntnis von der mangelnden Eignung des Transportmittels, so hat er unverzüglich Anzeige zu erstatten und eine zu vereinbarende Zuschlagsprämie zu entrichten.

ADS-Güterversicherung 73/84/94	DTV-Güter 2011
4. Änderung der Beförderung	**6. Änderung oder Aufgabe der Beförderung**
4.1 Werden die Güter mit einem Transportmittel anderer Art befördert als im Versicherungsvertrag vereinbart oder werden sie umgeladen, obwohl im Versicherungsvertrag direkter Transport vereinbart ist, so ist der Versicherer, falls nicht etwas anderes vereinbart ist, von der Verpflichtung zur Leistung frei. Das gleiche gilt, wenn ausschließlich ein bestimmtes Transportmittel oder ein bestimmter Transportweg vereinbart war.	6.1 Werden die Güter mit einem Transportmittel anderer Art befördert als im Versicherungsvertrag vereinbart oder werden sie umgeladen, obwohl im Versicherungsvertrag direkter Transport vereinbart ist, so ist der Versicherer von der Verpflichtung zur Leistung frei. Das gleiche gilt, wenn ausschließlich ein bestimmtes Transportmittel oder ein bestimmter Transportweg vereinbart war.
4.2 Die Leistungspflicht bleibt bestehen, wenn nach Beginn der Versicherung infolge eines versicherten Ereignisses oder ohne Zustimmung des Versicherungsnehmers die Beförderung geändert oder die Reise aufgegeben wird. Die Bestimmungen über die Gefahränderung sind entsprechend anzuwenden.	6.2 Die Leistungspflicht bleibt bestehen, wenn nach Beginn der Versicherung infolge eines versicherten Ereignisses oder ohne Zustimmung des Versicherungsnehmers die Beförderung geändert oder der Transport aufgegeben wird. Die Bestimmungen über die Gefahränderung sind entsprechend anzuwenden.
5. Dauer der Versicherung (von Haus zu Haus)	**8. Dauer der Versicherung**
	Versicherungsschutz besteht von Haus zu Haus und
5.1 Die Versicherung beginnt, sobald die Güter am Absendungsort zur Beförderung auf der versicherten Reise von der Stelle entfernt werden, an der sie bisher aufbewahrt wurden.	8.1 beginnt, sobald die Güter am Absendungsort zur unverzüglichen Beförderung von der Stelle entfernt werden, an der sie bisher aufbewahrt wurden.
5.2 Die Versicherung endet, je nachdem welcher Fall zuerst eintritt,	8.2 **identisch**
5.2.1 sobald die Güter am Ablieferungsort an die Stelle gebracht sind, die der Empfänger bestimmt hat (Ablieferungsstelle);	8.2.1 **identisch**
5.2.2 sobald die Güter nach dem Ausladen im Bestimmungshafen an einen nicht im Versicherungsvertrag vereinbarten Ablieferungsort weiterbefördert werden, wenn durch die Änderung des Ablieferungsortes die Gefahr erhöht wird;	8.2.2 sobald die Güter nach dem Ausladen im Bestimmungshafen bzw. Zielflughafen an einen nicht im Versicherungsvertrag vereinbarten Ablieferungsort weiterbefördert werden, wenn durch die Änderung des Ablieferungsortes die Gefahr erhöht wird;
5.2.3 sobald vom Versicherungsnehmer veranlasste Zwischenlagerungen den vereinbarten Zeitraum überschreiten;	8.2.6 sobald bei vom Versicherungsnehmer veranlassten Lagerungen der nach Ziffer 9.1 vereinbarte Zeitraum überschritten wird.
5.2.4 mit dem Ablauf des vereinbarten Zeitraums nach dem Ausladen aus dem Seeschiff im Bestimmungshafen;	8.2.3 mit dem Ablauf von ... Tagen nach dem Ausladen aus dem Seeschiff im Bestimmungshafen bzw. aus dem Luftfahrzeug im Zielflughafen. Soweit das eigene Interesse des Versicherungsnehmers betroffen ist, endet die Versicherung nicht durch Ablauf der vereinbarten Frist, wenn der versicherte Transport nach dem Ausladen aus dem Seeschiff im Bestimmungshafen bzw. aus dem Luftfahrzeug im Zielflughafen durch ein versichertes Ereignis verzögert wurde und der Versicherungsnehmer die Verzögerung unverzüglich anzeigt. Dem Versicherer gebührt eine zu vereinbarende Zuschlagsprämie.
5.2.5 mit dem Gefahrübergang, wenn die Güter wegen eines versicherten Ereignisses verkauft werden.	8.2.5 **identisch**
6. Versicherungswert	**10. Versicherungssumme; Versicherungswert**
Als Versicherungswert gilt der gemeine Handelswert oder in dessen Ermangelung der gemeine Wert der Güter am Absendungsort bei Beginn der Versicherung, zuzüglich der Versicherungskosten, der Kosten, die bis zur Annahme der Güter durch den Beförderer entstehen, und der endgültig bezahlten Fracht.	10.2 Versicherungswert ist der gemeine Handelswert oder in dessen Ermangelung der gemeine Wert der Güter am Absendungsort bei Beginn der Versicherung, zuzüglich der Versicherungskosten, der Kosten, die bis zur Annahme der Güter durch den Beförderer entstehen, und der endgültig bezahlten Fracht

ADS-Güterversicherung 73/84/94	DTV-Güter 2011
7. Ersatzleistung	**17. Ersatzleistung**
7.1 Verlust der Güter Gehen die Güter total verloren, werden sie dem Versicherungsnehmer ohne Aussicht auf Wiedererlangung entzogen oder sind sie nach der Feststellung von Sachverständigen in ihrer ursprünglichen Beschaffenheit zerstört, so kann der Versicherungsnehmer den auf sie entfallenden Teil der Versicherungssumme abzüglich des Wertes geretteter Sachen verlangen.	17.1 Gehen die Güter ganz oder teilweise verloren, werden sie dem Versicherungsnehmer ohne Aussicht auf Wiedererlangung entzogen oder sind sie nach der Feststellung von Sachverständigen in ihrer ursprünglichen Beschaffenheit zerstört, so kann der Versicherungsnehmer den auf sie entfallenden Teil der Versicherungssumme abzüglich des Wertes geretteter Sachen verlangen
7.2 Verschollenheit Sind die Güter mit dem Transportmittel verschollen, so leistet der Versicherer Ersatz wie im Falle des Totalverlustes, es sei denn, dass mit überwiegender Wahrscheinlichkeit ein Verlust als Folge einer nicht versicherten Gefahr anzunehmen ist. Das Transportmittel ist verschollen, wenn vom Zeitpunkt seiner geplanten Ankunft 60 Tage, bei europäischen Binnenreisen 30 Tage, verstrichen sind und bis zur Reklamation keine Nachricht von ihm eingegangen ist. Kann die Nachrichtenverbindung durch Krieg, kriegsähnliche Ereignisse, Bürgerkrieg oder innere Unruhen gestört sein, so verlängert sich die Frist entsprechend den Umständen des Falles, höchstens jedoch auf sechs Monate.	17.2 **identisch**
7.3 Beschädigung der Güter	17.3 **identisch**
7.3.1 Werden die Güter oder Teile der Güter beschädigt, so ist der gemeine Handelswert und in dessen Ermangelung der gemeine Wert zu ermitteln, den die Güter im unbeschädigten Zustand am Ablieferungsort haben würden (Gesundwert), sowie der Wert, den sie dort im beschädigten Zustand haben. Ein dem Verhältnis des Wertunterschiedes zum Gesundwert entsprechender Bruchteil des Versicherungswertes gilt als Betrag des Schadens.	17.3.1 **identisch**
7.3.2 Der Wert beschädigter Güter kann auch durch freihändigen Verkauf oder durch öffentliche Versteigerung festgestellt werden, wenn der Versicherer dies unverzüglich nach Kenntnis der für die Schadenhöhe erheblichen Umstände verlangt; in diesem Fall tritt der Bruttoerlös an die Stelle des Wertes der beschädigten Güter. Hat nach den Verkaufsbedingungen der Verkäufer vorzuleisten, so steht der Versicherer für die Zahlung des Kaufpreises ein, falls er den Verkaufsbedingungen zugestimmt hat.	17.3.2 **identisch**
7.4 Wiederherstellung	17.4 **identisch**
Im Falle von Beschädigung oder Verlust von Teilen der Güter kann der Versicherungsnehmer anstelle eines Teiles des Versicherungswertes Ersatz für die zum Zeitpunkt der Schadenfeststellung notwendigen Kosten der Wiederherstellung oder Wiederbeschaffung der beschädigten oder verlorenen Teile verlangen, jedoch nicht über die Versicherungssumme hinaus und nur im Verhältnis der Versicherungssumme zum Gesundwert.	17.4.1 Im Falle von Beschädigung oder Verlust von Teilen der Güter kann der Versicherungsnehmer anstelle eines Teiles des Versicherungswertes Ersatz für die zum Zeitpunkt der Schadenfeststellung notwendigen Kosten der Wiederherstellung oder Wiederbeschaffung der beschädigten oder verlorenen Teile verlangen.
7.5 Maschinen und Apparate Sind Maschinen, Maschinenteile oder Apparate versichert, so gilt die DTV-Maschinenklausel.	17.4.3 Bei der Versicherung von gebrauchten Maschinen, Geräten, Apparaten, Fahrzeugen und deren Teilen ersetzt der Versicherer ohne Abzug „neu für alt" die zum Zeitpunkt der Schadenfeststellung notwendigen Kosten der Wiederherstellung oder Wiederbeschaffung, bei einem Zeitwert von weniger als 40 % jedoch höchstens den Zeitwert.

ADS-Güterversicherung 73/84/94	DTV-Güter 2011
7.6 Unterversicherung Ist die Versicherungssumme niedriger als der Versicherungswert, so ersetzt der Versicherer den Schaden und die Aufwendungen nur nach dem Verhältnis der Versicherungssumme zum Versicherungswert.	17.5 identisch
7.7 Franchise Ist eine Franchise vereinbart, ohne dass die Berechnungsweise bestimmt ist, wird sie nach Wahl des Versicherungsnehmers berechnet vom Wert jeden Kollos – bei unverpackten Gütern jeden Stückes –, jeder Partie, jeder Serie oder jeden Konnossements oder vom Wert der ganzen Abladung oder des Inhalts jeden Schiffsraums oder Leichters.	gestrichen
7.8 Verkauf der Güter vor Beendigung der versicherten Reise	**17.6 Verkauf der Güter vor Beendigung des versicherten Transports**
7.8.1 Wird nach dem Beginn der Versicherung die Reise des Schiffes aufgegeben oder aus einem anderen Grunde nicht vollendet, ohne dass der Versicherer von der Verpflichtung zur Leistung frei wird, so kann der Versicherer verlangen, dass unter seiner Mitwirkung der Versicherungsnehmer die Güter aus freier Hand oder im Wege öffentlicher Versteigerung verkauft, wenn die Güter ohne unverhältnismäßige Kosten oder innerhalb angemessener Frist nicht weiterbefördert werden können. Verlangt der Versicherer den Verkauf, so muss dieser unverzüglich erfolgen.	17.6.1 Wird nach dem Beginn der Versicherung der Transport aufgegeben oder aus einem anderen Grunde nicht vollendet, ohne dass der Versicherer von der Verpflichtung zur Leistung frei wird, so kann der Versicherer verlangen, dass unter seiner Mitwirkung der Versicherungsnehmer die Güter aus freier Hand oder im Wege öffentlicher Versteigerung verkauft, wenn die Güter ohne unverhältnismäßige Kosten oder innerhalb angemessener Frist nicht weiterbefördert werden können. Verlangt der Versicherer den Verkauf, so muss dieser unverzüglich erfolgen.
7.8.2 Der Versicherungsnehmer kann im Falle des Verkaufs den Unterschied zwischen der Versicherungssumme und dem Erlös verlangen. Das Gleiche gilt, wenn die Güter unterwegs infolge eines dem Versicherer zur Last fallenden Unfalls verkauft werden müssen.	17.6.2 Der Versicherungsnehmer kann im Falle des Verkaufs den Unterschied zwischen der Versicherungssumme und dem Erlös verlangen. Das Gleiche gilt, wenn die Güter unterwegs infolge eines Versicherungsfalls verkauft werden müssen.
7.8.3 Hat nach den Verkaufsbedingungen der Verkäufer vorzuleisten, so steht der Versicherer für die Zahlung des Kaufpreises ein, falls er den Verkaufsbedingungen zugestimmt hat.	**17.6.3 identisch**
7.9 Nicht entstandenes Interesse; ersparte Kosten Ist ein versichertes Interesse für Imaginären Gewinn, Mehrwert, Zoll, Fracht oder sonstige Kosten bei Eintritt des Versicherungsfalles noch nicht entstanden, wird der darauf entfallende Teil der Versicherungssumme bei der Ermittlung des Schadens nicht berücksichtigt. Das Gleiche gilt für Kosten, die infolge eines Versicherungsfalls erspart werden.	**17.7 identisch**
7.10 Anderweitiger Ersatz	**17.8 identisch**
7.10.1 Der Versicherungsnehmer muss sich anrechnen lassen, was er anderweitig zum Ausgleich des Schadens erlangt hat.	**identisch**
7.10.2 Kann von einem mit der Abwicklung des Transportes beauftragten Dritten Ersatz des Schadens nicht verlangt werden, weil dessen gesetzliche Haftung über das verkehrsübliche Maß hinaus beschränkt oder ausgeschlossen ist, ist der Versicherer, falls nicht etwas anderes vereinbart ist, insoweit von der Verpflichtung zur Leistung frei. Dies gilt nicht, wenn der Versicherungsnehmer auf die Beschränkung oder den Ausschluss der Haftung keinen Einfluss nehmen konnte.	23.2 Kann von einem mit der Abwicklung des Transportes beauftragten Dritten Ersatz des Schadens nicht verlangt werden, weil dessen gesetzliche Haftung über das verkehrsübliche Maß hinaus durch Vertrag beschränkt oder ausgeschlossen ist, ist der Versicherer insoweit von der Verpflichtung zur Leistung frei. Dies gilt nicht, wenn der Versicherungsnehmer auf die Beschränkung oder den Ausschluss der Haftung keinen Einfluss nehmen konnte.

ADS-Güterversicherung 73/84/94	DTV-Güter 2011
7.11 Rechtsübergang	**18. Rechtsübergang**
7.11.1 Verlangt der Versicherungsnehmer die Versicherungssumme, so kann der Versicherer wählen, ob mit Zahlung der Versicherungssumme die Rechte an den oder auf die versicherten Güter auf ihn übergehen sollen oder nicht. Der Rechtsübergang entfällt, wenn der Versicherer ihn nicht unverzüglich nach Kenntnis der Umstände des Versicherungsfalles wählt.	18.1 Verlangt der Versicherungsnehmer die Versicherungssumme, so kann der Versicherer wählen, ob mit Zahlung der Versicherungssumme die Rechte an den Gütern oder auf die versicherten Güter auf ihn übergehen sollen oder nicht. Dieses Recht entfällt, wenn der Versicherer es nicht unverzüglich nach Kenntnis der Umstände des Versicherungsfalls ausübt.
7.11.2 Wählt der Versicherer den Rechtsübergang, bleibt der Versicherungsnehmer verpflichtet, für die Minderung des Schadens zu sorgen, soweit der Versicherer dazu nicht imstande ist. Er hat dem Versicherer die zur Geltendmachung der Rechte erforderlichen Auskünfte zu erteilen und die zum Beweise dienenden Urkunden auszuliefern oder auszustellen, sowie ihm bei der Erlangung und der Verwertung der Güter behilflich zu sein. Die Kosten hat der Versicherer zu tragen und auf Verlangen vorzuschießen. Der über die Versicherungssumme hinausgehende Teil des Nettoverkaufserlöses ist dem Versicherungsnehmer zu erstatten.	18.2 **identisch**
7.11.3 Gehen die Rechte nicht über, so erstattet der Versicherungsnehmer dem Versicherer den gemeinen Wert oder den Netto-Verkaufserlös wiedererlangter Güter.	18.3 **identisch**
7.11.4 Der Übergang von Ersatzansprüchen gegenüber Dritten und das Recht des Versicherers zum Abandon bleiben unberührt.	18.4 **identisch**
8. Bestimmungen für den Schadenfall	**15. Bestimmungen für den Schadenfall**
8.1 Verhalten im Schadenfall	**15.3 Anweisungen des Versicherers; Havariekommissar**
8.1.1 Der Versicherungsnehmer hat die Anweisungen des Versicherers für den Schadenfall zu befolgen, den in der Police oder im Versicherungszertifikat bestimmten Havariekommissar unverzüglich zur Schadenfeststellung hinzuzuziehen und dessen Havarie-Zertifikat dem Versicherer einzureichen.	15.3.1 **identisch**
8.1.2 Bei Nachweis wichtiger Gründe kann anstelle des vorgeschriebenen Havarie-Kommissars der nächste Lloyd's Agent zur Schadenfeststellung hinzugezogen werden.	15.3.2 Aus wichtigem Grund kann anstelle des vorgesehenen Havariekommissars der nächste Lloyd's Agent hinzugezogen werden.
8.2 Sachverständigenverfahren	**20. Sachverständigenverfahren**
Bei Streit über Ursache oder Höhe des Schadens können beide Parteien die Feststellung durch Sachverständige verlangen.	Bei Streit über Ursache oder Höhe des Schadens können beide Parteien deren Feststellung durch Sachverständige verlangen.
8.2.1 In diesem Fall benennen beide Parteien unverzüglich je einen Sachverständigen. Jede Partei kann die andere unter Angabe des von ihr benannten Sachverständigen zur Benennung des zweiten Sachverständigen schriftlich auffordern. Wird der zweite Sachverständige nicht binnen vier Wochen nach Empfang der Aufforderung bestimmt, so kann ihn die auffordernde Partei durch die Handelskammer – hilfsweise durch die konsularische Vertretung der Bundesrepublik Deutschland – benennen lassen, in deren Bezirk sich die Güter befinden.	20.1 In diesem Fall benennen beide Parteien unverzüglich je einen Sachverständigen. Jede Partei kann die andere unter Angabe des von ihr benannten Sachverständigen zur Benennung des zweiten Sachverständigen schriftlich auffordern. Wird der zweite Sachverständige nicht binnen vier Wochen nach Empfang der Aufforderung bestimmt, so kann ihn die auffordernde Partei durch die Industrie- und Handelskammer – hilfsweise durch die konsularische Vertretung der Bundesrepublik Deutschland – benennen lassen, in deren Bezirk sich die Güter befinden.

ADS-Güterversicherung 73/84/94	DTV-Güter 2011
8.2.2 Beide Sachverständige wählen vor Beginn des Feststellungsverfahrens einen Dritten als Obmann. Einigen sie sich nicht, so wird der Obmann auf Antrag einer Partei oder beider Parteien durch die Handelskammer – hilfsweise durch die konsularische Vertretung der Bundesrepublik Deutschland –, in deren Bezirk sich die Güter befinden, ernannt.	20.2 Beide Sachverständige wählen vor Beginn des Feststellungsverfahrens einen Dritten als Obmann. Einigen sie sich nicht, so wird der Obmann auf Antrag einer Partei oder beider Parteien durch die Industrie- und Handelskammer – hilfsweise durch die konsularische Vertretung der Bundesrepublik Deutschland –, in deren Bezirk sich die Güter befinden, ernannt.
8.2.3 Die Feststellungen der Sachverständigen müssen alle Angaben enthalten, die je nach Aufgabenstellung für eine Beurteilung der Ursache des Schadens und der Ersatzleistung des Versicherers notwendig sind.	20.3 **identisch**
8.2.4 Die Sachverständigen legen beiden Parteien gleichzeitig ihre Feststellungen vor. Weichen diese voneinander ab, so übergibt der Versicherer sie unverzüglich dem Obmann. Dieser entscheidet über die streitig gebliebenen Punkte innerhalb der durch die Feststellungen der Sachverständigen gezogenen Grenzen und legt seine Entscheidung beiden Parteien gleichzeitig vor.	20.4 **identisch**
8.2.5 Jede Partei trägt die Kosten ihres Sachverständigen. Die Kosten des Obmanns tragen beide Parteien je zur Hälfte. Diese Regelung gilt auch, wenn sich die Parteien auf ein Sachverständigenverfahren einigen. Sofern der Versicherer das Sachverständigenverfahren verlangt, trägt er die Gesamtkosten des Verfahrens.	20.5 **identisch**
8.2.6 Die Feststellungen der Sachverständigen oder des Obmanns sind verbindlich, wenn nicht nachgewiesen wird, dass sie offenbar von der wirklichen Sachlage erheblich abweichen.	20.6 **identisch**
8.2.7 Wenn die Sachverständigen oder der Obmann die Feststellungen nicht treffen können oder wollen oder sie ungewöhnlich verzögern, so sind andere Sachverständige zu ernennen.	20.7 Wenn die Sachverständigen oder der Obmann die Feststellungen nicht treffen können oder wollen oder sie ungewöhnlich verzögern, so sind andere Sachverständige zu benennen.
8.3 Folgen nicht bedingungsgemäßer Schadenfeststellung	
Der Versicherer kann die Zahlung verweigern, bis der Schaden gemäß den vorstehenden Bedingungen festgestellt ist. Ist die gehörige Feststellung infolge eines Umstandes unterblieben, den der Versicherungsnehmer nicht zu vertreten hat, so kann der Versicherer die Zahlung verweigern, bis der Schaden in anderer geeigneter Weise festgestellt ist.	**gestrichen; teilweise in Ziffer 22.2 geregelt**
9. Schlussbestimmungen	
9.1 Währung	
9.1.1 Leistung und Gegenleistung sind in der Währung der Versicherungssumme zu bewirken.	22.3 Die Entschädigungsleistung ist in der Währung der Versicherungssumme zu bewirken.
9.1.2 Ist im Falle der Havarie-grosse der Beitragswert in anderer Währung angegeben als die Versicherungssumme, so wird er zum Kurs des Tages in die Währung der Versicherungssumme umgerechnet, an dem Schiff und Ladung sich getrennt haben.	**gestrichen**
9.2 Versicherung für fremde Rechnung Gilt die Versicherung für fremde Rechnung oder für Rechnung „wen es angeht", so stehen Kenntnis, Kennenmüssen und Verhalten des Versicherten und des Versicherungsnehmers einander gleich.	13.6 Kenntnis, Kennenmüssen, Verhalten und/oder Verschulden des Versicherten und des Versicherungsnehmers stehen einander gleich.

ADS-Güterversicherung 73/84/94	DTV-Güter 2011
9.3 Frachtführer Die Versicherung gilt nicht zugunsten des Verfrachters, des Frachtführers, des Lagerhalters oder des Spediteurs.	13.7 **identisch**
9.4 Mitversicherung	**25. Mitversicherung**
9.4.1 Bei Versicherungen, die von mehreren Versicherern übernommen sind, haften diese stets nur für ihren Anteil und nicht als Gesamtschuldner, auch wenn die Police oder das Zertifikat von einem Versicherer für alle Versicherer gezeichnet ist.	25.1 1 Bei Versicherungen, die von mehreren Versicherern übernommen sind, haften diese stets nur für ihren Anteil und nicht als Gesamtschuldner, auch wenn die Einzelpolice oder das Zertifikat von einem Versicherer für alle Versicherer gezeichnet ist.
9.4.2 Die vom führenden Versicherer mit dem Versicherungsnehmer getroffenen Vereinbarungen sind für die Mitversicherer verbindlich. Dies gilt insbesondere zugunsten des Versicherungsnehmers für die Schadenregulierung. Der führende Versicherer ist jedoch ohne Zustimmung der Mitversicherer, von denen jeder einzeln zu entscheiden hat, nicht berechtigt – zur Erhöhung des Policenmaximums; – zum Einschluss der gemäß 1.1.2 ausgeschlossenen Gefahren; – zur Änderung der Policenwährung; – zur Änderung der Kündigungsbestimmungen. Fehlt die Zustimmung der beteiligten Versicherer, haftet der Führende aus einer ohne Einschränkungen abgegebenen Erklärung auch für die Anteile der Mitversicherer.	25.2 **identisch bis auf die Bezeichnung der Ziffern**
9.4.3 Der führende Versicherer ist von den Mitversicherern bevollmächtigt, Rechtsstreitigkeiten in ihrem Namen zu führen; dies gilt sowohl für Prozesse vor den ordentlichen Gerichten als auch bei Schiedsgerichten.	25.3 Der führende Versicherer ist von den Mitversicherern bevollmächtigt, Rechtsstreitigkeiten in ihrem Namen zu führen. Dies gilt gleichermaßen für Prozesse vor den ordentlichen Gerichten und für Schiedsgerichtsverfahren.
Es wird jedoch auch ein nur gegen den führenden Versicherer wegen dessen Anteils erstrittenes Urteil oder ein nach Rechtshängigkeit geschlossener Vergleich oder ein solcher Schiedsspruch von den Mitversicherern als für sie verbindlich anerkannt. Sollte der Anteil des führenden Versicherers die Berufungs- oder Revisionssumme nicht erreichen, so ist der Versicherungsnehmer auf Verlangen des führenden Versicherers oder eines beteiligten Versicherers verpflichtet, die Klage auf den zweiten, erforderlichenfalls auch auf einen dritten und weitere Versicherer auszudehnen, bis diese Summe erreicht ist. Entspricht der Versicherungsnehmer diesem Verlangen nicht, so findet Satz 1 keine Anwendung.	Es wird jedoch auch ein nur gegen den führenden Versicherer wegen dessen Anteils erstrittenes Urteil oder ein nach Rechtshängigkeit geschlossener Vergleich oder ein solcher Schiedsspruch von den Mitversicherern als für sie verbindlich anerkannt. Sollte der Anteil des führenden Versicherers die Berufungs- oder Revisionssumme nicht erreichen, so ist der Versicherungsnehmer auf Verlangen des führenden Versicherers oder eines beteiligten Versicherers verpflichtet, die Klage auf den zweiten, erforderlichenfalls auch auf einen dritten und weitere Versicherer auszudehnen, bis diese Summe erreicht ist. Entspricht der Versicherungsnehmer diesem Verlangen nicht, so findet Satz 1 dieses Absatzes keine Anwendung.
9.4.4 Ein Führungswechsel ist von dem bisher führenden Versicherer den mitbeteiligten Versicherern unverzüglich schriftlich anzuzeigen. Die Mitteilung kann auch durch den Versicherungsnehmer erfolgen. Jeder mitbeteiligte Versicherer hat in diesem Fall das Recht, unter Einhaltung einer vierwöchigen Frist den Versicherungsvertrag zu kündigen. Das Kündigungsrecht erlischt, wenn es nicht innerhalb eines Monats nach Erhalt der schriftlichen Mitteilung über den Führungswechsel ausgeübt wird.	25.4 **identisch**
9.4.5 Erklärungen, die der Führende erhalten hat, gelten auch als den Mitbeteiligten zugegangen.	25.5 **identisch**

ADS-Güterversicherung 73/84/94	DTV-Güter 2011
9.5 Kündigungserklärung	**gestrichen**
Eine vom Versicherer dem Makler gegenüber ausgesprochene Kündigung gilt als dem Versicherungsnehmer gegenüber erklärt.	
9.6 Verhältnis zu den ADS	**gestrichen**
9.6.1 Diese Bestimmungen treten an die Stelle der Besonderen Bestimmungen über die Güterversicherung der ADS (§§ 80 bis 99).	**gestrichen**
Sie finden, soweit nichts anderes bestimmt ist, im Falle einer anderen auf die Güter sich beziehenden Versicherung entsprechende Anwendung. Dies gilt insbesondere im Fall einer Versicherung von imaginärem Gewinn oder Provision sowie im Falle einer besonderen Versicherung endgültig bezahlter Fracht.	
9.6.2 Ergänzend gelten die übrigen Bestimmungen der ADS, soweit sie nicht durch diese Besonderen Bestimmungen für die Güterversicherung abgeändert sind.	**gestrichen**

DTV-Güterversicherungsbedingungen 2000/2011 (DTV-Güter 2000/2011)

Volle Deckung

Schrifttum

Ahrens Die Gefahrdeckung in der deutschen und englischen Seeversicherung, Diss. Hamburg 1957; *Alff* Fracht-, Lager- und Speditionsrecht, 2. Auflage 1991; *Ehlers* DTV-Güterversicherungsbedingungen 2000, Erläuterungen und Kommentierung, 2000; *ders.* Auswirkungen der Reform des Versicherungsvertragsgesetzes (VVG) auf das Transportversicherungsrecht, TranspR **2007** 5; *Enge* Erläuterungen zu den ADS Güterversicherung 1973 und dazugehörigen DTV-Klauseln, 1973; *Schlegelberger* Seeversicherungsrecht, 1960; *Schleif* Die Seeversicherung in der VVG-Refrom, TranspR **2009** 18; *Steinborn* in: Hartenstein/Reuschle (Hrsg.) Handbuch des Fachanwalts Transport- und Speditionsrecht, Kapitel 15, Güterversicherung, 2010; *Thume* CMR Übereinkommen über den Beförderungsvertrag im internationalen Straßengüterverkehr, 3. Auflage 2013; *ders.* Transportrechtliche Erfahrungen mit dem neuenVVG, TranspR **2012** 125; *ders.* Der Regress des Transportversicherers gegen den eigenenVersicherungsnehmerbei der Fremdversicherung des Spediteur-Frachtführers, VersR **2004** 1222.

1 Interesse/Gegenstand der Versicherung[1]

1.1 Versicherbares Interesse

1.1.1 Gegenstand der Güterversicherung kann jedes in Geld schätzbare Interesse sein, das jemand daran hat, dass die Güter die Gefahren der Beförderung sowie damit verbundener Lagerungen bestehen.

1.1.2 Versichert sind die im Vertrag genannten Güter und/oder sonstige Aufwendungen und Kosten.

1.1.3 Außer und neben den Gütern kann insbesondere auch versichert werden das Interesse bezüglich
- **des imaginären Gewinns,**
- **des Mehrwerts,**
- **des Zolls,**
- **der Fracht,**
- **der Steuern und Abgaben**
- **sonstiger Kosten.**

1.1.4 Der Versicherungsnehmer kann das eigene (Versicherung für eigene Rechnung) oder das Interesse eines Dritten (Versicherung für fremde Rechnung) versichern. Näheres regelt Ziffer 13.

1.2 Es besteht – unbeschadet der übrigen Vertragsbestimmungen – Versicherungsschutz nur, soweit und solange dem keine auf die Vertragsparteien direkt anwendbaren Wirtschafts-, Handels- oder Finanzsanktionen bzw. Embargos der Europäischen Union oder der Bundesrepublik Deutschland entgegenstehen.

---

[1] Musterbedingungen des GDV.

Dies gilt auch für Wirtschafts-, Handels- oder Finanzsanktionen bzw. Embargos, die durch die Vereinigten Staaten von Amerika in Hinblick auf den Iran erlassen werden, soweit dem nicht europäische oder deutsche Rechtsvorschriften entgegenstehen.

Übersicht

A. Allgemeines

1 Bei den DTV-Güterversicherungsbedingungen 2000 in ihrer aktuellen Fassung 2011 handelt es sich um die unverbindlichen Musterbedingungen des Gesamtverbandes der Deutschen Versicherungswirtschaft e.V. aus Hamburg (GDV) zur Gütertransportversicherung. Der Gesamtverband der Deutschen Versicherungswirtschaft (GDV) ist die Interessenvertretung der in Deutschland tätigen VR und ist im Hinblick auf die Erstellung von Musterbedingungen an die Stelle des bis 1995 tätigen Transportversicherungsverbandes (DTV) getreten, der im Zuge der Reform der Verbände dem GDV angegliedert wurde. Das Kürzel DTV in den Musterbedingungen zur Transportversicherung, Verkehrshaftungsversicherung und in der Seekaskoklauseln hat sich allerdings bis heute erhalten.[2]

2 Die DTV-Güter 2000 sind vom Fachausschuss und der Warenkommission des Fachbereichs Transportversicherung als ein in sich geschlossenes Bedingungswerk geschaffen worden, dass den Flickenteppich unterschiedlicher ineinander verweisender Bedingungswerke weitgehend für die Seetransportversicherung auflösen und nunmehr für alle Verkehrsträger, d.h. See-, Luft- und Binnentransporte sowie für den multimodalen Verkehr gelten sollte.[3] Zu diesem Zeitpunkt war das materielle deutsche Binnentransportrecht bereits durch die Transportrechtsreform von 1998 zu Gunsten eines einheitlichen Gesetzes mit Geltung für alle Verkehrsträger harmonisiert worden, vgl. §§ 407ff. HGB. Ebenfalls ist nunmehr das Versicherungsvertragsgesetz (VVG) umfassend reformiert worden und das neue VVG am 01.01.2008 in Kraft getreten, während das Seeversicherungsrecht in den §§ 778ff. HGB außer Kraft getreten ist. Mittlerweile ist vom Gesetzgeber das Seehandelsrecht mit dem Gesetz zur Reform des Seehandelsrechts vom 20.4.2013 mit weitreichenden Änderungen des übrigen HGB-Transportrechtes beschlossen und am 24.4.2013 in Kraft getreten.[4]

3 Nichts desto trotz sind die den DTV-Güterversicherungsbedingungen 2000/2011 vorangegangenen Seetransportversicherungsbedingungen ADS 1919 i.V.m. den ADS Güterversicherungsbedingungen 73/84/94 noch keineswegs bedeutungslos. Auch über 10 Jahre nach Veröffentlichung der DTV-Güterversicherungsbedingungen 2000 bestätigen Marktschätzungen, dass insbesondere an den traditionellen Seehandelsplätzen Hamburg und Bremen immer noch Güterversicherungsbedingungen nach den ADS-Güter 94 und

---

2 *Enge/Schwampe* Transportversicherung S. 33.

3 *Ehlers* DTV-Güterversicherungsbedingungen 2000, S. 27.

4 BGBl I S. 831.

ADS 1919 eine gewisse Geltung beanspruchen.[5] Historisch gesehen sind die DTV-Güter 2000 aus den ADS-Güterversicherung 73/84/94 und den ADS 1919 entstanden, also aus den Transportversicherungsbedingungen des Seetransportes, während diese immer wieder auch Binnentransportversicherungen zugrunde gelegt wurden, für die sie eigentlich nicht konzipiert waren.[6]

Die DTV-Güter 2000/2011 sind ebenso wie ihre Vorgänger, die ADS-Güterversicherung 73/84/94 und die ADS 1919 sowie die aus dem englischen Versicherungsrecht stammenden Institut Cargo Clauses (ICC) als Versicherung einzelner Transporte konzipiert worden.[7] In der Praxis sind allerdings viele Transportversicherungen als General- und Umsatzpolicen im Umlauf, so dass zusätzlich die Klauseln für die laufende Versicherung vereinbart werden müssen, um der anderen Einordnung als laufenden Versicherung im VVG gerecht zu werden.[8] Nicht sehr selten kommt es vor, dass im Falle von Exportverträgen über die Akkreditivvorschriften der Banken zusätzliche Bedingungswerke wie die ICC (Institut Cargo Clauses) des englischen Transportversicherungsmarktes Eingang in die Verträge finden.[9] **4**

Dann entscheidet über den Vorrang die Reihenfolge in der Deckungsnote oder in der Police.[10] Werden etwa englische Begriffe verwandt, die im Deutschen keine Entsprechung finden, sind sie nach dem englischen Rechtsverständnis auszulegen.[11]

Bei den DTV-Güter 2000/2011 handelt es sich zweifellos um AVB und damit um AGB i.S.d. §§ 305ff. BGB, die auch an diesen zu messen sind, sofern deutsches Recht auf den Transportversicherungsvertrag Anwendung findet, und die Bedingungen wirksam miteinbezogen worden sind.[12] Zwar hat es verschiedentliche Versuche gegeben, den ADS einen übergeordneten gesetzesähnlichen Rang beizumessen, um eine Überprüfung anhand der Deutschen AGB-Vorschriften zu verhindern. Begründet wird dies damit, dass es sich bei den DTV-Güter 2000/2011, den ADS 1919 und den darauf basierenden ADS-Güter 73/84/94 um im einzelnen zwischen den beteiligten Verkehrskreisen (Reedern, Außenhandelskaufleuten, Versicherern, Assekuradeuren, Maklern und den Handelskammern) im einzelnen ausgehandelte Bedingungswerken handelt, was zweifellos zutrifft.[13] Dies ist in der Vergangenheit auch für die ADSp behauptet worden, die auf ähnliche Weise zustande gekommen sind. Bisher hat dies jedoch richtigerweise die deutschen Gerichte und insbesondere den BGH nicht davon abgehalten, die vertraglichen Bedingungswerke als AGB zu qualifizieren und insbesondere im Jahr 1980 § 20 ADS in einer Grundentscheidung als treuwidrig abzuqualifizieren.[14] Das OLG Hamburg hat in seiner Entscheidung im Jahr 2000 die Unklarheitenregelung des § 5 AGBG a.F.[15] auf Ziff. 20.2 DTV-Kasko-Klauseln angewendet.[16] Für die DTV-Güter 2000/2011 ist deren AGB-Charakter daher nahezu **5**

---

5 *Enge/Schwampe* Transportversicherung S. 48, *Terbille/Remé* Münchener Anwaltshandbuch² § 11 Rn 21; Prölss/Martin/*Koller* VVG Teil III P. TV II. Rn.1.

6 Näher zu den ADS-Güter 73/84/94: Thume/de la Motte/Ehlers/*Ehlers* Transportversicherung Teil 5 Rn. 8 ff; Prölss/Martin/*Koller* VVG Teil III P. TV I. Rn.1.

7 Thume/de la Motte/Ehlers/*Ehlers* Transportversicherung Teil 5 Rn. 3.

8 Thume/de la Motte/Ehlers/*Ehlers* Transportversicherung Teil 5 Rn. 3.

9 *Enge/Schwampe* Transportversicherung S. 50.

10 OLG Hamburg VersR **1987** 354

11 BGH VersR **1992** 595; OLG Hamburg VersR **1996** 229; *Remé* VersR **1980** 207; zum Ganzen: Thume/de la Motte/Ehlers/*Ehlers* Transportversicherung Teil 5 Rn 4.

12 Thume/de la Motte/Ehlers/*Ehlers* Transportversicherung Teil 5 Einführung Rn. 59.

13 *Enge/Schwampe* Transportversicherung S. 47.

14 BGH VersR **1980** 964.

15 Jetzt § 305 c Abs. 2 BGB.

16 OLG Hamburg VersR **2000** 114; näher dazu: *Enge/Schwampe* Transportversicherung S. 46.

unbestritten. Folglich gilt auch die generelle zur Auslegung von AVB ausgeurteilte Rechtsprechung des BGH, dass die Versicherungsbedingungen anhand der Verständnismöglichkeiten eines durchschnittlichen VN ohne versicherungsrechtliche Spezialkenntnisse auszulegen sind,[17] mag auch der eine oder andere VN über ein weitergehendes versicherungsrechtliches Verständnis verfügen.

6 Aufgrund ihres Charakters als unverbindliche Verbandsempfehlungen ist in der Praxis immer zu prüfen, ob und wo die tatsächlich vereinbarten Bedingungen von den Musterbedingungen zugunsten oder zulasten des VN bzw. des VR abweichen. Maßgeblich sind immer die tatsächlich vereinbarten Bedingungen, nicht die Musterbedingungen.

B. Versichertes Interesse/Gegenstand der Versicherung

7 Ziffer 1 DTV-Güter 2000/2011 übernimmt weitgehend die bisherige Regelung des § 1 ADS 1919 i.V.m. 9.6.2 ADS Güterversicherung 73/84/94, wonach der Güterversicherung wie jeder anderen Versicherung auch ein versicherbares Interesse zugrunde liegen muss.[18] Ein Interesse hat derjenige, der aus Rechtsgründen einen wirtschaftlichen Nachteil deswegen hinnehmen muss, weil das Gut einen Schaden erleidet oder verloren geht.[19] Damit ist nicht die Sache selbst direkt Gegenstand der Güterversicherung, sondern vielmehr das Interesse daran, dass das Gut unbeschädigt seinen Empfänger erreicht. Ein solches Interesse hat nicht nur der Empfänger des Gutes, der möglicherweise Eigentümer des Gutes werden soll, sondern auch der Absender des Gutes, der möglicherweise der Eigentümer ist. Mit dem Schutz des Absenders und Empfängers, Eigentümers und Erwerbers erschöpft sich der Schutzzweck der Regelung allerdings nicht. Vielmehr ist jeder schutzbedürftig, der ein in Geld schätzbares Interesse an der Zweckerreichung des Transportes hat. Dies kann auch ein Pfandgläubiger, ein nutzungsberechtigter Mieter oder Pächter sein. Entscheidend ist, dass es sich um ein wirtschaftliches Interesse handelt, immaterielle Interessen sowie Interessen der Allgemeinheit sind nicht geschützt.[20] Nicht ausgeschlossen ist, dass mehrere Personen parallel ein wirtschaftliches Interesse an der schadensfreien Beförderung haben, z.B. der Verkäufer und der Käufer, auf den zwar bereits die Gefahr des zufälligen Untergangs nach Übergabe an den Transporteur gem. § 447 BGB übergegangen ist, der aber z.B. noch nicht den Kaufpreis gezahlt hat. In diesem Fall haben beide ein versicherbares Interesse.[21] Die wirtschaftlichen Interessen des Verfrachters, des Lagerhalters, des Frachtführers und des Spediteurs, die das Interesse ihres Auftraggebers oder eines anderen Dritten versichern, sind jedoch gemäß Ziff. 13.7 DTV Güter 2000/2012 ausgeschlossen.

8 Nach der Regelung ist nicht jedes wirtschaftliche Interesse versichert, sondern nur ein Interesse, dass mit einer bestimmten Summe Geld abgegolten werden kann. Insofern unterscheidet sich die Transportversicherung nicht von anderen Schadensversicherungen. Ersetzt werden also nur Vermögensschäden der versicherten Personen.

9 Wie nahezu jede andere Versicherung kann die Transportversicherung als Eigen- oder als Fremdversicherung abgeschlossen werden, also das eigene oder ein fremdes Interesse versichert werden. Es muss nicht von vorneherein bestimmt werden, wessen Interesse versichert werden soll. Das versicherte Interesse muss lediglich im Schadensfall feststehen, so-

[17] Prölss/Martin/*Koller* VVG Vorbem. III Rn. 2.
[18] Prölss/Martin/*Koller* VVG Teil III P. TV II. Rn. 1.
[19] Prölss/Martin/*Koller* VVG Teil III P. TV II. Rn. 1.; *Ehlers* TranspR **2006** 10.
[20] Vgl. Prölss/Martin/*Koller* VVG Teil III P. TV II. Rn. 1.
[21] Thume/de la Motte/Ehlers/*Ehlers* Transportversicherung Teil 5 Rn. 13.; BGH VersR **1955** 225; VersR **1984** 56.

fern es nur im Schadenfall feststeht (Versicherung für Rechnung, wen es angeht), vgl. Ziff. 13 DTV Güter 2000/2012.[22]

Die Versicherung kann auch künftige Interessen absichern, d.h. Interessen, die bei Abschluss des Versicherungsvertrages noch nicht bestehen, vgl. § 80 VVG. Insbesondere die häufig mit Dauerkunden wie großen Versendern abgeschlossenen Umsatzpolicen, bei denen es sich laufende Versicherungen handelt, versichern künftige Interessen.

Fest steht, dass nur mit der Rechtsordnung in Einklang stehende Interessen versicherbar sein sollen.[23] Der Versicherungsvertrag ist daher aufgrund eines Verstoßes gegen §§ 134, 138 BGB als nichtig anzusehen, wenn ihm sittenwidrige oder nichtgesetzeskonformen Interessen zugrundeliegen.[24] Es fallen zunächst nur deutsche Gesetze unter die Norm, wozu auch ins deutsche Recht inkorporierte völkerrechtliche Verträge und aufgrund ihrer direkten und unmittelbaren Geltung im Inland auch Verordnungen der EU gehören. Allerdings macht nicht jeder Verstoß gegen Außenwirtschaftsrechtsvorschriften wie dem Import- Export- und Zollrecht das Interesse gleich zu einem Sittenverstoß.[25] Es muss vielmehr gerade die Nichtigkeit aufgrund des Verbotsgesetzes gesetzgeberisch gewollt sein, wie etwa bei Verstößen gegen das Kriegswaffenkontrollgesetz.[26] **10**

Infolge der in jüngster Zeit beschlossenen Iran-Sanktionen wie der EG-VO Nr. 961/2010, mit den Restriktionen bestimmter Ex- und Importe einschließlich eines Verbotes, für derartige Geschäfte Transportversicherungsschutz bereitzustellen sind auch die DTV-Güter 2000/2008 angepasst worden. Ziff. 1.2 ist als objektiver Risikoausschluss konzipiert und lässt den Transportversicherungsschutz dort entfallen, wo Wirtschafts- Handels oder Finanzsanktionen bzw. Embargos der EU, der Bundesrepublik dem entgegenstehen. Soweit die jeweils maßgeblichen Rechtsakte als Verbotsgesetze anzusehen sind, und etwa die Bereitstellung von Versicherungsschutz verbieten wie etwa Art. 26 EG-VO Nr. 961/2010, hat diese Klausel nur eine klarstellende Funktion. Sie ist allerdings dort in ihren Tatbestandsmerkmalen bedenklich unbestimmt gefasst, wo nicht bereits ein zu beachtendes Verbotsgesetz besteht. So ist in der Klausel nicht näher definiert, wann über das Vorliegen eines Verbotsgesetzes hinaus ein direkt auf die Vertragsparteien anwendbares Embargo oder eine Sanktion vorliegt und dieses dem Versicherungsschutz entgegensteht. Dies erschwert die Berechenbarkeit, wann der Versicherungsschutz nach dieser Klausel ausgeschlossen sein soll. Die Klausel muß sich, wie alle anderen AVB, im Falle der Vereinbarung deutschen Rechts an der Unklarheitenregel des § 305 c BGB und der Inhaltskontrolle des § 307 BGB messen lassen. Als rechtlich problematisch ist auch einzuordnen, ob ein VN noch rechtlich überblicken kann, ob seinem gewünschten Transportversicherungsschutz betreffend einen – an sich nach EU-Recht legalen Transport nach Iran – eventuell eine auf ihn und seinen Vertragspartner direkt anwendbare Sanktionsmaßnahme der USA entgegensteht und dies nicht deutschen und sonstigen EU-Recht widerspricht. **11**

C. Allgefahrendeckung

Die DTV-Güter 2000/2011 in ihrer vollen Deckung bieten nach allgemeiner Meinung eine Allgefahrendeckung und enthalten erst in ihren Ausschlussklauseln Einschränkungen **12**

---

[22] Thume/de la Motte/Ehlers/*Ehlers* Transportversicherung Teil 5 Rn 15.

[23] Prölss/Martin/*Koller* VVG Teil III P. Transportversicherung II. Rn. 1.

[24] Zu den Voraussetzungen eines Verbotsgesetzes vgl. Palandt/*Heinrichs* § 134 Rn. 2.

[25] beispielsweise BGH VersR **1976** 678; OLG Hamburg VersR **1983** 1151.

[26] beispielsweise BGH VersR **1980** 964 („MS Janina").

auf bestimmte Beförderungsgefahren oder bestimmte Gefahren der Lagerung. Soweit diese jedoch nicht einschlägig sind, sind die Güter gegen alle übrigen Gefahren versichert, die dem Güterinteresse drohen können. Der Begriff der Gefahr ist nicht mit dem Eintritt des Schadens zu verwechseln.[27] Während mit dem Begriff der Gefahr die Drohung des Eintritts eines ursächlich zu einem Schaden führenden Ereignisses gemeint ist, ist der sich als Verlust, Beschädigung oder Verspätung manifestierende Güterschaden erst Folge dieser Gefahr,[28] während der aus dem Güterschaden folgende weitere Vermögensschaden wiederum Folgeschaden ist.

Die Universalität der Gefahrendeckung bedeutet daher zunächst keine Einschränkung auf nur bestimmte Gefahren als Ursache des eintretenden Güterschadens. Einschränkend wirken nur die sich aus den DTV-Güter 2000/2011 ergebenden Gefahrenausschlüsse, wie sich aus Ziff. 2.1 ergibt, so etwa ausdrücklich die in Ziff. 2.4. genannten Gefahren. Soweit Gefahren nicht nach den DTV-Güter 2000/2011 ausdrücklich vom Versicherungsschutz ausgeschlossen sind, besteht daher grundsätzlich Versicherungsschutz.

D. mit der Beförderung verbundene Lagerungen

13 Die Deckung der Gütertransportversicherung bezieht sich nicht auf jede Lagerung von Gütern, sondern nur die mit der geplanten Ortsveränderung zusammenhängende Lagerung. Die Lagerung muss nicht zwangsläufig in Räumlichkeiten erfolgen. Mitversichert sind auch Lagerungen im Freien. Es sind nicht nur transportbedingte Lagerungen in Umschlagplätzen, Speditionen, Zolllägern oder Kaianstalten erfasst, sondern beispielsweise auch vom Absender verfügte Lagerungen, sofern sie in engem kausalen Zusammenhang mit dem Transport stehen. Dabei kann es sich um Vorlagerungen oder Nachlagerungen vor bzw. nach dem Transport handeln, die mitversichert sind.

Konsignations- und Auslieferungslagerungen sind hierbei differenziert zu betrachten. Je nach Lagerdauer und Abruffrequenz fehlt bei derartigen Lagerungen in der Regel die enge unmittelbare Verbindung zum Transport, so dass diese nicht ohne weiteres unter die Deckung einer Transportversicherung fallen. Unter den weiteren Bedingungen aus Ziff. 8 und 9 DTV-Güter, die Beginn der Deckung und Dauer der versicherten (Zwischen-)Lagerung regeln, ist jedoch eine Deckungseinbeziehung von Gütern aus disponierter Vor- und Nachlagerung möglich.

E. Gegenstand des versicherten Interesses

14 Gegenstand des versicherten Interesses sind die Güter, dh. gegenständliche Waren und Sachen aller Art, ebenso wie Tiere, soweit sie von einem Ort zum nächsten befördert werden können. Auch Fahrzeuge, Lademittel und Ladehilfen wie Container und Paletten können selbst ihrerseits eigenständige Güter sein, wenn sie nicht der Beförderung eines anderen Gutes dienen, sondern ihrerseits als Waren befördert werden. Ladehilfsmittel wie Paletten und auch Container dienen dem Schutze des Gutes und damit häufig auch als Verpackung. Sie stellen in der Regel eine Einheit mit der verpackten Ware dar, die insgesamt daher als „das Gut“ anzusehen ist. Eine Beschädigung an der Verpackung ohne Nachweis der Beschädigung des darauf befindlichen Ware ist daher auch bereits als Beschädigung des „Gutes“ im Sinne der Versicherungsbedingungen zu verstehen.

---

[27] *Enge/Schwampe* Transportversicherung S. 59.

[28] *Enge/Schwampe* Transportversicherung S. 59.

F. Weitere Versicherungsgegenstände

Die DTV-Güter lassen wie bisher auch weitere Interessen als vereinbart zu, so den imaginären Gewinn, den Mehrwert, den Zoll, die Fracht, Steuern und Abgaben und sonstige Kosten.

I. Imaginärer Gewinn

Als Imaginärer Gewinn wird der zu erwartende Gewinn definiert, unabhängig davon, ob dieser später tatsächlich erzielt worden ist. Die Versicherung eines zu erwartenden Gewinns verstößt nicht gegen das Bereicherungsverbot.[29] Die Versicherung eines Gewinninteresses war bislang im § 53 des alten VVG von 1907 ausdrücklich vorgesehen und ist im Zuge der VVG-Reform nur deshalb ersatzlos gestrichen worden, weil sie für überflüssig angesehen wurde.[30] Sie ist aufgrund des Prinzips der Vertragsfreiheit frei vereinbar. 15

Grenzen der Vereinbarung ergeben sich jedoch aus zum einen aus den DTV-Güter selbst in Ziff. 10.3. Dort ist geregelt, dass nur 10 % des Wertes als **imaginärer** Gewinn vereinbar ist, vgl. 10.3. Klauseln wie „gleichwohl wie hoch“ sind am Regelungsinhalt und insoweit insbesondere an Ziff. 10.3 und § 76 VVG zu messen.[31] Zulässig ist nur ein imaginärer Gewinn, der nach kaufmännischer Berechnung möglicherweise zu erwarten war, andernfalls ist der VR sowohl nach Ziff. 10.5 DTV-Güter als auch nach § 76 VVG berechtigt, eine Herabsetzung der vereinbarten Taxe bzw. des imaginären Gewinns zu verlangen.

II. Mehrwertversicherung

Die Versicherung des Mehrwertes soll die Differenz einer zu gering angesetzten Versicherungssumme zu dem steigenden Wert der Güter ausgleichen, sei es das der Marktpreis während der Dauer der Versicherung ansteigt oder etwa die Policenwährung verfällt. Sie spielt insbesondere bei der Beförderung von Rohstoffen per Seeschiff eine Rolle, wo die Reise häufig länger dauert und der Marktpreis bzw. die Währungen schnell und erheblich schwanken können. Sie ist nicht gleichzusetzen mit dem zu ersetzenden imaginären Gewinn, denn sie ist nicht subjektiv durch eine Einschätzung der Parteien, sondern objektiv durch die tatsächlichen Umstände begründet und unabhängig von der Durchführung der Beförderung.[32] 16

Aus Ziff 1.1.3 DTV-Güter folgt nicht, dass diese Interessen alle beim Haupt-VR abgeschlossen sein müssen, sie können auch bei einem dritten VR gesondert abgeschlossen werden. Im Schadenfall folgt die Mehrwertversicherung dann jedoch der Hauptversicherung. Schadenabwendungs-, -minderungs- und -feststellungskosten sind anteilig zu ersetzen. Der Mehrwertversicherung kommt auch anteilig ein Provenue zu.[33] Im Schadensfall wird die jeweilige Entschädigung ausgezahlt, ebenso wie ein jeweiliger Anspruch auf eine Vergütung bei eingetretener Havarie-grosse besteht. 17

---

29 BGH VersR **1994** 91.

30 dazu Prölss/Martin/*Armbrüster* VVG vor § 78 Rn. 105.

31 *Ritter-Abraham* § 1 Anm. 41, 47; *Enge* Transportversicherung S. 176.

32 *Enge* Transportversicherung Kap. 2.2.9 S. 179.

33 Thume/de la Motte/Ehlers/*Ehlers* Transportversicherung Teil 5 Rn. 24 unter Verweis darauf, dass eine der Ziff. 6 ADS Güterversicherung 1973 vergleichbare Regelung in den DTV-Güter 2000/2011 fehlt; **a.A.** *Enge* Transportversicherung Kap. 2.2.9, S. 179 unter Verweis auf die (nicht mehr existente) gleichlautende Regelung.

III. Zoll, Fracht, Steuern und sonstige Kosten

18 Auch das Interesse an einem Ersatz gezahlten Zolls, Fracht, Steuern und Abgaben sowie sonstige Kosten kann gesondert beim Haupt-VR oder einen Dritten versichert werden. Für die Fracht gilt, dass diese gemäß Ziffer 10.2 DTV-Güter bereits im Versicherungswert enthalten ist, sofern sie bereits gezahlt wurde. Das Interesse ist im Schadenfall nur dann zu ersetzen, wenn es auch bereits entstanden ist, vgl. dazu Ziffer 17.7 DTV-Güter. Fracht oder Zoll, die aufgrund Beschädigung oder Verlust des Gutes nicht zu zahlen ist, lässt auch das diesbezügliche Interesse entfallen.

G. Ausschluss des Versicherungsschutzes bei Embargoverstößen

19 Ziff. 1.2 der DTV-Güter ist im Zuge der sich stetig verschärfenden Iran-Sanktionen neu in die DTV-Güter mit aufgenommen worden. Dem Wortlaut nach handelt es sich um einen objektiven Risikoausschluss.

Abs. 1 der Klausel ordnet danach das Entfallen des Versicherungsschutzes an, wenn und soweit Embargos, Handels- Wirtschafts- oder Finanzsanktionen der EU oder der Bundesrepublik entgegenstehen, die direkt auf die Vertragsparteien anwendbar sind. Eine nähere Definition der genannten Tatbestandsmerkmale enthält die Klausel nicht. Es bleibt daher der Rechtsprechung überlassen, zu bestimmen, ob und in welchen Fällen Embargos oder Sanktionen direkt auf Vertragsparteien anwendbar sind und wann sie einem Versicherungsschutz entgegenstehen.

20 Abs.2 erweitert den Risikoausschluss zusätzlich auf derartige Sanktionen der USA gegen Iran, soweit keine europäischen oder deutschen Rechtsvorschriften entgegenstehen. Auch insoweit bleibt der Rechtsprechung überlassen, zu bestimmen, wann europäische oder deutsche Rechtsvorschriften einer Sanktion oder einem Iranembargo der USA **nicht** entgegenstehen und damit ein Versicherungsschutz aufgrund einer Iransanktion oder eines Embargos der USA auch hierzulande entfällt. Im Zweifel dürfte – solange und soweit sich die Bundesrepublik Deutschland und die EU nicht selbst dazu entschlossen haben, selbst gleichlautende Sanktionen oder Embargos gegen Iran zu beschließen – jeweils ein legales Verhalten der Vertragsparteien vorliegen und damit die hiesige Rechtslage gegen die Anwendung der US-Sanktionen und eine hieran anknüpfende Rechtsfolge wie das Entfallen des Versicherungsschutzes sprechen.

2 Umfang der Versicherung

2.1 Versicherte Gefahren und Schäden

Der Versicherer trägt alle Gefahren, denen die Güter während der Dauer der Versicherung ausgesetzt sind, sofern nichts anderes bestimmt ist.

Der Versicherer leistet ohne Franchise Ersatz für Verlust oder Beschädigung der versicherten Güter als Folge einer versicherten Gefahr.

2.2 Besondere Fälle

2.2.1 Vorreise- oder Retourgüter

Vorreise- oder Retourgüter sind zu den gleichen Bedingungen versichert wie andere Güter. Die Verpflichtung des Versicherungsnehmers nachzuweisen, dass der Schaden während des versicherten Transports entstanden ist, bleibt unberührt.

2.2.2 Beschädigte Güter

Sind die Güter bei Beginn der Versicherung beschädigt, so leistet der Versicherer für den Verlust oder die Beschädigung nur Ersatz, wenn die vorhandene Beschädigung ohne Einfluss auf den während des versicherten Zeitraums eingetretenen Schaden war.

2.3 Versicherte Aufwendungen und Kosten

2.3.1 Der Versicherer ersetzt auch

2.3.1.1 den Beitrag zur großen Haverei, den der Versicherungsnehmer aufgrund einer nach Gesetz, den York Antwerpener Regeln, den Rhein-Regeln IVR oder anderen international anerkannten Haverei-Regeln aufgemachten Dispache zu leisten hat, soweit durch die Haverei-Maßregel ein versicherter Schaden abgewendet werden sollte. Übersteigt der Beitragswert den Versicherungswert und entspricht dieser der Versicherungssumme, so leistet der Versicherer vollen Ersatz bis zur Höhe der Versicherungssumme. Die Bestimmungen über die Unterversicherung sowie Ziffer 2.3.3 bleiben unberührt.

Im Rahmen dieser Bedingungen hält der Versicherer den Versicherungsnehmer frei von Ersatzansprüchen und Aufwendungen, die sich aus der vertraglichen Vereinbarung der Both-to-Blame-Collision-Clause ergeben;

2.3.1.2 Schadenabwendungs-, Schadenminderungs-, Schadenfeststellungskosten, und zwar

2.3.1.2.1 Aufwendungen zur Abwendung oder Minderung eines versicherten Schadens, wenn der Schaden unmittelbar droht oder eingetreten ist, soweit der Versicherungsnehmer sie nach den Umständen für geboten halten durfte;

2.3.1.2.2 Aufwendungen, die der Versicherungsnehmer beim Eintritt des Versicherungsfalls gemäß den Weisungen des Versicherers macht;

2.3.1.2.3 Kosten der Ermittlung und Feststellung des versicherten Schadens sowie Kosten durch einen für diese Zwecke beauftragten Dritten, soweit der Versicherungsnehmer sie nach den Umständen für geboten halten durfte oder soweit er sie gemäß den Weisungen des Versicherers macht;

2.3.1.3 die Kosten der Umladung, der einstweiligen Lagerung sowie die Mehrkosten der Weiterbeförderung infolge eines Versicherungsfalls oder versicherten Unfalls des Transportmittels, soweit der Versicherungsnehmer sie nach den Umständen für geboten halten durfte oder er sie gemäß den Weisungen des Versicherers aufwendet und diese Kosten nicht bereits unter Ziffer 2.3.1.2 fallen.

2.3.2 Die Aufwendungen und Kosten gemäß Ziffern 2.3.1.2.1 und 2.3.1.2.2 hat der Versicherer auch dann zu tragen, wenn sie erfolglos bleiben.

2.3.3 Die Aufwendungen und Kosten nach Ziffern 2.3.1.1 und 2.3.1.2 sind ohne Rücksicht darauf zu ersetzen, ob sie zusammen mit anderen Entschädigungen die Versicherungssumme übersteigen.

2.3.4 Der Versicherungsnehmer kann verlangen, dass der Versicherer für die Entrichtung von Beiträgen zur großen Haverei die Bürgschaft oder Garantie übernimmt, den Einschuss zur großen Haverei vorleistet und den für Aufwendungen zur Schadenabwendung und -minderung sowie zur Schadenfeststellung erforderlichen Betrag vorschießt.

2.4 Nicht versicherte Gefahren

2.4.1 Ausgeschlossen sind die Gefahren

2.4.1.1 des Krieges, Bürgerkrieges oder kriegsähnlicher Ereignisse und solche, die sich unabhängig vom Kriegszustand aus der feindlichen Verwendung von Kriegswerkzeugen sowie aus dem Vorhandensein von Kriegswerkzeugen als Folge einer dieser Gefahren ergeben;

2.4.1.2 von Streik, Aussperrung, Arbeitsunruhen, terroristischen oder politischen Gewalthandlungen, unabhängig von der Anzahl der daran beteiligten Personen, Aufruhr und sonstigen bürgerlichen Unruhen;

2.4.1.3 der Beschlagnahme, Entziehung oder sonstiger Eingriffe von hoher Hand;

2.4.1.4 aus der Verwendung von chemischen, biologischen, biochemischen Substanzen oder elektromagnetischen Wellen als Waffen mit gemeingefährlicher Wirkung, und zwar ohne Rücksicht auf sonstige mitwirkende Ursachen;

2.4.1.5 der Kernenergie oder sonstiger ionisierender Strahlung;

2.4.1.6 der Zahlungsunfähigkeit und des Zahlungsverzuges des Reeders, Charterers oder Betreibers des Schiffes oder sonstiger finanzieller Auseinandersetzungen mit den genannten Parteien, es sei denn, dass

- der Versicherungsnehmer nachweist, dass er die genannten Parteien oder den beauftragten Spediteur mit der Sorgfalt eines ordentlichen Kaufmanns ausgewählt hat;
- der Versicherungsnehmer bzw. Versicherte der Käufer ist und nach den Bedingungen des Kaufvertrags keinen Einfluss auf die Auswahl der am Transport beteiligten Personen nehmen konnte.

2.4.2 Die Gefahren gemäß Ziffern 2.4.1.1 bis 2.4.1.3 sowie Ziffer 2.4.1.5 können im Rahmen der entsprechenden DTV-Klauseln mitversichert werden.

2.5 Nicht ersatzpflichtige Schäden

2.5.1 Der Versicherer leistet keinen Ersatz für Schäden, verursacht durch

2.5.1.1 eine Verzögerung der Reise;

2.5.1.2 inneren Verderb oder die natürliche Beschaffenheit der Güter;

2.5.1.3 handelsübliche Mengen-, Maß- und Gewichtsdifferenzen oder -verluste, die jedoch als berücksichtigt gelten, sofern hierfür eine Abzugsfranchise vereinbart ist;

2.5.1.4 normale Luftfeuchtigkeit oder gewöhnliche Temperaturschwankungen;

2.5.1.5 nicht beanspruchungsgerechte Verpackung oder unsachgemäße Verladeweise, es sei denn, der Versicherungsnehmer hat diese weder vorsätzlich noch grob fahrlässig verschuldet.

2.5.2 Der Versicherer leistet keinen Ersatz für mittelbare Schäden aller Art, sofern nichts anderes vereinbart ist.

2.6 Kausalität

Ist ein Schaden eingetreten, der nach den Umständen des Falles auch aus einer nicht versicherten Gefahr (Ziffern 2.4.1.1 bis 2.4.1.3 sowie 2.4.1.6) oder Ursache (Ziffern 2.5.1.1 bis 2.5.1.4) entstehen konnte, hat der Versicherer den Schaden zu ersetzen, wenn er mit überwiegender Wahrscheinlichkeit durch eine versicherte Gefahr herbeigeführt worden ist.

Übersicht

A. Versicherte Gefahren und Schäden

I. Grundsatz der Allgefahrendeckung

Ziff. 2.1 stellt nochmals klar, dass die Transportversicherung eine Allgefahrendeckung **1** aufweist.[1] Es bedarf eines ausdrücklichen vereinbarten Gefahrenausschlusses, um den Grundsatz der Allgefahrendeckung zu durchbrechen.

II. Definition der Gefahr

Gefahr ist definiert als die möglicherweise eintretende Ursache einer Beeinträchtigung **2** des versicherten Interesses. Gefahr lässt sich also nicht mit dem Eintritt eines Versicherungsfalls gleichsetzen, sondern sie ist nur die Ursache eines künftig eintretenden oder bereits eingetretenen Schadens. Verwirklicht sich eine Gefahr, kann dies zu einem Schaden führen. Typische Beispiele einer sich verwirklichenden Gefahr ist der Diebstahl des Gutes, der Brand im Lagerhaus oder der Absturz des Gutes, die jeweils einen (Wert)-Verlust des Gutes zur Folge haben und damit versicherte Interessen beeinträchtigen.

III. Dauer der Versicherung

Die Versicherung besteht vereinfacht gesagt in der Regel für die Dauer des Transportes. **3** Sie ist im Übrigen näher in Ziff. Ziffer 8 DTV-Güter definiert. In die Dauer mit eingeschlos-

---

[1] Bruck/Möller/*Schwampe* § 130 Rn. 38.

sen werden kann – wie bereits zuvor erwähnt – auch eine Vor- bzw. Nachlagerung gemäß Ziff. 9 DTV-Güter.

IV. Verlust oder Beschädigung als Folge

4 Die Entschädigung in Geld zahlt der VR allerdings immer nur als Ersatz für Verlust oder Beschädigung des Gutes als Folge einer sich verwirklichenden Gefahr. Voraussetzung ist daher ein erlittener Vermögensschaden als Folge von Verlust und/oder Beschädigung des Gutes. Verlust ist näher unter Ziff 17.1 DTV-Güter definiert, und liegt auch bei einem Totalschaden oder einer Entziehung ohne Aussicht auf Wiedererlangung vor, vgl. näher Ziff. 17.1 DTV-Güter. Zur Beschädigung vgl. näher Ziff. 17.3. Zur Kausalität und der Lehre von der causa proxima vgl. näher unten unter Ziff. 2.6.

B. Besondere Fälle

I. Vorreise- und Retourgüter

5 Als Vorreisegüter werden bereits vor Beginn der Versicherung beförderte Güter bezeichnet. Retourgüter sind Güter, die ihren Weg an ihren Ausgangspunkt zurücknehmen, weil sie vom Empfänger zurückgeschickt werden. Dies kann viele Gründe haben, die häufigsten sind sicherlich Sachmängel, Aliud-Lieferungen oder Unverkäuflichkeit. Eine Unmittelbarkeit des jeweils vorausgegangenen Transportes ist nicht notwendig. Zu beachten ist jedoch, dass der jeweils vorangegangene Transport einen gefahrerheblichen Umstand darstellt, der nach Ziff. 4 DTV-Güter anzeigepflichtig ist.[2]

6 Im Übrigen – und dies stellt Ziff. 2.2.1 klar – ergeben sich hinsichtlich der Beweispflichtigkeit des VN für den Eintritt des Schadens gerade auf dem versicherten Transport keine Besonderheiten im Verhältnis zu sonstigen Güter, wo der VN ebenfalls die Beweislast für den Schadenseintritt während des Transportes trägt.

7 Etwas anderes gilt jedoch gemäß Ziff. 2.2.2 bei vorgeschädigten Gütern. Hier hat der VN im Rahmen der ihm obliegenden Beweislast nachzuweisen, dass die vorherige Beschädigung auf die während des versicherten Transportes eintretenden Verlust oder Beschädigung ohne Einfluss gewesen ist. Der VN hat daher eine negative Tatsache darzulegen und zu beweisen. Dies folgt aus dem Wortlaut der Vorschrift und ihrer Qualifizierung als objektiver Risikoausschluss.[3]

C. Versicherte Aufwendungen und Kosten

I. Große Haverei

8 Für die in § 700 HGB a.F. beschriebene Havarie-grosse und ihrer Äquivalente aus dem BschG, und den internationalen Seerechtsbestimmungen (z.B. York-Antwerp-rules, YAR) ordnet Ziff. 2.3.1 an, dass der VR den dazu angeordneten Beitrag nach einer daraufhin gesetzlich ergangenen Dispache trägt.

---

[2] Thume/de la Motte/Ehlers/*Ehlers* Transportversicherung Teil 5 Rn. 44; *Enge* Transportversicherung S. 127.

[3] Thume/de la Motte/Ehlers/*Ehlers* Transportversicherung Teil 5 Rn. 52; *Enge* Transportversicherung S. 127.

Nach § 700 HGB a.F. sind alle Schäden eine Havarie-grosse, die dem Schiff, der Ladung oder beiden auf Weisung des Kapitäns vorsätzlich zugefügt werden, um sie aus einer dem Schiff und seiner Ladung drohenden Gefahr zu retten, vgl. § 700 Abs. 1 HGB A.F. Für diesen Fall ordnet § 700 Abs. 2 HGB a.F. an, dass die Havarie-grosse von Schiff, Ladung und Fracht gemeinschaftlich getragen wird.[4]

Die Verteilung der Schäden und Kosten zwischen den Beteiligten erfolgt durch Aufmachung einer Dispache. Hierbei handelt es sich letztendlich um die Zusammenstellung der Werte der Schäden und eine Verteilung auf die Haftungsmasse ähnlich wie bei einem Insolvenzverfahren, vgl. § 716 HGB a.F. Der Schaden in dem Verhältnis auf Schiff, Ladung und Fracht nach deren jeweiligen Werteverhältnis verteilt.[5] **9**

Der VN, soweit er Eigentümer der Ladung ist, haftet somit für seinen Anteil an dem eingetretenen Schaden entsprechend der Dispache, vgl. § 725 Abs. 1 S. 1 HGB a.F. Der VR ist verpflichtet, diese Pflicht des VN zu übernehmen. **10**

Andererseits tritt eine Leistungspflicht des VR nur in Ansehung eines versicherten Schadens ein. Wenn und soweit der Schaden durch eine ausgeschlossene, bzw. nicht-versicherte Gefahr eingetreten ist, kommt eine Deckung des VR insoweit nicht in Betracht. Beispiele für eine nicht-versicherte Gefahr sind etwa die Katalogfälle der Ziff. 2.4 und 2.5. Insoweit wäre eine auf Krieg oder kriegsähnlichen Handlungen begründete Havarie-grosse nicht versichert. **11**

Soweit der Beitragswert höher liegt, als der Versicherungswert der Güter, ist nach Ziff. 2.3.1.1 der VR in seiner Deckungspflicht beschränkt auf die Höhe der Versicherungssumme, sofern diese dem Versicherungswert entspricht. Entspricht die Versicherungssumme nicht dem Versicherungswert, sind die Regeln über die Unterversicherung zu beachten, auf die Ziff. Z.3.1.1 ausdrücklich verweist, vgl. insoweit Ziff. 17.5 DTV-Güter. **12**

Zu beachten ist aber Ziffer 2.3.3 DTV-Güter, der insoweit die Beiträge zur Havarie-grosse als Aufwendungen und Kosten definiert, die ohne Rücksicht darauf zu ersetzen sind, ob sie zusammen mit anderen Entschädigungen die Versicherungssumme überschreiten. **13**

Der VR ist nach Ziff. 2.3.1.1 ebenso verpflichtet, den VN von Ersatzansprüchen und Aufwendungen aufgrund einer vertraglich vereinbarten „both-to-blame"-Klausel freizuhalten. **14**

Die „both-to-blame"-Klausel gleicht eine als unrichtig empfundene Rechtsfolge aus dem US-Seerecht aus, die bei beiderseits verschuldeten Schiffskollisionen auftritt. Sie findet sich findet in vielen Konnossements- und Charterbedingungen wieder.

Nach US-amerikanischem Recht haften beide Reeder der an einer Kollision beteiligten Schiffe den Ladungsinteressenten gegenüber als Gesamtschuldner. Wird das andere Schiff zu 100 % in Regress genommen, kann es 50 % des Schadens von dem die Ladung befördernden Schiff verlangen, selbst dann, wenn eine Haftung dieses in Anspruch genommenen Reeders gegenüber seinen eigenen Ladungsinteressenten nicht besteht. Die „both-to-blame"-Klausel entschärft diese Rechtslage, indem sie die Ladungsinteressenten verpflichtet, den Reeder von Regressansprüchen des Kollisionsgegners freizustellen. Damit wird die Rechtslage erreicht, wie sie für die meisten Länder durch Ratifikation des Internationalen Übereinkommens zur einheitlichen Feststellung von Regeln über den Zusammenstoß von Schiff (IÜZ) erreicht worden ist.[6] Danach zahlt der Transportversicherer mitunter den ein-

---

[4] Zu den weiteren Voraussetzungen der Havarie-gross vgl. statt aller: *Rabe* Seehandelsrecht § 700 Rn. 3ff.

[5] zu den Voraussetzungen der Dispache: *Rabe* Seehandelsrecht § 728 Rn. 4ff.

[6] Thume/de la Motte/Ehlers/*Ehlers* Transportversicherung Teil 5 Rn. 67.

getretenen Ladungsschaden voll und nimmt die Regressmöglichkeiten gegen den Schadensverantwortlichen in Höhe von dessen jeweiliger Haftungsquote wahr.[7]

II. Kosten der Schadensabwendung, -minderung und -feststellung

15 Ziff. 15.2 DTV-Güter verpflichtet den VN bei Eintritt des Versicherungsfalls zur Abwendung oder Minderung eines Schadens. Es handelt sich um die dem Versicherungsrecht typische Rettungsobliegenheit, vgl. § 82 VVG. Im Gegenzug obliegt dem VR die Ersatzpflicht für durch den VN zur Erfüllung seiner Rettungsobliegenheit aufgewendeten Kosten, vgl. auch § 83 VVG.[8]

16 Unter den Begriff der ergriffenen Aufwendung lässt sich jede freiwillige oder unfreiwillige Vermögensminderung fassen, die beim VN aufgrund einer ergriffenen Maßnahme zur Schadenabwehr oder Schadenminderung adäquat kausal eingetreten ist.[9] Dazu kann die Eingehung einer Verbindlichkeit ebenso zählen wie die Kosten für eine beauftragte Begutachtung einer der Neuerstellung bzw. Reparatur einer beschädigten Verpackung.[10] Als erstattungsfähig in diesem Zusammenhang hat die Rechtsprechung die Kosten für Löschschäden an nicht versicherten Gütern ebenso angesehen wie die Kosten für die Beseitigung von giftigen Stoffen, die beim Löschen eines Brandes entstanden sind.[11] Aber auch die Kosten der Umladung, sowie Mehrkosten der Weiterbeförderung infolge eines Versicherungsfalls können Aufwendungen zur Schadenminderung sein.[12]

17 Manche dieser Kosten können, wie zB. Schlepp- und Bergungskosten, auch Folge von Havarie-grosse-Maßnahmen und zugleich Schadenabwendungs- oder Schadensminderungskosten sein. Dazu stellt Ziff. 2.3.3 DTV-Güter klar, dass sie als Aufwendungen grundsätzlich in voller Höhe zu ersetzen sind, auch wenn sie zusammenaddiert mit anderen Entschädigungen die Versicherungssumme übersteigen.

18 Um erstattungsfähig zu sein, müssen die ergriffenen Rettungsmaßnahmen aus einer objektiven Sicht gerade zu dem Zwecke ergriffen worden sein, den Schaden abzuwenden oder zu mindern.[13]

19 Ersatzfähig sind Aufwendungen nur, wenn der unmittelbare Schadenseintritt droht. Insoweit ergeben sich im Verhältnis zu den allgemeinen Vorschriften des VVG für die Sachversicherung keine Besonderheiten.[14] Werden etwa Maßnahmen der Schadensverhütung ergriffen, ohne dass der unmittelbare Eintritt eines Schadens droht, sind sie nicht erstattungsfähig. Dabei ist zu berücksichtigen, dass der Wortlaut der Ziff. 2.3.2.1 nicht vom unmittelbaren Eintritt einer drohenden Gefahr, sondern vom unmittelbaren Eintritt eines drohenden Schadens spricht. Damit fallen z.B. Diebstahlverhütungsmaßnahmen ebenso nicht unter die Regelung wie etwa die Wahl einer anderen Beförderungsroute bei drohendem Krieg. Es fehlt jeweils am Merkmal der Unmittelbarkeit des Schadenseintritts. Dieser liegt nach gefestigter Rechtsprechung dann vor, wenn ohne Rettungsmaßnahmen ein versicherter Schaden unabwendbar wäre oder doch mit hoher Wahrschein-

---

7 *Enge* Transportversicherung S. 136.

8 Bruck/Möller/*Koch* § 83 Rn. 1 ff.

9 Bruck/Möller/*Koch* § 83 Rn. 13.

10 zu weiteren Beispielen: Vgl. Prölss/Martin/*Voit* § 86 VVG Rn. 12.

11 BGH VersR **1977** 7909; OLG Oldenburg VersR **1990** 516.

12 Thume/de la Motte/Ehlers/*Ehlers* Transportversicherung Teil 5 Rn. 73.

13 Bruck/Möller/*Koch* § 83 Rn. 34.

14 § 90 VVG, der wortgleich für die Sachversicherung Aufwendungsersatz für unmittelbar drohende Versicherungsfälle verspricht, näher dazu Bruck/Möller/*Koch* § 90 Rn. 3.

lichkeit innerhalb kurzer Zeit eintreten werde.[15] Die Beweislast dafür trifft dabei durchgehend den VN.[16]

Die nach Ziff. 2.3.1.2.1 erforderliche Gebotenheit der ergriffenen Aufwendungen muss aus einer ex-ante-Sicht auf ihre Zweckdienlichkeit beurteilt werden.[17] Die Bewertung einer Zweckdienlichkeit setzt nicht voraus, dass die Maßnahme Erfolg hatte.[18] Der VR ersetzt auch Aufwendungen, die erfolglos geblieben sind nach Ziff. 2.3.2, sofern die sonstigen Voraussetzungen der Ziff. 2.3.1.2.1 vorliegen. Sie muss allerdings aus einer ex-ante Sicht erfolgversprechend erschienen sein. War der Erfolg von Anfang an ungewiss, liegt i.d.R. keine Gebotenheit vor.[19] **20**

Für den Aufwendungsersatzanspruch kommt es jedoch darauf an, ob der VN die ergriffenen Maßnahmen ohne grobe Fahrlässigkeit für geboten halten durfte.[20] Maßstab ist insoweit die subjektive Sicht eines vernünftigen VN im Zeitpunkt des Handelns, der die konkrete Lage und eine verhältnismäßige Abwägung zwischen Aufwand und der Wahrscheinlichkeit des voraussichtlichen Erfolgseintritt vorzunehmen hat.[21] **21**

Ein Irrtum über die Tauglichkeit, die Angemessenheit der Maßnahmen oder über das Bestehen und den Beginn einer Rettungspflicht schadet dem VN nur bei Vorsatz oder grober Fahrlässigkeit.[22] Hat ein Dritter Rettungsmaßnahmen für den VN ausgeführt, ist ein grobes Verschulden dem VN nur zuzurechnen, wenn der Dritte Repräsentant ist.[23] **22**

Verkennt der VN grob fahrlässig die Gebotenheit der Maßnahme bzw. nimmt er grob fahrlässig an, es sei ein Versicherungsfall eingetreten, entsteht kein, auch kein quotaler, Aufwendungsersatzanspruch.[24] Das novellierte VVG hat zwar bei vertraglichen und gesetzlichen Obliegenheitsverletzungen das „Alles- oder Nichts"-Prinzip abgeschafft und durch eine anhand des Grades des Verschuldens zu messende quotalen Anspruch ersetzt. Nicht davon erfasst wird jedoch vorliegend der Anspruch auf Aufwendungsersatz, hier bleibt es beim „Alles- oder Nichts"-Prinzip.[25] **23**

Nach Ziff. 2.3.1.2.2 werden Aufwendungen des VN in jedem Fall dann erstattet, wenn sie aufgrund von Weisungen des VR beim Eintritt des Versicherungs-falls getätigt wurden. Derartige Weisungen des VR hat der VN auch dann zu befolgen, wenn sie nicht in seinem Interesse sind, außer bei Gefährdung höherrangiger Güter wie Leben und Gesundheit und nur im Rahmen der Zumutbarkeit und Verhältnismäßigkeit, falls nicht versicherte Interessen des VN betroffen sind.[26] Eine eigene Überprüfungspflicht des VN hinsichtlich der Zweckmäßigkeit der Weisungen des VR besteht nicht.[27] Zum Begriff der Weisung siehe nähere Nachweise bei Bruck/Möller/*Koch* § 82 Rn. 119.[28] **24**

---

15 Bruck/Möller/*Koch* § 90 Rn. 11; Prölss/Martin/*Armbrüster* VVG § 90 Rn. 3.

16 Bruck/Möller/*Koch* § 90 Rn. 11; Prölss/Martin/*Armbrüster* VVG § 90 Rn. 3.

17 BGH VersR **1972** 1039.

18 Bruck/Möller/*Koch* § 83 Rn. 43; Prölss/Martin/*Voit* VVG § 83 Rn. 7.

19 Prölss/Martin/*Voit* VVG § 83 Rn. 7.

20 Bruck/Möller/*Koch* § 83 Rn. 57; Prölss/Martin/*Voit* VVG § 83 Rn. 7 m.w.N.

21 Thume/de la Motte/Ehlers/*Ehlers* Transportversicherung Teil 5 Rn. 79.

22 BGH VersR **2003** 1250, 1251; h. M. Bruck/Möller/*Koch* § 83 Rn. 49; Prölss/Martin/*Voit* § 83 Rn. 7.

23 Thume/de la Motte/Ehlers/*Ehlers* Transportversicherung Teil 5 Rn 80.

24 Prölss/Martin/*Voit* § 83 Rn. 9; Thume/*Riemer* TranspVR A.2. Rn. 961; **a.A.** Bruck/Möller/*Koch* § 83 Rn. 57.

25 so auch: Prölss/Martin/*Voit* VVG § 83 Rn. 9; **a.A.** Bruck/Möller/*Koch* § 83 Rn. 57; *Heß/Höke* Vers-handb. § 30 Rn. 218; *Rixeker* ZfS **2007** 255.

26 Thume/de la Motte/Ehlers/*Ehlers* Transportversicherung Teil 5 Rn 84.

27 Prölss/Martin/*Voit* VVG § 84 Rn. 29.

28 Bruck/Möller/*Koch* § 82 Rn. 119; Prölss/Martin/*Voit* VVG § 82 Rn. 22.

25 Eine Pflicht des VR zur Erteilung von Weisungen besteht nicht. Der VR macht sich im Falle der Erteilung unzweckmäßiger Weisungen über den Aufwendungsersatz hinaus schadensersatzpflichtig.[29]

III. Kosten der Feststellung des Schadens

26 Nach Ziff. 2.3.1.2.3 hat der VR auch die Kosten der Ermittlung und Feststellung des versicherten Schadens sowie Kosten durch einen für diese Zwecke beauftragten Dritten zu ersetzen, soweit eine Weisung des VR oder die Maßnahme geboten war. Während die Ermittlung die technische Aufklärung bezeichnet, zielt die Feststellung auf die Bezifferung des Schadens ab.[30]

Zur Feststellung des Schadens zählen etwa kaufmännische, buchhalterische und organisatorische Maßnahmen des eingeschalteten Dritten (Reisen, Korrespondenz, Telefonate).[31]

27 Die eigenen privaten Aufwendungen und Kosten des VN selbst sind grundsätzlich nicht ersatzfähig.[32] Dort, wo der gewerbliche VN allerdings mit eigenen Mitarbeitern den Schaden ermittelt und feststellt, sollen die diesbezüglichen Gemeinkosten erstattungsfähig sein.[33] Dies überzeugt nicht, denn bei den Gemeinkosten für die Mitarbeiter handelt es sich um Sowieso-Kosten, die anfallen, unabhängig davon, ob der Mitarbeiter einen Schaden bearbeitet oder einer anderen Tätigkeit nachgeht. Es handelt sich damit nicht um Kosten, die gerade aufgrund der Schadensfeststellung bzw. -ermittlung anfallen.

28 Die Kosten müssen gerade aufgrund der Ermittlung und Feststellung eines versicherten Schadens angefallen sein. Soweit sich herausstellt, dass ein versicherter Schaden gar nicht vorliegt, liegen auch die Voraussetzungen einer Ersatzpflicht nicht vor, die damit entfällt.

29 Zu den Kosten eines beauftragten Dritten gehören die typischerweise im Rahmen eines Transportschadens anfallenden Kosten der Einschaltung eines Havariekommissars oder eines Lloyd's Agents. Auch die Tätigkeit eines Rechtsanwalts kann noch zu den ersatzfähigen Kosten zählen.[34]

IV. Kosten der Umladung, der einstweiligen Lagerung, Mehrkosten der Weiterbeförderung

30 Der VR ersetzt nach Ziff. 2.3.1.3 auch die Kosten der Umladung, Zwischenlagerung sowie die Mehrkosten der Weiterbeförderung, wenn sie vom VR angewiesen oder geboten waren, solange sie infolge des Versicherungsfalls oder infolge eines Transportmittelunfalls anfallen. Es muss sich insoweit um einen Fall handeln, der nicht der Schadensabwendung, -minderung oder Schadensfeststellung dient. Soweit sie Kosten aufgrund einer eingetretenen Havarie-grosse sind, entfällt ebenfalls eine Erstattung nach Ziff. 2.3.1.3.

---

29 BGH VersR **1984** 1161, 1162; OLG Jena NJW-RR **2009** 965, 966.

30 Bruck/Möller/*Johannsen* § 85 Rn. 5 Prölss/Martin/*Voit* VVG § 85 Rn. 6.

31 Thume/de la Motte/Ehlers/*Ehlers* Transportversicherung Teil 5 Rn 90.

32 Prölss/Martin/*Voit* VVG § 85 Rn. 5.

33 Prölss/Martin/*Voit* VVG § 85 Rn. 5; Thume/de la Motte/Ehlers/*Ehlers* Transportversicherung Teil 5 Rn 91; noch weitergehend: Bruck/Möller/*Johannsen* § 85 Rn. 7.

34 Thume/de la Motte/Ehlers/*Ehlers* Transportversicherung Teil 5 Rn 92.

In seiner ersten Alternative – in Folge eines Versicherungsfalls – wird in der Regel jede Maßnahme der vorgenannten Schadensabwendung, -minderung oder -feststellung dienen, weshalb diese im Rahmen dieser Klausel nur in Ausnahmefällen eine Bedeutung erlangt. Denn ein Versicherungsfall ist nicht bereits eingetreten, wenn eine Versicherungsgefahr droht, oder sich verwirklicht hat, sondern erst, wenn infolge dieser Gefahr auch ein Vermögensschaden durch Verlust oder Beschädigung eingetreten ist. 31

Häufigerer Anwendungsbereich der Klausel dürfte vielmehr die 2. Alternative, der Eintritt eines Transportmittelunfalls sein. Ein Transportmittelunfall liegt vor, wenn an dem Fahrzeug durch plötzliches Einwirken einer beliebigen Ursache von außen ein Schaden entsteht.[35] Bei der Einwirkung von außen muss es sich nicht um mechanische Gewalt handeln, es können auch chemische, elektrische oder sonstige physische Einwirkungen sein.[36] 32

„Plötzlich" ist eine Einwirkung dann, wenn sie unerwartet und unvorhersehbar war. Das bedeutet nicht, dass mit dem Schaden gar nicht gerechnet werden darf. Entscheidend ist, dass das eintretende Ereignis im Augenblick der Einwirkung nicht mehr beherrschbar war. Ein Unfall liegt also auch vor, wenn er durch unangepasste Fahrweise oder Navigationsfehler verschuldet wurde.[37] Darüber hinaus muss das Ereignis in einem kurzen Zeitraum stattfinden. Bei See- und Binnenschiffen genügt etwa das allmähliche Eindringen von Wasser.[38] 33

Der Unfall muss auf einem äußerlichen Ereignis beruhen. Dies schließt etwa Schäden aus, die auf einem dem Fahrzeug immanenten Betriebsvorgang beruhen wie beispielsweise ein Motor- oder Verschleißschaden an dem Fahrzeug. Ein Unfall ist aber dann anzunehmen, wenn beispielsweise das Auslaufen von Bremsflüssigkeit zu einem Versagen der Bremse und in der Folge zu einer Kollision mit einem anderen Fahrzeug führt. Äußeres Ereignis ist in diesem Fall die Kollision, mag auch die Ursache für die Kollision auf einem inneren Betriebsvorgang beruhen. Das gleiche gilt übertragen auf Schiffsunfälle. Beruht z.B. der Wassereinbruch, der zum Sinken des Schiffes führt, auf einem Betriebsvorgang wie etwa auf dem Öffnen der Ventile – liegt auch insoweit ein zum Unfall führendes Ereignis vor.[39] Selbst ein vorsätzliches Versenken des Schiffes durch den VN soll insoweit aus Sicht des Schiffsgläubigers als Unfall im Sinne der Bestimmungen zu werten sein.[40] 34

D. Nicht versicherte Gefahren

I. Krieg, Bürgerkrieg, kriegsähnliche Ereignisse, Ziff. 2.4.1.1.

Gemäß Ziff. 2.4.1.1. sind die Gefahren des Krieges, des Bürgerkrieges und kriegsähnlicher Ereignisse aus der Allgefahrendeckung der Transportversicherung grundsätzlich ausgeschlossen. Sie können im Rahmen der Seeversicherung allerdings durch gesonderte Vereinbarung der DTV-Kriegsklausel[41] wieder eingeschlossen werden. 35

---

[35] BGH VersR **1970** 753; OLG Köln VersR **1975** 237; Lorenz VersR **1981** 1001.

[36] BGH VersR **1996** 500.

[37] Thume/de la Motte/Ehlers/*Ehlers* Transportversicherung Teil 5 Rn. 100.

[38] BGH VersR **1996** 500; VersR **1979** 932; OLG Hamm VersR **1978** 58; Lorenz VersR **1981** 1001; Thume/de la Motte/Ehlers/*Ehlers* Transportversicherung Teil 5 Rn. 101.

[39] BGH VersR **1996** 500; VersR **1979** 932; *Lorenz* VersR **1981** 1001; Thume/de la Motte/Ehlers/*Ehlers* Transportversicherung Teil 5 Rn. 105.

[40] BGH VersR **1970** 753; zustimmend: Thume/de la Motte/Ehlers/*Ehlers* Transportversicherung Teil 5 Rn. 105.

[41] siehe unten unter III.

1. Krieg

36 Als Krieg bezeichnet man eine bewaffnete Auseinandersetzung zwischen zwei oder mehreren Staaten.[42] Krieg setzt den Gebrauch von Waffen durch eine Kriegspartei oder den Vorstoß von Streitkräften auf fremdes Territorium voraus.[43] Kriege jüngeren Datums sind etwa der 2. Irakkrieg 2003 und auch der Afghanistan-Krieg 2001. Kriegsähnliche Ereignisse sind etwa Grenzkonflikte unterhalb der Schwelle eines förmlichen Krieges.

37 Der Ausschluss der Kriegsgefahr beschränkt sich räumlich auf das Staatsgebiet der Kriegsparteien oder den jeweiligen Ort der feindlichen Auseinandersetzungen im jeweiligen Staatsgebiet. Finden etwa kriegerische Handlungen wie das Angreifen von Zielen außerhalb des Staatsgebietes der Kriegsparteien statt – wie etwa der Abschuss von Raketen auf neutrale Staaten, fallen darauf beruhende Transportschäden ebenfalls unter den Kriegsausschluss, denn hier hat sich die Kriegsgefahr ebenfalls verwirklicht.

38 Terroranschläge und Sabotageakte, die mit Unterstützung einer der Kriegsparteien ausgeführt werden, lassen sich ebenfalls noch unter den Begriff der Kriegsgefahr fassen.[44] Besteht kein unmittelbarer Bezug mehr zu einer Kriegspartei oder einem Krieg, so handelt es sich um terroristische oder politische Gewalthandlungen, die unter den Ausschluss nach Ziff. 2.4.1.2 fallen.[45]

39 In zeitlicher Hinsicht ist der Ausschluss der Kriegsgefahr nicht bereits dann wieder beendet, wenn der Krieg geendet hat. So sind nachfolgende Schäden, etwa durch Landminen, auch noch Folge der Kriegsgefahr, wenn ein zeitlich noch enger Zusammenhang hergestellt werden kann. Dies gilt allerdings nicht mehr für heutzutage eintretende Schäden durch Blindgänger aus dem 2. Weltkrieg.[46]

2. Bürgerkrieg

40 Im Gegensatz zum Krieg ist der Bürgerkrieg nicht der bewaffnete Konflikt zweier Staaten, sondern innerhalb eines staatlichen Territoriums zwischen verfeindeten Gruppen wie der herrschenden politischen Klasse des amtierenden Staates und den gegen die herrschende Ordnung rebellierenden Aufständische mit dem Ziel des Umsturzes. Aktuelle Beispiele sind etwa der Bürgerkrieg in Syrien 2011.

3. Feindliche Verwendung von Kriegswerkzeugen

41 Neben dem Auffangtatbestand der kriegsähnlichen Ereignisse eröffnet auch die feindliche Verwendung von Kriegswerkzeugen und ihrem Vorhandensein einen weiteren Auffangtatbestand. Damit sollen die verbleibenden Fälle der bestimmungsgemäßen kriegerischen Verwendung von Kriegswaffen vom Ausschluss erfasst werden, die sich aus einem solchen Konflikt ergeben, ohne eindeutig dem Krieg oder kriegerischen Ereignis zugeordnet werden zu können.[47] Nicht unter den Ausschluss fällt daher der illegale Einsatz von

---

42 *Fricke* VersR **1991** 1098; VersR **2002** 6; *Krahe* VersR **1991** 634; *Ehlers* r + s **2002** 133f.; Prölss/Martin/*Armbrüster* § AFB 30 Rn. 1.

43 Thume/de la Motte/Ehlers/*Ehlers* Transportversicherung Teil 5 Rn. 114.

44 *Fricke* VersR **1991** 1098ff.; *Krahe* VersR **1991** 634ff.; Prölss/Martin/*Kollhosser* § 2 AFB Rn. 5.

45 *Ehlers* r + s **2002** 133, 135; Thume/de la Motte/Ehlers/*Ehlers* Transportversicherung Teil 5 Rn. 115.

46 Thume/de la Motte/Ehlers/*Ehlers* Transportversicherung Teil 5 Rn. 116.

47 *Enge* Transportversicherung S. 18f.; Thume/de la Motte/Ehlers/*Ehlers* Transportversicherung Teil 5 Rn. 118.

Kriegswaffen in Friedenszeiten, etwa bei einem Banküberfall oder bei politisch motivierten Terrorakten.[48]

II. Streik, terroristische Gewalthandlungen, Aufruhr

Als weiteren Gefahrenausschluss normiert Ziff. 2.4.1.2 den Arbeitskampf, Arbeits- und sonstige politische bzw. bürgerliche Unruhen, sowie terroristische und politische Gewalttaten.

1. Streik, Aussperrung, Arbeitsunruhen

Der Streik ist wie die Aussperrung eine Form des Arbeitskampfes, während Arbeitsunruhen als weitere Eskalationsstufe des Arbeitskampfes anzusehen sind. Vom Ausschluss erfasst sind alle Formen des Streikes, sowohl der typische gewerkschaftsorganisierte Streik als auch der unorganisierte wilde, politische Sympathie- oder Solidaritätsstreik von Beschäftigten und Nichtbeschäftigten[49] bis hin zu gewalttätigen Arbeitsunruhen. Erfasst von letzterem sind insbesondere auch Taten von Nichtarbeitnehmern.[50] **42**

2. Terroristische oder politische Gewalthandlungen

Terrorismus ist eine politisch motivierte Gewaltkriminalität, die zunehmend weiter gefasst wird und nach einer Definition der Fachausschüsse Allgemeine und Industrielle Sachversicherung des GDV folgende Tatbestände erfasst: „Terrorakte sind jegliche Handlungen von Personen oder Personengruppen zur Erreichung politischer, religiöser, ethnischer, ideologischer oder ähnlicher Ziele, die geeignet sind, Angst oder Schrecken in der Bevölkerung oder Teilen der Bevölkerung zu verbreiten und dadurch auf eine Regierung oder staatliche Einrichtungen Einfluss zu nehmen.[51] Gegen welches Angriffsziel sich der Terrorismus richtet, ist irrelevant. So muss weder Staat noch eine bestimmte Gruppe oder bestimmte Gegenstände Angriffsziel sein, um zur Definition des Terrorismus zu gelangen. Von anderen Gewaltformen unterscheidet sich der Terrorismus durch seine politische Motivation und insbesondere dem symbolträchtigen Einsatz von Gewalt. Typische Formen des Terrorismus sind etwa Bombenanschläge gegen Staats- oder Gesellschaftssymbole sowie Entführungen von Flugzeugen, Schiffen oder politischen Amtsträgern sowie Gräueltaten gegen bestimmte Gesellschaftsgruppen." **43**

Die politische Gewalthandlung dient wiederum als Auffangtatbestand für Fälle, die dem Terrorismus nicht eindeutig zugeordnet werden können, etwa weil dessen Außenwirkung nicht durch die Gewalthandlung erreicht wird. **44**

3. Aufruhr undsonstige Bürgerliche Unruhe

Als Aufruhr wird die gewalttätige Erhebung eines nicht unerheblichen Teils der örtlichen Bevölkerung gegen die Staatsgewalt verstanden. Der Aufruhr ist eine spezielle Ausprägung der inneren Unruhe, für die die Bürgerliche Unruhe als Synonym angesehen wer- **45**

---

[48] Thume/de la Motte/Ehlers/*Ehlers* Transportversicherung Teil 5 Rn. 120.

[49] *Enge* Transportversicherung S. 19.

[50] Thume/de la Motte/Ehlers/*Ehlers* Transportversicherung Teil 5 Rn. 127.

[51] *Ehlers* r + s **2002** 139 sowie Thume/de la Motte/Ehlers/*Ehlers* Transportversicherung Teil 5 Rn. 128.

den kann.[52] Innere Unruhen liegen vor, wenn zahlenmäßig nicht unerhebliche Teile der örtlichen Bevölkerung sich zusammenrotten, in einer die öffentliche Ruhe und Ordnung störenden Weise in Bewegung geraten und Gewalttätigkeiten gegen Personen und Sachen verüben.[53] Es muss sich eine Menge von Personen handeln, die auch nicht mehr durch ein Großaufgebot der Polizei unter Kontrolle gebracht werden können, einzelne Gewalttäter einer ansonsten friedlichen Demonstration erfüllen den Tatbestand insoweit noch nicht.[54]

4. Einschlussmöglichkeit durch die DTV-Streikklausel

46 Die Gefahren des Streikes und der Aufruhr können durch Vereinbarung der DTV-Streik- und Aufruhrklausel[55] wieder eingeschlossen werden.

III. Beschlagnahme, Entziehung, sonstige Eingriffe von hoher Hand

Ziff. 2.4.1.3. nimmt die Gefahren aus der Deckung, die mit staatlichen Zwangseingriffen in die Sachherrschaft der Güter einhergehen.

47 Eine Beschlagnahme liegt vor, wenn der Staat über seine Vollstreckungsorgane Sachen in amtlichen Gewahrsam nimmt, sei es aus polizeirechtlichen oder strafprozessualen Gründen oder im Wege der zivilrechtlichen Zwangsvollstreckung. Es handelt sich jeweils um einen Eingriff von hoher Hand in Gestalt eines Verwaltungsaktes, der die Sachherrschaft des jeweils berechtigen Besitzers über die Sache beendet.

48 Die staatliche Entziehung ist ebenfalls ein Eingriff von hoher Hand unterhalb der Schwelle der Beschlagnahme und richtet sich ebenfalls gegen die Sachherrschaft zbw. Verfügungsgewalt des jeweils Berechtigten über das versicherte Gut.

49 Bei den sonstigen Eingriffen von hoher Hand handelt sich um einen Auffangtatbestand für Eingriffe in die Verfügungsgewalt des Berechtigten, die nicht bereits als Beschlagnahme oder Entziehung zu qualifizieren sind. Darunter sollen insbesondere jene fallen, die sich nicht unmittelbar gegen die Güter richten, sowie wie etwa Blockaden oder Sperren die sich nur mittelbar gegen die Güter richten[56] (s. *Enge* Erl. S. 21) wie Blockaden und Sperren (Suez-Krise, Irak/Iran-Krieg). Die Güter bleiben dabei häufig physisch unbeschädigt, so dass sich die Frage stellt, wann sie als Verlust anzusehen sind.[57]

50 Die Vereinbarung der DTV-Beschlagnahmeklausel schließt die Gefahren der Beschlagnahme, Entziehung und sonstiger Eingriffe von hoher Hand wieder ein, wobei die Gefahren aus Krieg und der Zwangsvollstreckung aufgrund eines gerichtlichen Verfahren ausgeschlossen bleiben.[58]

IV. gemeingefährliche Waffen

51 Ziff. 2.4.1.4 schließt die Gefahr aus der Verwendung von Massenvernichtungs- und gemeingefährlichen Waffen aus.

---

[52] Vgl. *Enge/Schwampe* Transportversicherung S. 353.
[53] BGH VersR **1975** 126; VersR **1975** 175.
[54] Vgl. Thume/de la Motte/Ehlers/*Ehlers* Transportversicherung Teil 5 Rn. 131.
[55] siehe unten III.
[56] Thume/de la Motte/Ehlers/*Ehlers* Transportversicherung Teil 5 Rn. 137.
[57] siehe dazu Ziff.17 DTV-Güter S. 121.
[58] näher Rn.

V. Kernenergie und sonstige ionisierende Strahlung

Ziff. 2.4.1.5 schließt die Gefahr aus der Freiwerdung von Kernenergie und sonstige ionisierender Strahlung aus. Ein eingeschränkter Wiedereinschluss kann durch die Vereinbarung der Isotopenklausel erreicht werden.[59] 52

VI. Zahlungsunfähigkeit des Schiffsbetreibers

Ziff. 2.4.1.6 schließt unter die Gefahr der Zahlungsunfähigkeit bzw. Zahlungsverzuges des Schiffsbetreibers, Charterers bzw. Reeders aus, soweit sich der VN nicht entlasten kann hinsichtlich der Auswahl der beauftragten Partei bzw. des beauftragten Spediteurs. 53

E. Nicht ersatzpflichtige Schäden

Während die unter Ziff. 2.4 erwähnten Gefahren aus der ansonsten geltenden Allgefahrendeckung herausgenommen werden, normiert Ziff. 2.5 nunmehr bestimmte Schäden, die vom Versicherungsschutz ausgenommen werden. 54

I. Verzögerung

Gemäß Ziff. 2.5.1.1 sind Schäden vom Versicherungsschutz ausgenommen, die durch eine Verzögerung der Reise verursacht werden. Damit ist der klassische Verspätungsschaden als dritte Schadensart neben Verlust und Beschädigung der Güter, wie er insbesondere im Land- und insbesondere Lufttransportrecht normiert ist, vom Versicherungsschutz ausgenommen.[60] Denn mit der Verzögerung der Reise ist nichts anderes gemeint als die verspätete Ankunft des Gutes am Bestimmungsort. 55

Eine Verspätung liegt nach den unterschiedlichen Haftungsregimen jeweils dann vor, wenn das Gut weder zum vereinbarten Zeitpunkt noch zu einem Zeitpunkt, an dem in der Regel mit der Ankunft zu rechnen ist, am vereinbarten Zielort ankommt. 56

Seiner Natur nach ist der reine Verspätungsschaden in Abgrenzung zum Güterschaden (Verlust bzw. Beschädigung) immer ein Vermögensschaden bzw. Vermögensfolgeschaden. Er kann über die Vereinbarung der DTV-Klausel über die Versicherung von Güterfolge- und reinen Vermögensschäden gesondert wieder eingeschlossen werden.[61] 57

Seinem Wortlaut nach erfasst der Schadensausschluss allerdings auch sämtliche Güterschäden (Verlust, Beschädigung), die durch eine Verspätung entstehen, so etwa den Verderb von Nahrungsmitteln, der allein auf einer Verspätung der Ankunft beruht. 58

II. Innerer Verderb, natürliche Beschaffenheit der Güter

Ziff. 2.5.1.2 normiert selbst nochmals den Deckungsausschluss bei Verursachung eines Schadens durch inneren Verderb bzw. aufgrund natürlicher Beschaffenheit der Güter. Der Deckungsausschluss läuft damit parallel zum in den verschiedenen Transportrechtsord- 59

---

[59] näher S. 224 Rn. 224ff.

[60] näher zum Verspätungsschaden: Thume/*Riemer* CMR Art. 23 Rn. 43ff.

[61] siehe unten.

nungen jeweils gesetzlich normierten Haftungsausschlusses aufgrund inneren Verderbs und natürlicher Beschaffenheit der Güter.[62]

60 Innerer Verderb liegt vor, wenn verderbliche Güter wie Fleisch, Obst, Gemüse, Brot Milch oder Pflanzen verderben, d.h. faulen, gären, antauen, schmelzen, verwelken, zersetzen, verfaulen, verschimmeln oder sich sonst negativ verändern und damit nicht mehr zu ihrem vorgesehenen Zweck zu gebrauchen sind. Es handelt sich beim inneren Verderb um einen Sonderfall der Schadensanfälligkeit durch natürliche Beschaffenheit.

61 Der Ausschluss der natürlichen Beschaffenheit ist insoweit Auffangtatbestand und bezeichnet eine besondere Schadensanfälligkeit der Güter aufgrund ihrer Beschaffenheit, die insbesondere auch bei ansonsten ordnungsgemäßen Transport von sich aus allein aufgrund der besonderen Schadensgeneigtheit eintritt. Sie äußert sich etwa in einer besonderen Bruchgefahr (z.B. bei Glas); Rostgefahr (z.B. bei unbehandelten Eisen); Schwund (z.B. bei Gas oder Schüttgut), ist hierauf allerdings nicht beschränkt.[63]

62 Der Ausschluss kommt jedenfalls dort zum Tragen, wo keine konkurrierenden Ursachen vorhanden sind, so etwa der Eintritt des Schadens ohne äußerliche weitere Einwirkungen während eines vertragsgemäß erfolgten Transportes.

III. handelsübliche Mengenverluste

63 Ziff. 2.5.1.3 normiert als weiteren Versicherungsausschluss handelsübliche Mengen-, Maß- und Gewichtsdifferenzen und -verluste. Er ist wiederum teilidentisch mit dem Haftungsausschluss des natürlichen Schwundes z.B. bei Schüttgut, dass normalen rinn- und Rieselverlusten ausgesetzt ist.[64] Derartige typische Verluste bzw. Differenzen treten aufgrund der Beschaffenheit der Güter unabhängig von einer versicherten Gefahr ein.

64 Ist eine Abzugsfranchise vereinbart, sind auch handelsübliche Differenzen und Verluste zu berücksichtigen. Beträgt etwa die Franchise 2 % und die übliche Differenz bzw. Verlust 3 %, ist der über die Franchise hinausgehende Verlust von 1 % versichert und sein Wert zu ersetzen.[65]

IV. normale Luftfeuchtigkeit bzw. Temperaturschwankungen

65 Weiterer Schadensausschluss ist gemäß Ziff. 2.5.1.4 normale Luftfeuchtigkeit oder gewöhnliche Temperaturschwankungen. Was normal und gewöhnlich ist, ist im Normalfall für den betreffenden Ort zu ermitteln. Eine Luftfeuchtigkeit von 100 % kann im August in Norditalien im Außenbereich normal sein, im Winter ist sie es nicht. Das gleiche gilt insoweit für Temperaturschwankungen.

66 Regen, Schnee und Nebel zählen nicht zur normalen Luftfeuchtigkeit.[66] Schlägt sich erhöhte Luftfeuchtigkeit als Kondensation auf der Ware nieder, kann dies – je nach Klimazone – durchaus normal sein. Ein auf normaler Kondensation beruhender Schaden ist aber

---

[62] zum Landtransportrecht etwa Art. 17 Nr. 4 d) CMR;Thume/*Thume* CMR Art. 17 Rn. 173ff.

[63] dazu und zu weiteren Beispielen aus der Rechtsprechung Thume/*Thume* CMR Art. 17 Rn. 174ff.

[64] Thume/*Thume* CMR Art. 17 Rn. 179.

[65] Thume/de la Motte/Ehlers/*Ehlers* Transportversicherung Teil 5 Rn. 156.

[66] Thume/de la Motte/Ehlers/*Ehlers* Transportversicherung Teil 5 Rn. 157.

versichert, wenn er Folge einer mangelhaften Ventilation ist.[67] Wird fremde Ware durch die Eigenfeuchtigkeit einer anderen Ware beschädigt, liegt ebenfalls ein versicherter Schaden vor.[68]

V. grob fahrlässiger Verpackungs- oder Verlademangel

Ziff. 2.5.1.5 formuliert als weiteren Schadenausschluss die nicht beanspruchungsgerechte, d.h. mangelhafte Verpackung oder Verladung, es sei denn der VN hat sie nicht grob fahrlässig oder vorsätzlich verschuldet. **67**

Auch dieser Ausschluss korrespondiert insoweit mit dem gesetzlichen Haftungsausschluss des Frachtführers wegen mangelhafter Verpackung bzw. Verladung.[69]

Eine Verpackung bemisst sich an der jeweiligen Empfindlichkeit des Gutes und den üblichen Transportbeanspruchungen des bzw. der gewählten Transportmitteln sowie nach Dauer und Art der gefahrenen Route. Die Verpackung muss insoweit gewährleisten, dass das Gut den üblichen Beanspruchungen auf der jeweiligen Reise standhält. **68**

Zur Verpackung gehört daher alles, was das Gut auf der Reise vor Schadennahme schützt. Dazu zählt nicht nur ein Umkarton oder sonstige Umhüllung des Gutes wie Schrumpffolie sowie stoßabsorbierende Materialien innerhalb einer solchen Verpackung, sondern auch die Palette, auf der das Gut befestigt ist, ebenso wie der Container, in den das Gut gepackt wird.[70] **69**

Der Ausschluss der unsachgemäßen Verladeweise zielt auf die typischerweise dem Absender obliegende Verladung, Verzurrung und Stauung auf dem Transportmittel.[71] Verladung, Verstauung und Verzurrung ist daher nicht nur im Transporthaftungsrecht begrifflich etwas anderes als die Verpackung.[72] Der Maßstab der sachgerechten Verladeweise orientiert sich ebenso am Gut und den vorhersehbaren Transportbeanspruchungen wie bei der Verpackung. **70**

Klargestellt ist jedoch in Ziff. 2.5.1.5, dass es keinen vollständigen Gleichlauf von Haftungsfreiheit des Transporteurs und Leistungsfreiheit des VR in den Fällen verschuldeten Verpackungs- bzw. Verlademangel gibt. Denn Leistungsfreiheit tritt nur ein, wenn der VN den Mangel grob fahrlässig oder vorsätzlich verschuldet hat. Es handelt sich daher um einen subjektiven Risikoausschluss, der begrifflich nichts anderes darstellt als die vorsätzliche bzw. grob fahrlässige Herbeiführung des Versicherungsfalls gemäß Ziff. 3 bezogen auf den konkreten Fall der Verpackung bzw. Verladung.[73] **71**

Zurechnen lassen muss sich der VN allerdings nur das eigene Verschulden bzw. das seiner Repräsentanten.[74] Das Fremdverpackungsunternehmen ist kein Repräsentant des VN, nachdem es eine eigene Dienstleistung erbringt.[75] Es verbleiben daher bei einer Auftragvergabe zur Erstellung einer Verpackung beispielsweise grob fahrlässig unterlassene Hinweise zum Gut und seiner Beschaffenheit sowie Auswahlverschulden. **72**

---

67 OLG Hamburg VersR **1991** 544; Thume/de la Motte/Ehlers/*Ehlers* Transportversicherung Teil 5 Rn. 158.

68 BGH VersR **1971** 1056; Thume/de la Motte/Ehlers/*Ehlers* Transportversicherung Teil 5 Rn. 158.

69 dazu *Thume* CMR Art. 17 Rn. 125ff.

70 *Thume* CMR Art. 17 Rn. 135

71 für das Landtransportrecht § 412 Abs. 1 HGB.

72 **a.A.** Thume/de la Motte/Ehlers/*Ehlers* Transportversicherung Teil 5 Rn. 161.

73 Thume/de la Motte/Ehlers/*Ehlers* Transportversicherung Teil 5 Rn. 163.

74 Zur Repräsentantenzurechnung Prölss/Martin/Koller VVG § 28 Rn. 64ff.

75 Thume/de la Motte/Ehlers/*Ehlers* Transportversicherung Teil 5 Rn. 163; **a.A.** OLG Karlsruhe TranspR **1994** 445; *Enge* Transportversicherung S. 125.

73 Die Beweislast für das Vorliegen eines ursächlichen Verpackungs- oder Verlademangels trägt der VR, während den VN die Beweislast für das Nichtvorliegen eines grob fahrlässigen Verschuldens trifft.[76]

VI. Ausschluss für mittelbare Schäden

74 Der gemäß Ziff. 2.5.2. geltende Deckungsausschluss für mittelbare Schäden korrespondiert mit dem Haftungsausschluss aus dem materiellen Transportrecht, der die Haftung ebenfalls auf den unmittelbaren Güterschaden beschränkt, außer in den Fällen groben Verschuldens[77] Er stellt nochmals klar, dass ohne gesonderten Einschluss von weiteren Vermögensschäden über die Vermögensschadenklausel nur der Güterschaden sowie die weiteren enumerativ aufgelisteten Schäden aus Aufwendungsersatz etc. der Ziff. 2ff. ersetzt werden, ansonsten keine weiteren Folgeschäden.

F. Kausalität und Causa proxima

75 Ziff. 2.6. normiert die sog. Causa-proxima-Regel, die ursprünglich aus dem Seerecht stammt, mit umfassender Geltung für die gesamte Transportversicherung[78] Die Lehre von der „am nächsten liegenden Ursache" besagt, dass bei häufig mehreren in Frage kommenden zeitlich nachgelagerten oder sich überlagernden Ursachen für einen Schaden diejenige zum Zuge kommt, die den Schaden mit überwiegender Wahrscheinlichkeit herbeigeführt hat, bei gleichzeitig zu bejahender Adäquanz.

76 Der eingetretene Schaden muss seine Ursache in einer sich verwirklichenden versicherten Gefahr haben, um versichert zu sein. Hierbei muss sich die Gefahr verwirklicht haben im Sinne der Kausalität für den eingetretenen Schaden.

Wie im übrigen Privatrecht auch gilt hierbei zunächst die „conditio sine qua non"-Regel, nach der die Ursachen kausal sind, die nicht hinweg gedacht werden können, ohne dass der Erfolg mit an Sicherheit grenzender Wahrscheinlichkeit entfiele.

Einschränkend gilt sodann die Adäquanztheorie, die lehrt, dass eine Ursache dann als adäquat anzusehen ist, wenn das Ereignis im allgemeinen und nicht nur unter besonders eigenartigen, unwahrscheinlichen und nach dem gewöhnlichen Verlauf der Dinge außer Betracht zu lassenden Umständen geeignet ist, einen Erfolg dieser Art herbeizuführen.[79]

77 Es können allerdings mehrere im Sinne der Adäquanztheorie kausale versicherte bzw. nicht versicherte Gefahren zum Schaden geführt haben. Hier setzt die in Ziff. 2.6 normierte Causa-proxima-Regel an, die eine Deckung dann annimmt, wenn eine versicherte Gefahr die nächstliegende Ursache war. Es kommt also darauf an, nach einer versicherten Gefahr zu suchen, die unvermeidlich als Folge den Schaden nach sich gezogen hat oder ihrerseits als unvermeidliche Folge eine nicht versicherte Gefahr nach sich gezogen hat, die den Schaden verursacht hat.[80]

---

[76] Thume/de la Motte/Ehlers/*Ehlers* Transportversicherung Teil 5 Rn. 165.

[77] zb. § 432 S. 2 HGB; dazu *Koller* Transportrecht § 432 Rn. 15; Art. 23 Ziff. 1–4 CMR; dazu: Thume/*Riemer* CMR Art. 23 Rn. 3.

[78] *Enge/Schwampe* Transportversicherung S. 65; Thume/de la Motte/Ehlers/*Ehlers* Transportversicherung Teil 5 Rn. 169.

[79] Vgl. BGH NJW **1981** 983; BGH NJW **1995** 126.

[80] Vgl. *Enge/Schwampe* Transportversicherung S. 65f.

Beispiele:[81] 78

Beförderte Lebensmittel verderben aufgrund ihrer natürlichen Beschaffenheit (nicht versicherte Gefahr), weil Seewasser eingetreten ist (versicherte Gefahr). Causa proxima ist die versicherte Gefahr des Seewassereintritts.[82]

Ladung wird vom Zoll beschlagnahmt (ausgeschlossene Gefahr), weil der vom VN beauftragte Spediteur das Gut falsch deklariert hat (versicherte Gefahr). Causa proxima ist die Falschdeklaration.

Ladung wird aufgrund Eigenfeuchte und normaler Luftfeuchtigkeit (ausgeschlossene Gefahr) beschädigt, weil die Ventilation des Laderaums ausgefallen ist (versicherte Gefahr).[83]

3 Verschulden des Versicherungsnehmers

Der Versicherer ist von der Verpflichtung zur Leistung frei, wenn der Versicherungsnehmer den Versicherungsfall vorsätzlich oder grob fahrlässig herbeiführt.

Ziff. 3 DTV 2000/2011 stimmt wortwörtlich mit § 137 Abs. 1 VVG überein, weshalb 1
auf die Kommentierung des § 137 Abs. 1 VVG verwiesen wird.[84]

4 Vorvertragliche Anzeigepflicht des Versicherungsnehmers

4.1 Der Versicherungsnehmer hat beim Abschluss des Vertrages alle für die Übernahme des Versicherungsschutzes gefahrerheblichen Umstände anzuzeigen und die gestellten Fragen wahrheitsgemäß und vollständig zu beantworten. Gefahrerheblich sind die Umstände, die geeignet sind, auf den Entschluss des Versicherers, den Vertrag überhaupt oder mit dem vereinbarten Inhalt abzuschließen, Einfluss auszuüben. Ein Umstand, nach dem der Versicherer ausdrücklich oder schriftlich gefragt hat, gilt im Zweifel als gefahrerheblich. Wird der Vertrag von einem Vertreter des Versicherungsnehmers geschlossen und kennt dieser den gefahrerheblichen Umstand, muss sich der Versicherungsnehmer so behandeln lassen, als habe er selbst davon Kenntnis gehabt.

4.2 Bei unvollständigen oder unrichtigen Angaben ist der Versicherer von der Verpflichtung zur Leistung frei.

Dies gilt auch dann, wenn die Anzeige deshalb unterblieben ist, weil der Versicherungsnehmer den Umstand infolge von grober Fahrlässigkeit nicht kannte.

Ist der Versicherungsfall bereits eingetreten, darf der Versicherer den Versicherungsschutz nicht versagen, wenn der Versicherungsnehmer nachweist, dass die unvollständige oder unrichtige Angabe weder auf den Eintritt des Versicherungsfalls noch auf den Umfang der Leistungspflicht Einfluss gehabt hat.

Verweigert der Versicherer die Leistung, kann der Versicherungsnehmer den Vertrag kündigen. Das Kündigungsrecht erlischt, wenn es nicht innerhalb eines Monats von dem Zeitpunkt an ausgeübt wird, zu welchem dem Versicherungsnehmer die Entscheidung des Versicherers, die Leistung zu verweigern, zugeht.

4.3 Der Versicherer bleibt zur Leistung verpflichtet, wenn er die gefahrerheblichen Umstände oder deren unrichtige Anzeige kannte.

---

[81] Thume/de la Motte/Ehlers/*Ehlers* Transportversicherung Teil 5 Rn. 151, 154, 165; *Enge/Schwampe* Transportversicherung S. 65f.

[82] Vgl. OLG Hamburg VersR **1983** 1151.

[83] Vgl. OLG Hamburg VersR **1979** 1123.

[84] Bruck/Möller/*Schneider* § 137 VVG Rn. 1ff.

Das Gleiche gilt, wenn der Versicherungsnehmer nachweist, dass die unrichtigen oder unvollständigen Angaben weder von ihm noch von seinem Vertreter schuldhaft gemacht wurden.

Hatte der Versicherungsnehmer die gefahrerheblichen Umstände anhand schriftlicher, vom Versicherer gestellter Fragen anzuzeigen, unterbliebenen Anzeige eines Umstands, nach dem nicht ausdrücklich gefragt worden ist, nur dann auf die Leistungsfreiheit berufen, wenn dieser Umstand vom Versicherungsnehmer oder dessen Vertreter arglistig verschwiegen worden ist.

4.4 Bleibt der Versicherer mangels Verschulden des Versicherungsnehmers oder dessen Vertreters zur Leistung verpflichtet, gebührt dem Versicherer eine der höheren Gefahr entsprechende zu vereinbarende Zuschlagsprämie. Das Gleiche gilt, wenn bei Abschluss des Vertrages ein gefahrerheblicher Umstand schuldlos nicht bekannt war.

4.5 Das Recht des Versicherers, den Vertrag wegen arglistiger Täuschung über Gefahrumstände anzufechten, bleibt unberührt.

Übersicht

A. Allgemeines.

1 Ziffer 4.1 DTV-Güter wiederholt die im gesamten Versicherungsrecht bekannte vorvertragliche Anzeigepflicht des VN wie sie in §§ 19 und 20 VVG normiert sind. Sie gilt sowohl für Einzelpolicen wie auch für die in der Praxis insbesondere bei großen gewerblichen Versendern üblichen laufenden Versicherungen in Form von Umsatzpolicen. Bei letzteren ergeben sich hinsichtlich des Zeitpunktes der Anzeigepflicht ebenfalls keine Besonderheiten, denn es handelt sich in § Ziff. 4.1 um die normierte vorvertragliche Anzeigepflicht, die endet, sobald der Versicherungsvertrag abgeschlossen ist, vgl. § 19 VVG.[1] Wie der Vertragsschluss vollzogen wird, ist hierbei unerheblich.

B. anzeigepflichtige Umstände.

2 Die weiteren Tatbestandsmerkmale der Ziff. 4.1 entsprechen §§ 19, 20 VVG, so dass auf die dortige Kommentierung verwiesen werden darf.[2]

Gefahrerheblich sind alle Umstände, die geeignet sind, Einfluss auf den Entschluss des VR auszuüben, den Vertrag überhaupt oder zu den vereinbarten Bedingungen abzuschließen. Wie auch in Ziff. 19 VVG gilt im Zweifel ein Umstand, nach dem der VR ausdrücklich oder im Versicherungsantrag bzw. später schriftlich fragt, als gefahrerheblich und erfordert eine wahrheitsgemäße Antwort des VN bzw. seines Vertreters, dessen Kenntnis bei Abschluss sich der VN wie auch gemäß § 20 VVG zurechnen lassen muss.

---

[1] Vgl. auch BGH NJW **1993**, 596.

[2] Bruck/Möller/*Rolfs* § 19 Rn. 1 ff.; *ders.* § 20 Rn. 1 ff.

Die VR fragen in der Regel nach den für sie als gefahrerheblich eingestuften Umständen des vorgesehenen Transportversicherungsvertrages. Als objektive anzeigepflichtige Umstände gelten etwa dem VN bekannte mangelnde Seetüchtigkeit des Schiffes, Vorreisen bzw. lange Vorlagerung des Gutes, Vorschäden des Gutes, die Versicherung einer Franchise bei einem anderen VR sowie der Verzicht auf Regressrechte gegen als anzeigepflichtiger Umstand.[3] **3**

Subjektive anzeigepflichtige gefahrerhebliche Umstände können in der Person des VN, des Versicherten oder der eingeschalteten Spediteure, Frachtführer oder Verfrachter liegen.[4] **4**

C. anzeigepflichtige Person.

Verantwortlich für die Anzeige gefahrerheblicher Umstände ist – wie sich aus dem Wortlaut der Ziff. 4.1 und § 19 VVG ergibt, der VN. Darüber hinaus übernimmt Ziff. 4.1 die bereits in § 20 VVG normierte Regelung, dass sich der VN in Erweiterung einer Zurechnung des Handeln seiner Repräsentanten auch das Wissen und die Arglist seines Vertreters zurechnen lassen muss. Bei einer Versicherung für fremde Rechnung ist darüber hinaus auch der Versicherte anzeigepflichtig,[5] es sei denn, die Versicherung wurde ohne sein Wissen abgeschlossen, vgl. Ziff. 13.6.1 DTV-Güter. **5**

D. Leistungsfreiheit bei unrichtigen Angaben.

Bei einer schuldhaften Verletzung der Anzeigepflicht aus Ziff. 4.1 sieht Ziff. 4.2 DTV-Güter Leistungsfreiheit vor. Ziff. 4.2 hält sich insoweit an das gesetzliche Leitbild, soweit dem VN nur grob fahrlässige Unkenntnis schadet[6] und Kausalität zwischen schuldhafter Anzeigepflichtverletzung und dem eingetretenen Schaden bzw. dem Umfang der der Leistungspflicht bestehen muss.[7] **6**

Es ergeben sich allerdings Unterschiede zum gesetzlichen Leitbild der §§ 19, 21 VVG, von denen Ziff. 4.2 abweicht. So führt Ziff. 4.2 ohne Umweg über ein auszuübendes Rücktrittsrecht zur Leistungsfreiheit, während das gesetzliche Leitbild des § 19 VVG einen fristgerecht ausgeübten Rücktritt des VR erfordert.[8] Es besteht in Ziff. 4.2 keine Einschränkung auf grobe Fahrlässigkeit und Vorsatz wie in Ziff. 19 VVG mit Ausnahme der grob fahrlässigen Unkenntnis. **7**

Ein Abweichen vom gesetzlichen Leitbild des VVG und seiner halbzwingenden Vorschriften ist allerdings im Bereich der Transportversicherung aufgrund ihrer Einordnung als Großrisiko grundsätzlich zulässig.[9] **8**

Auch ist die Abweichung vom gesetzlichen Leitbild aufgrund des Erfordernisses von Kausalität zwischen Anzeigepflichtverletzung und Schaden nicht so gravierend, dass der einzelne Unternehmer entgegen von Treu und Glauben gemäß § 307 BGB unangemessen benachteiligt würde und eine Nichtigkeit der Klausel angenommen werden könnte. Hier- **9**

---

3 Vgl. Thume/de la Motte/Ehlers/*Ehlers* Transportversicherung Teil 5 Rn. 190.

4 Vgl. Thume/de la Motte/Ehlers/*Ehlers* Transportversicherung Teil 5 Rn. 190.

5 Vgl. Ziff. 13.6 DTV-Güter.

6 Vgl. § 19 Abs. 1 VVG.

7 Vgl. § 21 Abs. 2 VVG.

8 Vgl. § 21 Abs. 1 VVG.

9 Vgl. § 210 VVG iVm. Anlage Teil A VAG Ziff.7; Thume/de la Motte/Ehlers/*Ehlers* Transportversicherung Teil 5 § 210 VVG Rn. 528.

bei ist die grundsätzliche Vertragsfreiheit aufgrund der Einordnung als Großrisiko ebenso zu berücksichtigen wie die Tatsache, dass die überwiegenden Vertragspartner der Transportversicherung selbst Unternehmer sind und daher des verbraucherorientierten Schutzes der halbzwingenden Vorschriften des allgemeinen VVG in diesem Bereich nicht bedürfen.

E. Kausalitätserfordernis.

10 Wie auch in § 131 VVG statuiert, erfordert die Leistungsfreiheit des VR Kausalität zwischen der unrichtigen oder unvollständigen Anzeige und dem Eintritt des Versicherungsfalls oder dem Umfang der Leistungspflicht. Es reicht nach der bisherigen Rechtsprechung eine Mitursächlichkeit aus.[10] Die Causa-proxima-Lehre kommt im Rahmen dieser Norm nicht zur Anwendung.[11] Bei unrichtigen oder unvollständigen Angaben über die Eignung eines Transportmittels liegt regelmäßig eine kausale Anzeigeobliegenheitsverletzung vor, ebenso wie in Bezug auf den Umfang der Leistungspflicht alle nicht oder falsch angezeigten Umstände beachtlich sein dürften, die den Schaden auch nur geringfügig erhöht haben.[12]

F. keine Leistungsfreiheit bei Kenntnis.

11 Ziff. 4.3 DTV-Güter statuiert die Leistungspflicht des VR, wenn er Kenntnis von den gefahrerheblichen Umständen oder Anzeigepflichtverletzung hatte, was an und für sich eine Selbstverständlichkeit ist und bereits aus den übrigen Tatbestandserfordernissen folgt, denn die Anzeigepflichtverletzung setzt letztlich einen beim VR erregten Irrtum bzw. seine Täuschung über die gefahrerheblichen Umstände voraus. Sie deckt sich auch mit dem gesetzlichen Leitbild des § 19 Abs. 5 VVG.

12 Eine Kenntnis des VR ist überall dort zu verneinen, wo er gefahr-erhebliche Umstände nur vermutet.[13] Der VR hat allerdings positive Kenntnis, wenn der zuständige Sachbearbeiter über diese Kenntnis verfügt.[14] Diese Kenntnis muß er sich zurechnen lassen ebenso wie die Kenntnis von Versicherungsvertretern und anderen Vermittlern, die über eine Empfangsvollmacht für derartige Erklärungen verfügen.[15] Das Wissen des Versicherungsmaklers ohne Empfangsvollmacht muß sich der VR ebensowenig zurechnen lassen wie das Wissen einer anderen Konzerngesellschaft oder eines nicht zuständigen Sachbearbeiters. Keine Kenntnis hat der VR, wenn die Umstände dem Makler bekannt oder bei einer anderen Konzerngesellschaft verfügbar sind oder einem nicht zuständigen Sachbearbeiter vorliegen.[16]

13 Ob darüber hinaus auch noch eine Nachfrageobliegenheit des VR bei Kenntnis von Umständen, die auf eine Anzeigepflichtverletzung schließen lassen, besteht, ist fraglich.[17] Gegen eine Nachfrageobliegenheit im Bereich der Transportversicherung spricht die oftmals fehlende Schutzbedürftigkeit der VN, bei denen es sich ganz überwiegend um Unter-

---

10 BGH VersR **1990**, 297.

11 Thume/de la Motte/Ehlers/*Ehlers* TranspVR § 131 Rn. 438; HK-VVG/Harms, § 131 Rn. 3.

12 Römer/Langheid/*Langheid* § 21 Rn. 12; Thume/de la Motte/Ehlers/*Ehlers* Transportversicherung Teil 5 Rn. 205.

13 Thume/de la Motte/Ehlers/*Ehlers* Transportversicherung Teil 5 Rn. 207.

14 Thume/de la Motte/Ehlers/*Ehlers* Transportversicherung Teil 5 Rn. 208.

15 BGH NJW **1989**, 2879, 2881.

16 Thume/de la Motte/Ehlers/*Ehlers* Transportversicherung Teil 5 Rn. 208.m.w.N.

17 So im Geltungsbereich des § 19 VVG BGH VersR **1989**, 1249; VersR **1993**, 871; VersR **1995**, 901.

nehmer und oftmals um Kaufleute handelt, die idR durch professionelle Vermittler beraten und vertreten werden sowie die fehlende Normierung einer solchen Obliegenheit und der beabsichtigten Rechtsfolge, die weder aus dem VVG, noch aus den DTV-Güter folgt und daher im Sinne eines bestmöglichen Verbraucherschutzes allein aus richterlicher Rechtsfortbildung folgt.

G. Beweislast.

Die DTV-Güter Ziff. 4 halten an der aus dem gesetzlichen Leitbild folgenden Verteilung der Beweislast fest und statuieren diese ausdrücklich zu Lasten des VN. Der VN muß sein fehlendes Verschulden nachweisen. Hierbei schadet ihm bereits eine fahrlässige Falschbeantwortung. **14**

Wird allerdings dem VN vom VR ein schriftlicher Fragenkatalog zu den gefahrerheblichen Umständen zur Beantwortung vorgelegt, wie dies wohl allgemein üblich ist bei Vertragsschluss, so schadet dem VN bei Verschweigen gefahrerheblicher Umstände, nach denen nicht ausdrücklich gefragt wurde, nur Arglist. **15**

H. erhöhte Prämie.

Gemäß Ziff. 4.4 steht dem VR in den Fällen einer schuldlosen Anzeigeobliegenheitsverletzung und einer darauf bezogenen kausalen erhöhten Gefahr eine Zuschlagsprämie nach billigen Ermessen zu. Sie muss sich in einem der erhöhten Gefahr entsprechenden Verhältnis bewegen. Können sich VR und VN darüber nicht aussergerichtlich einigen, kann ein angerufenes Gericht anstelle der Parteien das billige Ermessen durch Urteil verbindlich festlegen. **16**

I. Arglistige Täuschung

Ziff. 4.5 DTV-Güter 2000/2011 deckt sich in Wortlaut und Reichweite vollständig mit § 22 VVG, so dass auf die Kommentierung des § 22 VVG verwiesen werden kann.[18] **17**

5 Gefahränderung

5.1 Der Versicherungsnehmer darf die Gefahr ändern, insbesondere erhöhen, und die Änderung durch einen Dritten gestatten.

5.2 Ändert der Versicherungsnehmer die Gefahr oder erlangt er von einer Gefahränderung Kenntnis, so hat er dies dem Versicherer unverzüglich anzuzeigen.

5.3 Als eine Gefahränderung ist es insbesondere anzusehen, wenn
- **der Antritt oder die Vollendung des versicherten Transports erheblich verzögert wird;**
- **von der angegebenen oder üblichen Transportstrecke erheblich abgewichen wird;**
- **der Bestimmungshafen bzw. Zielflughafen geändert wird;**
- **die Güter an Deck verladen werden.**

5.4 Hat der Versicherungsnehmer eine Gefahrerhöhung nicht angezeigt, so ist der Versicherer von der Verpflichtung zur Leistung frei, es sei denn, die Verletzung der Anzeige-

[18] Bruck/Möller/*Rolfs* § 22 Rn. 6 ff.

pflicht beruhte weder auf Vorsatz noch auf grober Fahrlässigkeit oder die Gefahrerhöhung hatte weder Einfluss auf den Eintritt des Versicherungsfalls noch auf den Umfang der Leistungspflicht des Versicherers.

5.5 Dem Versicherer gebührt für Gefahrerhöhungen eine zu vereinbarende Zuschlagsprämie, es sei denn, die Gefahrerhöhung war durch das Interesse des Versicherers oder durch ein Gebot der Menschlichkeit veranlasst oder durch ein versichertes, die Güter bedrohendes Ereignis geboten.

5.6 Ein Kündigungsrecht des Versicherers wegen einer Gefahränderung besteht nicht.

Übersicht

A. Erlaubnis der Gefahrerhöhung

1 Ziff. 5 DTV-Güter weicht von der gesetzlichen Obliegenheit des VN zuungunsten des VR ab, jede Vornahme einer Gefahrerhöhung[1] zu unterlassen, vgl. § 23 Abs. 1 VVG. Es ist dem VN daher vertraglich erlaubt, Gefahränderungen, insbesondere Gefahrerhöhungen vorzunehmen. Eine Gefahrerhöhung muß er allerdings unverzüglich anzeigen, will er sich nicht der Gefahr der Leistungsfreiheit des VR aussetzen.[2] Die Gefahränderung, die keine Gefahrerhöhung darstellt, ist zwar dem Wortlaut nach anzeigepflichtig, die Anzeigenpflichtverletzung bleibt allerdings gemäß Ziff. 5.3 ohne nachteilige Folgen.

2 Anders als bei der vorvertraglichen Anzeigepflicht geht es bei der gesetzlichen Obliegenheit der Gefahränderung um Umstände, die sich erst nach Vertragsschluss ändern. Typische Beispiele aus der Transportversicherungspraxis sind in Ziff. 5.3 DTV-Güter genannt, nämlich die Änderung der Transportroute, die erhebliche Verzögerung der Reise, die Änderung des Ziel-(flug)hafens, sowie die Decksverladung, die auch auf den Willen des VN zurückgehen dürfen, aber nicht notwendigerweise müssen. Sie ändern in jedem Fall das Gefahrenpotential und erhöhen es in dem ein oder anderen Fall, beispielsweise wenn von einem sichereren Transportmittel auf ein schadensanfälligeres Transportmittel umgestiegen wird.

3 Nicht mehr von einer Gefahrenänderung oder Gefahrerhöhung ist auszugehen, wenn ein völlig anderes Risiko gedeckt werden soll als vereinbart. Wird etwa eine Ladung Äpfel versichert und kommen stattdessen Orangen zum Versand, so liegt nicht eine Gefahränderung oder Risikoerhöhung vor, sondern ein vollkommen anderes Risiko, dass nach dem Vertrag im Zweifel gar nicht versichert ist.[3]

4 Der Begriff der Gefahrerhöhung deckt sich mit dem in § 23 VVG genannten Tatbestand und ist als eine qualifizierte Form der Gefahränderung einzustufen. Wie sich bereits aus dem Wortlaut ergibt, muß sich die Gefahr des Eintritts eines Versicherungsfalls bzw. eine Änderung des Schadensumfangs zuungunsten des VR vom bei Vertragsschluss vorhandenen Gefahrenpotential für eine voraussichtlich anhaltende Dauer verändert haben.[4]

---

1 Vgvl. Bruck/Möller/*Matusche-Beckmann* § 23 Rn. 7.

2 dazu sogleich Rn. 8.

3 Thume/de la Motte/Ehlers/*Ehlers* Transportversicherung Teil 5 Rn. 222.

4 Vgl. Bruck/Möller/*Matusche-Beckmann* § 23 Rn. 4. Prölss/Martin VVG § 23 Rn. 7ff.

Auch ein Regressverzicht oder eine mit dem Frachtführer/Spediteur vereinbarte Haftungseinschränkung über das übliche hinaus stellt eine Gefahrerhöhung dar. 5

B. Anzeigepflicht

Gemäß Ziff. 5.2 ist angeordnet, dass jede Gefahrenänderung dem VR anzuzeigen ist. 6 Dass nur gefahrerhebliche Änderungen gemeint sein sollen, die die Risikosituation des VR zu beeinflussen geeignet sind, folgt aus Ziff. 5.2 nicht.[5] Vielmehr ist jede Gefahränderung nach dem eindeutigen Wortlaut der Vorschrift anzeigepflichtig. Hinsichtlich einer Verletzung dieser Anzeigepflicht sind jedoch die Regelungen unterschiedlich. Dem VN schadet nur die Verletzung der Anzeigepflicht wegen einer Gefahrerhöhung, vgl. Ziff. 5.4. DTV-Güter.

C. Anzeige nur bei Kenntnis

Der VN kann und soll nur eine Gefahränderung anzeigen, die er positiv kennt. Ein 7 fahrlässiges Nichterkennen reicht vorliegend auch hinsichtlich der Verletzung einer Anzeigepflicht nicht aus. Hinsichtlich der Zurechnung der Kenntnis ergeben sich keine Besonderheiten. So schadet dem VN nur die Kenntnis seines Repräsentanten. Er muss sich anders als im Übrigen Zivilrecht mangels Zurechnungsnorm nicht die Kenntnis seiner Erfüllungsgehilfen zurechnen lassen. Nachdem eine weitergehende Wissenszurechnungsnorm fehlt, muss er sich über den Repräsentanten hinaus nicht auch noch das Wissen weiterer Dritter wie etwa eines Wissenserklärungsvertreters zurechnen lassen, was dem VVG ohne spezielle gesetzliche Zurechnungsnorm fremd ist.[6]

D. Leistungsfreiheit und Beweislast

Leistungsfreiheit tritt nur ein bei Nichtanzeige einer Gefahrerhöhung, die Nichtanzeige 8 einer Gefahränderung bleibt also ohne Sanktion.

Wie sich aus dem Wortlaut der Ziff. 5.4 ergibt, wird eine Kausalität der Gefahrerhöhung und ein grobes Verschulden des VN bei Vorliegen einer Anzeigepflichtverletzung einer Gefahrerhöhung vermutet. Der VN ist demgegenüber darlegungs- und beweisbelastet für eine behauptete fehlende Kausalität oder eine mildere Verschuldensform als grobe Fahrlässigkeit.

E. Kein Kündigungsrecht, aber Prämienzuschlag.

Fehlt es mangels Kausalität oder der Verschuldensform an einem Tatbestandsmerkmal 9 für die Leistungsfreiheit, hat der VR grundsätzlich Anspruch auf eine höhere Prämie, die zu vereinbaren ist. Wie auch zuvor kommt es bei Meinungsverschiedenheiten über die Höhe grundsätzlich in Frage, dass ein Gericht sie unter Zugrundelegung billigen Ermessen durch Urteil festlegt.

---

[5] **a.A.** *Enge* TV S. 45.

[6] **a.A.** Thume/de la Motte/Ehlers/*Ehlers* Transportversicherung Teil 5 Rn. 226.

F. Ausnahmen vom Prämienzuschlag.

10 Die Pflicht zur Zahlung einer Zuschlagsprämie entfällt jedoch gemäß Ziff. 5.5, wenn durch die Gefahrerhöhung ein Interesse des VR gedeckt wurde, also eine Schadensabwendungsmaßnahme darstellte, durch die ein anderer oder noch höherer Schaden für den VR abgewendet werden sollte oder durch ein Gebot der Menschlichkeit geboten war.

6 Änderung oder Aufgabe der Beförderung

6.1 Werden die Güter mit einem Transportmittel anderer Art befördert als im Versicherungsvertrag vereinbart oder werden sie umgeladen, obwohl im Versicherungsvertrag direkter Transport vereinbart ist, so ist der Versicherer von der Verpflichtung zur Leistung frei. Das Gleiche gilt, wenn ausschließlich ein bestimmtes Transportmittel oder ein bestimmter Transportweg vereinbart war.

6.2 Die Leistungspflicht bleibt bestehen, wenn nach Beginn der Versicherung infolge eines versicherten Ereignisses oder ohne Zustimmung des Versicherungsnehmers die Beförderung geändert oder der Transport aufgegeben wird. Die Bestimmungen über die Gefahränderung sind entsprechend anzuwenden.

Übersicht

A. Anderes Transportmittel

1 Ziff. 6.1 enthält im Verhältnis zu Ziff. 5 zwei Spezialfälle, bei denen es sich letztlich um Gefahränderungen handelt, die bei ihrem Vorliegen Leistungsfreiheit anordnen, nämlich bei einer Änderung des im Versicherungsvertrage angegebenen Transportmittels seiner Gattung nach oder die Änderung des Direkttransportes.

2 Die Gattung ist unter Gefahrenänderungsgesichtspunkten zu verstehen. Es geht nicht darum, dass ein Schiff gleicher Bauart und Ausstattung gegen ein gleiches oder ähnlich ausgerüstetes Schiff ausgetauscht wird, wo die Gefahrenlage sich für die Güter nicht ändert. Wohl aber liegt bei Kühlgütern ein Gefahrenunterschied vor, wenn vereinbarungsgemäß ein Kühltransporter zum Einsatz kommen soll, und stattdessen ein vertragswidrig ein Planen-LKW zum Einsatz kommt.

B. Umladung

3 Die Umladung ist eine typische Gefahrenerhöhung für das Transportgut, nachdem gerade bei der Umladung häufig Schäden entstehen. Wird daher trotz angegebenen Direkttransportes stattdessen (häufiger) umgeladen, so liegt ein höheres Gefahrenpotential einer Beschädigung und eines Verlustes des Transportgutes vor.

Ändert der VN daher willentlich das Transportmittel oder die Art der Transportdurchführung (Direkttransport), so ist der VR leistungsfrei, wenn dies in der Versicherungspolice vertraglich zwischen VN und VR anders festgelegt worden ist.

C. Ausnahme versichertes Ereignis

Ziff. 6.2 macht von der Leistungsfreiheit dann eine Ausnahme, wenn ein versichertes Ereignis für die Beförderungsänderung oder die Aufgabe des Transports ursächlich gewesen ist. Es kommt also nicht auf den Eintritt des Versicherungsfalls oder einen Unfall des Transportmittels an. Wird daher ein Teil des Gutes beschädigt und das Transportmittel auch und danach mit einem anderen Transportmittel weiterbefördert, liegt ein solcher Ausnahmefall vor. 4

D. Ohne Zustimmung des VN

Hat der VN einer Umladung oder der Änderungs des Transportmittels nicht zugestimmt, liegt ebenfalls eine Ausnahme von der Leistungsfreiheit in einem solchen Fall vor. Dem VN schadet wiederum nur die Zurechnung des Handelns seines Repräsentanten, nicht jeglicher Erfüllungsgehilfen. 5

Zustimmung bedeutet Einverständnis vor oder bei vorgenommener Änderung der Beförderung im obigen Sinne. Eine nachträgliche Zustimmung (Genehmigung) gemäß § 184 BGB ist davon nicht mehr erfasst.[1] 6

Die Zustimmung muss nicht ausdrücklich erfolgen, eine konkludent erteilte Zustimmung reicht aus.[2] Die im Frachtvertrag oder Konossement erteilte Erlaubnis an den Beförderer, das Verkehrsmittel zu ändern, ist eine solche Zustimmung und führt auch dann zur Leistungsfreiheit, wenn sie verkehrsüblich ist wie dies bei Konnossementen, aber auch vielen Luftfrachtbriefen häufig der Fall ist.[3] 7

Eine Ausnahme gilt auch nicht für verkehrsübliche Umladungsklauseln in Konnossementen.[4] Denn ein Unterschied ist zu dem Fallbeispiel der Zustimmung zu einer formularmäßigen Änderung von Verkehrsmitteln auch im Falle der Vereinbarung einer verkehrsüblichen Umladungsklausel nicht erkennbar. Im Zweifel muß der Versender für einen Gleichlauf von Vereinbarungen mit dem Transportversicherer und dem Beförderer sorgen. 8

E. Aufgabe des Transports

Die Aufgabe des Transportes ohne Zustimmung ist eine weitere Ausnahme von der grundsätzlichen Leistungsfreiheit gemäß Ziff. 6.2. Es kommt nicht darauf an, warum der Transport aufgegeben wird. Erfolgt die Aufgabe jedoch mit Zustimmung des VN, gleich aus welchem Grund, ist der VR leistungsfrei. 9

7 Obliegenheiten vor Schadeneintritt

7.1 Transportmittel

Ist für die Beförderung der Güter kein bestimmtes Beförderungsmittel vereinbart, ist der Versicherungsnehmer, soweit er auf dessen Auswahl Einfluss hat, verpflichtet, Be-

---

[1] Thume/de la Motte/Ehlers/*Ehlers* Transportversicherung Teil 5 Rn. 252.

[2] *Ritter-Abraham* § 95 Anm. 15, 16; OLG Hamburg Sasse Nr. 445.

[3] *Enge/Schwampe* TV S. 82; Thume/de la Motte/Ehlers/*Ehlers* Transportversicherung Teil 5 Rn. 252.

[4] **a.A.** *Ritter-Abraham* § 95 Anm. 76; OLG Hamburg Sasse Nr. 445; Thume/de la Motte/Ehlers/*Ehlers* Transportversicherung Teil 5 Rn. 252.

förderungsmittel einzusetzen, die für die Aufnahme und Beförderung der Güter geeignet sind.

Seeschiffe gelten als geeignet, wenn sie zusätzlich die Voraussetzungen der DTV-Klassifikations- und Altersklausel erfüllen sowie – falls erforderlich – gemäß International Safety Management Code (ISM-Code) zertifiziert sind, oder wenn ein gültiges Document of Compliance (DoC) beim Eigner oder Betreiber des Schiffes vorliegt, wie es die SOLAS-Konvention 1974 nebst Ergänzungen vorsieht.

7.2 Rechtsfolgen bei Obliegenheitsverletzungen

Verletzt der Versicherungsnehmer diese oder sonst vertraglich vereinbarte Obliegenheiten vorsätzlich oder grob fahrlässig, ist der Versicherer von der Leistung frei, es sei denn, die Verletzung war nicht ursächlich für den Eintritt des Versicherungsfalls oder den Umfang der Leistungspflicht.

Bei Einsatz nicht geeigneter Beförderungsmittel sind die Transporte gleichwohl versichert, wenn der Versicherungsnehmer keinen Einfluss auf die Auswahl des Transportmittels hatte, bzw. den Spediteur oder den Frachtführer/Verfrachter mit der Sorgfalt eines ordentlichen Kaufmannes ausgewählt hat. Erlangt der Versicherungsnehmer Kenntnis von der mangelnden Eignung des Transportmittels, so hat er unverzüglich Anzeige zu erstatten und eine zu vereinbarende Zuschlagsprämie zu entrichten.

Übersicht

A. Allgemeines

1 Ziff. 7 statuiert die für den VN geltende Obliegenheit, für den Einsatz eines geeigneten Transportmittels zu sorgen, bei deren Verletzung der VR im Schadensfall leistungsfrei ist. Ebenso ist eine Anzeigeobliegenheit in Ziff. 7.2. für den Fall statuiert, in dem der VN Kenntnis von der Ungeeignetheit des eingesetzten Transportmittels erfährt.

2 Ziff. 7.1 Abs. 1 übernimmt hierbei die gesetzliche Regelung des § 134 Abs. 1 VVG, ebenso wie Ziff. 7.2. Abs. 1 allgemein die Rechtsfolgenregelung bei Verletzung von vertraglichen Obliegenheiten des § 134 Abs. 2 VVG übernimmt, die sowohl für alle vertraglichen Obliegenheitsverletzungen gilt, auch für die in Ziff. 2 statuierte Anzeigeobliegenheit und ihre Verletzung. Insoweit darf auf die Kommentierung des § 134 Abs. 1 und Abs. 2 VVG verwiesen werden.[1]

B. Eignung des Transportmittels.

3 Nach Ziff. 7.1 kommt es auf die objektive Eignung des Beförderungsmittels für die Aufnahme und Beförderung der jeweils betreffenden Güter an. Insoweit ist auf die Verkehrsanschauung abzustellen. Nicht jeder LKW, nicht jedes Schiff und nicht jedes Flugzeug ist für die Aufnahme und den Transport der verschiedensten zu transportierenden Güter

---

[1] Bruck/Möller/*Schneider* § 134 Rn. 1 ff.

geeignet. Dies gilt nicht nur für Güter, die für ihre Aufnahme und den Transport besonderer Zusatzeinrichtungen benötigen, wie bei Flüssigkeits- Gas- oder Schüttgütern oder Kühlgütern. Es kommt auf die jeweilige objektive Eignung je nach Eigenschaften des transportierten Gutes an. Sollen etwa nicht weiter verpackte Stahlcoils auf LKW ohne entsprechende Mulden auf der Ladefläche, die der beförderungssicheren Verladung und Verzurrung unverpackter Stahlcoils idR. dienen, liegt ein nicht geeignetes Tansportmittel vor. Denn es liegt auf der Hand, dass unverpackte Stahlcoils nicht einfach auf einer normalen Ladefläche eines LKW beförderungssicher transportiert werden können. Es entscheidet daher die Verkehrsanschauung über die jeweilige Geeignetheit abhängig vom jeweils zu befördernden Gut.

C. Besondere Voraussetzungen bei Seeschiffen

Für Seeschiffe müssen gemäß Ziff. 7.1 Abs. 2 die DTV-Klassifikations- und Alterklausel und sonstige Klauseln des ISM-Code erfüllt sein, ansonsten gelten sie nicht als geeignet im Sinne der Ziff. 7.1. **4**

Die DTV-Klassifikationsklausel setzt voraus, dass es sich um stählerne Seeschiffe mit eigenem maschinellen Antrieb handelt, die ohne Einschränkung qualifiziert sind und betrifft a) Massengutschiffe (bulk carrier) und/oder Massengut-Mehrzweckschiffe (combination carrier) bis zum einem Alter von 10 Jahren, b) Mineralöltanker über 50.000 BRT bis zu einem Alter von 10 Jahren und c) sonstige Schiffe bis zu einem Alter von 15 Jahren. **5**

Weiterhin müssen Seeschiffe auch gemäß ISM-Code zertifiziert sein, bzw. es muss ein DoC beim Eigner oder Betreiber des Schiffes vorliegen, und zwar ab 1.7.1998 soweit erforderlich und ab 1.7.2002 für alle Seeschiffe, die unter dem ISM-Code zu zertifizieren sind. Von diesen Zeitpunkten an ist anzunehmen, dass ein Schiff ohne Zertifikat als ungeeignet gilt.[2] **6**

D. Auswahlverschulden und Anzeigepflicht

Gemäß Ziff. 7.2 Abs. 2 besteht trotz Ungeeignetheit des Transportmittels Versicherungsschutz, wenn den VN weder ein Auswahlverschulden hinsichtlich des Beförderers trifft, noch der VN Einfluss auf die Wahl des Transportmittels nehmen konnte. Es schadet dem VN im Übrigen nur eine für den Eintritt des Versicherungsfalls oder den Umfang der Leistungspflicht kausale Obliegenheitsverletzung. Hinsichtlich der Beweislast ergeben sich keine Besonderheiten. Darlegungs- und beweisbelastet für die Obliegenheitsverletzung ist der VR, während der VN den Entlastungsbeweis für fehlendes grobes Verschulden oder mangelnde Kausalität zu führen hat. **7**

8 Dauer der Versicherung

8.1 Versicherungsschutz besteht von Haus zu Haus und beginnt, sobald die Güter am Absendungsort zur unverzüglichen Beförderung von der Stelle entfernt werden, an der sie bisher aufbewahrt wurden.

[2] Thume/de la Motte/Ehlers/*Ehlers* Transportversicherung Teil 5 Rn. 260.

8.2 Die Versicherung endet, je nachdem welcher Fall zuerst eintritt,

8.2.1 sobald die Güter am Ablieferungsort an die Stelle gebracht sind, die der Empfänger bestimmt hat (Ablieferungsstelle);

8.2.2 sobald die Güter nach dem Ausladen im Bestimmungshafen bzw. Zielflughafen an einen nicht im Versicherungsvertrag vereinbarten Ablieferungsort weiterbefördert werden, wenn durch die Änderung des Ablieferungsortes die Gefahr erhöht wird;

8.2.3 mit dem Ablauf von ...... Tagen nach dem Ausladen aus dem Seeschiff im Bestimmungshafen bzw. aus dem Luftfahrzeug im Zielflughafen. Soweit das eigene Interesse des Versicherungsnehmers betroffen ist, endet die Versicherung nicht durch Ablauf der vereinbarten Zielflughafen durch ein versichertes Ereignis verzögert wurde und der Versicherungsnehmer die Verzögerung unverzüglich anzeigt. Dem Versicherer gebührt eine zu vereinbarende Zuschlagsprämie.

8.2.4 bei Versendungen zu den Incoterms FOB oder CFR, wenn die Güter an Bord des Seeschiffes verstaut sind;

8.2.5 mit dem Gefahrübergang, wenn die Güter wegen eines versicherten Ereignisses verkauft werden;

8.2.6 sobald bei vom Versicherungsnehmer veranlassten Lagerungen der nach Ziffer 9.1 vereinbarte Zeitraum überschritten wird.

Übersicht

A. Allgemeines

1 Ziff. 8 regelt Beginn und Ende der Transportversicherung. Entsprechend ihres Schutzzwecks, Güter gegen die Gefahren der Beförderung zu versichern, ist Beginn und Ende der Transportversicherung eng mit der Dauer der Beförderung verknüpft.

B. Beginn der Versicherung

2 Ziff. 8.1 normiert eine Haus-zu-Haus-Deckung, die grundsätzlich dann beginnt, wenn die Güter von ihrer bisherigen Lagerstelle zum Zwecke der alsbaldigen Beförderung fortbewegt werden. Der Versicherungsschutz beginnt damit nicht erst mit Beginn der Verladung des Gutes auf das Beförderungsmittel, sondern einen Schritt zuvor mit dessen Vorholung beispielsweise aus dem Lager zur dann sich unmittelbar anschließenden Verladung. Damit ist ein Schaden am Gut, während es zur Verladerampe gebracht wird, gedeckt, nicht hingegen das Verbringen des Gutes zum Verpackungsraum, wenn das Gut nicht von dort unmittelbar verladen wird.[1]

[1] Thume/de la Motte/Ehlers/*Ehlers* Transportversicherung Teil 5 Rn. 274.

Die Güter müssen zur unverzüglichen Beförderung von ihrer bisherigen Lagerungsstätte verbracht werden. Unverzüglich bedeutet ohne schuldhaftes Zögern, wobei Maßstab die Zumutbarkeit und die subjektive Sicht des Handelnden ist.[2] Wird eine wertvolle Maschine am Nachmittag des Tages vor Verladebeginn aus der Fertigungshalle über Rollen zu einer Kranbahn gebracht, wo sie am nächsten Morgen auf einen Lkw verladen werden soll, so soll das Merkmal „unverzüglich" noch erfüllt sein, so dass Versicherungsschutz besteht.[3] **3**

Bei FOB-Geschäften ist danach zu entscheiden, wer um Versicherungsschutz nachfragt, der Verkäufer oder der Käufer. Für den Käufer beginnt der Versicherungsschutz idR, wenn das Gut auf das Schiff verbracht wird, während der Verkäufer meist nur den Zubringertransport bis zum Verbringen auf das Schiff versichert. Es ist aber auch wahlweise der gesamte Transport Haus-zu-Haus versicherbar. Hier muss im Einzelnen nach den Vereinbarungen geprüft werden, ob die Vorreise, die grundsätzlich versicherbar ist, tatsächlich auch versichert wurde. **4**

C. Ende des Versicherungsschutzes.

Im Normalfall endet der Versicherungsschutz, wenn das Gut beim Empfänger am vorgesehenen Ablieferungsort angekommen ist. Der Ablieferungsort muß nicht der endgültige Bestimmungsort sein, es kann sich auch um eine vorübergehende Lagerstätte, ein Umschlagplatz zum Zweck der anderweitigen Weiterbeförderung oder ein Freilager handeln, solange dies keine disponierte Zwischenlagerung darstellt.[4] **5**

D. nicht vereinbarte Änderung des Ablieferungsortes.

Ziff. 5.3 läßt den Versicherungsschutz enden, wenn nach Ausladen im Zielflughafen bzw. Bestimmungshafen eine Weiterbeförderung zu einem nicht vereinbarten Ablieferungsort erfolgt und dies als Gefahrerhöhung anzusehen ist. **6**

Dies ist unproblematisch dann der Fall, wenn der Hafen oder Flughafen vereinbarter Ablieferungsort war und das Gut dann ins Binnenland weiterbefördert wird, beispielsweise bei einem Lufttransport zum Nürnberger Flughafen und eine Weiterbeförderung nach Nürnberg-Stadt per LKW. In der Weiterbeförderung per LKW dürfte im Verhältnis zum Flugtransport eine Gefahrerhöhung anzusehen sein.

War dagegen ein Binnenlandziel vereinbart, dass mit LKW angefahren werden muss (beispielsweise Frankfurt) und wird dieses Ziel geändert in eine andere deutsche Stadt (beispielsweise München), liegt darin allein keine Gefahrerhöhung.[5] **7**

E. Fristvereinbarung.

Gemäß Ziff. 8.2.3. endet der Versicherungsschutz darüber hinaus nach einer zu vereinbarenden Zeit nach dem Ausladen aus einem Seeschiff oder Flugzeug, häufig werden 60 Tage vereinbart. **8**

---

[2] Thume/de la Motte/Ehlers/*Ehlers* Transportversicherung Teil 5 Rn. 274.

[3] Thume/de la Motte/Ehlers/*Ehlers* Transportversicherung Teil 5 Rn. 274; *Engel/Schwampe* TV S. 177.

[4] *Engel/Schwampe* TV S. 178.

[5] Thume/de la Motte/Ehlers/*Ehlers* Transportversicherung Teil 5 Rn. 274.

Die Frist beginnt beim Schiffstransport mit dem Ausladen aus dem Seeschiff an zu laufen, unabhängig davon, ob sich daran ein Transport mit einem anderen Transportmittel (Binnenschiff, LKW) anschließt.[6]

F. Verzögerung durch ein versichertes Ereignis

9 Führt ein versichertes Ereignis (z.B. Krieg, Streik sofern versichert) zu einer Verzögerung über die vereinbarte Frist hinaus, bleibt der Versicherungsschutz zugunsten des eigenen Interesses des VN bestehen, wenn der VN die Verzögerung unverzüglich anzeigt. Ist nicht das eigene Interesse des VN betroffen oder verletzt der VN die ihm obliegende Anzeigepflicht, ist der VR leistungsfrei gemäß Ziff. 7.2.

G. Disponierte Lagerungen.

10 Zu den disponierten Lagerungen gemäß Ziff. 9 siehe die Kommentierung der Ziff. 9.[7] Nach vereinbarten Zeitablauf gemäß Ziff. 9 entfällt bei disponierten Lagerungen ebenfalls der Versicherungsschutz aufgrund Beendigung der Versicherung. Dies gilt nicht für transportbedingte Zwischenlagerungen, für die bis auf die Fälle des Ausladens aus dem Seeschiff und Flugzeuggemäß Ziff. 8.2.3. keine Frist abläuft.

9 Lagerungen

9.1 Bei Lagerungen der Güter während der Dauer der Versicherung ist die Versicherung für jede Lagerung auf ... Tage begrenzt.

9.2 Ist die Lagerung jedoch nicht durch den Versicherungsnehmer veranlasst worden, bleibt die Versicherung nur dann über den in Ziffer 9.1 genannten Zeitraum bestehen, wenn der Versicherungsnehmer nachweist, dass er keine Kenntnis von der zeitlichen Überschreitung der Lagerdauer hatte oder nach kaufmännischen Grundsätzen keinen Einfluss auf die Dauer nehmen konnte.
Erlangt der Versicherungsnehmer Kenntnis von der zeitlichen Überschreitung, so hat er dies dem Versicherer unverzüglich anzuzeigen. Dem Versicherer gebührt eine zu vereinbarende Zuschlagsprämie.
Bei See- und Lufttransporten findet Ziffer 8.2.3 ergänzend Anwendung.

9.3 Bei den in Ziffern 9.1 und 9.2 genannten Fristen zählen der Tag der Ankunft und der der Abreise als zur Lagerung gehörend.

1 Gemäß Ziff. 9 kann auch eine Lagerung vor, nach oder während des Transportes Gegenstand der Transportversicherung sein, meist jedoch nicht länger als 60 Tage.

2 Ziff. 9 unterscheidet zwischen vom VN verfügten und von Dritten, meist dem Beförderer verfügten Lagerungen. Nur erstere sind zeitlich begrenzt. Für letztere, nicht vom VN desponierten Zwischenlagerungen gemäß Ziff. 9.2 liegt keine zeitliche Begrenzung vor, wenn der VN von der Überschreitung keine Kenntnis hatte oder keinen Einfluss auf die Dauer nehmen kann.

---

6 Thume/de la Motte/Ehlers/*Ehlers* Transportversicherung Teil 5 Rn. 283.

7 siehe Ziff. 9 Rn. 1.

Den VN trifft allerdings wiederum eine Anzeigeobliegenheit, die zeitliche Überschreitung unverzüglich anzuzeigen, ebenso wie dem VR aufgrund der Aufrechterhaltung des Versicherungsschutzes eine Zuschlagprämie gebührt. Verletzt der VN seine Anzeigeobliegenheit, entfällt der Versicherungsschutz unter den Voraussetzungen der Ziff. 7.2. 3

10 Versicherungssumme; Versicherungswert

10.1 Die Versicherungssumme soll dem Versicherungswert entsprechen.

10.2 Versicherungswert ist der gemeine Handelswert oder in dessen Ermangelung der gemeine Wert der Güter am Absendungsort bei Beginn der Versicherung, zuzüglich der Versicherungskosten, der Kosten, die bis zur Annahme der Güter durch den Beförderer entstehen, und der endgültig bezahlten Fracht.

10.3 Interessen gemäß Ziffer 1.1.3 sind nur aufgrund besonderer Vereinbarung mitversichert und wenn sie in der Versicherungssumme bzw. dem Versicherungswert enthalten sind. Imaginärer Gewinn zugunsten des Käufers ist mit 10 % des Versicherungswerts versichert.

10.4 Für die separate Versicherung sonstiger Interessen sind Ziffer 10.1 und bei der Versicherung von Mehrwert darüber hinaus Ziffer 10.2 entsprechend anwendbar.

10.5 Ist durch Vereinbarung der Versicherungswert auf einen bestimmten Betrag (Taxe) festgesetzt, so ist die Taxe für den Versicherungswert maßgeblich. Der Versicherer kann jedoch eine Herabsetzung der Taxe verlangen, wenn die Taxe den wirklichen Versicherungswert erheblich übersteigt. Ist die Versicherungssumme niedriger als die Taxe, so haftet der Versicherer, auch wenn die Taxe herabgesetzt ist, für den Schaden nur nach dem Verhältnis der Versicherungssumme zu der durch die Vereinbarung festgesetzten Taxe.

Bei der Versicherung sonstiger Interessen gilt diese Bestimmung entsprechend.

Übersicht

A. Allgemeines

Ziff. 10 definiert für die Transportversicherung die Versicherungssumme und in Ergänzung des § 136 VVG den Versicherungswert und das mitzuversichernde Interesse sowie die Festsetzung es Versicherungswertes durch Vereinbarung einer Taxe. 1

Gemäß Ziff. 21.1 bildet die Versicherungssumme die Obergrenze für die aus der Versicherung im Schadensfall zu zahlende Entschädigung. 2

B. Versicherungswert

Gemäß Ziff. 10.1 soll die Versicherungssumme immer so hoch gewählt werden, wie der Versicherungswert der Güter ist. Dieser bestimmt sich nach dem gemeinen Handelswert am Ort der Übernahme der Güter zuzüglich Fracht, Kosten und Versicherung gemäß Ziff. 10.2 und in Übereinstimmung mit § 136 Abs. 1 VVG, auf dessen Kommentie- 3 rung verwiesen wird.[1] Der Versicherungswert bildet, sofern er geringer ist als die Versicherungssumme, wiederum die Obergrenze für die im Schadensfall zu zahlende Entschädigung.

C. Versicherbares Interesse

4 Gemäß Ziff. 10.3 können Interessen nach Ziffer 1.1.3 mitversichert werden. Sie müssen allerdings im Versicherungswert bzw. der Versicherungssumme mitenthalten sein. Ziff. 10.3 stellt dabei klar, dass ein imaginärer Gewinn in Höhe von 10 % des Wertes der Güter mitversichert sein kann

5 Bildet eine Taxe den Versicherungswert, gelten ebenfalls 10 % als Taxe des Gewinns. Das folgt aus Ziffer 10.5.[2]

6 Grundsätzlich kann außerhalb der DTV-Güter auch ein höherer imaginärer Gewinn versichert werden. Ein Verstoß gegen ein versicherungsrechtliches Bereicherungsverbot soll darin nicht liegen, solange er nach Beachtung kaufmännischer Grundsätze bei Abschluss der Versicherung zu erwarten ist.[3] Ein darüber hinausgehende Versicherung imaginären Gewinns verstößt sodann gegen das versicherungsrechtliche Bereicherungsverbot.[4]

D. Taxe

7 Ziff. 10.5 übernimmt im Wesentlichen die Regelung des § 76 VVG zur vereinbarten Versicherungstaxe mit der besonderen Regelung der Herabsetzung durch den VR. Insoweit wird auf die Kommentierung des § 76 VVG verwiesen.[5]

8 Die Vereinbarung einer bestimmten Taxe dient der Beweiserleichterung im Versicherungsfall, damit der VN nicht mehr den Wert seines versicherten Interesses nachzuweisen hat.[6] Die Taxe ist auch für beide Parteien bindend, es sei denn, sie übersteigt den wahren Versicherungswert um die streitige Grenze von 10–20 %.[7]

E. Herabsetzung der Taxe

9 Der VR kann bei erheblicher Abweichung vom tatsächlichen Wert von idR. 10–20 % eine Herabsetzung der Taxe verlangen. Darüber hinaus übernimmt Ziff. 10.5 die Regelung des § 76 VVG, wonach der VR auch bei Herabsetzung der Taxe nur nach dem Verhältnis des wahren Wertes zur vereinbarten Taxe zu decken hat.

---

1 Bruck/Möller/*Schneider* § 136 VVG Rn. 1ff.

2 Thume/de la Motte/Ehlers/*Ehlers* Transportversicherung Teil 5 Rn. 305.

3 Thume/de la Motte/Ehlers/*Ehlers* Transportversicherung Teil 5 Rn. 306.; BGH VersR 1994, 91; NJW 1998, 1071.

4 Thume/de la Motte/Ehlers/*Ehlers* Transportversicherung Teil 5 Rn. 306.

5 Bruck/Möller/*Schnepp* § 76 Rn. 1ff.

6 Bruck/Möller/*Schnepp* § 76 Rn. 5; Looks VersR 91, 731; Prölss/Martin/*Armbrüster* VVG § 76 Rn. 1.

7 Bruck/Möller/*Schnepp* § 76 Rn. 46; Thume/de la Motte/Ehlers/*Ehlers* Transportversicherung Teil 5 Rn. 243, 311, OLG Hamburg VersR **1978** 635; OLG Karlsruhe VersR **1998** 777; *Sieg* VersR **1997** 649.

11 Police

11.1 Der Versicherer hat dem Versicherungsnehmer auf Verlangen eine von ihm unterzeichnete Urkunde über den Versicherungsvertrag (Police) auszuhändigen.

11.2 Ist eine Police ausgestellt, so ist der Versicherer nur gegen Vorlage der Police zur Zahlung verpflichtet. Durch die Zahlung an den Inhaber der Police wird er befreit.

11.3 Ist die Police abhanden gekommen oder vernichtet, so ist der Versicherer zur Zahlung verpflichtet, wenn die Police für kraftlos erklärt oder Sicherheit geleistet ist; die Sicherheitsleistung durch Bürgen ist ausgeschlossen. Das Gleiche gilt für die Verpflichtung des Versicherers zur Ausstellung einer Ersatzurkunde; die Kosten der Ersatzurkunde hat der Versicherungsnehmer zu tragen.

11.4 Der Inhalt der Police gilt als von dem Versicherungsnehmer genehmigt, ohne dass es eines Hinweises auf die Rechtsfolgen bedarf, wenn der Versicherungsnehmer nicht unverzüglich nach der Aushändigung widerspricht, Das Recht des Versicherungsnehmers, die Genehmigung wegen Irrtums anzufechten, bleibt unberührt.

Übersicht

A. Allgemeines

1 Ziff. 11 DTV-Güter entspricht in Abs. 11.1 der Regelung des § 3 VVG, der sich über die Versicherungspolice verhält. Insoweit kann zur Vermeidung von Wiederholungen auf die Kommentierung von § 3 VVG verwiesen werden.[1] Ziff. 11.2 und 11.3 wiederum entsprechen § 55 Abs. 1 und Abs. 2 VVG, die sich zur Ausstellung von Versicherungszertifikaten bei der laufenden Versicherung und der Leistungspflicht bei Vorhandensein eines Versicherungszertifikats verhalten, so dass zur Vermeidung von Wiederholungen auf die Kommentierung des § 55 Abs. 1, 2 VVG verwiesen wird.[2]

2 Die Versicherungspolice ist nicht der Versicherungsvertrag, der grundsätzlich formlos geschlossen werden kann, sondern eine Schuldurkunde. Die Transport-versicherungspolice kann gemäß § 363 Abs. 2 HGB durch Indossament übertragen werden, wenn sie an Order lautet. Sie kann somit bei Vorhandensein einer An-Order-Klausel Wertpapier sein.[3]

3 Die Police ist auch Beweisurkunde, für deren richtigen und vollständigen Inhalt eine Vermutung zulasten ihres Ausstellers, des VR gilt.[4] Aber auch für den VN gilt der Inhalt der Police als unwiderlegbar bindend gemäß Ziff. 11.4, wenn er nicht bei Aushändigung unverzüglich widerspricht. Insoweit kommt der Versicherungspolice daher gleichermaßen für beide Parteien eine erhebliche Bindungswirkung bezüglich ihres Inhalts zu.

---

1 Bruck/Möller/Knops § 3 VVG Rn. 6ff.
2 Bruck/Möller/Renger § 55 VVG Rn. 4ff.
3 Thume/de la Motte/Ehlers/*Ehlers* TranspVR § 3 Rn. 14.
4 OLG Karlsruhe VersR **1995** 909; Thume/de la Motte/Ehlers/*Ehlers* Transportversicherung Teil 5 Rn. 321.

B. Zahlung nur gegen Vorlage der Police

4 Gemäß Ziff. 11.2 ist der VR nur gegen Vorlage der Police zur Zahlung verpflichtet. Ausnahmen hiervon regelt Ziff. 11.3. Sie muß allerdings anders als in § 4 VVG nicht dem VR zurückgegeben werden. Solange die Police nicht vorgelegt ist, gerät der VR auch nicht in Verzug.[5]

C. Zahlung an den Inhaber

5 An den Inhaber der Police kann der VR auch schuldbefreiend leisten, wenn die Police nicht vorgelegt wird. Er wird auch dann leistungsfrei, wenn und soweit ihm nicht positiv bekannt ist, dass der Inhaber der Police nicht (mehr) der Berechtigte ist. Eine Prüfung der Berechtigung des Inhabers muss der VR nicht durchführen.[6] Insoweit schadet ihm auch keine grob fahrlässige Unkenntnis, sondern nur positive Kenntnis.[7]

D. Abhandenkommen/Vernichtung

6 Ziff. 11.3 regelt den Fall der Vernichtung der Police bzw. ihres Abhandenkommens. Sie entspricht § 55 VVG. Ein Abhandenkommen liegt vor, wenn der letzte Besitzer den Besitz an der Urkunde verloren hat bzw. die Police für ihn unauffindbar ist, mag sie sich auch unerkannt noch in seinem Besitz befinden. Die Police muß für kraftlos erklärt werden, bevor der VR zur Zahlung verpflichtet werden kann. Eine Vernichtung der Urkunde liegt nicht nur bei vollständiger stofflicher Zerstörung vor, sondern bereits dann, wenn aus der Urkunde mangels Leserlichkeit keine Informationen über die gegenseitigen Rechte und Pflichten mehr hervorgehen. Die Kosten einer Ersatzerstellung fallen dem VN zur Last, wenn der VN eine Ersatzausstellung verlangt.

E. Genehmigungsfiktion

7 Nach Ziff. 11.4 wird eine Genehmigung des VN zum Inhalt der Police fingiert, wenn er ihrem Inhalt nicht unverzüglich nach Erhalt widerspricht. Die Regelung weicht zulässigerweise von den verbraucherschützenden Vorschriften des § 5 Abs. 1 und Abs. 2 VVG ab, die ein Abweichen des Policeninhalts vom Versicherungsvertrag nur unter engeren Voraussetzungen (Hinweispflicht; Widerspruch innerhalb Monatsfrist) zulassen. Ziff. 11.4 erfasst ausschließlich den in § 5 VVG beschriebenen Fall eines Abweichens des Policeninhalts von den Vereinbarungen im Versicherungsvertrag bzw. dem Antrag des VN.[8]

F. Irrtumsanfechtung

8 Der VN kann sich von der Genehmigungsfiktion nur durch Irrtumsanfechtung lösen. Dazu müssen die Voraussetzungen des § 119 BGB hinsichtlich der Genehmigungsfiktion des fehlenden Widerspruchs vorliegen, die der VN zu beweisen hat.

---

[5] Thume/de la Motte/Ehlers/*Ehlers* Transportversicherung Teil 5 Rn. 324.

[6] Thume/de la Motte/Ehlers/*Ehlers* Transportversicherung Teil 5 Rn. 324.

[7] **a.A.** OLG Düsseldorf NJW **1987** 65.

[8] **a.A.** Thume/de la Motte/Ehlers/*Ehlers* Transportversicherung Teil 5 Rn. 334.

12 Prämie

12.1 Die Prämie, einschließlich Nebenkosten und Versicherungsteuer, wird sofort nach Abschluss des Vertrages fällig.

12.2 Die Zahlung ist rechtzeitig, wenn sie unverzüglich nach Erhalt des Versicherungsscheins und/oder der Zahlungsaufforderung (Prämienrechnung) erfolgt.

12.3 Wird die Prämie schuldhaft nicht rechtzeitig gezahlt, gerät der Versicherungsnehmer in Verzug, sobald ihm eine schriftliche Mahnung zugegangen ist. Der Versicherer wird ihn schriftlich zur Zahlung auffordern und eine Zahlungsfrist von mindestens zwei Wochen setzen.

12.4 Ist der Versicherungsnehmer nach Ablauf dieser Zahlungsfrist noch mit der Zahlung in Verzug, so ist der Versicherer von der Verpflichtung zur Leistung frei, wenn der Versicherungsfall vor der Zahlung eintritt.

Der Versicherer kann den Vertrag fristlos kündigen, wenn der Versicherungsnehmer nach Ablauf von weiteren zwei Wochen noch immer in Verzug ist. Der Versicherer kann dennoch die vereinbarte Prämie verlangen.

Auf die in dieser Ziffer vorgesehenen Rechtsfolgen kann sich der Versicherer nur berufen, wenn der Versicherungsnehmer schriftlich darauf hingewiesen worden ist.

Übersicht

A. Allgemeines

1 In Ziffer 12 DTV-Güter werden von den §§ 33ff. VVG abweichende Regelungen zu Fälligkeit der Prämie, Verzug und Leistungsfreiheit getroffen. Die Regelungen gelten nur für die Versicherung von Einzeltransporten. Für die laufende Versicherung trifft Ziffer 5 BlV abweichende Bestimmungen.[1]

2 Die geschuldete Prämie setzt sich zusammen aus dem eigentlichen Entgelt für die Risikoübernahme, den Verwaltungskosten des VR, der Provisionen der Vermittlung durch den Agenten oder Makler, den Nebenkosten und der Versicherungssteuer, soweit sie erhoben wird. Versicherungssteuer fällt gemäß § § 4 Nr. 10 Versicherungssteuergesetz bei grenzüberschreitenden Transporten nicht an.[2]

3 Prämienschuldner ist der VN, d.h. der Vertragspartner des VR, § 1 VVG. Der VR muss allerdings gemäß § 34 VVG auch Zahlungen von bestimmten Dritten, beispielsweise des Versicherten, als Zahlung gelten lassen.

4 Wird das Eigentum am versicherten Gut übertragen, so haftet der neue Eigentümer als Gesamtschuldner ebenfalls auf die Prämienschuld, vgl. Ziff. 14.1 DV-Güter/§ 95 VVG.

5 Gemäß Ziff. 12.1 ist die Prämie sofort nach Abschluss des Vertrages fällig, auf den Beginn des Versicherungsschutzes kommt es nicht an. Bei der laufenden Versicherung tritt Fälligkeit mit Beginn der Versicherung und Erteilung der Rechnung ein, Ziff. 5.3 BIV.[3]

---

[1] siehe dazu unten S. 208 Rn. 1ff.

[2] Thume/de la Motte/Ehlers/*Ehlers* Transportversicherung Teil 5 Rn. 344.

[3] siehe dazu S. 208 Rn. 4.

B. Unverzüglichkeit der Zahlung

6 Ziffer 12.2 bestimmt die Unverzüglichkeit der Zahlung nach Erhalt des Versicherungsscheins bzw. der Zahlungsaufforderung zur Vermeidung einer Leistungsfreiheit des VN aufgrund Prämienverzuges. Der VN muss daher ohne schuldhaftes Zögern die erforderliche Leistungshandlung, d.h. idR Überweisung des Prämienbetrages an den VR bewirken, vgl. § 271 BGB. Es kommt für die Rechtzeitigkeit der Zahlung nicht auf den Eingang des Betrages beim VR an, es sei denn, dies wurde ausdrücklich vereinbart. Tritt der Versicherungsfall daher zwischenzeitlich ein, so bleibt der VR leistungspflichtig, solange der VN die Prämienzahlung unverzüglich gemäß Ziff. 12.2 bewirkt hat und sich nicht in Prämienverzug befindet.

C. Prämienverzug

7 Prämienverzug tritt gemäß Ziff. 12.3 ein, wenn der VR den VN nach schuldhafter nicht rechtzeitiger Zahlung erneut schriftlich zur Zahlung aufgefordert und eine Frist von zwei weiteren Wochen zur Zahlung gesetzt hat (Mahnung). Es gelten die Regelungen zum Verzug gemäß § 286, 288 BGB im Übrigen.

D. Leistungsfreiheit

8 Ist die Zahlungsfrist von zwei Wochen nach schuldhaftem Zahlungsverzug und Mahnung abgelaufen, und tritt dann der Versicherungsfall ein, ist der VR leistungsfrei, vorher nicht. Wird die Zahlung hingegen innerhalb der Zahlungsfrist bewirkt, bleibt der VR leistungspflichtig.

9 Hat der VN bei Eintritt des Versicherungsfalls eine Forderung gegen den VR in gleicher oder übersteigender Höhe und liegt eine objektive Aufrechnungslage vor, ist der VR trotz Prämienverzuges nicht schützenswert und daher weiterhin leistungspflichtig.[4]

E. Kündigung statt Rücktritt

10 Ziff. 12.4 weicht von § 37 VVG ab und sieht anstelle des Rücktritts die fristlose Kündigung nach Ablauf von weiteren zwei Wochen vor. Wie im Falle des Rücktritts nach § 37 VVG steht dem VR trotzdem der Anspruch auf die volle Prämie zu. Diese Rechtsfolgen treten jedoch nur bei vorheriger schriftlicher Rechtsfolgenbelehrung ein.

13 Versicherung für fremde Rechnung (für Rechnung, wen es angeht)

13.1 Der Versicherungsnehmer kann den Versicherungsvertrag im eigenen Namen für einen anderen, mit oder ohne Benennung der Person des Versicherten, schließen (Versicherung für eine fremde Rechnung)

Wird die Versicherung für einen anderen genommen, so ist, auch wenn der andere benannt wird, anzunehmen, dass der Vertragschließende nicht als Vertreter, sondern im eigenen Namen für fremde Rechnung handelt.

---

4 OLG Hamm VersR **1987** 354; BGH VersR **1985** 877 = NJW **1985** 2478; OLG Koblenz VersR **1995** 527; Thume/de la Motte/Ehlers/*Ehlers* Transportversicherung Teil 5 Rn. 356.

Wird die Versicherung für Rechnung „wen es angeht“ genommen oder ist sonst aus dem Vertrag zu entnehmen, dass unbestimmt gelassen werden soll, ob eigenes oder fremdes Interesse versichert ist, so finden die Bestimmungen über die Versicherung für fremde Rechnung Anwendung, wenn sich ergibt, dass fremdes Interesse versichert ist.

13.2 Die Rechte aus dem Vertrag stehen dem Versicherten zu. Die Aushändigung einer Police kann jedoch nur der Versicherungsnehmer verlangen.

Der Versicherte kann ohne Zustimmung des Versicherungsnehmers über seine Rechte nur verfügen und diese Rechte nur gerichtlich geltend machen, wenn er im Besitz einer Police ist.

13.3 Der Versicherungsnehmer kann über die Rechte, die dem Versicherten aus dem Vertrage zustehen, im eigenen Namen verfügen.

Ist eine Police ausgestellt, so ist der Versicherungsnehmer ohne Zustimmung des Versicherten zur Annahme der Zahlung sowie zur Übertragung der Rechte des Versicherten nur befugt, wenn er im Besitz der Police ist.

Der Versicherer ist zur Zahlung an den Versicherungsnehmer nur verpflichtet, wenn dieser ihm gegenüber nachweist, dass der Versicherte seine Zustimmung zu der Versicherung erteilt hat.

13.4 Der Versicherungsnehmer ist nicht verpflichtet, dem Versicherten oder falls über das Vermögen des Versicherten das Insolvenzverfahren eröffnet ist, der Insolvenzmasse die Police auszuliefern, bevor er wegen der ihm gegen den Versicherten in Bezug auf die versicherte Sache zustehenden Ansprüche befriedigt ist. Er kann sich für diese Ansprüche aus der Entschädigungsforderung gegen den Versicherer und nach der Einziehung der Forderung aus der Entschädigungssumme vor dem Versicherten und dessen Gläubigern befriedigen.

13.5 Der Versicherer kann gegen die Entschädigungsforderung eine Forderung, die ihm gegen den Versicherungsnehmer zusteht, insoweit aufrechnen, als sie auf der für den Versicherten genommenen Versicherung beruht.

13.6 Kenntnis, Kennen müssen, Verhalten und/oder Verschulden des Versicherten und des Versicherungsnehmers stehen einander gleich.

13.6.1 Auf die Kenntnis oder das Kennen müssen des Versicherten kommt es nicht an, wenn der Vertrag ohne sein Wissen geschlossen ist. Das gleiche gilt, wenn eine rechtzeitige Benachrichtigung des Versicherungsnehmers nicht möglich oder nicht zumutbar war.

13.6.2 Hat der Versicherungsnehmer den Vertrag ohne Auftrag des Versicherten geschlossen und bei der Schließung den Mangel des Auftrags dem Versicherer nicht angezeigt, so braucht dieser den Einwand, dass der Vertrag ohne Wissen des Versicherten geschlossen ist, nicht gegen sich gelten zu lassen.

13.7 Die Versicherung gilt nicht zugunsten des Verfrachters, des Frachtführers, des Lagerhalters oder Spediteurs.

Übersicht

A. Allgemeines

1 Ziffer 13 DTV-Güter übernehmen größtenteils die gesetzlichen Bestimmungen zur Versicherung für fremde Rechnung gemäß §§ 43ff. VVG, so dass auf die jeweilige Kommentierung verwiesen werden kann.

2 Der VN kann grundsätzlich ein fremdes Interesse auf eigene Kosten versichern, wie dies bei Transporten, bei denen fremdes Eigentum befördert wird, häufig der Fall ist. Die zwischen Käufer und Verkäufer häufig vereinbarten Incoterm-Klauseln CIF und CIP verpflichten den Verkäufer und Versender sogar dazu, eine Versicherung für fremde Rechnung abzuschließen.

3 Den Versicherten treffen zwar keine Rechtspflichten aus dem Versicherungsvertrag, wohl aber Obliegenheiten, die bei ihrer Verletzung zur Leistungsfreiheit des VR ihm gegenüber führen können. Als Beispiel sei hier etwa die grob fahrlässige oder vorsätzliche Herbeiführung des Versicherungsfalls als gesetzliche Obliegenheitsverletzung genannt, die gemäß Ziff. 13.6 DTV-Güter zur Leistungsfreiheit führt.

4 Ziffer 13.1 Abs. 2 DTV-Güter enthält eine widerlegbare Auslegungsregel und keine Rechtsvermutung, dass es sich um eine in eigenem Namen abgeschlossene Fremdversicherung handelt, wenn ein fremdes Interesse nach allgemeinen Auslegungsregeln versichert ist.[1]

5 Die Versicherung kann für Rechnung dessen, den es angeht abgeschlossen werden, d.h. es kann zunächst offen gelassen werden, ob ein eigenes oder fremdes Interesse versichert wird, und es braucht der Versicherte nicht genannt zu werden. Es muss allerdings spätestens im Versicherungsfall feststehen, ob ein fremdes oder ein eigenes Interesse versichert ist.[2]

B. keine Verfügungsrechte des Versicherten ohne Zustimmung.

6 Grundsätzlich stehen dem Versicherten stehen die Rechte aus dem Versicherungsvertrag zu, er kann allerdings nicht ohne Zustimmung des VN Ansprüche aus dem Versicherungsvertrag gegen den VR gerichtlich oder außergerichtlich geltend machen oder über diese Ansprüche in irgend einer Weise verfügen, es sei denn er ist im Besitz der Versicherungspolice. Diese kann er nur vom VN erhalten, gegen den VR besteht kein Anspruch auf Herausgabe der Police, Ziff. 13.2.

7 Der VN kann allerdings einer Verfügung des Versicherten konkludent oder ausdrücklich zustimmen, und den Versicherten so in die Lage versetzen, über Ansprüche aus dem Versicherungsvertrag zu verfügen.

C. Verfügungsbefugnis des VN.

8 Die formelle Verfügungsbefugnis über die Rechte aus dem Versicherungsvertrag stehen vielmehr allein dem VN zu. Er kann bei der Schadenfeststellung mitwirken, Prozesse führen, sich vergleichen, auf die Forderung verzichten oder einer nicht zulässigen Aufrechnung zustimmen, macht sich bei Ausübung der Rechte zulasten des Versicherten allerdings dann idR schadensersatzpflichtig, nachdem der Versicherte Inhaber des Anspruchs ist.[3]

---

[1] BGH VersR **1997** 477; Thume/de la Motte/*Ehlers* Transportversicherung Teil 5 Rn. 367.

[2] Thume/de la Motte/Ehlers/*Ehlers* Transportversicherung Teil 5 Rn. 368.

[3] Prölss/Martin/*Klimke* § 45 Rn. 6; Thume/de la Motte/Ehlers/*Ehlers* Transportversicherung Teil 5 Rn. 368.

Der VN ist allerdings ohne Zustimmung des VN zur Geltendmachung der Entschädigungsleistung nur befugt, wenn er im Besitz der Versicherungspolice ist und dem VR auf Verlangen nachweist, dass der Versicherte seine Zustimmung zum Abschluss der Transportversicherung gegeben hat. 9

D. Zurückbehaltungsrecht des VN.

Zwischen dem VN der Fremdversicherung und dem Versicherten besteht zwar ein Treuhandverhältnis kraft dessen der VN idR verpflichtet ist, die Entschädigungsleistung beim VR einzufordern und dem Versicherten zuzuleiten, nachdem der Versicherte Inhaber der Leistungsanspruchs ist.[4] Aus Ziff. 13.4 ergibt sich, dass der VN hierbei seine eigenen Interessen berücksichtigen darf. So kann er gegen die Entschädigungsleistung mit eigenen Ansprüchen aus demselben zugrunde liegenden Lebenssachverhalt aufrechnen.[5] 10

Der VN erwirbt in Bezug auf eine Insolvenz des Versicherten auch ein insolvenzfestes Zurückbehaltungsrecht an der Police, solange er nicht wegen seiner ihm gegen den Versicherten zustehenden Ansprüche befriedigt ist, Ziff. 13.4. Er hat außerdem das Recht der vorrangigen Befriedigung aus der Entschädigungsleistung. 11

E. Aufrechnungsrecht des Versicherers

Ziff. 13.5 gibt dem VR bei einer Fremdversicherung das Recht, Forderungen, die gegen den VN bestehen, auch gegen die Entschädigungsforderung aus der Fremdversicherung, die letztendlich dem Versicherten zusteht, aufzurechnen. Dies gilt nicht nur für Prämienforderungen, sondern auch für sämtliche weiteren etwaigen Schadensersatzansprüche des VR, die aus der Fremdversicherung herrühren.[6] 12

F. Verhaltens- und Wissenszurechnung

Ziff. 13.6 bestimmt, dass sich VN und Versicherter gegenseitig ihr jeweiliges Verhalten, Verschulden und Wissen in Bezug auf die Transportversicherung zurechnen lassen müssen, ohne dass eine jeweilige Repräsentantenstellung angenommen werden kann. Dies ist bedeutsam im Hinblick auf die Obliegenheitsverletzungen, bei denen es jeweils auch auf das Tun und Wissen von VN **und** Versicherten ankommt und eine wechselseitige Zurechnung des Verhaltens und Wissen erfolgt. 13

Dies gilt jedoch nur bei einer reinen Fremdversicherung, und soweit der Versicherte wusste, dass zu seinen Gunsten eine Transportversicherung abgeschlossen worden ist, Ziff. 13.6.1. Ansonsten muss sich der VN das Verhalten des Versicherten nicht zurechnen lassen. Der Versicherte muss sich hingegen das Wissen und Verschulden des VN im Falle einer reinen Fremdversicherung immer zurechnen lassen.[7] 14

---

[4] BGH NJW **1991** 3031; NJW **1998** 2537.

[5] Thume/de la Motte/Ehlers/*Ehlers* Transportversicherung Teil 5 Rn. 378.

[6] Thume/de la Motte/Ehlers/*Ehlers* Transportversicherung Teil 5 Rn. 383.

[7] OLG Köln VersR **1998** 1104, 1107; Thume/de la Motte/Ehlers/*Ehlers* Transportversicherung Teil 5 Rn. 386.

14 Veräußerung der versicherten Sache

14.1 Wird die versicherte Sache vom Versicherungsnehmer veräußert, tritt an dessen Stelle der Erwerber in die während der Dauer seines Eigentums aus dem Versicherungsverhältnis sich ergebenden Rechte und Pflichten des Versicherungsnehmers ein.

Der Veräußerer und der Erwerber haften für die Prämie, die auf die zur Zeit des Eintrittes des Erwerbers laufende Versicherungsperiode entfällt, als Gesamtschuldner.

Der Versicherer muss den Eintritt des Erwerbers erst gegen sich gelten lassen, wenn er hiervon Kenntnis erlangt hat.

14.2 Ist eine Police ausgestellt worden, entfällt die Mithaftung des Erwerbers für die Zahlung der Prämie und Nebenkosten. Bei Ausstellung einer Police kann sich der Versicherer auch nicht auf Leistungsfreiheit gemäß Ziffer 12.4 wegen Nichtzahlung der Prämie berufen, es sei denn, dass der Erwerber den Grund für die Leistungsfreiheit kannte oder hätte kennen müssen.

14.3 Wird die Entschädigungsforderung verpfändet, so findet die Bestimmung der Ziffer 14.2 Satz 2 zugunsten des Pfandgläubigers entsprechende Anwendung.

14.4 Der Versicherer ist nicht berechtigt, das Versicherungsverhältnis wegen Veräußerung der versicherten Güter zu kündigen.

14.5 Der Versicherungsnehmer ist nicht verpflichtet, dem Versicherer die Veräußerung anzuzeigen.

14.6 Der Erwerber ist berechtigt, das Versicherungsverhältnis mit sofortiger Wirkung zu kündigen. Das Kündigungsrecht erlischt, wenn es nicht innerhalb eines Monats nach dem Erwerb, bei fehlender Kenntnis des Erwerbers vom Bestehen der Versicherung innerhalb eines Monats ab Erlangung der Kenntnis, ausgeübt wird.

14.7 Im Fall der Kündigung des Versicherungsverhältnisses nach Ziffer 14.6 ist der Veräußerer zur Zahlung der Prämie verpflichtet; eine Haftung des Erwerbers für die Prämie besteht nicht.

Übersicht

A. Allgemeines

1 Ziffer 14.1 DTV-Güterspricht wörtlich der gleichlautenden Regelung des § 95 VVG, so dass auf die dortige Kommentierung vollumfänglich verwiesen werden kann.[1]

2 Die Regelung bezweckt den Schutz des Erwerbers während der Dauer der Versicherung, damit der Erwerber mit Erwerb nicht den für die Dauer des Transportes gewährten Versicherungsschutz verliert. Mit Veräußerung ist der rechtsgeschäftliche Eigentumsübergang nach den §§ 929ff. BGB gemeint, nicht allein das schuldrechtliche Verpflichtungsgeschäft wie etwa der Kaufvertrag. Zumeist wird der Eigentumsübergang während des Transportes durch die Übertragung eines B/L oder sonstigen Traditionspapiers erfolgen,

[1] Bruck/Mölller/Staudinger § 95 VVG Rn. 7ff.

womit durch Übertragung des (Wert-) Papiers der Eigentumsübergang der jeweiligen im (Wert-)Papier genannten Güter erfolgt.

B. Gutglaubensschutz des Versicherers

Der VR kann solange seinen ursprünglichen Vertragspartner weiterhin als VN ansehen 3
und die Entschädigung an ihn auszahlen, wie er keine Kenntnis von der Veräußerung hat. Dieser gute Glauben an die Verfügungsbefugnis des bisherigen VN entfällt, wenn eine Police ausgestellt ist. Denn der VR kann erkennen, dass die Police im Zusammenhang mit der Veräußerung der betreffenden Ware ebenfalls an den Käufer übergeben wird und der Erwerber sich im Zweifel keinen Einwendungen aussetzen will, die nach dem Erwerb der Güter begründet sind.[2]

C. keine Mithaftung des Erwerbers für Prämie

Gemäß Ziff. 14.2 ist eine Mithaftung des Erwerbes für die noch nicht gezahlte Prämie 4
ausgeschlossen, ebenso wie der VR nicht berechtigt ist, sich ihm gegenüber auf Leistungsfreiheit aufgrund Prämienverzugs zu berufen, es sei denn, der Erwerber kannte diesen Umstand oder hätte ihn kennen müssen. Grund für diese Regelung ist der Umstand, dass der Veräußerer vielfach die Kosten der Versicherung übernimmt, so bei Geschäften mit den Inco-Term-Klauseln CIF und CIP. Die Regelung stimmt inhaltlich mit § 139 Abs. 1 VVG überein.

Gemäß Ziff. 14.3 kann der VR auch dem Pfandgläubiger den Einwand des Prämien- 5
verzuges nicht entgegenhalten, für den die Ziff. 14.2 entsprechend gilt.

D. kein Kündigungsrecht des Versicherers

Gemäß Ziff. 14.4 ist dem VR nicht gestattet, sich durch Kündigung vom Versiche- 6
rungsvertrag zu lösen, wenn die Sache veräußert worden ist. Der VN ist nicht einmal verpflichtet, dem VR die Veräußerung anzuzeigen, Ziff. 14.5. Die Regelung benachteiligt den VR nicht über die Maßen, denn der VR muss die Veräußerung erst mit ihrer Anzeige gegen sich gelten lassen. Ziff. 14.4 stimmt sinngemäß mit § 139 Abs. 2 VVG überein.

E. Kündigungsrecht des Erwerbers

Dem Erwerber steht hingegen das uneingeschränkte Recht zu, den Versicherungsver- 7
trag mit sofortiger Wirkung zu kündigen, bzw. innerhalb eines Monates nach Kenntniserlangung vom Versicherungsschutz, Ziff. 14.6. Der Veräußerer muss in diesem Fall die volle Prämie an den VR bezahlen, eine Haftung des Erwerbers für die Prämie besteht nicht. Die Regelung stimmt inhaltlich mit § 96 Abs. 3 VVG überein.

---

2 Thume/de la Motte/Ehlers/*Ehlers* Transportversicherung Teil 5 Rn. 403.

15 Bestimmungen für den Schadenfall

15.1 Schadenanzeige

Der Versicherungsnehmer hat jedes Schadenereignis dem Versicherer unverzüglich anzuzeigen.

15.2 Abwendung und Minderung des Schadens

Bei Eintritt des Versicherungsfalls hat der Versicherungsnehmer den Schaden nach Möglichkeit abzuwenden oder zu mindern. Er hat dabei die Weisungen des Versicherers zu befolgen und solche Weisungen einzuholen, soweit die Umstände es gestatten.

15.3 Anweisungen des Versicherers; Havariekommissar

15.3.1 Der Versicherungsnehmer hat die Anweisungen des Versicherers für den Schadenfall zu befolgen,den in der Police oder im Versicherungszertifikat bestimmten Havariekommissar unverzüglich zur Schadenfeststellung hinzuzuziehen und dessen Havarie-Zertifikat dem Versicherer einzureichen.

15.3.2 Aus wichtigem Grund kann anstelle des vorgesehenen Havariekommissars der nächste Lloyd's Agent hinzugezogen werden.

15.4 Auskunfterteilung

Der Versicherungsnehmer hat dem Versicherer jede Auskunft zu erteilen, die zur Feststellung des Versicherungsfalls oder des Umfangs der Leistungspflicht erforderlich ist. Er ist verpflichtet, alle Beweismittel, die für die spätere Aufklärung des Schadenhergangs von Bedeutung sein können oder für die Geltendmachung von Regressansprüchen notwendig sind, zu beschaffen und sicherzustellen.

15.5 Rechtsfolgen einer Obliegenheitsverletzung

Verletzt der Versicherungsnehmer eine der in Ziffern 15.2 bis 15.4 genannten Obliegenheiten vorsätzlich oder grob fahrlässig, ist der Versicherer ohne gesonderte Mitteilung dieser Rechtsfolgen an den Versicherungsnehmer von der Verpflichtung zur Leistung frei. Der Versicherer bleibt zur Leistung verpflichtet, soweit die Verletzung der Obliegenheit weder für die Feststellung des Versicherungsfalls noch für die Feststellung oder den Umfang der Leistungspflicht des Versicherers ursächlich war.

15.6 Regresswahrung

Der Versicherungsnehmer hat im Schadenfall die Rückgriffsrechte gegen Dritte, die für den Schaden ersatzpflichtig sind oder sein können, zu wahren und zu sichern, sowie den Versicherer bei der Regressnahme zu unterstützen.

Verletzt der Versicherungsnehmer diese Obliegenheit vorsätzlich oder grob fahrlässig, ist der Versicherer insoweit leistungsfrei, als er infolgedessen keinen Ersatz von dem Dritten erlangen kann.

Übersicht

A. Allgemeines

Ziff. 15.1 enthält eine vertragliche Obliegenheit, jedes Schadensereignis dem VR unverzüglich anzuzeigen, auch wenn es nicht zum Versicherungsfall führt. Es sind alle gefahrerheblichen Umstände anzuzeigen, um dem VR die Möglichkeit der Einflussnahme zu geben.[1] 1

Ziff. 15.2 entspricht der Bestimmung des § 82 Abs. 1 VVG, so dass auf dessen Kommentierung vollumfänglich verwiesen werden kann.[2] Die folgenden Ziff. 15.3 modifizieren die Regelungen der Obliegenheitsverletzung im Schadensfall aus §§ 82, 86 Abs. 2 VVG. So wird etwa im Bereich der Obliegenheitsverletzung das in den §§ 82 VVG abgeschaffte „Alles-oder-Nichts-Prinzip" beibehalten, was im Bereich der Transportversicherung aufgrund § 212 VVG und seiner Einordnung als Großrisiko zulässig ist. 2

B. Rechtsfolge einer Verletzung des Ziff. 15.1

Verletzt der VN die Anzeigepflicht der Ziff. 15.1 vorsätzlich oder grob fahrlässig, folgt zwar die Rechtsfolge der Leistungsfreiheit zwar nicht aus Ziff. 15.6. Wohl aber liegt eine vertragliche Obliegenheitsverletzung vor, die aus Ziff. 7.2 unter den weiteren Voraussetzungen zur Leistungsfreiheit führt. Denn dies ordnet Ziff. 7.2 ausdrücklich an. 3

C. Rettungsobliegenheit und Befolgung von Weisungen

In entsprechender Anwendung des wortgleichen § 82 Abs. 1VVG kommt eine Vorerstreckung der Rettungsobliegenheit auf den unmittelbar bevorstehenden Versicherungsfall nicht mehr in Betracht. Der Gesetzgeber hat zu § 82 VVG in der amtlichen Begründung klargestellt, dass die Rettungsobliegenheit nicht bereits unmittelbar vor, sondern mit dem Eintritt des Versicherungsfall entsteht.[3] Die sog. Vorerstreckungstheorie ist damit überholt und auch bezüglich der Ziff. 15.2 nicht mehr anzuwenden.[4] Zu Inhalt und Ausgestaltung der nunmehrigen Rettungsobliegenheit wird daher auf die Kommentierung des § 82 Abs. 1 VVG verwiesen.[5] 4

Die Befolgung von Weisungen des VR aus Ziff. 15.2 entspricht ebenso inhaltlich § 82 Abs. 2 VVG, so dass vollumfänglich auf dessen Kommentierung verwiesen werden kann.[6] 5

D. Herbeiziehung eines Havariekommissars

Der VN ist verpflichtet, unverzüglich den in der Police benannten Havariekommissar zur Schadensfeststellung hinzuzuziehen, notfalls anstelle dessen den nächsten Lloyds Agent gemäß Ziff. 15.3.2. 6

Der Havariekommissar hat die Stellung eines einseitig vom VR zu Schadenfeststellungen Beauftragten oder Bevollmächtigten.[7] Sein Bericht ist die Grundlage zur Prüfung der 7

---

[1] Thume/de la Motte/Ehlers/*Ehlers* Transportversicherung Teil 5 Rn. 412.
[2] Bruck/Möller/*Koch* § 82 VVG Rn. 4ff.
[3] vgl. näher: Bruck/Möller/*Koch* § 82 VVG Rn. 38ff.
[4] Thume/de la Motte/Ehlers/*Ehlers* TranspVR § 82 VVG Rn. 283, 284.
[5] Bruck/Möller/*Koch* § 82 VVG Rn. 38ff.
[6] Bruck/Möller/*Koch* § 82 VVG Rn. 119ff.
[7] OLG Hamburg VersR **1992** 869.

Leistungspflicht des VR.[8] Der VN beauftragt ihn daher idR nicht auf eigene Rechnung, sondern im Namen und auf Rechnung des VR.

8 Als wichtige Gründe für die ausnahmsweise Beauftragung des nächsten Lloyds Agent anstelle des benannten Havariekommissars kommen insbesondere folgende Gründe in Betracht[9]: Zu große räumliche Entfernung des Havariekommissars anstelle des Lloyds Agents; der Havariekommissar ist Konkurrent des VN oder Versicherten, der Havariekommissar verzögert die Schadensfeststellung erheblich.

E. Auskunftserteilung

9 Im Versicherungsfall muß der VN dem VR die notwendigen von diesem verlangten Auskünfte zur Feststellung des Versicherungsfalls und zur Bestimmung des Umfangs der Leistungspflicht machen, vorher nicht.

10 Eine Auskunftsobliegenheit besteht nur gegenüber einem noch leistungs- und verhandlungsbereiten VR, nicht dagegen gegenüber einem VR, der seine Leistungsbereitschaft bereits abgelehnt hat. Nach Leistungsablehnung ist der VR nicht mehr schutzbedürftig im Hinblick auf Aufklärungsobliegenheiten.[10]

11 Der VR legt idR bereits im Versicherungsvertrag fest, was er für die Feststellung des Versicherungsfalls benötigt. Dies sind idR die Schadenrechnung, das Zertifikat, das Havariegutachten, das B/L, der Frachtbrief, sonstige Transport- oder Lagerdokumente, Unterlagen über Feststellung von Zahl, Maß oder Gewicht am Abgangs- und am Bestimmungsort, Bescheinigung des Schadens/Schriftwechsel über Ersatzansprüche gegen Dritte, Unfallberichte der Polizei.[11]

F. Rechtsfolgen der Verletzung der Auskunftspflicht

12 Ziff. 15.5 ordnet die Leistungsfreiheit des VR nach dem „Alles-oder-Nichts-Prinzip“ an, sofern der VN seine Auskunftsobliegenheit schuldhaft verletzt und diese ursächlich die Feststellung des Versicherungsfalls oder seinen Umfang beeinträchtigt hat.

G. Regresssicherung

13 Ziff. 15.6 ordnet für die Transportversicherung generell die Verpflichtung des VN an, den Regress des VR gegen für schadensverantwortliche Dritte zu wahren und zu sichern, sowie den VR bei der Regressnahme zu unterstützen.

14 Eine Wahrung und Sicherung von Regressrechten gegen die am Transport Beteiligten (Spediteur, Frachtführer, Verfrachter, Hafenbetriebe) findet idR dadurch statt, dass diese zunächst schriftlich haftbar gemacht werden müssen, um etwaige Verjährungsfristen zunächst zu hemmen und ggf. die Verursacher in die Lage zu versetzen, ihrerseits gemeinsame Schadensuntersuchungsmaßnahmen einzuleiten und den jeweiligen Verkehrshaftungsversicherer zu informieren. Notfalls muß zur Wahrung der im Transportrecht idR kurzen Ver-

---

[8] Thume/de la Motte/Ehlers/*Ehlers* Transportversicherung Teil 5 Rn. 425

[9] Thume/de la Motte/Ehlers/*Ehlers* Transportversicherung Teil 5 Rn. 425; Enge, Erl. S. 77.

[10] BGH NJW **1989** 2472.

[11] Thume/de la Motte/Ehlers/*Ehlers* Transportversicherung Teil 5 Rn. 429.

jährungs- und Ausschlussfristen eine verjährungshemmende oder ausschlusshemmende Klage eingereicht werden, wenn der VR noch nicht selbst dazu in der Lage ist.

16 Andienung des Schadens, Verwirkung

16.1 Der Versicherungsnehmer hat einen versicherten Schaden dem Versicherer binnen 15 Monaten seit dem Ende der Versicherung und, wenn das Transportmittel verschollen ist, seit dem Ablauf der Verschollenheitsfrist schriftlich anzudienen. Durch die Absendung des Andienungsschreibens wird die Frist gewahrt.

16.2 Der Entschädigungsanspruch des Versicherungsnehmers erlischt, wenn der Schaden nicht rechtzeitig angedient wird.

Übersicht

A. Allgemeines

Die Andienung eines Schadens ist nicht gleichbedeutend mit der Schadensanzeige, auch wenn sie häufig dieselbe Funktion erfüllt. Die DTV-Güter haben diese im deutschen und niederländischen Seeverkehrsrecht traditionelle Schadensandienung, die den übrigen Seerechten fremd ist, für die Transportversicherung beibehalten.[1] 1

B. Schadensandienung

Der VN muß einen versicherten Schaden dem VR andienen, wobei die Höhe des Schadens noch nicht beziffert werden muß.[2] Es handelt sich bei der Schadensandienung um eine schriftliche Erklärung des VN an den VR, indem er die ihm zustehende Entschädigungsleistung geltend machen will.[3] Der Schaden ist auch dann anzudienen, wenn er dem VR bekannt ist.[4] Die bloße Übersendung von Schadensunterlagen reicht im Zweifel nicht aus.[5] 2

C. Frist; Verwirkung

Die Frist für die Schadensandienung beträgt seit jeher 15 Monate. Wird die Frist versäumt, ist der Entschädigungsanspruch des VN verwirkt. 3

Für die Verwirkung ist kein Verschulden notwendig. Die Verwirkung tritt allein durch Zeitablauf ein, unabhängig davon, ob der VN die rechtzeitige Andienung schuldhaft oder schuldlos unterlassen hat.[6] 4

---

1 Thume/de la Motte/Ehlers/*Ehlers* Transportversicherung Teil 5 Rn. 466.

2 *Ritter/Abraham* § 42 Anm. 9; *Schlegelberger* § 42 Rn. 3.

3 BGH VersR **1972** 88.

4 Thume/de la Motte/Ehlers/*Ehlers* Transportversicherung Teil 5 Rn. 468.

5 Thume/de la Motte/Ehlers/*Ehlers* Transportversicherung Teil 5 Rn. 468.

6 BGH VersR **1972** 88.

17 Ersatzleistung

17.1 Verlust der Güter

Gehen die Güter ganz oder teilweise verloren, werden sie dem Versicherungsnehmer ohne Aussicht auf Wiedererlangung entzogen oder sind sie nach der Feststellung von Sachverständigen in ihrer ursprünglichen Beschaffenheit zerstört, so kann der Versicherungsnehmer den auf sie entfallenden Teil der Versicherungssumme abzüglich des Wertes geretteter Sachen verlangen.

17.2 Verschollenheit

Sind die Güter mit dem Transportmittel verschollen, so leistet der Versicherer Ersatz wie im Falle des Totalverlustes, es sei denn, dass mit überwiegender Wahrscheinlichkeit ein Verlust als Folge einer nicht versicherten Gefahr anzunehmen ist. Das Transportmittel ist verschollen, wenn vom Zeitpunkt seiner geplanten Ankunft 60 Tage, bei europäischen Binnenreisen 30 Tage, verstrichen sind und bis zur Reklamation keine Nachricht von ihm eingegangen ist. Kann die Nachrichtenverbindung durch Krieg, kriegsähnliche Ereignisse, Bürgerkrieg oder innere Unruhen gestört sein, so verlängert sich die Frist entsprechend den Umständen des Falles, höchstens jedoch auf sechs Monate.

17.3 Beschädigung der Güter

17.3.1 Werden die Güter oder Teile der Güter beschädigt, so ist der gemeine Handelswert und in dessen Ermangelung der gemeine Wert zu ermitteln, den die Güter im unbeschädigten Zustand am Ablieferungsort haben würden (Gesundwert), sowie der Wert, den sie dort im beschädigten Zustand haben. Ein dem Verhältnis des Wertunterschiedes zum Gesundwert entsprechender Bruchteil des Versicherungswertes gilt als Betrag des Schadens.

17.3.2 Der Wert beschädigter Güter kann auch durch freihändigen Verkauf oder durch öffentliche Versteigerung festgestellt werden, wenn der Versicherer dies unverzüglich nach Kenntnis der für die Schadenhöhe erheblichen Umstände verlangt; in diesem Fall tritt der Bruttoerlös an die Stelle des Wertes der beschädigten Güter. Hat nach den Verkaufsbedingungen der Verkäufer vorzuleisten, so steht der Versicherer für die Zahlung des Kaufpreises ein, falls er den Verkaufsbedingungen zugestimmt hat.

17.4 Wiederherstellung

17.4.1 Im Falle von Beschädigung oder Verlust von Teilen der Güter kann der Versicherungsnehmer anstelle eines Teiles des Versicherungswertes Ersatz für die zum Zeitpunkt der Schadenfeststellung notwendigen Kosten der Wiederherstellung oder Wiederbeschaffung der beschädigten oder verlorenen Teile verlangen.

17.4.2 Der Versicherer leistet bei Beschädigung oder Verlust von Gütern, die Teil einer versicherten Sachgesamtheit sind, Ersatz wie im Fall des Totalverlustes, wenn eine Wiederherstellung oder Wiederbeschaffung nicht möglich oder sinnvoll ist. Restwerte werden angerechnet.

17.4.3 Bei der Versicherung von gebrauchten Maschinen, Geräten, Apparaten, Fahrzeugen und deren Teilen ersetzt der Versicherer ohne Abzug „neu für alt" die zum Zeitpunkt der Schadenfeststellung notwendigen Kosten der Wiederherstellung oder Wiederbeschaffung, bei einem Zeitwert von weniger als 40 % jedoch höchstens den Zeitwert.

17.5 Unterversicherung

Ist die Versicherungssumme niedriger als der Versicherungswert, so ersetzt der Versicherer den Schaden und die Aufwendungen nur nach dem Verhältnis der Versicherungssumme zum Versicherungswert.

17.6 Verkauf der Güter vor Beendigung des versicherten Transports

17.6.1 Wird nach dem Beginn der Versicherung der Transport aufgegeben oder aus einem anderen Grunde nicht vollendet, ohne dass der Versicherer von der Verpflichtung zur Leistung frei wird, so kann der Versicherer verlangen, dass unter seiner Mitwirkung der Versicherungsnehmer die Güter aus freier Hand oder im Wege öffentlicher Versteigerung verkauft, wenn die Güter ohne unverhältnismäßige Kosten oder innerhalb angemessener Frist nicht weiterbefördert werden können. Verlangt der Versicherer den Verkauf, so muss dieser unverzüglich erfolgen.

17.6.2 Der Versicherungsnehmer kann im Falle des Verkaufs den Unterschied zwischen der Versicherungssumme und dem Erlös verlangen. Das gleiche gilt, wenn die Güter unterwegs infolge eines Versicherungsfalls verkauft werden müssen.

17.6.3 Hat nach den Verkaufsbedingungen der Verkäufer vorzuleisten, so steht der Versicherer für die Zahlung des Kaufpreises ein, falls er den Verkaufsbedingungen zugestimmt hat.

17.7 Nicht entstandenes Interesse; ersparte Kosten
Ist ein versichertes Interesse für imaginären Gewinn, Mehrwert, Zoll, Fracht oder sonstige Kosten bei Eintritt des Versicherungsfalls noch nicht entstanden, wird der darauf entfallende Teil der Versicherungssumme bei der Ermittlung des Schadens nicht berücksichtigt. Das gleiche gilt für Kosten, die infolge eines Versicherungsfalls erspart werden.

17.8 Anderweitiger Ersatz
Der Versicherungsnehmer muss sich anrechnen lassen, was er anderweitig zum Ausgleich des Schadens erlangt hat.

Übersicht

A. Totalverlust

1 Ziff. 17.1 definiert den Totalverlust der versicherten Güter. So liegt ein Verlust des versicherten Gutes nicht nur bei physischem Abhandenkommen im Sinne von Verlorengehen vor, sondern auch bei Zerstörung seiner ursprünglichen Beschaffenheit (z.B. durch Brand, Auflösung, Zerfall, Zersetzung, Vermischung), auch wenn Reste des Gutes (z.B. Asche, zersetzte Reste) in geringen Maße noch vorhanden sind. Der Totalschaden an einem Gut ist daher dem Verlust gleichgesetzt.

2 Ein Totalverlust liegt aber nicht nur bei Verlorengehen oder Zerstörung vor, sondern auch bei Diebstahl, Beschlagnahme, oder wenn ein sonstiges Hindernis auf Dauer der Wiedererlangung der Sachherrschaft über das Gut entgegensteht. Ziff. 17.1 definiert den Verlust daher in seiner weiteren Variante als eine Entziehung der Güter ohne Aussicht auf Wiedererlangung.

Beispiele[1] einer Entziehung ohne Aussicht auf Wiedererlangung sind etwa

- das Überbordgehen von Baumstämmen ohne wirtschaftlich sinnvolle Bergungsmöglichkeit,[2]
- die Beschlagnahme des Beförderungsmittels samt Ladung im Krieg, wenn nicht abzusehen ist, ob und wann sie wieder freigegeben wird,[3]
- die Falschauslieferung an einen nicht empfangsberechtigten Dritten, wenn die Herausgabe der Güter aus rechtlichen oder tatsächlichen Gründen in absehbarer Zeit nicht zu erwarten ist.[4]

3 Als Prognosezeitraum für eine Entziehung ohne Aussicht auf Wiedererlangung können die Verschollenheitsfristen des 17.2 entsprechend herangezogen werden.[5] So ist ein Entziehung ohne Aussicht auf Wiedererlangung bei einem verlorengegangenen Gut anzunehmen, wenn 60 Tage von der geplanten Ankunft des Gutes am Empfangsort verstrichen sind, bei europäischen Binnenreisen 30 Tage und keine Nachricht von seinem Verbleib bis dahin erfolgt ist. Spätestens nach der Höchstfrist von 6 Monaten ist in jedem Fall von einem Totalverlust auszugehen.

Ist der Verlust festgestellt, macht ein Wiederauftauchen der Güter den Verlust in seinen Rechtsfolgen auch nicht wieder ungeschehen. Der VN muss sich dann lediglich den Wert der wiedererlangten Güter zum Zeitpunkt ihres Wiederauffindens anrechnen lassen. Dies folgt aus Ziff. 17.8.

B. Teilverlust

4 Nicht ein Totalverlust, sondern ein Teilverlust liegt vor, wenn nur ein Teil der Güter in Verlust geraten sind. Der VN kann dann die anteilige Versicherungssumme vom VR verlangen.

5 In den Fällen, wo ein Teilverlust Teil einer Sachgesamtheit, ist, die ohne das verlorengegangene Gut entwertet ist, leistet der VR gemäß Ziff. 17.4.2 die Entschädigung wie bei einem Gesamtverlust.

C. Verschollenheit

6 Die Verschollenheit des Transportmittels mit den darauf befindlichen Gütern ist ein Unterfall des Totalverlustes, nachdem in diesem Fall die Güter ohne Aussicht auf Wiedererlangung entzogen sind. Sie ist gemäß Ziff. 17.2 dem Totalverlust gleichgestellt.

7 Voraussetzung ist, dass das Transportmittel mit den Gütern verschollen ist. Verschollenheit ist definiert als die Ungewissheit über den Verbleib des Transportmittels.[6] Was mit dem Transportmittel passiert ist, ist nicht entscheidend. Um als verschollen zu gelten, braucht es nicht verlorengegangen zu sein. Bei Ablauf der in Ziff. 17.2 genannten Fristen und fortbestehender Ungewissheit über den Verbleib des Transportmittels liegt Verschollenheit vor, auch wenn das Transportmittel später wieder auftaucht.

---

1 Thume/de la Motte/Ehlers/*Ehlers* Transportversicherung Teil 5 Rn. 475.

2 OLG Hamburg VersR **1987** 708.

3 OLG Hamburg VersR **1982** 394.

4 BGH VersR **1970** 437, 438; NJW **1979** 2473; Ritter-Abraham § 91 Anm. 3.

5 Thume/de la Motte/Ehlers/*Ehlers* Transportversicherung Teil 5 Rn. 475.

6 Thume/de la Motte/Ehlers/*Ehlers* Transportversicherung Teil 5 Rn. 481.

Über die Ersatzpflicht entscheidet dann die Kausalitätslehre von der causa-proxima, wenn auch eine nicht versicherte Gefahr für den Verlust infrage kommt.[7] 8

Weitere Voraussetzung für eine Ersatzpflicht aus Ziff. 17.2 ist die Reklamation des VN, d.h. die Mitteilung an den VR nach Ablauf der Verschollenheitsfrist, dass das Transportmittel nicht angekommen und keine Nachricht von ihm eingegangen ist.[8] Erfolgt eine Nachricht vom Verbleib des Transportmittels vor Reklamation, liegt keine Verschollenheit mehr vor. 9

Wie beim Verlust durch Entziehung ändert das spätere nach Feststellung der Verschollenheit und Reklamation Auftauchen der Güter am Tatbestand des Verlustes nachträglich nichts mehr. Der VN muß sich jedoch den Verwertungswert der Güter bei Wiederauffinden auf die Entschädigungszahlung nach Ziff. 17.8 anrechnen lassen. 10

D. Beschädigung der Güter.

Beschädigung ist die äußere oder innere Veränderung der Substanz eines Gutes, die eine Wertminderung des Gutes zur Folge hat.[9] 11

Beispiele für äußerliche Beschädigungen sind etwa: Nasswerden des Gutes; Oberflächenbeschädigung durch Kratzer, Dellen, Oxidation, Farbveränderungen, Zerbrechen, Verwindung, Verbiegen des Gutes.

Beispiele für innere Beschädigungen sind etwa: Chemische Veränderungen des Gute wie Fehlgeschmack, Geruchsveränderungen, Verderb, Auftauen von Tiefgefrorenem.

E. Schadensbestimmung

Ziff. 17.3.1 entspricht in seinen Regelungen § 136 VVG, so dass auch auf die dortige Kommentierung verwiesen werden darf.[10] 12

Gemäß Ziff. 17.3.1 erfolgt die Schadensbestimmung derart, dass der gemeine Handelswert des Gutes am Ort und zur Zeit der Ablieferung bestimmt werden muß (Gesundwert). Am gleichen Ort und zur gleichen Zeit wird dann der Wert des Gutes im beschädigten Zustand bestimmt und die Differenz ist dann der Entschädigungsbetrag, den der VN beanspruchen kann, wenn die sonstigen Voraussetzungen vorliegen. 13

Der Ablieferungsort ist der Ort, an den die Güter nach dem Transportversicherungsvertrag verbracht werden sollten, und wo die Transportversicherung endet. Denn dort ist der gemeine Handelswert des Gutes in unbeschädigten Zustand in der Regel vereinfacht zu bestimmen, wenn das Gut auch dorthin zuvor verkauft worden ist. 14

Andere Orte als der vertraglich vorgesehene Ablieferungsort – je nach Falllage beispielsweise der Ort der Aufgabe des Transportes oder der Ort der Schadensfeststellung – kommen nach dem eindeutigen Wortlaut der Ziff. 17.3.1 für die Schadensbestimmung nicht in Betracht, auch wenn im Einzelfall Praktikabilitätserwägungen eine Rolle spielen könnten.[11] 15

---

[7] Siehe oben Rn. 75.

[8] BGH VersR **1981** 524.

[9] *Koller* Transportrecht § 425 HGB Rn. 13; Thume/*Seltmann* CMR Art. 17 CMR Rn. 73f.

[10] Bruck/Möller/*Schneider* § 136 VVG Rn. 1ff.

[11] **A.A.** Thume/de la Motte/Ehlers/*Ehlers* Transportversicherung Teil 5 Rn. 484; *Enge* TV S. 198.

16 Der gemeine Handelswert ist nicht konkret anhand einer etwaigen vorliegenden Verkaufsrechnung zu bestimmen, sondern abstrakt und setzt sich typischerweise zusammen aus dem Netto-Wert des Gutes am Absendeort zuzüglich Fracht, Zoll, Versicherung und etwaigen Steuern, sowie einem angemessenen Gewinnaufschlag. Denn diese Kosten muß ein Käufer von versendeter Ware typischerweise aufwenden, um das Gut am Empfangsort zu erwerben. Im Übrigen folgt die Bestimmung des Bruttowertes als Ausgangswertes aus Ziff. 17.3.2. wo der anzurechnende Restwert des Gutes ebenfalls brutto bestimmt wird. Daher kann bei Vorliegen die Verkaufrechnung als Schätzungsgrundlage für gemeinen Handelswert der Ware am Empfangsort herangezogen werden.

17 Darlegungs- und beweisbelastet für den von ihm geforderten Entschädigungswert ist der VN, nachdem er die anspruchsbegründenden Tatsachen zum Vorliegen und insbesondere der Höhe des Versicherungsfalls darlegen und beweisen muß.

18 Der Wert des beschädigten Gutes am Empfangsort ist hingegen konkret zu bestimmen (Krankwert). Dies folgt auch aus Ziff. 17.3.2. Können sich VN und VR nicht auf den Krankwert einigen, kann der VR diesen durch freihändigen Verkauf oder öffentliche Versteigerung des konkreten Gutes bestimmen. Auch dort handelt es sich um den Bruttowert des beschädigten Gutes.

19 Die Differenz zwischen Gesundwert und Krankwert macht dann idR den Schadensbetrag aus. Aus dem Verhältnis von Gesundwert zum Krankwert wird im Übrigen der prozentuale Schadensanteil berechnet, soweit ein entsprechender Prozentsatz des Versicherungswertes bzw. der Taxe als Entschädigung vereinbart ist.

20 Beispiel:[12]

Ein Gut wird mit einem Versicherungswert von 2000,– € versichert. Der Gesundwert wird aufgrund steigender Preise mit 4000,– € festgestellt, der Krankwert beträgt 1000,-€, der Unterschied daher 3000,– €. Das Verhältnis von Gesundwert und Krankwert beträgt daher 75 %. Zu ersetzen sind daher 75 % des Versicherungswertes = 1500,– € Versicherungssumme.

F. Wertbestimmung durch Verkauf

21 Nach Ziff. 17.3.2 ist dem VR die Möglichkeit eröffnet, bei fehlender Einigung über den Krankwert oder bei Schwierigkeiten seiner Feststellung entweder den freihändigen Verkauf oder die öffentliche Versteigerung zu verlangen. In diesem Fall tritt dann der Bruttoverkaufserlös an die Stelle des Krankwertes. Er ist dann wie zu vor beschrieben vom festgestellten Gesundwert abzuziehen und es erfolgt eine Berechnung wie nach Zif. 17.3.1.

22 Die Kosten des freihändigen Verkaufs oder der öffentlichen Versteigerung muß der VR unter Schadensminderungspunkten tragen.[13]

23 Soweit der VR den Verkaufsbedingungen zugestimmt hat, hat er auch für die Zahlung des Kaufpreises einzustehen und trägt damit das Delkredererisiko.

G. Anspruch auf Wiederherstellungskosten.

24 Aus Ziff. 17.4.1 folgt das Recht des VN, anstelle eines Teils des Versicherungswertes zu verlangen, dass ihm die notwendigen Kosten der Wiederherstellung im Falle der Beschädigung bzw. der Wiederbeschaffung im Falle des Verlustes ersetzt werden.

---

[12] *Enge* TV S. 199.

[13] Thume/de la Motte/Ehlers/*Ehlers* Transportversicherung Teil 5 Rn. 490.

Was als notwendige Kosten der Wiederherstellung anzusehen ist, wird durch die Verkehrsanschauung bestimmt. IdR sind dies die marktüblichen Kosten für die Arbeitsstunden, Ersatzteile und Verbringungskosten, die erforderlich sind, um die tatsächliche Reparatur zu bewirken. 25

Eigenleistungen des VN sind diesbezüglich ebenso hoch anzusetzen hinsichtlich der Stundensätze und Zuschläge wie bei Beauftragung eines Fremdbetriebes. Auch Nebenkosten wie Reisekosten eines Monteurs, Transportkosten zum Reparaturbetrieb oder zum Lieferwerk zuzüglich der Versicherungskosten sind Kosten der Wiederherstellung.[14] 26

Dies gilt ohne nähere Vereinbarung jedoch nicht für erhöhte Kosten aufgrund Überstunden, Sonn- und Feiertagsarbeit sowie für Express- oder Luftfrachtkosten anstelle der bisher gewählten langsameren Transportdurchführung. Ziff. 17.4.1 dient nicht auch der Kompensation von etwaigen Verspätungsschäden, die bereits aus Ziff. 2.5.1.1 ausgeschlossen sind.[15] 27

Bei Teilverlusten kann der VN ebenfalls statt der anteiligen Versicherungssumme die Kosten der Wiederbeschaffung zum Zeitpunkt der Schadenfeststellung verlangen. Bei Handelsgütern ist der Wiederbeschaffungswert mit den Kosten der Neuanschaffung zu bestimmen. Bei selbst hergestellten Produkten liegt die Wiederbeschaffung in den Kosten der Neuherstellung.[16] Auch Rabatte bei der Wiederbeschaffung muß sich der VN, soweit diese marktüblich sind, schadensmindernd anrechnen lassen.[17] 28

Bei der Bestimmung des Zeitpunktes der Kosten von Wiederherstellung/Wiederbeschaffung ist darauf zu achten, dass es allein auf den Zeitpunkt der Schadensfeststellung ankommt. Dieser ist nicht identisch mit dem Zeitpunkt der Schadensentstehung und dessen erster Entdeckung. Eine Schadensfeststellung erfolgt vielmehr erst, wenn dieser auch tatsächlich in seinem gesamten Ausmaß nach Grund und Höhe festgestellt worden ist. War dafür eine Besichtigung und Begutachtung durch einen Haraviekommissar oder Sachverständigen notwendig, so kommt es auf den Zeitpunkt an, ab wann diese Begutachtung erfolgt ist. 29

Dies gilt jedoch nur insoweit, wie nicht vom VN zu vertretene erhebliche Verzögerungen zwischen eingetretenen Schaden und Schadensfeststellung liegen. Ist dies der Fall, so kommt es auf den Zeitpunkt an, an dem üblicherweise mit einer Schadensbegutachtung gerechnet werden konnte. 30

H. Teile einer Sachgesamtheit

Ziff. 17.4.2 stellt bei Teilschaden bei einer Sachgesamtheit auf eine wirtschaftliche Betrachtungsweise ab und stellt sie bei Unwirtschaftlichkeite einem Totalschaden gleich. 31

Eine solche Sachgesamtheit ist dann anzunehmen, wenn mehrere Einzelsachen wirtschaftlich zu einer Einheit verbunden sind, so dass die Verkehrsanschauung sie als eine Sache ansieht. Dies kann etwa bei einem aus mehreren Teilen bestehenden Teeservice angenommen werden, ebenso wie bei einem Paar Schuhe oder einen Trainingsanzug bestehend aus Hose und Jacke, ebenso wie bei einer in seine Einzelteile zerlegten Maschine, bei der ebenfalls eine Sachgesamtheit anzunehmen ist.[18] Gehen Teile aus der Sachgesamtheit ver- 32

[14] *Enge/Schwampe* TV, S. 222.

[15] *Enge/Schwampe*, TV, S. 222.

[16] Thume/de la Motte/Ehlers/*Ehlers* Transportversicherung Teil 5 Rn. 495.

[17] BGH NJW **1986** 431; OLG Schleswig VersR **1996** 93.

[18] **A.A.** Thume/de la Motte/Ehlers/*Ehlers* Transportversicherung Teil 5 Rn. 499; *Enge/Schwampe* TV S. 220.

loren, und sind diese nicht ersetzbar, so dass damit der verbleibenden Teil im Verhältnis zur Sachgesamtheit entwertet ist, so wird wie bei einem Totalschaden reguliert.

I. Versicherung gebrauchter Maschinen

33 Ziff. 17.4.3. enthält Sonderregelungen für gebrauchte Maschinen, Geräte, Apparate, Fahrzeuge und deren Teile. Die Entschädigung wird hier abweichend ohne Abzug „Neu für Alt" auf den Wiederherstellungs- bzw. Wiederbeschaffungswert zum Zeitpunkt der Schadensfeststellung abgestellt.

34 Der Verzicht auf einen Abzug „Neu für Alt" wird im Hinblick auf das versicherungsrechtliche Bereichungsverbot allgemein für zulässig erachtet.[19]

35 Liegt der Zeitwert bei weniger als 40 %, wird jedoch höchstens der Zeitwert erstattet, der nicht identisch sein mit dem Wiederbeschaffungswert sein muß.

J. Unterversicherung

36 Ziff. 17.5 entspricht in seiner Regelung § 75 VVG, so dass auf die dortige Kommentierung verwiesen werden kann.[20]

37 Eine Unterversicherung liegt vor, wenn die Versicherungssumme niedriger bestimmt wurde als der Versicherungswert der beförderten Güter.

38 Es liegt in der grundsätzlichen Verantwortung des VN, hier für eine zutreffende Vereinbarung der Versicherungssumme zu sorgen.[21] In rechtlich bzw. tatsächlich schwierigen Fällen kann allerdings eine Beratungspflicht des VR entstehen, die – soweit der VR sie verletzt – ihn zum Schadensersatz verpflichten kann.[22]

K. Verkauf der Güter vor Transportbeendigung.

39 Gemäß Ziff. 17.6.1 kann in den Fällen der Ziff. 6.2 (Aufgabe des Transportes bei bestehenbleibender Leistungspflicht) der VR den Verkauf der Güter verlangen, wenn eine Weiterbeförderung nur unverhältnismäßig teuer wird oder sich unverhältnismäßig lange verzögert. Es handelt sich bei der Aufgabe der Weiterbeförderung um eine erlaubte Gefahrerhöhung, die eine Schadensminderungspflicht beim VN und eine Schadensabwendungspflicht beim VR auslöst.[23]

40 Bei Bewertung der Entscheidung, ob eine Unverhältnismäßigkeit der Kosten der Weiterbeförderung vorliegt, sind nicht nur die reinen Frachtkosten der Weiterbeförderung zu berücksichtigen, sondern sämtliche weiteren notwendigen Kosten wie Schadenabwendungs- oder -minderungskosten, Bergungs- oder Reparaturkosten beschädigter Güter sowie Lager- und Umladungskosten.[24]

---

[19] Thume/de la Motte/Ehlers/*Ehlers* Transportversicherung Teil 5 Rn. 501; BGH VersR **1994** 91; NJW **1998** 1072; VersR **1996** 845.

[20] Bruck/Möller/*Schnepp* § 75 VVG Rn. 4ff.

[21] BGH VersR **1987** 601; OLG Hamm VersR **1996** 93.

[22] Bruck/Möller/*Schnepp* § 75 VVG Rn. 85 ff; BGH VersR **1989** 472; OLG Celle VersR **1995** 333.

[23] Thume/de la Motte/Ehlers/*Ehlers* Transportversicherung Teil 5 Rn. 516.

[24] *Ritter-Abraham* § 96 Anm. 5.

Eine Unverhältnismäßigkeit ist dann anzunehmen, wenn die vorgenannten Kosten den Wert der Güter, dh. den Unterschiedsbetrag zwischen Versicherungswert und Verkaufserlös der Güter übersteigen.[25] 41

Auch für die Bewertung der Unverhältnismäßigkeit der Verzögerung der Weiterbeförderung sind vor allem wirtschaftliche Folgen ausschlaggebend. Erst wenn mit der Verzögerung der Weiterbeförderung im Verhältnis zum Wert des Gutes so hohe Lagerkosten und Wertverluste des Gutes verbunden sind, dass der sofortige Verkauf aus Sicht eines verständigen Kaufmanns wirtschaftlich geboten ist, kann der VR den Verkauf der Güter verlangen. 42

Dem Verlangen des VR nach einem Verkauf der Güter muß der VN unverzüglich dh. ohne schuldhaftes Zögern entsprechen, ebenso wie der VN die damit zusammenhängenden Weisungen des VR zu beachten hat. 43

Verstößt der VN gegen die Obliegenheiten aus Ziff. 17.6.1, so wird der VR bei Vorliegen der weiteren Voraussetzungen der Ziff. 7.2. insoweit leistungsfrei, wie der Obliegenheitsverstoß ursächlich für den Versicherungsfall bzw. Einflusss auf den Umfang der Leistungspflicht des VR geworden ist. 44

L. VN erhält Mehrerlös

Gemäß Ziff. 16.6.2 hat der VN Anspruch auf den Mehrerlös, soweit er die Versicherungssumme bei dem Verkauf der Güter übersteigt. 45

Unter Erlös ist der Bruttoerlös dh. Nettokaufpreis zuzüglich etwaige Kosten für Fracht, Zoll, Steuern oder Verkaufskosten zu verstehen.[26] Dies folgt unmittelbar aus Ziff. 17.3.2, wonach jeweils für den Wert der Güter ebenfalls der Bruttoverkaufspreis ausschlaggebend ist. Würde nur der Nettoverkaufspreis ausschlaggebend sein, würde der VN auf Kosten des VR mehr aus der Versicherung im Falle eines Notverkaufs erhalten, als ihm nach Vereinbarung der Versicherungssumme im Schadensfall zustünde. 46

Der VR trägt gemäß Ziff. 17.6.3 das Delkrederisiko für den Kaufpreis bei Vorleistung des VN, wenn er den Verkaufsbedingungen zugestimmt hat. Er ist darüber hinaus auch ohne Zustimmung dann leistungspflichtig, wenn der VN die Güter nach Eintritt des Versicherungsfalls zum Zweck der Schadenminderung verkauft und eine Abstimmung mit dem VR aus tatsächlichen Gründen zuvor nicht möglich war.[27] 47

M. Vorteilsausgleichung

Ziff. 17.7 stellt klar, dass nur der tatsächlich entstandene Schaden nach den Vereinbarungen zu ersetzen ist, und die Grundsätze der Vorteilsausgleichung zu beachten sind.[28] 48

Soweit bei Eintritt des Versicherungsfalls noch kein versichertes Interesse entstanden ist, wird der auf dieses versicherte Interesse entfallende Anteil der Versicherungssumme bei der Ermittlung des Schadens nicht berücksichtigt. 49

---

25 Thume/de la Motte/Ehlers/*Ehlers* Transportversicherung Teil 5 Rn. 517.

26 **A.A.** Thume/de la Motte/Ehlers/*Ehlers* Transportversicherung Teil 5 Rn. 522.

27 Thume/de la Motte/Ehlers/*Ehlers* Transportversicherung Teil 5 Rn. 527.

28 Prölss/Martin/*Kollhosser* § 55 Rn. 38ff.

50 Ist daher im Versicherungsfall beispielsweise Zoll noch nicht entstanden, entfällt die Ersatzpflicht im Hinblick auf den mitversicherten Ersatz von Zöllen. Gleiches gilt für den Verlust von Gütern auf der Vorreise im Hinblick auf die mitversicherte Seefracht der Hauptreise, wenn sie sich der VN erspart hat.[29]

N. Anrechnung

51 Nach Ziffer 17.8 erfolgt eine Anrechnung desjenigen, was der VN im Schadenfall von dritter Seite als Ausgleich erlangt. Es sind diejenigen Vorteile anzurechnen, die der VN gerade infolge des eingetretenen Versicherungsfalls erwirbt. Dies gilt aber nur für unmittelbare Vorteile, so etwa der Ersatz des Schadens durch den verursachenden Frachtführer an den VN vor Inanspruchnahme der Versicherungsleistung.[30]

18 Rechtsübergang

18.1 Verlangt der Versicherungsnehmer die Versicherungssumme, so kann der Versicherer wählen, ob mit Zahlung der Versicherungssumme die Rechte an den Gütern oder auf die versicherten Güter auf ihn übergehen sollen oder nicht. Dieses Recht entfällt, wenn der Versicherer es nicht unverzüglich nach Kenntnis der Umstände des Versicherungsfalls ausübt.

18.2 Wählt der Versicherer den Rechtsübergang, bleibt der Versicherungsnehmer verpflichtet, für die Minderung des Schadens zu sorgen, soweit der Versicherer dazu nicht imstande ist. Er hat dem Versicherer die zur Geltendmachung der Rechte erforderlichen Auskünfte zu erteilen und die zum Beweise dienenden Urkunden auszuliefern oder auszustellen, sowie ihm bei der Erlangung und der Verwertung der Güter behilflich zu sein. Die Kosten hat der Versicherer zu tragen und auf Verlangen vorzuschießen. Der über die Versicherungssumme hinausgehende Teil des Netto-Verkaufserlöses ist dem Versicherungsnehmer zu erstatten.

18.3 Gehen die Rechte nicht über, so erstattet der Versicherungsnehmer dem Versicherer den gemeinen Wert oder den Netto-Verkaufserlös wiedererlangter Güter.

18.4 Der Übergang von Ersatzansprüchen gegenüber Dritten und das Recht des Versicherers zum Abandon bleiben unberührt.

Übersicht

A. Wahlrecht des Versicherers

1 Ziff. 18 regelt den Übergang der Rechte am entschädigten Versicherungsgut zugunsten des VR, dem hier ein Wahlrecht zusteht, dass der VR unverzüglich ausüben muss, soweit ihm die Umstände des Versicherungsfalls zur Kenntnis gelangt sind.

---

[29] Thume/de la Motte/Ehlers/*Ehlers* Transportversicherung Teil 5 Rn. 530; Enge, TV S. 71.

[30] Thume/de la Motte/Ehlers/*Ehlers* Transportversicherung Teil 5 Rn. 533.

Das Wahlrecht steht dem VR nur zu, wenn der VN in den Fällen des Totalverlustes gemäß Ziffer 17.1 oder der Verschollenheit gemäß Ziff. 17.2 die Versicherungssumme verlangt, wozu der VN nicht verpflichtet ist. **2**

In der Regel geht es dabei um das Eigentumsrecht an den versicherten Gütern. Der VR erwirbt das Eigentum so, wie es sich zum Zeitpunkt des Rechtsübergangs darstellt,[1] d.h. in der Regel nicht lastenfrei, soweit eine Belastung noch besteht, beispielsweise mit einem Pfandrecht oder Eigentumsvorbehalt. **3**

Mit der Ausübung des Wahlrechts darf der VR so lange warten, wie er sich Kenntnis über die Umstände des Falles verschaffen muss. Er darf sich zunächst einen Überblick über die Folgen des Rechtsübergangs verschaffen dürfen, bevor ihm das Wahlrecht verwehrt werden kann. Eine Pflicht zur Übernahme der Güter besteht nicht.[2] **4**

B. Schadenminderungspflicht des VN

Gemäß Ziff. 18.2 ist der VN auch nach der Regulierung zur Schadenminderung verpflichtet, soweit der VR dazu nicht imstande ist, sie ihm also objektiv nicht möglich oder nicht zumutbar ist.[3] **5**

Der Regelung liegt der Gedanke zugrunde, dass der VN häufig näher am Geschehen ist und es ihm häufig leichter fällt, wieder aufgetauchte Güter zu verwerten. **6**

Die Kosten einer Inanspruchnahme des VN bei der Minderung des Schadens hat der VR zu tragen. Er darf sich auch nicht bei der Verwertung nicht bereichern, sondern der überschießende Erlös des Bruttoverkaufspreises[4] ist an den VN zu erstatten. **7**

Verstößt der VN gegen die ihm obliegende Schadensminderungspflicht nach Eintritt des Versicherungsfalls und Auszahlung der Versicherungssumme schuldhaft, macht er sich gegenüber dem VR schadensersatzpflichtig. Die Regelung ist nicht als Obliegenheit ausgestaltet, sondern als echte einklagbare Rechtspflicht, nachdem sie nicht als Folge Einfluss auf die Leistungspflicht des VR nimmt.[5] **8**

19 Abandon des Versicherers

19.1 Der Versicherer ist nach dem Eintritt des Versicherungsfalls berechtigt, sich durch Zahlung der Versicherungssumme von allen weiteren Verbindlichkeiten zu befreien.

19.2 Der Versicherer bleibt trotz der Befreiung zum Ersatz der Kosten verpflichtet, die zur Abwendung oder Minderung des Schadens oder zur Wiederherstellung oder Ausbesserung der versicherten Sache verwendet worden sind, bevor seine Erklärung, dass er sich durch Zahlung der Versicherungssumme befreien wolle, dem Versicherungsnehmer zugegangen ist; den verwendeten Kosten stehen solche versicherten Kosten gleich, zu deren Zahlung der Versicherungsnehmer sich bereits verpflichtet hatte.

19.3 Das Recht, sich durch Zahlung der Versicherungssumme zu befreien, erlischt, wenn die Erklärung dem Versicherungsnehmer nicht binnen einer Woche nach dem Zeit-

[1] Thume/de la Motte/Ehlers/*Ehlers* Transportversicherung Teil 5 Rn. 537.

[2] Thume/de la Motte/Ehlers/*Ehlers* Transportversicherung Teil 5 Rn. 538.

[3] Thume/de la Motte/Ehlers/*Ehlers* Transportversicherung Teil 5 Rn. 540.

[4] **a.A.** Thume/de la Motte/Ehlers/*Ehlers* Transportversicherung Teil 5 Rn. 540.

[5] Thume/de la Motte/Ehlers/*Ehlers* Transportversicherung Teil 5 Rn. 541.

punkt, in dem der Versicherer von dem Versicherungsfall und seinen unmittelbaren Folgen Kenntnis erlangt hat, zugeht.

19.4 Der Versicherer erwirbt durch die Zahlung keine Rechte an den versicherten Gegenständen.

Übersicht

A. Allgemeines zum Abandon

1 Ziff.19 entspricht nahezu wörtlich § 141 VVG, so dass vollumfänglich auf die dortige Kommentierung verwiesen werden kann.[1] Ziff. 19 ermöglicht es dem VR, sich durch Zahlung der Versicherungssumme wie im Totalschadensfall von allen weiteren Zahlungsverpflichtungen zu lösen. Er kann damit vermeiden, aufgrund weiterer zu erwartender Schadensabwendungs- und Minderungskosten weiter in Anspruch genommen zu werden als die Versicherungssumme hergibt.

2 Dies gilt allerdings erst ab Erklärung des Versicherung zum Abandon, bei dem es sich um ein Gestaltungsrecht des VR handelt.[2] Erst durch Ausübung des Gestaltungsrechts ist der VR für die Zukunft von weiteren Zahlungsverpflichtungen frei. Die Zahlung der Versicherungssumme hat demgegenüber keine eigenständige Gestaltungswirkung.[3]

3 Die Erklärung selbst ist vom VR gegenüber dem VN erklären. Liegt eine Versicherung für fremde Rechnung vor, und ist der Versicherte im Besitz der Police bzw. liegt eine Zustimmung des VN vor, so kann die Erklärung auch gegenüber dem Versicherten wirksam und rechtsgestaltend abgegeben werden.

B. Wirkung ex nunc

4 Aus Ziff. 19.2. bzw. § 141 Abs. 1 S. 2 VVG folgt, dass der VR für die Vergangenheit bis zu seiner Erklärung die bereits aufgewendeten Kosten der Schadensminderung und -abwendung zu tragen hat, so dass der VR erst für zukünftig aufzuwendende Kosten leistungsfrei wird.

C. Ausschlussfrist

5 Nach Ziff. 19.3 sowie § 141 Abs. 2 VVG muss der VR, will er sich durch Zahlung der Versicherungssumme von weiteren Verpflichtungen lösen, sein Gestaltungsrecht innerhalb einer Woche nach umfassender Kenntnis vom Schaden ausüben, ansonsten verliert er sein Gestaltungsrecht.

---

[1] vgl. Bruck/Möller/*Schwampe* § 141 VVG Rn. 1ff.

[2] Thume/de la Motte/Ehlers/*Ehlers* Transportversicherung Teil 5 Rn. 479; BGH NJW **1971** 1938.

[3] BGH NJW **1971** 1013.

Die Wochenfrist beginnt erst dann zu laufen, wenn sich der VR ein umfassendes Bild vom Umfang des Schadens machen und insbesondere abschätzen konnte, ob und inwieweit weitere Schadensabwendungs- und Minderungskosten drohen.[4] Eine verkürzte Kenntnis vom Schaden und Schadenshergang reicht insoweit nicht aus. 6

Die Darlegungs- und Beweislast für die äußeren Umstände der Kenntnis des VR vom Schadensfall und den Ablauf der Wochenfrist trägt insoweit der VN. Der VR trägt hingegen die Darlegungs- und Beweislast für seinen Einwand, er habe sich noch kein umfassendes Bild vom Umfang des Schadens machen können. 7

20 Sachverständigenverfahren

Bei Streit über Ursache oder Höhe des Schadens können beide Parteien deren Feststellung durch Sachverständige verlangen.

20.1 In diesem Fall benennen beide Parteien unverzüglich je einen Sachverständigen. Jede Partei kann die andere unter Angabe des von ihr benannten Sachverständigen zur Benennung des zweiten Sachverständigen schriftlich auffordern. Wird der zweite Sachverständige nicht binnen vier Wochen nach Empfang der Aufforderung bestimmt, so kann ihn die auffordernde Partei durch die Industrie- und Handelskammer – hilfsweise durch die konsularische Vertretung der Bundesrepublik Deutschland – benennen lassen, in deren Bezirk sich die Güter befinden.

20.2 Beide Sachverständige wählen vor Beginn des Feststellungsverfahrens einen Dritten als Obmann. Einigen sie sich nicht, so wird der Obmann auf Antrag einer Partei oder beider Parteien durch die Industrie- und Handelskammer – hilfsweise durch die konsularische Vertretung der Bundesrepublik Deutschland –, in deren Bezirk sich die Güter befinden, ernannt.

20.3 Die Feststellungen der Sachverständigen müssen alle Angaben enthalten, die je nach Aufgabenstellung für eine Beurteilung der Ursache des Schadens und der Ersatzleistung des Versicherers notwendig sind.

20.4 Die Sachverständigen legen beiden Parteien gleichzeitig ihre Feststellungen vor. Weichen diese voneinander ab, so übergibt der Versicherer sie unverzüglich dem Obmann. Dieser entscheidet über die streitig gebliebenen Punkte innerhalb der durch die Feststellungen der Sachverständigen gezogenen Grenzen und legt seine Entscheidung beiden Parteien gleichzeitig vor.

20.5 Jede Partei trägt die Kosten ihres Sachverständigen. Die Kosten des Obmanns tragen beide Parteien je zur Hälfte. Diese Regelung gilt auch, wenn sich die Parteien auf ein Sachverständigenverfahren einigen. Sofern der Versicherer das Sachverständigenverfahren verlangt, trägt er die Gesamtkosten des Verfahrens.

20.6 Die Feststellungen der Sachverständigen oder des Obmanns sind verbindlich, wenn nicht nachgewiesen wird, dass sie offenbar von der wirklichen Sachlage erheblich abweichen.

20.7 Wenn die Sachverständigen oder der Obmann die Feststellungen nicht treffen können oder wollen oder sie ungewöhnlich verzögern, so sind andere Sachverständige zu benennen.

---

[4] Thume/de la Motte/Ehlers/*Ehlers* Transportversicherung Teil 5 Rn. 552.

Übersicht

A. Allgemeines

1 Das Sachverständigenverfahren findet sich in vielen verschiedenen Versicherungsbedingungen. Es bietet dem VN und dem VR die Möglichkeit, schiedsgutachterlich[1] Streit über Höhe und Ursache des Schadens aussergerichtlich durch Sachverständige entscheiden zu lassen. Hierbei handelt es sich nicht um ein Schiedsgerichtsverfahren i. S. d. §§ 1025ff. ZPO, denn das Sachverständigen-verfahren entscheidet nicht über das Bestehen oder Nichtbestehen von Ansprüchen, sondern klärt nur Streitfragen über Grund und Höhe des Schadens, und ist also am ehesten mit einem privaten selbständigen Beweissicherungsverfahren vergleichbar.[2]

B. Feststellung der Ursache oder Höhe des Schadens

2 Verlangt eine Partei das Sachverständigenverfahren, steht in der Regel noch nicht endgültig fest, ob und wie hoch eine Entschädigung geschuldet ist. Der Anspruch des VN auf eine bestimmte Entschädigung ist in der Regel noch nicht fällig. Erhebt der VN dennoch eine Leistungsklage, ist diese zumeist in diesem Stadium als zur Zeit unbegründet abzuweisen, bis das Sachverständigengutachten erstattet ist, weil erst damit Fälligkeit der Entschädigungszahlung eintritt.[3] Lehnt der VR eine Entschädigung jedoch bereits dem Grunde nach ab, ist der VN nicht gehindert, Leistungsklage zu erheben, weil mit Ablehnung dem Grunde nach Fälligkeit eintritt.[4]

3 Wenn zwischen den Parteien nur Streit um die Höhe des Schadens besteht, kann sich der VN damit behelfen, dass er nach Ziffer 22.1 eine angemessene Abschlagzahlung verlangt.

C. Gang des Verfahrens

4 Jede Partei kann nach Abs. 2 jeweils einen Sachverständigen benennen. Dessen Wahl durch die jeweilige Partei ist grundsätzlich gegenüber der anderen Partei verbindlich. Sie kann daher nicht einseitig, sondern nur mit Zustimmung der anderen Partei geändert werden.[5] Benennt die aufgeforderte Partei keinen zweiten Sachverständigen, kann die auffordernde Partei den zweiten Sachverständigen im Inland durch die Industrie- und Handelskammer und im Ausland durch die jeweilige konsularische Vertretung benennen lassen.

5 Der als Obmann zuvor bestimmte dritte Sachverständige rifft gemäß Ziffer 20.4 bei abweichenden Gutachten der beiden jeweils durch die Partei benannten Gutachter die letzt-

---

[1] Bruck/Möller/*Johannsen* § 84 VVG Rn. 3.

[2] näher dazu: Bruck/Möller/*Johannsen* § 84 VVG Rn. 21ff.

[3] Bruck/Möller/*Johannsen* § 84 VVG Rn. 15; PröLls/Martin/*Voit* § 84 VVG Rn. 2.

[4] Prölss/Martin/*Voit* § 84 VVG Rn. 8.

[5] Bruck/Möller/*Johannsen* § 84 VVG Rn. 30; Prölss/Martin/*Voit* § 84 VVG Rn. 12; **a.A.** OLG Nürnberg VersR **1994** 412.

verbindliche Entscheidung. Auch hier gilt, dass dieser bei fehlender Einigung auf Veranlassung einer auffordernden Partei durch die Handelskammer oder die konsultarische Vertretung des Belegenheitsortes der Güter bestimmt werden kann

Ziff. 20.3 ordnet an, dass die Gutachten jeweils die notwendigen Angaben zur Beurteilung des Grundes und der Höhe des Schadens je nach Fragestellung enthalten müssen. Haben sich die Parteien nicht auf ein gemeinsames Gutachten verständigt, hat jeder Gutachter ein eigenes Gutachten zu erstellen.[6] 6

Ziff. 20.4 ordnet eine gleichzeitige Übergabe der Gutachten an, um eine nachfolgende Reaktion des jeweils anderen Gutachters auf das zuerst erstattete Gutachten der Gegenpartei unter Korrektur der bisherigen Feststellungen zu verhindern. Sind die Gutachten erst einmal zugegangen, können sie nicht mehr einfach widerrufen werden. Vielmehr entscheidet dann der Obmann über Abweichungen und Streitpunkte. 7

Nach Ziff. 20.5 haben sich die Parteien die Kosten zu teilen. Verlangt jedoch der VR das Sachverständigengutachten, hat er die Kosten allein zu tragen. 8

D. Verbindlichkeit der Feststellungen

Ziff. 20.6 ordnet die Verbindlichkeit der Feststellungen von Sachverständigen und Obmann für den Fall, dass die jeweils nicht mit dem Ergebnis zufriedene Partei nicht eine offenbare erhebliche Abweichung von der wirklichen Sachlage nachweist. 9

Eine solche offenbare Abweichung liegt dann vor, wenn sich die Fehlerhaftigkeit des Gutachtens dem sachkundigen und unbefangenen Beobachter aufdrängt, wenn auch möglicherweise erst nach eingehender Prüfung.[7] Es sind bei einer solchen Prüfung allerdings strenge Maßstäbe anzusetzen, um nicht den Zweck des Sachverständigenverfahrens zunichte zu machen, nämlich eine verbindliche Entscheidung ausserhalb eines Gerichtsprozesses zu gewährleisten.[8] Beispiele für offenbare Abweichungen von der wahren Sachlage sind etwa die Zugrundelegung von falschen Berechnungs- oder Schätzungsgrundlagen oder unrichtiger Bewertungsmaßstäbe. Ebenso kann das Gutachten offenbar unrichtig sein, wenn vorhandene Erkenntnisquellen (Geschäftsbücher, Berechnungsunterlagen) nicht benutzt oder nur ungenügend ausgewertet werden.[9] 10

Es reicht aber nicht jede Abweichung eines Zwischenergebnisses oder einer einzelnen Position oder Feststellung. Vielmehr ist bei einer Gesamtbetrachtung auf eine erhebliche Abweichung des Gesamtergebnisses von der wahren Sachlage abzustellen. Als allgemein erheblich werden Abweichungen bei der Schadenshöhe ab 20 % angesehen.[10] 11

Beiden Parteien steht das Recht nach Ziff. 20.7 zu, bei ungewöhnlicher Verzögerung der Erstattung von Gutachten oder im Falle des Unvermögens der Gutachter, eine Feststellung zu treffen, jeweils andere Sachverständige zu benennen. Eine ungewöhnliche Verzögerung liegt in der Regel dann vor, wenn übliche Feststellungszeiträume ohne sachlich zu rechtfertigenden Grund überschritten und eine darauf folgende Mahnung unter Fristsetzung fruchtlos verstreicht.[11] 12

---

[6] Thume/de la Motte/Ehlers/*Ehlers* Transportversicherung Teil 5 Rn. 564.

[7] BGH VersR **1957** 122, 125; OLG Koblenz VersR **1997** 963.

[8] Bruck/Möller/*Johannsen* § 84 Rn. 58ff.; BGH VersR **1978** 121, 124.

[9] BGH VersR **1978** 12.

[10] BGH VersR **1987** 601. Prölss/Martin/*Voit* § 84 VVG Rn. 26 mwN.

[11] Thume/de la Motte/Ehlers/*Ehlers* Transportversicherung Teil 5 Rn. 577.

21 Grenzen der Haftung

21.1 Der Versicherer haftet für den während der Dauer der Versicherung entstandenen Schaden nur bis zur Höhe der Versicherungssumme.

21.2 Ziffer 21.1 gilt auch für jeden späteren Versicherungsfall. Sofern Entschädigungen zur Wiederherstellung oder Ausbesserung der beschädigten Güter geleistet sind oder Aufwendungen und Kosten nach Ziffern 2.3.1.1 und 2.3.1.2 gemacht worden oder eine Verpflichtung des Versicherungsnehmers für derartige Aufwendungen entstanden sind, wird die Versicherungssumme nicht um derartige Leistungen und Verpflichtungen vermindert.

21.3 Die Regelung der Ziffer 2.3.3 bleibt unberührt.

1 Ziff. 21 nimmt Bezug auf Ziff. 10 DTV-Güter, wonach die jeweils zwischen den Parteien vereinbarte Versicherungssumme die absolute Obergrenze für die Entschädigungsleistung während der Dauer der Versicherung darstellt. Der in Ziff. 21 gewählte Terminus der „Haftung“ ist juristisch unzutreffend, nachdem den VR keine Haftung, sondern die Pflicht zur Entschädigung aufgrund vertraglicher Vereinbarung trifft.

2 Ziff. 21.1 stellt nochmals klar, dass für die Dauer der Versicherung der VR Entschädigungen nur maximal in Höhe der vereinbarten Versicherungssumme zu leisten hat. Gemäß Ziff. 10.1 soll die Versicherungssumme dem Versicherungswert, dh. dem Wert des transportierten Gutes gemäß Ziff. 10.2 regelmäßig entsprechen, um eine Über- oder Unterversicherung möglichst zu vermeiden.

3 Die Versicherungssumme begrenzt neben der Entschädigungspflicht über den Versicherungswert auch die darüber hinausgehenden Ersatzleistungen für Aufwendungen und Kosten mit Ausnahme der in Ziff. 2.3.3 genannten Kosten, der auf Ziff. 2.3.1.1 und Ziff. 2.3.1.2 Bezug nimmt, vgl. Ziff. 21.3. Dies bedeutet, dass die Beiträge zur großen Haverei sowie für Schadenabwendungs- und -feststellungskosten sowie Aufwendungen, die gemäß Weisungen des VR gemacht werden, nicht von der vereinbarten Versicherungssumme begrenzt werden, sondern über die Versicherungssumme hinaus zu ersetzen sind.

4 Aus dem klaren Wortlaut, so wie dem Sinn und Zweck der Regelung in Ziff. 21.1 folgt, dass die Versicherungssumme für die Dauer der Versicherung nur einmal zur Verfügung steht und der VN daher diese nicht mehrfach verlangen kann. Dem VN steht damit nicht mehr an Entschädigungsleistung zu als maximal die Versicherungssumme, die für die gesamte Dauer der Versicherung (während der Beförderung von Haus-zu-Haus) zur Verfügung steht.[12] Denn ein mehrfacher Verlust desselben Gutes auf dem Transportweg, der eine mehrfache Entschädigung auslösen könnte, ist tatsächlich nicht möglich. Entweder es liegt in diesem Fall ein Wiederauffinden vor, dass die Entschädigungsleistung verhindert oder begrenzt, oder es liegt ein endgültiger Verlust vor. In jedem Fall kommt eine Entschädigungsleistung für ein Gut bei Verlust nur einmal während der Versicherungsdauer in Frage.

Der unwahrscheinliche Fall, dass ein befördertes Gut während der Dauer der Versicherung (vgl. Ziff. 8) mehrfach beschädigt und sodann repariert wird, ist durch Ziff. 21.2 geregelt. Für diesen Fall soll die Versicherungssumme nicht um die bereits geleisteten Entschädigungen vermindert werden.

---

[12] Prölls/Martin/*Koller* Ziff. 21 DTV Rn. 1; **a.A.** Thume/de la Motte/*Ehlers* Transportversicherung Teil 5 Rn. 584.

22 Fälligkeit und Zahlung der Entschädigung

22.1 Der Versicherer hat die Entschädigung binnen zwei Wochen nach ihrer abschließenden Feststellung zu zahlen. War eine endgültige Feststellung der Höhe des Schadens innerhalb eines Monats seit der Andienung des Schadens nicht möglich, so kann der Versicherungsnehmer eine Abschlagzahlung in Höhe des Betrages verlangen, der nach Lage der Sache mindestens zu zahlen ist.

22.2 Die Entstehung des Anspruchs auf Abschlagzahlung verschiebt sich um den Zeitraum, um den die Feststellung der Leistungspflicht des Versicherers dem Grunde oder der Höhe nach durch Verschulden des Versicherungsnehmers verzögert wurde.

22.3 Die Entschädigungsleistung ist in der Währung der Versicherungssumme zu bewirken.

Die Fälligkeitsvorschriften der Ziff. 22 decken sich sachlich weitgehend mit der dazu **1**
im VVG ergangenen allgemeinen Fälligkeitsvorschrift des § 14 VVG, so dass vollumfänglich auf die Kommentierung des § 14 VVG verwiesen werden kann.[13]

23 Übergang von Ersatzansprüchen

23.1 Steht dem Versicherungsnehmer ein Anspruch auf Ersatz des Schadens gegen einen Dritten zu, so geht der Anspruch auf den Versicherer über, soweit dieser dem Versicherungsnehmer den Schaden ersetzt. Der Übergang kann nicht zum Nachteil des Versicherungsnehmers geltend gemacht werden. Der Versicherungsnehmer ist verpflichtet, dem Versicherer die zur Geltendmachung des Anspruchs erforderliche Auskunft zu erteilen und ihm die zum Beweise des Anspruchs dienenden Urkunden, soweit sie sich in seinem Besitz befinden, auszuliefern und ihm auch auf Verlangen eine öffentlich beglaubigte Urkunde über den Übergang des Anspruchs auszustellen; die Kosten hat der Versicherer zu tragen.

Im Fall der großen Haverei gilt Absatz 1 entsprechend. Der Anspruch des Versicherungsnehmers auf die ihm zustehende Vergütung geht jedoch bereits mit seiner Entstehung auf den Versicherer über, soweit der Versicherer für Aufopferungen haftet. Übersteigt die Vergütung die vom Versicherer geleisteten Entschädigungen und Aufwendungen, so ist der Überschuss an den Versicherungsnehmer auszuzahlen.

23.2 Kann von einem mit der Abwicklung des Transportes beauftragten Dritten Ersatz des Schadens nicht verlangt werden, weil dessen gesetzliche Haftung über das verkehrsübliche Maß hinaus durch Vertrag beschränkt oder ausgeschlossen ist, ist der Versicherer insoweit von der Verpflichtung zur Leistung frei. Dies gilt nicht, wenn der Versicherungsnehmer auf die Beschränkung oder den Ausschluss der Haftung keinen Einfluss nehmen konnte.

23.3 Auch nach dem Übergang des Regressanspruchs auf den Versicherer ist der Versicherungsnehmer verpflichtet, für die Minderung des Schadens zu sorgen, gegebenenfalls durch die Zurückbehaltung von Geldleistungen wie der Fracht. Er hat den Versicherer bei der Geltendmachung des Anspruchs zu unterstützen und alle Nachrichten, Informationen und Belege, die der Durchsetzung des Regressanspruches dienlich sein können, unverzüglich dem Versicherer zu übergeben. Die Kosten hat der Versicherer zu tragen und auf Verlangen vorzuschießen.

---

[13] Bruck/Möller/Johannsen § 14 Rn. 1ff.

Übersicht

A. Allgemeines

1 Ziffer 23.1 S. 1 und 2 entsprechen wörtlich der Regelung des § 86 Abs. 1 VVG und seiner Vorgängerfassung § 67 Abs. 1 Satz 1 VVG a.F., so dass diesbezüglich vollumfänglich auf dessen Kommentierung verwiesen werden kann.[1] Soweit der VR dem VN einen versicherten Sachschaden ersetzt, geht der deckungs-gleiche Schadenersatzanspruch des VN gegen zumeist den beauftragten Spediteur, Frachtführer oder Lagerhalter wegen Verlust oder Beschädigung auf den VR über.

B. Quotenvorrecht des VN

2 Aus Ziff. 23.1 S. 2 wird das auch im Rahmen der DTV-Güter gültige Quotenvorrecht des VN hergeleitet, wonach sich der VN vorrangig gegenüber dem Dritten befriedigen darf, soweit nach Entschädigung durch den VR weitere Schäden beim VN ungedeckt verbleiben, etwa im Falle einer vereinbarten Franchise/Selbstbeteiligung. Der VR kommt erst dann zum Zuge, wenn der VN seinen Schaden vollständig durchgesetzt hat.[2]

C. Auskunftserteilung und Schadensminderung

3 Ziff. 23.1 und 23.3 legen dem VN für die Zeit nach Zahlung der Entschädigung durch den VR und Anspruchsübergang Mitwirkungspflichten wie Auskunftserteilung und Schadensminderung auf. Es handelt sich hierbei nicht mehr um Obliegenheiten, die bei Verletzung durch den VN Leistungsfreiheit nach sich ziehen können. Denn der VN ist bereits entschädigt worden und an die Verletzung der vorgenannten Verpflichtungen ist vertraglich keine Leistungsfreiheit mehr geknüpft. Vielmehr handelt es sich um echte Rechtspflichten, deren Erzwingung einklagbar ist und bei Nichterfüllung eine Schadensersatzpflicht nach sich zieht.[3]

D. Regressvereitelung

4 Der VR ist gemäß Ziff. 23.2 leistungsfrei, wenn und soweit der VN durch Vereinbarung unüblicher Haftungsbeschränkungen den Regress schuldhaft vereitelt hat. Die Regelung wird von der h.M. für mit den Grundgedanken des § 307 BGB nicht vereinbar gehalten, weil sie den VN allein anknüpfend an das objektive Vorliegen einer weitgehenden Haftungsbeschränkung unangemessen benachteiligen, unabhängig davon, ob die Forderung realisierbar ist und vom gesetzlichen Leitbild des § 86 Abs. 2 VVG ohne sachlich rechtfertigenden Grund abweicht.[4]

---

[1] Bruck/Möller/Voit § 86 VVG Rn. 1 ff.

[2] Thume/de la Motte/*Ehlers* Transportversicherung Teil 5 Rn. 611.

[3] Prölls/Martin/*Koller* Ziff. 23.1 DTV-Güter Rn. 5; Thume/de la Motte/*Ehlers* Transportversicherung Teil 5 Rn. 616.

[4] näher *Enge* TV S. 72; Thume/de la Motte/*Ehlers* Transportversicherung Teil 5 Rn. 616.

24 Verjährung

24.1 Die Ansprüche aus dem Versicherungsvertrag verjähren in drei Jahren. Die Verjährung beginnt mit dem Schluss des Jahres, in dem die Leistung verlangt werden kann, im Fall der großen Haverei mit dem Schluss des Jahres, in dem der Beitrag des Versicherungsnehmers durch eine den Anforderungen der Ziffer 2.3.1.1 entsprechende Dispache geltend gemacht wird.

24.2 Ist ein Anspruch des Versicherungsnehmers beim Versicherer angedient worden, so ist die Verjährung bis zum Eingang einer schriftlichen Entscheidung des Versicherers gehemmt.

Übersicht

A. Allgemeines

1 Beginn und Laufzeit der Verjährung von Ansprüchen aus dem Versicherungsvertrag ist an die inzwischen durch die VVG-Reform aus 2007 eingeführte Regelverjährung aus dem BGB angepasst. Insoweit ergeben sich keine Besonderheiten.

2 Ansprüche aus dem Versicherungsvertrag sind solche, die ihre rechtliche Grundlage in dem Versicherungsvertrag haben.[1] Dazu zählen daher die Prämienansprüche des VR ebenso wie die Deckungsansprüche des VN.

3 Bereicherungsansprüche und deliktische Ansprüche aus §§ 823, 826 BGB sind keine Ansprüche aus dem Versicherungsvertrag, sondern gesetzliche Ansprüche, die ihre Grundlage außerhalb des Versicherungsvertrages haben.[2] Auf diese Unterscheidung kommt es jedoch angesichts der Anpassung der Verjährungsansprüche des VVG an Regelverjährung des BGB nur noch dann an, wenn vertragliche und gesetzliche Verjährung auseinanderfallen, wie dies jedoch nur noch bei gesetzlichen Schadensersatzansprüchen aus §§ 823, 826 BGB insbesondere im Hinblick auf Personenschäden denkbar ist.

B. Verjährungsbeginn

4 Die Verjährung beginnt mit dem Schluss des Jahres, in dem der geltend gemachte Anspruch fällig ist. Das ist bei der Entschädigungsleistung des VN erst dann der Fall, wenn diese abschließend festgestellt ist, Ziff. 22.1 oder der VR die Leistung verweigert[3]

C. Große Haverei

5 Für Ansprüche aus havarie grosse gilt aufgrund der Länge der Dauer der obligatorischen Dispache ein abweichender Verjährungsbeginn. Die Erstellung einer Dispache dauert häufig länger als die übliche Regelverjährung weshalb ein abweichender Verjäh-

[1] H.M. BGHZ 32, 13; Römer/Langheid/*Römer* § 12 Rn. 4; Prölls/Martin/Bölss § 15 Rn. 5.

[2] Römer/Langheid/*Römer* § 12 Rn. 5, 7.

[3] Vgl. BGH VersR **1990** 153; OLG Köln VersR **1987** 1210.

rungsbeginn vertraglich bestimmt ist.[4] Die Verjährung der Erstattung von Beiträgen des VN zur havarie grosse beginnt damit erst nach Geltendmachung einer den Anforderungen der Ziff. 2.3.1.1 entsprechenden Dispache.

D. Verjährungshemmung

6 Der gesonderte Hemmungstatbestand der Andienung des Schadens gemäß Ziff. 24.2 und seine Beendigung durch die Entscheidung des VR entspricht dem in § 15 VVG für das gesamte VVG normierten gleichlautenden Hemmungstatbestand, so dass auf die dortige Kommentierung verwiesen werden kann.[5]

25 Mitversicherung

25.1 Bei Versicherungen, die von mehreren Versicherern übernommen sind, haften diese stets nur für ihren Anteil und nicht als Gesamtschuldner, auch wenn die Einzelpolice oder das Zertifikat von einem Versicherer für alle Versicherer gezeichnet ist.

25.2 Die vom führenden Versicherer mit dem Versicherungsnehmer getroffenen Vereinbarungen sind für die Mitversicherer verbindlich. Dies gilt insbesondere zugunsten des Versicherungsnehmers für die Schadenregulierung. Der führende Versicherer ist jedoch ohne Zustimmung der Mitversicherer, von denen jeder einzeln zu entscheiden hat, nicht berechtigt

- **zur Erhöhung des Policenmaximums;**
- **zum Einschluss der gemäß Ziffern 2.4.1.1 bis 2.4.1.3 ausgeschlossenen Gefahren (siehe Ziffer 2.4.2);**
- **zur Änderung der Policenwährung;**
- **zur Änderung der Kündigungsbestimmungen.**

Fehlt die Zustimmung der beteiligten Versicherer, haftet der Führende aus einer ohne Einschränkungen abgegebenen Erklärung auch für die Anteile der Mitversicherer.

25.3 Der führende Versicherer ist von den Mitversicherern bevollmächtigt, Rechtsstreitigkeiten in ihrem Namen zu führen. Dies gilt gleichermaßen für Prozesse vor den ordentlichen Gerichten und für Schiedsgerichtsverfahren.

Es wird jedoch auch ein nur gegen den führenden Versicherer wegen dessen Anteils erstrittenes Urteil oder ein nach Rechtshängigkeit geschlossener Vergleich oder ein solcher Schiedsspruch von den Mitversicherern als für sie verbindlich anerkannt. Sollte der Anteil des führenden Versicherers die Berufungs- oder Revisionssumme nicht erreichen, so ist der Versicherungsnehmer auf Verlangen des führenden Versicherers oder eines beteiligten Versicherers verpflichtet, die Klage auf den zweiten, erforderlichenfalls auch auf einen dritten und weitere Versicherer auszudehnen, bis diese Summe erreicht ist. Entspricht der Versicherungsnehmer diesem Verlangen nicht, so findet Satz 1 dieses Absatzes keine Anwendung.

25.4 Ein Führungswechsel ist von dem bisher führenden Versicherer den mitbeteiligten Versicherern unverzüglich schriftlich anzuzeigen. Die Mitteilung kann auch durch den Versicherungsnehmer erfolgen. Jeder mitbeteiligte Versicherer hat in diesem Fall das Recht, unter Einhaltung einer vierwöchigen Frist den Versicherungsvertrag zu kündigen. Das

---

[4] Thume/de la Motte/Ehlers/*Ehlers* Transportversicherung Teil 5 Rn. 631.

[5] Bruck/Möller/Johannsen § 15 VVG Rn. 1ff.

Kündigungsrecht erlischt, wenn es nicht innerhalb eines Monats nach Erhalt der schriftlichen Mitteilung über den Führungswechsel ausgeübt wird.

25.5 Erklärungen, die der Führende erhalten hat, gelten auch den Mitbeteiligten als zugegangen.

Übersicht

A. Anteilige Deckung der Mitversicherer

Ziffer 25.1 normiert eine anteilige Deckungsverpflichtung der Mitversicherer entsprechend ihres jeweiligen quotalen Anteils an der Police. Soweit sich Mitversicherer entsprechen Ziff. 25 an der Police beteiligt haben, liegt eine offene Mitversicherung vor, durch die mehrere rechtlich selbständige Verträge mit verschiedenen VR gebündelt werden.[1] Jeder der VR trägt damit eine Teilschuld nach § 420 BGB. Es liegt gerade keine Gesamtschuld der einzelnen Mitversicherer vor, wie sich aus dem Wortlaut ausdrücklich ergibt. Jeder VR ist daher nur verpflichtet, seinen Anteil an den VN zu tragen, es findet kein Einstehenmüssen für die Anteile der anderen Mitversicherer statt. 1

Stille oder interne Mitversicherungen stellen idR keine Mitversicherungen dar, sondern eher eine besondere Art der Rückversicherung.[2] Die Mitversicherung nach Ziff. 25 muss sich vielmehr ausdrücklich aus der Police ergeben, auch wenn eine namentliche Auflistung der beteiligten VR nicht erforderlich, wenn auch sinnvoll ist. Hier soll schon der Zusatz „in Vollmacht der beteiligten Gesellschaften“ ausreichen.[3] 2

B. Führungsklausel

Aus Ziff. 25.2 folgt, dass stets der Führungsversicherer derjenige ist, der mit dem VN den Gesamtvertrag letztlich abschließt, auch im Namen der Mitversicherer. Ebenso wird der Führungsversicherer im Namen der Mitversicherer ebenso wie im eigenen Namen die Schadensregulierung verbindlich für die Mitversicherer vornehmen. Der Führungsversicher hat aus Ziff. 25.2 sowohl eine aktive als auch eine passive Vollmacht, Erklärungen im Namen der Mitversicherer abzugeben und auch entgegenzunehmen. 3

C. Einschränkungen der Vollmacht

Allerdings kann der Führungsversicherer nicht ohne Zustimmung der Mitversicherer Gefahren, die ausgeschlossen sind, wieder einschließen, das Policenmaximum erhöhen oder die Policenwährung ändern, vgl. Ziff. 25.2. Die Gründe hierfür liegen auf der Hand, 4

---

[1] Thume/de la Motte/Ehlers/*Ehlers* Transportversicherung Teil 5. Rn. 637; OLG Bremen VersR **1994** 709; Prölss/Martin/*Kollhosser* Vor § 58 Rn. 1;

[2] Thume/de la Motte/Ehlers/*Ehlers* Transportversicherung Teil 5 Rn. 638

[3] Thume/de la Motte/Ehlers/*Ehlers* Transportversicherung Teil 5 Rn. 638, OLG Hamburg VersR **1984** 980.

denn sie würden das Risiko der Mitversicherer, dass sie gezeichnet haben, ohne ihre Zustimmung ändern. Hierfür besteht folglich keine Vollmacht im Außenverhältnis.

D. Prozessführungsvollmacht

5 Ergänzt werden die umfassenden Vollmachten des Führungsversicherers um eine Prozessführungsvollmacht, sowohl hinsichtlich Aktiv- als auch Passivprozesse. Letzteres bedeutet, dass der VN nicht zwingend gegen alle Mitversicherer klagen muß. Es reicht auch eine Klage gegen den Führungsversicherer, nachdem aus Ziff. 25.3 folgt, dass die Mitversicherer einer Rechtskrafterstreckung auf sich zustimmen.

6 Daraus folgt allerdings nicht, dass der Führungsversicherer auch für Anteile der Mitversicherer aktiv- oder passivlegitimiert wäre. Der Führungsversicherer ist immer nur auf seinen Anteil an der Police in Anspruch zu nehmen, eine darüberhinausgehende Klage wäre ihm gegenüber unbegründet.

26 Schlussbestimmung (Anzuwendendes Recht)

Für diesen Vertrag gilt deutsches Recht.

1 Ziff. 26 statuiert als anwendbares Recht für den Versicherungsvertrag deutsches Recht. Bezüglich des Transportversicherungsvertrages herrscht – was die Rechtswahl angeht – Vertragsfreiheit. Es gilt damit für den Transportversicherungsvertrag insbesondere das VVG in seiner aktuellen Fassung, soweit in den DTV-Gütern oder den sonstigen Bestimmungen in der Police nicht von den Bestimmungen des VVG abgewichen wird.

Eingeschränkte Deckung

Vorbemerkung

Die Eingeschränkte Deckung weicht von der Vollen Deckung nur in Ziff. 2.1 ab, indem sie gegen bestimmte enumerativ aufgeführten Gefahren schützt und nicht wie die volle Deckung eine All-Gefahren-Deckung darstellt. Eine Deckung findet nur dort statt, wo eine versicherte Gefahr ursächlich für den entstandenen Schaden geworden ist. Kommentiert wird daher nur die abweichende Ziff. 2.1 und im Übrigen wird vollumfänglich auf die im Rahmen der vollen Deckung kommentierten gleichlautenden Ziffern verwiesen. 1

2 Umfang der Versicherung

2.1 Versicherte Gefahren und Schäden

Der Versicherer leistet ohne Franchise Ersatz für Verlust oder Beschädigung der versicherten Güter als Folge der nachstehenden Ereignisse:

a) Unfall des die Güter befördernden Transportmittels;

ein Transportmittelunfall liegt auch vor bei Strandung, Aufgrundstoßen, Kentern, Sinken, Scheitern oder Beschädigung des die Güter befördernden Schiffes durch Eis;

b) Einsturz von Lagergebäuden;

c) Brand, Blitzschlag, Explosion, Erdbeben, Seebeben, vulkanische Ausbrüche und sonstige Naturkatastrophen, Anprall oder Absturz eines Flugkörpers, seiner Teile oder seiner Ladung;

d) Überbordwerfen, Überbordspülen oder Überbordgehen durch schweres Wetter;

e) Aufopferung der Güter;

f) Entladen, Zwischenlagern und Verladen von Gütern in einem Nothafen / Flughafen, der infolge des Eintritts einer versicherten Gefahr angelaufen, oder infolge einer Notlandung eines Luftfahrzeugs angeflogen wurde;

g) Totalverlust ganzer Kolli beim Be-, Um-, oder Entladen eines Transportmittels.

Übersicht

A. Unfall des Transportmittels

Unfall wird allgemein definiert als ein plötzliches unmittelbar von außen einwirkendes Ereignis auf das Transportmittel.[1] Die Einwirkung von außen muss nicht auf mechanischer Gewalt beruhen, es können auch chemische, elektrische oder sonstige physische Einwirkungen sein.[2] 1

[1] Thume/de la Motte/Ehlers/*Riemer* TranspVR D Rn. 969; OLG Koblenz VersR **1990** 768; A 2.3.2 AKB 2008.

[2] Thume/de la Motte/Ehlers/*Ehlers* Transportversicherung Teil 5 Rn. 666.

2 Die Einwirkung muss von außen erfolgen. Sie darf nicht auf einem reinen inneren Betriebsvorgang beruhen. Innere Betriebsvorgänge sind etwa Abnutzung des Transportmittels, Motorschäden oder Bedienungsfehler wie das versehentliche Öffnen der Ventile. Führt ein Bedienungsfehler allerdings zu einer Kollision des Transportmittels, so liegt ein von außen wirkendes Ereignis vor (Kollision).

Auch das Eindringen von Wasser in das Schiff ist eine Einwirkung von außen, wenn sie etwa auf einem Leck oder geöffneten Ventilen beruht.[3]

3 Es muß sich um ein plötzliches Ereignis handeln. Ein plötzliches Ereignis liegt dann vor, wenn es unerwartet oder unvorhersehbar sich in einem kurzen Zeitraum abspielt und damit unentrinnbar ist.[4] Dabei Unvorhersehbarkeit heißt nicht, dass mit dem Ereignis überhaupt nicht zu rechnen war. Auch auf fehlendes Verschulden kommt es nicht an.[5] Das eintretende Ereignis muss nur bei seinem Eintritt nicht beherrschbar sein. Auch wenn der Begriff „plötzlich" auf ein Geschehen innerhalb eines kurzen Zeitraums schließen lässt, ist er auch bei allmählich eindringendem Wasser in ein Fluss- oder Seeschiff erfüllt, dass im Falle des daraus resultierenden Schadens für den VN überraschend, unerwartet und damit unentrinnbar war.[6]

B. spezielle Schiffsunfälle

4 Ziff. 2.1.a Abs. 2 zählt weitere speziellen Schiffsunfälle wie Strandung, Aufgrundlaufen, Sinken oder Beschädigung durch Eis, die lediglich beispielhaften Charakter haben, nachdem sich sämtliche Ereignisse auch unter die allgemeine Definition des Unfalls aus von außen plötzlich wirkendes Ereignis fassen lassen.

C. Einsturz von Lagergebäuden

5 Der Einsturz des ganzen Gebäudes ist nicht nötig, um den Versicherungsfall auszulösen. Vielmehr reicht der Einsturz von Wänden, Zwischendecken und Dächern reicht aus. Das Herunterfallen von Dachziegeln oder -pfannen oder sonstiger nicht-wesentlicher Gebäudebestandteile stellt jedoch bereits dem Wortlaut noch keinen Einsturz von Lagergebäuden dar.[7]

D. Brand, Blitzschlag, Naturkatastrophen

6 Brand, Blitzschlag und Explosion sind in anderen AVB definiert, nicht allerdings in den DTV-Gütern. Es kann allerdings auf die Definition beispielsweise der AKB 2008 zurückgegriffen werden, die diese Ereignisse auf der Grundlage der bisherigen Auslegungen in anderen AVG wie der Feuerversicherung normiert haben vgl. A.2.2.1 AKB 2008.[8] Danach wird Brand definiert als ein Feuer mit offener Flammenbildung, dass ohne einen bestim-

---

3 *Lorenz* VersR **1981** 1001.
4 BGH VersR **1981** 450.
5 BGH VersR **1970** 753; VersR **1985** 177; Thume/de la Motte/Ehlers/*Ehlers* Transportversicherung Teil 5 Rn. 667.
6 BGH VersR **1979** 932; OLG Hamm VersR **1978** 58, BGH NJW **1981** 1315, 1316.
7 Thume/de la Motte/Ehlers/*Ehlers* Transportversicherung Teil 5 Rn. 672; *Enge* TV S. 27.
8 Thume/de la Motte/Ehlers/*Riemer* TranspVR D Rn. 900.

mungsgemäßen Herd entstanden ist oder ihn verlassen hat und sich aus eigener Kraft auszubreiten vermag, vgl. A 2.2.1 AKB 2008.

Es ist nicht erforderlich, dass die Güter selbst brennen. Sie können auch dadurch Schaden nehmen, dass andere Gegenstände um sie herum brennen und sie dadurch Schaden nehmen, etwa auch durch dadurch bedingten Löschwassereinsatz. Bei Seng- und Schmorschäden fehlt es an einer offenen Flammenbildung, sie stellen daher keinen Brand dar.[9]

Explosion ist definiert als eine auf Ausdehnungsbestreben von Gasen oder Dämpfen beruhende, plötzlich verlaufende Kraftäußerung, vgl. A. 2.2.1 AKB 2008. **7**

Wann ein Erdbeben, Seebeben oder vulkanischer Ausbruch vorliegt, ist nach allgemeinen naturwissenschaftlichen Maßstäben zu messen. Eine Mindeststärke des Bebens oder Ausbruchs wird nicht verlangt.[10] **8**

Die übrigen Ziff. 2.1. d)–f) sind aus sich heraus verständlich.

E. Totalverlust ganzer Kolli

Der Begriff „Kollo" deckt sich mit dem des Seefrachtrechts. Kollo ist das einzelne, als selbständige Einheit zu betrachtende Packstück, so etwa einzelne Kisten,[11] Fässer[12] oder sonstige Packstück, sofern sie einzeln verladen, verzurrt und gestaut werden können. **9**

9 Thume/de la Motte/Ehlers/*Riemer* TranspVR D Rn. 901.

10 Thume/de la Motte/Ehlers/*Ehlers* Transportversicherung Teil 5 Rn. 674.

11 LG Bremen VersR **1980** 1044.

12 Hamburg VersR **1975** 826, 829.

Bestimmungen für die laufende Versicherung

Vorbemerkungen

1 Die DTV-Güter haben als Normalfall die Einzelpolice zum Gegenstand. In der Praxis dominiert allerdings die Transportversicherung als laufende Versicherung, nachdem die ganz überwiegende Anzahl der gewerblichen Versender ihre Transportrisiken durch eine laufende Versicherung in Form einer Umsatzpolice abdecken.

2 Nunmehr regelt zunächst das VVG in den §§ 53ff. VVG die laufende Versicherung erstmals gesetzlich.[1] Sie wird darüber hinaus in § 210 VVG als Großrisiko definiert und damit gilt für sie absolute Vertragsfreiheit von den halbzwingenden verbraucherschützenden Vorschriften des VVG.

1 Gegenstand der Versicherung

1.1 Die Versicherung bezieht sich auf Güter aller Art oder alle Güter der im Vertrag bestimmten Art, die vom Versicherungsnehmer nach kaufmännischen Grundsätzen für eigene oder fremde Rechnung zu versichern sind. Nicht versichert sind daher solche Güter, die der Versicherungsnehmer ohne eigenes rechtliches oder wirtschaftliches Interesse nur deshalb zu versichern hat, weil er sich hierzu einem Dritten gegenüber, sei es auch gegen Entgelt, verpflichtet hat.

1.2 Entsteht ein versicherbares Interesse nach Transportbeginn, besteht Versicherungsschutz zugunsten des Versicherungsnehmers im Rahmen dieses Vertrages, sofern ihm keine bereits eingetretenen Schäden und/oder gefahrerheblichen Umstände bekannt sind, die eine Anzeigepflicht begründen.

1.3 Für andere als im Vertrag genannte Güter besteht Versicherungsschutz nur, wenn Prämien und Deckungsumfang vor Transportbeginn vereinbart worden sind.

1 Üblicherweise werden die Güter in der Police pauschal als Güter aller Art bezeichnet, wenn verschiedene Güter versendet werden. Soweit die Güter in der Police konkret bezeichnet werden, ist der Deckungsausschluss der Ziff. 1.3 zu beachten, wonach für andere als in der Police bezeichnete Güter kein automatischer Versicherungsschutz besteht.

2 Unter kaufmännischen Grundsätzen ist verstehen, was der Handelsverkehr nach allgemeiner Meinung und den Umständen des Falles für wirtschaftlich sinnvoll erachtet. Dort, wo etwa der andere Vertragspartner nach Vereinbarung beispielsweise einer Incoterm-Klausel verpflichtet ist, die Transportversicherung einzudecken, ist folglich unter kaufmännischen Gesichtspunkten die eigene Eindeckung einer Transportversicherung idR nicht sinnvoll, ebenso wie dort nicht, wo der Vertragspartner die Transportgefahr zu tragen hat.

3 Dort, wo dem VN kein eigenes rechtliches oder wirtschaftliches Interesse an einer Versicherung von bestimmten Gütern zur Seite steht, findet auch keine Einbeziehung der Güter in den laufenden Versicherungsschutz statt. Als ein eigenes wirtschaftliches oder rechtliches Interesse gilt weder ein mit ihm von Seiten eines Dritten vereinbartes Entgelt noch die vertraglich eingegangene Verpflichtung. Damit wird einem Missbrauch der laufenden Versicherung entgegengewirkt.

---

[1] Allgemein dazu: Bruck/Möller/*Renger* Vorbemerkung §§ 53–58 VVG Rn. 1ff.

2 Laufende Versicherung

2.1 Durch den Abschluss der laufenden Versicherung wird der Versicherungsnehmer verpflichtet, sämtliche im Vertrag bezeichneten Transporte und Lagerungen gemäß Ziffer 3 zur Versicherung anzumelden.

2.2 Der Versicherer ist verpflichtet, Versicherungsschutz für alle gemeldeten Transporte und Lagerungen zu den vereinbarten Bedingungen zu gewähren.

Ziff. 2 statuiert die gegenseitigen Pflichten der laufenden Versicherung. Der VN hat alle im Vertrag bezeichneten Transporte und Lagerungen anzumelden, während der VR zur Gewährung des vereinbarten Versicherungsschutzes für alle gemeldeten Transporte verpflichtet ist. 1

3 Deklarations-/Anmeldeverfahren

3.1 Einzelanmeldung

3.1.1 Der Versicherungsnehmer meldet dem Versicherer unverzüglich sämtliche unter die laufende Versicherung fallenden Transporte und Lagerungen einzeln mit Angabe des Versicherungswertes. Dabei hat er das Gut, die Verpackungsart, das Transportmittel und den Transportweg zu bezeichnen, eine Verladung in Seeschiffsleichtern anzuzeigen sowie alle Umstände anzugeben, nach denen der Versicherer ausdrücklich gefragt hat.

3.1.2 Rücktransporte infolge eines nach dieser Police versicherten Schadens müssen nicht deklariert werden.

3.1.3 Hat der Versicherungsnehmer die Anmeldung unterlassen oder fehlerhaft vorgenommen, so ist der Versicherer, von der Verpflichtung zur Leistung frei, ohne dass es einer Kündigung durch den Versicherer bedarf, es sei denn, dass der Versicherungsnehmer die Sorgfaltspflicht eines ordentlichen Kaufmannes nicht verletzt hat und dass er die Anmeldung unverzüglich nach Entdeckung des Fehlers nachgeholt oder berichtigt hat.

3.1.4 Verletzt der Versicherungsnehmer die Deklarationspflicht vorsätzlich, so kann der Versicherer den Vertrag fristlos kündigen. Dem Versicherer gebühren die Prämien, die ihm im Falle gehöriger Erfüllung des Vertrages bis zum Wirksamwerden der Kündigung zu zahlen gewesen wären.

3.1.5 Sofern nichts anderes vereinbart ist, besteht Versicherungsschutz insbesondere für folgende Risiken nur bei vorheriger schriftlicher Vereinbarung:

- **Versicherung, unabhängig von der Gefahrtragung;**
- **Lagerungen über die gemäß Ziffer 9.1 DTV-Güter 2000/2011 hinausgehende Dauer;**
- **Mehrwert-, Konditions- und Summendifferenz-, Schutzversicherungen sowie die separate Deckung der in Ziffer 1.1.3 DTV-Güter 2000/2011 genannten Interessen wie Zoll, Fracht usw.;**
- **Ausstellungen, Messen und sonstige Veranstaltungen;**
- **Aufenthalte und Lagerungen in Verpackungsbetrieben.**

3.2 Summarische Anmeldung

3.2.1 Soweit vereinbart, ist der Versicherungsnehmer von der Pflicht zur Anmeldung der einzelnen Transporte und Lagerungen befreit. Er hat den Vereinbarungen entsprechend den versicherten Umsatz für Transporte und Lagerungen monatlich, vierteljährlich, halbjährlich oder jährlich im Nachhinein zu melden. Die zu meldenden Umsätze können sich auch auf bestimmte Ländergruppen und sonstige Relationen beziehen.

3.2.2 Die Vorschriften der Ziffern 3.1.2 bis 3.1.5 gelten entsprechend.

3.2.3 Auf der Grundlage des geschätzten Jahresumsatzes kann der Versicherer die zu erwartende Jahresprämie als Vorausprämie zu Beginn der Versicherungsperiode verlangen. Nach Ablauf des Versicherungsjahres erfolgt eine Endabrechnung unter Verrechnung der Vorausprämie.

1 Ziff. 3.1.1 ist mit ihrer Einzelanmeldungsverpflichtung für die Generalpolice maßgeblich, während in der Umsatzpolice gerade summarische Anmeldungen typisch sind. In der Praxis ist es hingegen üblich, die Anmeldungen nachträglich im Monatsrhythmus anzumelden.

2 Verstößt der VN gegen die Pflicht der unverzüglichen Anmeldung, ist der VR leistungsfrei ohne Kündigungserfordernis, es sei denn, den VN trifft kein Sorgfaltspflichtverstoß nach Kaufmännischen Grundsätzen und die Nachmeldung erfolgt unverzüglich.

3 Dem Wortlaut nach handelt es sich zunächst um eine Obliegenheit, die zur Leistungsfreiheit führt. Der VR hat allerdings auch ein Prämieninteresse, die vom Umfang der Transporte abhängig ist. Der VR hat einen Auskunftsanspruch und Anspruch auf die Anmeldung aller Transporte, die er auch klageweise durchsetzen kann, so dass nicht nur eine Obliegenheitsverletzung, sondern eine echte Pflichtverletzung des VN vorliegt.[1]

4 Diese führt bei vorsätzlicher Verletzung zu einem fristlosen Kündigungsrecht des VR, Ziff. 3.1.4. Dem VR gebührt die bis zu Kündigung entstehende Prämie, vgl. auch § 54 Abs. 1 VVG.

5 Ziff. 3.2 entbindet den VN für den Fall der Umsatzpolice von der obligatorischen Einzelanmeldung. Es wird vielmehr eine nachträgliche monatliche bis jährliche Nachmeldung vereinbart, wobei im Falle der vorsätzlichen oder fahrlässigen Nichtmeldung die Ziff. 3.1.2–3.1.5 entsprechend gelten.

4 Maximum

4.1 Höchstversicherungssumme

4.1.1 Die vereinbarten Maxima sind Höchstversicherungssummen. Übersteigt die Gesamtversicherungssumme aller unter diesem Vertrag versicherten Güter auf einem Transportmittel oder feuertechnisch getrennten Lager das Maximum, so vermindern sich die einzelnen Versicherungssummen im Verhältnis des Maximums zur Gesamtversicherungssumme

4.1.2 Die Bestimmung des Absatz 1 findet keine Anwendung, wenn nach Beginn der Versicherung eine Zusammenverladung verschiedener Versendungen oder Bezüge auf ein Transportmittel oder eine Zusammenlagerung auf ein Lager durch Spediteure oder Transportunternehmen erfolgt, auf die der Versicherungsnehmer keinen Einfluss gehabt hat oder nehmen konnte. Gleiches gilt bei einer Zuladung oder Zulagerung an einem Umschlagplatz, die der Versicherungsnehmer nicht zu vertreten hat.

Die Überschreitung des Maximums ist dem Versicherer unverzüglich anzuzeigen.

4.1.3 Soweit nichts anderes vereinbart ist, werden Aufwendungen und Kosten zusammen mit anderen Entschädigungen nur im Rahmen der vereinbarten Maxima ersetzt. Die Regelung der Ziffer 2.3.3 DTV-Güter 2000/2011 bleibt unberührt.

4.2 Höchsthaftungssumme

[1] OLG Hamm VersR **1993** 1519; Thume/de la Motte/Ehlers/*Ehlers* Transportversicherung Teil 5 Rn. 701.

4.2.1 Soweit vereinbart, sind die vertraglich festgelegten Maxima Höchsthaftungssummen. In Fällen der Ziffer 3.2 gilt als Versicherungssumme der Versicherungswert im Sinne von Ziffer 10 DTV-Güter 2000/2011.4.2.2Ziffern 4.1.2 und 4.1.3 gelten entsprechend.

Übersicht

A. Höchstversicherungssumme

Im Rahmen der laufenden Versicherung werden Maxima pro Transportmittel bzw. feuertechnisch getrennten Lager vereinbart. Ziff. 4.1.1 stellt insoweit auf die Einzeldeklaration pro Transport ab. Die Höchstversicherungssumme soll dem Versicherungswert aller Güter auf dem Transportmittel entsprechen, vgl. Ziff. 10.2 DTV-Güter. Wird dieses jeweilige Maximum überschritten, finden die Regelungen zur Unterversicherung Anwendung.[1] Für die Umsatzpolice, bei der keine Einzeldeklaration pro Transport erfolgt, gilt insoweit Ziff. 4.2. 1

Die jeweiligen Maxima pro jeweiligem Transportmittel werden idR in der Police getrennt nach Transportmittel vereinbart. Wird generell auf das jeweilige Transportmittel abgestellt, so bestimmt sich das Maximum nach dem jeweiligen Laderaum des einzelnen LKW nebst Hängerzugs, des See- oder Binnenschiffs, des einzelnen Flugzeugs bzw. der jeweiligen Güterwaggons des Güterzuges. 2

Der Zeitpunkt für eine Anwendung der Regelungen über die Unterversicherung bestimmt sich nach dem Zeitpunkt des Schadenseintritts.[2] Dies bedeutet allerdings nicht, dass eine ständige Überschreitung des vereinbarten Maximums pro Transportmittel zulässig wäre, so lange kein Schaden eintritt. Aus Ziff. 4.1.2 ist dem VR unverzüglich anzuzeigen, sobald sie eintritt. Erfolgt die Überschreitung des vereinbarten Maximums ohne Zutun des VN in den Fällen der Ziff. 4.1.2, kommen die Regelungen der Unterversicherung insoweit nicht zum Zuge. 3

B. Höchsthaftungssumme

Bei lediglich summarischer Anmeldung der Transporte gemäß Ziff. 3.2, wie dies bei den vereinbarten Umsatzpolicen der Fall ist, findet eine Meldung der Versicherungswerte der einzelnen Transporte nicht statt. Nach Ziff. 4.2.1 finden in diesem Fall die Regelungen der Unterversicherung bei Überschreitung des jeweiligen Maximums keine Anwendung, denn das Maximum stellt die Obergrenze der Entschädigung dar, und begrenzt nicht den Versicherungswert der Güter. Der Versicherungswert wird vielmehr nach Ziff. 10 DTV-Güter bestimmt und entspricht in diesem Fall der Versicherungssumme, allerdings begrenzt auf das vertraglich vereinbarte Maximum.[3] 4

---

[1] Thume/de la Motte/*Ehlers* Transportversicherung Teil 5 Rn. 714.

[2] Thume/de la Motte/*Ehlers* Transportversicherung Teil 5 Rn. 717; Enge TV S. 103.

[3] Thume/de la Motte/*Ehlers* Transportversicherung Teil 5 Rn. 721.

5 Prämie

5.1 Einzelanmeldung
Bei Einzelanmeldung werden die Prämien nach den im Vertrag vorgesehenen Prämiensätzen zuzüglich Versicherungsteuer und sonstiger Nebenkosten für den vereinbarten Zeitraum im Nachhinein in Rechnung gestellt.

5.2 Summarische Anmeldung
Soweit vereinbart, stellt der Versicherer auf der Grundlage des geschätzten Jahresumsatzes eine jährliche Vorausprämie in Rechnung, in der die Prämien für die Mitversicherung der politischen Gefahren enthalten sind.

Nach Ablauf des Versicherungsjahres erfolgt eine Endabrechnung unter Verrechnung der Vorausprämie.

5.3 Fälligkeit
Der Anspruch auf die Prämie entsteht mit dem Beginn der Versicherung und wird mit der Erteilung der Rechnung fällig. Die Prämie ist unverzüglich nach Erhalt der Prämienrechnung, spätestens innerhalb von 14 Tagen, zu zahlen.

1 Ziff. 5.1 regelt die Prämienzahlung für die Generalpolice und jeweiliger Einzeldeklaration, während Ziff. 5.2 für die Umsatzpolice und summarische Anmeldung eine jährliche Vorausprämie statuiert, und erst nach Ablauf des Versicherungsjahres eine endgültige Abrechnung der vereinbarten Prämie erfolgt.

2 Aus Ziff. 5.2 folgt, dass die politischen Gefahren in der laufenden Versicherung mitversichert sind und insbesondere die dafür fällige Prämie in der Vorausprämie bereits enthalten ist. Der Grund dafür liegt darin, dass im Nachhinein idR nicht mehr feststellbar ist, für welche Transporte eine erhöhte Prämie zu zahlen ist.[1]

3 Als politische Gefahren sind alle Zustände anzusehen, die zu dem Eintritt von Unruhen, Krieg und kriegsähnlichen Zustände führen, ebenso wie Gefahren für das Gut aus Gesetzesvorhaben, Ein- oder Ausfuhrbeschränkungen oder -verbote.

4 Ziff. 5.3. regelt die Entstehung des Prämienanspruchs zum Beginn der Versicherung und dessen Fälligkeit mit Rechnungsstellung. Für die Umsatzpolice entsteht der Anspruch in diesem Fall rückwirkend, nachdem zu Beginn die endgültige Prämie noch nicht fest steht.

5 Soweit nicht vertraglich etwas anderes bestimmt ist, erfolgt eine jährliche Prämienabrechnung. Häufig wird jedoch eine kürzere Abrechnungsperiode (monatlich; vierteljährlich, halbjährlich) vereinbart.

6 Mit Zugang der Rechnung wird der Prämienanspruch fällig und ist innerhalb von 14 Tagen zu bezahlen. Nach Ablauf von 14 Tagen tritt insoweit automatisch Verzug ein.

6 Police

6.1 Der Inhalt der laufenden Versicherung gilt als von dem Versicherungsnehmer genehmigt, wenn dieser nicht binnen eines Monats nach Aushändigung widerspricht. Die laufende Versicherung gilt nicht als Police im Sinne des Gesetzes und der DTV-Güter 2000/2011.

---

[1] Thume/de la Motte/*Ehlers* Transportversicherung Teil 5 Rn. 724.

6.2 Der Versicherer hat dem Versicherungsnehmer auf Verlangen eine von ihm unterzeichnete Urkunde für den einzelnen Transport (Einzelpolice, Zertifikat) auszuhändigen. Die Einzelpolice gilt als Police im Sinne des Gesetzes und der DTV-Güter 2000/2011; jedoch finden die Bestimmungen über die Genehmigung des Inhalts der Police auf sie keine Anwendung.

Wie auch Ziff. 11.4 DTV-Güter enthält Ziff. 6.1 eine Genehmigungsfiktion hinsichtlich des Inhalts der Police zur laufenden Versicherung, wenn der VN nicht binnen Monatsfrist deren Inhalt widerspricht. Insoweit kann auf die Kommentierung zu Ziff. 11.4 DTV-Güter verwiesen werden. **1**

Ziff. 6.1. S. 2 bestimmt, dass die Police zur laufenden Versicherung nicht die wertpapierrechtlichen Funktionen einer Versicherungspolice im Sinne des HGB, VVG und Ziff. 11.1–3 erfüllt, weil sie hierfür nicht geeignet oder bestimmt ist. Sie ist weder verkehrsfähig noch begebbar.[1] **2**

Stattdessen, um eine Verkehrsfähigkeit bzw. eine Begebbarkeit als Wertpapier pro Transport herbeizuführen, übernimmt diese Funktion ein vom VR auf Verlangen auszustellendes Zertifikat gemäß Ziff. 6.2. Insoweit entspricht Ziff. 6.2 S. 1 der gesetzlichen Regelung des § 55 VVG, auf dessen nähere Kommentierung verwiesen wird.[2] Die ausgestellte Einzelpolice bzw. Versicherungszertifikat ist damit Beweisurkunde, Schuldschein und Legitimationspapier.[3] **3**

Von der in § 55 Abs. 3 VVG u. § 5 VVG vorgesehenen Genehmigungsfiktion im Falle eines fehlenden Widerspruchs weicht Ziff. 6.2 allerdings zugunsten des VN ab. Insoweit stellt Ziff. 6.2. klar, dass eine Genehmigungsfiktion des Zertifikateninhalts ausgeschlossen ist. Weicht daher der Inhalt des Zertifikats vom Antragsinhalt ab, so kommt § 5 Abs. 3 VVG zum Zuge. Danach gilt der Zertifikateninhalt nach dem jeweiligen Antrag des VN abgeschlossen. Nach Ehlers soll aus Ziff. 6.2 folgen, dass ein Widerspruch des VN gegen den Zertifikateninhalt ausgeschlossen sein soll.[4] Dies ist jedoch mit dem Wortlaut der Ziff. 6.2. nicht vereinbar. Nach dem Wortlaut sind lediglich die Vorschriften über Genehmigung nicht anwendbar. Diese finden sich sowohl in Ziff. 11 DTV-Güter, Ziff. 6.1 BlV, als auch in § 55 Abs. 3, 5 Abs. 1,2 VVG, die für nicht anwendbar erklärt werden. Damit verbleibt insbesondere mangels abweichender Vereinbarung § 5 Abs. 3 VVG, der bei abweichendem Antragsinhalt allein diesen für verbindlich erklärt, während der abweichende Zertifikateninhalt keine Verbindlichkeit genießt. **4**

Die anders lautende Auffassung von *Ehlers* würde dazu führen, dass der VR ohne weiteres vom jeweiligen Antragsinhalt abweichende Zertifikate ausstellen könnte, die jeweils auch für den VN verbindlich wären, ohne dass sich dieser dagegen zur Wehr setzen könnte, was mit dem auf den Fall anwendbaren § 5 Abs. 3 VVG nicht vereinbar ist. Sollte dieses Ergebnis gewollt sein, müsste der VR ausdrücklich auch von der Regelung des § 5 Abs. 3 VVG abweichen, was nach der für die Transportversicherung und die laufende Versicherung gemäß § 210 VVG geltenden Vertragsfreiheit jederzeit möglich wäre. **5**

---

1 Thume/de la Motte/*Ehlers* Transportversicherung Teil 5 Rn. 729.

2 Bruck/Möller/*Renger* § 55 VVG Rn. 1 fff.

3 Thume/de la Motte/*Ehlers* Transportversicherung Teil 5 Rn. 731; Ziff. 11 Rn. 177ff.

4 Thume/de la Motte/*Ehlers* Transportversicherung Teil 5 Rn. 731.

7 Kündigung

7.1 Zum Ablauf der Versicherungsperiode

Der Vertrag verlängert sich stillschweigend jeweils um ein Jahr, sofern er nicht mit einer Frist von drei Monaten zum Ablauf der Versicherungsperiode von einer der Vertragsparteien gekündigt worden ist.

7.2 Im Schadenfall

Nach Eintritt eines Versicherungsfalls können beide Parteien den Versicherungsvertrag kündigen. Die Kündigung ist schriftlich zu erklären. Sie muss spätestens einen Monat nach dem Abschluss der Verhandlungen über die Entschädigung zugehen. Der Versicherer hat eine Kündigungsfrist von einem Monat einzuhalten. Kündigt der Versicherungsnehmer, so kann er bestimmen, dass seine Kündigung sofort oder zu einem späteren Zeitpunkt wirksam wird, jedoch spätestens zum Schluss der laufenden Versicherungsperiode.

7.3 Bei Kriegszustand

7.3.1 Bezieht sich die laufende Versicherung auch auf Transporte oder Lagerungen von, nach oder in eine(r) Region, die sich im Kriegszustand oder in kriegsähnlichem Zustand befindet, so kann der Versicherer den Versicherungsschutz für diese Region jederzeit mit einer Frist von einer Woche schriftlich kündigen.

Die Möglichkeit der Kündigung einzelner Gefahren (z.B. Krieg, Streik, Beschlagnahme) bleibt hiervon unberührt.

7.3.2 Der Versicherungsnehmer kann innerhalb von vier Wochen nach der Kündigung des Versicherers seinerseits den ganzen Vertrag mit einer Frist von einer Woche schriftlich kündigen.

7.4 Wirksamwerden der Kündigung

7.4.1 Die Versicherung von Gütern, die vor Wirksamwerden der Kündigung begonnen hat, bleibt bis zu dem Zeitpunkt in Kraft, der für das Ende des Versicherungsschutzes maßgeblich ist.

7.4.2 Für lagernde Güter, ausgenommen transportbedingte Zwischenlagerungen, endet die Versicherung aufgrund der Kündigung am nächsten deklarierten Ablauftermin, spätestens einen Monat nach Kündigung.

Übersicht

A. Kündigung im Schadensfall

1 Nach Ziff. 7.1 erfolgt die in der Sachversicherung übliche stillschweigende Verlängerung des Versicherungsschutzes mangels Kündigung.

2 Im Schadensfall verschafft Ziff. 7.2 nicht nur dem VR, sondern beiden Parteien das Recht, den Versicherungsvertrag zu kündigen. Die Erklärung muss spätestens einen Monat nach Abschluss der Regulierungsverhandlungen zugehen.

3 Für den VR gilt eine Frist von einem Monat. Der VN kann nach seiner Wahl ohne Einhaltung einer Kündigungsfrist (sofort) oder einer zu bestimmenden längeren Frist bis spätestens zum Ablauf der laufenden Versicherungsperiode kündigen.

B. Kündigung im Kriegszustand

Der VR kann den Versicherungsschutz für Transporte in Länder, in denen Krieg oder kriegsähnliche Zustände herrschen, jederzeit mit einer Frist von einer Woche kündigen. Die Kündigung gilt umfassend für alle Risiken der Transporte/Lagerungen in das jeweilige Land/die jeweilige Region, nicht nur für das Kriegsrisiko.[1] 4

Hiervon unberührt bleibt hiervon das Recht des VR, wegen einzelner Gefahren (Krieg, Streik, Beschlagnahme) zu kündigen. Im Gegenzug hat der VN das Recht, die laufende Versicherung insgesamt binnen vier Wochen nach Erhalt der Kündigung mit einer Frist von einer Woche zu kündigen, Ziff. 7.3.2. 5

C. Wirksamwerden der Kündigung

Für Transporte, die vor Kündigungszugang bereits im Sinne der Ziff. 8.1 DTV-Güter begonnen wurden, bleibt der Versicherungsschutz trotz Kündigung nach Ziff. 7 erhalten, bis er gemäß Ziff. 8.2ff. DTV-Güter endet. 6

Für Lagerungen in der jeweiligen Krisenregion endet der Versicherungsschutz spätestens einen Monat nach Kündigung bzw. am nächsten deklarierten Ablauftermin. Transportbedingte Zwischenlagerungen sind hiervon ausgenommen, nachdem diese ihrerseits gemäß Ziff. 8.2.3; 8.2.6 sowie Ziff. 9 enden. 7

8 Insolvenz des Versicherers

Wird über das Vermögen des Versicherers das Insolvenzverfahren eröffnet, endet das Versicherungsverhältnis mit Ablauf eines Monats seit der Eröffnung; bis zu diesem Zeitpunkt bleibt es der Insolvenzmasse gegenüber wirksam.

---

[1] Thume/de la Motte/*Ehlers* Transportversicherung Teil 5 Rn. 734; Enge TV S. 108.

Besondere Klauseln

A. Kriegsklausel

1 Umfang der Versicherung

1.1 Mitversichert sind in Abänderung von Ziffer 2.4.1.1 der DTV-Güter 2000/2011 Verlust oder Beschädigung der versicherten Güter als Folge von

1.1.1 Krieg, Bürgerkrieg oder kriegsähnlichen Ereignissen und solchen, die sich unabhängig vom Kriegszustand aus der feindlichen Verwendung von Kriegswerkzeugen sowie aus dem Vorhandensein von Kriegswerkzeugen als Folge einer dieser Gefahren ergeben;

1.1.2 Beschlagnahme, Entziehung oder sonstigen Eingriffen von hoher Hand als Folge der in Ziffer 1.1.1 genannten Gefahren.

2 Ausschlüsse

Von der Versicherung ausgeschlossen bleiben

2.1 Verlust oder Beschädigung der versicherten Güter als Folge von Beschlagnahme, Entziehung oder sonstiger Eingriffe von hoher Hand, soweit sie auf Gesetzen und Verordnungen beruhen, die bei Beginn des Transportes gelten;

2.2 Verlust oder Beschädigung der versicherten Güter – und zwar ohne Rücksicht auf sonstige mitwirkende Ursachen – als Folge einer feindlichen Verwendung sowie aus dem Vorhandensein von

- Kernenergie oder sonstiger ionisierender Strahlung,
- chemischen, biologischen, biochemischen Substanzen oder elektromagnetischen Wellen

als Kriegswerkzeuge;

2.3 Kosten, die dadurch entstehen, dass infolge einer versicherten Gefahr die Reise nicht angetreten, unterbrochen oder nicht fortgesetzt wird, ein Hafen angelaufen wird oder die Güter ausgeladen, gelagert oder mit einem anderen Transportmittel weiterbefördert werden, es sei denn, diese Kosten gehören nach den York Antwerpener Regeln zur versicherten großen Haverei.

2.4 Soweit nichts anderes vereinbart ist, bleiben die Bestimmungen über ausgeschlossene Gefahren und Schäden gemäß den Ziffern 2.4.1.2 bis 2.4.1.6 und 2.5 der DTV-Güter 2000/2011 unberührt.

3 Beginn und Ende der Versicherung bei Seetransporten

3.1 Die Versicherung gegen die in Ziffer 1 genannten Gefahren beginnt, sobald sich die Güter zur Beförderung an Bord des Seeschiffs befinden.

3.2 Die Versicherung endet, sobald die Güter im Bestimmungshafen das Seeschiff verlassen haben, spätestens aber für nicht ausgeladene Güter nach Ablauf von ... Tagen nach Ankunft des Seeschiffs im Bestimmungshafen.

3.3 Verlässt das Seeschiff den Bestimmungshafen wieder, ohne dass die Güter ausgeladen wurden, so beginnt die Versicherung mit dem Wiederauslaufen erneut. Die Weiterreise ist dem Versicherer unverzüglich anzuzeigen und eine zu vereinbarende Zuschlagsprämie zu entrichten.

3.4 Endet der Frachtvertrag an einem anderen Ort als dem darin genannten Bestimmungshafen, gilt dieser Ort als Bestimmungshafen.

Werden die Güter später nach dem im Frachtvertrag genannten oder einem anderen Bestimmungshafen weiterbefördert, so ist auch die Weiterreise versichert, wenn sie vor ihrem Beginn angezeigt und eine Zuschlagsprämie entrichtet wird. Unverschuldetes Unterlassen der Anzeige beeinträchtigt den Versicherungsschutz für die Weiterreise nicht.

Die Versicherung für die Weiterreise beginnt, sobald die Güter sich an Bord des weiterbefördernden Seeschiffes befinden. Wurden die Güter nicht ausgeladen, so beginnt die Versicherung für die Weiterreise mit dem Wiederauslaufen.

3.5 Werden die Güter in einem Zwischenhafen oder an einem Zwischenplatz umgeladen, ruht die Versicherung nach Ablauf von ... Tagen nach Ankunft des Seeschiffs im Zwischenhafen, gleichgültig ob die Güter im Zwischenhafen/-platz an Land oder zu Wasser lagern. Die Versicherung tritt erst wieder in Kraft, sobald die Güter sich an Bord des Seeschiffes befinden, mit dem die Weiterreise erfolgen soll.

3.6 Für das Ende der Versicherung in den Fällen der Ziffern 3.3 bis 3.5 gilt Ziffer 3.2 entsprechend.

3.7 Die Versicherung gegen die Gefahren, die sich aus der feindlichen Verwendung oder dem Vorhandensein von Minen oder treibenden oder gesunkenen Torpedos ergeben, besteht auch, wenn sich die Güter an Bord eines Wasserfahrzeugs befinden, das sie zum oder vom Seeschiff befördert. Bei einer Beförderung vom Seeschiff endet sie jedoch spätestens nach Ablauf von ... Tagen nach dem Ausladen aus dem Seeschiff, sofern nicht ausdrücklich etwas anderes mit dem Versicherer vereinbart und eine Zuschlagsprämie entrichtet wurde.

3.8 Bestehen die Güter aus mehreren Teilen, so beginnt und endet die Versicherung für jedes Teil nach den vorstehenden Bestimmungen.

3.9 Die gemäß Ziffern 3.2, 3.5 und 3.7 zu vereinbarenden Fristen beginnen mit dem Ablauf des Ankunftstages des Seeschiffes.

3.10 Ein Seeschiff im Sinne dieser Klausel ist ein Schiff, das während der Beförderung der versicherten Güter einen Teil seiner Reise über See zurückzulegen hat.

Ein Seeschiff gilt als angekommen, wenn es am Kai oder einem sonstigen Liegeplatz im Hafengebiet festgemacht oder geankert hat. Steht dort kein Liegeplatz zur Verfügung, so ist das Schiff angekommen, wenn es im Hafengebiet oder außerhalb zum ersten Mal geankert oder festgemacht hat.

4 Reiseänderung

Dem Versicherer gebührt eine zu vereinbarende Zuschlagsprämie, wenn sich durch eine Reiseänderung die versicherten Gefahren erhöhen.

5 Kündigung

5.1 Die Versicherung der in Ziffer 1 bezeichneten Gefahren kann jederzeit mit einer Frist von zwei Tagen vor Beginn des versicherten Transportes vom Versicherer schriftlich gekündigt werden.

5.2 Der Versicherungsnehmer kann innerhalb von vier Wochen nach der Kündigung des Versicherers seinerseits den ganzen Vertrag mit einer Frist von einer Woche schriftlich kündigen.

5.3 Die Kündigung des führenden Versicherers gilt gleichzeitig für alle Mitbeteiligten.

6 Lufttransporte im Verkehr mit dem Ausland

Für Transporte mit Luftfahrzeugen gelten diese Bestimmungen entsprechend.

7 Postsendungen / Kurierdienste

7.1 Die Bestimmungen dieser Klausel gelten auch für Postsendungen und Kurierdienste

7.2 Erfolgt der See- oder Lufttransport als Postsendung oder per Kurierdienst, beginnt die Versicherung mit der Übergabe der Güter an die Postanstalt oder den Kurierdienst und endet mit ihrer Auslieferung durch die Postanstalt oder den Kurierdienst an den Adressaten.

I. Umfang des Einschlusses der Kriegsgefahr

1 Durch Vereinbarung der DTV-Kriegsklausel kann die an sich nach Ziff. 2.4.1.1 DTV-Güter ausgeschlossene Gefahr des Krieges und daraus resultierender Güterschäden wieder eingeschlossen werden. Ebenso ist die Gefahr der Beschlagnahme, Entziehung und sonstigen Eingriffen von hoher Hand als Folge der Kriegsgefahr mit eingeschlossen, Ziff. 1.1.2.

2 Die Definitionen der versicherten Gefahren Krieg, Bürgerkrieg, kriegsähnliche Ereignisse, Verwendung oder Vorhandensein von Kriegswerkzeugen entsprechen den Definitionen der Ziff. 2.4.1.1 DTV-Güter.[1]

3 Gleiches gilt für die Definitionen der Beschlagnahme, Entziehung oder sonstiger Eingriffe von hoher Hand aus Ziff. 1.1.2, die denen der Ziff. 2.4.1.3 DTV Güter entsprechen.[2]

4 Die DTV-Kriegsklausel gilt ausweislich ihrer Ziff. 3 sowie Ziff. 6 generell nur für Güter, die per Seeschiff oder per Flugzeug von (Flug-)Hafen zu (Flug-)Hafen befördert werden. Für Beförderungen über Land gilt sie aufgrund der unkalkulierbar höheren Gefahr in der Regel nicht.[3]

5 Die Versicherung beginnt gemäß Ziff. 3.1 erst, wenn sich die Güter auf dem Seeschiff bzw. Flugzeug geladen befinden und endet erst nach Ausladen der Güter aus dem Seeschiff/Flugzeug, Ziff. 3.2. Als Ausnahme hiervon sind Landtransporte vom und zum jeweiligen (Flug-)Hafen bei Kurierdiensten und Postsendungen mitversichert, soweit sie erforderlich sind, um die Sendung vom jeweiligen Kurierdienst/Postanstalt zum jeweiligen Abgangs(flug-)Hafen und vom jeweiligen Empfangs(flug-)hafen zu den jeweiligen Adressaten zu erreichen. Denn die Versicherung beginnt abweichend von Ziff. 3 bereits mit Übergabe

---

[1] Vgl. oben S. 143ff.

[2] Vgl. oben S. 146.

[3] Grundsatz des „no war risk on land" Thume/ de la Motte/Ehlers/*Ehlers* TranspV C I Rn. 744.

der Güter an die Postanstalt/den Kurierdienst und endet erst mit Übergabe an den jeweiligen Adressaten, Ziff. 7.2

Für nicht ausgeladene Güter endet der Versicherungsschutz ebenfalls nach idR 15 Tagen[4] nach Ankunft des Transportmittels im Bestimmungshafen, Ziff. 3.2. 6

Bei Umladungen in einem Zwischenhafen sind die Güter auch für eine Zeit von idR 15 Tagen versichert, wenn sie im Zwischenhafen außerhalb des angekommenen Seeschiffes an Land gelagert werden, Ziff. 3.5. Danach ruht die Versicherung, bis sich die Güter wieder auf dem Seeschiff zur Weiterbeförderung befinden. 7

Als Seeschiff ist gemäß Ziff. 3.10 jedes Schiff anzusehen, das zum Zwecke der Beförderung einen Teil der Strecke über See zurücklegen muss. Damit fallen auch etwa Binnenschiffe unter diese Definition des Seeschiffs, wenn sie Güter über den Rhein und die Donau in einen türkischen Schwarzmeerhafen befördern, denn das Schwarze Meer ist als See im Sinne der Ziff. 3.10 anzusehen.[5] 8

II. Ausschlüsse und Kündigung

Gemäß Ziff. 2.1 sind Güterschäden und Verluste als Folge von Beschlagnahme, Entziehung und Eingriffen von hoher Hand dort ausgeschlossen, wo sie nicht ihrerseits auf der versicherten Kriegsgefahr beruhen. 9

Güterschäden als Folge einer feindlichen Verwendung von Kernwaffen, Kernenergie, sonstiger ionisierender Strahlung, chemischen, biologischen Kampfstoffen bzw. Substanzen sowie elektromagnetischen Wellen, sowie deren Vorhandensein ohne feindliche Verwendung bleiben ausgeschlossen, Ziff. 2.2. 10

Das versicherte Kriegsrisiko kann vor Beginn des versicherten Transportes mit einer Frist von zwei Tagen gekündigt werden, Ziff. 5.1. Die Kündigung muss schriftlich erfolgen. Dies gilt insbesondere für einzelne Transporte unter der laufenden Versicherung. Die führende Versicherung einer Mitversicherung kündigt gemäß Ziff. 5.3. auch jeweils zugunsten der Mitversicherer. Der VR riskiert mit der Kündigung allerdings immer auch, dass der VN dadurch in die Lage versetzt wird, seinerseits den gesamten Versicherungsvertrag innerhalb von vier Wochen nach Kündigung seinerseits kündigen, Ziff. 5.2. 11

B. Streik- und Aufruhrklausel

1 Umfang der Versicherung

1.1 Mitversichert sind in Abänderung von Ziffer 2.4.1.2 der DTV-Güter 2000/2011 Verlust oder Beschädigung der versicherten Güter, die verursacht werden durch Streikende, Ausgesperrte oder durch Personen, die sich an Arbeitsunruhen, terroristischen oder politischen Gewalthandlungen, unabhängig von der Anzahl der Personen, oder an Aufruhr und sonstige bürgerlichen Unruhen beteiligen.

---

[4] Thume/de la Motte/Ehlers/*Ehlers* TranspV C I Rn. 754.

[5] Thume/de la Motte/Ehlers/*Ehlers* TranspV C I Rn. 753.

1.2 Versichert sind ferner Verlust und Beschädigung der versicherten Güter, die im Zusammenhang mit den versicherten Gefahrereignissen durch das Einschreiten von Ordnungskräften mit hoheitlichen Befugnissen entstanden sind (durch Polizei- oder Feuerwehr).

2 Ausschlüsse

Soweit nichts anderes vereinbart ist, bleiben die Bestimmungen über ausgeschlossene Gefahren und Schäden gemäß Ziffern 2.4.1.1, 2.4.1.3 bis 2.4.1.6 sowie 2.5 der DTV-Güter 2000/2011 unberührt.

3 Kündigung

3.1 Die Versicherung der in Ziffer 1 bezeichneten Gefahren kann jederzeit mit einer Frist von zwei Tagen vor Beginn der Versicherung vom Versicherer schriftlich gekündigt werden.

Die Versicherung von lagernden Gütern – transportbedingte Zwischenlagerungen ausgenommen – kann auch nach Risikobeginn gekündigt werden; die Kündigung wird nach Ablauf der Kündigungsfrist zum deklarierten nächsten Ablauftermin, spätestens in vier Wochen wirksam.

3.2 Der Versicherungsnehmer kann innerhalb von vier Wochen nach der Kündigung des Versicherers seinerseits den ganzen Vertrag mit einer Frist von einer Woche schriftlich kündigen.

3.3 Die Kündigung des führenden Versicherers gilt gleichzeitig für alle Mitbeteiligten.

1 Die Streik- und Aufruhrklausel soll die über Ziff. 2.4.1.2 DTV-Güter ausgeschlossenen Gefahren wieder einschließen.

2 Die Begriffe Arbeitsunruhen, politische und terroristische Gewalthandlungen sowie Aufruhr und sonstige bürgerliche Unruhen sind dieselben wie bereits in der Klausel Ziff. 2.4.1.2, so dass auf die dortige Kommentierung verwiesen werden kann.[1] Unter Streikenden sind nicht nur die jeweiligen Angestellten und Arbeiter der bestreikten Betriebe/Branchen zu verstehen, sondern auch Mitläufer und Sympathisanten fremder Betriebe und sonstige Beteiligte.[2]

3 Ziff. 1.2 der Streik- und Aufruhrklausel schließt Schäden ein, die im Zusammenhang mit den versicherten Ereignissen durch das Einschreiten von Polizei und Feuerwehr entstanden sind, beispielweise Schäden durch gewaltsame Räumung eines Versammlungsortes oder durch den Einsatz von Wasserwerfern.

4 Wie auch bereits bei der Kriegsklausel ist gemäß Ziff. 3 eine Kündigung der Deckung innerhalb von zwei Tagen für noch nicht begonnene Transporte vorgesehen; die Deckung für Lagerungen kann mit einer Frist von bis zu 4 Wochen gekündigt werden.

---

[1] siehe oben S. 145 Rn. 42.

[2] Thume/de la Motte/Ehlers/*Ehlers* TranspV C III Rn. 760.

C. Beschlagnahmeklausel

1 Umfang der Versicherung

1.1 Mitversichert sind in Abänderung von Ziffer 2.4.1.3 der DTV-Güter 2000/2011 Verlust oder Beschädigung der versicherten Güter als Folge von Beschlagnahme, Entziehung oder sonstiger Eingriffe von hoher Hand.

2 Obliegenheiten

2.1 Der Versicherungsnehmer hat dafür zu sorgen, dass

- die Warenbegleitpapiere (z.B. Frachtbrief, Zollerklärung etc.) ordnungsgemäß ausgestellt und die versicherten Güter genau und richtig deklariert sind;
- alle gesetzlichen Ein-, Ausfuhr- und Transitbestimmungen oder Verwaltungsanordnungen des Absender-, Transit- und Empfängerlandes befolgt werden.

2.2 Verletzt der Versicherungsnehmer eine dieser Obliegenheiten, ist der Versicherer von der Leistung frei, es sei denn, die Verletzung war nicht ursächlich für den Eintritt des Versicherungsfalls oder den Umfang der Leistungspflicht.

3 Ausgeschlossene Gefahren und Schäden

3.1 Soweit nichts anderes vereinbart ist, bleiben die Bestimmungen über ausgeschlossene Gefahren und Schäden gemäß den Ziffern 2.4.1.1, 2.4.1.2, 2.4.1.4 bis 2.4.1.6 sowie 2.5 der DTV-Güter 2000/2011 unberührt.

3.2 Darüber hinaus sind ausgeschlossen Schäden

3.2.1 infolge behördlicher Maßnahmen aufgrund des Zustandes der versicherten Güter;

3.2.2 infolge gerichtlicher Verfügungen im Zusammenhang mit einem Zivilrechtsverfahren.

4 Kündigung

4.1 Die Versicherung der in Ziffer 1 bezeichneten Gefahren kann jederzeit mit einer Frist von zwei Tagen vor Beginn der Versicherung vom Versicherer schriftlich gekündigt werden.

Die Versicherung von lagernden Gütern – transportbedingte Zwischenlagerungen ausgenommen – kann auch nach Risikobeginn gekündigt werden; die Kündigung wird nach Ablauf der Kündigungsfrist zum deklarierten nächsten Ablauftermin, spätestens in vier Wochen wirksam.

4.2 Der Versicherungsnehmer kann innerhalb von vier Wochen nach der Kündigung des Versicherers seinerseits den ganzen Vertrag mit einer Frist von einer Woche schriftlich kündigen.

4.3 Die Kündigung des führenden Versicherers gilt gleichzeitig für alle Mitbeteiligten.

Die Beschlagnahmeklausel schließt die an sich ausgeschlossene Gefahr der Beschlagnahme gemäß Ziff. 2.4.1.3 DTV-Güter teilweise wieder ein. Zu den Definitionen der Begriffe Beschlagnahme; Entziehung und sonstiger Eingriff von hoher Hand siehe oben. 1

2 Der VN hat die in Ziff. 2 genannten Obliegenheiten einzuhalten wie die richtige und vollständige Deklaration, Ausstellung der Begleitpapiere und die Befolgung aller Ein-Ausfuhr- und Transitbestimmungen der berührten Länder. Die vorsätzliche oder grob fahrlässige Verletzung einer der genannten Obliegenheiten führt zur Leistungsfreiheit des VR.

3 Ausgeschlossen und unberührt bleiben die Kriegsgefahren aus Ziff. 3.1 wie auch die Ausschlussklauseln der Ziff. 2.4.1.1; Ziff. 2.4.1.2; Ziff. 2.4.1.4 bis 2.4.1.6 sowie Ziff. 2.5 der DTV-Güter. Zusätzlich ausgeschlossen sind die zivilrechtliche Pfändung der Güter, der Arrest und die einstweilige Verfügung gemäß Ziff. 3.2.2. ebenso die Beschlagnahme oder sonstige Maßnahmen aufgrund des Zustandes der Güter gemäß Ziff. 3.2.1. Unter letzteren sind etwa zoll- oder veterinärrechtliche Maßnahmen, wenn von den Gütern etwa mögliche Gefahren für die Gesundheit etc. ausgehen.

D. Klassifikations- und Altersklausel (Fassung 2011)

1 Die Bedingungen und sonstigen Vereinbarungen dieses Vertrages gelten für Verladungen mit folgenden stählernen Seeschiffen mit eigenem maschinellem Antrieb:

a) Massengutschiffe (bulk-carrier) und/oder Massengut-Mehrzweckschiffe (combination carrier) bis zum Alter von 10 Jahren;

b) Mineralöltanker über 50.000 BRT bis zu einem Alter von 10 Jahren;

c) sonstige Schiffe bis zu einem Alter von 15 Jahren.

Diese Schiffe müssen ohne Einschränkung wie folgt klassifiziert sein:

Germanischer Lloyd	**✠ 100 A 5**
Lloyd's Register	**100 A 1**
American Bureau of Shipping	**✠ A 1**
Bureau Veritas	**I ✠**
China Classification Society	**★ CSA 5/5**
Nippon Kaiji Kyokai	**NS ***
Korean Register of Shipping	**✠ KRS 1**
Norske Veritas	**✠ 1 A 1**
Registro Italiano Navale	**C ✠**
Russian Register	**KM ★**
Indian Register of Shipping	**卐 SUL**

2 Bei Verladungen mit nicht unter Ziffer 1 fallenden stählernen Seeschiffen mit eigenem maschinellem Antrieb gebührt dem Versicherer eine Zulageprämie.

Ziffer 7.2 DTV Güter 2000/2011 bleibt unberührt.

1 Die Schiffs- und Klassifikationsklausel für Seeschiff konkretisiert die Obliegenheit des VN in Bezug auf Seeschiffe, jeweils ein geeignetes Transportmittel auszuwählen, soweit er darauf Einfluss hat, vgl. Ziff. 7.1 DTV-Güter.

2 Erfüllen die Seeschiffe die o.g. Klassifikationen nicht, gelten sie ohne weiteres als nicht geeignet im Sinne der Ziff. 7.1 DTV-Güter mit der Rechtsfolge des Ziff. 7.2 DTV-Güter für den VN, sollte ihm dies bekannt sein oder er darauf einen Einfluss gehabt haben. Näheres vgl. unter der Kommentierung der Ziff. 7 DTV-Güter.

E. Bergungs- und Beseitigungsklausel

1 Im Falle eines versicherten Schadens leistet der Versicherer Ersatz für die Aufräumungskosten, für Aufwendungen zum Zwecke der Bergung und/oder Beseitigung sowie Vernichtung von versicherten Gütern bis zu ...... EUR je Schadenfall auf Erstes Risiko.

Soweit nichts anderes vereinbart ist, werden Aufwendungen und Kosten nach dieser Klausel zusammen mit anderen Entschädigungen nur im Rahmen der vereinbarten Maxima ersetzt. Die Regelung der Ziffer 2.3.3 DTV-Güter 2000/2011 bleibt unberührt.

2 Voraussetzung ist, dass

*** der Versicherungsnehmer die Aufwendungen und Kosten nach den Umständen für geboten halten durfte oder**

*** die Aufwendungen und Kosten durch die Befolgung behördlicher Anordnungen entstanden sind oder**

*** auf Weisungen des Versicherers beruhen.**

Der Versicherer leistet auch Ersatz, wenn eine zuständige Behörde nach der Beschädigung oder Zerstörung versicherter Güter deren Bergung und/oder Beseitigung/Vernichtung und/oder das Aufräumen des Schadenortes auf Kosten des Versicherungsnehmers veranlasst.

Werden nach dem Versicherungsfall auch unbeschädigte Güter auf behördliche Anordnungen hin geborgen und beseitigt/vernichtet oder veranlasst eine Behörde aufgrund gesetzlicher Bestimmungen die Bergung und/oder Beseitigung/Vernichtung unbeschädigter Güter, so besteht ebenfalls Versicherungsschutz.

3 Der Versicherer leistet keinen Ersatz für zusätzliche Aufwendungen zur Verhinderung oder Beseitigung von Umweltschäden, insbesondere der Verunreinigung von Luft, Wasser oder Boden.

4 Der Versicherer leistet nur insofern Ersatz, als eine Ersatzleistung nicht aus einem anderen Versicherungsvertrag beansprucht werden kann.

5 Mit der Ersatzleistung für die Aufwendungen und Kosten gemäß Ziffer 1 und 2 gehen Rechte an oder auf die beschädigten oder zerstörten Güter nicht auf den Versicherer über. Der Versicherer übernimmt auch keine Haftung aus dem Vorhandensein der beschädigten oder zerstörten Güter.

Im Falle einer Bergung, Beseitigung, Vernichtung beschädigter Güter leistet der VR im Rahmen der vereinbarten Maxima nach dieser Klausel Ersatz, soweit die übrigen Voraussetzungen eines Geboten-Haltens des VN, einer behördlichen Anordnung oder einer Weisung des VR hierzu vorlagen. **1**

Unter Bergung ist die Inbesitznahme der Güter zu verstehen, während die Beseitigung eine Inbesitznahme ist, wobei anschließend die Güter wie nahezu wertlose Güter behandelt werden.[1] **2**

Ausgeschlossen sind nach Ziff. 3 Aufwendungen zum Zwecke der Verhinderung und Beseitigung von Umweltschäden insbesondere des Boden, der Luft und des Wassers, die **3**

[1] Prölss/Martin/*Koller* Teil III Transportversicherung, S. 2728 Rn. 1.

meist erhebliche finanzielle Risiken in sich bergen. Weiterhin ist die Versicherung nach Ziff. 4 subsidiär zu jeder anderen eintrittspflichtigen Versicherung des VN.

4 Schließlich führen Aufwendungen auch nicht dazu, dass der VR Rechte oder Pflichten an den beschädigten oder zerstörten Gütern erwirbt.

F. Kriegswerkzeugklausel

1 Umfang der Versicherung

Mitversichert sind Verlust oder Beschädigung der versicherten Güter, die bei Land- und / oder Flusstransporten und damit zusammenhängenden Lagerungen durch Kriegswerkzeuge entstehen, wenn der Zustand des Krieges, Bürgerkrieges, kriegsähnlicher Ereignisse oder der feindlichen Verwendung von Kriegswerkzeugen beendet ist, die Transportwege als frei von Kriegswerkzeugen gelten und ein allgemeiner Verkehr wieder aufgenommen wurde.

2 Ausschlüsse

2.1 Von der Versicherung ausgeschlossen bleiben Verlust oder Beschädigung der versicherten Güter – und zwar ohne Rücksicht auf sonstige mitwirkende Ursachen – aus dem Vorhandensein von

- **Kernenergie oder sonstige ionisierende Strahlung;**
- **chemische, biologische, biochemische Substanzen oder elektromagnetische Wellen als Kriegswerkzeuge.**

2.2 Die Bestimmungen über ausgeschlossene Gefahren und Schäden gemäß den Ziffern 2.4 und 2.5 der DTV Güter 2000/2011 bleiben, soweit nichts anderes vereinbart ist, unberührt.

1 Die Kriegswerkzeugklausel schließt die Gefahr der Beschädigung und des Verlustes von Gütern duch Kriegswerkzeuge ausserhalb des Kriegszustandes wieder ein. Voraussetzung ist die Beendigung des Kriegszustandes und insbesondere der feindlichen Verwendung von Kriegswerkzeugen. Weitere Voraussetzung ist, dass der allgemeine Verkehr wieder aufgenommen wurde und die Transportwege nicht mehr durch Kriegswerkzeuge kontaminiert sind.

2 Mit Kriegswerkzeugen sind in erster Linie Minen und andere Explosivstoffe wie Granaten, Munition, Bomben und Blindgänger gemeint. Es fallen aber auch andere Waffen und Militärgeräte darunter, ebenso wie Fahrzeuge, die vom Wortlaut des Kriegswerkzeuges umfasst sind.

3 Darlegungs- und beweisbelastet für die Tatbestandsvoraussetzungen der Ziff. 1 ist der VN, nachdem diese zu den anspruchsbegründenden Tatsachen des Wiedereinschlusses gehören.

4 Die Versicherung ist hingegen beweisbelastet für das Vorliegen der Ausschlusstatsachen der Ziff. 2.1 und 2.2. Die Ursachen von Kernenergie und sonstiger Strahlung, wie biologischer und chemischer Kampfstoffe sind ohne Rücksicht auf mitwirkende Ursachen als Gefahren ausgeschlossen.

G. Isotopenklausel

1 Umfang der Versicherung

In Abänderung von Ziffer 2.4.1.5 der DTV Güter 2000/2011 sind Schäden an den versicherten Gütern versichert, wenn sie durch radioaktive Isotope (außer Kernbrennstoff) entstanden sind, soweit solche Isotope für kommerzielle, landwirtschaftliche, medizinische, wissenschaftliche oder andere ähnliche friedliche Zwecke bereit gestellt, transportiert, gelagert oder genutzt werden.

2 Die Bestimmungen über ausgeschlossene Gefahren und Schäden gemäß Ziffern 2.4.1.1 bis 2.4.1.4, 2.4.1.6 sowie 2.5 der DTV Güter 2000/2011 bleiben unberührt.

Die Vereinbarung der Isotopenklausel schließt die Versicherung der Gefahr von radioaktiven Isotopen wieder ein, soweit die Isotope keinen kriegerischen dh. militärischen oder sonstigen unfriedlichen Zwecken, sondern allein medizinischen, kommerziellen, landwirtschaftlichen oder wissenschaftlichen Zwecken dienen. Dies folgt aus dem Umkehrschluss der Aufzählung sonstiger friedlicher Zwecke aus Ziff. 1. **1**

Im Übrigen bleiben die ausgeschlossenen Gefahren des Krieges, der Verwendung von Isotopen als Waffen mit gemeingefährlicher Wirkung und der Kernenergie und sonstiger ionisierender Strahlung unberührt. **2**

H. Bewegungs- und Schutzkostenklausel

1 Der Versicherer ersetzt, sofern nichts anderes vereinbart ist, die infolge eines versicherten Schadens notwendigen Aufwendungen, die dadurch entstehen, dass zum Zwecke der Wiederherstellung oder des Schutzes von versicherten Gütern andere Sachen bewegt, verändert oder geschützt werden müssen.

Bewegungs- und Schutzkosten sind insbesondere Aufwendungen für De- oder Remontage von Maschinen, für Durchbruch, Abriss oder Wiederaufbau von Gebäudeteilen oder für das Erweitern von Öffnungen.

Die Ersatzleistung des Versicherers ist begrenzt mit ... EUR je Schadenfall auf Erstes Risiko.

Soweit nichts anderes vereinbart ist, werden Aufwendungen und Kosten nach dieser Klausel zusammen mit anderen Entschädigungen nur im Rahmen der vereinbarten Maxima ersetzt. Die Regelung der Ziffer 2.3.3 DTV-Güter 2000/2011 bleibt unberührt.

2 Der Versicherer leistet keinen Ersatz für zusätzliche Aufwendungen zur Verhinderung oder Beseitigung von Umweltschäden, insbesondere der Verunreinigung von Luft, Wasser oder Boden.

3 Der Versicherer leistet nur insofern Ersatz, als eine Ersatzleistung nicht aus einem anderen Versicherungsvertrag beansprucht werden kann.

4 Mit der Ersatzleistung für die Aufwendungen und Kosten gemäß Ziffer 1 gehen Rechte an oder auf die beschädigten oder zerstörten Güter nicht auf den Versicherer über. Der Versicherer übernimmt auch keine Haftung aus dem Vorhandensein der beschädigten oder zerstörten Güter.

Die Bewegungs- und Schutzklausel schließt aufgrund ihrer Vereinbarung notwendige Aufwendungen zum Schutz oder zum Zwecke der Wiederherstellung versicherter Güter ein, falls dadurch andere Sachen bewegt oder verändert werden müssen. **1**

2 Versichert sind insbesondere Aufwendungen für die Montage und Demontage von Maschinen, das Erweitern von Öffnungen und der Abriss und Wiederaufbau von Gebäudeteilen gemäß Ziff. 1.

3 Wie auch bereits bei der Bergungsklausel werden die Aufwendungen für Bewegung und Schutz nur im Rahmen der vereinbarten Maxima für Aufwendungen insgesamt erstattet. Ausgeschlossen bleiben wie auch dort Aufwendungen für Umweltschäden aller Art. Auch dieser Versicherungsschutz ist streng subsidiär zu Versicherungsschutz, der dem VN aus anderen Verträgen ganz oder teilweise eine überschneidende Deckung bietet.

4 Wie im Rahmen der Bergungsklausel auch sind der Erwerb von Rechten und Pflichten des VR an beschädigten oder zerstörten Güter gemäß Ziff. 4 aufgrund der Zahlung von Aufwendungen ausgeschlossen.

I. Schutz- und Konditionsdifferenzversicherungsklausel

1 Subsidiarität

1.1 Schutzversicherung

Im Rahmen des zugrundeliegenden Vertrages besteht subsidiärer Versicherungsschutz bei Transporten, für die der Versicherungsnehmer nicht oder nur teilweise die Gefahr trägt oder die er aufgrund der Liefervereinbarungen nicht zu versichern hat. Gleiches gilt, wenn der Versicherungsnehmer durch Gesetz oder hoheitliche Verfügung zur Eindeckung des Versicherungsschutzes bei einem anderen Versicherer verpflichtet ist.

1.2 Konditionsdifferenzversicherung

Entsprechen der Deckungsumfang und/oder die Versicherungs-/Haftungssummen einer anderen Versicherung nicht den Bedingungen des zugrundeliegenden Güterversicherungsvertrages, so ist die Differenz in Konditionen und Limits mitversichert.

Die Ziffern 1.1 sowie 2 bis 6 dieser Klausel gelten entsprechend.

2 Eigenes Interesse

Diese Schutzversicherung deckt nach Maßgabe der zugrundeliegenden Güterversicherung lediglich das eigene Interesse des Versicherungsnehmers. Sie kann für einen von dieser Police gedeckten Schaden nur von ihm in Anspruch genommen werden.

3 Ersatzleistung

3.1 Importe

Besteht eine anderweitige Versicherung oder sind CIF oder CIP gekaufte Güter vertragswidrig nicht versichert worden, ist der Versicherer für einen von dieser Police gedeckten Schaden ersatzpflichtig unabhängig davon, ob der anderweitige Versicherer in die Schadenregulierung eintritt.

3.2 Versicherungspflicht

Im Falle der Versicherungspflicht bei einem anderen Versicherer gilt Ziffer 3.1 entsprechend.

3.3 Exporte

Der Versicherer ist zur Leistung eines durch die Police gedeckten Schadens nur insoweit verpflichtet, als der Versicherungsnehmer die Zahlung des fälligen Kaufpreises oder die

Vergütung der von ihm geleisteten Havarie-grosse Zahlungen mit zumutbaren kaufmännischen Mitteln nicht erreichen kann

4 Abtretungsverbot

Eine Abtretung der Rechte aus dieser Versicherung ist unzulässig, außer an diejenige Bank, die den Kaufpreis für das versicherte Gut bevorschusst hat. Im Falle der Veräußerung importierter Güter gilt Ziffer 14 DTV-Güter 2000/2011 zugunsten des Erwerbers entsprechend.

5 Pflichten des Versicherungsnehmers

5.1 Verschwiegenheitspflicht

Der Versicherungsnehmer ist verpflichtet, außer der bevorschussenden Bank oder einem Erwerber bei Importen keinem Dritten von dieser Versicherung Kenntnis zu geben

Verletzt der Versicherungsnehmer diese Obliegenheit vor oder nach Eintritt des Versicherungsfalls vorsätzlich oder grob fahrlässig, ist der Versicherer ohne gesonderte Mitteilung dieser Rechtsfolgen an den Versicherungsnehmer von der Verpflichtung zur Leistung frei. Abweichend von Satz 1 bleibt der Versicherer zur Leistung verpflichtet, soweit die Verletzung der Obliegenheit weder für den Eintritt oder die Feststellung des Versicherungsfalls noch für die Feststellung oder den Umfang der Leistungspflicht des Versicherers ursächlich war.

5.2 Rechtsübergang, Rechtewahrung

Die auf den Versicherer aufgrund von Schadenzahlungen übergegangenen Rechte sind vom Versicherungsnehmer im eigenen Namen, aber im Einvernehmen mit dem Versicherer, geltend zu machen.

Bei Vorliegen einer anderen Versicherung hat der Versicherungsnehmer alle Rechte gegenüber diesem Versicherer zu wahren und den Schaden nach den Weisungen des Versicherers dieser Police selbst oder durch Dritte geltend zu machen. Gleiches gilt für Ansprüche gegenüber der Vertragspartei des Versicherungsnehmers.

Eine Leistung des anderen Versicherers oder eines regresspflichtigen Dritten ist dem Versicherer dieser Schutzversicherung unverzüglich zur Verfügung zu stellen.

5.3 Kosten

Die Kosten der Geltendmachung übergegangener Rechte oder die Inanspruchnahme eines anderen Versicherers oder Dritten trägt der Versicherer dieses Vertrages.

6 Prämie

Die vereinbarte Prämie ist zu zahlen.

Die Schutz- und Konditionendifferenzklausel hat zum Ziel, dem VN, der an und für sich weder die Transportgefahr trägt, noch vertraglich zur Eindeckung von Versicherungsschutz verpflichtet ist, trotzdem einen subsidiären Versicherungsschutz seiner Interessen an einer leistungsfähigen Transportversicherung zu gewähren. **1**

Das Interesse des VN kann etwa gemäß Ziff. 3 bei Exporten sein, dass er trotz Untergangs der Waren keinen Kaufpreis erhält. Voraussetzung ist, dass dieses Ziel mit zumutbaren Mitteln für ihn nicht erreichbar ist. Bei Importen ist der VR leistungspflichtig, wenn bei CIF oder CIP gekauften Waren eine anderweitige Versicherung vertragswidrig nicht eingedeckt wurde. **2**

3 Eingedeckt kann nur das eigene Interesse jeweils werden, eine Fremdversicherung ist gemäß Ziff. 2 ausgeschlossen.

4 Darüber hinaus unterliegt der VN einem Abtretungsverbot der Versicherungsansprüche gegenüber Dritten mit Ausnahme der den Kaufpreis bevorschussenden Bank, vgl. Ziff. 4. Ebenso unterliegt der VN einer besonderen Verschwiegenheitspflicht über die Versicherung, vgl. Ziff. 5, ebenso wie beim Rechtsübergang der VN verpflichtet ist, auf Kosten des VR auf diesen übergegangene Ansprüche im eigenen Namen geltend zu machen. Diese Regelungen dienen jeweils dem Zweck, gegenüber Dritten nicht offen legen zu müssen, dass der geltend gemachte Schaden über die Schutz- und Konditionsdifferenzversicherungsklausel gedeckt ist.

J. Güterfolgeschadenklausel

1 Gegenstand der Versicherung

Mitversichert sind die im Geschäftsbetrieb des Versicherungsnehmers im nachstehend beschriebenen Umfang eintretenden Güterfolgeschäden, die als unmittelbare Folge auf einen ersatzpflichtigen Güterschaden zurückzuführen sind.

2 Versichertes Interesse

Versichert ist ausschließlich das eigene Interesse des Versicherungsnehmers.

3 Güterfolgeschaden

3.1 Ein Güterfolgeschaden liegt vor, wenn die Verwendung der versicherten Güter infolge eines nach den Bedingungen der zugrunde liegenden Transportversicherung gedeckten Schadens beeinträchtigt oder nicht mehr möglich ist und dadurch der Aufwand an fortlaufenden Kosten zur Fortführung des Betriebes nicht erwirtschaftet werden konnte.

3.2 Kosten werden nur ersetzt, soweit ihr Weiteraufwand rechtlich notwendig oder wirtschaftlich begründet ist.

3.3 Unter die versicherten Kosten fallen nicht Aufwendungen für Roh-, Hilfs- und Betriebsstoffe und für bezogene Waren einschließlich Fiskalabgaben gleich welcher Art;

4 Nicht versicherte Gefahren, nicht ersatzpflichtige Schäden

4.1 Nicht versichert sind die in Ziffern 2.4.1.1 bis 2.4.1.6 der DTV Güter 2000/2011 genannten Gefahren sowie die Schäden gemäß Ziffern 2.5.1.1 bis 2.5.1.5 der DTV Güter 2000/2011. Dieser Ausschluss gilt auch dann, wenn die genannten Gefahren und Schäden in der zugrunde liegenden Gütertransportversicherungspolice ganz oder teilweise mitversichert sind.

4.2 Ferner ist nicht versichert der Güterfolgeschaden, soweit er zurückzuführen ist auf

4.2.1 eine drohende oder bereits eingetretene Verseuchung oder Gesundheitsgefährdung oder behördlich angeordnete Betriebsbeschränkung oder

4.2.2 finanzielles Unvermögen des Versicherungsnehmers oder

4.2.3 Änderungen oder reguläre Wartungsarbeiten anlässlich der Wiederherstellung oder Wiederbeschaffung beschädigter oder verloren gegangener Güter.

5 Selbstbehalt

Der Versicherungsnehmer trägt von jedem ersatzpflichtigen Güterfolgeschaden EUR ... selbst.

6 Höchstentschädigung

Der Versicherer ersetzt versicherte Schäden auf Erstes Risiko in der nachgewiesenen Höhe unter Berücksichtigung eines vereinbarten Selbstbehaltes.

Die Entschädigung ist begrenzt auf

6.1 EUR ... je Schadenfall

und

6.2 EUR ... je Schadenereignis

und

6.3 EUR ... für alle Schadenereignisse

eines Versicherungsjahres.

7 Prämie

Die Prämie ist im zugrunde liegenden Güterversicherungsvertrag aufgeführt.

8 Obliegenheiten

8.1 Schadenanzeige

Sobald der Versicherungsnehmer vom Eintritt eines Transportschadens Kenntnis erlangt und ein daraus resultierender Güterfolgeschaden unmittelbar droht oder eingetreten ist, hat er dem Versicherer unverzüglich Anzeige zu erstatten.

8.2 Schadenabwendung und -minderung

Durch rechtzeitige Reparatur und/oder Um- bzw. Ersatzdisposition hat der Versicherungsnehmer für die Abwendung oder Minderung des Güterfolgeschadens zu sorgen und dabei, soweit möglich und zumutbar, Weisungen des Versicherers einzuholen und zu befolgen.

Notwendige Maßnahmen, die der Versicherungsnehmer den Umständen nach für geboten halten durfte, jedoch nicht rechtzeitig mit dem Versicherer abstimmen konnte, sind dem Versicherer unverzüglich mitzuteilen.

Dem Versicherungsnehmer obliegt es insbesondere auch, mögliche Ersatzansprüche gegen Dritte zu sichern.

8.3 Rechtsfolgen von Obliegenheitsverletzungen

Verletzt der Versicherungsnehmer eine der in Ziffern 8.1 und 8.2 genannten Obliegenheiten vorsätzlich oder grob fahrlässig, ist der Versicherer ohne gesonderte Mitteilung dieser Rechtsfolgen an den Versicherungsnehmer von der Verpflichtung zur Leistung frei. Der Versicherer bleibt zur Leistung verpflichtet, soweit die Verletzung der Obliegenheit weder für die Feststellung des Versicherungsfalls noch für die Feststellung oder den Umfang der Leistungspflicht des Versicherers ursächlich war.

9 Ersatz der Aufwendungen zur Schadenabwendung und -minderung

9.1 Der Versicherer ersetzt ferner die Aufwendungen und Kosten, die dem Versicherungsnehmer gemäß Ziffer 8.2 zur Abwendung oder Minderung eines ersatzpflichtigen

Güterfolgeschadens entstehen, soweit diese nicht bereits als Aufwendungen unter der zugrunde liegenden Transportversicherung zum Ersatz gelangen.

9.2 Aufwendungen und Kosten zur Schadenabwendung bzw. -minderung werden auch ersetzt, soweit sie erfolglos bleiben und/oder zusammen mit der Entschädigung die vorgesehene Versicherungssumme übersteigen. Für ohne Weisung des Versicherers aufgewendete Kosten gilt jedoch insgesamt eine Entschädigungsobergrenze in Höhe von .... EUR je Schadenereignis.

10 Kündigung im Schadenfall

Nach Eintritt eines Versicherungsfalls können beide Parteien den Versicherungsvertrag kündigen. Die Kündigung ist schriftlich zu erklären. Sie muss spätestens einen Monat nach dem Abschluss der Verhandlungen über die Entschädigung zugehen. Der Versicherer hat eine Kündigungsfrist von einem Monat einzuhalten. Kündigt der Versicherungsnehmer, so kann er bestimmen, dass seine Kündigung sofort oder zu einem späteren Zeitpunkt wirksam wird, jedoch spätestens zum Schluss der laufenden Versicherungsperiode.

11 Schlussbestimmung

Im Übrigen finden die Bestimmungen der DTV-Güter 2000/2011 Anwendung.

1 Die Güterfolgeschadenklausel findet dort Anwendung, wo ein bedingungsgemäßer Güterfolgeschaden versichert werden soll. Güterfolgeschäden sind zunächst alle kausalen Schäden über den Güterschaden hinaus, die auf aus dem schädigenden Ereignis herrühren.

2 Dieser weite Güterfolgeschadensbegriff erfährt in Ziff. 1 zunächst die Einschränkung auf lediglich alle unmittelbaren Folgeschäden in Ziff. 1. Der Begriff der Unmittelbarkeit ist seinerseits von Unschärfen geprägt und liegt jedenfalls dann vor, wenn der Güterschaden direkt den Folgeschaden bedingt und nicht zunächst ein weiteres Ereignis, in dessen Folge erst der Güterfolgeschaden verursacht wird. Dies ist etwa beim typischen entgangenen Gewinn der Fall. Aus Ziff. 3 folgt auch, dass beispielsweise der Bandstillstand infolge eines Güterverlustes einer zum Betrieb erforderlichen Maschine grundsätzlich als unmittelbarer Folgeschaden versichert ist.

3 Aus Ziff. 3 folgen allerdings Einschränkungen der Höhe nach. So ist ein solcher Bandstillstandsschaden wie auch jeder andere Folgeschaden der Höhe nach auf die für den Weiterbetrieb notwendigen Betriebskosten beschränkt: Der Betriebsgewinn selbst ist nicht versichert, ebenso wenig wie etwa Aufwendungen zwecks Vermeidung einer Abwanderung von Kunden.[1] Versichert sind allerdings z.B. die Gehälter der Arbeitnehmer und sonstige Kosten für Dauerschuldverhältnisse.[2]

4 Der Aufwand für den Weiterbetrieb ist nur auf die notwendigen Kosten beschränkt, Ziff. 3.2. Ausgeschlossen sind die Kosten für Roh- Hilfs- und Betriebsstoffe sowie für bezogene Waren und Fiskalabgaben, vgl. Ziff. 3.3.

5 Ausgeschlossen bleiben die in Ziff. 2.4.1–2.4.1.6 ausgeschlossenen Gefahren des Krieges, Streiks, der Beschlagnahme, der Kernenergie und der Zahlungsunfähigkeit des Reeders, auch wenn einzelne dieser Gefahren in besonderen Klauseln wieder mit eingeschlossen werden, vgl. Ziff. 4.

---

[1] Prölss/Martin/*Koller* Teil III Transportversicherung, S. 2731 Rn. 1.

[2] Prölss/Martin/*Koller* Teil III Transportversicherung, S. 2731 Rn. 1.

Ziff. 8 regelt die besonderen Obliegenheiten der unverzüglichen Schadensmeldung, einer Schadensabwendungs- und minderungspflicht, sowie der Sicherung von Regressansprüchen, bei deren grob fahrlässiger oder vorsätzlicher Verletzung der VR leistungsfrei ist. Diese gehen einher mit einer in Ziff. 9 geregelten Aufwendungsersatzpflicht des VR für – auch erfolglos gebliebene – Schadensabwendungsmaßnahmen.

K. Vermögensschadenklausel

1 Gegenstand der Versicherung

Gegenstand der Versicherung sind nach den Bedingungen dieser Klausel Vermögensschäden gemäß Ziffer 3, die in Folge eines nach dem Güterversicherungsvertrag versicherten Transportes eintreten und nicht mit einem Güterschaden zusammenhängen (reine Vermögensschäden), sofern ein an diesem Transport beteiligter Verkehrsträger im Rahmen eines üblichen Verkehrsvertrages nach deutschem Recht dem Grunde nach haftet.

2 Versichertes Interesse

Versichert ist ausschließlich das eigene Interesse des Versicherungsnehmers.

3 Vermögensschäden

Versichert sind ausschließlich Verspätungsschäden und Schäden aus Nachnahmefehlern.

4 Nicht versicherte Gefahren, nicht ersatzpflichtige Schäden

4.1 Ausgeschlossen sind die Gefahren

4.1.1 des Krieges, Bürgerkrieges oder kriegsähnlicher Ereignisse und solche, die sich unabhängig vom Kriegszustand aus der feindlichen Verwendung von Kriegswerkzeugen sowie aus dem Vorhandensein von Kriegswerkzeugen als Folge einer dieser Gefahren ergeben;

4.1.2 von Streik, Aussperrung, Arbeitsunruhen, terroristischen oder politischen Gewalthandlungen, unabhängig von der Anzahl der daran beteiligten Personen, Aufruhr und sonstigen bürgerliche Unruhen;

4.1.3 der Beschlagnahme, Entziehung oder sonstiger Eingriffe von hoher Hand;

4.1.4 aus der Verwendung von chemischen, biologischen, biochemischen Substanzen oder elektromagnetischen Wellen als Waffen mit gemeingefährlicher Wirkung, und zwar ohne Rücksicht auf sonstige mitwirkende Ursachen.

4.1.5 der Kernenergie oder sonstiger ionisierender Strahlung;

4.1.6 der Zahlungsunfähigkeit und des Zahlungsverzuges des Reeders, Charterers oder Betreibers des Schiffes oder sonstiger finanzieller Auseinandersetzungen mit den genannten Parteien, es sei denn, dass

- **der Versicherungsnehmer nachweist, dass er die genannten Parteien oder den beauftragten Spediteur mit der Sorgfalt eines ordentlichen Kaufmanns ausgewählt hat;**
- **der Versicherungsnehmer bzw. Versicherte der Käufer ist und nach den Bedingungen des Kaufvertrags keinen Einfluss auf die Auswahl der am Transport beteiligten Personen nehmen konnte.**

4.2 Der Versicherer leistet keinen Ersatz für

4.2.1 Personenschäden und daraus resultierende Folgeschäden

4.2.2 Vertragsstrafen (Pönale) und/oder pauschalierten Schadenersatz;

4.2.3 Schäden aus Nichteinhaltung unangemessener Lieferfristen bzw. -garantien;

4.2.4 Schäden im Zusammenhang mit der Erstattung oder Gewährung von Subventionen, staatlichen oder überstaatlichen Steuervorteilen oder sonstigen Förderungen;

4.2.5 Schäden aus Preisdifferenzen oder nicht realisierten Mehrwerten der transportierten Güter, sowie Wechselkursschwankungen;

4.2.6 Schäden im Zusammenhang mit stornierten, geänderten oder ausbleibenden Folgeaufträgen;

4.2.7 Schäden im Zusammenhang mit Finanzierungen;

4.2.8 Kosten der Rechtsverfolgung;

4.2.9 Schäden im Zusammenhang mit Zöllen oder sonstigen Forderungen von Zollbehörden.

5 Selbstbehalt

Der Versicherungsnehmer trägt von jedem ersatzpflichtigen Vermögensschaden EUR … selbst.

6 Höchstentschädigung

Der Versicherer ersetzt versicherte Schäden auf Erstes Risiko in der nachgewiesenen Höhe unter Berücksichtigung eines vereinbarten Selbstbehaltes.
Die Entschädigung ist begrenzt auf
6.1 EUR … je Schadenfall
und
6.2 EUR … je Schadenereignis
und
6.3 EUR … für alle Schadenereignisse
eines Versicherungsjahres.

7 Prämie

Die Prämie ist im zugrunde liegenden Güterversicherungsvertrag aufgeführt.

8 Obliegenheiten

8.1 Sobald der Versicherungsnehmer davon Kenntnis erlangt, dass ein Vermögensschaden unmittelbar droht oder eingetreten ist, hat er dem Versicherer unverzüglich Anzeige zu erstatten

8.2 Verletzt der Versicherungsnehmer eine der in Ziffern 8.1 dieser Klausel oder eine der in Ziffer 15.2, 15.4 und 15.6 DTV Güter 2000/2011 genannten Obliegenheiten vorsätzlich oder grob fahrlässig, ist der Versicherer ohne gesonderte Mitteilung dieser Rechtsfolgen an den Versicherungsnehmer von der Verpflichtung zur Leistung frei. Abweichend von Satz 1 bleibt der Versicherer zur Leistung verpflichtet, soweit die Verletzung der Obliegenheit weder für den Eintritt oder die Feststellung des Versicherungsfalls noch für die Feststellung oder den Umfang der Leistungspflicht des Versicherers ursächlich war.

9 Kündigung im Schadenfall

Nach Eintritt eines Versicherungsfalls können beide Parteien den Versicherungsvertrag kündigen. Die Kündigung ist schriftlich zu erklären. Sie muss spätestens einen Monat nach dem Abschluss der Verhandlungen über die Entschädigung zugehen. Der Versicherer hat eine Kündigungsfrist von einem Monat einzuhalten. Kündigt der Versicherungsnehmer, so kann er bestimmen, dass seine Kündigung sofort oder zu einem späteren Zeitpunkt wirksam wird, jedoch spätestens zum Schluss der laufenden Versicherungsperiode.

10 Schlussbestimmung

Im Übrigen finden die Bestimmungen der Ziffern 3 bis 5 der DTV Güter 2000/2011 Anwendung.

Die Vermögensschadenklausel bietet Versicherungsschutz ausschließlich für beim VN selbst eingetretenen Vermögensschäden, die aus einer frachtrechtlichen Verspätung oder aus einem Nachnahmefehler herrühren, vgl. Ziff. 3. Dies folgt aus der Einschränkung in Ziff. 1, wonach neben der Voraussetzung, dass es sich um einen versicherten Transport handeln muss, auch eine Haftung eines am Transport beteiligten Verkehrsträgers nach deutschem Recht vorliegen muss, Ziff. 1. 1

Die frachtrechtliche Verspätungshaftung infolge Lieferfristüberschreitung findet sich für innerstaatliche Beförderungen in § 425 Abs. 1 i.V.m § 423 HGB und ist der Höhe nach auf den 3-fachen Satz der Fracht beschränkt, § 431 Abs. 3 HGB. Darüber hinaus enthält das internationale Einheitsrecht aufgeteilt nach Verkehrsträgern insbesondere im grenzüberschreitenden LKW-Verkehr nach der CMR eine beschränkte Haftung für Lieferfristüberschreitungen, vgl. Art. 17 Ziff. 1 CMR. Gleiches gilt für die grenzüberschreitende Luftfracht nach Art. 19 MÜ oder je nach Anwendung des Warschauer Abkommens in seinen verschiedenen Fassungen, während dem reinen Seefracht recht eine eigenständige Verspätungshaftungsregelung weiterhin fremd ist. 2

Als weitere Einschränkung werden nur Verspätungsfolgeschäden, bei denen es sich immer nur um reine Vermögensschäden handelt, ersetzt. Sie dürfen auch nicht mit einem Güterschaden zusammenhängen, insbesondere darf die Verspätung nicht durch einen Güterschaden bedingt sein und der Güterschaden nicht durch eine Verspätung verursacht sein.[1] In beiden Fällen liegt jeweils der ausgeschlossene Zusammenhang zu einem Güterschaden vor. 3

Zu Schäden aus Nachnahmefehlern vgl. § 422 HGB. Der Frachtführer haftet bei Fehlern einer vereinbarten Nachnahme verschuldensunabhängig für den entstehenden Vermögensschaden, allerdings begrenzt auf den Nachnahmebetrag.[2] 4

Versichert werden kann ausschließlich das eigene Interesse des VN. Mithin muß ihm der Vermögensschaden entstanden sein.[3] 5

Gemäß Ziff. 4.1 sind zunächst die bereits in Ziff. 2.4.1–2.4.6 DTV-Güter ausgeschlossenen Gefahren auch im Bereich der Vermögensschadenklausel ausgeschlossen. Insoweit wird auf die Kommentierung der inhaltsgleichen Ausschlüsse verwiesen. 6

---

1 Zur Abgrenzung des Güterschadens vom Verspätungsschaden vgl. *Koller* Transportrecht, § 425 Rn. 91.

2 Vgl. näher *Koller* Transportrecht, § 422 Rn. 1ff.

3 Prölss/Martin/*Koller* Teil III. Transportversicherung, S. 2738 Rn. 1.

7 In der folgenden Ziff. 4.2 kommen als weitere Gefahrenausschlüsse noch Vermögensschaden aus Personenschäden und aus diesen resultierende Folgeschäden hinzu. Gleiches gilt für Vermögensschaden aus Vertragsstrafen.

8 Der Ausschluss für unangemessene Lieferfristvereinbarungen – und Garantien liegen dort vor, wo ein ordentlicher Frachtführer zum Zeitpunkt des Vertragsschlusses bereits absehen kann, dass es ihm trotz verkehrserforderlicher Sorgfalt nicht gelingen wird, die Frist, bzw. Garantie einzuhalten.[4]

9 Auch Schäden im Zusammenhang mit Subventionen, Finanzierungen, Zöllen, Rechtsverfolgung sowie stornierten oder geänderten Folgeaufträgen bleiben nach Ziff. 4.2.4–4.2.9 ausgeschlossen.

10 Gemäß Ziff. 8 unterliegt der VN einer unverzüglichen Anzeigeobliegenheit nach Kenntniserlangung des drohenden Vermögensschadens, infolge dessen grobfahrlässiger oder vorsätzlicher Verletzung der VR leistungsfrei wird.

11 Beiden Parteien steht nach Ziff. 9 ein schriftliches Kündigungsrecht im Schadensfall zu, dass innerhalb einer Monatsfrist seit Abschluss der Verhandlungen über die Entschädigung zugehen muss.

---

[4] Prölss/Martin/*Koller* Teil III. Transportversicherung, S. 2738 Rn. 1.

Besondere Bedingungen für die Versicherung von Umzugsgut

1 Grundlage der Versicherung

Wird im Rahmen der DTV-Güter 2000/2011 volle Deckung Umzugsgut versichert, finden die nachfolgenden besonderen Bedingungen Anwendung.

2 Versichertes Umzugsgut

2.1 Umzugsgut sind alle Gegenstände, die nach der allgemeinen Auffassung als Teile einer Wohnungs- oder Büroeinrichtung anzusehen sind.

2.2. Nicht versichert sind

2.2.1 Tiere, Pflanzen, Schmucksachen und Edelsteine, Perlen, Geld, ungemünzte Edelmetalle, Wertpapiere und Urkunden,

2.2.2 Lebens- und Genussmittel

3 Obliegenheiten

3.1 Dem Versicherungsnehmer obliegt es, dafür zu sorgen, dass

3.1.1 der Umzug von einem Möbelspediteur durchgeführt wird und die Verpackung durch erfahrene Packer des Möbelspediteurs erfolgt;

3.1.2 bei Landtransporten Spezialmöbelwagen benutzt werden, sofern nicht durch besondere Vereinbarungen auch Beförderungen mit anderen Transportmitteln zugelassen sind;

3.1.3 bei Seetransporten das Umzugsgut in Kisten, Liftvans oder geschlossenen und unbeschädigten Containern beanspruchungsgerecht verpackt und gestaut und Kisten und Liftvans unter Deck verladen werden.

3.2 Verletzt der Versicherungsnehmer eine dieser oder sonst vertraglich vereinbarte Obliegenheiten vorsätzlich oder grob fahrlässig, ist der Versicherer von der Leistung frei, es sei denn, die Verletzung war nicht ursächlich für den Eintritt des Versicherungsfalls oder den Umfang der Leistungspflicht.

4 Nicht ersatzpflichtige Schäden

Der Versicherer leistet keinen Ersatz für Schäden verursacht durch Leimlösungen, Verkratzen, Verschrammen, Druckstellen, Rissig- und Blindwerden von Politur, Farb- Lack-, und Emaille-Absplitterungen, Rost, Oxydation, Fadenbruch bei Röhren und Beleuchtungskörpern, Nichtfunktionieren von Uhren, Radio-, Fernseh-, und sonstigen Apparaten, Geräten, Instrumenten und dgl., es sei denn, dass diese Schäden als unmittelbare Folge eines versicherten Ereignisses durch den Versicherungsnehmer nachgewiesen werden.

5 Dauer der Versicherung

5.1 Die Versicherung beginnt mit der Übernahme des Umzugsguts durch den Möbelspediteur, insbesondere mit dem Abmontieren, Auseinandernehmen und Einpacken des Umzugsguts und

5.2 endet, sobald das Auspacken, Zusammensetzen, Anbringen und Aufstellen des Umzugsguts durch den Möbelspediteur beendet ist.

5.3 Mitversichert sind nur transportbedingte Zwischenlagerungen und zwar bis zu der im Versicherungsvertrag vereinbarten Dauer.

6 Versicherungswert

6.1 Soweit nichts anderes vereinbart, ist Versicherungswert der Zeitwert. Zeitwert ist der Neuwert mit einem angemessenen Abzug für Alter und Nutzung. Ein persönlicher Liebhaberwert ist nicht versicherbar.

6.2 Für Kunstgegenstände wie Gemälde, Skulpturen und dgl., echte Teppiche und Pelze, Silbersachen, antikes Porzellan und sonstige hochwertige Gegenstände gilt als Versicherungswert die gesondert vereinbarte Versicherungssumme.

7 Ersatzleistung

Der Versicherer ersetzt

7.1 im Falle des Verlustes den Versicherungswert des betreffenden Teiles des versicherten Umzugsgutes;

7.2 bei beschädigten Sachen die notwendigen Reparaturkosten zum Zeitpunkt des Versicherungsfalles, zuzüglich einer etwa verbleibenden Wertminderung, höchstens jedoch den Versicherungswert. Restwerte werden angerechnet.

7.3 Nicht ersetzt werden Kosten zur Wiederbeschaffung verlorener oder beschädigter Daten auf Datenträgern.

1 Die DTV-Umzugsklausel findet dort Anwendung wo Gegenstand der Transportversicherung Umzugsgut im Sinne der Ziff. 2 ist. Als Umzugsgut ist eine Sachgesamtheit anzusehen, die bereits Teil einer Wohnung oder Büroeinrichtung gewesen ist und auch weiterhin diesen Zweck erfüllen soll.[1]

2 Einen objektiven Risikoausschluss statuieren hier die Ziff. 2.2.1 und 2.2.2 für die darin enthaltenen Gegenstände wie Tiere, Pflanzen, Geld, Wertpapiere, Schmuck, Edelmetalle, Wertpapiere und Urkunden, mithin insbesondere Wertsachen von unkalkulierbarem Wert. Der Ausschluss ist aber wertunabhängig, auf den Wert der einzelnen Gegenstände kommt es nicht an.

3 Ziff. 3 statuiert spezielle Obliegenheiten insbesondere in der Auswahl und Beaufsichtigung der ausführenden Unternehmen, die bei mindestens grob fahrlässiger Missachtung durch den VN zur ganz- bzw. teilweisen Leistungsfreiheit führen. Dem VN obliegt nur eine sorgfältige Beauftragung und angemessene Überwachung des beauftragten Spediteurs.[2] Es reicht aus, wenn dieser sich als Möbelspediteur selbst im Außenauftritt bezeichnet, eine zwingende Verwendung von Spezialmöbelwagen ist zwar Zeichen eines Möbelspediteurs, aber nicht Voraussetzung für dessen Eigenschaft als solcher, vgl. Ziff. 3.1.2.[3]

4 Ziff. 4 nimmt bestimmte möbelspezifische Risiken von der grundsätzlichen Allgefahrendeckung der Transportversicherung wieder aus. Sind diese – ohne unmittelbares Wirken eines versicherten Ereignisses – Ursache von Schäden, sind diese nicht versichert. Nachweispflichtig für die unmittelbare Ursache eines versicherten Ereignisses wie etwa

---

[1] Prölss/Martin/*Koller* Teil III Transportversicherung, S. 2740 Rn. 1.

[2] Prölss/Martin/*Koller* Teil III Transportversicherung, S. 2740 Rn. 2.

[3] Prölss/Martin/*Koller* Teil III Transportversicherung, S. 2740 Rn. 2.

eines unsachgemäßen Behandelns durch die Leute des Spediteurs oder anderer gesetzter Hauptursachen wie des Einwirkens von anderen Stoffen oder Ereignissen ist der VN.

Beginn und Ende der Versicherung deckt sich mit dem frachtrechtlichen Obhutszeitraum des Umzugsvertrages, nämlich mit Beginn des Einpackens und Auseinanderbauens des Umzugsgutes und mit Beendigung des Auspackens und Aufbaus der Möbel am Empfangsort. Die Lagerung des Umzugsgutes ist nur als Zwischenlagerung versichert und beschränkt auf den vereinbarten Zeitraums. Im Übrigen endet bzw. besteht kein Versicherungsschutz mehr, wenn die Zeit überschritten wird oder eine nicht transportbedingte Vor- oder Nachlagerung erfolgt. 5

Versicherungswert ist bis auf die gesondert aufgeführten werthaltigen Gegenstände der Zeitwert der Gegenstände. Für die gesondert aufgeführten Gegenstände wie Teppiche und Kunstgegenstände muss eine besondere Versicherungssumme vereinbart sein, ansonsten sind diese Gegenstände nicht versichert. Ist eine Summe vereinbart, so gilt diese zum einen als Obergrenze für die Entschädigung gemäß Ziff. 21 DTV-Güter. Zum anderen entspricht diese dem Versicherungswert der Gegenstände. 6

Besondere Bedingungen für die laufende Versicherung von Ausstellungen und Messen (September 2011)

1 Grundlage der Versicherung

Wird im Rahmen der DTV-Güter 2000/2011 volle Deckung/Bestimmungen für die laufende Versicherung Ausstellungs- oder Messegut versichert, finden die nachfolgenden besonderen Bedingungen Anwendung.

2 Versicherte Ausstellungs- und Messegüter

Ausstellungs- und Messegüter sind alle Waren und Gegenstände, die während der Ausstellungen und Messen ausgestellt werden, einschließlich der dazugehörenden Standeinrichtungen und Verbrauchsgüter.

Persönliche Effekten der Standbeauftragten sind nur nach ausdrücklicher Vereinbarung mitversichert.

3 Ausgeschlossene Gefahren und Schäden

In Ergänzung von Ziffer 2.4 und 2.5 DTV-Güter 2000/2011 sind ausgeschlossen

3.1 die Gefahren der Witterung und Wettereinflüsse bei dem in Zelten oder im Freien ausgestellten Ausstellungs- oder Messegut;

3.2 die Gefahr des Abhandenkommens, einschließlich des einfachen Diebstahls
- von Wertgegenständen oder
- von Verbrauchsgütern.

3.3 die Gefahren der Bearbeitung, Benutzung oder Vorführung selbst. Hierunter fallen auch Schäden, die das Ausstellungs- oder Messegut durch ein Feuer erleidet, dem es seiner Bestimmung gemäß ausgesetzt ist

4 Dauer der Versicherung

In Ergänzung von Ziffer 8 und 9 DTV-Güter 2000/2011 besteht der Versicherungsschutz für den Hin- und Rücktransport, für den Auf- und Abbau sowie für die Dauer der Ausstellung oder Messe im Rahmen der nach Ziffer 9.1 DTV-Güter 2000/2011 zu vereinbarenden Frist für disponierte Lagerungen.

Eine Verlängerung dieser Frist ist möglich. Dem Versicherer gebührt hierfür eine zu vereinbarende Zuschlagsprämie.

5 Obliegenheiten

5.1 In Ergänzung zu Ziffer 7.1 DTV-Güter 2000/2011 hat der Versicherungsnehmer auf Verlangen ein Verzeichnis der versicherten Güter mit Wertangabe einzureichen.

5.2 In Ergänzung zu Ziffer 7.1 DTV-Güter 2000/2011 sind die Ausstellungs- oder Messegüter am Ausstellungsort durch den Versicherungsnehmer, den Versicherten und/oder eine von ihm beauftragte Vertrauensperson durchgehend zu beaufsichtigen. Diese Beaufsichtigung ist nicht erforderlich, wenn die Ausstellungshallen verschlossen und bewacht sind. Diese Vorkehrungen gelten sinngemäß auch für versichertes Ausstellungs- oder Messegut auf dem Freigelände sowie während der An – und Ablieferung.

5.3 In Ergänzung zu Ziffer 7.1 DTV-Güter 2000/2011 hat der Versicherungsnehmer der zuständigen Polizeidienststelle Brand-, Explosions-, Diebstahls- und Beraubungsschäden unverzüglich anzuzeigen und über abhandengekommene Ausstellungs- oder Messegüter unverzüglich eine Aufstellung einzureichen. Die unverzügliche, schriftliche Schadenanzeige gegenüber dem Versicherer gemäß Ziffer 15.1 DTV-Güter 2000/2008 bleibt unberührt.

5.4 Abweichend von Absatz 1 der Ziffer 7.2 DTV-Güter 2000/2011 und Ziffer 15.5 DTV-Güter 2000/2011 gilt:

5.4.1 Wird eine Obliegenheit aus diesem Vertrag vorsätzlich verletzt, verliert der Versicherungsnehmer seinen Versicherungsschutz.

5.4.2 Bei grob fahrlässiger Verletzung einer Obliegenheit ist der Versicherer berechtigt, seine Leistung in einem der Schwere des Verschuldens des Versicherungsnehmers entsprechenden Verhältnis zu kürzen.

5.4.3 Der vollständige oder teilweise Wegfall des Versicherungsschutzes hat bei Verletzung einer nach Eintritt des Versicherungsfalls bestehenden Auskunfts- oder Aufklärungsobliegenheit zur Voraussetzung, dass der Versicherer den Versicherungsnehmer durch gesonderte Mitteilung in Textform auf diese Rechtsfolge hingewiesen hat.

6 Ersatzleistung

6.1 Der Versicherer ersetzt

6.1.1 bei Verlust des Ausstellungs- oder Messeguts den Versicherungswert;

6.1.2 bei Beschädigung des Ausstellungs- oder Messeguts und der Mehrwegverpackung die Reparaturkosten zum Zeitpunkt des Eintritts des Versicherungsfalls.

6.2 Wertminderungen werden nur ersetzt, wenn das Ausstellungs- oder Messegut durch die Wiederbeschaffung oder Wiederherstellung nicht mehr in seinen früheren Gebrauchszustand versetzt werden kann.

6.3 Die Ersatzleistungen gemäß Ziffer 6.1 und 6.2 sind insgesamt auf den einfachen Versicherungswert begrenzt. Restwerte werden angerechnet.

7 Versicherungswert

Abweichend von Ziffern 10.2 bis 10.5 DTV-Güter 2000/2011 gilt:

7.1 Versicherungswert ist der gemeine Handelswert und in dessen Ermangelung der gemeine Wert, den das Ausstellungs- oder Messegut am Absendungsort zum Zeitpunkt des Beginns der Versicherung hat.

7.2 Gemeiner Handelswert ist der Marktwert abzüglich ersparter Kosten. Marktwert ist der Durchschnittspreis des Ausstellungs- oder Messeguts am jeweils relevanten Markt, relevanter Markt ist gemäß den Umständen der Absatz- oder der Beschaffungsmarkt.

7.3 Gemeiner Wert ist der für den Versicherungsnehmer erzielbare Verkaufspreis des Ausstellungs- oder Messeguts abzüglich ersparter Kosten.

Die besonderen Bedingungen für Messe- und Ausstellungsgüter sind auf die besonderen Bedürfnisse der Transportversicherung bei dieser besonderen Art von Gütern zugeschnitten und finden dort Anwendung, wo im Rahmen einer laufenden Versicherung diese Güter miteinbezogen werden sollen. **1**

Ziff. 2 definiert als Messe- und Ausstellungsgüter alle Waren und Gegenstände, die auf **2**
Messen und Ausstellungen ausgestellt werden und schließt auch die zugehörigen Standein-

richtungen und auf der Messe zu verbrauchenden Güter mit ein. Die persönlichen Güter der Mitarbeiter sind allerdings nur bei ausdrücklicher Miteinbeziehung versichert. Ausstellungen sind Veranstaltungen, bei denen Erzeugnisse oder Dokumente zu Informationszwecken öffentlich zur Schau gestellt werden.[1] Messen sind Veranstaltungen, bei denen neben dem Informationszweck auch der Verkauf der ausgestellten Güter im Vordergrund steht.

3 Wie bei der übrigen Transportversicherung, gilt auch hier der Grundsatz der Allgefahrendeckung mit den Ausschlüssen gemäß Ziff. 3. Ziff. 3 schließt insbesondere Gefahren aus, die typischerweise bei Messe- und Ausstellungsgüter ein erhöhtes Risiko darstellen, so die Gefahr von Witterung und Wettereinflüssen bei Ausstellungen im Freien oder in Zelten. Zu den Gefahren gehören damit nicht nur direkte Beeinträchtigungen wie Niederschläge, Wind, Gewitter als Wetterphänomene, sondern auch direkte Beeinträchtigungen durch Zustände wie Wärme oder Kälte, Luftfeuchtigkeit, und Trockenheit. Diese müssen das Gut nicht direkt beeinträchtigen, es reicht auch eine indirekte Beeinträchtigung aus, etwa durch einen durch Glätte verursachten Verkehrsunfall mit dem Messegut. Voraussetzung für den Ausschluss ist jedoch, dass das Gut sich bereits ausgestellt im Freien bzw. im Zelt befinden muß, damit der Ausschluss erfüllt ist. Eine witterungsbedingte Beeinträchtigung vor Ausstellung erfüllt den Ausschluss vorliegend nicht.

4 Ausgeschlossen ist auch der Verlust von Wertgegenständen und Verbrauchsgütern, auch durch einfachen Diebstahl. Wertgegenstände sind solche Güter, die nach der Verkehrsanschauung dem Zweck dienen, einen eintauschbaren Wert zu darzustellen, beispielsweise Schmuck, Uhren, Münzen, Edelsteine, Geld und Wertpapiere. Verbrauchsgüter sind solche, die nach der Verkehrsanschauung dazu dienen, auf der Messe verbraucht zu werden, wie Lebensmittel und Getränke.

Schließlich sind alle aus den Gefahren der Bearbeitung, Benutzung und Vorführung herrührenden Schäden ausgeschlossen, soweit sie auf der Messe bzw. am Ausstellungsort stattfinden.

5 Die Beweislast für das Vorliegen eines Ausschlusses gemäß Ziff. 3 trägt der VR.

6 Ziff. 4 regelt insbesondere die Dauer der Transportversicherung, die auch die Dauer der Messe und den Auf- und Abbau umfasst, sofern nicht eine Frist gemäß Ziff. 4 vereinbart sit. Damit handelt es sich nicht mehr nur um eine reine Versicherung des Transportes der Güter, sondern auch um eine Versicherung der Güter während seiner Lagerung und Benutzung auf der Messe.

7 Ziff. 5 regelt spezielle Obliegenheiten entsprechend dem speziellen Risiko von Messegütern. So werden besondere Auskunfsobliegenheiten zum Wert der Güter in Form einer Anfertigung eines Verzeichnisses auf Verlangen statuiert und sind im Falle von Diebstählen, Raub, Brand und Explosion unverzügliche Meldepflichten zu beachten.

8 Bei der Rechtsfolge von Obliegenheitsverletzungen folgt die Klausel dem VVG, wonach Vorsatz die Leistungspflicht ausschließt und bei grober Fahrlässigkeit eine Quotelung nach Verschulden stattfindet.

9 Der Ersatz bei Verlust ist der Versicherungswert, der sich abweichend von Ziff. 10 DTV 2011 nur den durchschnittlichen Marktwert am Beschaffungs- bzw.Handelsmarkt umfasst, abzüglich ersparter Kosten bzw, den durchschnittlichen erzielbaren Kaufpreis abzüglich ersparter Kosten. So wird der Versicherungswert vereinfacht schätzbar.

10 Der ersetzbare Schaden wird bei Beschädigungen durch die Reparatur vor Ort bestimmt und ist der Höhe nach ebenfalls auf den og. Versicherungswert begrenzt.

---

[1] Prölss/Martin/*Koller* Teil III Transportversicherung, S. 2739 Rn. 1.

DTV-Verkehrshaftungsversicherungs-Bedingungen für die laufende Versicherung für Frachtführer, Spediteure und Lagerhalter 2003/2011 (DTV-VHV laufende Versicherung 2003/2011)

Schrifttum (Auswahl):

Abele Transporthaftungsversicherung 2004 Sonderbeilage, TranspR **2004** 2; *ders.* Versicherung und qualifiziertes Verschulden im Transportversicherungsbereich, TranspR **2004** 152; *ders.* Versicherungen im Logistikbereich, TranspR **2005** 383; *ders.* Versicherungen der Spedition, TranspR **2006** 62; *ders.* Verkehrshaftungsversicherung und laufende Versicherung nach § 210 VVG, TranspR **2009** 60; *Boettge* Luftfrachtrecht, 3. Aufl. (2015); *de la Motte* CMR: Schaden – Entschädigung – Versicherung, VersR **1988** 317; *Ehlers* Auswirkungen der Reform des Versicherungsvertragsgesetzes (VVG) auf das Transportversicherungsrecht, TranspR **2007** 5; *ders.* Die neuen DTV-Verkehrshaftungsversicherungsbedingungen für Frachtführer, Spedition und Lagerhalter 03 (DTV-VHV 03) und das grobe Organisationsverschulden im Deckungsverhältnis sowie Besonderheiten der Pflichtversicherung nach § 7 a GüKG, VersR **2003** 1080; GDV/*Flach/Supp/Bremke* Handbuch Verkehrshaftung (2009); *Beckmann/Matusche-Beckmann/Heiss/Trümper* Versicherungsrechts-Handbuch 3. Aufl. (2015) § 38 Transportversicherung; *Heuer* Versicherungen des gewerblichen Straßengüterverkehrs, TranspR **2006** 22; *Häusser/Abele* Aktuelle Probleme der Speditionsversicherung, TranspR **2003** 8; *Koller* Transportrecht 8. Aufl. (2013); *Knorre/Demuth/Schmid* Handbuch des Transportrechts (2008); *ders.* Nur eine Änderung der Bedingungen der Verkehrshaftungsversicherung oder der Beginn eines neuen Zeitalters für die Transportbeteiligten? TranspR **2003** 102; *Müglich* Das neue Transportrecht (1999); *Nickel/* Nickel-Fiedler AHB Haftpflichtversicherungsbedingungen, 1 Aufl. (2012) 491; *Paschke/Furnell* Transportrecht (2011); *Prölss/Martin/Koller* Versicherungsvertragsgesetz: VVG Teil III S. Verkehrshaftungs- und Speditionsversicherung (2015); *Schneider* Verkehrshaftungsversicherungen (1992); *Terbille/Höra/Gercke/Gerhardt*, MAH 3 Aufl. (2013) § 11 Transportversicherung; *Thume/de la Motte/Ehlers* Transportversicherung 2. Aufl. (2011); *Thume* Versicherungen des Transports – Einführung, TranspR **2006** 1; *ders.* Der Regress des Verkehrshaftungsversicherers, VersR **2009** 722; *ders.* Probleme des Verkehrshaftungsversicherungsrechts nach der VVG-Reform, VersR **2010** 849; ders. Transportrechtliche Erfahrungen mit dem neuen VVG, TranspR **2012** 125; van Bühren/*Ehlers* Handbuch Versicherungsrecht, 6. Aufl. (2014).

A. Einleitung

I. Begriffsbestimmung Verkehrshaftungsversicherungen

1. Begriff

1 Die Verkehrshaftungsversicherung (im folgenden VHV) ist eine besondere Versicherung, bei der die Haftung des Verkehrsträgers aus Verkehrsverträgen versichert wird. Der Begriff hat sich aus der Praxis heraus entwickelt und ist identisch mit dem weniger gebräuchlichen Begriff „Transporthaftungsversicherung", der allerdings deutlicher macht, was versichert wird.[1] Im Versicherungslexikon des GDV ist definiert:

> *„Verkehrshaftungsversicherung (engl. carrier's liability insurance), Sparte der Transportversicherung; versichert wird die gesetzliche oder vertragliche Haftung (Verkehrshaftungsrecht) aus Verkehrsverträgen (Fracht-, Speditions- oder Lagerverträge) von Frachtführern, Spediteuren oder Lagerhaltern nach DTV-VHV 2003/2005 oder anderen Versicherungskonzepten".*[2]

2 Der Begriff VHV ist im VVG nicht zu finden. Er ist lediglich eine Spartenbezeichnung, die unmittelbar im Versicherungsvertragsrecht nicht existent, und somit kein „terminus technicus" ist.[3] Nach der Versicherungsberichterstattungs-Verordnung vom 29.3.2006 (BerVersV)[4] müssen VR die „Verkehrshaftungsversicherung (einschließlich der Speditions- und Rollfuhrversicherung)" gem. Anlage 1, Abschnitt C mit dem Kennzeichen 04.5 innerhalb des Versicherungszweigs 04 zur Haftpflicht-Versicherung melden, es sei denn, es wird nach Zeichnungsjahren abgerechnet.[5] Die VHV war stets aufsichtsfrei, d. h. alle Versicherungsbedingungen konnten frei gestalt werden, wobei dennoch eine laufende Aufsicht nach § 81 VAG besteht. Eine Bedingungsaufsicht gab es nicht.[6] Bis heute wird die VHV bei VR in den Transportversicherungsabteilungen bearbeitet.

3 Die VHV ist rechtlich eine **Haftpflichtversicherung** i.S.d. §§ 100–112 und keine Transportversicherung i.S.d. §§ 130ff.[7] Die VHV kann sogar eine Pflicht-Haftpflichtversicherung im Sinne der §§ 113–124 sein, sofern eine Pflichtversicherung gesetzlich vorgeschrieben wird.[8]

4 Versichert wird ausschließlich das Interesse des Verkehrsträgers daran, nicht aus einem mit dem Auftraggeber abgeschlossenen Verkehrsvertrag in Anspruch genommen zu werden.[9] Die versicherungsrechtliche Besonderheit der VHV liegt also darin, dass sie ausschließlich dem Gewerbezweig der Frachtführer, Spediteure und Lagerhalter dient. Versichert werden kann in der Regel nur derjenige, der sich gewerbsmäßig mit dem Gütertransport bzw. der Lagerung von Gütern für Dritte beschäftigt.[10]

---

1 *Abele* TranspR **2004** Sonderbeilage IV; *Thume* TanspR **2006** 4.

2 www.gdv-tis.de.

3 *Abele* TranspR **2009** 60, 62; van Bühren/*Ehlers* Rn. 291.

4 BGBl I **2006** 622.

5 Thume/de la Motte/Ehlers/*Ehlers* Einführung 1 Rn. 49.

6 Thume/de la Motte/Ehlers/*Ehlers* Einführung 1 Rn. 48; *Schneider* 191.

7 Zur Abgrenzung *Abele* TranspR **2004** Sonderbeilage IV; GDV/*Flach/Supp/Bremke* 22; Beckmann/Matusche-Beckmann/*Heiss/Trümper* Rn. 346; Prölss/Martin/Koller/VVG III Rn. 1; *Thume* VersR **2010** 849; van Bühren/*Ehlers* Rn. 291.

8 *Abele* TranspR **2004** Sonderbeilage III; Thume/de la Motte/Ehlers/*Ehlers* Einführung 1 Rn. 44; van Bühren/*Ehlers* Rn. 291; Zur Pflichtversicherung A Rn. 289.

9 *Abele* TranspR **2004** Sonderbeilage III; GDV/*Flach/Supp/Bremke* 18; *Schneider* 189ff.

10 *Abele* TranspR **2004** Sonderbeilage III; *ders.* TranspR **2006** 62, 63; Thume/de la Motte/Ehlers/*Ehlers* Einführung 1 Rn. 44.

„Verkehrsträger" ist der Überbegriff für alle Unternehmen, die gewerblich gegen Entgelt Güterbeförderung oder -lagerung betreiben (Frachtführer, Spedition, Lagerhalter).[11] Zum Verkehrsgewerbe gehörende Verkehrsträger sind Frachtführer, Spediteure, Lagerhalter, Schwergutunternehmer, Umzugsspeditionen, Umschlagsbetriebe, Binnenschiffer, Eisenbahnen, Lufttransportunternehmen, Kurier-, Eil- und Paketdienste oder ähnliche mit der Güterbeförderung beschäftigte Betriebe, die nach Art oder Umfang einen in kaufmännischer Weise eingerichteten Geschäftsbetrieb erfordern und entsprechend im Handelsregister eingetragen sind. Der **Verkehrsvertrag** ist der Oberbegriff von Fracht-, Speditions- und Lagervertrag nach der Definition im HGB (§§ 407ff., 453ff., 467ff.). Der Begriff stammt aus Ziff. 1.1 SVS/RVS.[12] Die Verkehrsträger versichern ihr vertragliches und gesetzliches Haftungsrisiko nach den Haftungsregimen des nationalen und internationalen Transportrechts (z.B. HGB, CMR, CIM, Warschauer Abkommen (WA), Montrealer Übereinkommen (MÜ), die Haager Regeln und die Hague-Visby-Rules).

2. Keine Verkehrshaftungsversicherung

a) **Warentransportversicherung. Nicht versichert** wird das Interesse des Wareninteressenten am Transportgut (Versender, Empfänger, sonstige Dritte).[13] Die zu transportierenden Güter sind nicht versichert.[14] Der BGH stufte die frühere KVO-Versicherung zunächst als Haftpflicht- und zugleich als Transportversicherung ein.[15] Der BGH hat diese Aussage dahingehend geändert, dass von einer „Güterschaden-Haftpflichtversicherung" gesprochen wird, bei der das Sachersatzinteresse des Auftraggebers versichert sei. Die VHV deckt ferner nicht alle Gefahren, die während eines Transports oder einer Lagerung auftreten.[16] Die Verkehrshaftungsversicherung erfährt keine Vermischung mit dem Typus der Transportversicherung. Die Vorschriften über die Transportversicherung finden weder unmittelbare noch entsprechende Anwendung.[17] 5

Strikt zu trennen sind einerseits die VHV und andererseits die Versicherung der Güter gem. § 454 Abs. 2 HGB und Ziff. 21 ADSp 2003. Hier wird geregelt, wann der Verkehrsträger eine Transportwarenversicherung zugunsten seines Auftraggebers einzudecken hat:[18]

> „§ 454 Abs. 2 HGB: Zu den Pflichten des Spediteurs zählt ferner die Ausführung sonstiger vereinbarter auf die Beförderung bezogene Leistungen wie die Versicherung und [...] Der Spediteur schuldet jedoch nur den Abschluss der zur Erbringung dieser Leistungen erforderlichen Verträge, wenn sich dies aus der Vereinbarung ergibt."
>
> „21.1 ADSp 2003. Der Spediteur besorgt die Versicherung des Gutes (z.B. Transport- oder Lagerversicherung) bei einem Versicherer seiner Wahl, wenn der Auftraggeber ihn vor Übergabe der Güter beauftragt."

b) **Betriebshaftpflichtversicherung.** In der VHV wird im Gegensatz zur Betriebshaftpflichtversicherung nicht der gesamte Betrieb des Verkehrsträgers generell gegen seine Haf- 6

[11] Knorre/Demuth/*Schmid* G.I Rn. 3; van Bühren/*Ehlers* Rn. 286.

[12] Thume/de la Motte/*Ehlers* Einführung 1 Rn. 46.

[13] *Abele* TranspR **2004** Sonderbeilage II; GDV/*Flach/Supp/Bremke* 18; Thume/de la Motte/*Ehlers* Einführung 1 Rn. 44; *Thume* TanspR **2006** 4.

[14] Thume/de la Motte/*Ehlers* Einführung 1 Rn. 45.

[15] BGH 23.11.1988 TranspR **1989** 156; Thume/de la Motte/*Ehlers* Einführung 1 Rn. 45.

[16] *Abele* TranspR **2004** Sonderbeilage II; *de la Motte* VersR **1988** 320; *Thume* TranspR **2006** 4.

[17] *Thume* VersR **2008** 455.

[18] *Abele* TranspR **2006** 62, 66.

tungsrisiken versichert.[19] Die §§ 130ff. gelten also für die VHV nicht, vielmehr nur die §§ 100ff.[20] Versicherungsschutz der Betriebshaftpflichtversicherung wird für den gesamten Betrieb des Verkehrsträgers in der Regel nach folgender Formulierung in § 1.1 Allgemeine Versicherungsbedingungen für die Haftpflichtversicherung (AHB)[21] gewährt:

> Versicherungsschutz besteht im Rahmen des versicherten Risikos für den Fall, dass der Versicherungsnehmer wegen eines während der Wirksamkeit der Versicherung eingetretenen Schadenereignisses (Versicherungsfall), das einen Personen-, Sach- oder sich daraus ergebenden Vermögensschaden zur Folge hatte, aufgrund **gesetzlicher Haftpflichtbestimmungen privatrechtlichen Inhalts** von einem Dritten auf Schadensersatz in Anspruch genommen wird.

Die Betriebshaftpflichtversicherung deckt Schäden durch die Betriebsstätte und die betrieblichen Tätigkeiten. Ferner besteht Versicherungsschutz vor dem In-Verkehr-Bringen von Erzeugnissen bzw. vor dem Abschluss der Arbeiten oder Leistungen (als Abgrenzung zur Produkthaftungsversicherung), was eventuell bei den sog. logistischen Tätigkeiten wichtig werden kann.

7 Der Versicherungsschutz beider Versicherungen (Betriebshaftpflichtversicherung und VHV) umfasst insbesondere die Freistellung von Ansprüchen nach dem Recht der unerlaubten Handlung (Deliktsrecht). Die jeweiligen Haftungsansprüche des Geschädigten können sich bei der Betriebshaftpflichtversicherung aus der Situation als Eigentümer von Grundstücken und Gebäuden, aus dem Halten, dem Besitz und Gebrauch nicht zulassungspflichtiger und nicht versicherungspflichtiger Kraftfahrzeuge und Arbeitsmaschinen, aus der Teilnahme an Ausstellungen und Messen sowie aus sonstigen betrieblichen Tätigkeiten ergeben. Durch besondere Vereinbarung kann die Betriebshaftpflichtversicherung ferner auf z.B. Be- und Entladeschäden, Tätigkeits- und Bearbeitungsschäden oder andere Schäden ausgedehnt werden. Es ist somit die gesetzliche Haftpflicht eines Betriebes versichert, d.h. es ist pauschal das Interesse dieses Betriebes auf Entlastung von Tatbeständen für die er haftbar gehalten wird, versichert. Der BGH nennt das in einer Entscheidung zur Verpackerhaftpflicht „Unternehmerversicherung".[22] Während die Betriebshaftpflichtversicherung nach den AHB gesetzliche Ansprüche wegen sog. „Drittschäden" deckt, werden in der VHV vertragliche und gesetzliche Ersatzansprüche der Vertragspartner aus Verkehrsverträgen versichert. Es wird die fehlerhafte Erfüllung von Verkehrsverträgen versichert, allerdings beschränkt auf die sekundäre Schadenersatzpflicht (Verlust, Beschädigung, Lieferfristüberschreitung, reine Vermögensschäden).[23] Die Haftung aus der primären Leistungspflicht (rechtzeitige Gestellung von vereinbarten Fahrzeugen, Durchführung speditionsvertraglicher Pflichten u.a.), ist nicht Gegenstand der VHV.[24] Im Gegensatz zur „Unternehmerversicherung" werden nur ganz bestimmte Tatbestände der sekundären Ersatzpflichten in der VHV gedeckt.

II. Entstehungsgeschichte

8 Die Speditionsversicherung war von 1927 bis 2002 in Deutschland ein einheitliches Gemeinschaftswerk. Als Anhang zu den „Allgemeinen Deutschen Spediteur-Bedingungen" (ADSp)[25] gab es zunächst den Speditions-Versicherungsschein (SVS), der von der Fa. Os-

---

[19] *Abele* TranspR **2009** 60, 61ff.

[20] BGH 7.10.1994 TranspR **1998** 21.

[21] http://www.gdv.de/downloads/versicherungsbedingungen/allgemeineversicherungsbedingungen-fur-die-haftpflichtversicherung-ahb.

[22] BGH 22.6.1967 NJW **1967** 2205, 2207.

[23] Knorre/Demuth/*Schmid* G.I Rn. 3.

[24] GDV/*Flach/Supp/Bremke* 18.

[25] http://www.transportrecht.org/dokumente/ADSp_2003.pdf.

kar Schunck entwickelt wurde. Seit 1929 waren zusätzlich der Rollfuhr-Versicherungsschein (RVS) und seit 1978 die Zusammenfassung beider zum Speditions- und Rollfuhr-Versicherungsschein (**SVS/RVS**) den ADSp beigefügt. Geschaffen wurden die ADSp samt Versicherungsbedingungen von der sog. Spitzenorganisation der Spediteure und der Verlader (damals: Deutscher Industrie- und Handelstag, Verein deutscher Spediteure (VDSp) als Reichsverband des Deutschen Speditionsgewerbes, Reichsverband der Deutschen Industrie, Reichsverband des Deutschen Groß- und Überseehandels und die Hauptgemeinschaft des Deutschen Einzelhandels und des Deutschen Versicherungsschutzverbandes).[26] Heute kann man die beteiligten Verbände aus der Präambel der ADSp 2003 ersehen, welche diese Bedingungen dem Markt weiterhin empfehlen. Für Speditionen gab es in Deutschland also stets ein komplexes Haftungs- und Versicherungssystem nach den ADSp. Der SVS/RVS gewährte dem Auftraggeber einer Spedition Ersatz der eingetretenen Schäden nach Maßgabe und im Umfang der für alle einheitlich geltenden und ausformulierten Versicherungsbedingungen des SVS/RVS. Im Gegenzug dazu wurde der Spediteur für den durch den SVS/RVS gedeckten Schaden von seiner Speditionshaftung nach dem HGB freigestellt. Dieses Prinzip nennt man Haftungsersetzung durch Versicherung.[27] Der SVS/RVS war eine Schadenversicherung bei der jeder Geschädigte einen unmittelbaren Versicherungsschutz für Güter-, Güterfolge- und Vermögensschaden erhielt.[28] Er war zuerst ein Monopol der Oskar Schunck KG, die als Makler für einen Versicherungspool unter Führung der Victoria Versicherung tätig war. Später entstanden mehrere Versicherungspools einzelner Makler wie Hans-Rudolf Schmidt, Aktiv Assekuranz u.a.

Folgender ökonomischer Grundsatz galt für diese haftungsersetzende Versicherungen: Die Besorgung der Beförderung einer Ware soll unabhängig vom Warenwert, -art und Relation annähernd gleich teuer sein. Durch die Gewährung eines Versicherungsanspruchs mit klaren Regelungen für alle Kaufleute sollte der Frachtpreis für „Sand oder Gold“ derselbe bleiben. Die speditionelle Haftung wurde in den ADSp 2003 stark abgesenkt, aber der Auftraggeber hatte die Möglichkeit durch Angabe eines Warenwerts automatisch eine „haftungsersetzende Versicherung“ abzuschließen, wenn er keine eigene Transportversicherung hatte. *Schneider* nannte die Versicherungsart eine *„Versicherung mit haftungsrechtlichem Einschlag, der wegen seinem spezifischen Charakteristika keiner klassischen Sparte untergeordnet werden kann“*.[29] 1998 wurde der SVS/RVS durch das Transportrechtsreformgesetz abgeschafft, da der Spediteur immer zu haften hatte. Haftungsersetzung durch Versicherung war ab diesem Zeitpunkt unzulässig.

Neben dem SVS/RVS gab es zahlreiche weitere Versicherungspolicen, in denen die Haf- **9**
tung der Spedition versichert wurde, wenn der Auftraggeber die Eindeckung der Speditionsversicherung verbot bzw. darauf verzichtete. Diese hießen damals Ergänzungsvertrag zum SVS/RVS, CMR-Klauseln des E-Vertrag, WA-Deckung, TBL/FBL-Police.[30]

Bis 1998 gab es VHV-Versicherungen für Frachtführer, deren Deckungen wegen des **10**
Pflichtversicherungserfordernisses des GüKG die Haftung, beispielsweise im Fernverkehrsbereich nach der ehemaligen Kraftverkehrsordnung (KVO), im Umzugs- und Möbeltransportbereich nach dem ehemaligen GüKUMT, und im Nahverkehr aufgrund AGB-Versicherungsverpflichtungen gem. den so genannten AGNB, versicherten.[31]

[26] Zur Geschichte der ADSp ausführlich *Schneider* 39ff.; *Häusser/Abele* TranspR **2003** 8. http://www.transportrecht.org/dokumente/ADSp_2003.pdf.

[27] Zur Geschichte des SVS ausführlich *Schneider* 58 ff; *Abele* TranspR **2006** 62, 63.

[28] *Zocher* Die Speditionsversicherung I und II Versicherungswirtschaft **1984** 501ff. und 571ff.

[29] *Schneider* 61.

[30] *Schneider* 129ff.

[31] *Schneider* 219ff.

11 In den ADSp von 1998 bis 31.12.2002 wurden in der Speditionsversicherung spezielle Versicherungssysteme wie der sog. **SLVS**[32] oder die Speditionsversicherung (**SpV**)[33], die zusätzlich zur Versicherung der speditionellen Haftung eine Schadenversicherung anbieten, eingeführt.[34] VHV-VR mussten bis 2002 mindestens die Versicherungsbedingungen der Speditionsversicherung (SLVS, SpV) erfüllen, wenn ein Spediteur nach ADSp zu versichern war. Gleichgültig für Art, Inhalt und Umfang des Versicherungsschutzes war, ob der ADSp-Spediteur Frachtverträge, Speditionsverträge oder Lagerverträge abschloss, wie er organisiert war (Schreibtischspedition, Umschlagslager, disponierte Lager), wo er tätig war (nationale oder weltweite Spedition), welche Güter er befördern ließ (Computer, Zigaretten, Abfall), usw. Es galt der Grundsatz, dass ein vollständiger Versicherungsschutz für jede denkbar in Betracht kommende Haftung gewährt wird. Es sollte sich um eine „sleep-easy-Deckung" handeln.[35] Ab der Änderung der ADSp mit Beginn des Jahres 2003 wurde der Abschluss jeglicher Schadenversicherung als Anlage zu den ADSp beendet.[36]

12 Die am häufigsten verwendeten VHV-Bedingungen, jedenfalls im Speditionsversicherungsbereich, sind die „DTV-Verkehrshaftungsversicherungs-Bedingungen für die laufende Versicherung für Frachtführer, Spediteure und Lagerhalter 2003/2011 (**DTV-VHV 2003/2011**)".[37] Auf die ausführliche Kommentierung wird insoweit verwiesen.[38]

13 Ferner existieren viele verschiedenartige VHV, die von den vielen Versicherungsunternehmen und Maklern bzw. Assekuradeuren, die sich auf die Verkehrshaftung spezialisiert haben, mittels besonderer Policenformen angeboten werden: Policen für Frachtführer (Straße, Luft, Bahn, Binnenschiff u.a.), für Umzugsunternehmen (sog. UMVS), für Schwergut- oder Abschleppunternehmen, für Lagerhalter (BLE-Lagerungen u.a.), für besondere Zollrisiken und bei Ausstellung von Dokumenten wie TBL/FBL usw.

Es existierten zudem gemischte Verkehrshaftungspolicen (Frachtführer-, Speditions-, Lager- oder Sonderrisiken) und so genannte Multiline-Policen, in denen Verkehrshaftung mit anderen Haftpflichtversicherungen wie Kraftfahrzeugs- oder Betriebshaftpflicht verbunden oder kombiniert werden.

III. Inhalt und Zweck der Regelung

1. Haftungsversicherung

14 Das versicherte Interesse ist nicht das geldwerte Interesse am beförderten Gut, sondern das Haftpflichtinteresse der Verkehrsträgers aus Verkehrsverträgen.[39] Versichert ist die Haftung aus der verkehrsvertraglichen Berufstätigkeit *„an Transportmittel oder Transportgüter anknüpfenden Interessen gegen Gefahren, denen sie während der Bewegung oder Bewegungsbereitschaft ausgesetzt sind"*.[40] Das Freistellungsinteresse von der Haf-

[32] http//www.dnjv.org/slvs.htm.
[33] http://www.transportrecht.de/transport recht_content/1144245172.pdf.
[34] *Abele* TranspR **2006** 62, 63 m.w.N.
[35] *Abele* TranspR **2009** 60, 64.
[36] *Abele* TranspR **2004** 152, 153; *Häusser/Abele* TranspR **2003** 8; Thume/de la Motte/*Ehlers* Einf. 1 Rn. 43 ff; van Bühren/*Ehlers* Rn. 289.
[37] www.tis-gdv.de/tis/bedingungen/avb/vhv/verkehr.html.
[38] B Rn. 1ff.
[39] Knorre/Demuth/*Schmid* G.I Rn. 61; *Schneider* 189; van Bühren/*Ehlers* Rn. 291.
[40] Prölss/Martin/*Koller* VVG III Rn. 1; Thume/de la Motte/*Ehlers* Einführung 1 Rn. 44.

tung nach dem Transportrecht (Transporthaftungsrisiko) wird versichert.[41] Die VHV knüpft dabei an bestimmte Haftungsrisiken an, die aus den versicherten Verkehrsverträgen entstehen. Versicherungsgegenstand sind nicht alle Tätigkeiten der Verkehrsträger, sondern ausschließlich Verkehrsverträge.

Nicht Gegenstand der VHV ist die Beförderung von Personen oder Reisegepäck. Es handelt sich ferner nicht um die Versicherung der Haftung der damit zusammenhängenden Beförderungsmittel oder -hilfsmittel, wie Container oder Paletten, Gabelstapler o. a., sofern diese nicht isoliert mittels Verkehrsvertrag selbst befördert werden. Beispiele: LKW befördert eine komplette Partie Paletten oder einen Gabelstapler. Frachtführer muss einen Container befördern.

Typisch für die VHV als Haftpflichtversicherung ist das sog. Dreiecksverhältnis. Es be- **15**
steht eine Beziehung zwischen dem geschädigten Dritten und dem VN, der eventuell aus dem Verkehrsvertrag haftet. Zweitens gibt es eine Beziehung zwischen dem VN mit seinem Verkehrshaftungsversicherer für dieses Verhältnis, in dem der VR diese verkehrsvertragliche Haftung versichert. Es gilt aber grundsätzlich das so genannte „**Trennungsprinzip**".[42] Ob der VN haftet, wird im Haftungsprozess entschieden. Im so genannten Deckungsprozess wird entschieden, ob der VR Versicherungsschutz zu gewähren hat. Haftung und Deckung sind also strikt zu trennen.[43]

2. Arten der VHV

Wie bei anderen Haftungsversicherungen ist **Gegenstand der VHV** somit ein Haftungs- **16**
tatbestand des VN. Die Besonderheit liegt darin, dass eine gesetzliche oder vertragliche Haftung aus Verkehrsverträgen, die in der jeweiligen Police beschrieben sein müssen, versichert wird. Im Versicherungsvertrag wird zunächst das zu versichernde Risiko durch die auf dem Policendeckblatt beschriebene Policenart häufig bereits vorab abstrakt definiert. Die Bezeichnungen lauten: Frachtführerpolice, Möbelspeditionsversicherung, Speditionspolice, Lagerhalterdeckung usw.[44]

Die in Einzelrisiken aufgesplitterten Versicherungsvarianten in Straßenfrachtführer-, Binnenschifffahrts-, Speditions-, Lagerhalter-, Zoll-, Umzugs- oder gemischte VHV-Policen sind aus historischen und rechtlichen Gründen unterschiedlich ausgestaltet, weil sich die verschiedenen Haftungsversicherungen der Verkehrsträger besonders wegen der rechtlichen Rahmenbedingungen (verkehrsvertragliche Haftungen) unterschiedlich entwickelt haben. Ferner war der Schadenverlauf beispielsweise bei der Speditionsversicherung sehr schlecht, während er bei den Straßenfrachtführern meist positiv verlief.[45] Dies führte ebenfalls zu unterschiedlichen Deckungen auf dem deutschen Versicherungsmarkt, da VR dann mit anderen versicherten Haftungen, Ausschlüssen oder Obliegenheiten bzw. maximalen Versicherungssummen wie Jahresaggregaten reagieren mussten.

Aus diesem Grund werden zunächst die DTV-VHV 2003/2001 und dann die jeweiligen anderen VHV-Versicherungen kommentiert.[46]

---

41 BGH 7.12.1961 VersR **1962** 129; BGH 1.2.1968 VersR **1968** 289; BGH 7.5.2003 TranspR **2003** 320; *Abele* TranspR **2006** 62, 63; *Thume* TranspR **2006** 4.

42 BGH 18.3.1992 VersR **1992** 568; BGH 30.9.1992 NJW **1993** 68; OLG Koblenz 7.10.1994 VersR **1995** 1298; *Abele* TranspR **2004** 152, 153; *Schneider* 195; Terbille/*Gercke*/*Gerhard* Rn. 178; Thume/de la Motte/*Ehlers* VVG Rn. 350; van Bühren/*Ehlers* Rn. 292.

43 *Abele* TranspR **2004** 152, 153.

44 *Abele* TranspR **2004** Sonderbeilage II; van Bühren/*Ehlers* Rn. 286.

45 *Abele* TranspR **2006** 62.

46 E Rn. 1.

IV. Großrisiko und Laufende Versicherung (§ 210)

1. Großrisiko

17 Die erste Frage ist, ob alle Arten der VHV deshalb vertragsfrei, d.h. vom VVG abweichend gestaltbar sind, weil sie „Großrisiken" sind.[47] Auf Großrisiken sind die im VVG vorgesehenen Beschränkungen der Vertragsfreiheit nach § 210 nicht anzuwenden.

Das VVG wurde mit Wirkung vom 17.12.2009 durch das Gesetz zur Anpassung der Vorschriften des Internationalen Privatrechts an die Verordnung (EG) Nr. 593/2008 vom 25.6.2009[48] geändert. Danach erfolgt neben den in Ziff. 2 und 3 genannten Großrisiken die Einteilung der Versicherungssparten für die VHV nach folgenden Regelungen: Die Anlage Teil A zum VAG unterscheidet die Versicherungssparten nach der Nr. 10 b mit der Haftpflicht aus Landfahrzeugen mit eigenem Antrieb, wobei es keine Unterscheidung zwischen Straße und Schiene gibt. In Nr. 11 wird ferner die Luftfahrzeughaftpflicht und in Nummer 12 die See-, Binnensee- und Flussschifffahrtshaftpflicht als Großrisiko definiert. Bei all diesen VHV kann in den AVB vom VVG grundsätzlich abgewichen werden, sofern das VVG nicht zwingend ist.[49] Diese genannten VHV-Versicherungen sind allesamt nach dem VVG sog. „absolute Großrisiken".[50]

Nach dem Wortlaut von Nr. 10 b der Anlage A zum VAG gehört nur die „Haftpflicht aus Landtransporten" zu den Großrisiken. VHV-Policen, welche unter die genannten Kriterien fallen oder die Merkmale des Großrisikos der § 210 Abs. 2 Ziff. 3 überschreiten, sind daher vertragsfrei.

18 Fraglich ist, ob Speditions- und Lagerhalterpolicen oder kombinierte Policen Großrisiken sind. Teile der Rechtsprechung[51] und Literatur[52] sprechen sich aufgrund des Wortlautes Nr. 10 b **„Haftpflicht aus Landfahrzeugen mit eigenem Antrieb"** gegen eine generelle Anwendung der Großrisikoregelung auf die Speditions- und Lagerhalterversicherung aus.[53] Andere sind der Auffassung, dass die Versicherung der Spediteure zumindest der Frachtführerversicherung gleichzustellen ist.[54] Gegebenenfalls könne dies im Wege einer Analogie erfolgen.[55] Der BGH hat entschieden, dass kombinierte Policen nicht als Großrisiko anzusehen sind.[56] Dem ist zu folgen, weil der Wortlaut insoweit eindeutig ist. Entscheidend ist für die Auslegung, wie weit der Gesetzgeber mit dem Hinweis auf **Haftpflicht aus Landfahrzeugen mit eigenem Antrieb** gehen wollte, damit noch eine Großrisikoeigenschaft bejahen werden kann. Im Zweifel gilt das zwingende VVG, weil jede Ausnahme vom VVG eng auszulegen ist.[57]

19 Das entscheidende Argument muss sein, dass der Gesetzgeber bei einer gemischten Versicherungskonstellation zum Schutze des VN Klarheit der versicherungsvertraglichen Re-

---

47 Bruck/Möller/*Renger* § 210 Rn. 18ff.

48 BGBl I 2009 1574.

49 Knorre/Demuth/*Schmid* G.I Rn. 4.

50 Bruck/Möller/*Renger* §§ 210 Rn. 22; Thume/de la Motte/*Ehlers* VVG Rn. 533 ff; van Bühren/*Ehlers* Rn. 294.

51 LG Hamburg 20.12.2004 TranspR **2005** 224; HansOLG Hamburg 26.10.2006 TranspR **2007** 258.

52 *Thume* TranspR **2006** 5.

53 *Ehlers* TranspR **2007** 5 ff *und* **2006** 7 ff; *Flach* TranspR **2008** 61; *Freitag* r+s **2008** 96 ff; *Möhrle* Laufende Versicherung 158–164; Prölss/Martin/Koller VVG III Rn. 1; Schwintowski/Brömmelmeyer/*Klär* § 210 Rdn. 13; *Thume* TranspR **2006** 1 ff; van Bühren/*Ehlers* Rn. 294.

54 *Heuer* TranspR **2007** 55; *Ehlers* TranspR **2007** 12.

55 *Heuer* TranspR **2007** 55.

56 BGH 18.3.2009 IV ZR 293/06.

57 *Helm* in Großkomm., 4. Aufl., Anh. I § 429 HGB Rn. 14.

gelungen im Sinne einer Transparenz vorgeben wollte. Immer dann, wenn eine VVG-Vertragsfreiheit wegen eines Großrisikos mit einer VVG-Beschränkung mangels Großrisiko zusammenfällt, muss eine Lösung erfolgen, welches Versicherungswording zulässig ist. Man kann diese Fragestellung mangels bewusster Lücke nicht über eine Analogie schließen, weil der deutsche und der europäische Gesetzgeber ansonsten auch die schon immer vorkommenden Risiken der Speditionen und Lagerhalter in den Katalog der Großrisiken aufgenommen hätten.

Unklar wäre nämlich auch folgende praktische Konstellation, wenn man bei kombinierten Policen der Auffassung ist, es käme auf den konkreten Einzelfall an, ob eine „Straßenfrachtführerhaftung" gegeben ist oder nicht. Zu fragen wäre dann: Kommt es auf die rechtliche Situation des Vertragsabschlusses (Frachtvertrag versus Speditionsvertrag) oder auf die tatsächliche Haftung (Beförderung mit eigenen versus Beförderung mit fremden Landfahrzeugen) oder gar auf den Schadenort (Unfall eines Straßenfrachtführers) an? Wenn beispielsweise ein Spediteur einen Transport organisieren soll, er diesen aber selbst für eine kurze Strecke mit eigenen Fahrzeugen ausführt und der Schadenfall während dieser Strecke eintritt, soll dann Vertragsfreiheit gelten? Wenn er aber den Transport an einen weiteren Frachtführer weitergibt, dann keine Vertragsfreiheit, weil bei einem Speditionsvertrag keine „Haftpflicht für Landfahrzeuge mit eigenem Antrieb" vorliegt? Was gilt im Fall eines Transports mit eigenen Fahrzeugen und einem Subunternehmer, wenn der Schadenort unbekannt ist?

Die Lösung der Fragen kann nur so erfolgen, dass aus Transparenzgründen bei Abschluss des Versicherungsvertrags klar sein muss, ob versicherungsvertragsrechtlich ein Großrisiko vorliegt oder nicht. Sobald ein Risiko außerhalb der enumerativen Liste in Nr. 10 b in der Anlage Teil A zum VAG liegt, gilt keine Vertragsfreiheit. Somit liegt aus Gründen der Klarheit bei kombinierten Policen mit VHV-Deckung von Frachtführern, Spediteuren und Lagerhaltern, auch dann, wenn sich im konkreten Schadenfall ein reines Straßenfrachtführerrisiko verwirklicht hat, kein Großrisiko vor. **20**

2. Laufende Versicherung

Die zweite Frage lautet, ob alle Arten der VHV deshalb vertragsfrei gestaltbar sind, weil sie „laufende Versicherungen" gem. der gesetzlichen Legaldefinition in § 53 sind.[58] Das versicherte Interesse muss bei Vertragsschluss nur „der Gattung nach bezeichnet und erst nach seiner Entstehung dem Versicherer einzeln aufgegeben werden (laufende Versicherung)". **21**

Zum 1.1.2008 hat das VVG den Zustand des ehemaligen § 187, der bis 30.6.1990 galt, mit der Konstruktion der laufenden Versicherung in §§ 210 und 53ff. wiederhergestellt.[59] Begründet hat der Gesetzgeber dies damit, dass der VN im Bereich der gewerblichen Versicherung und der Transportversicherung wie Großrisiken auch den Schutz der halbzwingenden und zwingenden Normen entbehren kann.[60] Die Gestaltung der Rechtsbeziehungen zu diesen Vertragspartnern, die als gleichberechtigte Kaufleute den VR gegenüberstehen und zu denen gerade kein wirtschaftliches Ungleichgewicht besteht, ist weitestgehend dispositiv gestaltbar.[61]

Für die Frage, ob die VHV generell eine laufende Versicherung ist, kann man auf die alte Rechtslage verweisen. In der Kommentierung zum VVG vor 30.6.1990 wird von *Koll-* **22**

[58] Bruck/Möller/*Renger* §§ 53–58.
[59] Zur Entstehung *Heuer* TranspR **2007** 55.
[60] GDV/*Flach/Supp/Bremke* 45.
[61] ausführlich *Abele* TranspR **2009** 60ff.

hosser[62] zur Frachtführerversicherung folgendes ausgeführt: *„Laufende Versicherung, II. A. Anwendungsfälle: Sie kommt z.B. vor in der HaftpflichtVers nach § 27 Güterkraftverkehrsgesetz (Bischoff VersR 52, 217; gilt sowohl für KVO- wie für CMR-Vers, München VersR 82,257 gegen Frankfurt VersR 78, 535, ferner Schönwerth VersR 78, 536).“* *Dubischar* weist auf folgendes hin: *„Die KVO-Versicherung ist als gesetzliche Pflichtversicherung in der Form sog. laufender Versicherung zu nehmen. Das versicherte Interesse wird also bei Vertragsschluss „nur der Gattung nach bezeichnet“ und erst nach jeweiligem Entstehen dem VR aufgegeben. Praktisch besorgen die Straßenverkehrsgenossenschaften über sog. KVO-Sammelpolicen den Versicherungsschutz, mit Prämienberechnung nach einem Prozentsatz der jeweiligen Bruttofracht der einzelnen Transporte.“*[63]

Dem scheint die ältere Rechtsprechung des BGH zur Verpackungshaftpflicht zu widersprechen: Ein Verpackungsbetrieb hatte eine Betriebshaftpflicht nach den AHB abgeschlossen, in deren Zusatzhaftpflicht auch Schäden an fremden, in Verwahrung genommenen Sachen und an bearbeiteten Sachen im Hinblick auf den Ersatz mittelbarer Schäden durch mangelhafte Verpackung oder unzureichenden Korrosionsschutz versichert waren (sog. Verpackerhaftpflicht).[64] Voraussetzung war die Vereinbarung von bestimmten Verpackungs-AGB (Risikobegrenzung). Nach dem BGH war das auferlegte Verhalten eine verhüllte Obliegenheit und keine Risikobegrenzung. Nur unter den Voraussetzungen des § 6 VVG konnte die Leistungsfreiheit des Verpackungshaftpflichtversicherers begründet werden.

Auf eine laufende Versicherung konnte sich der VR nicht berufen, weil Gegenstand der Betriebshaftpflichtversicherung das Interesse des VN sei, dass der Verpackungsbetrieb nicht mit Haftpflichtverbindlichkeiten belastet werde. Der BGH wörtlich: *„Dieses **eine** Interesse, das **einen** Interessenten, die Klägerin, hat, ist durch den Abschluß des Versicherungsvertrags genau bestimmt. Die Revision verwechselt die Haftpflicht(Passiven)-versicherung mit einer Sachgüter(Aktiven)-versicherung, wenn sie meint, daß das Interesse der Kl. an den von ihr verpackten Sachen versichert sei.“*[65] (Hervorhebung durch den Verfasser.)

Selbst die KVO-Pflichtversicherung sei eine „Unternehmerversicherung“ und damit auch keine laufende Versicherung, was sich aus der entsprechenden und nicht direkten Anwendung des § 27 I, 2 GüKG i.V.m. § 187 VVG ergebe. Der BGH scheint also der Frachtführerhaftungsversicherung der KVO in dieser Entscheidung im Gegensatz zur Literatur[66] und Rechtsprechung[67] die Einordnung als „laufende Versicherung“ wegen der analogen Anwendung im GüKG abzusprechen.

23 In der Kommentierung zum VVG vor 30.6.1990 wird in Prölss/Martin/*Voit*[68] die Speditionsversicherung (SVS/RVS) zitiert und bestätigt, dass im Gegensatz zur Betriebshaftpflichtversicherung beim SVS wiederkehrend entstehende Risiken ohne konstitutive Anmeldung versichert werden. Bekanntlich sind der SVS/RVS als „Krone der Schöpfung“ seit 1998 und deren Nachfolger, die SpV-Speditionsversicherung,[69] seit 2002 nicht mehr exis-

---

62 Prölss/Martin/*Kollhosser* VVG 1992 846.

63 *Dubischar* Transportrecht § 16 Nr. 2 260; *Heine/Eichhoff/Pukall/Krien* § 27 GüKG Anm. 7; *Roltsch* Haftung des Straßenfrachtführers 14.

64 BGH 22.6.1967 VersR **1967** 771.

65 BGH 22.6.1967 VersR **1967** 771, 772.

66 *Bischoff* VersR **1952** 217; *Dubischar* Rn. 11; *Heuer* Gütertransport und Versicherung (1990) 52; *Schneider* 190; *Schönwerth* VersR **1978** 536; Prölss/Martin/ *Voigt* VVG **1992** 2149.

67 OLG Köln 16.11.1999 OLGR Köln **2000** 147 für eine KVO/CMR-Police.

68 *Prölss/Martin* 24. Aufl. **1988** 755.

69 http://www.Transportrecht.de/Transportrecht_content/1144245172.pdf.

tent.[70] Zweifellos waren alle „laufende Versicherungen", weil die jeweiligen Verkehrsverträge gem. ADSp automatisch, d.h. laufend, im Voraus per Rahmenvertrag (SVS oder der späteren Speditionsversicherung SpV) versichert waren und der VN (ADSp-Spedition) jeden einzelnen Verkehrsvertrag mit der jeweiligen Versicherungssumme gemäß einem Prämienanmeldeformular seinem VR unter Angabe der Risiken (Relation, Warenart) laufend melden und laufend hätte zahlen müssen.[71]

Die DTV-VHV 2003/2011 und alle sonstigen üblichen VHV sind unstreitig laufende Versicherung i.S.d. § 53. Der VR versichert die transportrechtliche Haftung des VN, die sich aus den jeweiligen mit dem Auftraggeber abgeschlossenen Verkehrsvertrag ergibt. Welche dieser Verkehrsverträge von einem Schadenfall konkret betroffen werden könnten, wissen die Vertragsparteien bei Abschluss des Verkehrsvertrages nicht. Dasselbe gilt für den VHV-VR, der generell alle Verkehrsverträge, wenn sie in das vereinbarte Risikoprofil passen, versichern will. Die „Gattung" des versicherten Interesses sind diese unbekannten Verkehrsverträge. Die versicherte Haftung aus diesen Verträgen entsteht erst, wenn der Verkehrsvertrag mit dem Auftraggeber abgeschlossen wurde. Da zum Versicherungsschutz die nachträgliche Meldung dieser Verkehrsverträge zur Versicherung dazugehört, sind die Voraussetzungen des § 53 erfüllt.[72]

Der Abschluss von Einzelpolicen, d.h. einzelner Haftungsversicherungen für nur einen einzigen bestimmten Transport, ist jedenfalls seit dem GüKG ab 1998 nicht zulässig. Nach § 7 a GüKG ist nämlich eine Versicherung „abzuschließen" und „aufrechtzuerhalten". Der Frachtführer muss also eine Haftungspolice „vorhalten". Für den Fall, dass er einen Frachtvertrag auszuführen hat, der unter das GüKG fällt, muss er eine Versicherung haben. Das kann er nicht über eine Einzelpolice gegenüber den Behörden (BAG) nachweisen. Entsprechend müsste z.B. ein ausländischer Frachtführer für einen einzigen Kabotagetransport in Deutschland eine Verkehrshaftungsversicherung als laufende Versicherung abschließen.[73]

3. Auslegungsgrundsätze

In der VHV gelten bei der Auslegung der AVB besondere kaufmännische Maßstäbe der **24**
laufenden Versicherung bzw. der Großrisiken im Hinblick auf die besonderen Ausschlüsse, Obliegenheiten, Maxima usw.[74] Während von den zwingenden Vorschriften des VVG nicht abgewichen werden kann, kann bei halbzwingenden Vorschriften der VR uneingeschränkt abweichen.[75]

Zwar ist bei der Auslegung von AVB auf die Sicht eines durchschnittlichen VN abzu- **25**
stellen, so dass uneingeschränkt die §§ 305ff. BGB gelten.[76]

Konkret ist also die Sicht des durchschnittlichen VN einer VHV das Maß für die Auslegung. Der VN ist als Verkehrsträger in der Regel ein Kaufmann, zumindest ist er ge-

---

[70] Zur Entwicklung *Häusser/Abele* TranspR 2003 8ff.

[71] *Abele* TranspR **2009** 60; Terbille/*Gerke/Gerhard* MAH § 11 Rn. 212; van Bühren/*Ehlers* Rn. 294.

[72] *Abele* TranspR **2009** 60; Terbille/*Gerke/Gerhard* MAH § 11 Rn. 212; van Bühren/*Ehlers* Rn. 294.

[73] *Abele* TranspR **2009** 60, 61; *Boettge* VersR **2011** 21ff.

[74] Bruck/Möller/*Renger* § 210 Rn. 15.

[75] Bruck/Möller/*Beckmann* Einf. A Rn. 126.

[76] BGH 16.6.1982 VersR **1982** 841; BGH 23.6.1993 VersR **1993** 957; Bruck/Möller/*Renger* §§ 210 Rn. 15.

schäftserfahren.[77] Er arbeitet regelmäßig ständig selbst mit eigenen AGB, wie den ADSp[78], VBGL[79], BSK[80] oder anderen Bedingungswerken.[81]

Wenn man die Frage beantworten will, inwieweit Regelungen des dispositiven Rechts im VVG Leitbildfunktion beanspruchen, ist davon auszugehen, dass das Gesetz grundsätzlich auf einen angemessenen Interessenausgleich der Vertragsparteien ausgerichtet ist. Andererseits stellen die gesetzlich normierten Regeln nicht den einzig denkbaren Interessenausgleich dar, sondern nur eine von mehreren vertretbaren Möglichkeiten. Dem Verwender von AVB ist aber nicht jede Abweichung vom Gesetz verboten. Grundlegende Änderungen der vom Gesetz als gerecht vorgegebenen Ausgleichsstruktur darf er nicht zum Nachteil der Interessen seines Vertragspartners ändern. Maßstab ist dabei die Angemessenheit der Regelungen in den AVB unter Gesamtabwägung aller Umstände.

26 Bei einer VHV muss man bei der Interessenabwägung, was in den AVB erlaubt und was verboten ist, die mit dem Transport von Gütern verbundenen großen Haftungsrisiken einerseits berücksichtigen, die insbesondere aus der Rechtsprechung des BGH zum sog. „qualifizierten Verschulden" entstanden sind.[82] Andererseits muss man erkennen, dass der Haftungsversicherer eine volle Haftung nur in Ausnahmefällen versichern kann.[83]

27 So wurde bei der Vertragsauslegung, ob der Versicherungsvertrag bei einer Obliegenheitsverletzung nach § 6 Abs. 1 a.F. zu kündigen ist, der Umstand bewertet, dass in der VHV für Frachtführer in der Regel der gesamte Fahrzeugbestand des VN eingeschlossen ist. Es besteht nach dem BGH daher ein existenzielles Interesse des Transportunternehmers am Fortbestand eines den Betrieb des Unternehmens sichernden, lückenlosen Versicherungsschutzes. „*Dieser wäre aber erheblich gefährdet, wenn der VR gezwungen würde, bei Obliegenheitsverletzungen stets das gesamte Versicherungsverhältnis zu kündigen, um im Einzelfall leistungsfrei zu werden*".[84] Die Gefahr, dass ein Transportunternehmer im Kündigungsfall keinen anderweitigen angemessenen Versicherungsschutz erlangen kann, wurde berücksichtigt, so dass in der Frachtführerhaftpflichtversicherung das Kündigungserfordernis des § 6 Abs. 1 S. 3 a.F. in Versicherungsbedingungen wirksam abbedungen werden konnte.[85] Insoweit ist also die Tatsache, dass eine Einordnung der VHV in den Bereich der Großrisiken bzw. laufenden Versicherung bei der Auslegung der AVB wichtig ist.[86]

V. Pflichtversicherungen

Schrifttum

Ehlers Die neuen DTV-Verkehrshaftungsversicherungsbedingungen für Frachtführer, Spedition und Lagerhalter 03 (DTV-VHV 03) und das grobe Organisationsverschulden im Deckungsverhältnis sowie Besonderheiten der Pflichtversicherung nach § 7 a GüKG, VersR **2003** 1080; *Herber* Pflichtversicherung für den Spediteur – mit vielen Fragezeichen, TranspR **2004** 229; *ders.* Die Grenzen der Ver-

[77] BGH 9.5.1984 VersR **1984** 830; BGH 3.6.1992 VersR **1992** 1089; BGH 1.12.2004 VersR **2005** 266.
[78] http://www.transportrecht.org/dokumente/ADSp_2003.pdf.
[79] http://www.bgl-ev.de/images/downloads/service/vbgl.pdf.
[80] http://www.transportrecht.org/dokumente/BSK-AGB-Kran-Transport_6Seitig-Deutsch_10.2013.pdf.
[81] *Abele* TranspR **2004** 152, 155 zum qualifizierten Verschulden.
[82] B Rn. 207.
[83] Abele TranspR **2004** 152, 156.
[84] BGH 1.12.2004 VersR **2005** 266.
[85] BGH 1.12.2004 VersR **2005** 266.
[86] Bruck/Möller/*Renger* §§ 210 Rn. 15.

sicherungspflicht nach § 7a GüKG und des Schutzes des Dritten gemäß § 158c VVG, TranspR 2004 454; *Knorre* Der neue § 7a GüKG und seien Auswirkungen auf die Verkehrshaftungsversicherung, TranspR 2006 228; *ders.* „Zur Versicherungspflicht der Transportunternehmer für innerdeutsche Transporte", TranspR 2004 Sonderbeilage XXI.

1. Straßengüterverkehr (§ 7a GüKG)

§ 7a Haftpflichtversicherung

(1e) Der Unternehmer ist verpflichtet, eine Haftpflichtversicherung abzuschließen und aufrechtzuerhalten, die die gesetzliche Haftung wegen Güter- und Verspätungsschäden nach dem Vierten Abschnitt des Vierten Buches des Handelsgesetzbuches während Beförderungen, bei denen der Be- und Entladeort im Inland liegt, versichert.

(2e) Die Mindestversicherungssumme beträgt 600.000 Euro je Schadensereignis. Die Vereinbarung einer Jahreshöchstersatzleistung, die nicht weniger als das Zweifache der Mindestversicherungssumme betragen darf, und eines Selbstbehalts sind zulässig.

(3e) Von der Versicherung können folgende Ansprüche ausgenommen werden:
1. Ansprüche wegen Schäden, die vom Unternehmer oder seinem Repräsentanten vorsätzlich begangen wurden,
2. Ansprüche wegen Schäden, die durch Naturkatastrophen, Kernenergie, Krieg, kriegsähnliche Ereignisse, Bürgerkrieg, innere Unruhen, Streik, Aussperrung, terroristische Gewaltakte, Verfügungen von hoher Hand, Wegnahme oder Beschlagnahme seitens einer staatlich anerkannten Macht verursacht werden,
3. Ansprüche aus Frachtverträgen, die die Beförderung von Edelmetallen, Juwelen, Edelsteinen, Zahlungsmitteln, Valoren, Wertpapieren, Briefmarken, Dokumenten und Urkunden zum Gegenstand haben.

(4e) Der Unternehmer hat dafür zu sorgen, dass während der Beförderung ein Nachweis über eine gültige Haftpflichtversicherung, die den Ansprüchen des Absatzes 1 entspricht, mitgeführt wird. Das Fahrpersonal muss diesen Versicherungsnachweis während der Beförderung mitführen und Kontrollberechtigten auf Verlangen zur Prüfung aushändigen.

(5e) (weggefallen)

a) **Entstehungsgeschichte.** Im Rahmen der HGB-Änderungen zum Transportrechts- 28
reformgesetz 1998 wurde für Straßenfrachtführer, die dem **Güterkraftverkehrsgesetz (GüKG)** unterliegen, eine **Pflichtversicherung** eingeführt. Die Versicherungspflicht im Straßengüterverkehr geht auf das Güterfernverkehrsgesetz (GFG) von 1936 zurück, das den Fernverkehr einheitlich regelte. Die Versicherung des Güterfernverkehrsunternehmers gem. der Kraftverkehrsordnung KVO war wegen ihres Charakters einer Pflichtversicherung eine Haftpflichtversicherung nach §§ 149ff. a.F.[87] Zwar sollte im Zuge der Liberalisierung des Güterkraftverkehrs nach einem früheren Entwurf des GüKG im Jahr 1998 die Versicherungspflicht abgeschafft werden. Nach Beratungen im Rechtsausschuss hat der Deutsche Bundestag jedoch die Versicherungspflicht nach § 7a GüKG eingeführt. Nach dem ab 1998 geltenden § 7a GÜKG musste der Frachtführer eine „Güterschaden-Haftpflichtversicherung" für seine Haftung nach dem „HGB und dem Frachtvertrag" abschließen, wenn er LKW-Transporte innerhalb der BRD durchführte. Der Inhalt und der Umfang dieser Pflichtversicherung wurden im GüKG ungenügend formuliert.[88] Im Jahr 2004 wurde die Vorschrift grundlegend reformiert und die Formulierungen neu gefasst.

Weil es keine Unterscheidung zwischen Nahverkehr und Fernverkehr gem. GüKG ab 29
1998 gibt, unterliegt **jeder** Unternehmer, der gewerbsmäßig Gütertransport für Dritte

[87] *Terbille/Gercke/Gerhard* Rn. 176; Thume/de la Motte/*Ehlers* GüKG Rn. 3.

[88] Thume/de la Motte/*Ehlers* GüKG Rn. 6; *Ehlers* VersR **2003** 1080; van Bühren/*Ehlers* Rn. 463.

durchführt und dem GüKG unterliegt, der Pflichtversicherung. VHV-VR müssen kraft Gesetzes daher gesetzliche Vorgaben beachten, soweit das GüKG bei einem versicherten Transport auf der Straße eingreift.

30 Die Überschrift lautet jetzt „Haftpflichtversicherung" statt „Güterschaden-Haftpflichtversicherung". Sachlich bedeutet dies keine Änderung, es sollte nur die Abgrenzung zur Transportwarenversicherung klargestellt werden. Weil der Begriff „Güterschaden" zu nahe an der Transportversicherung des Auftraggebers lag, wurde die Klarstellung vorgenommen, dass es sich um eine Haftungsversicherung und nicht um eine Transportwarenversicherung handelt.

31 Streitig ist, ob eine Pflichtversicherung nach dem Versicherungsvertragsgesetz vorliegt. *Heuer*[89] sieht die Änderungen kritisch und meint, dass keine Pflichtversicherung vorliege. Demgegenüber sieht die herrschende Literatur die Voraussetzungen einer Pflichthaftpflicht als gegeben an.[90] Aus dem Wortlaut „ist verpflichtet" ergibt sich eindeutig, dass eine Pflichtversicherung nach dem VVG vorliegt. Mit der Gesetzesänderung wurde der Streit beendet. Nach altem Recht bestand vor 1998 auch nach dem GüKG a.F. eine Pflichtversicherung,[91] die der Gesetzgeber aufrecht erhalten wollte.

32 Nach der geänderten Fassung des GüKG ist klargestellt, welche HGB-Haftung versichert werden muss. Die alte Formulierung des § 7a GüKG für den Umfang der Haftungsübernahme lautete: „nach dem Vierten Abschnitt des Handelsgesetzbuchs in Verbindung mit dem Frachtvertrag". Weil der Bezug zum Frachtvertrag weggelassen wurde, ist klargestellt, dass der VR Deckung in Höhe der **Regelhaftung** des HGB mit 8,33 SZR pro Kilo zu gewähren hat. Alle weitergehenden Haftungen sind nicht von der Pflichtversicherung erfasst. Haftungserweiterungen auf beispielsweise 40 SZR unterliegen nicht den Regelungen der Pflichtversicherung. Damit entfallen in diesen Fällen besondere Rechte im Fall der Insolvenz, u.a. besondere Schutzvorschriften. Ein Geschädigter genießt maximal in Höhe der HGB-Regelhaftung Vertrauensschutz. Eine Vereinbarung über höhere Haftungen mit dem Frachtführer bewirkt also nicht, dass diese Haftungserweiterungen pflichtversichert sind.[92]

33 b) **GüKG-Vorgaben.** Wenn das Güterkraftverkehrsgesetz für den Inhaber einer Firma oder den jeweiligen Transport nicht gilt, dann gibt es keine Versicherungspflichten.[93] Voraussetzung des GüKG ist, dass eine entgeltliche Beförderung von Gütern mit Kraftfahrzeugen, die einschließlich Anhänger ein höheres zulässiges Gesamtgewicht als 3,5 t haben, vorliegt. Wenn das Gesamtgewicht unter der genannten GüKG-Grenze liegt oder ein Befreiungstatbestand nach § 2 GüKG vorliegt, dann müssen keine gesetzlichen Versicherungsregelungen beachtet werden. Solche Frachtführer brauchen kraft Gesetzes keine VHV abzuschließen. Sie dürfen ohne Deckungsschutz durch eine VHV gewerbliche Güterbeförderung betreiben. In der Praxis haben die allermeisten deutschen Frachtführer, die nicht dem GüKG unterliegen, freiwillig eine VHV abgeschlossen. Dies gilt für die überwiegende Mehrzahl der ordentlichen Betriebe.

Nur Beförderungen innerhalb der BRD unterliegen dem GüKG und damit der Pflichtversicherung. Grenzüberschreitende Beförderungen, bei denen entweder der Übernahme- oder Ablieferungsort außerhalb der BRD liegen, fallen nicht unter das GüKG und deshalb gilt keine Pflichtversicherung für diese Beförderungen.[94]

---

[89] *Heuer* TranspR **2006** 22.

[90] Thume/de la Motte/*Ehlers* GüKG Rn. 7; Beckmann/Matusche-Beckmann/*Heiss/Trümper* Rn. 352; Prölss/Martin/*Koller* VVG III Rn. 1; van Bühren/*Ehlers* Rn. 463.

[91] *Schneider* 192.

[92] Beckmann/Matusche-Beckmann/*Heiss/Trümper* Rn. 351.

[93] Van Bühren/*Ehlers* Rn. 463.

[94] Van Bühren/*Ehlers* Rn. 464.

c) **Kein Werkverkehr.** Wenn ein Unternehmen Werkverkehr betreibt, gilt zwar das GüKG, aber keine Versicherungspflichten nach § 7a GüKG. **Werkverkehr** liegt nach § 1 Abs. 2 GüKG vor, wenn die dort genannten vier Voraussetzungen kumulativ erfüllt sind: 34

1. Die beförderten Güter müssen im Eigentum des Unternehmens stehen.
2. Die Beförderung muss der Anlieferung der Güter zum Unternehmen oder ihrem Versand vom Unternehmen dienen.
3. Die für die Beförderung verwendeten Kraftfahrzeuge müssen vom eigenen Personal des Unternehmens geführt werden.
4. Die Beförderung darf nur eine Hilfstätigkeit im Rahmen der gesamten Tätigkeit des Unternehmens darstellen.

Die unter Ziff. 4 genannte Bestimmung dient dazu, die Abgrenzung zwischen dem Werkverkehr und dem gewerblichen Güterkraftverkehr deutlicher zu ermöglichen.

Die Literatur meint, dass die Hilfstätigkeitsfrage neben den anderen Kriterien ein Anhaltspunkt sei, ob auch tatsächlich Werkverkehr vorliege. Die Beförderung dürfe der Tätigkeit des Unternehmens keinesfalls das Gepräge geben. Vielmehr müsse sie hinter dem Handels- oder sonstigen gewerblichen Nutzen eines Unternehmens „deutlich zurücktreten". Soweit ein solcher Nutzen nicht oder nur in ganz geringem Umfang vorhanden sei, stelle die Beförderung keine Hilfstätigkeit dar. Die Grundsätze zu den Fragen des Scheintatbestandes oder des unechten Fuhrmannshandels seien auch hier heranzuziehen. Der Einzelfall müsse jeweils genau untersucht werden.[95] Mit § 1 Abs. 2 Nr. 4 GüKG solle eine Umgehung der Erlaubnispflicht vermieden werden, indem eine angebliche Handelstätigkeit vorgeschoben wird. In diesen Fällen sei zu prüfen, ob ein echter Handelsnutzen erzielt wird und der Zwischenhändler selbständig handeln kann oder nicht.[96]

Nach der Rechtsprechung des BGH ist Werkverkehr nur eine Hilfstätigkeit im Rahmen der gesamten, von Ein- und Verkauf, Werbung, Kundenpflege, händlerischem Risiko usw. bestimmten Handelstätigkeit eines Kaufmanns. Werkverkehr liegt dann vor, wenn der von kaufmännischer Kalkulation und Gewinnerwartung geprägte Handel die Haupttätigkeit des Betriebes bildet und im Rahmen dieser Handelstätigkeit die Beförderung lediglich eine Nebenfunktion hat. Wenn die transportierten Waren tatsächlich im Eigentum des Beförderers stehen, er das Beschädigung- und Verlustrisiko selbst trägt und eine eigene sog. Werkverkehrspolice (Transportwarenpolice nach DTV-Güter gegen alle Risiken) für diese Fälle abschließen kann, kann keine weite Auslegung des Begriffs des Werkverkehrs den Beförderer zu einer VHV-Versicherung zwingen. Wenn eine Person einen Großhandel betreibt, liegt Werkverkehr vor. Wenn diese Person eigene Güter befördert, ist kein unerlaubter gewerblicher Güterkraftverkehr gegeben.

Andererseits handelt es sich **nicht** um Werkverkehr, wenn es den Vertragsparteien wirtschaftlich um die Beförderung geht und der Händlerstellung des Transportunternehmens lediglich eine rechtlich-formale, jedoch keine wirtschaftlich erhebliche Bedeutung zukommt. Wenn der Handel eine „künstlich herbeigeführte, sachlich entbehrliche Folge der Güterbeförderung ist", liegt dennoch eine Frachtführertätigkeit vor.[97]

d) Pflichtversicherungsvorgaben

aa) **Besondere Haftungstatbestände.** Es müssen nicht alle Haftungstatbestände des HGB pflichtversichert werden. Es fallen unter die Pflichtversicherung nur Güterschäden 35

[95] Hein/Eichhoff/Pukall/*Krien* Güterkraftverkehrsrecht (2010), § 1 GüKG Rn. 9.

[96] *Lammich/Pöttinger* Gütertransportrecht, § 1 GüKG Rn. 33.

[97] BGH 9.5.1996 VersR **1996** 1301ff.

(Verlust und Beschädigung) und Lieferfristüberschreitungen. Der Pflichtversicherung unterliegen keine Güterfolge- (soweit sie überhaupt haftet) oder sonstigen reinen Vermögensschäden.[98] Wenn z.B. der Frachtführer seinem Auftraggeber nicht mitteilt, dass er den Transport zu spät begonnen hat, Monteure am Einsatzort warten, die Produktion beim Empfänger stillsteht und Konventionalstrafen des Empfängers entstehen, unterliegen solche Schäden nicht den Pflichtversicherungsregeln, weil solche Spezialfälle nach § 433 HGB haftungsrechtlich reine Vermögensschäden und keine Lieferfristüberschreitungen sind.

VHV-VR haben die Deckung dieser so genannten Vermögensschäden nicht aus ihren Policen herausgenommen. Es besteht zwar eine entsprechende versicherungsmäßige Abdeckung dieser Schäden, jedoch kann der Geschädigte diese Ansprüche nicht nach den Pflichtversicherungsregelungen des VVG geltend machen.

36 bb) **Ausschlüsse.** Der Gesetzgeber hat in § 7a Abs. 3 Nr. 1–3 GüKG ausdrücklich diverse Ausschlüsse zugelassen. Der VR kann in die Police entsprechende Ausschlüsse einfügen: vorsätzliche Handlungen des VN; Schäden durch Naturkatastrophen, Kernenergie, Krieg, kriegsähnliche Ereignisse, Bürgerkrieg, innere Unruhen, Streik, Aussperrung, terroristische Gewaltakte; Verfügungen von hoher Hand; Wegnahme oder Beschlagnahme seitens einer staatlich anerkannten Macht samt den Schäden bei der Beförderung von Edelmetallen, Juwelen, Edelsteinen, Zahlungsmitteln, Valoren, Wertpapieren, Briefmarken, Dokumenten und Urkunden.[99] In Fällen der Pflichtversicherung darf der VR nur die Ansprüche generell in seinen AVB ausschließen, soweit sie in § 7a GüKG genannt sind. § 7a GüKG enthält insoweit ein Verbot weiterer Ausschlüsse.[100] Wenn der Frachtführer in diesen ausgeschlossenen Bereichen haften würde, könnte der VR bei einem entsprechenden Ausschluss die Deckung ablehnen. Er darf sich auf den erlaubten Risikoausschluss berufen.[101] Er prüft nicht die Frage der Haftung, gibt also auch keinen Rechtsschutz und leistet keinen Ersatz. Es besteht keine Leistungspflicht nach § 117. Dies bedeutet, dass ein VHV-VR diese Ausschlüsse einem Pflichtversicherungsanspruch entgegensetzen kann.[102] Wenn der Gesetzgeber in einem spezielleren Gesetz Ausschlüsse für zulässig erklärt, können diese auch bei einem Direktanspruch eines Geschädigten nach § 117 eingewandt werden.

37 cc) **Selbstbeteiligung.** Streitig ist erstens, ob ein VHV-VR eine Selbstbeteiligung (SB) ohne Begrenzung nach oben vereinbaren darf.[103] Der Pflichtversicherungscharakter dient dem Schutz des geschädigten Dritten, nicht aber dem Schutz des VN. Dies ergibt sich aus der Rechtsprechung des BGH, der die Verpflichtung des Unternehmers eine Güterschaden-Haftpflichtversicherung nach § 7a GüKG zu unterhalten, nicht als Gesetz im Sinne des § 823 Abs. 2 BGB zum Schutze des Vermögens eines Güterkraftverkehrsunternehmers angesehen hat.[104]

Von der Frage, ob die Finanzkraft des durchschnittlichen Unternehmers offensichtlich überschritten sei, kann die Zulässigkeit einer SB nicht abhängen.[105] Entscheidend ist al-

---

[98] Thume/de la Motte/*Ehlers* GüKG Rn. 10.
[99] B Rn. 146.
[100] Van Bühren/*Ehlers* Rn. 473.
[101] Van Bühren/*Ehlers* Rn. 473.
[102] *Knorre*/Demuth/Schmid H.6 Rn. 292; Prölss/Martin/*Koller* Ziff. 17 DTV-VHV Rn. 1; van Bühren/*Ehlers* Rn. 471 ff; kritisch im Hinblick auf das Transparenzgebot zur Fassung 2003 aber Beckmann/Matusche-Beckmann/*Heiss/Trümer* Rn. 372.
[103] *Knorre*/Demuth/Schmid H.II.6 Rn. 290; Thume/de la Motte/*Ehlers* GüKG Rn. 13.
[104] BGH 9.11.2004 TranspR **2005** 33; **a.A.** *Reiff* Sinn und Bedeutung von Pflichthaftpflichtversicherungen TranspR **2006** 15 ff.
[105] So Prölss/Martin/*Koller* VVG III Ziff. 17 DTV-VHV Rn. 1.

lein, dass das GüKG (und die Ziff. 29.2 ADSp 2003 samt anderer AGB-Formulierungen) die Selbstbeteiligung grundsätzlich **ausdrücklich unbegrenzt** zulässt.

Es wird die Auffassung vertreten, die Frage der Angemessenheit sei nach den Umständen des Einzelfalls zu entscheiden. Im Kfz-Bereich werden als angemessene Selbstbeteiligung im Privatkundengeschäft € 10.000 angesehen, während im Firmenkundenbereich höhere Summen möglich seien, wobei „die Solvenz des Kunden nicht gefährdet werden dürfe".[106] Ein ADSp-Spediteur (aber auch Frachtführer/Lagerhalter) soll sich nicht auf die Bestimmungen der ADSp 2003 berufen dürfen, wenn in seiner Police eine SB vereinbart ist, durch welchen ein Großteil des Schadens nicht von der VHV gedeckt ist.[107] Es liegt nach der ständigen Rechtsprechung des OLG Nürnberg gem. Ziff. 29 Abs. 3 ADSp 2003[108] keine „ausreichende Haftungsversicherung" vor, wenn der Schaden € 10.441 beträgt und die SB € 10.000.[109] Wenn aber die SB den größten Teil des Schadens nicht deckt, hängt es nach dem OLG Nürnberg immer vom Einzelfall ab, ob eine ausreichende Versicherung vorliegt oder nicht. Nach *Koller*[110] darf dagegen der Selbstbehalt max. 10 % der Regelhaftung nicht übersteigen, nach *Knorre*[111] € 30.000 (5 % aus dem Maxima). *Bahnsen*[112] sieht dies bei einfachem Verschulden ebenso, jedoch ist bei einem qualifizierten Verschulden eine höhere SB zulässig.

Deshalb ist die Ansicht abzulehnen, dass unangemessene und überhöhte Selbstbeteiligungen unzulässig seien.[113]

Die zweite Frage ist, ob eine mit dem VN vereinbarte SB auch dem Geschädigten nach **38**
§§ 113 ff. VVG entgegengehalten werden kann. Die h.M. bejaht dies.[114] Dem ist zu folgen. Unter Kaufleuten muss dies im Rahmen der laufenden Versicherung nach dem § 210 auch im Rahmen des § 7a GüKG zulässig sein. Insoweit ist § 7a GüKG lex specialis gegenüber § 210. Im Spezialgesetz (GüKG) wurde es als zulässig formuliert, dass eine Selbstbeteiligung vereinbart werden kann, obwohl es sich um eine Pflichtversicherung handelt. Es wurde erhebliche Kritik auch an der SB vor Änderung des GüKG geäußert und sprachlich erfolgte keine Änderung.[115] Der Drittgeschädigte ist deshalb nicht schutzbedürftig, weil der Gesetzgeber bewusst in § 7a GüKG die im Jahr 1998 eingeführte Pflichtversicherung 2004 neu geregelt hat und in Kenntnis der Kritik aus der Literatur neben der SB auch Ausschlüsse und Maximierungen als zulässig erachtet hat und keine Einschränkungen hinsichtlich des Verbraucherschutzes, wie etwa im Umzugsbereich von *Ehlers* gefordert,[116] vorgenommen hat. Deshalb die Ansicht abzulehnen, dass Selbstbeteilgungen gegenüber dem Direktanspruch des Geschädigten unzulässig seien.[117]

---

106 *Franz/Spielmann* VersR **2012** 960.
107 OLG Nürnberg 15.4.2010 TranspR **2010** 346.
108 http://www.transportrecht.org/dokumente/ADSp_2003.pdf.
109 Ständige Rspr. OLG Nürnberg 18.7.2007, 12 U 2444/06 und 16.5.2007, 12 U 2119/06 (unveröffentlicht).
110 *Koller* Ziff. 29 ADSp Rn. 3.
111 *Knorre*/Demuth/Schmid H.II.6 Rn. 291.
112 MüKo-HGB/*Bahnsen* ADSp Rn. 277, 279.
113 *Koller* 7a GüKG Rn. 5.
114 *Herber* TranspR **2004** 229, 231; *Heuer* TransportR **2006** 22, 27; *Knorre* TranspR **2006** 228, 230; Terbille/*Gerke*/*Gerhard* MAH § 11 Rn. 176; Thume/de la Motte/*Ehlers*/*Kollatz* DTV-VHV Rn. 146; **a.A.** *Reiff* TranspR **2006** 15, 18; van Bühren/*Ehlers* Rn. 467.
115 *Ehlers* VersR **2003** 1080; *Herber* Pflichtversicherung für den Spediteur – mit vielen Fragezeichen, TranspR **2004** 229 ff; *Knorre* Zur Versicherungspflicht der Transportunternehmer für innerdeutsche Transporte, TranspR **2004** Sonderbeilage zu Heft 3 XXI ff; ausführlich van Bühren/*Ehlers* Rn. 467 ff.
116 *Heuer* TransportR **2006** 22, 27; *Knorre* TranspR **2006** 228, 230; Terbille/*Gerke*/*Gerhard* MAH § 11 Rn. 176.
117 *Koller* 7a GüKG Rn. 5; van Bühren/*Ehlers* Rn. 473.

39 dd) **Maximierungen.** Der Gesetzgeber hat ferner eine verbindliche Mindestversicherungssumme festgelegt. Der VR muss € 600.000 je Schadenereignis decken. Eine Versicherungsbestätigung mit einer Deckung pro Ereignis von beispielsweise € 500.000 genügt bei einem innerdeutschen Transport nicht.

Ferner kann eine so genannte Jahreshöchstersatzleistung vereinbart werden, die nicht weniger als das Zweifache der Mindestversicherungssumme betragen darf. Die Kurzformulierung lautet in VHV-Policen häufig: „Die maximale Versicherungsleistung beträgt € 600.000, zweifach maximiert pro Jahr."

2. Luftfahrt (Art. 50 MÜ)

MÜ, Artikel 50 – Versicherung

„Die Vertragsstaaten verpflichten ihre Luftfrachtführer, sich zur Deckung ihrer Haftung nach diesem Übereinkommen angemessen zu versichern. Der Vertragsstaat, in den ein Luftfrachtführer eine Beförderung ausführt, kann einen Nachweis über einen angemessenen Versicherungsschutz zur Deckung der Haftung nach diesem Übereinkommen verlangen."

40 Das Übereinkommen zur Vereinheitlichung bestimmter Vorschriften über die Beförderung im internationalen Luftverkehr (Montrealer Übereinkommen, MÜ)[118] stammt vom 28.5.1999. Im Montrealer-Übereinkommen-Durchführungsgesetz vom 6.4.2004 (MontÜG[119]), zuletzt geändert durch das Gesetz zur Änderung luftverkehrsrechtlicher Vorschriften vom 24.8.2009[120] gültig ab 29.8.2009, wird in § 4 MontÜG eine gesetzliche Pflichtversicherung für die BRD vorgeschrieben. Gemäß Art. 50 MÜ besteht eine Versicherungspflicht zunächst für denjenigen, der die Luftbeförderung tatsächlich mit eigenen Luftfahrzeugen ausführt. Das ist der *„acting carrier"*, der sich nach dem MÜ versichern muss. Derjenige, der den Lufttransport, d.h. die Beförderung der Güter per Luft verspricht, ist vertraglicher Luftfrachtführer (*„contracting carrier"*), auch dann, wenn er kein Flugzeug hat.

41 Kontrovers wird die Frage diskutiert, ob ein Spediteur, der die Besorgung und nicht die Luftbeförderung im Verkehrsauftrag versprochen und ausgeführt hat, unter die Pflichtversicherungsregelung fällt.[121] Ob in diesen Fällen direkt das MÜ anwendbar ist, ist streitig.[122]

42 Im Gesetzentwurf der Bundesregierung in der Begründung zu § 4 Abs. 2 des MontÜG werden Speditionen, die aufgrund der Rechtsfolgenverweisung der §§ 458–460 HGB wie ein Frachtführer haften, von der Versicherungspflicht ausgenommen.[123] Der Gesetzgeber wollte die Luftfrachtspeditionen nicht in die Pflichtversicherung aufnehmen, weil diese grundsätzlich keine Luftbeförderungsverträge, sondern Speditionsverträge schließen. Die nationalen HGB-Haftungsfolgen des Selbsteintritts, der Sammelladung, der Fixkostenspedition oder die Ausstellung eines eigenen Luftfrachtbriefs (unechter Selbsteintritt) bedeuten, dass die Rechtsfolge der „Haftung wie ein Frachtführer" gegeben ist. Die Rechtsfolgenverweisung des deutschen HGB ist von der Auslegung des MÜ strikt zu trennen, weil das MÜ aus sich heraus auszulegen ist. Deshalb bestehen für Speditionsverträge keine Versicherungspflichten nach MÜ.[124]

---

[118] ABl. EU L 194 vom 18.7.2001.
[119] BGBl I 2004 550.
[120] BGBl I 2009 2942.
[121] *Ruhwedel* TranspR **2008** 92.
[122] Koller WA 1955 Rn. 3 m.w.N.
[123] BGH 11.7.1978 VersR **1978** 1070–1072.
[124] Abele TranspR **2004** Sonderbeilage IV, ebenso *Boettge* Luftfrachtrecht,114.

3. Vertragliche Versicherungspflichten

Es gibt Versicherungspflichten, die sich aus speziellen Hinweisen in den AGB der VN ergeben. Dies sind „freiwillige Versicherungspflichten“, die dem Auftraggeber in den AGB versprochen werden. Solche gibt es in den von den Verbänden veröffentlichten AGB, wie den ADSp 2003 und VBGL nach folgendem Muster: 43

§ 33 VBGl[125]

„Der Frachtführer und der Spediteur im Sinne von § 1 haben sich gegen alle Schäden, für die sie nach diesen Bedingungen und nach dem 4. Abschnitt des Handelsgesetzbuches im Rahmen der Regelhaftungssummen haften, in marktüblichem Umfang zu versichern.“

Entsprechende Klauseln gibt es auch in den so genannten KEP-AGB der Kurier-, Eil- und Paketdienste. Hier verweisen diese Verkehrsträger darauf, dass sie eine VHV abgeschlossen haben.

Als Sanktion der Nichteinhaltung des Versicherungsversprechens wird teilweise die volle gesetzliche Haftung gegenüber dem Auftraggeber versprochen (siehe hierzu Ziff. 29 Abs. 3). Es gilt kein § 117 (keine Pflichtversicherung).[126]

Ziff. 29 Abs. 3 ADSp 2003[127]

„Der Spediteur darf sich gegenüber dem Auftraggeber auf die ADSp nur berufen, wenn er bei Auftragserteilung einen ausreichenden Haftungsversicherungsschutz vorhält.“

Jeder Verkehrsträger, der andere Unternehmen beauftragt, muss sich vergewissern, dass diese eine ausreichende VHV eingedeckt haben. Stellt er fest, dass diese keine Versicherung haben, darf er den Auftrag nicht erteilen. Es gehört zur Kardinalspflicht eines Spediteurs, nur Frachtführer einzusetzen, die eine solche Versicherung abgeschlossen haben. Ansonsten liegt ein Auswahlverschulden vor, wenn entsprechende Prüfungen der Versicherungsdeckung nicht vorgenommen werden. Es genügt, wenn sich der Verkehrsträger eine aktuelle Versicherungsbestätigung vorlegen lässt.

---

125 http://www.bgl-ev.de/images/downloads/service/vbgl.pdf.

126 MüKo-HGB/*Bahnsen* ADSp Rn. 273; Prölss/Martin/Koller/*Koller* VVG III Rn 1.

127 http://www.transportrecht.org/dokumente/ADSp_2003.pdf.

B. DTV-Verkehrshaftungsversicherungs-Bedingungen für die laufende Versicherung für Frachtführer, Spediteure und Lagerhalter 2003/2011 (DTV-VHV 2003/2011)

Schrifttum

Häusser/Abele Aktuelle Probleme der Speditionsversicherung, TranspR **2003** 8 ff; *Ehlers* Die neuen DTV-Verkehrshaftungsversicherungsbedingungen, VersR **2003** 1080; *Heuer* Versicherungen des gewerblichen Straßengüterverkehrs, TranspR **2006** 22ff; Prölls/Martin/*Koller* Versicherungsvertragsgesetz: VVG III *29. Aufl. (2015)*; Thume/de la Motte/Ehlers/*Kollatz* Transportversicherungsrecht, **2011** 653ff; van Bühren/Ehlers § 19 Rn 297ff.

I. Entstehungsgeschichte

1 Am 29.5.1998 wurden wegen des Transportrechtsreformgesetzes (TRG), das am 1.7.1998 in Kraft getreten ist, die Allgemeinen Deutschen Spediteur-Bedingungen (ADSp)[1] neu gefasst. Als Anhang zu den ADSp wurde zunächst ein Versicherungsmodell eines Maklers mit dem Namen „Speditions-, Logistik- und Lagerversicherungsschein (SLVS)“[2] beigefügt, das den „Speditions- und Rollfuhr-Versicherungsschein“ (SVS/RVS) ablösen sollte. Das Bundeskartellamt beanstandete unter anderem, dass der SLVS nicht das Produkt eines konkreten Anbieters sein dürfe. Die ADSp galten mit dem SLVS bis zum 31.12.1998 und ab 1.1.1999 gab es als Anlage zu den ADSp die „Mindestbedingungen für die Speditionsversicherung“ (SPV).[3] Exakt diesen Versicherungsschutz musste erstens der ADSp-Spediteur eindecken und zweitens musste den Inhalt samt Umfang die deutsche Versicherungswirtschaft decken. Die Speditionsversicherung, die bei den ADSp als Anhang beigefügt war, unterschied zwischen der Haftungsversicherung einerseits und dem Abschluss einer sog. Schadenversicherung andererseits.[4] Der GDV hat vor allem aufgrund dramatischer Verluste im Bereich der Speditionsversicherung mit über € 100 Mio. Verlust einen neuen Ansatz in der Speditionsversicherung gewählt.[5] Er wollte das Modell einer mit den ADSp verbundenen Versicherungslösung verlassen und hat einen veränderten systematischen Ansatz zur Versicherung aller Verkehrsträger und nicht nur der Speditionen gewählt.[6]

2 Die unverbindliche Verbandsempfehlung des Gesamtverband der deutschen Versicherungswirtschaft (GDV) wurde unter dem Namen **„DTV-Verkehrshaftungsversicherungs-Bedingungen für Frachtführer, Spedition und Lagerhalter 2003, Fassung 2011“** (**DTV-VHV 2003/2011**) bekanntgegeben.[7] Mit dieser Empfehlung der DTV-VHV ist seit Dezember 2002 ein Bedingungswerk für viele Verkehrshaftungsrisiken auf dem deutschen Versicherungsmarkt vorhanden.[8] Versichert werden können danach sowohl Frachtführer als auch Spediteure und Lagerhalter.

3 Die SpV wurde aus den ADSp zum Jahresende 2002 entfernt, nachdem der GDV den Verbänden, welche die ADSp samt den SpV gem. der Präambel entwickelt hatten, die neue

---

1 http://www.transportrecht.org/dokumente/ADSp_2003.pdf.

2 http//www.dnjv.org/slvs.htm.

3 http://www.transportrecht.de/Transportrecht_content/1144245172.pdf.

4 *Abele* TranspR **2004** 152, 153; *ders.* TranspR **2006** 62; Thume/de la Motte/*Ehlers/Kollatz* DTV-VHV Rn. 1.

5 Van Bühren/*Ehlers* Rn. 289.

6 Thume/de la Motte/*Ehlers/Kollatz* DTV-VHV Rn. 1.

7 http://www.tis-gdv.de/tis/bedingungen/avb/vhv/verkehr.html.

8 GDV-Verbandsrundschreiben Nr. 2500/2002 vom 23.12.2002; siehe auch *Abele* TranspR **2006** 62, 63; *GDV/Flach/Supp/Bremke* 17.

Versicherungslösung übermittelt hatte. Diese nahmen daraufhin Abstand von einer Anlage zu den ADSp. Damit waren der SVS, der seit 1927 als Anlage zu den ADSp bestand, und die Folgekonzeptionen SLVS und SpV, zum 1.1.2003 nicht mehr existent.[9]

Die DTV-VHV wurden im Rahmen der VVG-Reform zum 1.1.2008 angepasst. Es wurde klargestellt, dass es sich um eine laufende Versicherung handelt.[10] 2011 wurde wegen der Sanktionsklausel noch eine Änderung vorgenommen, so dass aktuell die Version DTV-VHV 2003/2011 gültig ist.

II. Einleitung

1. Leitbild der DTV-VHV 2003/2011

Das generelle Leitbild der DTV-VHV ist die Schaffung einer größtmöglichen **Transparenz** des Verkehrshaftungsrisikos eines VN. Es soll durch die VHV ein risikobezogener Versicherungsschutz gewährt werden, den der VN auf Grund seiner Angaben beantragen muss. Scharf voneinander zu trennen ist die Ebene der verkehrsvertraglichen Haftung von der Ebene der Versicherung. Nicht jede Haftung aus Verkehrsverträgen soll nach den DTV-VHV 2003/2011 versichert werden. Es gibt keine sog. „sleep-easy-Deckung", d.h. die Haftung des VN und dessen Versicherung kann auseinanderfallen.[11] Der Grundsatz des weitgehenden Gleichlaufs von gesetzlicher oder vertraglicher Haftung für alle möglichen Tätigkeiten und entsprechenden Versicherungsschutz hat die VHV seit 2003 verlassen.[12] **4**

VHV-VR verlangen vom VN das Ausfüllen besonderer Fragebögen, die teilweise **Betriebsbeschreibung (BB)** genannt werden. Nur nach Maßgabe der Angaben des VN über sein konkretes Verkehrshaftungsrisiko wird Versicherungsschutz gegeben.[13] Teilweise muss der VN dem VR jedes Jahr die Veränderung seines ursprünglich in dem Fragebogen festgehaltenen Verkehrshaftungsrisikos anzeigen. Insbesondere bei der Abfrage prämienrelevanter Daten wie Umsätze im letzten Jahr, Anzahl der eingesetzten Fahrzeuge, Anzahl der ausgestellten Dokumente o.a. werden solche Fakten abgefragt und notfalls erneuert. Neue Risiken werden in der Police festgehalten und dem VN bestätigt. Mit diesen Mitteln wird versucht, die bestehende Haftung und das versicherte Risiko hinsichtlich der Tätigkeiten des VN so zu erfassen, dass die Haftung und die Versicherung möglichst zusammenpassen. Ausnahmen wird es jedoch immer geben, weil VHV-VR mit einer Maximierung beispielsweise pro Jahr, den Ausschlüssen oder den Obliegenheitsverletzungen ihr Risiko eingrenzen. Bis zu diesen versicherungsvertraglichen Grenzen stellt der VR seinen VN von Schadenersatzansprüchen frei, die gegen diesen erhoben werden. **5**

Es soll aber dem VHV-VR mit einer vom VN auszufüllenden Betriebsbeschreibung und einem Baukastensystem ein individuelles und flexibles Underwriting ermöglicht werden. Ausschließlich die bei Versicherungsvertragsbeginn bestehenden Risiken sollen versichert werden, während andere theoretisch mögliche Haftungen oder Tätigkeiten, die später neu hinzukommen, grundsätzlich nicht oder nur in begrenztem Umfang (Vorsorgeversicherung)[14] versichert werden sollen. **6**

---

[9] *Abele* TranspR **2004** 152, 153; *Häusser/Abele* TranspR **2003** 8; van Bühren/*Ehlers* Rn. 290.

[10] GDV/*Flach/Supp/Bremke* 17 und 43ff.

[11] *Abele* TranspR **2009** 60, 64.

[12] Thume/de la Motte/*Ehlers/Kollatz* DTV-VHV Rn. 1.

[13] Zur Deckungsablehnung siehe OLG Stuttgart 25.11.2009 3 U 255/08.

[14] B Rn. 53.

7 Es erfolgt in den VHV-Bedingungen eine klare **Trennung** zwischen einer Haftung- und Warentransportversicherung. Während vor 2003 immer eine Mischung zwischen Schadenversicherung (SLVS, SPV) und Haftung in der Speditionsversicherung bestand, ist die VHV bedingungsseitig nur eine reine Haftungsversicherung, ohne jegliche Schadenversicherungsbestandteile.[15]

Jeder VR soll die Möglichkeit haben, die DTV-VHV 2003/2011 als eigene AVB beinahe für **alle Verkehrsträger** zu verwenden. Der GDV wollte seinen Mitgliedsunternehmen nicht nur Versicherungslösungen für die Spedition, sondern ausdrücklich für die Frachtführer und die Lagerhalter anbieten. Dabei wurde besondere Vorsicht bei gewissen überhaupt nicht in den Umfang der VHV fallenden Tätigkeiten oder Haftungen vorgeschlagen. Es wurden diverse Tätigkeiten nicht in die VHV einbezogen, da es einerseits bessere Produkte der VHV bereits am Markt gab, die man nicht angreifen wollte (Umzug, Schwergut, Abschleppunternehmen). Und besondere Kumulrisiken wollte man speziellen VHV-Varianten überlassen (See-, Binnenschiff-, Luftfracht-, Bahnrisiken). Schadenrisiken bei besonderen Gütern sollten zunächst ausgeschlossen werden, man bot später aber den Mitgliedsunternehmen an, diese wieder mittels besonderer Bedingungen mitzuversichern. Zunächst nicht in dem Umfang der VHV genommene, besonders diebstahlsgefährdete Güter wurden gesondert mit zusätzlichen AVB (BB Güter) wieder versicherbar gemacht. Das Thema Logistikrisiken wollte man ausgliedern (Betriebshaftpflichtversicherung).

2. Kartellrecht

8 Der GDV hat aus kartellrechtlichen Gründen diese Bedingungen unverbindlich veröffentlicht.[16] Es handelt sich um Musterversicherungsbedingungen für die VHV, die als Basis für die Versicherung der Haftungsrisiken des Verkehrsträgers dienen können. Jeder VR kann diese für seine VHV nutzen und frei entscheiden, ob und in welchem Umfang er die Verbandsempfehlung umsetzt. Die DTV-VHV enthalten aus kartellrechtlichen Gründen keine Klauseln über Nichtversicherung von bestimmten hochwertigen bzw. diebstahlsgefährdeten Gütern, über Beitragsgestaltungen oder -höhen, über bestimmte Versicherungssummen, Maxima bzw. Selbstbehalte und Prämiengestaltung. Jeder VR muss die offengelassenen Punkte in seinen Bedingungen ergänzen.

Ab 2003 haben viele VR die DTV-VHV als Basis ihrer AVB für das Neugeschäft bei Speditionen genommen. Makler und VR haben andere VHV-Policen der Verkehrsträger überarbeitet und dieses Konzept häufig übernommen.[17]

III. Inhalt und Zweck der Regelung

1 Gegenstand der Versicherung (Ziff 1.1 DTV-VHV 2003/2011)

1.1 Verkehrsverträge

Gegenstand der Versicherung sind Verkehrsverträge (Fracht-, Speditions- und Lagerverträge) des Versicherungsnehmers als Frachtführer im Straßengüterverkehr, als Spediteur oder Lagerhalter, die während der Laufzeit dieses Versicherungsvertrages abgeschlossen

---

15 *Abele* TranspR **2006** 62, 63; *Häusser/Abele* TranspR **2003** 8 ff; Terbille/*Gerke/Gerhard* MAH § 11 Rn.182; van Bühren/*Ehlers* Rn. 289.

16 *Abele* TranspR **2009** 60, 62 ff; GDV/*Flach/Supp/Bremke* 17.

17 *Abele* TranspR **2006** 60, 62 ff; Thume/de la Motte/*Ehlers/Kollatz* DTV-VHV Rn. 6.

und nach Maßgabe der Ziffer 11 aufgegeben werden, wenn und soweit die damit zusammenhängenden Tätigkeiten in der Betriebsbeschreibung ausdrücklich dokumentiert sind.

1.2 Es besteht – unbeschadet der übrigen Vertragsbestimmungen – Versicherungsschutz nur, soweit und solange dem keine auf die Vertragsparteien direkt anwendbaren Wirtschafts-, Handels- oder Finanzsanktionen bzw. Embargos der Europäischen Union oder der Bundesrepublik Deutschland entgegenstehen.

Dies gilt auch für Wirtschafts-, Handels- oder Finanzsanktionen bzw. Embargos, die durch die Vereinigten Staaten von Amerika in Hinblick auf den Iran erlassen werden, soweit dem nicht europäische oder deutsche Rechtsvorschriften entgegenstehen.

1.3 Vorsorgeversicherung

Gegenstand der Versicherung sind auch Verkehrsverträge des Versicherungsnehmers als Frachtführer im Straßengüterverkehr, Spediteur oder Lagerhalter nach Maßgabe des Versicherungsvertrages über zu diesem Verkehrsgewerbe üblicherweise gehörenden Tätigkeiten, wenn der Versicherungsnehmer nach Abschluss des Versicherungsvertrages diese Tätigkeiten neu aufnimmt (neues Risiko). Der Versicherungsschutz beginnt sofort mit dem Eintritt des neuen Risikos, ohne dass es einer besonderen Anzeige bedarf. Der Versicherungsnehmer ist aber verpflichtet, binnen eines Monats nach Beginn des neuen Risikos, dieses dem Versicherer anzuzeigen. Unterlässt der Versicherungsnehmer die rechtzeitige Anzeige oder kommt innerhalb Monatsfrist nach Eingang der Anzeige bei dem Versicherer eine Vereinbarung über die Prämie für das neue Risiko nicht zustande, so entfällt der Versicherungsschutz für das neue Risiko rückwirkend von Beginn an.

Der Versicherungsschutz der Vorsorge ist auf den Betrag von EUR .... je Schadenereignis begrenzt.

1.4 Die Versicherung gilt nicht für Verträge, die ganz oder teilweise zum Inhalt haben
- **Beförderung und beförderungsbedingte Lagerung von Gütern, die der Versicherungsnehmer als Verfrachter (Seefahrt und Binnenschifffahrt), Luftfrachtführer oder Eisenbahnfrachtführer im Selbsteintritt (tatsächlich) ausführt;**
- **Beförderung und Lagerung von folgenden Gütern: ....**
- **Beförderung und Lagerung von Umzugsgut;**
- **Beförderung und Lagerung von Schwergut sowie Großraumtransporte, Kran- oder Montagearbeiten;**
- **Beförderung und Lagerung von abzuschleppenden oder zu bergenden Gütern;**
- **Produktionsleistungen, werkvertragliche oder sonstige nicht speditions-, beförderungs- oder lagerspezifische vertragliche Leistungen im Zusammenhang mit einem Verkehrsvertrag, die über die primäre Vertragspflicht eines Frachtführers, Spediteurs und Lagerhalters gemäß dem deutschen Handelsgesetzbuch (HGB) hinausgehen. Hierzu zählen nicht das Kommissionieren, Etikettieren, Verpacken und Verwiegen von Gütern, wenn diese Tätigkeiten in Verbindung mit einem Verkehrsvertrag zu erfüllen sind.**

a) **Verkehrsverträge.** Gegenstand der Deckung in der VHV sind „Verkehrsverträge". **9**
Der Begriff **„Verkehrsvertrag"** wird abschließend in der VHV definiert. Verkehrsverträge sind ausschließlich Fracht-, Speditions- und Lagerverträge, d.h. Verträge, die eine entgeltliche Beförderung oder Lagerung einer Sache zum Gegenstand haben.[18]

[18] *Abele* TranspR 2009 60, 63; Knorre/Demuth/*Schmid* G.I Rn. 3; van Bühren/*Ehlers* Rn. 297.

Kollatz ist der Auffassung, dass Verträge über alle Arten von mit Gütertransporten im Zusammenhang stehenden Leistungen damit gemeint seien.[19] Diese Sichtweise ist eine zu weite Fassung und wegen des eindeutigen Wortlauts abzulehnen. Gerade bei Verträgen mit unterschiedlichen Leistungen im Zusammenhang mit der Logistik, die häufig unter der Überschrift „Verkehrsvertrag" geschuldet werden, wäre das eine ungewollte Erweiterung.[20] Es können unter Verkehrsvertrag daher nicht alle im Zusammenhang mit Verkehrsverträgen geschuldete Leistungen gefasst werden.

Dieser Streitpunkt kann dadurch gelöst werden, dass gem. Ziff. 1.4 letzter Spiegelstrich DTV-VHV 2003/2011 alle Leistungen nicht Gegenstand der VHV sind, die über die „primäre Vertragspflicht" der Verkehrsträger hinausgehen. Zur Hauptpflicht des Frachtführers gehört die Beförderungsleistung. Beim Speditionsvertrag ist dies die Beförderung zu organisieren, zu planen und zur Ausführung zu bringen. Die speditionellen Nebenpflichten beinhalten z.B. die Eindeckung der Versicherung, die Vornahme der Verpackung, die Kennzeichnung sowie die Zollbehandlung. Ein Lagerhalter schuldet primär die dauernde Lagerung samt der Aufbewahrung. Es ist daher in jedem konkreten Einzelfall zu prüfen, ob die jeweils geschuldete Leistung im Rahmen des abgeschlossenen Verkehrsvertrags rechtlich innerhalb des vom HGB vorgesehenen typischen Bereichs der Vertragspflichten aus einem Fracht-, Speditions- oder Lagervertrag bleibt. Somit ist sichergestellt, dass nur die Hautleistungspflichten des HGB von Frachtführern, Spediteuren und Lagerhaltern vom Begriff „Verkehrsvertrag" umfasst sind.[21]

10 Entscheidend für die Beantwortung der Frage, ob ein Verkehrsvertrag oder ein anderes Vertragsverhältnis gegeben ist, ist grundsätzlich die Privatautonomie. Die Parteien können das Leistungsversprechen so bestimmen, dass die jeweiligen Pflichten dem entsprechen, was das HGB unter Fracht-, Speditions- oder Lagervertrag definiert.[22]

Speditionen können untereinander statt eines Verkehrsvertrags einen Dienstleistungsvertrag für Tätigkeiten im Umschlagslager eines Spediteurs vereinbaren (Be- und Entladedienste). Es wird im Vertragstext keine Beförderungsleistung vereinbart, sondern die Dienstleistung, Güter über eine kurze Strecke ohne Besitz- oder Gewahrsamsübernahme zu verbringen. Es fehlt die für den Frachtvertragsabschluss notwendige Übernahme und Ablieferung. Die Parteien wollen ausdrücklich keinen Frachtvertrag. Dies können die Parteien vereinbaren, so dass eine Auslegung in Richtung eines Frachtvertrags gegen den eindeutigen Willen der Parteien nicht möglich ist. Mangels Verkehrsvertrag wären also solche Vertragsverhältnisse über die VHV nicht versichert.

11 Welche Haftung vereinbart wurde (Fracht-, Speditions- oder Lagerrecht), ist für das Problem, ob ein versicherter Verkehrsvertrag vorliegt, unerheblich. Selbst wenn die Parteien eine Haftung nach dem Transportrecht vereinbart haben wie z.B. bei der Lohnfuhr, ist dennoch das zu Grunde liegende Vertragsverhältnis rechtlich kein Verkehrsvertrag.[23]

Die VHV stellt ferner nicht auf die **Tätigkeit** oder das **Berufsbild** eines Verkehrsträgers ab. Der Verkehrsvertrag umfasst **ausschließlich** die klassischen Vertragsarten des HGB, d.h. den Fracht-, Speditions-, und Lagervertrag.[24]

12 Vertragspartner dieser Verkehrsverträge muss der VN sein. Jeder Verkehrsträger, der sich über die DTV-VHV 2003/2011 versichern will, wird den Inhalt seiner Verträge ken-

[19] Thume/de la Motte/*Ehlers*/*Kollatz* DTV-VHV Rn. 7.

[20] B Rn. 19 und 82.

[21] *Abele* TranspR **2009** 60, 63; van Bühren/*Ehlers* Rn. 299; zu den Haupt- und Nebenpflichten siehe $$$ B Rn. 13.

[22] *Müglich* § 407 Rn. 2ff.

[23] A Rn. 34.

[24] *Abele* TranspR **2005** 383, 388 ff; Thume/de la Motte/*Ehlers*/*Kollatz* DTV-VHV Rn. 7; van Bühren/*Ehlers* Rn. 297.

nen. Es kann sein, dass ein reiner Frachtführer nur Frachtverträge abschließt und nur diese versichert. Ein Frachtführer kann aber einen Lagerauftrag von seinem Auftraggeber erhalten. Wenn eine Änderung des Risikos hinsichtlich der Vertragsarten eintritt, d.h. wenn statt Frachtverträgen plötzlich Lagerverträge mit einer ganz anderen Haftungssituation (Vollhaftung, Ersatz von Güterfolgeschaden) geschlossen werden, muss eine Reaktion des VN erfolgen. Der Frachtführer muss also aktiv werden und den VR verständigen, dass er nunmehr auch Lagerverträge abschließt. Klargestellt wird dadurch die Tatsache, dass jeweilige Verkehrsverträge als „Gattung" versichert sind, wenn diese dem VR gemeldet werden. Somit liegt nach der Legaldefinition des § 43 eine laufende Versicherung vor.[25]

aa) Frachtvertrag

§ 407 HGB Frachtvertrag

(1) Durch den Frachtvertrag wird der Frachtführer verpflichtet, das Gut zum Bestimmungsort zu befördern und dort an den Empfänger abzuliefern.

Das Frachtrecht ist in den §§ 407 ff HGB geregelt. Entscheidend ist der Abschluss eines Frachtvertrags, d.h. dass vertraglich eine Beförderungsleistung geschuldet wird.[26] Die wesentliche Pflicht des Frachtführers besteht darin, die Güter unversehrt und rechtzeitig an den Bestimmungsort zu bringen. Dies kann auch auf kürzeste Distanz in vertikaler Richtung (Trageumzug)[27] oder auch nur in horizontale Richtung (Kranarbeiten) erfolgen. Beförderer können Mensch oder Tiere (Kamel, Esel o.a.) sein. Mittel zur Beförderung sind Fahrrad, PKW, LKW, Bahn, Schiff, Flugzeug. Beförderungshilfsmittel sind der Gabelstapler, Container oder Paletten. **13**

Der Beförderungsvertrag ist in der Regel Werkvertrag.[28] Gegenüber den BGB-Vorschriften (§§ 823, 831, 280 BGB), die subsidiär zur Anwendung gelangen, gehen die gesetzlichen Sondervorschriften des 4. Buchs des HGB oder internationale Vorschriften (CMR, CIM, WA/MÜ, CMNI, Hague-Visby u.a.) vor.

Der Frachtvertrag wurde im HGB nach dem Vorbild der CMR als Konsensualvertrag definiert.[29] Wenn die Vertragsparteien, d.h. der Beförderer und der Absender, die Übernahme des Gutes und Ablieferung durch den Frachtführer vereinbart haben, liegt ein Vertragsverhältnis vor, das man als Frachtvertrag definiert. Dabei ist unerheblich, mit welchen Transportmitteln die Beförderungsleistung erfolgt (Kran, Gabelstapler, LKW). Frachtverträge erhalten deshalb auch Bahn-, Binnenschifffahrts- oder Luftfahrtunternehmen, wenn sie den entgeltlichen Gütertransport ausführen.

bb) Speditionsvertrag

§ 453 HGB Speditionsvertrag

(1) Durch den Speditionsvertrag wird der Spediteur verpflichtet, die Versendung des Gutes zu besorgen.

Das gesamte Speditionsrecht ist in den §§ 453–466 HGB geregelt. Entscheidend ist der Abschluss eines Speditionsvertrags, d.h. dass vertraglich die Besorgung der Versendung der Güter geschuldet wird. Der Spediteur kann sowohl in eigenem als auch in fremdem Namen handeln. Ob er für fremde Rechnung handelt, ist kein Merkmal für einen Speditionsvertrag. Die wesentlichen Pflichten im Rahmen der „Besorgung" benennt § 454 HGB. **14**

---

[25] A Rn. 21.
[26] *Paschke/Furnell* Rn. 244ff.
[27] BGH 15.12.1994 VersR **1995** 364; Herber NJW **1998** 3297, 3299.
[28] BGH 27.2.1974 NJW **1974** 852.
[29] *Müglich* § 407 Rn. 2.

Hauptpflicht ist die Bestimmung des Beförderungsmittels und -weges, die Auswahl der und den Vertragsabschluss mit den ausführenden Unternehmen, deren Instruktion sowie die Sicherung von Schadenersatzansprüchen des Versenders.[30] Den Selbsteintritt des Spediteurs regelt § 458 HGB, die Fixkostenspedition § 459 HGB, die Sammelladung § 460 HGB. Liegt ein solcher Fall vor, hat der Spediteur hinsichtlich der Beförderung die Rechte und Pflichten eines Frachtführers.[31] Die speditionellen Nebenpflichten wie Versicherungsbesorgung, Verpackung, Kennzeichnung und Verzollung sind in § 454 Abs. 2 HGB geregelt.

cc) Lagervertrag

§ 467 HGB Lagervertrag

(1) Durch den Lagervertrag wird der Lagerhalter verpflichtet, das Gut zu lagern und aufzubewahren.

15 Das Lagerrecht ist in den §§ 467–475 HGB geregelt. Voraussetzung ist der Abschluss eines Lagervertrags zwischen dem Lagerhalter und dem Einlagerer. Die Hauptleistung ist die dauernde Einlagerung und Aufbewahrung von Gütern gegen Entgelt. Dies nennt man auch die disponierte Lagerung. Es herrscht Vertragsfreiheit. Es besteht dann eine unbegrenzte Verschuldenshaftung für Sach- oder Vermögensschäden.

16 Im Gegensatz dazu gibt es die transportbedingte Lagerung, die in einem Umschlagslager stattfindet. Hier wird das Gut nicht ständig eingelagert, sondern nur während der Zeit des Umschlags zwischengelagert. Vertragliche Grundlage für diese verkehrsbedingte Lagerung ist aber ein Speditions- oder Frachtvertrag.

17 Ein Lagerhalter hat über die VHV in der Regel nur Lagerverträge nach dem HGB oder seinen AGB versichert. Im Regelfall besteht keine Deckung für Schäden an der Ware während des Transports, wenn nur die reine Lagerhaltung, d.h. die Haftung aus Lagerverträgen, versichert ist. Muss er seitens seines Auftraggebers die Organisation der Transporte von seinem Lager an die Endempfänger besorgen, dann ändert sich der Lagervertrag in einen Speditionsvertrag. Diesen neuen nicht versicherten Speditionsvertrag muss er seinem VHV-VR melden.

18 **dd) Gemischte Verträge.** Es gibt sog. Gemischtbetriebe, die verschiedene Arten von Verträgen schließen. Diese Unternehmen nennen sich beispielsweise Spedition, obwohl sie ständig Fracht- oder Lagerverträge abschließen. Ein Spediteur kann statt einem speditionellen Auftrag auch einen Frachtvertrag abschließen. Genauso gut kann der Frachtführer gelegentliche speditionelle Tätigkeiten ausüben oder die dauernde Lagerung der Güter übernehmen. Von der Firmierung kann also nicht auf den Vertragstypus geschlossen werden, den diese Unternehmen jeweils eingehen. Entscheidend ist stets im konkreten Fall der Inhalt des abgeschlossenen Vertrags mit dessen Hauptpflichten „befördern, speditieren oder dauernd lagern“.

Mischverträge liegen vor, wenn innerhalb eines vereinbarten Rahmens jeweils einzelne Speditions-, Fracht-, oder Lagertätigkeiten für den Auftraggeber gegen entsprechendes Entgelt geschuldet werden. In Rahmenverträgen werden viele HGB-Vertragsarten geregelt, wenn ein Versender eine Spedition mit dem Transport, der Lagerung und dem Einsatz fremder Dritter beauftragt. Es ist anhand der Formulierung im Vertrag zu prüfen, welches Vertragsrecht vom Verkehrsträger geschuldet wird. Sind die jeweils geschuldeten Pflichten unter einen Verkehrsvertrag zu fassen und liegen die geschuldeten Leistungen innerhalb

---

[30] *Paschke/Furnell* Rn. 491 ff; *Müglich* § 453 Rn. 2ff.

[31] *Paschke/Furnell* Rn. 564 ff; *Müglich* § 458ff.

des Bereichs Frachtvertrag, Speditionsvertrag oder Lagervertrag, ist die VHV grundsätzlich auch für solche Mischverträge zuständig.

ee) **Logistikvertrag und Logistik-AGB.** Frachtführer, Spediteure und Lagerhalter sind Teilnehmer der Logistikkette. Intelligentes Bündeln und Verteilen von Waren- und Informationsströmen ist Gegenstand des umfassenden und allgemeinen aus der Betriebswirtschaft stammenden Logistikbegriffs. Speditionen nennen sich Logistiker. Das sind Unternehmen, welche die Planung, Steuerung, Durchführung und Kontrolle von Informations- und Materialflüssen anderen Unternehmen und Kunden als Dienstleistung anbieten. **19**

Im Gegensatz dazu wird im Transportrecht häufig der Begriff Logistik verwendet, wenn Verkehrsträger **weitere Leistungen** anbieten. Etwaige zusätzliche Leistungen in den Bereichen Transport, Lagerung und Spedition werden als logistische Leistung angesehen.[32] **20**

Wo genau die Grenzen zu den Vertragsarten Fracht-, Speditions- oder Lagervertrag zu ziehen sind, ist schwierig zu ermitteln. Sobald Pflichten geschuldet werden, die „nicht **beförderungsbezogen**“ sind, richtet sich die rechtliche Beurteilung nicht nach dem Transportrecht.[33] Es gibt sog. *„value-added-services“* (Mehrwertdienstleistungen), die über die Kernleistung des Transportrechts hinausgehen.[34] Dazu gehören alle werk-, dienst-, oder sonstigen vertraglichen Leistungen. Sobald sonstige nicht speditions-, beförderungs- oder lagerspezifischen vertraglichen Leistungen geschuldet werden, gehören diese nicht zu den Vertragstypen des HGB. Sie fallen nicht unter den Begriff „Verkehrsvertrag“, wenn sie isoliert vereinbart werden.

In Logistikverträgen kommt es aber häufig zu zusätzlichen Leistungen, die über die Vertragspflichten eines Frachtführers, Spediteurs oder Lagerhalters gemäß HGB hinausgehen. Das sind **Typenmischverträge.** Bei der Abgrenzung zwischen den Vertragsarten des HGB und der BGB-Verträge (Dienst-, Werkverträge u.a.) kommt es bei lediglich untergeordneter Bedeutung auf die Schwerpunktbetrachtung an.[35] Der vertragstypologische Charakter der Leistung ist im konkreten Einzelfall entscheidend. **21**

Es werden in Rahmenverträgen verkehrsvertragliche Leistungen vereinbart, zu denen noch weitere untypische Aufgaben hinzukommen, die nicht zu dem Bereich Fracht-, Speditions- oder Lagervertrag gehören, aber dennoch im Rahmen des Vertragsverhältnisses zu erbringen sind. Häufig werden innerhalb eines Verkehrsvertrages weitere nicht verkehrsvertragliche Leistungen geschuldet. Eine solche ist beispielsweise die Produktionsleistung, d.h. eine Bearbeitung des zu befördernden oder zu lagernden Gutes, wenn z.B. dessen Substanz verändert wird. Wenn ein Frachtführer, Spediteur oder Lagerhalter im Rahmen eines Verkehrsvertrags auf das beförderte oder gelagerte Gut einwirkt und es in seiner Beschaffenheit ändert, liegt zwar ein Verkehrsvertrag hinsichtlich der Transport- oder Lagertätigkeiten vor. Hinsichtlich der werkvertraglichen und damit logistischen Tätigkeiten liegt ein Werkvertrag vor. Eine verkehrsvertragliche Tätigkeit wird mit anderen Tätigkeiten, die nur indirekt mit der Güterbeförderung oder Lagerung etwas zu tun haben, vermischt.

Im Gegensatz zu dieser klaren Abgrenzung zum Werkvertrag gibt es jedoch verkehrsvertragliche Pflichten aus einem Fracht-. Speditions-, oder Lagervertrag wie Kommissionieren, Etikettieren, Verpacken und Verwiegen von Gütern, die als reine speditionelle **22**

---

32 *Abele* TranspR **2005** 383, 384 ff; van Bühren/*Ehlers* Rn. 299; *Wieske* Anmerkungen zur neueren Rechtsprechung zum Logistikrecht TranspR **2008** 388.

33 *Müglich* § 454 Rn. 6ff.

34 *Wieske* AGB für die Logistik? VersR **2006** 336.

35 BGH 9.12.1974 NJW **1975** 305; *Paschke/Furnell* Rn 78ff.

Pflichten angesehen werden. Deutlich ist dies bei der Verpackungs- und Kennzeichnungsleistung aus § 454 HGB, die als speditionelle Nebenleistung anerkannt wird.

23 Unter **Kommissionierung** versteht man das Sammeln und Bereitstellen von Waren in einer vorgegebenen Menge und Zusammensetzung. Der Auftraggeber gibt eine bestimmte Anzahl und Bezeichnung der Ware, die in einem Packstück zusammenfassen werden sollen, an den Lagerhalter vor. Gem. der Artikel- und Platznummer im Lager wird nach einer Kommissionierliste verschiedene Ware entnommen und in ein Paket zusammengefasst. Das ist eine lagerhalterbezogene Leistung, die direkt dem Lagerrecht unterliegt.

24 **Etikettieren** ist das Anbringen von Versanddaten auf das Gut (Belabelung). Sobald aber die Ware aus eingelagerten Einzelbestandteilen zu einem Endprodukt nach kundenspezifischen Anforderungen samt dessen Etikettierung zusammengesetzt wird, wie es bei der **Konfektionierung** der Fall ist, wird ein neues Produkt geschaffen. Die Konfektionierung ist dann keine verkehrsvertragliche Nebenleistung (mehr).

25 Bestandteile eines Logistikvertrages stellen häufig ein grundsätzlich unter die VHV fallendes Vertragsverhältnis dar, soweit diese geschuldete Tätigkeit und die daraus entstehende Haftung innerhalb den Regelungen des Fracht-, Speditions- oder Lagerrechts bleiben. Innerhalb des Rahmens bleiben demnach das Kommissionieren, Etikettieren, Verpacken und Verwiegen von Gütern, wenn diese Tätigkeiten in Verbindung mit einem Verkehrsvertrag zu erfüllen sind.[36]

26 Im Einzelfall bereitet die Abgrenzung bei einer Vermischung kauf-, werk- und dienstvertraglicher Elemente innerhalb der typengemischten Verträge Schwierigkeiten. Häufig gibt es sprachlich bereits unklare Regelungen in diesen Logistikverträgen hinsichtlich der vom Verkehrsträger geschuldeten Logistiktätigkeit und der Haftung hieraus.[37]

Verdeutlicht werden kann dies mit den sog. **Logistik-AGB**, die sich am Markt jedoch **nicht** durchgesetzt haben.[38] In diesen AGB wird geregelt, was die beteiligten Verwender der AGB unter den dort verwendeten Begriff „Logistik" fassen.

Logistik-AGB Ziff. 1

Diese Logistik-AGB gelten für alle logistischen (Zusatz-)Leistungen, die nicht von einem Verkehrsvertrag nach Ziffer 2.1 der Allgemeinen Deutschen Spediteurbedingungen (ADSp) – soweit vereinbart – oder von einem Fracht-, Speditions- oder Lagervertrag erfasst werden, jedoch vom Auftragnehmer im wirtschaftlichen Zusammenhang mit einem solchen Vertrag erbracht werden.

Die logistischen Leistungen können Tätigkeiten für den Auftraggeber oder von ihm benannte Dritte sein, wie z.B. die Auftragsannahme (Call-Center), Warenbehandlung, Warenprüfung, Warenaufbereitung, länder- und kundenspezifische Warenanpassung, Montage, Reparatur, Qualitätskontrolle, Preisauszeichnung, Regalservice, Installation oder die Inbetriebnahme von Waren und Güter oder Tätigkeiten in Bezug auf die Planung, Realisierung, Steuerung oder Kontrolle des Bestell-, Prozess-, Vertriebs-, Retouren-, Entsorgungs-, Verwertungs- und Informationsmanagements.

Aus dem Anwendungsbereich und der verwendeten Begriffe kann man ersehen, wie die Abgrenzung zur verkehrsvertraglichen Leistung einerseits und die logistischen Tätigkeit andererseits erfolgt. Die in den Logistik-AGB neu definierte „logistische Zusatzleistung" muss also immer im wirtschaftlichen Zusammenhang mit einem Transport oder einer Lagerung stehen. Weil solche Leistungen nicht unter den Verkehrsvertrag nach den DTV-VHV 2003/2011 zu fassen sind, sind diese genannten logistischen Leistungen nicht

---

[36] Van Bühren/*Ehlers* Rn. 299.

[37] *Abele* TranspR **2005** 383, 384.

[38] *Valder* Logistik-AGB – Ein neues Klauselwerk TranspR **2006** 221; kritisch *Heuer* Brauchen wir Logistik-AGB für die Spedition? TranspR **2006** 89; *Müller* Logistik-AGB – Opus magnum oder Makulatur? TranspR **2006** 227.

Gegenstand der VHV, sondern müssen gem. Ziff. 18 Logistik-AGB gesondert versichert werden.[39]

In Ziff. 2.1 ADSp 2003[40] erfolgt eine Differenzierung bezüglich der Anwendung der ADSp auf logistische Leistungen nach den sog. „**speditionsüblichen logistischen Leistungen**“, die mit der Beförderung und Lagerung von Gütern in Zusammenhang stehen. Soweit es sich um speditionsunübliche logistische Leistungen handelt, gelten bestimmte Haftungsregeln des BGB. Die Frage der Üblichkeit der ADSp kann allerdings nicht immer auf die Versicherungsebene übertragen werden. Wegen der Typenmischung kann auch bei üblichen Leistungen kein nach den DTV-VHV 2003/2011 versicherter Verkehrsvertrag vorliegen. **27**

Teilweise wird die Abgrenzung in VHV-Policen in Abänderung des DTV-VHV-Konzepts nach den so genannten „unüblichen“ und „üblichen zusätzlichen logistischen Leistungen“ gem. den Regelungen der ADSp 2003 vorgenommen.[41] Das hängt damit zusammen, dass die ADSp den Verkehrsvertrag anders definieren als die DTV-VHV 2003/2011.[42] Der sog. SLVS-Plus hat in Ziff. 1 als Gegenstand der Deckung auch die Haftung aus „sonstigen üblicherweise zum Speditionsgewerbe gehörenden Geschäften“ mitversichert.[43] Wegen ihrer Komplexität und der daraus folgenden BGB-Haftung wurden die Bestandteile der so definierten „Logistik“ im Gegensatz zu den teilweise versicherten ADSp 2003 **bewusst nicht** mit in die Definition der versicherten Verkehrsverträge in die DTV-VHV 2003/2011 aufgenommen.[44] **28**

b) Keine Verkehrsverträge. Kein Verkehrsvertrag im versicherungsrechtlichen Sinn liegt vor, wenn keine transport- oder lagerspezifische Leistung zwischen einem Auftraggeber und einem Verkehrsträger erkennbar ist. Bei der Auslegung von AVB kommt es auf das Verständnis des durchschnittlichen VN an.[45] **29**

Wenn logistische Leistungen ohne jeglichen Zusammenhang mit Verkehrsverträgen durchgeführt werden, ist dies der Fall. Wenn ferner statt oder im Rahmen eines Vertragsverhältnisses bestimmte Leistungen etwa eine Miete, Leihe oder ähnliche Vertragsbestandteile geschuldet werden, dann haftet der Verkehrsträger eventuell für Schäden des Auftraggebers wie z. B. für die Gebrauchsfähigkeit und Verkehrssicherheit des Transportmittels für die Eignung des gestellten Personals. Solche Haftungen sind aber mangels Verkehrsvertrag keine über die VHV versicherten Verträge.

Durch Auslegung ist zu klären, ob die Parteien tatsächlich einen Verkehrsvertrag oder ein anderes Vertragsverhältnis gewollt haben. Im Folgenden werden einige nicht abschließende Fälle behandelt, welche die Abgrenzung erleichtern sollen.

aa) Reine Verpackungsleistung. Verpackt eine Spedition, ohne die Güterbeförderung zu besorgen, selbst durchzuführen oder das Gut zu lagern, ist dieser Sachverhalt nicht versichert. **Reine Verpackungen** sind werkvertragliche Leistungen und somit nicht versichert, auch wenn diese ein Verkehrsträger ausführt.[46] Selbst wenn die Parteien dieses reinen Verpackungsvertrages vertragsrechtlich das HGB, die ADSp 2003 [47] oder VBGL[48] oder andere AGB mit rein transportrechtlicher Haftung vereinbaren, bestünde keine Deckung **30**

---

[39] Thume/de la Motte/*Ehlers*/*Kollatz* SLVS-Plus Rn. 176.

[40] http://www.transportrecht.org/dokumente/ADSp_2003.pdf.

[41] Thume/de la Motte/*Ehlers*/*Raab* KLP Rn. 269ff.

[42] MüKo/*Bahnsen* ADSp Rn. 29.

[43] Thume/de la Motte/*Ehlers*/*Kollatz* DTV-VHV Rn. 8.

[44] Thume/de la Motte/*Ehlers*/*Kollatz* DTV-VHV Rn. 8; van Bühren/*Ehlers* Rn. 299.

[45] A Rn. 24.

[46] *Abele* TranspR **2005** 383, 388.

[47] http://www.transportrecht.org/dokumente/ADSp_2003.pdf.

[48] http://www.bgl-ev.de/images/downloads/service/vbgl.pdf.

über eine VHV. Es liegt weder ein Fracht-, Speditions- noch Lagervertrag vor. Eventuell kann aber der VHV-VR solche werkvertraglichen Haftungen mitversichern.

31 bb) **Miete/Leihe.** Ein **Mietvertrag** liegt vor, wenn die Überlassung eines LKW oder anderen Beförderungsmittels vereinbart wird. Wird dieses unentgeltlich überlassen, liegt eine Leihe vor. Diese Abgrenzung ist wichtig bei Schwergutunternehmern bzw. Kranunternehmern und der Hakenlast.[49]

Ferner sind Vereinbarungen über die Palettenabwicklung mangels Verkehrsvertrag nicht versichert.[50]

32 cc) **Dienst/Geschäftsbesorgung.** Dienst- und Geschäftsbesorgungsaufträge an Verkehrsträger sind regelmäßig keine Verkehrsverträge. So ist die klassische Logistikberatung kein Verkehrsvertrag, da kein Speditionsvertrag vorliegt. Es wird nicht die Güterversendung besorgt, sondern es findet eine Beratung statt, wie die Güterversendung am besten durchgeführt werden kann. Sog. *Fourth-Party-Logistics-Provider* (4PL) und andere Logistikdienstleister haben sich auf die Logistikplanung und -beratung für Unternehmen spezialisiert. Diese schließen hinsichtlich ihrer Beratungstätigkeit keinen Verkehrsvertrag ab.[51]

33 Ferner ist die Tätigkeit als **Fiskalvertreter** nicht versichert.[52] Dessen Tätigkeit umfasst nur Aufgaben für den Auftraggeber hinsichtlich dessen fiskalischer Pflichten. Die Vertretung, sämtliche steuerliche Pflichten des vertretenen Unternehmers gegenüber der betreffenden Finanzverwaltung zu erfüllen, übernehmen teilweise Speditionen. Dies ist jedoch keine speditionelle Aufgabe.

34 dd) **Lohnfuhr.** Die **Lohnfuhr** ist ein gemischter Vertrag mit Elementen der Gebrauchsüberlassung des Fahrzeuges (Mietkomponente) und der Überlassung des Fahrers (Dienstverschaffungskomponente). Teilweise wird unterschieden zwischen dem ladungsbezogenen, dem reinen und dem voll überlassenen Lohnfuhrvertrag, deren Rechtsfolgen in der analogen Anwendung des Frachtrechts nach §§ 425 ff. HGB oder der Haftung für ordnungsgemäße Fahrt oder für ordnungsgemäße Auswahl bestehen.[53] Der reine Lohnfuhrvertrag ist jedoch kein Verkehrsvertrag.[54] Daran ändert sich auch nichts, wenn die Haftung des „Lohnfuhrunternehmers" von Gerichten analog dem Frachtrecht bestimmt wird. Kritisch ist jedoch, wenn bestimmte AGB, die den Lohnfuhrvertrag (wie bei § 9 VBGl[55]) analog dem Frachtvertrag behandeln, ausdrücklich mitversichert werden.

§ 9 VBGL Lohnfuhrvertrag

(1) Der Lohnfuhrvertrag ist abgeschlossen, wenn sich Unternehmer und Auftraggeber darüber einig sind, dass der Unternehmer ein bemanntes Fahrzeug zur Verwendung nach Weisung des Auftraggebers stellt.

(2) Auf den Lohnfuhrvertrag finden die frachtrechtlichen Regelungen dieser Vertragsbedingungen entsprechende Anwendung mit der Maßgabe, dass der Unternehmer nicht für Schäden haftet, die durch den Auftraggeber verursacht worden sind. Statt des Frachtbriefes wird beim Lohnfuhrvertrag ein anderer Nachweis verwendet, der insbesondere die Einsatzzeit beinhaltet.

(3) Entsteht dem Unternehmer durch den Auftraggeber ein Schaden, so haftet dieser nach den Bestimmungen des BGB.

---

[49] I Rn. 1.

[50] GDV/*Flach/Supp/Bremke* 40; *Willenberg* Kraftverkehrsordnung (1991) § 1 Rn. 121 ff.

[51] GDV/*Flach/Supp/Bremke* 40.

[52] GDV/*Flach/Supp/Bremke* 40.

[53] *Temme* Lohnfuhr und Charter TranspR **2012** 419 ff.

[54] GDV/*Flach/Supp/Bremke* 41; Prölss/Martin/*Koller* VVG III Ziff. 1 DTV-VHV Rn. 1.

[55] http://www.bgl-ev.de/images/downloads/service/vbgl.pdf.

Hier muss jeder VR selbst klären, ob diese Vertragsart versichert sein soll. Dies setzt voraus, dass der VN dem VR dieses Riko anzeigt, d.h. dass er auf die Lohnfuhr verweist, wenn der VR dies ausdrücklich in der Betriebsbeschreibung abfragt.

ee) **Frachtenvermittlung/-börsen.** Der **Frachtenvermittler** vermittelt nur zwischen zwei Personen, also dem Absender und dem Verkehrsträger (Frachtführer, Spedition). Er handelt wie ein Makler. Die Rechtsgrundlage für Frachtenvermittler ist § 93 HGB. Frachtenbörsen sind Dienstleister im Internet, auf denen Transportunternehmen Frachtangebote finden und sich mit den Auftraggebern in Verbindung setzen können. **35**

Der Frachtvertrag kommt dann zwischen dem Frachtführer und dem Auftraggeber zustande. Der Frachtenvermittler wird nie Beteiligter des Verkehrsvertrages. Er trägt nicht die Verantwortung für die Durchführung des Transports. Der Frachtenvermittler erhält von einer der beiden Parteien lediglich eine Provision für seine Vermittlungstätigkeit. Diese Provision ist **nicht** gleichzusetzen mit der einer Spedition, die ja den Transport besorgen soll. Gerade letzteres soll aber der Frachtenvermittler nicht leisten. Es gilt für den Vertrag demnach kein Fracht-, Speditions- oder sonstiges Transportrecht.[56] Damit kann der Frachtenvermittler nicht über die DTV-VHV 2003/2011 versichert werden, weil er keinerlei Verkehrsverträge schließt. **36**

ff) **Öffentlich-rechtliche Ansprüche.** Es sind nur zivilrechtliche Ansprüche in den DTV-VHV 2003/2011 versichert. Alle Ansprüche, die auf einer öffentlich-rechtlichen Grundlage basieren, sind nicht versichert.[57] Das können bei Verkehrsträgern besonders Abgabenforderungen des Zolls sein. Nach den vom GDV als unverbindliche Empfehlungen bekannt gemachten **DTV-AVB Zoll 2005** können bestimmte öffentlich-rechtliche „Haftungen" aus Zollbescheiden versichert werden.[58] **37**

c) **Versicherte Tätigkeiten.** Versichert werden nach den DTV-VHV 2003/2011 nicht alle Interessen und Tätigkeiten, sondern nur ganz bestimmte Verkehrsträger, wie Straßenfrachtführer, Speditionen und Lagerhalter und deren Verkehrsverträge samt den daraus folgenden Haftungen. Welche Verträge/AGB samt den dazugehörenden Aufgaben, welche Relationen, welche Güter und welche Haftung versichert haben, richtet sich dem Wortlaut der DTV-VHV 2003/2011. Jeder Verkehrsträger kennt seine möglichen Geschäftsfelder am besten. Danach richtet sich die Eingruppierung in die VHV. **38**

aa) **Straßenfrachtführer.** Nach Ziff. 1.1 DTV-VHV 2003/2011 werden nur Frachtführer **im Straßengüterverkehr** versichert. Wenn ein Unternehmen als Straßenfrachtführer tätig ist, also mit eigenen Landfahrzeugen Transporte durchführt oder mittels Subunternehmer durchführen lässt, kann dieses Unternehmen versichert werden.[59] **39**

Alle Frachtverträge der Bahn-, See-, Binnenschiffs- oder Luftfrachtführer sollen somit nicht versichert sein.[60] Nicht unter den Versicherungsschutz fallen sollen globale Unternehmen wie z.B. große Kurierdienste, die eigene Flugzeuge besitzen und im Selbsteintritt als Luftfrachtführer tätig sind. Wenn ein zugelassenes Eisenbahnverkehrsunternehmen mit eigenen Bahnen fährt oder fremde Eisenbahnen einsetzt, soll dieses Risiko ebenfalls nicht **40**

---

56 GDV/*Flach/Supp/Bremke* 40.

57 *Abele/Boettge* Die Haftung des Reglementierten Beauftragten und Deckung in der Verkehrshaftungsversicherung TranspR **2013** 317, 323.

58 D Rn. 3.

59 *Abele* TranspR **2005** 383, 388; GDV/*Flach/Supp/Bremke* 56.

60 Thume/de la Motte/*Ehlers/Kollatz* DTV-VHV Rn.7; van Bühren/*Ehlers* Rn. 297.

unter die VHV fallen. Dasselbe gilt für den Partikulier mit eigenen Binnenschiffen oder den Reeder mit Seeschiffen. Nur der klassische Straßenfrachtführer soll erfasst werden.

Für diese Verkehrsträger soll eine spezielle Police vom jeweiligen VR gefertigt werden, weil die Luftfahrt-, See- bzw. Binnenschiff- oder Eisenbahnrisiken eine eigenständige Versicherung erfordern.[61]

41 bb) **Auftragnehmer-/Auftraggebertätigkeit.** Umstritten ist, ob die Inanspruchnahme des VN als **Auftraggeber** von Verkehrsverträgen versichert ist. Versichert werden soll nicht nur die Haftung des VN aus seinen Tätigkeiten als Auftragnehmer, sondern auch als Auftraggeber eines Verkehrsvertrags. Aus dem reinen Wortlaut der Ziff. 1.1 DTV-VHV 2003/2011 ergibt sich dies nicht. Allerdings erkennt man aus den Ziff. 3 und 4 der DTV-VHV 2003/2011, dass nur die Haftung aus Verkehrsverträgen versichert werden soll.[62] *Kollatz* wendet ein, dass die Einschränkung der Eigenschaft als Auftragnehmer fehle. Zwar werde die Auftragnehmereigenschaft in Ziff. 4.1 DTV-VHV erwähnt, die Erwähnung an dieser Stelle sei aber evtl. überraschend im Hinblick auf das AGB-Gesetz.[63]

Dem ist nicht zu folgen, weil die Verkehrshaftung stets die Haftung als Auftragnehmer eines Verkehrsvertrags versichert hat.[64] Die in den ADSp von 1998 bis 2003 als Anlage angehängten SLVS- und SPV-Versicherungen konnten als Schadenversicherungen nur dann eingreifen, wenn der Spediteur als Auftragnehmer tätig war und für die jeweiligen Auftraggebern die Eindeckung der Schadenversicherung vorzunehmen hatten.

So lautete die Speditionsversicherung SPV bis 2003 wie folgt:

Speditionsversicherung (SpV[65]) als Anlage zu den ADSp 1998–2002

Ziff. I. Allgemeines

1 Gegenstand der Versicherung

1.1 Verkehrsverträge

Gegenstand der Versicherung sind Verkehrsverträge des Spediteurs als Auftragnehmer über alle Arten von Verrichtungen des Spediteurs, gleichgültig, ob sie Speditions-, Fracht-, Lager- oder sonstige üblicherweise zum Speditionsgewerbe gehörende Geschäfte betreffen.

3.2 Die Versicherung umfasst die Befriedigung begründeter und die Abwehr unbegründeter Schadensersatzansprüche, die gegen den Spediteur als Auftragnehmer eines Verkehrsvertrags erhoben werden.

In der DTV-VHV 2003/2011 wird dies in folgender Passage erwähnt:

DTV-VHV 2003/2011 Ziff. 4

4.1 Die Versicherung umfasst die Befriedigung begründeter und die Abwehr unbegründeter Schadenersatzansprüche, die gegen den Versicherungsnehmer als Auftragnehmer eines Verkehrsvertrages erhoben werden.

Darin liegt AGB-rechtlich im Vergleich zu den bisherigen üblichen VHV-Versicherungsvarianten am deutschen Markt keine Überraschung. Die Auftragnehmereigenschaft war in der VHV stets vorhanden, lediglich an unterschiedlichen Stellen. Es macht für einen durchschnittlichen Leser der DTV-VHV 2003/2011 keinen Unterschied, ob er diese Voraussetzung im Gegenstand oder Umfang des Versicherungsschutzes erfährt. Wenn seine verkehrsvertragliche Haftung versichert werden soll, dann erwartet der verständige VN,

---

61 B Rn. 62ff.

62 GDV/*Flach/Supp/Bremke* 40.

63 Zu den Auslegungsgrundsätzen A Rn. 24.

64 GDV/*Flach/Supp/Bremke* 38; van Bühren/*Ehlers* Rn. 300.

65 http://www.transportrecht.de/transportrecht_content/1144245172.pdf.

dass sein Risiko als Auftragnehmer eines Verkehrsvertrags versichert wird. Dass in den VHV das Wort Auftragnehmer nicht mehr unter dem Gegenstand der Versicherung erwähnt wird, ist so zu erklären, dass diese Selbstverständlichkeit verständlicher im Umfang der Versicherung in Ziff. 4.1 DTV-VHV 2003/2011 statt wie früher doppelt in den Ziff. 1 und 3.2. der SpV genannt wird. Wegen der Einordnung der DTV-VHV 2003/2011 als Versicherung der verkehrsvertraglichen Haftung war und bleibt wegen der ausdrücklichen und klarstellenden Formulierung in 4.1. DTV-VHV 2003/2011 die Auftragnehmereigenschaft allein entscheidend.

cc) **Tätigkeiten.** Die DTV-VHV 2003/2011 versichern nicht wie vor 2003 jegliche Tätigkeiten. Während in der zitierten Vorschrift der Ziff. 1.1 SPV von „über alle Arten von **Verrichtungen** des Spediteurs" gesprochen wird, hat die DTV-VHV 2003/2011 bewusst auf die weitgehende Regelung verzichtet.[66] Entscheidend sind der Verkehrsvertrag und die Einordnung der darin versprochenen Tätigkeit als beförderungsbezogene Leistung. **42**

d) **Betriebsbeschreibung**

aa) **Fragebogen.** Vom VR werden dem Verkehrsträger diverse Fragen gestellt, bevor das Haftungsrisiko aus der zu versichernden Leistungen dieses Betriebes versichert werden kann. Es werden detaillierte Fragen zur Tätigkeit als Frachtführer, Spedition und Lagerhalter, zu Haftungsgrundlagen zu den versicherten Gebäuden und Fahrzeugen, u.v.m. gestellt. **43**

In der DTV-VHV 2003/2011 nennt man den Risikofragebogen die „**Betriebsbeschreibung" (BB)**.[67] Dieser Begriff ist als zwingender Bestandteil des Versicherungsschutzes erstmalig im Jahr 2003 eingeführt worden. Die Betriebsbeschreibung dient dazu, das konkrete Verkehrshaftungsrisiko des Verkehrsträgers zu erfassen. Sie soll das Verkehrshaftungsrisiko transparent machen.[68] **44**

Die Betriebsbeschreibung ist ein umfangreicher Fragebogen, durch den der VR ermitteln will, welche verkehrsvertragliche Leistung der jeweilige VN erbringt und wie er haftet. Diese Betriebsbeschreibung ist Grundlage der Risikobewertung und damit der Prämienkalkulation durch den VR.

Gegenstand der VHV werden nur die Risiken, die der zukünftige VN bei Antragsaufnahme in der Betriebsbeschreibung aufgeführt hat. Alle Tätigkeiten und Haftungen, die aktuell existieren, müssen durch eine korrekte Beantwortung der gestellten Fragen angegeben werden. Die Betriebsbeschreibung ist vom VN auszufüllen und selbst zu unterzeichnen. Der VN ist für Vollständigkeit und sachliche Richtigkeit der Angaben verantwortlich. **45**

Keine Deckung besteht für solche Risiken, die der VN kannte und entgegen der Fragestellungen in der Betriebsbeschreibung nicht angegeben hat. **46**

Der *Underwriter* beim VR überlegt nach Erhalt der Betriebsbeschreibung, ob und wie er den Verkehrsträger versichert. Der *Underwriter* ist ein Mitarbeiter einer Versicherungsgesellschaft, der insbesondere Transportrisiken zeichnet (engl. *to underwrite*). Anhand des Fragenkatalogs ermittelt er das VHV-Risiko des zukünftigen VN. Er erstellt ein Angebot zum Abschluss einer VHV. Darin muss er festhalten, was versichert werden soll und was nicht. **47**

---

[66] GDV/*Flach/Supp/Bremke* 40; Thume/de la Motte/*Ehlers/Kollatz* DTV-VHV Rn. 7.

[67] GDV/*Flach/Supp/Bremke* 47; Thume/de la Motte/*Ehlers/Kollatz* DTV-VHV Rn. 11; van Bühren/*Ehlers* Rn. 297ff.

[68] GDV/*Flach/Supp/Bremke* 47.

Die Verkehrshaftungsrisiken, die der VN in der Betriebsbeschreibung angegeben und der VR ausdrücklich akzeptiert und entsprechend dokumentiert hat, sind versichert. Alles was vom VR bestätigt wurde, ist nach Maßgabe der sonstigen Bedingungen versichert.[69] Alles was in der Betriebsbeschreibung nicht dokumentiert war, gilt als nicht versichert.

Eine aktuelle Risikoabfrage wird vom VR häufig in gewissen Zeitabständen (halbjährlich, jährlich o.a.) verlangt, um die gewollte Risikotransparenz zu erzeugen. Dadurch soll eine Aktualisierung des Versicherungsschutzes erreicht werden. Die Versicherungsdeckung muss dann bei Änderungen entsprechend angepasst werden. Es wird ein ständiger Dialog zwischen VR und seinem VN angestrebt.

48 Es existieren bei VHV-VR so genannte „**Zeichnungsverbote**". In den Annahmerichtlinien werden gewisse Risiken, die ein Antragsteller in der Betriebsbeschreibung ankreuzt, als Verbot gekennzeichnet, die der Underwriter nicht versichern darf.

Beispielsweise und nicht abschließend werden generell bei VHV-VR nicht versichert:
- Geld- und Werttransportunternehmen (GWTU),
- Kfz-Transporteure,
- Schlachtviehtransporteure.

Ferner werden besonders diebstahlsgefährdete bzw. hochwertige Waren wie Tabak, Kaffee, Alkohol, Mobiltelefone, Computer, Fernseher, Bildschirme, Schmuck, Uhren, Pharmaartikel u.v.m. generell nicht in den Gegenstand der Versicherung miteinbezogen (kein Ausschluss, sondern nicht versichertes Risiko).

Gewisse Risiken werden nur nach besonderen Kriterien versichert: Schwergutunternehmen, Speditionen bis Umsatz von € 10 Mio. u.s.w.

Der VN hat die Möglichkeit das ihm übermittelte Angebot der VHV-Deckung abzulehnen oder anzunehmen. Nimmt er das Angebot an, muss der VR später in der Versicherungspolice alle wesentlichen Angaben entsprechend dem Angebot in der Versicherungspolice ausdrücklich dokumentieren.

49 **bb) Zeitliche Geltung.** Verkehrsverträge sollen nach Ziff. 1.1. DTV-VHV 2003/2011 nur dann versichert sein, wenn diese „während der Laufzeit dieses Versicherungsvertrages abgeschlossen ... werden". In der Betriebsbeschreibung wird der VN gefragt, wann die Versicherung beginnen soll. Dies kann unterjährig sein oder, in den meisten Fällen, zum Jahresende. Sie beginnt in der Regel am 1.1. und endet am 31.12. Die VR schreiben auf das Policendeckblatt unter „Beginn und Ende der Versicherung" die Termine entsprechend den Angaben des VN in der Betriebsbeschreibung.

50 VHV-VR lassen aus historischen Gründen die neue Versicherung ab 12 Uhr beginnen, weil in der Betriebsbeschreibung dieser Beginn festgeschrieben ist (Mittagsregel nach § 7 Abs. 1 a.F.). Damit wird § 10 abbedungen. Das ist nach der amtlichen Begründung und besonders bei einer laufenden Versicherung generell grundsätzlich zulässig.[70]

Aber es darf für den VN keine zeitliche Lücke im Versicherungsschutz geben, wenn der VN bei seinem alten VR einen VS hatte, in welchem er Deckung bis 24 Uhr des vorherigen Tages vereinbart hatte. Insoweit wird ein Beratungsverschulden des neuen VR vorliegen, wenn er Deckung erst ab 12 Uhr bereitstellt.

---

[69] Thume/de la Motte/*Ehlers/Kollatz* DTV-VHV Rn. 11.

[70] BTDrucks. v. 20.12.2006 DS 16/3954 63.

e) **Sanktionsklausel** (**Ziff. 1.2 DTV-VHV 2003/2011**). DTV-VHV 2003/2011 Ziff. 1.2

Es besteht – unbeschadet der übrigen Vertragsbestimmungen – Versicherungsschutz nur, soweit und solange dem keine auf die Vertragsparteien direkt anwendbaren Wirtschafts-, Handels- oder Finanzsanktionen bzw. Embargos der Europäischen Union oder der Bundesrepublik Deutschland entgegenstehen.

Dies gilt auch für Wirtschafts-, Handels- oder Finanzsanktionen bzw. Embargos, die durch die Vereinigten Staaten von Amerika in Hinblick auf den Iran erlassen werden, soweit dem nicht europäische oder deutsche Rechtsvorschriften entgegenstehen.

Die EU hat die Verordnung vom Nr. 267/2012 vom 23.3.2012, die am 24.3.2012 in Kraft getreten ist,[71] mit restriktiven Maßnahmen gegen den Iran erlassen. Diese Verordnung beinhaltet sowohl güterbezogene Verbote und Genehmigungspflichten sowie Dienstleistungs- und Finanzierungsrestriktionen. Die EU-Regelungen sowie ergänzende Informationen sind beim Bundesamt für Wirtschaft und Ausfuhrkontrolle abrufbar.[72] Erstmalig enthält die EU-Verordnung auch ein personenbezogenes Bereitstellungsverbot für Versicherungen. Dieses Verbot bezieht sich auf die Zurverfügungstellung von Versicherungsschutz. VR dürfen keinen Deckungsschutz bieten, der gegen dieses Verbot verstößt.[73] **51**

Der GDV hat eine unverbindliche **Sanktionsklausel** empfohlen, die in die DTV-VHV 2003/2011 im Jahr 2011 unter Ziff. 1.2 eingefügt wurden. Nachdem die EU weitere Sanktionsregelungen für andere Länder (Syrien) mit ähnlichen Rechtsfolgen formuliert hat, ist die vom GDV empfohlene Sanktionsklausel nicht auf bestimmte Länder bezogen und gilt auch für künftige Sanktionen gegen sonstige Länder. Durch die Vereinbarung dieser Klausel wird lediglich hervorgehoben, dass Rechtsgeschäfte, die gegen gesetzliche Verbote oder gute Sitten verstoßen, nach §§ 134, 138 BGB nichtig sind. Insofern wird durch die Sanktionsklausel der Deckungsumfang klargestellt und nicht eingeschränkt. **52**

Es gibt aber unterschiedliche Formulierungen bei einigen VR, die intern andere Klauseln verwenden. Wenn ein deutscher VR jedoch wegen seiner amerikanischen Muttergesellschaft mit einer eigenständigen Klausel von vorneherein keine Zahlung im Rahmen des Vertrags mittels einer Sanktionsklausel vornehmen will, sofern der VR einer Strafe unter den Sanktionsgesetzen ausgesetzt ist, ist diese Klausel unwirksam.[74] Ausländische Verbotsnormen sind keine Verbotsgesetze i.S.d. § 134 BGB.

f) **Vorsorgeversicherung** (**Ziff 1.3 DTV-VHV 2003/2011**)

aa) **Sinn und Zweck der Vorsorgeversicherung.** Die **Vorsorgeversicherung** bietet dem VN automatisch einen vorübergehenden, zeitlich begrenzten Versicherungsschutz für neue Risiken, die er noch nicht in der Betriebsbeschreibung angeben konnte. Es gibt einen begrenzten Versicherungsschutz, wenn der VN eine **neue verkehrsvertragliche Tätigkeit** aufnimmt und diese Tätigkeit nicht in der Betriebsbeschreibung bzw. in der Policenbeschreibung der VR erwähnt worden ist.[75] **53**

Der VN muss dem VR jedes neue Risiko anzeigen, damit die von der VR gewollte Risiko-Transparenz erzeugt wird. Wenn der VR durch seinen VN über ein neues Risiko informiert wird, hat dieser die Aufgabe, das neue Risiko zu analysieren, dieses richtig hin-

---

[71] ABl. EU L 88 v. 24.3.2012 S. 1.

[72] http://www.bafa.de/ausfuhrkontrolle/de/embargos/iran/index.html.

[73] Terbille/*Gerke/Gerhard* MAH § 11 Rn. 215.

[74] LG Hamburg 3.12.2014 401 HKO 7/14.

[75] *Abele* TranspR **2009** 60, 63; GDV/*Flach/Supp/Bremke* 47; Terbille/Gerke/Gerhard MAH § 11 Rn. 218 ff; Thume/de la Motte/*Ehlers/Kollatz* DTV-VHV Rn. 12; van Bühren/*Ehlers* Rn. 302.

sichtlich der Versicherbarkeit zu bewerten und entweder abzulehnen oder zu versichern. Der VR erhält also umgehend Nachricht über neue Verkehrshaftungsrisiken des VN und erhält somit auch während der Laufzeit des Versicherungsvertrages eine optimale Transparenz. Der VN wird angehalten, bei neuen Risiken den Versicherungsschutz zu aktualisieren und dies frühzeitig mit dem VR abzusprechen. Versäumt der VN jedoch die Anmeldefrist von einem Monat von Beginn des neuen Risikos an, entfällt rückwirkend die Vorsorgeversicherung.[76]

54 bb) **Neues Risiko.** Wenn sich bei einem Verkehrsträger das versicherte Risiko verändert (= neues Risiko), hat er zunächst weiterhin Versicherungsdeckung nach Maßgabe der DTV-VHV-Bedingungen.[77]

Ein **neues Risiko** liegt vor, wenn sich ein Verkehrshaftungsrisiko in Bezug auf die gesetzliche oder vertragliche Haftung als Frachtführer im Straßengüterverkehr, Spediteur oder Lagerhalter und die damit zusammenhängenden Tätigkeiten verändert.[78] Die Beantwortung der Frage, ob ein neues Risiko vorliegt, hängt davon ab, welche der zunächst versicherten Risiken im Verhältnis zur Versicherungspolice nach Ausfüllen der Betriebsbeschreibung neu hinzugekommen sind. Der Begriff „**neu**" setzt voraus, dass es sich um grundsätzlich über die VHV zu versichernde Leistungen handelt, die bei Abschluss des Versicherungsvertrages noch nicht vorhanden waren und der VN dies später aufgenommen hat.[79] Wenn das versicherte Risiko „Spedition mit Umschlaglager" lautet, der Spediteur nach Abschluss des VHV-Vertrages erstmals Einlagerungsaufträge erhält, er also eine disponierte Lagerung durchführt, ist dieses neue Lager über die Vorsorgeversicherung versichert. Es handelt sich um ein neues Risiko.

55 *Kollatz* meint, es sei unklar, ob es auf den Abschluss des Verkehrsvertrages oder auf die Aufnahme der Tätigkeit ankommt.[80] Nachdem der Begriff „Tätigkeiten" und nicht der Begriff „Verkehrsvertrag" in Ziff. 1.3 DTV-VHV 2003/2011 verwendet wird, muss es entscheidend auf den neu aufgenommenen Vertragsschluss ankommen. Die ausgeführte Tätigkeit resultiert immer aus einem vorherigen Vertragsverhältnis mit dem Auftraggeber. Wenn also der Vertrag (Fracht/Spedition/Lager) zeitlich weit vor Aufnahme der neuen Tätigkeit geschlossen wurde, ist der entscheidende Zeitpunkt nach den DTV-VHV 2003/2011 der Vertragsschluss. Das nach Ziff. 1 DTV-VHV 2003/2011 versicherte VHV-Risiko beginnt bereits mit Vertragsabschluss, weil ab diesem Zeitpunkt der VN diesen Auftrag zur Versicherung anmelden muss (laufende Versicherung).[81] Eine Begrenzung auf die Tätigkeit wäre also eine Benachteiligung des VN, weil die Deckung bereits mit Vertragsschluss, also ggf. am Telefon weit vor Übergabe der Waren an den VN beginnt. Wenn der VR bereits im Risiko ist und dem VN entsprechende Deckung auch für die Vorsorge gibt, muss die Versicherung bereits bei Vertragsschluss und nicht erst mit Aufnahme der Tätigkeit eingreifen. Nur so ist der VN ausreichend durch die Vorsorgeversicherung geschützt.

[76] Kritisch hierzu Thume/de la Motte/*Ehlers*/*Kollatz* DTV-VHV Rn. 16; van Bühren/*Ehlers* Rn. 302.

[77] Thume/de la Motte/*Ehlers*/*Kollatz* DTV-VHV Rn. 12; van Bühren/*Ehlers* Rn. 302.

[78] GDV/*Flach*/*Supp*/*Bremke* 51; Thume/de la Motte/*Ehlers*/*Kollatz* DTV-VHV Rn. 12; van Bühren/*Ehlers* Rn. 302.

[79] GDV/*Flach*/*Supp*/*Bremke* 51.

[80] Thume/de la Motte/*Ehlers*/*Kollatz* DTV-VHV Rn. 12.

[81] Terbille/*Gerke*/*Gerhard* MAH § 11 Rn. 212; näheres zur laufenden Versicherung siehe A Rn. 22.

cc) **Kein neues Risiko.** Für andere Verträge als die unter Ziff. 1.1 DTV-VHV 2003/2011 genannten Vertragsarten Fracht-, Speditions- oder Lagervertrag scheidet von vorneherein jegliche Vorsorge aus. Miet-, Leih-, Werk-, Dienstleistungs- oder andere Verträge sind nicht Gegenstand der Vorsorge. 56

Eine **quantitative Veränderung** ist in der Regel kein neues Risiko.[82] Veränderungen hinsichtlich des Umfangs der versicherten Tätigkeiten oder eine geringere Haftung sind dann unerheblich, weil das Risiko bereits versichert ist. Wenn sich das Verkehrshaftungsrisiko hinsichtlich der bereits versicherten Risiken nur von der Menge der versicherten Risiken anders gestaltet, dann liegt kein neues Risiko vor. Dies gilt bei Änderungen der Anzahl der Fahrzeuge, dem Wegfall oder Hinzukommen neuer Auftraggeber, Änderung des Umsatzes, Erweiterung der Lagerflächen o.a.[83] Wenn beispielsweise gegenüber den Angaben in der Betriebsbeschreibung ursprünglich kaum Lagerhaltung betrieben wurde, aber neue Einlagerer hinzukommen, steigt für den VR zwar sein Risiko. Weil das Risiko Lagerhaltung versichert war und nur der Umsatz zugenommen hat, entsteht kein neues Risiko. Wenn die Haftung pauschal auch mit 40 SZR versichert war und der VN seinen einzigen Hauptauftraggeber mit 40 SZR verliert, und nunmehr nur mit 8,33 SZR haftet, so ist dieser Umstand ebenfalls kein neues Risiko.

Alle folgenden Regelungen der VHV, insbesondere die in Ziff. 1.4 DTV-VHV 2003/2011 genannten nicht versicherten Risiken, wie See, Binnenschiff, Luftfracht, Bahn, Umzug, Schwergut, Abschleppgüter, hochwertige Güter, Logistik usw. fallen nicht unter die Vorsorgeversicherung. 57

Obliegenheiten, Ausschlüsse, Policenmaximum pro Fall/Ereignis/Jahr u.a. gelten auch für die Vorsorgeversicherung.[84] Dies gilt auch für den versicherten Geltungsbereich gem. Ziff. 5 DTV-VHV 2003/2011.[85] Die Vorsorgeversicherung gilt nicht, wenn der VN im Versicherungsvertrag eine Deckung für den EWR erhalten hat und nunmehr Transporte in die GUS durchführt; dies ist kein neues Risiko. Wenn der VN eine weltweite Deckung versichert hat, er aber maximal innerhalb der EU Transporte ausführt, ist der Wegfall der weltweiten Tätigkeit ebenfalls kein „neues Risiko". 58

dd) **Meldefrist.** Der Schutz der Vorsorge gilt nur für einen bestimmten Zeitraum ab Risikoaufnahme. Nach diesem Zeitpunkt fällt die Versicherung von Anfang an wieder weg, wenn der Verkehrsträger das neue Risiko nicht innerhalb eines Monats nach Beginn des neuen Risikos meldet. Diverse VR haben diese Klausel in ihren AVB beispielsweise auf 2 Monate erweitert. 59

Die Vorsorgeversicherung entfällt, wenn keine Einigung über Bedingungen und Konditionen zwischen dem Verkehrsträger und seinem VR zustande kommt.

Genaue Kriterien, was passiert, wenn die Konditionen des VR unangemessen sind und deshalb keine Einigung zustande kommt, sind in den DTV-VHV 2003/2011 nicht vorhanden.

In der Literatur wird daher vertreten, dass diese Klausel nach § 307 BGB unwirksam sei. Es liege wegen der Rückwirkung eine unangemessene Benachteiligung des VN vor.[86] Ferner könnte eine Unklarheitenregel iSd § 305c Abs. 2 BGB auch im Hinblick auf die Monatsfrist vorliegen. 60

82 Van Bühren/*Ehlers* Rn. 302

83 GDV/*Flach*/*Supp*/*Bremke* 53.

84 Terbille/*Gerke*/*Gerhard* MAH § 11 Rn. 219.

85 GDV/*Flach*/*Supp*/*Bremke* 54.

86 Beckmann/Matusche-Beckmann/*Heiss*/*Trümper* Rn. 358.

Diese Ansicht ist jedoch abzulehnen.[87] Nach der Konzeption der VHV hat der VN ohne die Vorsorgedeckung keinen Versicherungsschutz. Die Deckung durch die Vorsorgeversicherung wird gerade dann eröffnet, wenn der VN dem VR das neue Risiko meldet. Der VN erhält zunächst Versicherungsschutz maximal nach den vom VN angegebenen Risiken, muss aber neue Risiken melden, damit der VR seinen Deckungsschutz anpassen kann. Nach Treu und Glauben muss der VR nach seinem Tarif eine angemessene Prämie für das neue Risiko verlangen.[88] Das ist der Grundgedanke der laufenden Versicherung. Dazu gehört auch, dass das neu zu versichernde Risiko vom VR entsprechend seiner Erfahrung eintaxiert wird. Als Kaufmann muss er nicht jedes neue Risiko versichern und nicht jeden Preis akzeptieren. Von Anfang an besteht keine Versicherungsdeckung für alle nicht im Umfang der Versicherung enthaltenen Verkehrsverträge. Diese wird erst dann eröffnet, wenn rechtzeitig die Meldung des neuen Risikos erfolgt und eine Einigung über die Prämie zustande kommt. Nach der gesetzlichen Wertung der laufenden Versicherung in §§ 54ff. ist auf das besondere Vertrauensverhältnis insbesondere bei den einzelnen als versichert geltenden Risiken und deren Anmeldepflichten (§ 53), der Gefahränderung (§ 57) und letztendlich der Möglichkeit, bereits bei einer einfachen fahrlässigen Verletzung einer Obliegenheit zu kündigen (§ 58 Abs. 2) abzustellen. Eine unangemessene Benachteiligung des VN ist daher der rückwirkende Wegfall der Deckung nicht.

61 ee) **Maximum.** Es wird bei der Vorsorgeversicherung nicht der volle Versicherungsschutz zur Verfügung gestellt, sondern nur bis zu einem bestimmten, weit niedrigeren Maximum als das normale Policenmaximum. Diesen Betrag nennt man *Sublimit*. Die Vorsorgeversicherung schützt nur bis zu einem bestimmten Betrag pro Schadenereignis, den jeder VR individuell festlegen kann. Die maximalen Summen entwickeln sich am Markt so unterschiedlich, dass keine Beträge genannt werden können. Teilweise wird auch kein Sublimit in der Vorsorgeversicherung div. Marktteilnehmer in deren VHV-AVB festgehalten.

g) **Risikobegrenzung (Ziff. 1.4 DTV-VHV 2003/2013)**

62 aa) **Diverse Frachtführer-Tätigkeiten (Ziff. 1.4, 1. Spiegelstrich DTV-VHV).** Neu eingeführt wurde in die VHV die **Ausgrenzung** gewisser Verkehrshaftungsrisiken. Unabhängig vom Vertragstyp sollten einzeln aufgeführte, besondere Risiken vom Versicherungsschutz nicht umfasst sein. Dem VN einer VHV wird bereits in Ziff. 1 der DTV-VHV 2003/2011 mitgeteilt, was nicht Gegenstand des Versicherungsschutzes sein soll. Nach den Grundsätzen der laufenden Versicherung muss er solche der Gattung nach bezeichneten Risiken auf Grund von ihm abgeschlossener Verkehrsverträge und die entsprechenden Umsätze **nicht** dem VR melden, da diese generell nicht als unter die VHV fallende Risiken betrachtet werden.[89]

Wenn ein Unternehmen als Straßenfrachtführer tätig ist, sollen solche Unternehmen nach der VHV gem. Ziff. 1.1. DTV-VHV 2003/2011 generell versichert werden. Konkret bedeutet dies, dass der Frachtführer, der mit eigenen Landfahrzeugen Transporte durchführt oder durchführen lässt, als klassischer Straßenfrachtführer erfasst werden soll. Ausdrücklich sollen aber die Risiken „Beförderung und beförderungsbedingte Lagerung von Gütern, die der VN als Verfrachter (Seefahrt und Binnenschifffahrt), Luftfrachtführer oder Eisenbahnfrachtführer im Selbsteintritt (tatsächlich) ausführt" nicht unter die VHV fallen.[90] Das

---

[87] Ebenso Prölss/Martin/*Koller* VVG III Ziff. 1 DTV-VHV Rn. 2; van Bühren/*Ehlers* Rn. 302.

[88] Terbille/*Gerke/Gerhard* MAH § 11 Rn. 222 mit weiteren Hinweisen aus der Haftpflichtversicherung.

[89] GDV/*Flach/Supp/Bremke* 56.

[90] GDV/*Flach/Supp/Bremke* 56; Thume/de la Motte/*Ehlers/Kollatz* DTV-VHV Rn. 18.

Risiko der See-, Binnenschiffs-, Bahn- und Luftfrachtführer ist anders als das eines Straßenfrachtführers einzuschätzen. Die Gefahren der Straße sind mit denen auf See, der Bahn und der Luftbeförderung nicht vergleichbar.

Es sind die sog. „**Kumul-Risiken**" unterschiedlich einzuschätzen. Der Kumulschaden ist ein Begriff aus der Versicherung: Aufgrund bestimmter Umstände können ein und dasselbe Ereignis (z.B. Hochwasser, Feuer, aber auch Dispositionsfehler, u.a.) gleichzeitig Schäden bei mehreren oder vielen Risiken (viele Verkehrsaufträge, viele Einlagerungen in einer Lagerhalle, Sammelladung auf einem LKW) auslösen. Bei der Charterung von Schiffen/Flugzeugen befinden sich meist eine enorme Zahl von verschiedenartigen Aufträgen einer Spedition auf einem Schiff oder Flugzeug. Wenn ein solches Transportmittel einen Großschaden erleidet, dann hat der VR ein klassisches Kumul-Problem. Stückzahlmäßig mehr Güter und höhere Warenwerte befinden sich in einem Frachtflugzeug, einem Eisenbahnzug mit vielen Waggons, auf einem Containerschiff im Gegensatz zu einem maximal beladenen LKW auf der Straße. Straßentransporte sind völlig anderen Risiken ausgesetzt als die Seeschifffahrt (Sturm, Feuer, Navigationsfehler). Völlig unterschiedliche Gefahrensituationen gibt es für die Güter bei Luft-, Binnenschifffahrt oder Schienenbeförderungen (Entgleisen der Waggons). **63**

Wenn der VN Spediteur ist, kann er sich im Außenverhältnis als sog. „*carrier*" darstellen. Er geriert sich ausdrücklich auf seinen Geschäftspapieren oder in Dokumenten als „carrier", obwohl er selbst keinerlei Schiffe, Bahnen oder Flugzeuge hat. Der Spediteur kann sich zum Beispiel in einem Airway Bill „as carrier" verpflichten, d.h. er verspricht eine Luftbeförderung und kommt direkt in die Luftfrachthaftung und bräuchte eine Pflichtversicherung nach Montrealer Übereinkommen. **64**

Es entsteht ein Haftungsproblem, wenn ein solcher Spediteur keine Einwendungen aus dem Speditionsrecht insbesondere den ADSp 2003 (siehe Ziff. 23.1.3 und Ziff. 24[91]) erheben und sich nicht auf die Vorschriften des HGB zum multimodalen Transport nach § 452 HGB berufen kann, wenn er direkt einen Luftfracht-, Binnenschiffs- oder Eisenbahnvertrag mit dem Auftraggeber abschließt. **65**

VHV-VR haben daher in ihren Zeichnungsrichtlinien häufig sog. „Carrierhaftungen" ausgeschlossen, d.h. es besteht ein Zeichnungsverbot.

(1) **Seeschifffahrtsunternehmen.** Speditionelle Risiken im Zusammenhang mit der Seebeförderung sind zwar grundsätzlich nach den DTV-VHV 2003/2011 versichert. Nicht Gegenstand der Versicherung ist aber der sog. Selbsteintritt, d.h. wenn der Spediteur tatsächlich mit eigenen Schiffen die Beförderung ausführt.[92] Weder die Reederhaftung noch sonstige Haftungen im Zusammenhang mit der vom VN selbst durchgeführten Schiffsbeförderung durch Seeschiffe sollen versichert werden. Die Beförderungsleistung mit einem eigenen Seeschiff (auch geleast, gemietet oder gechartert) per Frachtvertrag ist nicht Gegenstand der Versicherungsdeckung. **66**

Bei einem Chartervertrag wird ein komplettes Schiff oder ein Teil davon für eine Reise oder für einen bestimmten Zeitraum angemietet.

Es bieten andere Deckungsformen in der Versicherungswirtschaft besseren Schutz (sog. P&I-Deckungen u.a.). Die P&I-Clubs (Protection & Indemnity Clubs) waren ein Zusammenschluss einiger englischer Schifffahrtsgesellschaften im 18. Jahrhundert, die sich zu **67**

[91] http://www.transportrecht.org/dokumente/ADSp_2003.pdf.

[92] Kritisch hierzu Prölss/Martin/*Koller* VVG III Ziff. 1 DTV-VHV Rn. 3.

„Clubs“ gewandelt haben. Man wollte sich gegenseitig gegen Risiken, die von den Seeversicherern nicht übernommen wurden, schützen.[93]

Die **P&I-Versicherung** ist eine Haftpflichtversicherung, die sich aus dem Eigentum bzw. Besitz aber auch dem Betrieb des Seeschiffs und auch des Binnenschiffs ergibt.[94]

Diese Art der Versicherung geht jedoch teilweise weit über die Haftpflichtversicherung hinaus. Sie bietet allerdings keine Allgefahrendeckung. *Schwampe* nennt sie ein „Auffangbecken für Versicherungsbedarf von Reedern“.[95] Sie ist eine sog. Seehaftpflichtversicherung.[96]

68 (2) **Binnenschifffahrtsunternehmen.** Ähnlich verhält es sich mit der Durchführung von Binnenschifftransporten durch einen Binnenschiffer. **Partikulier** ist dabei der selbständige Schiffseigner im Rahmen der Binnenschifffahrt. Die Haftung ist besonders in diversen Gesetzen und Verordnungen oder Vereinbarungen geregelt (HGB, CMNI). Auch hier gibt es gesonderte Deckungen auf dem Transportversicherungsmarkt (sog. T&H-Deckung), so dass dieses Risiko nicht versichert ist.

69 (3) **Luftfrachtunternehmen.** Ein Verkehrsträger kann eigene Flugzeuge besitzen und diese für Güterbeförderungen einsetzen. Nahezu alle **Luftfrachtführer**, die Personenbeförderungen durchführen, transportieren, neben dem Gepäck der Passagiere, Waren. Weil diese Risiken zum Teil völlig anders als reine Frachtführerrisiken auf der Straße zu qualifizieren sind, und diese meist auch im Rahmen der Passagierbeförderung u.a. versichert werden, wird im Regelfall keine Versicherung von Luftfrachtführern über die DTV-VHV 2003/2011 angeboten, sondern auf bestehende Versicherungskonzepte verwiesen.[97]

Sollte ein Frachtführer eigene Flugzeuge besitzen, sollte er dies seinem VR melden. Häufig wird er dieses Risiko nicht versichern. Er kann jedoch einen Weg aufzeigen, wer das Luftfahrtrisiko zeichnet.

70 (4) **Eisenbahnverkehrsunternehmen.** Nicht Gegenstand der VHV ist die auftragsgemäße Beförderung mit eigenen Schienenfahrzeugen. Es sollen nach dem Verbandsmodel keine **Eisenbahnunternehmen (EVU)** versichert werden (Eisenbahnfrachtführer im Selbsteintritt). Diese besondere Unternehmensgruppe, die mit eigenen oder angemieteten Bahnfahrzeugen (Loks, Waggons) Güter gegen Entgelt befördern, sollen über gesonderte Bedingungen versichert werden. Speditionelle Leistungen (Transportbesorgung durch ein EVU) sind damit nicht gemeint. Diese werden vom versicherten Bereich der VHV erfasst.

71 **bb) Güter (Ziff. 1.4, 2. Spiegelstrich DTV-VHV).** Der GDV wollte die Haftung für bestimmte Güter vom Versicherungsschutz ausschließen. VHV-VR haben die aus kartellrechtlichen Gründen in Ziff. 1.4. DTV-VHV 2003/2011 2. Spiegelstrich offen gelassene Passage ausgefüllt und eine Güterliste eingesetzt. Diese gilt unabhängig von etwaigen weiteren Versicherungsausschlüssen bezüglich gewisser weiterer Güter (vergl. Ziff. 6.7 DTV-VHV 2003/2011: „Umzugsgut, Kunst, Antiquitäten, Edelmetalle, Edelsteine, Geld, Valoren, Dokumente, Urkunden“). Die Erfahrung der VHV-VR hat gezeigt, dass Verkehrsträger und deren Auftraggeber die hohen Gefahren der Beförderung besonders risikogefährdeter, insbesondere **diebstahlsgefährdeter Waren**, teilweise ignorieren. Es gibt allerdings unterschiedliche Schadenerfahrungen mit den verschiedenen Gütern.

---

[93] Zur historischen Entwicklung Thume/de la Motte/*Ehlers*/*Schwampe* 7 Rn. 447ff.

[94] Thume/de la Motte/*Ehlers*/*Schwampe* 7 Rn. 443ff.

[95] Thume/de la Motte/*Ehlers*/*Schwampe* 7 Rn. 443.

[96] *Herber* Seehandelsrecht 416.

[97] G Rn. 1ff.

Selbst dann, wenn der Verkehrsträger nicht weiß, dass der Verkehrsvertrag solche Waren umfasst, ist seine Haftung nicht Gegenstand der versicherten Verkehrsverträge. Es besteht kein Versicherungsschutz nach DTV-VHV 2003/2011. 72

Um dieser Gefahr zu entgehen, wird er bei seinem Auftraggeber nach diesen ausgeschlossenen Waren fragen. Es gibt viele AGB, die sicherstellen sollen, dass der Auftraggeber die Güter, die sein VHV-VR ausgeschlossen hat, nicht übergeben wird. Als Vorbild kann die ADSp 2003[98] herangezogen werden:

ADSp 2003 Ziff. 3.6

Der Auftraggeber hat den Spediteur bei besonders wertvollen oder diebstahlsgefährdeten Gütern (z.B. Geld, Edelmetalle, Schmuck, Uhren, Edelsteine, Kunstgegenstände, Antiquitäten, Scheck-, Kreditkarten, gültige Telefonkarten oder andere Zahlungsmittel, Wertpapiere, Valoren, Dokumente, Spirituosen, Tabakwaren, Unterhaltungselektronik, Telekommunikations-Geräte, EDV-Geräte und -Zubehör) sowie bei Gütern mit einem tatsächlichen Wert von 50 Euro/kg und mehr so rechtzeitig vor Übernahme durch den Spediteur schriftlich zu informieren, dass der Spediteur die Möglichkeit hat, über die Annahme des Gutes zu entscheiden und Maßnahmen für eine sichere und schadenfreie Abwicklung des Auftrags zu treffen.

Im Einzelfall kann ein VR das Risiko auf Antrag zusätzlich versichern. Der VR wird dann weitere Obliegenheiten mit besonderen Maßnahmen zum Schutz der Güter vorschreiben. Die Rechtsprechung verlangt nämlich haftungsseitig wegen des Vorwurfs des qualifizierten Verschuldens besondere Vorkehrungen und exakte Vorgabe von Verhaltensweisen vom Verkehrsträger, die gestaffelt nach Warenwert und Warenart unterschiedlich ausfallen.[99] Je diebstahlsgefährdeter die Waren, desto höher sind die Anforderungen an den Frachtführer, Spediteur oder an den Lagerhalter. 73

Der GDV hat mit den **Besonderen Bedingungen für die Beförderung und Lagerung hochwertiger Güter 2005/2008 (BB hochwertige Güter 2005/2008)** einen unverbindlichen Vorschlag gemacht, wie man solche Güter mit besonderen Mechanismen wieder versichern kann.[100]

cc) **Umzugsgut (Ziff. 1.4, 3. Spiegelstrich DTV-VHV)**. Nach der Ziff. 1.4 3. Spiegelstrich DTV-VHV 2003/2011 sind „Beförderung und Lagerung von **Umzugsgut**" (auch Organisation der Beförderung von Umzugsgut) grundsätzlich im nicht zu versichernden Bereich.[101] Der Begriff Umzugsgut ist weit zu verstehen und deckt sich mit dem Begriff in § 451 HGB.[102] Die bisherige und zukünftige Zweckbestimmung des beförderten Guts muss mit einer Wohnsitzverlegung zusammenhängen. Auch bei privatem Heirats- oder Erbgut, Büro- und Betriebsumzügen ist dies der Fall. Umzug im Sinne der §§ 451–451 h HGB liegt auch dann vor, wenn Möbel abgebaut und abtransportiert, kurzfristig vom Unternehmen eingelagert, zurücktransportiert und in der gleichen Wohnung erneut aufgestellt werden.[103] Kein Umzugsgut liegt vor, wenn der Frachtführer den Umstand der Wohnungsverlegung nicht kennt, weil er einen kompletten Container übernimmt.[104] Diese 74

98 http://www.transportrecht.org/dokumente/ADSp_2003.pdf.

99 BGH 1.7.2010 TranspR **2011** 78 ff; *Koller* Die Leichtfertigkeit im deutschen Transportrecht VersR **2004** 1346.

100 C Rn. 1ff.

101 Prölss/Martin/*Koller* VVG III Ziff. 1 DTV-VHV Rn. 3; **a.A.** wohl Thume/de la Motte/*Ehlers*/*Kollatz* DTV-VHV Rn. 20.

102 MüKo-HGB/*Andresen* § 451 Rn. 6; Thume/de la Motte/*Ehlers*/*Kollatz* DTV-VHV Rn. 20.

103 Schleswig-Holsteinisches Oberlandesgericht 5.6.2008 TranspR **2009** 30.

104 *Koller* § 451 Rn. 3

Umzugsunternehmen sind im HGB gesondert geregelt, weil die Auftraggeber meist sog. Verbraucher i.S.d. § 13 BGB sind. Umzugsunternehmen verfügen ferner über besondere Hilfsmittel beim Transport von Umzugsgut (besonders ausgestattete Fahrzeuge, Umzugskartons, Luftfolien u.a.). Es gibt HGB-Sonderregelungen zur Verpackung, zum Aufstellen von Möbeln usw. Es sind zahlreiche Punkte der Aufklärung über Haftungsbegrenzungen, Versicherungsmöglichkeiten nach § 451 S. 1 Nr. 2 HGB zu beachten. Ein Umzugsunternehmen braucht eine besondere Transportversicherung zu Gunsten der Verbraucher. Diese haben zum Teil zusätzlich neben der Zeitwert- auch eine Neuwertversicherung. Schadenmeldefristen usw. sind einzuhalten, die nach dem Gesetz oder nach den Geschäftsbedingungen der Möbelunternehmen vorgesehen sind. Generell werden daher diese Unternehmen aus der Geltung der VHV herausgenommen.

Hier bietet der Versicherungsmarkt diesen Umzugsunternehmen über Makler und VR einen auf deren besondere Risiken zugeschnittenen Versicherungsschutz an.[105]

75 dd) **Schwergutunternehmen (Ziff. 1.4, 4. Spiegelstrich DTV-VHV).** Es gibt keine gesetzliche oder übliche Definition des Begriffs **Schwergut** in der VHV. Schwergutrisiken können so definiert werden, dass es um die Beförderung, Behandlung oder Lagerung von Gütern geht, die wegen ihres Umfangs, Gewichts oder den örtlichen Gegebenheiten mit besonderen Beförderungs- oder Hebemitteln ausgeführt werden muss, in der Regel unter Ausschluss von werkvertraglichen Elementen wie Montagetätigkeiten. Meist sind bei den Schwerlasttransporten mit Übermaßen behördliche Genehmigungen und besondere Begleitfahrzeuge erforderlich. Häufig müssen besondere Genehmigungen für die Durchführung von Großraum- und Schwertransporten eingeholt werden, was ein Indiz für Schwergutbeförderungen ist.[106]

76 Schwergutunternehmer sind eine Berufsgruppe, die in der Bundesfachgruppe Schwergut und Kranarbeit (**BSK**) organisiert sind. Die Haftung dieser Unternehmen wegen des meist hohen Werts, des hohen Gewichts und zusätzlich wegen der in den BSK AGB verankerten Haftung deutlich erhöht.[107] Weil eine erhöhte Risikosituation existiert und besonderes Fachwissen der jeweiligen Unternehmen erforderlich ist, greifen die versicherungsrechtlichen Grundsätze der normalen Frachtführerversicherung nicht ein.

77 Bei Kran- und Montagearbeiten ist die Rechtslage unterschiedlich. Rein horizontale Beförderungen der fremden Güter mittels Kränen fallen unter das Transportrecht. Dagegen gehören die Montagearbeiten nicht mehr zum Verkehrsvertrag, d.h. sie werden nach dessen Beendigung mittels Werkvertrag ausgeführt und liegen außerhalb der Güterbeförderung.

78 Der GDV sieht deshalb die Schwergutunternehmen als ein besonderes Risiko an, bei dem VHV-VR besser mit gesonderten Bedingungen und Prämien arbeiten sollten. Es besteht ein hohes Beschädigungsrisiko, weil besonders schwere und meist teure Güter bewegt werden. Es ist ein besonderes technisches Wissen notwendig, um diese Güter zu transportieren und zu lagern. Es müssen Genehmigungen eingeholt, Routen geplant und Begleitschutz organisiert werden. Am Markt gibt es spezielle Versicherungskonzepte, die auf die Besonderheiten dieser Unternehmer eingehen.[108]

---

105 F Rn. 1 ff.

106 *Rebler* Die Genehmigung der Durchführung von Großraum- und Schwertransporten SVR **2012** 299 ff.

107 http://www.transportrecht.org/dokumente/BSK-AGB-Kran-Transport_6Seitig-Deutsch_10.2013.pdf.

108 I Rn. 1 ff.

ee) Abschleppunternehmen (Ziff. 1.4, 5. Spiegelstrich DTV-VHV). Nicht versichert werden sollen Risiken im Hinblick auf abzuschleppende oder zu bergende Güter. Es ist sehr fraglich, ob überhaupt ein Beförderungsauftrag vorliegt. Bei den **Abschleppunternehmen** fehlt es im Normalfall am Frachtauftrag, wenn beispielsweise der Zweck des Transports die Reparatur oder die polizeiliche Hilfsleistung ist. 79

Wenn ein Kfz auf der Autobahn liegen bleibt und eine Kfz-Werkstatt gerufen wird, kann es vertragsrechtlich vernachlässigbar um den Transport, als vielmehr um die Reparatur des Fahrzeugs gehen. Dann würde der Verkehrsvertrag fehlen, weil der Werkstattwagen die Beförderung zum Zwecke der Reparatur des Fahrzeugs übernimmt. Bei Autohäusern, die fremde Fahrzeuge befördern, geschieht dies meist für eigene Zwecke des Autohauses, also nach § 1 Abs. 2 Ziff. 1 GüKG zum Zwecke der Bearbeitung (Lackierung) oder Instandsetzung (Reparatur, Technikdefekt). Das gilt auch für „eigene" Neu- oder Gebrauchtfahrzeuge, die vom Autohaus gekauft, verkauft, verleast o.a. werden.

Es sind nach § 2 Abs. 1 Ziff. 3 GüKG gewisse Verkehrsträger vom GüKG ausgenommen. Selbst dann, wenn ein reiner Frachtvertrag vorliegt (also kein Werkverkehr und keine anschließende Reparatur oder Kundendienst), ist die reine entgeltliche Beförderung für Dritte von A nach B ausgenommen, wenn beschädigte oder reparaturbedürftige Fahrzeuge „aus Gründen der Verkehrssicherheit" oder zum „Zwecke der Rückführung" befördert werden. Liegengebliebene Fahrzeuge im Auftrag der Polizei oder andere „Überführungen" sind also vom GüKG eindeutig ausgenommen. Wird ein Abschleppunternehmen von der Polizei beauftragt, handelt das Unternehmen als Gehilfe der Polizeibehörde. Ob dieser Hilfeleistung ein Frachtvertrag zu Grund liegt, ist im Einzelfall zu prüfen. Wenn jedoch gegen Entgelt fremde Fahrzeuge, die nichts mit dem Autohaus in irgendeiner Weise zu tun haben, von A nach B befördert werden (Autotransport), liegt ein Frachtvertrag vor. 80

Weil die Abgrenzung zum Transportauftrag schwierig ist, soll nach Ansicht des GDV keine Haftungsdeckung über die DTV-VHV 2003/2011 gegeben werden. Die Beförderung von abzuschleppenden oder zu bergenden Gütern soll versicherungsmäßig gesondert behandelt werden. Deshalb werden solche Unternehmen grundsätzlich über eine sog. **Hakenlastversicherung** versichert. Zum Teil wird eine Deckung über die Kfz-Haftpflichtversicherung gegeben.[109] 81

ff) Logistik (Ziff. 1.4, 6. Spiegelstrich DTV-VHV). Bereits nach der Definition der VHV in Ziff.1 sind jegliche nicht verkehrsvertragliche Haftungen aus Werk-Dienst-, Miet- oder anderen BGB-Verträgen nicht versichert. Wenn diese sog. **logistischen Arbeiten** vom Verkehrsträger ausgeführt werden (reine Verpackungsarbeiten, Bügeln von Hosen u.a.) ohne dass diese Tätigkeit mit einem Verkehrsvertrag zusammenhängt, ist die Haftung nach BGB mangels Verkehrsvertrag überhaupt nicht von der VHV umfasst. 82

Besteht ein solcher grundsätzlich versicherter Verkehrsvertrag, werden aber Leistungen ausgeführt, die unter den Bereich Produktion, Werkdienstleistung, Veredelung o.a. fallen, wurden diese Vertragsinhalte zur Klarstellung von der VHV ausgenommen. Unter Ziff. 1.4 VHV letzter Spiegelstrich wird daher klargestellt, dass diese vertraglich geschuldeten Leistungen und die Haftung hieraus nicht Gegenstand der VHV sind. 83

Alle zusätzlichen Tätigkeiten, die über die so genannte primäre Vertragspflicht des deutschen HGB hinausgehen, sind nicht versichert. Andererseits sind alle verkehrsvertraglichen Pflichten des HGB und die damit zusammenhängenden Haftungen aus solchen Tä- 84

[109] J Rn. 1ff.

tigkeiten insoweit versichert, als sie sich innerhalb der zu übernehmenden Pflichten der jeweiligen Vertragstypen Frachtführer, Spedition oder Lagerhalter bewegen.

85 In der Regel kommen die nicht unter die VHV fallenden Haftungen nach Ziff. 1.4. VHV aus den sog. **Logistikverträgen.** Ein Logistikvertrag ist kein Vertrag sui generis, sondern ein typengemischter Vertrag. Diese Verträge sind immer individuell gestaltet und selten vergleichbar. Sie regeln unterschiedliche Vertragsrisiken nach Maßgabe uneinheitlicher und sehr differenzierter Leistungsbeschreibungen. Neben fracht-, speditions- und/oder lagervertraglichen Pflichten kommen diverse zusätzliche Leistungen hinzu, die juristisch unter allen nur denkbaren unterschiedlichen Vertragstypen einzuordnen sind, wie Kauf-, Dienst-, Werk-, Geschäftsbesorgungs- oder Mietvertrag. Hinzukommen kann Arbeitnehmerüberlassung u.v.m. Aufgrund dieser unterschiedlichen Vertragstypen und Leistungen innerhalb eines Logistikvertrags fehlt es an einer einheitlichen, gesetzlich geregelten Haftung für solche logistischen Leistungen.

Warenbestellung namens des Auftraggebers, Logistikberatung, Säubern und Volltanken von Kraftfahrzeugen, usw. sind solche Leistungen. Weitere Hinweise zu den Tätigkeiten bietet Ziff. 1.1 Logistik-AGB.[110] Wenn eine Spedition, die üblicherweise Reifen und Felgen befördern lässt, für den Auftraggeber im Zuge eines Rahmenvertrags neben der Beförderung auch die Felgen auf die Reifen zieht, entsteht ein neues Produkt, nämlich Autoreifen. Die danach vertraglich ebenfalls geschuldete durchzuführende anschließende Beförderung an den Automobilproduzenten ist die Leistung aus dem Frachtvertrag. Entstehen Schäden an den Reifen, weil sie während der Beförderung beschädigt wurden, fällt dieser Schaden grundsätzlich unter die VHV. Ausgenommen von der VHV-Deckung ist die Haftung aus der reinen Autoreifenproduktion. Wenn diese Reifen von der Spedition daher falsch montiert wurden, ist der Schaden an dem neuen Produkt „Autoreifen“ nicht versichert. Ebenfalls nicht innerhalb der VHV mitversichert sind alle Schäden, die dadurch entstehen, dass der Automobilhersteller alle Fahrzeuge zurückrufen muss, die mit den Autoreifen und den etwaigen Montagefehlern der Spedition ausgeliefert wurden.

86 Für solche Risiken ist grundsätzlich die Betriebshaftpflichtversicherung zuständig.[111] Häufig haben Speditionen aber keine Deckung für „Produktionsleistungen“, da sie nach ihrem klassischen Betriebsbild keine solchen Leistungen durchführen. Teilweise haben sich jedoch Betriebshaftpflichtversicherer diesen neuen Entwicklungen angepasst und bieten sog. Logistikbausteine mit erweiterter Produkthaftpflicht und Rückruf auch für die Kfz-Industrie an. Schäden an den bearbeiteten Gegenständen (Bearbeitungsschäden) können teilweise ebenfalls versichert werden.

87 Der GDV hat **keine Empfehlungen für Deckungen der Logistik** außerhalb des fest definierten Verkehrsvertragsbereichs ausgesprochen. Die DTV-VHV 2003/2011 deckt daher ausschließlich die Ansprüche nach den Grundlagen des gesetzlichen Transportrechts. Für Ansprüche nach dem Werk-, Dienst-, Auftragsrecht, d.h. jenseits dieses spezifischen transportrechtlichen Bereichs, sind die Betriebshaftpflichtversicherung und andere Sparten zuständig.[112]

88 Eine „**Logistikversicherung**“ gibt es im Versicherungsrecht nicht, weil das Versicherungsaufsichtsgesetz (VAG) und das VVG diesen Begriff nicht verwenden.[113] In der VHV gibt es einige Produkte, die den Begriff „**Logistik**“ mit in den Namen der Versicherung aufgenommen haben. Ferner gibt es einige Produkte, bei denen Verkehrshaftungs- und Betriebshaftpflichtversicherungen verbunden (Bündelpolice mit jeweils eigenständigen all-

---

110 http://www.transportrecht.org/dokumente/logistik_agb.pdf.

111 Terbille/*Gerke*/*Gerhard* MAH § 11 Rn. 217.

112 GDV/*Flach*/*Supp*/*Bremke* 59.

113 *Abele* TranspR **2005** 383, 385.

gemeinen Versicherungsbedingungen) oder kombiniert werden (Kombipolicen mit sog. „durchgeschriebenem" einheitlichen Wording).[114] Zu merken ist, dass ein Unternehmen nicht unter die klassische VHV fällt, wenn sich der Verkehrsträger als sog. „Logistikdienstleister" zum „Produzenten" wandelt.

VHV-VR können gewisse logistische Risiken mit in den Versicherungsschutz aufnehmen.[115] Teilweise werden Spezialdeckungen für einzelne Logistikverträge in Erweiterung der üblichen VHV-Deckung bei bestehenden Policen angeboten.[116] Wenn das logistische Risiko und die vereinbarte Haftung für den Underwriter als akzeptabel erscheinen, versichert er solche Rahmenverträge. Es wird nicht im gesamten Umfang der Haftung (inkl. Personen und anderen Vermögensschäden) eine Deckungszusage erteilt, sondern es wird nur eine begrenzte Deckung auf der Versicherungsebene mit entsprechender Maximierung gegeben. Diese Versicherungsvariante muss zur jeweiligen VHV-Police angesichts der Prämien und des bisherigen Schadenverlaufs passen. Es besteht bei Logistikverträgen die Option mit dem VHV-VR über einen begrenzten Versicherungsschutz zu verhandeln. Je nach dessen Geschäftspolitik kann dieser gewisse logistische Risiken mit in den Versicherungsschutz aufnehmen. Häufig werden dabei die reinen Produktionsrisiken nicht versichert, da die Haftungen meist mit den Haftungsbegrenzungen des Transportrechts und der Obhutshaftung nicht in Einklang zu bringen sind. **89**

Andere VHV-VR decken teilweise immer mittels „Logistikbausteinen" in ihren Verkehrshaftungspolicen diverse Risiken außerhalb der üblichen VHV-Deckungen, so auch die unüblichen logistischen Leistungen.[117] Teilweise werden von Maklern insbesondere die Logistik-AGB in einem speziellen Wording gedeckt. In diesem Zusammenhang kann jedoch auf eine solche spezielle Deckung nach Maßgabe der Logistik-AGB nicht eingegangen werden.

2 VN/Versicherter (Ziff. 2 DTV-VHV 2003/2011)

Ziff. 2 Versicherungsnehmer/Versicherter

2.1 Versicherungsnehmer ist das in der Betriebsbeschreibung genannte Unternehmen unter Einschluss aller rechtlich unselbstständigen inländischen Niederlassungen und Betriebsstätten. Andere Betriebe können nach Vereinbarung in die Versicherung einbezogen werden.

2.2 Die Arbeitnehmer des Versicherungsnehmers sind im Umfange der Versicherung mitversichert, wenn diese in Ausführung der unter Ziffer 1 genannten Verkehrsverträge gehandelt haben.

a) **Allgemeines.** Wenn der VN ein Verkehrsträger ist, der Verkehrsverträge abschließt **90** und eine Betriebsbeschreibung ausgefüllt hat, kann er von einem VHV-VR eine VHV erhalten. Unter den Anwendungsbereich der VHV fallen also alle Betriebe, welche die Voraussetzungen der Ziff. 1 DTV-VHV erfüllen.

b) **Persönlicher Anwendungsbereich**

aa) **Versicherungsnehmer (Ziff. 2.1 DTV-VHV 2003/2011).** Der VN wird in der **91** Versicherungspolice ausdrücklich genannt und ist damit das versicherte Unternehmen.

---

[114] *Abele* TranspR **2005** 383, 385.
[115] *Abele* TranspR **2005** 383, 388ff.
[116] Thume/de la Motte/*Ehlers/Raab KLP* Rn. 269ff.
[117] Thume/de la Motte/*Ehlers/Raab* KLP Rn. 293ff.

Unselbständige Niederlassungen und Geschäftsstellen gehören automatisch zu den versicherten Unternehmen des VN. Es können alle rechtlich selbstständigen inländischen Niederlassungen und Betriebsstätten mit in den Versicherungsschutz einbezogen werden. Tochterunternehmen sind immer rechtlich selbständig.[118] Der VR wird eine Liste aller Unternehmen mit genauer Firmierung und Adresse samt den mitzuversichernden Firmen erstellen, die versichert werden sollen.[119] Es werden dabei auch alle Orte mit Niederlassungen und Lagern benannt. Kommen später andere Betriebe hinzu, müssen diese in die Versicherung einbezogen werden. Alle Änderungen in der Firmenstruktur (Zukauf anderer Unternehmen) sind dem VR anzuzeigen.

92 Bei ausländischen Töchtern ist dies mit dem VR abzustimmen, da nach Ziff. 2.1 DTV-VHV 2003/2011 nur inländische Niederlassungen versichert werden. Bei reinen ausländischen VN ist stets zu beachten, ob mit diesen VN deutsches Versicherungsrecht vereinbart werden kann.[120]

93 **bb) Arbeitnehmer (Ziff. 2.2 DTV-VHV 2003/2011).** Die VR boten bis 2003 selten Versicherungsschutz für die Haftung der Arbeitnehmer eines Verkehrsträgers. Es wurden nur die vertraglichen Ansprüche gegen den Unternehmer nach § 831 BGB oder aus Verkehrsverträgen versichert. Wurde jedoch der Arbeitnehmer direkt in Anspruch genommen, hatte er keinen Versicherungsschutz.

Neu ist die Mitversicherung von Ersatzansprüchen gegen den Arbeitnehmer nach § 823 BGB. Der Begriff Arbeitnehmer ist eng auszulegen. Es wurde nicht der Begriff der „Leute“ i.S.d. § 436 HGB gewählt. Arbeitnehmer des VN sind nach dem eindeutigen Wortlaut diejenigen Mitarbeiter, die mittels Arbeitsvertrags für den VN tätig sind, nicht jedoch Arbeitnehmer eines Subunternehmers.[121] Hierzu gehören auch keine Leiharbeitnehmer oder Scheinselbständige, da die durch eine zulässige Arbeitnehmerüberlassung tätigen Personen ihren Arbeitsvertrag mit dem Verleiher haben bzw. die Scheinselbständigen nicht mittels Arbeitsvertrag die Rechte und Pflichten eines Arbeitnehmers haben.[122]

Arbeitnehmer sind im Umfang der Versicherung mitversichert, wenn diese in Ausführung der versicherten Verkehrsverträge gehandelt haben. Handlungen von Mitarbeitern, welche nur „gelegentlich“ der Ausführung arbeitsvertraglicher Tätigkeiten begangen werden, sind nicht versichert.

3 Versicherte Haftungen (Ziff. 3 DTV-VHV 2003/2011)

Ziff. 3 Versicherte Haftung (Bausteinsystem)

Versichert ist
die verkehrsvertragliche Haftung des Versicherungsnehmers nach Maßgabe

3.1 der deutschen gesetzlichen Bestimmungen, insbesondere der §§ 407ff. HGB;

3.2 der Allgemeinen Geschäftsbedingungen (AGB) des Versicherungsnehmers, vorausgesetzt der Versicherer hat dem Einschluss dieser Bedingungen in den Versicherungsschutz zugestimmt;

---

118 Prölss/Martin/*Koller* VVG III Ziff. 2 DTV-VHV Rn. 2.

119 GDV/*Flach/Supp/Bremke* 60; Thume/de la Motte/*Ehlers/Kollatz* DTV-VHV Rn. 25.

120 Rn. 234.

121 Prölss/Martin/*Koller* VVG III Ziff. 2 DTV-VHV Rn. 2.

122 **A.A.** Prölss/Martin/*Koller* VVG III Ziff. 2 DTV-VHV Rn. 2; Thume/de la Motte/*Ehlers/Kollatz* DTV-VHV Rn. 26.

3.3 der Allgemeinen Geschäftsbedingungen (AGB) im Umfange des § 449 Abs. 2 Nr. 1 HGB; vorausgesetzt der Versicherer hat dem Einschluss dieser Bedingungen in den Versicherungsschutz zugestimmt;

3.4 des Übereinkommens über den Beförderungsvertrag im internationalen Straßengüterverkehr (CMR);

3.5 der jeweils nationalen gesetzlichen Bestimmungen für das Verkehrsgewerbe in den Staaten des Europäischen Wirtschaftsraumes (EWR);

3.6 des Übereinkommens über den internationalen Eisenbahnverkehr (Anhang B – COTIF, aktuelle Fassung) und der einheitlichen Rechtsvorschriften für den Vertrag über die internationale Eisenbahnbeförderung von Gütern (CIM);

3.7 des Montrealer Übereinkommens (MÜ) vom 28.5.1999, des Warschauer Abkommens von 1929 (WA) und soweit anwendbar – des Haager Protokolls vom 28.05.1955, des Zusatzabkommens von Guadalajara vom 18.09.1961 oder anderer maßgeblichen Zusatzabkommen für den Luftverkehr, soweit diese jeweils zwingend anwendbar sind;

3.8 der Haager Regeln und – soweit anwendbar – der Hague Visby Rules bzw. des Seerechtsänderungsgesetzes vom 25.06.1986, der Hamburg-Regeln sowie anderer maßgeblicher internationaler Abkommen oder nationaler gesetzlicher Bestimmungen für den Seeverkehr, soweit diese jeweils zwingend anwendbar sind;

3.9 der Bestimmungen eines FIATA Combined Bill of Lading (FBL) oder Through Bill of Lading (TBL) in der von der FIATA verabschiedeten Form;

3.10 eines vom Versicherungsnehmer verwendeten eigenen House Airway Bill (HAWB), House Bill of Lading (House B/L) oder anderer Dokumente des Versicherungsnehmers, vorausgesetzt der Versicherer hat dem Einschluss derartiger Dokumente in den Versicherungsschutz zugestimmt;

3.11 der jeweils anwendbaren gesetzlichen Bestimmungen anderer Staaten, sofern sich der Versicherungsnehmer nicht mit Erfolg auf die Bestimmungen der vorgenannten Ziffern berufen kann und die jeweiligen gesetzlichen Vorschriften nicht über 8,33 SZR je kg für den Güterschaden hinaus gehen.

3.12 Versichert sind auch Ansprüche nach dem Recht der unerlaubten Handlung (Deliktsrecht), wenn und soweit der Berechtigte diese gesetzlichen Ansprüche neben oder anstelle der Haftung aus dem Verkehrsvertrag geltend macht.

a) **Allgemeines.** In Ziff. 3 DTV-VHV 2003/2011 sind in 12 Punkten alle üblichen Haftungsgrundlagen aufgelistet, die innerhalb der Verkehrshaftung bei den versicherten Unternehmen in Betracht kommen können. Nach Ansicht des GDV war die konkrete Beschreibung der Haftungssituation des Verkehrsträgers einer der wichtigen Punkte bei der Schaffung der DTV-VHV 2003/2011. Die versicherte Haftung wurde nach den GDV-Bedingungen als **Bausteinsystem** aufgebaut.[123] Nur die Haftungen, die ausdrücklich im Versicherungsvertrag benannt sind, sollten als versichert gelten. Bestehen andere Haftungen in konkreten Schadenfällen, die nicht ausdrücklich aus dem Bausteinsystem ausgewählt und im Versicherungsvertrag genannt wurden, besteht kein Versicherungsschutz. **94**

Ziel des GDV war es, dass der Underwriter nur die Haftungen aus dem Bausteinsystem auswählt, die der VN in der Betriebsbeschreibung angegeben hat. Es werden in der Be-

[123] GDV/*Flach/Supp/Bremke* 62; Thume/de la Motte/*Ehlers/Kollatz* DTV-VHV Rn. 27 ff; van Bühren/*Ehlers* Rn. 310.

triebsbeschreibung die verschiedenen verkehrsvertraglichen Haftungen des Verkehrsträgers abgefragt. Primär wird gefragt, welche **gesetzliche** Haftung besteht. Als zweites werden Risiken hinsichtlich etwaiger **vertraglicher** Haftungen, also zulässige Abweichungen vom Gesetz geprüft. Dies sind Fragen nach den AGB oder nach 40 SZR. Dann kommen die **individuellen Vereinbarungen**, von denen die komplette aktuelle Fassung des jeweiligen Haftungsvertrags der Betriebsbeschreibung beizufügen ist. Wenn sich die Haftungssituation grundlegend seit Abschluss des Versicherungsvertrags verändert hat, sollten nach dem GDV die VHV-VR ihre Bedingungen, d.h. das Baukastensystem entsprechend verändern und die Prämien an die geänderte Haftungssituation anpassen. Wenn ein Spediteur bisher LKW-Beförderungen vermittelt hat, dann als Luftfrachtspedition tätig wird, bleibt zwar die versicherte Tätigkeit als Spediteur gleich (keine Vorsorgeversicherung), es ändert sich aber die ADSp-Haftung in die des WA/MÜ mit den dort genannten Haftungen. Diese Änderungen des Haftungsrisikos sollten mit dem VHV-VR abgestimmt werden und in der VHV-Police einen Niederschlag finden.

95 Das Bausteinprinzip wurde vom Markt 2003 jedoch nicht übernommen.[124] Die Praxis hat gezeigt, dass die VR nicht in der Lage sind, in jedem Einzelfall die konkreten verkehrsvertraglichen Haftungen dem Risiko, welches in der BB angegeben wurde, zuzuordnen. Mittlerweile werden alle in der Liste aufgeführten Haftungsarten in den meisten VHV-Verträgen vollständig in jeden Versicherungsvertrag übernommen. Dass einzelne Haftungen ausgewählt werden, also nicht mit in den Versicherungsvertrag übernommen werden, ist die Ausnahme.

b) Bausteine nationale HGB und BGB-Haftungen (Ziff. 3.1 DTV-VHV 2003/2011)

96 **aa) Nationale Frachtführerhaftung.** Versichert wird generell die verkehrsvertragliche Haftung des VN nach Maßgabe der deutschen gesetzlichen Bestimmungen, insbesondere der §§ 407ff. HGB.

Versichert ist die gesetzliche Regelhaftung nach HGB mit 8,33 SZR gem. § 431 Abs. 1 HGB. Gedeckt ist durch den Hinweis **„insbesondere“** auch die Haftung nach dem BGB.[125] Die jeweiligen Anspruchsgrundlagen können daher die §§ 823, 831 BGB und § 280 BGB sein. Die Rechtsfolgen ergeben sich jedoch aus dem HGB, insbesondere aus §§ 433 und 434 HGB, die wie folgt lauten:

§ 433 HGB Haftungshöchstbetrag bei sonstigen Vermögensschäden

Haftet der Frachtführer wegen der Verletzung einer mit der Ausführung der Beförderung des Gutes zusammenhängenden vertraglichen Pflicht für Schäden, die nicht durch Verlust oder Beschädigung des Gutes oder durch Überschreitung der Lieferfrist entstehen, und handelt es sich um andere Schäden als Sach- oder Personenschäden, so ist auch in diesem Falle die Haftung begrenzt, und zwar auf das Dreifache des Betrages, der bei Verlust des Gutes zu zahlen wäre.

§ 434 Außervertragliche Ansprüche

(1) Die in diesem Unterabschnitt und im Frachtvertrag vorgesehenen Haftungsbefreiungen und Haftungsbegrenzungen gelten auch für einen außervertraglichen Anspruch des Absenders oder des Empfängers gegen den Frachtführer wegen Verlust oder Beschädigung des Gutes oder wegen Überschreitung der Lieferfrist.

97 Nicht versichert wäre nach dem ersten Baustein der Ziff. 3 DTV-VHV 2003/2011 demnach der Haftungskorridor nach § 449 Abs. 2 HGB mit 40 SZR. Diese Haftungserhöhung

---

[124] GDV/*Flach/Supp/Bremke* 59; Thume/de la Motte/*Ehlers/Kollatz* SLVS-Plus Rn. 183; Thume/de la Motte/*Ehlers/Temme* Rn. 235.

[125] Thume/de la Motte/*Ehlers/Kollatz* DTV-VHV Rn. 31; van Bühren/*Ehlers* Rn. 311.

ist eine vertraglich vereinbarte Haftung nach Maßgabe von eigenen oder fremden allgemeinen Geschäftsbedingungen.

bb) Nationale Speditionshaftung. Bei Speditionen bedeutet die Versicherung der gesetzlichen Haftung, dass auch deren gesetzlich unbeschränkte speditionelle Haftung versichert ist. Bei reinen speditionellen Fehlern gibt es nach dem HGB (ohne ADSp o.a. AGB) **keine Haftungsgrenze**, es sei denn, dass auf das Frachtrecht verwiesen wird.[126] Nur wenn das Gesetz wegen Obhut und weiteren ausdrücklichen Vorschriften auf das Frachtrecht verweist, können grds. Haftungsgrenzen im Schadenfall eingewandt werden. Diese verweisenden Regeln in der HGB-Haftung sind die Regelungen zum Selbsteintritt und zur Fixkosten- bzw. Sammelladungsspedition (§§ 458–460 HGB), die grundsätzlich versichert sind.[127] **98**

Einige VR wollen jedoch den unbegrenzten Haftungsanspruch bei Verletzung einer speditionsvertraglichen Pflicht (Auswahlverschulden) nicht versichern. Sie verlangen, dass die ADSp als Haftungsgrundlage mit dem jeweiligen Auftraggeber vereinbart werden. HGB-Speditionen sind für einen VR wegen der unbeschränkten HGB-Haftung ein hohes Risiko. In Einzelfällen wird der Underwriter eines VR prüfen, ob und wie er einen nationalen Spediteur, der nicht nach Maßgabe der ADSp arbeitet, versichern kann.

cc) Nationale Lagerhalterhaftung. Grundsätzlich ist die HGB-Lagerhaltung versichert, wenn der HGB-Baustein für einen reinen Lagerhalter gewählt wird. Reine HGB-Lagerhaltung wäre dann versichert.[128] VHV-VR zeichnen teilweise die **unbegrenzte Verschuldenshaftung** nicht. Sie versichern das Lagerhalterrisiko nur dann, wenn Haftungsbegrenzungen im Lagervertrag oder in AGB vorhanden und mit dem Auftraggeber vereinbart worden sind. Der VHV-VR wird möglicherweise auch nach entsprechendem Hinweis an den VN eine bestimmte Summe als gesonderte Versicherungsgrenze (Maxima) einführen. Häufig werden im Lagervertrag besondere Haftungsbegrenzungen eingeführt oder auf der Versicherungsvertragsebene Maxima eingeführt, die sich an den Haftungsgrenzen der Ziff. 24 ADSp 2003[129] orientieren. **99**

ADSp 2003 Ziff.24

„24. Haftungsbegrenzungen bei verfügter Lagerung

24.1 Die Haftung des Spediteurs bei Verlust oder Beschädigung des Gutes (Güterschaden) ist bei einer verfügten Lagerung begrenzt

24.1.1 auf 5 EUR für jedes Kilogramm des Rohgewichts der Sendung,

24.1.2 höchstens 5.000 EUR je Schadenfall; besteht der Schaden eines Auftraggebers in einer Differenz zwischen Soll- und Ist-Bestand des Lagerbestandes (Ziffer 15.6), so ist die Haftungshöhe auf 25.000 EUR begrenzt, unabhängig von der Zahl der für die Inventurdifferenz ursächlichen Schadenfälle.

[…]

24.3 Die Haftung des Spediteurs für andere als Güterschäden mit Ausnahme von Personenschäden und Sachschäden an Drittgut ist bei einer verfügten Lagerung begrenzt auf 5.000 EUR je Schadenfall."

Weil der Lagerhalter unbegrenzt haftet, sollte er seine Haftung durch einen Lagervertrag oder durch AGB im eigenen Interesse einschränken. Welche Haftungsbegrenzungen **100**

[126] *Müglich* § 461 Rn. 8ff.

[127] Thume/de la Motte/*Ehlers*/*Kollatz* DTV-VHV Rn. 34.

[128] Thume/de la Motte/*Ehlers*/*Kollatz* DTV-VHV Rn. 35.

[129] http://www.transportrecht.org/dokumente/ADSp_2003.pdf.

sinnvoll und rechtlich zulässig sind, hängt von der Art und Menge der eingelagerten Güter, der Anzahl der Ein- und Auslagerungen und vielen weiteren Einzelheiten ab.

Es kann momentan nur eine Grundregel aufgestellt werden: Die Haftungsgrenzen der Ziff. 24 ADSp 2003[130] gelten bei vielen VR als versicherbare Haftung für reine Lagerhalter. HGB-Lagerhalterhaftungen werden nur ausnahmsweise versichert.

c) AGB-Haftungen des VN (Ziff. 3.2 DTV-VHV 2003/2011)

101 **aa) AGB Verkehrsträgerverbände (VBGL, ADSp).** Folgende Verbände der Verkehrsträger haben ihren Mitgliedern Verbands-AGB zur Verfügung gestellt, die diese verwenden können:

- DSLV: Allgemeinen Deutschen Spediteur-Bedingungen (ADSp 2003);[131]
- BGL: Vertragsbedingungen für den Güterkraftverkehrs- und Logistikunternehmer für die verkehrsvertragliche Haftung (VBGL).[132]

Diese und alle anderen AGB müssten nach den GDV-Bedingungen namentlich benannt werden, damit diese Gegenstand der Deckung sind, da alle Haftungen vorgeben, die vom Gesetz abweichen. Der GDV hat keine generelle Mitversicherung der ADSp oder VBGL vorgeschlagen, obwohl am deutschen Markt häufig diese AGB vorkommen. Viele Versicherer sehen standardmäßig die Deckung der AGB, insbesondere der ADSp, in ihren VHV-Policen vor.[133]

Die Verbands-AGB der BSK[134] und des Bundesverband Möbelspedition und Logistik (AMÖ)[135] e.V. fallen standardmäßig nicht unter die VHV. Nicht Gegenstand der DTV-VHV 2003/2011 sind also die BSK-Bedingungen wegen der Nichtversicherung von Schwergutunternehmen.[136] Ferner sind nach den DTV-VHV 2003/2011 die AMÖ-Bedingungen wegen der Nichtversicherung von Umzugsgutunternehmen nicht in den Deckungsumfang mit einbezogen.[137]

Nach der GDV-Lösung sollen VR die Risiken im Zusammenhang mit Schwergut bzw. Umzug mit speziellen Versicherungsbedingungen gesondert versichern. Der Grund ist darin zu sehen, dass der Markt Spezialversicherungen angeboten hat und man die GDV-Bedingungen nicht mit den Besonderheiten dieser Branchen belasten wollte (Montage bei Schwergut, Hinweispflichten für Verbraucher bei Umzugsunternehmen usw).[138]

Es werden aber in der Praxis auch diese AGB der Verbände häufig automatisch (ohne Bausteinsystem) mitversichert. Dies gilt dann, wenn ein VR keine besonderen Bedingungswerke für Schwergut- oder Möbelunternehmer vorhält.

102 **bb) AGB KEP.** Kurier-, Eil-, und Paketdienst (KEP-Dienste) und Postdienstleister, die eine Zulassung zur Briefbeförderung haben, verfügen häufig über **eigene AGB**, die von der gesetzlichen Grundhaltung des HGB mit 8,33 SZR abweichen. Paketdienste sind Beförderungsunternehmen, die kleinste und leichte Güter (Pakete) befördern oder befördern las-

---

130 Zur Wirksamkeit siehe Schleswig-Holsteinisches Oberlandesgericht 23.4.2009 TranspR **2013** 310.

131 http://www.transportrecht.org/dokumente/ADSp_2003.pdf.

132 http://www.bgl-ev.de/images/downloads/service/vbgl.pdf.

133 Thume/de la Motte/*Ehlers/Kollatz* DTV-VHV Rn. 36; Thume/de la Motte/*Ehlers/Kollatz* SLVS-Plus Rn. 184; Thume/de la Motte/*Ehlers/Temme* SGP Ziff. 2.2.2 Rn. 235; Thume/de la Motte/*Ehlers/Supp* Ergo VHV Rn. 324.

134 http://www.transportrecht.org/dokumente/BSK-AGB-Kran-Transport_6Seitig-Deutsch_10.2013.pdf.

135 www.amoe.de.

136 B Rn. 75.

137 B Rn. 74.

138 F – J Rn. 1ff.

sen. In der Regel ist bei Paketdiensten 25–30 kg das zulässige Gewichtslimit pro Paket bzw. Packstück (nicht pro Auftrag!). Ferner findet eine Begrenzung auf einen bestimmten Umfang der Sendung statt. Der Vorteil der KEP-Dienste liegt in der schnellen Beförderung.

In den jeweiligen Haftungsklauseln der AGB werden Haftungen mit bestimmten festen Beträgen pro Auftrag (oder Sendung/Kolli/Paket/Brief/Nachnahme) versprochen. Es werden teilweise **feste Haftungssummen** ohne Bezug auf die gesetzliche Haftung pro Kilo versprochen (Begünstigungen nach § 449 Abs. 2 HGB). Beispielsweise werden € 520 bis € 5.000 pro Paket Entschädigung gewährt.

Daneben werden so genannte Haftungsdeklarationen seitens des Auftraggebers zugelassen. Wenn der Auftraggeber einen besonderen Wert angibt und der KEP-Dienst dies akzeptiert, kann sich der Verkehrsträger nicht auf die Haftungsbegrenzung in seinen AGB berufen. Es wird als Haftungssumme der Betrag bezahlt, den der Auftraggeber als Wert angegeben hat. Eine solche höhere Haftung wird nur bei entsprechenden Hinweisen auf dem Fracht-/Speditionsauftrag und gegen Zahlung eines bestimmten Zuschlags zum vereinbarten Frachtentgelt akzeptiert. Die Höherwertdeklaration setzt somit voraus, dass der Auftraggeber dem Verkehrsträger den der Werterhöhung entsprechenden Teil der Kosten erstattet. Die entsprechenden Zuschläge werden in den Preislisten der KEP dem Auftraggeber bekanntgegeben. In den AGB wird häufig eine obere Grenze des Güterwerts angegeben, die für die übergebenen Güter generell gilt, die aber nicht überschritten werden darf.

Solche AGB müssen dem VHV-VR vorgelegt werden. Diese können im Regelfall nur **103**
gesondert versichert werden. Der VHV-VR sollte darauf achten, dass diese AGB erstens dem Transportrecht entsprechen, also nicht gegen das HGB verstoßen. Zweitens muss die AGB-Inhaltskontrolle nach BGB überprüft werden, weil ansonsten in Schadenfällen eine Vollhaftung in Betracht kommen kann. Weil AGB im Verkehrsträgerbereich häufig unklar sind, ist muss jeder VR bei der Versicherung solcher AGB prüfen, welche Risiken er damit in Kauf nimmt, wenn die Haftungsgrundlage unklar ist.

Regeln zur Versicherbarkeit können nicht aufgestellt werden, weil die Konzepte (Hauptumschlagsbetriebe oder Direkttransporte) und die transportierten Güter (Valoren oder Briefe) so unterschiedlich sind, dass eine individuelle Betrachtung der Risiken durch den Underwriter erfolgen muss.

d) AGB-Haftungen nach § 449 Abs. 2 HGB (Ziff. 3.3 DTV-VHV 2003/2011). Wenn **104**
ein Frachtführer eine Haftung mit 40 SZR pro Kilo eingeht (siehe § 449 Abs. 2 HGB), sollte er dies seinem VR sagen. Dieser kann diese Haftung versichern. Er wird wegen der deutlichen Haftungserhöhung jedoch eine andere Prämie kalkulieren als bei einem VN, der keinerlei AGB hat und daher nur nach 8,33 SZR bei nationalen Verkehren haftet.

In der VHV kann ausdrücklich für AGB des jeweiligen Auftraggebers im Rahmen der HGB-Korridordeckung in Höhe von **40 SZR** gegeben werden.

Der GDV hat keine generelle Mitversicherung der 40 SZR vorgeschlagen, obwohl am deutschen Markt häufig diese Haftungsvereinbarung vorkommt. Viele Versicherer sehen mittlerweile standardmäßig die Deckung der 40 SZR in ihren VHV-Policen vor.[139]

Wenn der Frachtführer seine Haftung nach unten im Rahmen des Korridors nach § 449 Abs. 2 HGB beispielsweise auf 2 SZR absenkt, sollte er dies ebenfalls seinem VR sagen, da er insoweit einen Prämienrabatt erhalten kann.

---

[139] Thume/de la Motte/*Ehlers*/*Kollatz* SLVS-Plus Rn. 185; Thume/de la Motte/*Ehlers*/*Supp* Ergo VHV Rn. 324.

105 e) **Internationale Haftungen (Ziff. 3.4–3.8 DTV-VHV 2003/2011). Internationale Haftungsgrundlagen** können in der DTV-VHV 2003/2011 mitversichert werden, wenn grenzüberschreitende Risiken betroffen sind.

Versichert werden können das Übereinkommen über den Beförderungsvertrag im internationalen Straßengüterverkehr (CMR), das Warschauer Abkommen (WA), das Montrealer Übereinkommen (MÜ), die Einheitliche Rechtsvorschriften für den Vertrag über die Internationale Eisenbahnbeförderung (CIM), Gesetz zu dem Budapester Übereinkommen vom 22.6.2001 über den Vertrag über die Güterbeförderung in der Binnenschifffahrt (CMNI), die Haager Regeln/Hague Visby Rules/Hamburger Regeln. Hinsichtlich der versicherten internationalen Haftungen kann auf die jeweiligen Haftungsvorschriften und die entsprechende Kommentierung hingewiesen werden.[140]

106 f) **Dokumentenhaftung (Ziff. 3.9–3.10 DTV-VHV 2003/2011).** Weil Verkehrsträger im grenzüberschreitenden Verkehr unterschiedlichste Dokumente benutzen, kommen sie wegen zahlreicher Haftungsregelungen in den zum Teil in englischer Sprache abgefassten Hinweisen auf der Rückseite dieser Dokumente in besondere Haftungsrisiken. Wenn keine zwingenden internationalen Haftungsgrundlagen für Transporte oder Lücken in den Abkommen bestehen, regeln diese Klauseln die Haftungssituation des Verwenders. Zum Teil sind die Haftungen international abgestimmt, zum Teil werden eigenständige Haftungsregelungen in diese Dokumente übernommen. (Beispiel: Luftfrachtspedition mit eigener Airway Bill).

Folgende Dokumente können nach Ziff. 3.9 DTV-VHV versichert werden:
- FIATA Combined Bill of Lading (FBL),[141]
- Through Bill of Lading (TBL) in der von der FIATA verabschiedeten Form.

107 Ferner können nach dem Bausteinsystem nach Ziff. 3.10 DTV-VHV versichert werden
- House Airway Bill (HAWB),
- House Bill of Lading (House B/L),
- andere Dokumente des VN.

Voraussetzung der besonderen VHV-Deckung ist bei einzelnen VHV-VR, dass der VR die Dokumente erhält und dann dem Einschluss derartiger Dokumente in den Versicherungsschutz zustimmt.

108 g) **Kabotage und weltweite Haftung (Ziff. 3.11 DTV-VHV 2003/2011).** Die sog. Kabotageverkehre und die damit verbunden verkehrsvertragliche Haftung des jeweiligen europäischen Landes werden durch den Baustein Ziff. 3.5 DTV-VHV 2003/2011 gedeckt. **Kabotage** ist das Recht, innerhalb eines fremden Staates, Güter zu befördern. Frachtführer, die in einem EU-Mitgliedsstaat niedergelassen sind, dürfen meist ohne Einschränkung Waren innerhalb eines anderen Mitgliedstaates befördern. Dies bedeutet, dass ein Frachtführer Binnenverkehr in einem fremden Land betreiben darf. Der Frachtführer haftet allerdings in der Regel nach den jeweiligen innerstaatlichen Haftungsbestimmungen.[142] Versichert werden dann die jeweils nationalen gesetzlichen Bestimmungen für das Verkehrsgewerbe in den Staaten der Europäischen Union (EWR).

---

140 *Thume* Kommentar zur CMR; *Giemulla & Schmid* Recht der Luftfahrt; *Wirtz* Die CMNI und ihre Bedeutung für die Binnenschifffahrt BinSchiff (2008) 68 ff; *Freise* Unimodale Transportrechtliche Übereinkommen und multimodale Beförderungen TranspR **2012** 1 ff; *Herber* Seehandelsrecht jeweils m.w.N.

141 http://www.fiata.com/index.php?id=104.

142 *Brandt* Kabotage im europäischen Straßengüterverkehr TranspR **2011** 1 ff; *Müller-Eiselt* Die Neuordnung des Güterkraftverkehrsrechts VR **2012** 9ff.

Genauso gedeckt werden kann die weltweite Haftung des VN nach Ziff. 3.11 DTV-VHV. Der Versicherungsschutz wird vom VR nicht über 8,33 SZR je kg für den Güterschaden hinaus angeboten. Als Auffangtatbestand wurde die Ziff. 3.11 der DTV-VHV 2003/2011 ausgestaltet. Versicherungsschutz besteht auch für die verkehrsvertragliche Haftung. Wenn dieser Baustein versichert wird, muss allerdings der räumliche Geltungsbereich ggf. auf eine weltweite Deckung erweitert werden. Die maximale Ersatzleistung erfolgt dann bis maximal 8,33 SZR pro Kilo bei Güterschäden. Darüber hinaus erfolgt keine Freistellung, auch wenn der VN höher haften sollte. **109**

h) **Unerlaubte Handlung** (Ziff. 3.12 DTV-VHV 2003/2011). Wenn ein Anspruchsteller neben den verkehrsvertraglichen Haftungsnormen Deliktsrecht geltend macht, was zulässig ist, wird klargestellt, dass dieses grundsätzlich versichert ist. Dies ist eine Klarstellung, da deutsche gesetzlichen Bestimmungen, also auch das Recht der unerlaubten Handlung, bereits über Ziff. 3.1 DTV-VHV 2003/2011 versichert sind.[143] **110**

4 Umfang des Versicherungsschutzes (Ziff. 4 DTV-VHV 2003/2011)

Ziff. 4 Umfang des Versicherungsschutzes

4.1 Die Versicherung umfasst die Befriedigung begründeter und die Abwehr unbegründeter Schadenersatzansprüche, die gegen den Versicherungsnehmer als Auftragnehmer eines Verkehrsvertrages erhoben werden.

4.2 Der Versicherer ersetzt dem Versicherungsnehmer

– die Aufwendungen zur Abwendung oder Minderung eines ersatzpflichtigen Schadens, wenn der Schaden unmittelbar droht oder eingetreten ist, soweit der Versicherungsnehmer sie nach den Umständen für geboten halten durfte

sowie

– die gerichtlichen und außergerichtlichen Kosten, soweit sie den Umständen nach geboten waren.

4.3 Der Versicherer ersetzt dem Versicherungsnehmer den Beitrag, den er zur großen Haverei aufgrund einer nach Gesetz oder den York-Antwerpener-Regeln oder den Rhein Regeln IVR 1979 oder anderen international anerkannten Haverei-Regeln aufgemachten Dispache zu leisten hat, soweit durch die Haverei-Maßregel ein dem Versicherer zur Last fallender Schaden abgewendet werden sollte.

4.4 Der Versicherer ersetzt dem Versicherungsnehmer aufgewendete Beförderungsmehrkosten aus Anlass einer Fehlleitung, wenn sie zur Verhütung eines ersatzpflichtigen Schadens erforderlich waren, bis zu .... % des Wertes des Gutes, höchstens EUR .... je Schadenereignis. (Baustein)

4.5 Der Versicherer ersetzt dem Versicherungsnehmer die aufgrund gesetzlicher oder behördlicher Verpflichtung aufzuwendenden Kosten bis zu einer Höhe von EUR .... je Schadenereignis zur Bergung, Vernichtung oder Beseitigung des beschädigten Gutes, wenn ein ersatzpflichtiger Schaden vorliegt oder soweit nicht ein anderer Versicherer zu leisten hat. (Baustein)

a) **Allgemeines.** In der VHV wird die Haftung des VN wegen Schadenersatzansprüchen, die gegen den Versicherungsnehmer als Auftragnehmer eines Verkehrsvertrages erhoben werden, versichert. **111**

[143] B Rn 96.

Darunter fallen sog. Güter-, Güterfolgeschäden und reine Vermögensschäden.

Als versicherter **Güterschaden** wird grundsätzlich Verlust und Beschädigung der unter den versicherten Verkehrsvertrag fallenden Güter definiert. Totalverlust liegt vor, wenn die Güter physisch nicht mehr vorhanden sind. Eine Beschädigung kann grundsätzlich auch ohne festgestellte Substanzverletzung allein aufgrund eines der betroffenen Sache anhaftenden Schadensverdachts in Betracht kommen.[144] Eine Substanzverletzung ist also nicht erforderlich. Es genügt, dass die Güter wirtschaftlich nicht mehr verwertbar sind.

112 Gedeckt sind ferner Vermögensschäden. Alle Schäden, die nicht Güterschäden sind, also die nicht mit dem Verlust bzw. der Beschädigung des Gutes unmittelbar zusammenhängen, fallen hierunter.[145] Die Unterteilung erfolgt im Transportbereich nach dem reinen Vermögensschaden und dem Güterfolgeschaden. Nach § 433 HGB haftet der Frachtführer wegen der Verletzung einer mit der Ausführung der Beförderung des Gutes zusammenhängenden vertraglichen Pflicht für Schäden, die nicht durch Verlust oder Beschädigung des Gutes entstehen. Dies wäre der sog. **reine Vermögensschaden**.

Der **Güterfolgeschaden** ist ein Vermögensschaden, der aus einem Güterschaden im Vermögen des Auftraggebers entsteht.[146]

113 Die jeweiligen Begriffsbestimmungen des Fracht- und Speditionsrechts sind jedoch nicht auf das Transportversicherungsrecht zu übertragen.[147]

Güterfolgeschäden sind in der Regel immer versichert, die Frage ist nur, ob nach dem Transportrecht überhaupt eine **Haftung** des VN besteht. Dies ist nach § 429 HGB (Wertersatzprinzip) und § 433 HGB (kein Ersatz sonstiger Schäden) bei Frachtführern nicht der Fall.[148] Die Ausnahme bildet § 435 HGB bei Vorsatz oder bewusster Leichtfertigkeit des Frachtführers.

Jeder Drittschaden, d.h. Personenschaden oder Sachschaden, der beim Betrieb eines LKW, Binnenschiffs, Flugzeugs, einer Eisenbahn oder sonstigen Beförderungsmitteln an Drittgütern entsteht, also außerhalb des Schutzbereichs des Verkehrsvertrags nach HGB oder internationalen Vorschriften liegt, ist mangels Gegenstand der VHV kein Schadenfall der DTV-VHV 2003/2011.

114 Sinn und Zweck der VHV ist es, den Verkehrsträger hinsichtlich seiner Haftung von Ansprüchen der Geschädigten freizustellen. Als Haftungsversicherung wird die Befriedigung begründeter Schadenersatzansprüche, die gegen den VN als Auftragnehmer eines Verkehrsvertrages erhoben werden, vom VHV-VR geschuldet. Voraussetzung ist aber, dass die im Schadenfall behauptete Haftung aus einer Tätigkeit nach Maßgabe des VHV-Vertrags versichert war. Dies ist die Leistungskomponente der VHV. Der VR stellt dem Anspruchsteller den Geldbetrag zur Verfügung zu, der benötigt wird, um die zu Recht geltend gemachten Schadenersatzansprüche auszugleichen.[149]

115 Sinn und Zweck der VHV ist weiter der Rechtsschutz für den VN.[150] Er umfasst die Abwehr unbegründeter Schadenersatzansprüche, die gegen den VN erhoben werden. Wenn der VN dem Grunde nach oder zumindest hinsichtlich der Schadenhöhe unberech-

---

144 BGH 24.5.2000 TranspR **2000** 456ff.

145 Prölss/Martin/*Koller* VVG III Ziff. 8 DTV-VHV Rn. 1.

146 *Thume* Die Ansprüche des geschädigten Dritten im Frachtrecht TranspR **2010** 45ff.

147 Siehe Definition für die Transportversicherung Thume/de la Motte/*Ehlers* § 130 VVG Rn. 41.

148 *Müglich* § 425 Rn. 1.

149 *Abele* TranspR **2004** 152, 154 ff; Thume/de la Motte/*Ehlers* VVG Rn. 344 ff; van Bühren/*Ehlers* Rn. 337.

150 *Abele* TranspR **2004** 152, 154 ff; Thume/de la Motte/*Ehlers*/*Kollatz* DTV-VHV Rn. 56; van Bühren/*Ehlers* Rn. 337.

tigt in Anspruch genommen wird, hat der VR die Pflicht, diese Schadenersatzansprüche abzuweisen. Der VR stellt sicher, dass der VN nicht fälschlicherweise leisten muss. Er wehrt die Ansprüche gegenüber dem Anspruchsteller ab. Notfalls führt er einen Zivilprozess, wenn der VN verklagt wird. Der VR gewährt Rechtsschutz, für die gegen seinen VN gerichtete Klage. Er beauftragt einen Rechtsanwalt, der im Namen des VN, aber auf Rechnung des VR den Prozess führt. Der VR zahlt die Urteilssumme und die aus dem Rechtsstreit entstandenen Verfahrenskosten (Anwalts- und Gerichtskosten), wenn der Rechtsstreit verloren wird. Deshalb ist insoweit der Abschluss einer Rechtsschutzversicherung nicht erforderlich.

Zusätzlich zur Leistungs- und Abwehrverpflichtung erstreckt sich der Versicherungsschutz der Haftungsversicherung auch auf die Übernahme von Kosten, die dem VN im Zusammenhang mit einem Schadenfall entstehen können. Die VR ersetzen Kosten zur Abwendung eines drohenden Schadens, zur Minderung eines ersatzpflichtigen Schadens sowie zur Feststellung eines ersatzpflichtigen Schadens.

b) **Grundsatz: Freistellung und Rechtsschutz (Ziff. 4.1 DTV-VHV 2003/2011).** Die **116**
VHV befriedigt wie jede Haftungsversicherung begründete Ansprüche des Geschädigten aus dem versicherten Verkehrsvertrag (zu den näheren Einzelheiten der Freistellung siehe § 100). Der VR lehnt unbegründete Ansprüche, die gegen den VN wegen Verletzung des grundsätzlich versicherten Verkehrsvertrages erhoben werden, ab.[151] Insoweit enthält Ziff. 4 den Grundsatz jeder Haftpflichtversicherung: Freistellung bzw. Befriedigung und Rechtsschutz.[152]

c) **Aufwendungs- und Kostenersatz.** Die DTV-VHV gewähren teilweise Ersatz für be- **117**
stimmte Aufwendungen des VN. Dabei wird nur ein ganz enger Bereich von Kosten erstattet, der mit der Schadenminderung und -verhütung zusammenhängt.[153]

Teilweise erklären sich VHV-VR jedoch bereit, über die sog. Supra-Deckung Versicherungsschutz für Beförderungsmehrkosten zu geben, wenn andere Verkehrsträger verzögern oder eine Leistung verweigern. Ferner werden Standgelder und Liegegelder und zusätzliche Fehlleitungskosten erstattet.[154]

aa) **Besondere Aufwendungen (Ziff. 4.2, 1. Spiegelstrich DTV-VHV 2003/2011).** Et- **118**
waige Aufwendungen des VN zur Abwendung oder Minderung eines ersatzpflichtigen Schadens können vom VHV-VR erstattet werden. Diese Klausel entspricht den alten Formulierungen der Ziff. 4.1 SVS, wobei dort ausdrücklich auf § 63 a.F. Bezug genommen wurde. Die ursprüngliche Fassung der Ziff. 4.2 DTV-VHV 2003/2011 lautete:

> „Der Versicherer ersetzt dem Versicherungsnehmer die Aufwendungen zur Abwendung oder Minderung eines ersatzpflichtigen Schadens, wenn der Schaden droht oder eingetreten ist, soweit der Versicherungsnehmer sie nach den Umständen für geboten halten durfte".

Im Rahmen der Änderungen im Zuge der VVG-Reform wurde der Wortlaut insoweit **119**
geändert, als dass der Schaden **unmittelbar** drohen muss (siehe zur Sachversicherung § 90). Die VHV weicht insoweit vom Gesetz (siehe § 82) und von anderen Haftpflichtsparten ab.

---

151 GDV/*Flach/Supp/Bremke* 69; Thume/de la Motte/*Ehlers/Kollatz* DTV-VHV 56; *Schneider* 200ff.

152 Beckmann/Matusche-Beckmann/*Heiss/Trümper* Rn. 382; van Bühren/*Ehlers* Rn. 337.

153 Thume/de la Motte/*Ehlers/Kollatz* DTV-VHV Rn. 57ff.

154 Thume/de la Motte/*Ehlers/Temme* Rn. 240.

Es gilt die **Vorerstreckungstheorie.**[155] Schadenabwendungs- und -minderungskosten werden also nicht erst dann ersetzt, wenn der Schaden eingetreten ist.

Voraussetzung ist erstens ein ersatzpflichtiger Schaden. Es muss also ein grundsätzlich versicherter Verkehrsvertrag vorliegen und es dürfen keine Ausschlüsse eingreifen. Es muss ein Versicherungsfall vorliegen.

Zweitens muss der Schaden **unmittelbar** drohen.[156] Dies ist dann der Fall, wenn ein Schadeneintritt ohne Rettungsmaßnahmen sofort oder in nächster Zukunft eintritt. Der Schaden muss so konkret gegeben sein, dass unverzüglich Gegenmaßnahmen zu ergreifen sind.

Drittens muss der VN die Aufwendungen nach den Umständen für geboten halten.[157] Der VN muss die Rettungsmaßnahme für objektiv notwendig gehalten haben. Sein subjektiver Wille, die Rettung sei erforderlich, ist nicht entscheidend.[158] Offensichtlich aussichtslose oder zu aufwendige Maßnahmen werden nicht ersetzt, wenn sie den Schaden nicht abwenden oder mindern.[159]

120 Teilweise wird in anderen VHV-Wordings das Wort „unmittelbar" gestrichen, was erhebliche Folgen haben kann, wenn der nahe, d.h. unmittelbare, zeitliche Bezug zum Schaden fehlt. In VHV-Policen wird ferner geregelt, dass Aufwendungen auch dann erstattet werden, wenn sich im Nachhinein feststellen lässt, dass kein nach der Police ersatzpflichtiger Schaden vorlag.

121 Schon *Schneider* hat die **erfolglosen** Rettungsmaßnahmen unter die Leistungspflicht des VHV-VR subsumiert.[160] *Kollatz* meint, dass nach den VHV erfolglose Aufwendungen, die der VN den Umständen nach für geboten halten durfte, nicht zu erstatten seien.[161] Dem ist deshalb nicht zu folgen, weil sachlich keine Änderung zum VVG gewollt ist, wie die Historie zeigt.

122 bb) **Kostenersatz (Ziff. 4.2 2. Spiegelstrich DTV-VHV 2003/2011).** Voraussetzung für eine Erstattung der gerichtlichen und außergerichtlichen Kosten ist, dass diese den Umständen nach geboten waren. Dies entspricht § 101.[162] Gerichtskosten, Rechtsanwaltsgebühren, Sachverständigenauslagen usw. sind zu ersetzen. Der VN muss insoweit seine Obliegenheit nach Ziff.7.2.3 und 7.7.5 DTV-VH beachten.

123 cc) **Havereibeitrag (Ziff. 4.3 DTV-VHV 2003/2011).** Der VHV-VR erstattet den Beitrag zur Großen Haverei. Erstattet werden Beiträge, den der VN zur Großen Haverei aufgrund einer Dispache zu leisten hat, soweit ein dem VR zur Last fallender Schaden abgewendet werden sollte.

Als **Große Haverei** bezeichnet man alle Schäden, die vom Schiffer selbst oder auf seine Weisung an Schiff und Ladung verursacht werden, um Schaden von Mannschaft, Schiff oder Ladung abzuwenden.[163] Schiff und Ladung tragen den Schaden gemeinsam, d.h. alle Ladungsbeteiligten und der Schiffer selbst teilen sich den Schaden. Dies gilt, wenn Schiff und Ladung, oder wenigstens ein Teil der Ladung gerettet wurden. Dies ist dann der Fall, wenn z.B. Ladung über Bord geworfen wird, um ein Kentern des Schiffes zu verhindern.

---

155 Thume/de la Motte/*Ehlers*/*Kollatz* DTV-VHV Rn. 59; van Bühren/*Ehlers* Rn. 338ff.

156 Prölss/Martin/*Koller* VVG III Ziff. 4 DTV-VHV Rn. 1.

157 Terbille/*Gerke*/*Gerhard* MAH § 11 Rn. 228; van Bühren/*Ehlers* Rn. 340.

158 Van Bühren/*Ehlers* 2443.

159 Thume/de la Motte/*Ehlers*/*Kollatz* DTV-VHV Rn. 58.

160 *Schneider* 82.

161 Van Bühren/*Ehlers* Rn. 340.

162 Siehe Bruck/Möller/*Koch* § 101.

163 Thume/de la Motte/*Ehlers*/*Kollatz* DTV-VHV Rn. 61.

Dabei handelt es sich um Schäden und Aufwendungen, die vom Schiffsführer bewusst veranlasst wurden, um eine unmittelbar für das Schiff und dessen Ladung gemeinsam drohende Gefahr abzuwenden. Die dabei entstehenden Kosten werden von den Beteiligten (Schiff, Ladung, Fracht, Mannschaftseffekten) entsprechend ihrer Werte gemeinsam getragen, wenn von Schiff und Ladung wenigstens Teile gerettet sind.[164]

Wenn der VN als Verkehrsträger seinen Beitrag zur Großen Haverei erstatten muss, **124**
leistet diesen Beitrag dessen VHV-VR. Der sog. Einschuss muss aufgrund einer nach Gesetz oder den York-Antwerpener-Regeln oder den Rhein Regeln IVR 1979 oder anderen international anerkannten Haverei-Regeln aufgemachten Dispache zu leisten sein. Eine **Dispache** ist eine Schadenfeststellung und Umlegung der Kosten und Verluste auf die Beteiligten durch einen Dispacheur. Im Bericht des Dispacheurs, in dem der Beitragswert und die Verteilung der anerkannten Verluste und Kosten auf die Havarie-grosse-Gemeinschaft in einem Verteilungsplan festgehalten werden, werden später die Kosten im Verhältnis der Beitragswerte der Beteiligten (Schiff, Ladung) verteilt. Durch die Haverei-Maßregel muss ein dem VR zur Last fallender Schaden abgewendet werden.

Unter Kleiner Haverei versteht man alle gewöhnlichen und ungewöhnlichen Kosten **125**
der Schifffahrt, d.h. die Schiffsbetriebskosten, Lotsengelder, Schäden durch gewöhnliche Abnutzung, Hafengelder, Schleppgelder usw. Solche Schäden sind nicht versichert.

dd) Fehlleitungskosten (**Ziff. 4.4 DTV-VHV 2003/2011**). Der VR erstattet Fehllei- **126**
tungskosten. **Fehlleitung** liegt nicht vor, wenn der Verkehrsträger ein falsches Beförderungsmittel wählt. Wenn Sendungen versehentlich in eine falsche Relation verladen werden, muss die falsch versandte Sendung an den richtigen Empfänger gelangen. Die Mehrfrachtkosten, die aus einer solchen Korrektur entstehen, sind Fehlleitungskosten. Mehrkosten sind ein nicht versicherter Eigenschaden.[165]

Die Fehlleitungskosten sind schwierig zu fassen, weil verschiedene Ebenen auseinan- **127**
derzuhalten sind. Einmal geht es um die Haftung für das Verwechseln der Packstücke. Das ist Erfüllung und nach **Ziff. 6.11 DTV-VHV 2003/2011** nicht versichert. Auf der Versicherungsebene werden Fehlleitungskosten des VN erstattet. Das ist Schadenvermeidung. Weil bei einer Fehlleitung von Gütern immer weitere Schäden (Verlust, Verderb, Verspätung) drohen, sollen dem VN seine **Aufwendungen** erstattet werden. Hier übernimmt der VR zur Schadenverhütung Kosten, weil sonst die Spedition bei geringerer Haftung eventuell einen Schaden (Verlust) meldet. Fehlleitungskosten sind keine Rettungskosten, weil kein Versicherungsfall gegeben ist oder unmittelbar droht. VR wollen den VN zur Schadenverhütung anleiten und übernehmen Kosten, damit das Gut nicht verlorengeht oder weitere Schäden eintreten.

Erste Voraussetzung ist also, dass diese Kosten aus Anlass einer Fehlleitung entstanden sind. Verauslagte **Beförderungsmehrkosten** sind aber nicht die gesamten vom VN verauslagten Beförderungskosten, sondern nur die zusätzlichen Kosten vom falschen zum richtigen Bestimmungsort.[166] Zu beachten ist hierbei, dass der Verkehrsträger die Kosten für den fehlgeleiteten Transport nicht erstattet erhält, weil er insoweit keinen Aufwendungsersatz gegen den Auftraggeber hat.[167]

Voraussetzung ist ferner, dass diese zur Verhütung eines ersatzpflichtigen Schadens erforderlich waren.[168] Schließlich kann und soll der VHV-VR Beträge einsetzen; einen Be-

---

164 Van Bühren/*Ehlers* Rn. 344.

165 Van Bühren/*Ehlers* Rn. 345.

166 Thume/de la Motte/*Ehlers*/*Kollatz* DTV-VHV Rn. 64.

167 *Schneider* 85.

168 Terbille/*Gerke*/*Gerhard* MAH § 11 Rn. 230.

trag bis zu einem bestimmten Prozentsatz des Wertes der Sendung. Häufig lauten die Formulierungen bis max. 50 % vom Wert, maximal € 5.000.

Diesen Aufwendungsersatz für Fehlleitungen hat der GDV als Baustein konzipiert. Nahezu alle VR verwenden diesen Teil der VHV jedoch immer in ihren AVB.

128 ee) **Bergungs- und Beseitigungskosten (Ziff. 4.5 DTV-VHV 2003/2011).** Es werden Kosten erstattet, die aufgrund gesetzlicher oder behördlicher Verpflichtung für **Bergung, Vernichtung oder Beseitigung** des beschädigten Gutes aufwendet wurden.[169] Es soll eine Erstattung nur bis zu einer Höhe eines vom VR auszufüllenden Betrags je Schadenereignis stattfinden.

Auf der Versicherungsebene werden eigene **Aufwendungen** erstattet, d.h. Kosten werden übernommen, die der VN aufwenden musste. Voraussetzung ist, dass ein ersatzpflichtiger Schaden vorliegt oder kein anderer VR zu leisten hat. Es erfolgt keine Erstattung, wenn beispielsweise wegen einem unabwendbaren Ereignis der VN nicht haftet. Daran erkennt man den Haftungsteil bei der Aufwendungserstattung.

129 Aufwendungen sind Kostenbescheide, gerichtet an den Verkehrsträger durch die Feuerwehr, THW o.ä., wenn diese zur Bergung der Ladung (nicht des Fahrzeugs) durch die Polizei oder ggf. durch den Havariekommissar oder den VN beauftragt werden. Bei Transportmittelunfällen wird die Rechnung der Bergung der Güter und deren Beseitigung meist an den Frachtführer und selten an den Wareneigentümer oder dessen Transportversicherer gestellt. Ein Haftungstatbestand entsteht aber dann, wenn die Kosten durch diese verauslagt werden und entsprechend Regress genommen wird. Wenn in einem Beschädigungsfall ausnahmsweise die Forderung des Abschleppunternehmens oder der Feuerwehr o.ä. vom Wareneigentümer oder dessen Transportwarenversicherer gegen den VN geltend gemacht werden, besteht nach § 432 HGB keine Frachtführer-Haftung für die Güterfolgeschadenkosten, es sei denn, es liegt qualifiziertes Verschulden vor. Wenn der Wareneigentümer diese Kosten verlangt, lehnt der VHV-VR diesen Anspruch mangels Haftung ab. Er gewährt seinem VN Rechtsschutz. Wenn allerdings ein qualifiziertes Verschulden nach § 435 HGB vorliegt, dann kann eine Haftung auch für diese Kosten des Wareneigentümers bestehen. Dann ist die Versicherungsebene zu prüfen.

130 **Exkurs:** Bereits Mitte der 90er Jahre hat der BGH entschieden, dass es sich bei Entsorgungskosten um Kosten handelt, die als Auswirkung des Schadens an den beförderten Sachen entstehen und damit der Haftungsausschluss „beförderte Sache" in § 8 Nr. 3 StVG und der entsprechende Deckungsausschluss in den AKB nicht greifen.[170] Der BGH sieht diese Kosten weiterhin als ersatzpflichtig im Rahmen der KH Versicherung an.[171] Die Haftung des VN ergibt sich somit aus § 7 StVG und nicht aus der Haftung als Frachtführer. Auf der Versicherungsebene ersatzpflichtig ist somit der Kraft-Haft-VR, so dass keine Doppelversicherung eingreift. Dies ist jedoch streitig.[172]

5 Räumlicher Anwendungsbereich (Ziff. 5 DTV-VHV 2003/2011)

Ziff. 5 Räumlicher Geltungsbereich

Soweit die geschriebenen Bedingungen keine abweichende Regelung enthalten, besteht Versicherungsschutz für Verkehrsverträge innerhalb und zwischen den Staaten des Europäischen Wirtschaftsraumes (EWR), Schweiz.

---

[169] Van Bühren/*Ehlers* Rn. 346.
[170] BGH 23.11.1994 VersR **1995** 162.
[171] BGH 23.11.1994 VersR **1995** 162.
[172] LG Berlin 5 O 265/11 (unveröffentlicht).

Es gibt aktuell 31 EWR-Staaten (28 EU-Staaten und 3 nur EWR-Staaten, Island, Lichtenstein und Norwegen).[173] 131

Bei den meisten VHV-VR gilt der Grundsatz, dass nur deutsche Firmen mit Sitz im Inland versichert werden. Verkehrsträger, die Verträge im Ausland mit ausländischen Auftraggebern schließen, sollten besonders im Hinblick auf den erforderlichen Versicherungsschutz bewertet und über einen gesonderten Deckungsschutz verfügen.

VR können den in den VHV geregelten Geltungsbereich näher konkretisieren.[174] Sie 132
können in dem Versicherungs-Wording also engere oder weitere Grenzen einführen. Die Praxis regelt den räumlichen Geltungsbereich wie folgt.

a) **Straßenfrachtführer.** Bei Frachtführern werden Transporte innerhalb bestimmter 133
Zonen versichert (50–200 km vom Standort). Dies ist historisch mit den Nah- und Fernverkehr einerseits und den internationalen grenzüberschreitenden Transporten andererseits zu erklären. Erweiterungen des Geltungsbereichs können gestaffelt angeboten werden nach Transporten innerhalb Deutschlands, innerhalb der EU, in Europa (territorial) und außerhalb Europas.

Wird der Geltungsbereich auf Deutschland eingeschränkt, findet aber ein internationaler Transport (Abgangs- oder Empfangsort außerhalb Deutschlands) statt, besteht selbst dann keine Deckung, wenn der Schaden sich innerhalb Deutschlands ereignet.[175] Bei einer schadenortbezogenen Betrachtung wäre das nicht risikogerecht, weil das Risiko eines grenzüberschreitenden Transports und das eines innerdeutschen unterschiedlich sind.

Transporthaftungsversicherer versichern Transporte von, nach und durch Staaten wie GUS sowie außereuropäische Staaten teilweise nur begrenzt. Besonders bei Transporten nach oder durch die **Gemeinschaft Unabhängiger Staaten** (kurz **GUS**-Staaten) oder nach Südosteuropa bestehen nach der Erfahrung der VHV-VR überdurchschnittlich hohe Schadenquoten. Das ist einerseits auf schlechte Straßenverhältnisse in Osteuropa (Beschädigung) und anderseits auf einige Großschäden wegen Ladungsdiebstählen oder Raub und Täuschungshandlungen bei der Ablieferung von Gütern an falsche Empfänger zurückzuführen.

b) **Speditionen.** VHV-VR bieten Spediteuren in der Regel in Abänderung der DTV- 134
VHV 2003/2011 einen weltweiten Versicherungsschutz an. Das gilt besonders bei internationalen Speditionen. Wenn ein VN mangels internationaler Beförderungsleistungen ausschließlich Verkehrsverträge innerhalb Deutschlands abwickelt, kann ausnahmsweise eine weltweite Deckung entfallen.

c) **Lagerhalter.** Dauernde Lagerungen werden mit einem räumlichen Geltungsbereich 135
nur innerhalb Deutschlands versichert, wenn ein genau beschriebenes Lager (Ort, Straße) benannt wurde. Wenn die Lagerrisiken im Ausland liegen, gibt es erhebliche haftungsrechtliche Probleme, auf die in diesem Zusammenhang nicht näher eingegangen werden kann.

---

173 http://www.europa.admin.ch/themen/00502/00532/index.html((Fragez))lang=de.

174 GDV/*Flach*/*Supp*/*Bremke* 70.

175 OLG Düsseldorf 24.7.2013 I-18 U 183/11 TranspR 2014, 508 mit Anm. *Boettge* jurisPR-TranspR 5 2014.

6 Ausgeschlossene Schäden (Ziff. 6 DTV-VHV 2003/2011)

Ziff. 6 Versicherungsausschlüsse

Versicherungsschutz ausgeschlossen sind Ansprüche

6.1 aus Schäden durch Naturkatastrophen (z.B. Erdbeben, Blitzschlag, vulkanische Ausbrüche);

6.2 aus Schäden durch Krieg, kriegsähnliche Ereignisse, Bürgerkrieg, innere Unruhen, Aufruhr;

6.3 aus Schäden durch Streik, Aussperrung, Arbeitsunruhen, terroristische Gewaltakte oder politische Gewalthandlungen;

6.4 aus Schäden, verursacht durch die Verwendung von chemischen, biologischen, biochemischen Substanzen oder elektromagnetischen Wellen als Waffen mit gemeingefährlicher Wirkung – gleichgültig durch wen – und zwar ohne Rücksicht auf sonstige mitwirkende Ursachen;

6.5 aus Schäden, verursacht durch Kernenergie oder sonstige ionisierende Strahlung;

6.6 aus Schäden durch Beschlagnahme, Entziehung oder sonstige Eingriffe von hoher Hand;

6.7 aus Schäden an Umzugsgut, Kunstgegenständen, Antiquitäten, Edelmetallen, Edelsteinen, echten Perlen, Geld, Valoren, Dokumenten, Urkunden;

6.8 aus Schäden an lebenden Tieren und Pflanzen;

6.9 die üblicherweise Gegenstand einer Betriebs-, Produkt-, Umwelt-, Gewässerschaden-, Kraftfahrzeug-, Privathaftpflicht-, Kreditversicherung sind oder aufgrund entsprechender üblicher Versicherungsbedingungen hätten gedeckt werden können;

6.10 die durch eine andere Verkehrshaftungsversicherung des Versicherungsnehmers versichert sind;

6.11 wegen Nichterfüllung der Leistungspflicht aus Verkehrsverträgen (Eigenschäden des Versicherungsnehmers);

6.12 aufgrund vertraglicher, im Verkehrsgewerbe nicht üblicher Vereinbarungen, wie Vertragsstrafen, Lieferfristgarantien usw., sowie aus Vereinbarungen, soweit sie über die Haftungshöhe von 8,33 SZR je kg des Rohgewichts der Sendung oder die für Verkehrsverträge geltende gesetzliche Haftung hinausgehen, wie z.B. Wert- oder Interessevereinbarungen nach Art. 24, 26 CMR, Art. 22 Abs. 2 WA, Art. 22 Ziffer 3 und Art. 25 MÜ, § 660 HGB etc.;

6.13 die strafähnlichen Charakter haben, z.B. Geldstrafen, Verwaltungsstrafen, Bußgelder, Erzwingungs- und Sicherungsgelder und aus sonstigen Zahlungen mit Buß- oder Strafcharakter und den damit zusammen-hängenden Kosten;

6.14 in unmittelbarem Zusammenhang mit der Verwendung, Weiterleitung oder Rückzahlung von Vorschüssen, Erstattungsbeträgen o.ä.;

6.15 die durch einen Mangel im Betrieb des Versicherungsnehmers (z.B. mangelnde Schnittstellenkontrolle) entstanden sind, dessen Beseitigung innerhalb einer angemessenen Frist der Versicherer unter Ankündigung der Rechtsfolgen (Risikoausschluss) verlangt hatte;

6.16 wegen Schäden aus Charter- und Teilcharterverträgen im Zusammenhang mit der Güterbeförderung mit Schiffen, Eisenbahn- oder Luftfahrzeugen;

6.17 auf Entschädigungen mit Strafcharakter, insbesondere „punitive“ oder „exemplary damages“ nach amerikanischem und kanadischem Recht; (Baustein, siehe Ziff. 3.11)

6.18 aus Carnet TIR-Verfahren;

6.19 wegen Personenschäden;

6.20 wegen vorsätzlicher Herbeiführung des Versicherungsfalles durch den Versicherungsnehmer oder einen seiner Repräsentanten, ferner Ansprüche gegen den Erfüllungsgehilfen selbst, wenn dieser vorsätzlich gehandelt hat;

6.21 gegen den Arbeitnehmer des Versicherungsnehmers selbst, wenn dieser vorsätzlich gehandelt hat.

a) **Allgemeines.** Wie in allen Versicherungsbedingungen werden vom Versicherungsschutz bestimmte Haftungsansprüche von der Versicherung ausgeschlossen. Die Besonderheit ist, dass gewisse Risiken bereits nach § 7a Abs. 3 Ziff. 1–3 GüKG als Ausschlüsse vom deutschen Gesetzgeber **anerkannt** wurden.[176] In diesen Fällen dürfte es eindeutig sein, dass bei Vorliegen des Tatbestandes einer der dort genannten Ausschlüsse dessen Zulässigkeit nach dem VVG oder BGB nicht zu prüfen ist bzw. in all diesen Fällen keine versteckte Obliegenheit, sondern ein objektiver Risikoausschluss vorliegt. Dieser ist gegeben und befreit den VR von seiner Leistungspflicht, wenn er objektiv vorliegt. Bei einem Versicherungsausschluss trägt der VR die Beweislast für die Verwirklichung des ausgeschlossenen Risikos und dessen Kausalität für den Versicherungsfall. Er muss den Tatbestand beweisen, der zum Ausschluss führen soll. Zweifel gehen dabei zu seinen Lasten.[177] **136**

Risikoausschlüsse und Obliegenheiten sind gegeneinander abzugrenzen. Die Unterscheidung ist nicht einfach, da gelegentlich Obliegenheiten in das äußere Gewand eines Risikoausschlusses gekleidet sind. Die Unterscheidung ist deshalb wesentlich, weil es beim Ausschluss auf ein Verschulden des VN nicht ankommt. Der objektive Ausschluss greift auch dann ein, wenn eine Haftung des Verkehrsträgers besteht. Der Spediteur haftet, wenn sein Fahrer Rauschgift im LKW mitbefördert hat und die Ware (Gemüse) wegen der Beschlagnahme des LKW verdirbt. **137**

Es kommt auf den materiellen Inhalt des Ausschlusses und nicht auf die äußere Erscheinungsform in den Versicherungsbedingung an. Beim echten Risikoausschluss ist von vornherein geregelt, dass bestimmte Ausschnitte aus dem gesamten Risiko nicht versichert sein sollen. Eine als Ausschluss gefasste Regelung in den AVB ist dann eine Obliegenheit, wenn sie der Sache nach eine Verhaltensnorm aufstellt, die der VN beachten muss, um sich seinen Versicherungsanspruch zu erhalten.[178] Von einer **verhüllten Obliegenheit** spricht man dann, wenn sie an ein Verhalten des VN anknüpft. Bei der Obliegenheit bezieht sich das dem VN obliegende Tun oder Unterlassen auf die versicherte Gefahr und dem Versicherungsnehmer steht es demgemäß frei, die Grenzen des durch die Versicherung geschützten Bereichs zu überschreiten.

Als Risikoausschlüsse hat das Reichsgericht Ausschlussklauseln in AVB angesehen, wenn ein Schiff in einem nicht fahrtüchtigen Zustand, nicht ordentlich ausgerüstet oder bemannt die Reise antritt und der Schaden darauf beruht.[179] Der BGH hat diese Rechtsprechung zunächst fortgeführt.[180] Bei einer Werkverkehrspolice mit dem Wortlaut Ausschluss in der Überschrift und der Klausel, dass „Schäden durch nicht verkehrssicheren **138**

---

[176] A Rn. 37.

[177] Thüringer Oberlandesgericht 12.6.2012 NJW-RR **2012** 1386; Römer/Langheid/*Langheid* § 117 Rn. 24.

[178] BGH 26.2.1969 BGHZ **51** 356; OLG Naumburg 28.3.2014 VersR **2015** 102.

[179] RG 20.4.1921 RGZ **102** 111, 113, zu § 4c Flusskasko; RG 27.1.1926 RGZ **115** 67, 70, zu § 821 Abs. 1 Nr. 1 HGB; RG 21.1.1928 RGZ **120** 39, 41, zu § 58 Abs. 1 Satz 1 ADS.

[180] BGH 4.7.1966 VersR **1966** 749 zu § 4c Flusskasko; BGH 21.2.1974 VersR **1974** 589, 590, zu AVB entsprechend § 58 ADS; BGH 7.2.1983 VersR **1983** 479, 480, zu § 58 ADS; BGH 11.2.1985 VersR **1985** 629 zu § 4c Flusskasko.

Zustand der Fahrzeuge von der Haftung ausgeschlossen“ seien, hat der BGH jedoch seine Rechtsprechung geändert und geht von einer verhüllten Obliegenheit aus.[181] Neuerdings meint der BGH, dass es dem Sinn und Zweck des § 132 Abs. 1 VVG a.F. entsprechen würde, ihn als verhüllte Obliegenheit anzusehen. Wörtlich: „Der Versicherer soll nicht für Schäden haften, die der Versicherungsnehmer durch ordnungsgemäße Instandhaltung und Ausrüstung sowie personelle Ausstattung des Schiffes hätte verhindern können. In solchen Fällen kann der Versicherungsnehmer nicht erwarten, dass er Deckungsschutz erhält.“ § 132 Abs. 1 VVG a.F. wurde deshalb als verhüllte Obliegenheit und nicht als objektiver Risikoausschluss eingeordnet.[182]

Die Rechtsprechung akzeptiert allerdings Klauseln, wonach in der Luftfahrzeug-Haftpflichtversicherung keine Deckung besteht, wenn die gesetzlich vorgeschriebene behördliche Genehmigung des Luftbetriebes fehlt.[183]

Der VR hat ein berechtigtes Interesse an der Begrenzung unkalkulierbarer Risiken und einer unvorhersehbaren Gefahrenerhöhung. Insbesondere Naturkatastrophen, Krieg und innere Unruhen usw. sind solche außergewöhnlichen, politisch bedingten Risiken, die den VR aufgrund seiner AVB von seiner Leistungspflicht befreien. Das sind Gefahren, die nicht kalkulierbar sind.[184] Es liegt eine unvorhersehbare Risikokumulation vor, weil Eintritt, Verlauf und Umfang der Schäden für den VR nicht einschätzbar sind. Es fehlt die Möglichkeit einer statistischen Risikoerhebung. Versicherungsrechtlich handelt es sich also um objektive Risikoausschlüsse, bei denen es nicht auf ein Verschulden oder eine besondere Verhaltensweise des VN ankommt.

b) Ausschlüsse (Ziff. 6 DTV-VHV 2003/2011)

139 **aa) Allgemeine nicht versicherte Risiken** (Ziff. 6.1 DTV-VHV 2003/2011). Es werden zunächst Schäden durch **Naturkatastrophen** ausgeschlossen. Naturkatastrophe ist eine natürlich entstandene Veränderung der Erdoberfläche oder der Atmosphäre, die auf Lebewesen und deren Umgebung verheerende Auswirkungen hat. Hierunter können u.a. Erdbeben, Blitzschlag, Sturm, vulkanische Ausbrüche, Dürre, Erdsenkung, Erdrutsch, Felssturz, Hochwasser, Überschwemmung, Sturzfluten, Hagel sowie Orkan etc. fallen. Bei dem Ausschluss von Ansprüchen aus Schäden durch Naturkatastrophen i.S.d. VHV sind versicherungsrechtliche Begrifflichkeiten der Sachversicherung zur Erläuterung heranzuziehen.[185]

So ist ein Erdbeben eine naturbedingte Erschütterung des Erdbodens, die durch geophysikalische Vorgänge im Erdinneren ausgelöst wird.

Ein Blitzschlag ist das unmittelbare Auftreffen eines Blitzes auf Sachen.

Sturm ist eine wetterbedingte Luftbewegung von mindestens Windstärke 8. Überschwemmung ist eine Überflutung des Grund und Bodens des Grundstücks durch Ausuferung von oberirdischen Gewässern oder Niederschlägen.

Teilweise wird geltend gemacht, dass insoweit keine Haftung z.B. wegen § 426 HGB gegeben und daher der Ausschluss nicht erforderlich sei.[186] Zum Teil fehlt bei anderen VHV dieser Ausschluss.[187] Tatsache ist jedoch, dass der Verkehrsträger auch bei Naturka-

---

181 BGH 24.5.2000 VersR **2000** 969.
182 BGH 18.5.2011 VersR **2011** 1048ff.
183 BGH 31.1.1990 VersR **1990** 482.
184 *Schneider* 93ff.
185 GDV/*Flach*/*Supp*/*Bremke* 73; Thume/de la Motte/*Ehlers*/*Kollatz* DTV-VHV 56; *Schneider* 200ff.
186 Thume/de la Motte/*Ehlers*/*Kollatz* DTV-VHV Rn. 72.
187 Thume/de la Motte/*Ehlers*/*Kollatz* SLVS-Plus Rn. 192ff.

tastrophen haften kann, wenn kein sog. unabwendbares Ereignis vorliegt. Wenn beim Lagerhalter das Lager zum wiederholten Mal überflutet wird, wenn der Frachtführer bei der Ankündigung von Blitzeis losfährt, wenn der Spediteur bei einem Vulkanausbruch nicht bei seinem Auftraggeber nachfragt, ob er statt der vereinbarten Luftbeförderung auf der Straße befördern soll, liegen Haftungstatbestände vor, bei denen der VR trotz eines Verschulden seines VN bei Naturkatastrophen keine Deckung geben will.

bb) Krieg, Aufruhr u.a. (Ziff. 6.2 DTV-VHV 2003/2011). Ausgeschlossen sind Krieg, **140**
kriegsähnliche Ereignisse, Bürgerkrieg, innere Unruhen und Aufruhr.

Krieg ist ein organisierter, gewaltsam mit Waffen ausgetragener Konflikt zwischen zwei oder mehreren anerkannten Staaten.[188] Krieg setzt also den Gebrauch von Waffen durch eine der Kriegsparteien oder den Vorstoß von Streitkräften auf fremdes Territorium voraus. Die Abgabe einer Kriegserklärung ist nicht Voraussetzung. Kriegsähnliche Ereignisse sind ein Auffangtatbestand, wenn sich ein Krieg nicht exakt feststellen lässt.[189] Insbesondere wenn von Staaten Terroranschläge erfolgen. Bürgerkrieg ist der bewaffnete Kampf innerhalb eines Staates zwischen der amtierenden Regierung und Aufständischen zwecks Aufrechterhaltung oder Änderung politischer oder gesellschaftlicher Verhältnisse oder um eine Abtrennung oder Unabhängigkeit eines Teils des Staates zu erreichen bzw. zu verhindern.[190] Innere Unruhen liegen vor, wenn erhebliche Bevölkerungsteile die öffentliche Ordnung stören und Gewalt gegen Personen und Sachen ausüben.[191] Aufruhr ist die Zusammenrottung eines zahlenmäßig erheblichen Teils des Volkes, um einen Kampf gegen den Staat mit Gewalt zu führen.[192]

cc) Streik, Terror u.a. (Ziff. 6.3 DTV-VHV 2003/2011). Ausgeschlossen sind Ansprü- **141**
che aus Schäden durch Streik, Aussperrung, Arbeitsunruhen, terroristische Gewaltakte oder politische Gewalthandlungen.

Streik ist eine Maßnahme des Arbeitskampfes durch die gemeinsame, vorübergehende planmäßig durchgeführte Arbeitsniederlegung zur Erreichung eines gemeinschaftlichen Zwecks durch mehrere Arbeitnehmer innerhalb eines Gewerbezweiges oder eines Betriebes.[193] Aussperrung ist ebenfalls eine Maßnahme des Arbeitskampfes der Arbeitgeber, das Arbeitsverhältnis mit dem Arbeitnehmer bis zum Ende des Arbeitskampfes zu unterbrechen.[194] Arbeitsunruhen sind als Auffangtatbestand auch Handlungen von Nichtarbeitnehmern.[195]

Terroristische Gewaltakte sind jede Form der Gewaltkriminalität, die politisch motiviert ist. Beschaffungskriminalität gehört nicht dazu. Die Gewalthandlung muss sich auch nicht gegen den Staat richten. Der Ausschlusstatbestand kann auch ohne Verwirklichung von Straftaten erfüllt sein.[196]

dd) Dirty bombs (Ziff. 6.4 DTV-VHV 2003/2011). Ausgeschlossen werden die Risi- **142**
ken wegen „*dirty bombs*".

---

188 Van Bühren/*Ehlers* Rn. 353 m.w.N.
189 Van Bühren/*Ehlers* Rn. 354 m.w.N.
190 Van Bühren/*Ehlers* Rn. 355 m.w.N.
191 Van Bühren/*Ehlers* Rn. 356 m.w.N.
192 Thume/de la Motte/*Ehlers* volle Deckung Rn. 113; *Ehlers* Krieg, Kriegsereignisse, terroristische und politische Gewalthandlungen, Beschlagnahme, Eingriffe von hoher Hand, RuS **2002** 133; van Bühren/*Ehlers* Rn. 357 m.w.N.
193 Van Bühren/*Ehlers* Rn. 358 m.w.N.
194 Van Bühren/*Ehlers* Rn. 359 m.w.N.
195 Van Bühren/*Ehlers* Rn. 360 m.w.N.
196 Thume/de la Motte/*Ehlers* volle Deckung Rn. 125 ff; *Ehlers* RuS **2002** 133; van Bühren/*Ehlers* Rn. 361 m.w.N.

Dirty bombs sind Waffen, die aus einem herkömmlichen Sprengsatz hergestellt sind, der bei seiner Detonation radioaktives Material großflächig in die Umwelt abgibt. Es müssen chemische, biologische, biochemische Substanzen bzw. elektromagnetische Wellen als Waffen benutzt werden und zwar mit gemeingefährlicher Wirkung. Das ist nicht immer eine Terrorgefahr. Es ist jedenfalls ein objektiver Risikoausschluss, den der GDV ab 1.1.2005 empfohlen hat und der sich in nahezu allen Transportpolicen auf Druck der Rückversicherer befindet. Dahinter steht das potenzielle Schadensszenario, wenn Terroristen Behälter mit Sprengsätzen in einer Sendung verstecken und diese Bombe ein Containerterminal, beispielsweise in Hamburg (geschätztes Potential € 4 Mrd.), oder einem anderen Hafen lahm legt. Der Dirty-Bombs-Ausschluss ist generell nicht verhandelbar.[197]

143 ee) **Kernenergie u.a. (Ziff. 6.5 DTV-VHV 2003/2011).** Der Ausschluss für „Kernenergie“ umfasst sämtliche Kernenergierisiken, insbesondere die im Zusammenhang mit einer friedlichen Nutzung entstehen können. Gemeint sind also Schäden, die durch den Betrieb von Kernanlagen entstehen können (Brand, Explosion) und dadurch verursachte Strahlungs- und Kontaminationsschäden. Ferner hat man aus dem Haftpflichtbereich den dort verwendeten weiten Begriff der ionisierenden Strahlung verwendet, damit elektromagnetische Strahlen (Röntgen- und Gammastrahlung) und Teilchenstrahlung (Alpha-, Beta- und Neutronenstrahlung) dazugehören. Keine ionisierenden Strahlen sind Radiowellen, Mikrowellen, Infrarotstrahlung.[198]

144 ff) **Beschlagnahme, hohe Hand (Ziff. 6.6 DTV-VHV 2003/2011).** In den VHV sind die Risiken wegen Beschlagnahme, Entziehung oder sonstiger Eingriffe von hoher Hand ausgeschlossen.

Beschlagnahme ist das Tätigwerden einer staatlichen Gewalt z.B. wegen eines Zollvergehens, wegen Gesundheitsvorschriften oder Umweltgeschehen. Dabei wird die Ware in amtliches Gewahrsam genommen und festgehalten.[199] Die Beschlagnahme wird nur als eine der möglichen Alternativen genannt. Entziehung oder sonstige Eingriffe von hoher Hand können eine Beschlagnahme sein. Ob es sich bei der Maßnahme um eine förmliche Beschlagnahme handelt, ist nicht entscheidend. Im konkreten Fall muss jemand seitens der staatlichen Macht diese anordnen, wobei es gleichgültig ist, ob diese Maßnahme rechtmäßig war, ob man dagegen Rechtsmittel hätte einlegen können.[200] Es genügt die Tatsache, dass die staatliche Behörde tätig war und der Zoll beispielsweise den LKW beschlagnahmt hat. Dann muss der Geschädigte darlegen, dass die Nichtablieferung der Ware beim Empfänger nicht auf dem Anhalten durch den Zoll beruht, sondern durch andere Gründe verursacht wurde.

Selbst dann, wenn die Spedition haftet, ist der Schaden wegen des Risikoausschlusses nicht versichert.[201] Für einen verständigen VN ist es erkennbar, dass ein VR im Einzelfall nicht klären kann, warum eine staatliche Behörde ggf. wegen des Verschuldens eines Spediteurs die Beschlagnahme vorgenommen hat. Wenn selbst der deutsche Gesetzgeber in § 7a Abs. 2 Nr. 2 GüKG Beschlagnahmen als Ausschluss formuliert hat, dann ist dieser ge-

---

[197] Thume/de la Motte/Ehlers/*Ehlers* volle Deckung Rn. 140; van Bühren/*Ehlers* Rn. 362 m.w.N.

[198] Nickel/*Nickel*-Fiedler AHB **2012** 491.

[199] *Ehlers* RuS **2002** 133ff.

[200] Thume/de la Motte/*Ehlers* DTV-Güter 2000/2008 Rn. 133 ff; van Bühren/*Ehlers* 2447.

[201] Prölss/Martin/*Koller* VVG III Ziff. 6 DTV-VHV Rn. 1; **a.A.** *Ehlers* TranspR **2006,** 7; Thume/de la Motte/*Ehlers*/*Brenken*/*Supp* ERGO VHV Rn. 332; Thume/de la Motte/*Ehlers*/*Kollatz* DTV-VHV Rn. 81; van Bühren/*Ehlers* Rn. 365; siehe zum SVS-RVS *Schneider* 95.

rade bei einem Verschulden des VN in den DTV-VHV 2003/2011 zulässig. Es liegt ein objektiver Risikoausschluss vor.

Entziehung und Verfügung von hoher Hand ist jeder staatlicher Akt, durch den der Verfügungsberechtigte seine Verfügungsmöglichkeit über das Eigentum oder den Besitz verliert oder darin beschränkt wird.[202] Der Grund, aus dem das Gut entzogen wurde oder der Eingriff erfolgte, soll genau wie bei der Beschlagnahme nicht dahin geprüft werden, ob der VN diesen Akt verschuldet hat. Sobald die staatliche Beschränkung der Verfügung vorliegt, ist der Risikoausschluss gegeben. **145**

gg) Besondere Güter (Ziff. 6.7 DTV-VHV 2003/2011). Es sind Schäden an Umzugsgut, Kunstgegenständen, Antiquitäten, Edelmetallen, Edelsteinen, echten Perlen, Geld, Valoren, Dokumenten, Urkunden ausgeschlossen. Umzugsgut ist nach Ziff. 1.4 DTV-VHV 2003/2011 nicht Gegenstand der VHV-Bedingungen, so dass der Ausschluss klarstellende Wirkung hat.[203]Antiquitäten sind sammelnswerte altertümliche Gegenstände aus dem Kunsthandwerk (Möbel, Porzellan, Bücher u.a.), die nicht unbedingt über 100 Jahre alt sein müssen.[204] Kunstgegenstände und Antiquitäten haben meist einen schwer schätzbaren Wert. Dieser Punkt ist entscheidend für die konkrete Begriffsbestimmung einer Antiquität oder eines Kunstgegenstandes. Probleme bei den Schadenhöhen entstehen, wie man unschwer bei den Versteigerungen von Bildern erkennen kann, die innerhalb kurzer Zeit enorm an Wert gewinnen. Die geringste Beschädigung führt häufig zum Totalschaden, so dass diese Risiken nicht kalkulierbar sind. Entscheidend ist ferner, dass es besondere Kunstspediteure mit besonderen Versicherungskonzepten gibt, die solche Beförderungen und Lagerungen, die besonders komplex sind und bei denen häufig eine Diebstahlsgefahr gegeben ist, durchführen. Hier gibt es Spezialkonzepte für solche Spediteure/Frachtführer/Lagerhalter am VHV-Markt. **146**

Edelmetalle, Edelsteine, echte Perlen, Geld, Valoren, Dokumente, Urkunden sind ausgeschlossen, weil es spezielle Verkehrsträger aus dem Geld- und Wertbereich gibt, die diese Beförderungen und Lagerungen ausführen. Diese haben spezielle Versicherungskonzepte, so dass diese Güter seit jeher ausgeschlossen waren. Außerdem sind Haftungen mit 8,33 SZR bei Geld, Valoren, Dokumenten und Urkunden wenig hilfreich.

hh) Tiere und Pflanzen (Ziff. 6.8 DTV-VHV 2003/2011). Ähnliches gilt für Schäden an lebenden Tieren und Pflanzen, die vom Versicherungsschutz ausgenommen werden. Hier gibt es spezialisierte Beförderer, die ganz auf die Risiken dieser besonderen Verkehrsträger abgestimmte Deckungen haben. 8,33 SZR für Schäden an einem transportierten Pferd sind wenig sinnvoll, zumal ein Haftungsausschluss in § 427 Abs. 1 Nr. 6 HGB besteht. **147**

ii) Andere Versicherungen (Ziff. 6.9 DTV-VHV 2003/2011). Es sind Schäden ausgeschlossen, die üblicherweise Gegenstand einer anderen Versicherung sind. Genannt werden ausdrücklich die Betriebs-, Produkt-, Umwelt-, Gewässerschaden-, Kraftfahrzeug-, Privathaftpflicht-, Kreditversicherung. Wenn die Schäden bereits von einer solchen Versicherung gedeckt sind oder hätten gedeckt werden können, soll die Verkehrshaftung nicht eingreifen. Da Abgrenzungsklauseln in den jeweiligen AVB der oben genannten Versicherung bestehen, kommt es selten zu Mehrfachversicherungen (§ 78).[205] **148**

[202] Van Bühren/*Ehlers* Rn. 364 m.w.N.
[203] B Rn. 74.
[204] So aber Prölss/Martin/*Koller* VVG III Ziff. 6 DTV-VHV Rn. 1.
[205] Thume/de la Motte/*Ehlers*/*Kollatz* DTV-VHV Rn. 86; zur Transport- und Betriebshaftpflichtversicherung A Rn. 5 und 6.

149 jj) **Andere VHV-Versicherung (Ziff. 6.10 DTV-VHV 2003/2011).** Schäden aus einer anderen VHV des gleichen VN sind ausgeschlossen. Damit soll eine Mehrfachversicherung mit einer anderen VHV vermieden wird. Diese doppelten Ansprüche sollen deshalb ausgeschlossen werden, weil unterschiedliche Deckungen als Spediteur über die DTV-VHV 2003/2011 und als Frachtführer nach anderen Bedingungen, durchaus auch bei einem anderen VR, häufig vorkommen. Liegt im konkreten Fall ein Frachtführerschaden vor (Transportmittelunfall), dann ist die Frachtführerpolice zuständig. Hat der Spediteur den Auftrag an andere Speditionen weitergegeben und haften diese neben dem eigenen VN, so ist die Speditionspolice nach den DTV-VHV 2003/2011 zuständig. Um hier eine saubere Abgrenzung zu finden, wurden der Ausschluss und keine Subsidiaritätsklausel aufgenommen.[206] Zur Rechtsfolge bei der **Kollision von Subsidiaritätsklauseln** siehe auch **BGH.**[207]

150 kk) **Erfüllungsansprüche (Ziff. 6.11 DTV-VHV 2003/2011).** Es wurden zur Klarstellung Ansprüche wegen Nichterfüllung der Leistungspflicht aus Verkehrsverträgen vom Versicherungsschutz ausgenommen. Der Verkehrsträger muss Verkehrsaufträge erfüllen. Es ist ein **Eigenschaden**, wenn er zusätzliche Aufwendungen Dritter erstatten muss, für die er wegen eigener Fehler haftet.[208]

Wenn ein Lagerhalter Güter nicht herausgeben kann, weil er die Güter nicht mehr auffindet, muss er dem beauftragten Frachtführer die Anfahrtskosten zahlen. Dieser Schaden ist ein nicht versicherter Erfüllungsanspruch, der nichts mit einer Verletzung des Auftrags gegenüber dem Wareneigentümer (Verkehrsvertragsverhältnis) zu tun hat. Es ist die reine Erfüllungspflicht des Lagerhalters, die Güter herauszugeben. Erfüllungsfragen der Verkehrsträger untereinander sind nicht Gegenstand der VHV. Wenn die vielfältigen Fehler, die bei der Disposition oder bei der Bereitstellung von Fahrzeugen auftreten, von VHV-VR versichert würden, dann würde das unternehmerische Risiko der Verkehrsträger komplett übernommen. Eigenschäden muss der VN selbst tragen. Palettentausch und Rücklieferung der Ladehilfsmittel oder erhöhte Frachtkosten wären solche ausgeschlossenen Bereiche. Ferner gibt es keinerlei Haftungsbegrenzungen, die für die VHV jedoch existentiell sind, da im Transportrecht die Kilobegrenzung oder weitere Limits für Lieferfristüberschreitungen und Vertragsverletzungen nach § 433 HGB das Risiko erst versicherbar machen. Wie in der allgemeinen Haftpflicht gilt aber auch für die VHV, dass Schlechtleistung auf der Erfüllungsebene von Speditions-, Lager- oder auch reinen Frachtverträgen zwischen Verkehrsträgern untereinander nicht versichert werden kann. Das ist das nicht versicherbare unternehmerische Risiko.

151 ll) **Unübliche Vereinbarungen u.a. (Ziff. 6.12 DTV-VHV 2003/2011).** Unübliche Abreden liegen vor, wenn der VN mit seinem Auftraggeber objektiv risikoreiche Vereinbarungen schließt, die über das vom VR übernommene Haftungsrisiko hinausgehen und damit die Gefahr vom VN gesteigert wird.[209] Wenn ein Verkehrsträger Verträge mit im Verkehrsgewerbe nicht üblichen Vereinbarungen schließt, sind diese in der Regel nicht versichert.

Im Transportgewerbe werden ständig Liefertermine vereinbart. Wenn der Liefertermin nicht eingehalten wurde, stellt sich die Frage, ob der Frachtführer oder der Spediteur haftet. Es kann ein unabwendbares Ereignis vorliegen (plötzlicher Stau oder Autobahnsperre wegen eines Streiks, unabwendbarer Unfall) mit der Folge, dass der VR die Haftung des

---

206 Kritisch Prölss/Martin/*Koller* VVG III Ziff. 6 DTV-VHV Rn. 1; van Bühren/*Ehlers* Rn. 373.

207 BGH 19.2.2014 VersR **2014** 450.

208 GDV/*Flach/Supp/Bremke* 82. Thume/de la Motte/*Ehlers/Kollatz* DTV-VHV Rn. 89; van Bühren/*Ehlers* Rn. 374.

209 Prölss/Martin/*Koller* VVG III Ziff. 6 DTV-VHV Rn. 2.

VN ablehnen könnte. Wenn Lieferfristen zu knapp kalkuliert sind, ist von Anfang an damit zu rechnen, dass der vereinbarte Termin nicht eingehalten werden kann.[210] Wenn der Verkehrsträger darüber hinaus eine Lieferfrist**garantie** abgibt und diese nicht einhalten konnte, muss der Garantierende wegen der Nichteinhaltung des Garantieversprechens den Ersatz leisten. Eine solche Garantie ist eine vom Eigenverschulden unabhängige Zusage eines Erfolgs. Für ein solches unbegrenztes und von jedem Haftungstatbestand unabhängiges Strafversprechen, eine Frist einzuhalten, kann keine Versicherungsdeckung bestehen.

Das gilt ferner für Vereinbarungen über **Vertragsstrafen.**[211] Der Auftraggeber verein- **152**
bart mit dem Frachtführer oder Spediteur bei einem Güterschaden (Verlust/Beschädigung) oder bei der Nichteinhaltung eines Liefertermins eine betragsmäßig festgelegte Vertragsstrafe. Der vereinbarte Betrag der Strafe ist fällig, unabhängig davon, ob der Verkehrsträger haftet. Ferner ist nicht entscheidend, ob dem Auftraggeber kein oder ein geringer Schaden entstanden ist. Es kann die Vertragsstrafe **neben** dem Schadenersatzanspruch wegen der Verspätung zusätzlich geltend gemacht werden. Versichert sind solche Strafen nicht. VHV setzt eine verkehrsvertragliche Haftung voraus, die bei einem Anspruch aus einer Vertragsstrafe fehlt. VR wollen grundsätzlich nur nach den Normen des Transportrechts Ersatz leisten. Dies gilt für den Grund und für die Höhe der transportrechtlichen Haftung. Es gibt keine Deckung für selbstständige Abreden für Strafen, selbst wenn diese Gegenstand eines Verkehrsvertrages sind. Eine solche weitgehende Vereinbarung ist das kaufmännische Risiko des Verkehrsträgers.

Der VHV-VR prüft in einem Schadenfall auch nicht, ob eine Vertragsstrafenklausel wirksam oder eventuell deshalb unwirksam ist, weil die Vertragsstrafe unangemessen hoch ist. Von Anfang an handelt es sich um ein ausgeschlossenes Risiko (kein Rechtsschutz).

Dieser Ausschluss ist keine verhüllte Obliegenheit, weil der VR ganz generell nur Haftungstatbestände aus dem Transportrecht und nicht abstrakte Strafversprechen versichern will.

Nicht versichert sind Wert- und Interessenvereinbarungen **und** Vereinbarungen, soweit **153**
sie über die gesetzliche Haftung hinausgehen. Das sind zunächst die aufgezählten gesetzlichen Vorschriften. Wenn der Auftraggeber einen besonderen Warenwert ausdrücklich deklariert (**Wertdeklaration**), kann sich der Verkehrsträger nicht auf die Haftungsbegrenzung berufen. Es gilt dann der Betrag als vereinbart, den der Auftraggeber angegeben hat. Häufig gilt die Erklärung einseitig, d.h. es muss nicht in den AGB des Auftraggebers oder des Verkehrsträgers Entsprechendes geregelt werden. Es genügt zur Anhebung der Haftung, wenn der Verkehrsträger der Höherwertdeklaration nicht widerspricht.[212] Wenn eine solche höhere Haftung in den AGB mit entsprechenden Hinweisen auf den Fracht-/Speditionsauftrag akzeptiert wird, erfolgt dies nur gegen Zahlung eines vorher genau bestimmten Betrags. Die Höherwertdeklaration setzt meist voraus, dass der Auftraggeber dem Verkehrsträger den der Werterhöhung entsprechenden Teil der Haftungsprämie erstattet. Dies muss aber nicht immer so sein, weil der Verkehrsträger auf ein höheres Frachtentgelt verzichten kann. Ausnahmsweise kann sich ein VR jedoch bereiterklären, solche Vereinbarungen dann zu versichern, wenn der Verkehrsträger dies mit dem VR abgestimmt hat.

Demgegenüber werden die **Interessedeklarationen** ganz selten von VR anerkannt, weil meist keine klaren Regeln erkennbar sind, wo die obere Grenze des Interesses liegt.[213]

---

210 Van Bühren/*Ehlers* Rn. 377.

211 Van Bühren/*Ehlers* Rn. 376.

212 Österreichischer OGH 22.9.2011, 7 Ob 111 12t (unveröffentlicht).

213 *Eltermann* Zur Frage der erweiterten Haftung des Frachtführers VersR **1982** 1107.

154 **mm) Strafen (Ziff. 6.13 DTV-VHV 2003/2011).** Ausgeschlossen sind Geld- oder Verwaltungsstrafen sowie Buß-, Erzwingungs- und Sicherungsgelder. Dies gilt auch für sonstige Ansprüche mit Buß- oder Strafcharakter samt den damit zusammenhängenden Kosten. Strafen deutscher Behörden dürfen VR nach gültigem Recht nicht erstatten.[214]Alle Ansprüche, die strafähnlichen Charakter haben, sind daher in den DTV-VHV 2003/2011 ausgeschlossen.

155 **nn) Weiterleitungsansprüche (Ziff. 6.14 DTV-VHV 2003/2011).** Die VHV befasst sich nicht mit der Weiterleitung von Vorschüssen, Erstattungsbeträgen oder Ähnlichem. Der Verkehrsvertrag ist beendet, wenn die Ware an den Empfänger ausgeliefert wird. Der Rückfluss eventueller Nachnahmen u.ä. ist generell nicht mehr versichert. Wenn der Verkehrsträger etwa Insolvenz anmeldet und sein Konto gepfändet wird, auf dem sich Vorschüsse u.a. befinden, ist dies möglicherweise ein Verstoß des Verkehrsvertrags.[215] Der Rückfluss des Geldes hat jedoch *faktisch* nichts mit dem bereits erledigten Verkehrsvertrag zu tun. Es ist ein objektiver Risikoausschluss, weil die unkalkulierbaren Risiken bei Fehlern im Zusammenhang mit der Verwendung oder Rückzahlung von Geldern und damit das nicht versicherbare Insolvenzrisiko der Verkehrsträger ausgeschlossen werden sollen.

156 **oo) Betriebsmangel (Ziff. 6.15 DTV-VHV 2003/2011).** Vom Versicherungsschutz sind Ansprüche ausgeschlossen, die durch einen Mangel im Betrieb des VN entstanden sind. Wenn der Spediteur entgegen seinen AGB (siehe Ziff. 7 ADSp 2003[216]) keine oder mangelnde **Schnittstellen** hat, d.h. er den Eingang und den Ausgang der Sendungen nicht prüft, haftet er in voller Höhe. Nach der Rechtsprechung des BGH zum groben Organisationsverschulden und zu den Kardinalpflichten für Verkehrsträger gibt es viele Schwachstellen, die bei einem Verkehrsträger auftreten können. All diese Mängel führen zur Vollhaftung.[217] Diese Situation will der VHV-VR dadurch vermeiden, dass er vom VN die Beseitigung des Mangels innerhalb einer angemessenen Frist verlangt. Dabei muss er die Rechtsfolgen, d.h. den Versicherungsausschluss ankündigen. Hier wird das objektive Merkmal des Betriebsmangels mit der Pflicht, gemäß der Obliegenheit nach 7.1.8 DTV-VHV 2003/2011 für Schnittstellen zu sorgen, verbunden und durch die Mitteilungspflicht ein Ausschluss konstruiert. *Ehlers* meint, dass dies „etwas unpräzise und untechnisch geraten sei".[218] Es spricht alles dafür, dass es sich hier um keinen Ausschluss, sondern um eine verhüllte Obliegenheit handelt.[219]

157 **pp) Charter (Ziff. 6.16 DTV-VHV 2003/2011).** In den VHV sind Schäden aus **Charter-** und Teilcharterverträgen ausgeschlossen. Dies ist eine Klarstellung, weil der Chartervertrag kein Verkehrsvertrag, sondern ein Mietvertrag ist.[220] Ferner gibt es über die sog. *„Charterers Liability Insurance"* eine entsprechende Deckung.[221]

---

214 GDV/*Flach/Supp/Bremke* 83; van Bühren/*Ehlers* Rn. 380.

215 GDV/*Flach/Supp/Bremke* 84; van Bühren/*Ehlers* Rn. 381.

216 http://www.transportrecht.org/dokumente/ADSp_2003.pdf.

217 Siehe B Rn. 167 und C Rn. 4ff; *Marx* Die Darlegungs- und Beweislast beim qualifizierten Verschulden im Transportrecht nach der aktuellen Rechtsprechung des Bundesgerichtshofs, TranspR **2010** 174ff.

218 *Ehlers* VersR **2003** 1080ff.

219 Ebenso Prölss/Martin/*Koller* VVG III Ziff. 6 DTV-VHV Rn. 3;Terbille/*Gerke/Gerhard* MAH § 11 Rn. 244; Thume/de la Motte/*Ehlers/Kollatz* DTV-VHV Rn. 91; van Bühren/*Ehlers* Rn. 383.

220 § 553ff. HGB; Thume/de la Motte/*Ehlers/Kollatz* DTV-VHV Rn. 92.

221 Thume/de la Motte/*Ehlers/Schwampe* P&I Einl. Rn. 445; *Schwampe* Charters Liability Insurance, Hamburger Reihe A 63.

qq) Punitive oder Exemplary Damages (Ziff. 6.17 DTV-VHV 2003/2011). Nach US-amerikanischem und kanadischem Haftungsrecht gibt es strafähnliche Ersatzpflichten, die auch im Rahmen von Verkehrsverträgen ausgesprochen werden könnten. Es handelt sich hierbei insbesondere um sog. *Punitive* oder *Exemplary Damages*.[222] Solche Ansprüche sind nach Ziff. 6.17 DTV-VHV 2003/2011 als klarstellender objektiver Risikoausschluss generell nicht versichert.[223] **158**

rr) Carnet-TIR-Verfahren (Ziff. 6.18 DTV-VHV 2003/2011). In der VHV sind Carnet-TIR-Ansprüche ausgeschlossen. Das Carnet TIR ist ein Zollbegleitscheinheft für den internationalen Straßengüterverkehr aufgrund des „Zollübereinkommens über den internationalen Warentransport mit Carnets TIR“ (Transport international de marchandieses par la route) vom 14.11.1975.[224] Mehr als 60 Staaten sowie die EU sind Vertragspartner des TIR-Übereinkommens. Das Carnet-TIR-Verfahren gewährleistet eine schnelle Grenzabfertigung ohne Vorführung der beförderten Güter. Das TIR-Übereinkommen regelt nur die Rechtsverhältnisse der Vertragsparteien zu ihren bürgenden Verbänden, nicht aber das Zollschuldrecht.[225] **159**

Normalerweise sind bei internationalen Transporten zwischen der EU und Drittstaaten sowie zwischen nicht zur EU gehörenden Staaten für die beförderten Waren Zölle und Abgaben zu entrichten. Da diese Vorgehensweise zu erheblichen Aufenthalten an den einzelnen Grenzen führt, wurden die Versandverfahren eingeführt, mit deren Hilfe die Erhebung der Zölle und Abgaben vereinfacht wird. Das Carnet-TIR-Verfahren ist ein solches Versandverfahren für den Transport von Gütern auf der Straße.[226]

Das Carnet-TIR-Dokument wird von der International Road Transport Union (IRU) in Genf herausgegeben. Der Bundesverband Güterkraftverkehr Logistik und Entsorgung (BGL) als Mitgliedsverband der IRU bietet die Möglichkeit des Bezugs von Carnets TIR innerhalb Deutschlands an. Seitens der Zollbehörden müssen für den Bezug von Carnets TIR die persönliche Zuverlässigkeit und wirtschaftlich geordnete Verhältnisse vom Frachtführer nachgewiesen werden. Er erkennt das Regelwerk des TIR-Verfahrens und das Weisungsrecht von BGL und IRU an. Jeder Verstoß eines Carnet-TIR-Benutzers gegen die Zollvorschriften führt dazu, dass der Frachtführer zum Steuerschuldner dieser Abgaben wird. Die Ausstellung eines Carnet TIR liegt danach in der Regel im Interesse des Frachtführers, weil dadurch die Abwicklung der Beförderung vereinfacht und beschleunigt wird.[227]

Das Carnet TIR ist ein Begleitschein, der den Transport von Waren unter Zollverschluss in verschlusssicher hergerichteten und besonders zugelassenen Behältern begleitet. Ein Schild mit der Aufschrift „TIR“ wird vorn und hinten am Fahrzeug mitgeführt. Die Güter innerhalb dieses Fahrzeugs werden unter Zollverschluss befördert. Der LKW mit einem gültigen Zollverschlussanerkenntnis wird zu Beginn des Transports vom Abgangszollamt verplombt. Der Zollbeamte eröffnet das CarnetTIR. Er bestätigt, dass in dem Fahrzeug die im Dokument aufgeführten Waren unter Zollverschluss befördert werden. An allen Grenzübergängen wird das Carnet TIR vom Zollamt nur gestempelt. Für Waren, die im TIR-Verfahren unter Zollverschluss mit Straßenfahrzeugen, Lastzügen oder Behältern befördert werden, wird nach Art. 5 Abs. 1 des Übereinkommens grundsätzlich keine Beschau bei den Durchgangszollstellen vorgenommen, wodurch sich der Aufenthalt an den

---

222 GDV/*Flach/Supp/Bremke* 85; Thume/de la Motte/*Ehlers/Kollatz* DTV-VHV Rn. 93.

223 Van Bühren/*Ehlers* Rn. 386.

224 BGBl II **1979** 446.

225 D Rn. 1ff.

226 Fuchs TIR-Verfahren und gemeinsames Versandverfahren, Besonderheiten gegenüber dem gemeinschaftlichen Versandverfahren ZfZ **2005** 33ff.

227 BGH 9.9.2010 VersR **2012** 337–339.

Grenzen im Allgemeinen erheblich verkürzt. Eine Beschau erfolgt lediglich stichprobenartig in Ausnahmefällen, wenn z. B. die Zollplombe nicht intakt ist. Es müssen gemäß Art. 4 des Übereinkommens für die Waren keine Eingangs- und Ausgangsabgaben bei den Durchgangszollstellen entrichtet oder hinterlegt werden. Am Bestimmungszollamt wird die Zollplombe entfernt und die Übereinstimmung mit den im Carnet TIR vermerkten Gütern geprüft. Das Carnet-TIR-Verfahren ist mit Zahlung der Zölle und Abgaben im Bestimmungsland erledigt.

160 Versäumnisse bei der ordnungsgemäßen Gestellung der Ware beim Bestimmungszollamt oder die Nichterledigung des Carnet-TIR-Verfahrens sind Beispiele. Wenn die Steuerschuld gegen den Frachtführer von den Zollbehörden nicht durchgesetzt werden kann, bedient sich der Zoll der sog. Bürgschaftskette des TIR-Systems.[228] Der ausgebende Verband, also der BGL, ist Zollbürge für Forderungen, die in Deutschland wegen einer Nichterledigung des Carnet-Verfahren entstehen. Bis zu einem maximalen Betrag von € 60.000 bürgt der BGL. Die Bürgschaftsverpflichtung ist allerdings durch einen internationalen Versicherungspool gedeckt. Aus diesem Grund wird kein Versicherungsschutz über die VHV bereitgestellt.

161 ss) **Personenschäden (Ziff. 6.19 DTV-VHV 2003/2011).** Der Ausschluss wegen Personenschäden hat eine klarstellenden Wirkung, weil in der VHV nur Güter-, Güterfolge- und reine Vermögensschäden versichert sind.[229]

162 tt) **Vorsatzausschluss (Ziff. 6.20 und 6.21 DTV-VHV 2003/2011).** Die DTV-VHV 2003/2011 entsprechen dem Leitbild des § 103 und stellen nur auf den Vorsatz des VN ab. Im VVG ist der Begriff „**Vorsatz**" nicht definiert. Es gilt daher der allgemeine Vorsatzbegriff des bürgerlichen Rechts, so dass unter den Begriff Vorsatz das Wissen und Wollen um den Eintritt des rechtswidrigen Erfolgs zu verstehen ist.[230]

In den beiden genannten Ausschlüssen wird die Regelung des § 103 für den Bereich der VHV konkretisiert. Insoweit wird auf die entsprechende Kommentierung verwiesen.[231]

163 Wenn der VN selbst vorsätzlich die Schäden verursacht, hat er keinen Versicherungsschutz. Andererseits erstreckt sich der Versicherungsschutz auf Schäden, die der VN bzw. seine Erfüllungsgehilfen durch leichte oder grobe Fahrlässigkeit verursachen. Wenn sein Mitarbeiter einen Diebstahl begeht, handelt dieser vorsätzlich. Der VR muss dennoch den Schaden ersetzen, wenn der Anspruch gegen den versicherten Verkehrsträger gerichtet ist und nicht gegen den vorsätzlich handelnden Mitarbeiter. Der Versicherungsschutz kann nur versagt werden, wenn der VN bei der Auswahl und Überwachung seiner Mitarbeiter bedingt vorsätzlich gehandelt hat. Wenn dem VN bekannt war, dass der Mitarbeiter bereits mehrfach wegen Diebstahl verurteilt war, kann dies zur Leistungsfreiheit des VR führen. Ein bedingter Vorsatz liegt vor, wenn ein eingesetzter Fahrer bei einem anderen Arbeitgeber wegen Trunkenheitsdelikten auffiel und dies dem VN bekannt war. Verursacht dieser Fahrer unter Alkoholeinfluss einen Unfall, wird sich der VR auf diesen Risikoausschluss berufen.

Ein VN muss diese Pflichten nicht notwendigerweise persönlich wahrnehmen. Soweit er sich dazu leitender Angestellter bedient, sind diese seine Repräsentanten. Deren Verhalten muss sich der VN wie eigenes anrechnen lassen.[232]

---

[228] Thume/de la Motte/*Ehlers*/*Kollatz* DTV-VHV Rn. 94.

[229] Zur Abgrenzung Betriebshaftpflicht Rn. 6.

[230] Palandt/*Grüneberg* § 276 Rn. 10.

[231] Bruck/Möller/*Koch* § 103.

[232] Thume/de la Motte/*Ehlers*/*Kollatz* DTV-VHV Rn. 96.

Bei den Ausschlüssen Ziff. 6.20 und 6.21 DTV-VHV 2003/2011 handelt es sich um einen subjektiven Risikoausschluss und nicht um eine bloße Obliegenheitsverletzung, d.h. es entfällt von vornherein der Versicherungsschutz.[233] Die Möglichkeit des § 103 wenden alle VHV-VR an und zwar selbst bei der Pflichtversicherung. Nach § 7a Abs. 2 Nr. 1 GüKG kann selbst bei Pflichtversicherungsansprüchen die Leistung verweigert werden, wenn der VN oder der mitversicherte Arbeitnehmer den eingetretenen Schaden vorsätzlich herbeigeführt hat. **164**

§ 103 ist jedoch keine zwingende Norm, sodass von ihr in AVB besonders bei Großrisiken und der laufenden Versicherung gem. § 210 abgewichen werden kann.[234] **165**

In einigen Transporthaftungspolicen wird in Abänderung der DTV-VHV neben dem Vorsatz auch die **bewusst leichtfertige Herbeiführung** des Versicherungsfalles, d.h. die Leichtfertigkeit in dem Bewusstsein, dass ein Schaden mit Wahrscheinlichkeit eintreten werde, also der Verschuldensgrad des § 435 HGB, ausgeschlossen. Leichtfertig ist ein mehr als grob fahrlässiges Verhalten, das eine auf der Hand liegende Sorgfaltspflicht außer Betracht lässt, weil der Schädiger sich in besonders krasser Weise über die Sicherungsinteressen seines Auftraggebers bezüglich der ihm anvertrauten Güter hinwegsetzt. Das objektive Merkmal der Leichtfertigkeit setzt mithin eine besonders schwere Nachlässigkeit voraus.[235]

Dies dürfte rechtlich zulässig sein.[236] Bedenken gegen die Wirksamkeit des Risikoausschlusses bestehen in der Rechtsprechung bei diesen „leichtfertig und in dem Bewusstsein der Wahrscheinlichkeit eines Schadenseintritts“ herbeigeführten Versicherungsfällen, wenn der VR diese Deckungsbegrenzung und ihre Tragweite nicht ausdrücklich hervorhebt. Der Schutz vor der Haftung in voller Höhe werde durch die Reichweite eines solchen Risikoausschlusses ausgehöhlt.[237]

Dem ist entgegenzusetzen, dass es schon unter Pflichtversicherungspolicen nach der KVO Policen gab, in denen die **grobe Fahrlässigkeit** ausgeschlossen wurde.[238] Grob fahrlässig handelt, wer die im Verkehr erforderliche Sorgfalt unter Berücksichtigung sämtlicher Umstände in besonders hohem Maße verletzt und dabei unbeachtet lässt, was im gegebenen Fall jedem hätte einleuchten müssen.[239]

Rechtlich zulässig ist unter Hinweis auf die Grundsätze der laufenden Versicherung nach §§ 53, 57, wenn dem Ausschluss der Verschuldensgrad des § 435 HGB zugrunde gelegt wird, wobei sogar die grobe Fahrlässigkeit des VN als Ausschlussgrund möglich wäre.[240]

---

233 *Hintz/Burkard* Folgen unberechtigten Versagens der Deckung wegen vermeintlich vorsätzlichen Herbeiführens des Versicherungsfalles in der Haftpflichtversicherung VersR **2011** 1373; Prölss/Martin/*Koller* VVG III Ziff. 6 DTV-VHV Rn. 3.

234 *Abele* TranspR **2004** 152, 155; Thume/de la Motte/*Ehlers* § 103 Rn. 360 m.w.N; van Bühren/*Ehlers* Rn. 389.

235 *Koller* Leichtfertigkeit im Transportrecht VersR **2004** 1346.

236 *Abele* TranspR **2004** Sonderbeilage III; Thume/de la Motte/*Ehlers* § 103 Rn. 360.

237 OLG Saarbrücken 13.7.2005 TranspR **2007** 83.

238 Thume/de la Motte/*Ehlers* § 81 Rn. 272.

239 OLG Karlsruhe 29.6.1995 VersR **1995** 1306 ff; *Abele* TranspR **2004** Sonderbeilage III; *Bayer* Zur Haftung und zur Verkehrshaftungsversicherung eines Frachtführers bei Straßengütertransporten nach Italien VersR **1995** 1309.

240 *Abele* TranspR **2004** 152, 155.

7 Obliegenheiten des VN (Ziff. 7 DTV-VHV 2003/2011)

Ziff. 7 Obliegenheiten

Dem Versicherungsnehmer obliegt es,

7.1 vor Eintritt des Versicherungsfalles

7.1.1 nur einwandfreie und für den jeweiligen Auftrag geeignete Fahrzeuge und Anhänger, Wechselbrücken / Container, Kräne / Hubgeräte, sowie sonstiges Equipment (einschließlich Seile, Gurte) zu verwenden;

7.1.2 bei Beförderungen von temperaturgeführten Gütern nur Fahrzeuge und Anhänger mit ATP-Zertifikat und Kühlschreiber einzusetzen, die einzuhaltende Temperatur im Beförderungspapier zu vermerken und das Fahrpersonal anzuweisen, die Einhaltung der Temperatur während des Transportes regelmäßig zu prüfen und zu dokumentieren;

7.1.3 im Straßengüterverkehr einzusetzende Fahrzeuge des eigenen Betriebes mit je zwei von einander unabhängig funktionierenden Diebstahlsicherungen auszustatten (hierzu zählen nicht Türschlösser) und die Fahrer anzuweisen, die Diebstahlsicherungen beim Verlassen des Fahrzeuges einzuschalten;

7.1.4 für die Sicherung eigener oder in seinem Einfluss- und Verantwortungsbereich befindlicher fremder beladener Kraftfahrzeuge, Anhänger und Wechselbrücken/Container gegen Diebstahl oder Raub zu sorgen, insbesondere auch zur Nachtzeit, an Wochenenden und Feiertagen;

7.1.5 dafür zu sorgen, dass für die Auftragsdurchführung erforderliche Genehmigungen vorliegen und behördliche Auflagen eingehalten werden;

7.1.6 dafür zu sorgen, dass die für die Auftragsabwicklung eingesetzten elektrischen Geräte, insbesondere die Hard- und Software zur Datenverarbeitung oder Steuerung von Maschinen und Anlagen, in ihrer Funktionsfähigkeit nicht gestört werden und eine den jeweiligen Erfordernissen entsprechende Sicherung der Daten gewährleistet ist;

7.1.7 nur für den jeweiligen Auftrag geeignete Lager- bzw. Umschlagsgebäude oder -flächen, sowie technisches oder sonstigen Equipment zu nutzen, und dafür Sorge zu tragen, dass gesetzliche oder behördliche Auflagen erfüllt werden und Sicherungseinrichtungen in ihrer Funktionsfähigkeit nicht gestört sind;

7.1.8 Schnittstellenkontrollen durchzuführen und zu dokumentieren.

7.1.9 auf Verlangen des Versicherers zusätzlich zu den auftragsgemäß vorgesehenen Inventuren bzw. Inventurintervallen weitere Inventuren auf Kosten des Versicherungsnehmers durchzuführen;

7.1.10 Mitarbeiter sorgfältig auszuwählen und zu überwachen;

7.1.11 die Auswahl der Subunternehmer und Erfüllungsgehilfen mit der Sorgfalt eines ordentlichen Kaufmanns zu treffen und darauf hinzuwirken, dass auch sie die Obliegenheiten der Ziffern 7.1.1 bis 7.1.10 erfüllen und über eine in Kraft befindliche, den üblichen Bedingungen und evtl. anwendbaren gesetzlichen Vorschriften entsprechende Versicherung verfügen;

7.1.12 Veränderungen der dem Versicherer zur Kenntnis gebrachten und durch die Besonderen Versicherungsbedingungen oder die Betriebsbeschreibung in den Versicherungsschutz einbezogenen Geschäftsbedingungen, Individualvereinbarungen, Dokumente, Frachtpapiere oder sonstiger die Haftung des Versicherungsnehmers betreffende Vereinbarungen dem Versicherer unverzüglich mitzuteilen;

7.1.13 Gesetze, Verordnungen, behördliche Anordnungen oder Verfügungen, berufsgenossenschaftliche Vorschriften oder sonstige Sicherheitsvorschriften einzuhalten.

7.2 nach Eintritt des Versicherungsfalles

7.2.1 jeden Schadenfall oder geltend gemachten Haftungsanspruch dem Versicherer unverzüglich, spätestens innerhalb eines Monats, zu melden und alle zur Beurteilung notwendigen Unterlagen vorzulegen;

7.2.2 für die Abwendung und Minderung des Schadens zu sorgen, dem Versicherer jede notwendige Auskunft zu geben und etwaige Weisungen zu befolgen.

7.2.3 die Versicherer unverzüglich zu benachrichtigen, wenn gerichtlich gegen ihn im Zusammenhang mit einer versicherten Tätigkeit vorgegangen wird, und die erforderlichen Rechtsmittel oder Rechtsbehelfe, insbesondere Widerspruch gegen Mahnbescheide, einzulegen;

7.2.4 ohne Einwilligung der Versicherer keine Versicherungs- oder Regressansprüche abzutreten;

7.2.5 sich auf Verlangen und Kosten der Versicherer auf einen Prozess mit dem Anspruchsteller einzulassen und dem Versicherer die Prozessführung zu überlassen;

7.2.6 jeden Diebstahl, Raub sowie jeden Verkehrsunfall mit möglichem Schaden an der Ladung der zuständigen Polizeidienststelle und dem Versicherer unverzüglich anzuzeigen sowie bei allen Unfällen, Schäden über EUR .... und solchen, deren Umfang oder Höhe zweifelhaft sind, den nächst zuständigen Havariekommissar zu benachrichtigen und dessen Weisungen zu befolgen;

7.2.7 mögliche Regressansprüche gegen Dritte zu wahren und die Reklamationsfristen zu beachten.

7.3 Leistungsfreiheit bei Obliegenheitsverletzung

7.3.1 Verletzt der Versicherungsnehmer oder einer seiner Repräsentanten diese oder sonst vertraglich vereinbarte Obliegenheiten vorsätzlich oder grob fahrlässig, ist der Versicherer von der Leistung frei, es sei denn, die Verletzung war weder für den Eintritt oder die Feststellung des Versicherungsfalles noch für die Feststellung oder den Umfang der Leistungspflicht ursächlich. Satz 1 gilt nicht, wenn der Versicherungsnehmer die Obliegenheit arglistig verletzt hat.

7.3.2 Bezieht sich die Verletzung von Obliegenheiten auf eine nach Eintritt des Versicherungsfalles bestehende Auskunfts- oder Aufklärungsobliegenheit wie z.B. nach Maßgabe der Ziffern 7.2.1, 7.2.2, 7.2.3 oder 7.2.6 wird der Versicherer auch ohne gesonderte Mitteilung der Rechtsfolge an den Versicherungsnehmer von der Leistung frei.

a) **Allgemeines. Obliegenheiten** sind Verhaltensnormen, die der VN einhalten muss, um seinen Anspruch aus dem Versicherungsvertrag nicht zu verlieren.[241] Hinsichtlich der generellen Einzelheiten wird auf die Kommentierung zu § 28 verwiesen.[242] **166**

Obliegenheiten sollen den VN von einem vermeidbaren gefahrbezogenen Verhalten möglichst abhalten. Vorbeugende Obliegenheiten normieren die Sorgfalt, die der VN beim Umgang mit der Gefahr zu beachten hat, für die er dem darauf angewiesenen VR nach Maßgabe des Versicherungsvertrags verantwortlich ist.[243] Sie werden durch das VVG oder den Versicherungsvertrag samt den AVB bestimmt.

Obliegenheiten fordern demnach ein bestimmtes vorbeugendes Verhalten des VN, von dem es abhängt, ob er einen zugesagten Versicherungsschutz behält oder ob er ihn verliert.

---

[241] Thume/de la Motte/*Ehlers*/*Kollatz* DTV-VHV Rn. 98; van Bühren/*Ehlers* Rn. 395.

[242] Bruck/Möller/*Heiss* § 28 VVG.

[243] *Ehlers* VersR **2003** 1080; *Schneider* 208.

167 aa) **Qualifiziertes Verschulden.** VHV-VR haben Obliegenheiten in AVB aufgenommen, die im Zusammenhang mit dem sog. „qualifizierten Verschulden" entwickelt wurden. Von der Rechtsprechung werden mit den Begriffen „bewusste Leichtfertigkeit, Verletzung von Kardinal- bzw. Organisationspflichten" genutzt, um zu einer vollen Haftung zu gelangen.[244] Die ordnungsgemäße Einhaltung der Pflichten aus dem Versicherungsvertrag soll dazu führen, dass der jeweilige VN auf der Haftungsebene nicht in voller Höhe haften muss (siehe zum qualifizierten Verschulden §§ 435 HGB, Art. 29 CMR, 25 Abs. 3 WA, Art. 36 CIM, Ziff. 29 ADSp 2003, Ziff. 31 VBGl).[245] Wenn völlig ungeeignete Lager- oder Umschlagsflächen vorhanden sind, Diebstahlsicherungen fehlen, keine oder mangelhafte Schnittstellenkontrollen durchgeführt werden, Gesetze und Vorschriften beispielsweise bei Überladungen nicht eingehalten werden und insbesondere eine mangelhafte Auswahl und Überwachung von Mitarbeiter und Subunternehmern vorliegt und deshalb Schadenfälle eintreten, so ist die Haftung des VN in der Regel der Höhe nach nicht begrenzt.[246] Solche Risiken waren für hohe Verkehrshaftungsschäden, besonders bei der Speditionsversicherung, ursächlich.[247]

168 bb) **Besondere Obliegenheiten.** Die DTV-VHV 2003/2011 sehen deshalb eine Reihe von Verpflichtungen im Versicherungsvertrag vor, die man als essentielle Pflichten aus dem Bereich der Ebene des Verkehrsvertrags bezeichnen kann, weil sie ganz wesentlich für die Erfüllung der verkehrsvertraglichen Verpflichtungen auf der Haftungsebene sind.[248] Weil bei Ziff. 7 Abs.1 DTV-VHV 2003/2011 ein solches Verhalten im Vordergrund steht und es nicht hinter objektive Voraussetzungen zurücktritt, liegt eine Obliegenheit vor.[249]

Es wird in den DTV-VHV 2003/2011 genauso wie im VVG der Versicherungsfall nicht definiert.[250] Es finden sich allein in den Ziff. 8 Abs. 1 und 2 DTV-VHV 2003/2011 die Begriffe „Schadenfall" und „Schadenereignis".[251]

169 b) **Obliegenheiten vor dem Versicherungsfall (Ziff. 7.1 DTV-VHV 2003/2011).** Es wird in den DTV-VHV 2003/2011 zwischen Obliegenheiten vor Eintritt und nach Eintritt des Versicherungsfalles unterschieden. Folgende relevante versicherungsrechtliche Obliegenheiten sind in den DTV-VHV 2003/2011 sind entwickelt worden, die vom VN **vor Eintritt** des Versicherungsfalles besonders zu beachten sind:

170 aa) **Fahrzeuge und Betriebsmittel (Ziff. 7.1.1 DTV-VHV 2003/2011).** Generell muss der VN geeignete Ressourcen zur Erfüllung der Verpflichtung aus dem Verkehrsvertrag einsetzen. So muss der VN fehlerfreie Beförderungsmittel und -hilfsmittel verwenden. Alle eingesetzten Fahrzeuge, Anhänger, Wechselbrücken, Container, Kräne, Hebegeräte (einschließlich Seile, Gurte u.a.) müssen gewartet, einwandfrei und für den konkreten Auftrag geeignet sein. Diese Obliegenheit bezieht sich auch auf fremde Beförderungsmittel.[252]

244 Siehe C Rn. 4 ff und B Rn. 206; BGH 13.12.2012 RdTW **2013** 271; *Herber* TranspR **2004** 93; *Pokrant* Die Rechtsprechung des Bundesgerichtshofs zur sekundären Darlegungslast des Frachtführers RdTW **2013** 10.

245 *Abele* TranspR **2009** 60, 64.

246 *Häusser/Abele* TranspR **2003** 11.

247 *Abele* TranspR **2006** 62; *ders.* TranspR **2004** 152ff.

248 *Abele* TranspR **2009** 60, 64.

249 Zur Juwelenversicherung BGH 26.2.1969 VersR **1969** 507.

250 Van Bühren/*Ehlers* Rn. 396.

251 B Rn. 203ff.

252 GDV/*Flach/Supp/Bremke* 91; Prölss/Martin/*Koller* VVG III Ziff. 7 DTV-VHV Rn. 1; kritisch Thume/de la Motte/*Ehlers/Kollatz* DTV-VHV Rn. 101.

bb) Temperaturgeführte Transporte (Ziff. 7.1.2 DTV-VHV 2003/2011). Nach Ziff. 7.1.2 DTV-VHV 2003/2011sind besondere Voraussetzungen bei temperaturgeführten Gütern vorgeschrieben. Die Fahrzeuge und Anhänger müssen mit einem ATP-Zertifikat versehen sein. Das internationale Abkommen *Accord Relatif Aux Transports Internationaux De Denrees Perissables Et Aux Engins Speciaux A Utiliser Pour Ces Transports* (ATP) mit dem deutschen Namen „Übereinkommen über internationale Beförderungen leicht verderblicher Lebensmittel und über die besonderen Beförderungsmittel, die für diese Beförderungen zu verwenden sind“[253] oder englisch „Agreement on International Carriage of Perishable Foodstuffs“ regelt auch den Inhalt, wie Fahrzeuge ausgestattet und überprüft werden müssen, damit diese Lebensmittel befördern dürfen. Ein entsprechendes Testat für diese Fahrzeuge muss also vorliegen, damit diese temperaturgeführte Güter befördern dürfen.[254] **171**

Ferner müssen diese Fahrzeuge einen Kühlschreiber haben, die VN müssen die einzuhaltende Temperatur im Beförderungspapier vermerken und die Fahrer müssen die einzuhaltenden Temperaturen während der Beförderung regelmäßig prüfen und entsprechend dokumentieren.[255]

cc) Diebstahlsicherung (Ziff. 7.1.3 DTV-VHV 2003/2011). Es müssen alle Fahrzeuge mit je zwei Diebstahlsicherungen ausgestattet sein.[256] Diese müssen unabhängig voneinander wirken und müssen stets einsatzbereit sein. Dabei wird in den AVB klargestellt, dass ein Türschloss keine solche Diebstahlsicherung ist. Der VN muss schließlich seine Fahrer anweisen, dass er die an seinem Fahrzeug vorhandenen Diebstahlsicherungen in Gang setzt, sobald er das Fahrzeug verlässt. **172**

dd) Bewachungspflichten (Ziff. 7.1.4 DTV-VHV 2003/2011). Dem VN obliegt es für die Sicherung beladener Fahrzeuge, Anhänger und Wechselbrücken/Container zu sorgen. Straftaten wie Diebstahl oder Raub muss der VN möglichst durch aktive vorausschauende Maßnahmen der Sicherung und Bewachung vermeiden. Straftaten geschehen nach der Statistik meist nachts. Weil an Wochenenden und Feiertagen die Speditionslager nicht mit Personal besetzt sind, erfolgen Straftaten oft während dieser Zeiten. Dementsprechend muss der Unternehmer für eine ordnungsgemäße Sicherung beladener Fahrzeuge sorgen und hierbei insbesondere nachts oder während Ruhepausen eine ausreichende, angemessene Bewachung sicherstellen. Die Klauseln, die eine Sicherung oder Bewachung des versicherten bzw. gefährdeten Gegenstands anordnen, sind Obliegenheiten, weil auch damit ein bestimmtes vorbeugendes Verhalten beschrieben wird. Eine Obliegenheit zur Sicherung des Transportmittels und dessen beförderter Güter in einem umfassenden Sinne wird somit in den AVB vereinbart. Solche Klauseln sind generell zulässig.[257] Gegen die konkrete Klausel, dass der VN für eine ordnungsgemäße Sicherung beladener Fahrzeuge gegen Diebstahl Sorge zu tragen hat, insbesondere während des Abstellens oder der Ruhepausen, bestehen keine Bedenken.[258] **173**

Die Formulierung „zu sorgen“ bedeutet, dass der VN den Fahrer mit der Ladung nicht einfach sich selbst überlassen darf, sondern Anweisungen für das Verhalten bei Fahrtun-

---

253 BGBl II **1974** 566.
254 GDV/*Flach/Supp/Bremke* 93.
255 Siehe auch *Abele* Transportrechtliche Haftungs- und Versicherungsfragen anhand von temperaturgeführten Pharmatransporten TranspR **2012** 391, 399.
256 GDV/*Flach/Supp/Bremke* 94; Thume/de la Motte/*Ehlers/Kollatz* DTV-VHV Rn. 103; van Bühren/*Ehlers* Rn. 412.
257 BGH 29.1.2003 VersR **2003** 445; Prölss/Martin/*Koller* VVG III Ziff. 7 DTV-VHV Rn. 1.
258 BGH 29.1.2003 NJW-RR **2003** 600, 601; OLG Frankfurt 8.12.2004 VersR **2006** 115ff.

terbrechungen erteilen muss.[259] Die Klausel, dass Fahrzeuge auf unbewachten Parkplätzen nicht länger als 45 Minuten verlassen werden, soll dem VN ein bestimmtes der Diebstahlgefahr (bzw. der darauf beruhenden Gefahr, deshalb dem Auftraggeber haftpflichtig zu sein) vorbeugendes Verhalten vorgeben.[260] Welche Sicherheitsvorkehrungen der VN zur Erfüllung seiner Obliegenheit, das ihm anvertraute Transportgut während der Beförderung vor Diebstahl oder Raub zu bewahren, ergreifen muss, hängt von den Umständen des Einzelfalls ab. Es kommt entscheidend darauf an, ob die getroffenen Maßnahmen den aktuell erforderlichen Sorgfaltsanforderungen genügen. Die angeordneten Sicherheitsvorkehrungen müssen zuverlässig ineinandergreifen, verlässlich funktionieren und eine geschlossene Sicherheitsplanung darstellen. Je größer die mit der Güterbeförderung verbundenen Risiken sind, desto höhere Anforderungen sind an die zu treffenden Sicherheitsmaßnahmen zu stellen.[261] Ein Spediteur muss für eine sichere Unterstellgelegenheit oder sonst für eine verlässliche Bewachung des Fahrzeugs sorgen, wenn er das am Montag vom Transportunternehmer abzuholende Fahrzeug bereits am Freitag beladen will.[262] Es stellt ein Organisationsverschulden des Transportunternehmers dar, wenn er keine Dienstanweisung über ein generelles Abstellverbot beladener LKW erteilt. Dies ist regelmäßig auch dann der Fall, wenn der VN keine ordnungsgemäße Sicherung eines beladenen LKW anordnet und dieser über das Wochenende unbeaufsichtigt auf einer öffentlichen Straße abgestellt wird. Gleichgültig ist dabei, ob der beladene LKW in einem Industriegebiet oder Wohngebiet abgestellt wird.[263] Es genügt nicht, wenn der VN seinen Fahrer anweist, den am Freitag beladenen Sattelzug zu waschen und anschließend über das Wochenende bis zum Fahrtantritt am Sonntagabend um 22.00 Uhr vor dessen Haus in einer Einfamilienhausgegend abzustellen. Es fehlt dabei an Vorkehrungen für eine verlässliche Bewachung auch für den Fall, dass ein Waschen und Parken des gesamten Sattelzugs nicht möglich ist und der Anhänger abgekoppelt werden muss.[264]

Wenn es dem VN obliegt, für eine ordnungsgemäße Sicherung beladener Fahrzeuge gegen Diebstahl Sorge zu tragen, insbesondere während des Abstellens oder der Ruhepausen, so kann eine Nachlässigkeit des Fahrers dem VN mangels Repräsentantenstellung nicht zugerechnet werden. Der VN erfüllt diese Obliegenheit nur dann, wenn er die betrieblichen Abläufe so organisiert und zweckmäßige Anweisungen erteilt, die vorausschauend der Diebstahlsgefahr entgegen wirken. Der VN hält die Obliegenheiten nicht ein, wenn er den Fahrer mit der Ladung gewissermaßen sich selbst überlässt. Er hält diese Obliegenheiten ferner nicht ein, wenn er darauf vertraut, dass der Fahrer von sich aus über hinreichende Erfahrungen verfügt, um für die Sicherheit des Transports zu sorgen.[265]

174 Ob Anordnungen ausreichen, ist **ex ante** zu beurteilen. Eine schriftlichen Anweisung, dass die Fahrzeuge auf dem Firmengelände abzustellen sind und dass die Zugmaschine nicht getrennt werden oder keinesfalls ein beladenes Fahrzeug unbewacht auf dem Betriebsgelände stehen darf, genügt bei einem mit Übernachtung verbundenen, mehrtägigen Transport nicht.[266]

Dem VN obliegt es, die Fahrer auf diese Standards hinzuweisen. Er ist gehalten, die Fahrer in den zu beachtenden Sicherheitsvorkehrungen zu unterweisen und zu schulen. Der VN muss Verhaltensanweisungen an diese und etwaige Subunternehmer weitergeben,

---

259 OLG Saarbrücken 18.6.2003 OLGR **2003** 456.

260 BGH 1.12.2004 TranspR **2005** 83ff.

261 BGH 16.7.1998 TranspR **1999** 19.

262 BGH 16.11.1995 TranspR **1996** 72.

263 BGH 13.12.2012 RdTW **2013** 271; BGH 29.1.2003 NJW-RR 2003; OLG Düsseldorf 20.5.2010 VersR **2010** 1643ff.

264 KG Berlin 13.4.2007 VersR **2008** 351.

265 Bruck/Möller/*Heiss* § 28 VVG Rn. 216 und 220.

266 OLG Frankfurt 8.12.2004 VersR **2006** 115.

die ein sicheres Abstellen des Fahrzeugs insbesondere bei Fahrtunterbrechungen gewährleisten.[267]

Zur Vermeidung von LKW- und Ladungsdiebstählen dürfen beladene Fahrzeuge oder Fahrzeugeinheiten (Sattelauflieger, Anhänger, Wechselbrücken) nicht unbewacht abgestellt werden. Teilweise werden auch Zeitlimits (15 Minuten) angegeben oder im Schadenfall erhöhte Selbstbeteiligungen verlangt. Weiter wird vorgeschrieben, dass der Fahrer die Fahrzeug- und Frachtpapiere beim Verlassen des Fahrzeugs mitzunehmen hat. Damit soll bewirkt werden, dass ein Dieb mit dem Fahrzeug nicht über kontrollierte Landesgrenzen fahren kann und Dritte nicht aus den Frachtpapieren ersehen können, ob die Ladung bei Hehlern zu einem hohen Preis abgesetzt werden kann.

ee) Genehmigungen, Auflagen (Ziff. 7.1.5 DTV-VHV 2003/2011). Der VN muss das umsetzen, was generell ein ordentlicher Kaufmann einhalten muss. Er muss auch alle Genehmigungen und behördliche Auflagen einhalten. Soweit Ausnahmegenehmigungen für Beförderungen oder sonstige für die Güterbeförderung notwenige Vorgaben einzuhalten sind, muss der VN diese selbstverständlich ebenfalls einhalten. **175**

ff) Funktionsfähigkeit elektrischen Geräte (Ziff. 7.1.6 DTV-VHV 2003/2011). Der VN muss die Funktionsfähigkeit aller eingesetzten elektrischen Geräte aufrechterhalten. Das ist keine Garantiezusage, sondern die eingesetzte Hard- und Software samt der Datenverarbeitung muss gewartet und generell einsetzbar sein. Aktueller Softwareschutz und andere Sicherungen gegen schadenverursachende Computerviren müssen vorgehalten werden. Daten müssen ausreichend, notfalls auf externen Servern, gesichert werden. Wenn Maschinen und Anlagen durch Software insbesondere im Lagerbereich gesteuert werden (chaotische Lagerhaltung), muss diese Software zuverlässig sein und stets ausreichend gewartet werden, so dass nach den jeweiligen Erfordernissen eine entsprechende Kapazität der Anlagen vorhanden und eine entsprechende Sicherung der Daten gewährleistet ist. **176**

gg) Geeignetes Equipment (Ziff. 7.1.7 DTV-VHV 2003/2011). Es sind vom VN nur geeignete Gebäude für den Umschlag und die dauernde Lagerung zu verwenden. Auch müssen die Lagerflächen ordentlich und für die Lagerung bzw. den Umschlag geeignet sein. Soweit technische Besonderheiten, wie Flurförderfahrzeuge, Kranen zur Umladung von schweren Gütern, Gabelstapler u. a. eingesetzt werden, müssen diese ebenfalls geeignet und in Ordnung sein. Der VN muss ferner alle gesetzlichen oder behördlichen Auflagen einhalten, was eine Selbstverständlichkeit ist. Sicherungseinrichtungen müssen funktionieren und müssen bei Fehlern sofort repariert werden, so dass diese in ihrer Funktionsfähigkeit nicht gestört sind. **177**

hh) Schnittstellen (Ziff. 7.1.8 DTV-VHV 2003/2011). Der VN muss das einhalten, was die Speditionen in Ziff. 7 ADSp 2003[268] über die Kontrollpflichten des Spediteurs im Hinblick auf die Schnittstellendefinition vorgeben: **178**

> 7.1 Der Spediteur ist verpflichtet, an Schnittstellen
>
> 7.1.1 die Packstücke auf Vollzähligkeit und Identität sowie äußerlich erkennbare Schäden und Unversehrtheit von Plomben und Verschlüssen zu überprüfen und

---

[267] BGH 29.1.2003 VersR 2003 445.

[268] http://www.transportrecht.org/dokumente/ADSp_2003.pdf.

7.1.2 Unregelmäßigkeiten zu dokumentieren (z.B. in den Begleitpapieren oder durch besondere Benachrichtigung).

7.2 Schnittstelle ist jeder Übergang der Packstücke von einer Rechtsperson auf eine andere sowie die Ablieferung am Ende jeder Beförderungsstrecke.

Der VN hat gem. dieser Schnittstellendefinition,[269] die für die Auslegung der DTV-VHV 2003/2011 gilt, Kontrollen durchzuführen und zu dokumentieren.[270] Ist er also ein Unternehmen, das sich weigert, solche Schnittstellen im eigenen Betrieb aus Kostengründen weiter zu unterhalten, dann verletzt ein solches Unternehmen vorsätzlich diese Obliegenheit.[271]

179 **ii) Inventuren (Ziff. 7.1.9 DTV-VHV 2003/2011).** Nach Ziff. 7.1.9 DTV-VHV 2003/2011 muss der VN auf Verlangen des VR **Inventuren** zu Lasten seiner eigenen Kosten durchzuführen. Damit sollen die enormen Schäden, die bei der Lagerhaltung durch Fehlmengen bei der Überprüfung der Lagerbestände festgestellt werden, vermieden werden. Diese Klausel ist angemessen, auch wenn keine Beschränkung für einen wichtigen Inventurgrund genannt wird.[272] Der VR wird nur dann, wenn er berechtigte Gründe anführen kann, eine zusätzliche Inventur verlangen. Dies kann dann vorliegen, wenn beispielsweise er oder der VN gekündigt hat und der VR als Abgrenzung gegenüber dem neuen VR wissen muss, wie der Lagerbestand am Tag der Beendigung des Versicherungsverhältnisses war.

180 **jj) Auswahlverschulden (Ziff. 7.1.10 DTV-VHV 2003/2011).** Der VN muss seine eigenen Mitarbeiter sorgfältig, d.h. mit der Sorgfalt eines ordentlichen Kaufmanns, auszuwählen. Dazu gehört die Prüfung des vollständigen und aussagefähigen Lebenslaufs. Der VN muss die Zuverlässigkeit des zukünftigen Angestellten bereits bei der Einstellung prüfen. Er muss Zeugnisse und das polizeiliche Führungszeugnis verlangen.[273] Dazu gehört eine sorgfältige Prüfung aller arbeitsrechtlichen Vorgaben.[274] Die für den Beruf nötigen Kenntnisse müssen abgefragt werden. Ferner muss er diese hinsichtlich der Einhaltung ihrer arbeitsrechtlichen Verpflichtungen im Umgang mit den dem VN übergebenen Waren überwachen. Zur Überwachung gehört zwangsläufig, dass er sie hinsichtlich der Organisationsstruktur und der -abläufe belehrt, wozu wiederum eine ständige Schulung der Mitarbeiter zählt.[275]

181 **kk) Subunternehmerauswahl (Ziff. 7.1.11 DTV-VHV 2003/2011).** Der VN ist verpflichtet, alle von ihm eingesetzten Subunternehmer, d.h. weitere Spediteure, Lagerhalter und alle Arten von Frachtführern sorgfältig auszuwählen.[276] Dabei muss der VN seine Betriebsabläufe so organisieren, dass eine geschlossene, in sich stimmige Betriebsorganisation herrscht, damit seine Angestellten die Subunternehmerauswahl richtig treffen können. Da-

---

269 Siehe hierzu MüKo-HGB/*Bahnsen* ADSp Rn. 53.

270 Ebenso van Bühren/*Ehlers* Rn. 416; GDV/*Flach/Supp/Bremke* 98; **a.A.** Thume/de la Motte/*Ehlers/Kollatz* DTV-VHV Rn. 93.

271 *Ehlers* VersR **2003** 1080.

272 Prölss/Martin/*Koller* VVG III Ziff. 7 DTV-VHV Rn. 2.

273 OLG Saarbrücken 13.7.2005 TranspR **2007** 83ff.

274 BGH 10.11.1966 VersR **1967** 53/54; OLG Celle 8.10.1998 Schaden-Praxis **1999** 101; OLG München 21.12.1995 OLGR **1996** 178 ff; zur Unvermeidbarkeit bei Raub OLG Stuttgart 20.4.2011 TranspR **2011** 340ff.

275 Terbille/*Gerke/Gerhard* MAH § 11 Rn. 256; **a.A.** Prölss/Martin/*Koller* VVG III Ziff. 7 DTV-VHV Rn. 2.

276 OLG Saarbrücken 13.7.2005 TranspR **2007** 83; GDV/*Flach/Supp/Bremke* 100.

bei muss der VN seine Angestellten „hinreichend dicht, häufig und konkret" kontrollieren, was insbesondere die Beauftragung fremder ausländischer Subunternehmen über Frachtenbörsen betrifft.[277]

Dies gilt aber auch für andere Unternehmen, die er einschaltet (externe Verpackungsunternehmen oder sonstige Erfüllungsgehilfen). Ferner muss er die in den DTV-VHV 2003/2011 genannten Obliegenheiten (Ziff. 7.1.1–7.1.10) weitergeben, d.h. diese den Subunternehmern mitteilen und auf die Einhaltung hinwirken.[278]

ll) Haftungsänderungen (Ziff. 7.1.12 DTV-VHV 2003/2011). Wenn der VN seine AGB ändert, er besonders ausgehandelte Verträge (Individualvereinbarungen nach § 449 Abs. 2 HGB) oder sonstige Vereinbarungen abschließen will, muss er dies seinem VR mitteilen. Ferner sind alle neuen Dokumente, Frachtpapiere oder sonstige Änderungen der Haftungssituation dem VR unverzüglich mitzuteilen. Entscheidend ist, was sich gegenüber der Betriebsbeschreibung und dem Versicherungsvertrag haftungsseitig ändert. Der VN muss dem VR Gelegenheit geben, die Haftungen mitzuversichern oder jedenfalls den Versicherungsvertrag hinsichtlich der veränderten Haftungssituation zusammen mit dem VN anzupassen.[279] **182**

mm) Recht und Gesetz (Ziff. 7.1.13 DTV-VHV 2003/2011). Der VN hat die Obliegenheit alle bestehenden Gesetze, Verordnungen, behördlichen Anordnungen oder Verfügungen, berufsgenossenschaftlichen Vorschriften (Unfallverhütung) oder sonstigen Sicherheitsvorschriften einzuhalten. Dass der VR gesetzeskonformes Verhalten seines VN zulässigerweise verlangen kann, ist eine Selbstverständlichkeit, da der VR gesetzeswidriges Verhalten nicht unterstützen darf.[280] **183**

c) Obliegenheiten nach dem Versicherungsfall (Ziff. 7.2 DTV-VHV 2003/2011)

aa) Benachrichtigungspflicht (Ziff. 7.2.1 DTV-VHV 2003/2011). Jeder Schadenfall ist dem VR unverzüglich, d.h. ohne schuldhafte Verzögerung, spätestens jedoch innerhalb einer Monatsfrist, mitzuteilen. Die Monatsfrist ist angemessen.[281] Die Frist beginnt mit der Kenntnis des VN vom Schaden (Beschädigung, Verlust, Lieferfristüberschreitung oder sonstiger Vermögensschaden). Ausreichend für die Einhaltung der Frist ist die telefonische oder sonstige Mitteilung in Textform, dass ein Schadeneintritt vorliegt. **184**

Der VN muss alle zur ausreichenden Prüfung von Schadenersatzansprüchen notwendigen Unterlagen vorlegen.[282]

Das sind alle Dokumente (Frachtpapiere, Aufträge u.a.), etwaige Schadensgutachten und den auf den Schadenfall bezogenen kompletten Schriftverkehr.

Grundlage der Schadenmeldung sind meist Anmeldeformulare der VR, in denen die konkreten Fragen zu beantworten sind, die mit dem Schadenfall zusammenhängen. Solche Schadenformulare übergibt der VR auf Anfrage dem VN. Neben der wichtigen Schilderung des Schadenhergangs ist die Schadenrechnung (Original), die Lieferrechnung (Kopie), das Gewicht der Sendung oder weitere zur Schadenregulierung oder -abwehr notwendigen

[277] LG München 10.2.2015 13 HK O 5832/14, siehe auch OLG Wien 13.4.2010 1 R 174/09d; demgegenüber mit zu geringen Anforderungen Prölss/Martin/ *Koller* Ziff. 7 DTV-VHV Rn. 2.

[278] Van Bühren/*Ehlers* Rn. 423.

[279] Kritisch unter Verweis auf Vorsorge van Bühren/*Ehlers* Rn. 422.

[280] *Schneider* 204; van Bühren/*Ehlers* Rn. 423.

[281] Prölss/Martin/*Koller* VVG III Ziff. 7 DTV-VHV Rn. 3.

[282] Van Bühren/*Ehlers* Rn. 424.

Unterlagen vorzulegen. Solange nicht alle zulässigen zur Schadenaufklärung notwendigen Fragen vom VN beantwortet wurden, ist die Eintrittspflicht der VR nicht gegeben.

185 bb) **Schadenminderung (Ziff. 7.2.2 DTV-VHV 2003/2011).** Der VN muss alles tun, um einen unmittelbar drohenden Schaden abzuwenden bzw. so gering wie möglich zu halten. Er muss also zur Schadenverhütung oder Schadenminderung tätig werden. Um seiner Leistungsverpflichtung nach Ziff. 4.2. DTV-VHV 2003/2011 zu genügen, die dem VN schadenmindernde Maßnahmen (z.B. Neuverpackung oder Aussortierung der Ware) vorzuschreibt, muss der VN jede notwendige Auskunft erteilen und Weisungen des VR befolgen. Insoweit ist die Obliegenheit ein zulässiger Ausfluss der Leistungspflicht des VR bei Schadenminderung und -verhütung.[283]

186 cc) **Gerichtsverfahren (Ziff. 7.2.3 DTV-VHV 2003/2011).** Die Obliegenheit verlangt eine unverzügliche Benachrichtig des VR seitens des VN, wenn ein gerichtliches Verfahren im Zusammenhang mit Verkehrshaftungsschäden gegen den VN eingeleitet wurde. Der VN muss alle notwendigen Rechtsmittel (Widerspruch, Einspruch usw.) einlegen. Dementsprechend muss der VHV-VR die gerichtlichen und außergerichtlichen Kosten dem VN nach Ziff. 4.2 DTV-VHV 2003/2011 erstatten, soweit sie den Umständen nach geboten waren.

187 dd) **Abtretung, Anerkenntnis (Ziff. 7.2.4 DTV-VHV 2003/2011).** Gem. § 108 Abs. 2 VVG kann die Abtretung des Freistellungsanspruchs an den Dritten nicht durch AVB ausgeschlossen werden. Demgegenüber regeln die DTV-VHV, dass der VN keine Versicherungs- oder Regressansprüche abtreten darf (**Abtretungsverbot**). Sollte die Abtretung solcher Ansprüche im Einzelfall notwendig sein, muss dies vom VR genehmigt werden.

Streitig ist, ob dies im Hinblick auf § 307 BGB zulässig ist.[284] Laut der amtlichen Begründung zu § 108 Abs. 2 VVG soll der VN ein Interesse daran haben, dass er den Geschädigten an seinen VR verweist. Wenn er einen Haftpflichtanspruch zurückweist, seien Beziehungen zum Geschädigten gefährdet.[285]

Wesentlicher Gesichtspunkt im Hinblick auf § 307 BGB ist, dass nur der VN alle zur Abwehr unbegründeter Ansprüche notwendigen Informationen mitteilen kann. Die Frage der Höhe der Entschädigung ist zweitens wegen den dort normierten Haftungsbegrenzungen (8,33 SZR u.a.) davon abhängig, dass der VN und nicht der Geschädigte die konkreten Vertragsvereinbarungen samt den Umständen, wie es zum Schaden kam, mitteilen muss. Wenn aber der geschädigte Auftraggeber die Rechte aus dem VHV-Vertrag nach einer entsprechenden Abtretung geltend machen könnte, also der Anspruchsteller und der Berechtigte aus dem Versicherungsvertrag sich in einer Person vereinigen, wäre eine korrekte Abwehr unbegründeter Ansprüche dem Grunde und der Höhe nach unmöglich. Hinzu kommt, dass im Regelfall der kaufmännische Absender eine Transportwarenversicherung eingedeckt hat, so dass seine Schutzwürdigkeit nicht gegeben ist, wenn er die Entschädigungsleistung von diesem erhält. Dieses Abtretungsverbot ist nach § 210 VVG bei einer laufenden Versicherung als Obliegenheit zulässig.[286]

---

283 GDV/*Flach/Supp/Bremke* 103; kritisch van Bühren/*Ehlers* Rn. 425.

284 kritisch *Thume* VersR **2010** 849 und Thume/de la Motte/*Ehlers/Kollatz* DTV-VHV Rn. 118.

285 BTDrucks. v. 20.12.2006 DS 16/3954 87.

286 OLG Köln 22.1.2008 VersR **2008** 777; GDV/*Flach/Supp/Bremke* 105; Prölss/Martin/*Koller* VVG III Ziff. 7 DTV-VHV Rn. 3.

Wenn ein Insolvenzverwalter an einen Geschädigten oder dessen Transportversicherer die Freigabe der Forderung erklärt, ist diese Freigabe keine Abtretung. Das Verbot der Abtretung aus dem Versicherungsvertrag gilt nicht, da nach Ansicht des BGH die Freigabe keine Abtretung und mit einer solchen auch nicht gleichzusetzen ist.[287] 188

Im Gegensatz zum Abtretungsverbot enthalten die DTV-VHV 2003/2011 kein **Anerkenntnisverbot** mehr. Im Zusammenhang mit der Reform des VVG (§ 105 VVG) wurde die früher bestehende Obliegenheit gestrichen. 189

ee) **Gerichtsverfahren (Ziff. 7.2.5 DTV-VHV 2003/2011).** Der VN muss sich auf Verlangen des VR auf einen Prozess einlassen. Er muss dem Versicherer die Führung des Prozesses überlassen. Der VR wählt einen Rechtsanwalt aus, zu dem er Vertrauen hat und der fachlich in der Lage ist, den Prozess mit allen Schwierigkeiten des Transportrechts zu führen. 190

ff) **Straftaten und Havariekommissar (Ziff. 7.2.6 DTV-VHV 2003/2011).** Gem. Ziff. 7.2.6 muss der VN jede Straftat (z.B. Diebstahl, Raub) sowie jeden Transportmittelunfall unverzüglich einer Polizeidienststelle anzeigen und den Versicherer informieren. Um dem Vorwurf der Rechtsprechung im Zusammenhang mit dem qualifizierten Verschulden zu entgehen, welche die Anzeige bei der Polizeibehörde bei Vorliegen eines Verdachts auf eine Straftat immer vorschreibt, haben die VHV-VR diese zulässige Obliegenheit in den VHV aufgenommen. Der VN darf auch haftungsseitig nicht auf die polizeiliche Meldung verzichten. 191

Bei Schäden über einen vom VR auszufüllenden Betrag muss der VN den zuständigen Havariekommissar benachrichtigen und dessen Weisungen befolgen. Dies gilt auch bei Schäden, deren Umfang oder Höhe zweifelhaft sind. Der Havariekommissar ist ein neutraler und unabhängiger Sachverständiger, der auf Transportschäden spezialisiert ist.[288] Er bietet in der Regel unterschiedliche Dienstleistungen an. Er begutachtet Warenschäden, leitet am Schadenort schadenmindernde Maßnahmen ein, recherchiert die Schadenursache und bewertet den Schadenumfang unter Berücksichtigung der gültigen Gesetze und Normen. Der Havariekommissar trägt zur Regresssicherung bei und macht Verwertungsvorschläge bei zunächst verlorengegangenen und wieder aufgetauchten Gütern. Ferner berät der Havariekommissar hinsichtlich der Verpackung und Ladungssicherung entsprechend dem Anforderungsprofil der zu transportierenden Güter. Verladekontrollen oder Transportbegleitung gehören ebenfalls zu den Tätigkeitsfeldern eines Havariekommissars. Damit der Haftungsgrund und die -höhe sachgerecht festgestellt werden können, muss der VN diesen Sachverständigen einsetzen. Die dafür anfallenden Kosten muss der VR dem VN ersetzen. 192

d) Sanktion für Obliegenheitsverletzungen (Ziff. 7.3 DTV-VHV 2003/2011)

aa) **Alles-Oder-Nichts-Prinzip.** Eine Obliegenheitsverletzung kann zur Leistungsfreiheit des Versicherers führen. Leistungsfreiheit bedeutet, dass der Versicherer seine Vertragspflicht auf Freistellung des Versicherungsnehmers gegenüber den vom Geschädigten erhobenen Ansprüchen nicht zu erfüllen braucht. Teilweise war nach dem VVG a.F. umstritten, ob sich z.B. ein VR bei grobfahrlässigen Obliegenheitsverletzungen ohne Kündigung auf das „Alles-Oder-Nichts-Prinzip" berufen konnte. 193

---

[287] BGH 2.4.2009 VersR **2009** 821 mit Kritik *Seybold/Henning/Wendt* VersR **2011** 458ff.

[288] Zu den rechtl. Einzelheiten siehe http://www.tis-gdv.de/tis/hk_verzeichnis/hk.php.

Einer der zentralen Punkte der VVG-Änderung 2008 waren die Rechtsfolgen bei Obliegenheitsverletzungen. Verletzt der VN nach Vertragsschluss Anzeigepflichten bzw. Obliegenheiten, bemessen sich die Rechtsfolgen nach den Regeln danach, wie stark sein Verschulden wiegt. Das **Quotelungsprinzip** ist die Grundregel bei Obliegenheitsverletzungen. Das VVG sieht in § 28 VVG ein abgestuftes Modell vor, das den Grad des Verschuldens berücksichtigt. Bei vorsätzlichen Verstößen bleibt es dabei, dass der VR von seiner Pflicht zur Leistung frei wird. Einfach fahrlässige Verstöße bleiben für den VN folgenlos. Bei grob fahrlässigen Verstößen des VN gegen Obliegenheiten kann die Leistung entsprechend der Schwere des Verschuldens gekürzt, jedoch nicht mehr vollständig versagt werden. Das geltende „Alles-Oder-Nichts-Prinzip" wird aufgegeben.

194 Diese VVG-Regelung passt **nicht** auf ein Vertragsverhältnis mit einem Kaufmann, der es täglich gewohnt ist, Verkehrsverträge auszuhandeln. Der Gesetzgeber hat daher die gesetzliche Regel in § 58 VVG bei der laufenden Versicherung geschaffen, dass bei **einfachem Verschulden** bei einer vor Eintritt des Versicherungsfalles erfolgten Obliegenheitsverletzung auf diesen Schaden keine Leistungspflicht besteht. Wenn es sich um Frachtführerrisiken handelte, hat der BGH dies wegen der **Großrisikodefinition** bejaht.[289] Gerichte entschieden jedoch bei gemischten Policen (Frachtführer + Spedition oder Lagerhalter) unterschiedlich.[290] Unabhängig davon, ob es sich nun um ein Großrisiko handelt oder nicht, gilt nach § 210 VVG, dass bei den laufenden Versicherungen vom VVG abgewichen werden kann. Nach herrschender Meinung gelten die gesetzlichen Regelungen der §§ 53ff. VVG daher für die DTV-VHV.[291] Insoweit ist das Alles-Oder-Nichts-Prinzip zulässig.

195 In den **DTV-VHV 2003/2011** hat daher der GDV die Beibehaltung des **Alles-Oder-Nichts-Prinzip** vorgeschlagen.[292] Eine Abkehr vom Alles-Oder-Nichts-Prinzip stellt die Grundlagen der bisherigen Risikokalkulation in der VHV in Frage. Die Einhaltung der wichtigen besonders im Interesse des VN eingeführten Obliegenheiten ist zu seinem und auch zum Wohl des Auftraggebers wichtig.[293]

Temme meint, dass gem. § 307 BGB die Beibehaltung des Alles-Oder-Nichts-Prinzips mit den wesentlichen Grundgedanken des VVG nicht zu vereinbaren sei.[294] Dabei wird die gesetzliche Grundregel des genannten § 58 VVG und die Tatsache, dass nach § 210 VVG vom VVG in der VHV abgewichen werden kann, übersehen.[295]

Es gibt keine allgemeine Erfahrung dahingehend, dass sich der vernünftige VN durch bewusste Nichterfüllung von Pflichten Rechtsnachteile im Deckungsverhältnis zum VR zuziehen will.[296] Erst bei Annahme von Vorsatz käme es auf die Relevanzrechtsprechung an.[297]

Ehlers hat darauf hingewiesen, dass das Nebeneinander von vorbeugenden Obliegenheitsverletzungen und dem Herbeiführen des Versicherungsfalles wegen der unterschiedlichen Verschuldensgrade problematisch sei.[298]

---

289 BGH 1.12.2004 TranspR **2005** 83.
290 KG 13.4.2007 TranspR **2007** 256; HansOLG 26.10.2006 TranspR **2007** 258.
291 *Abele* TranspR **2009** 60, 64; Thume/de la Motte/*Ehlers* § 28 Rn. 61ff.
292 *Abele* TranspR **2004** Sonderbeilage II; Thume/de la Motte/*Ehlers* § 28 Rn. 61ff.
293 *Abele* TranspR **2009** 60, 64; Thume/de la Motte/*Ehlers* § 28 Rn. 61ff.
294 Thume/de la Motte/*Ehlers*/*Temme* SGP Rn. 232; Thume/de la Motte/*Ehlers*/*Raab* KLP Rn. 288.
295 ebenso Beckmann/Matusche-Beckmann/*Heiss*/*Trümper* Rn. 375 ff; van Bühren/*Ehlers* Rn. 441 ff, die auf § 28 VVG abstellen.
296 BGH 3.10.1979 VersR **1979** 1117ff.; BGH 21.5.2003 VersR **2003** 900ff.
297 BGH 7.7.2004 TranspR **2005** 370ff.
298 *Ehlers* TranspR **2007** 5.

Dies ist deshalb nicht einsichtig, da der Schutzzweck unterschiedlich ist. Der VN soll die Obliegenheiten einhalten, damit er vor den Auswirkungen des qualifizierten Verschuldens geschützt werden kann.[299] Dagegen soll der VR bei vorsätzlichen Verhalten des VN i.S.d. § 81 VVG geschützt werden. Wenn der VN die Obliegenheiten nicht verletzt hat, halten i.d.R. die gesetzlichen Haftungsgrenzen. Dies dient hauptsächlich dem Interesse des VN (Kundenbeziehung zum Auftraggeber, keine Sanierungsgefahr). Daher sind die Rechtsfolgen zulässig.[300]

Auf die Leistungsfreiheit wegen Obliegenheitsverletzungen des VN kann sich der VR **196** aber dann nicht berufen, wenn und soweit eine VHV eine gesetzliche Pflichtversicherung gemäß § 7a GüKG ist und der Anspruchsteller zu Recht diese Pflichtversicherungsansprüche geltend machen kann.[301]

bb) VN und Repräsentant. Der VN muss die Obliegenheiten selbst verletzt haben. VN **197** ist das Unternehmen, das den Versicherungsvertrag abgeschlossen hat und im Versicherungsvertrag als VN benannt wird. Es wird durch den Inhaber oder bei einer Handelsgesellschaft durch den Geschäftsführer vertreten. Handelt es sich bei dem VN um eine oHG, KG, AG oder GmbH, so ist ihm das Handeln seiner gesetzlichen Vertreter oder Organe nach § 31 BGB direkt oder analog zuzurechnen.

Darüber hinaus gibt es weitere Personen, die als **Repräsentanten** des VN gelten. Der **198** BGH hat den Repräsentanten wie folgt definiert: „*Repräsentant ist, wer in dem Geschäftsbereich, zu dem das versicherte Risiko gehört, aufgrund eines Vertretungs- oder ähnlichen Verhältnisses an die Stelle des VN getreten ist. Die bloße Überlassung der Obhut über die versicherte Sache reicht hierfür nicht aus. Repräsentant kann nur sein, wer befugt ist, selbstständig in einem gewissen, nicht ganz unbedeutenden Umfang für den VN zu handeln (Risikoverwaltung)*“.[302] Nicht erforderlich ist, dass der Repräsentant die Rechte und Pflichten aus dem Versicherungsvertrag wahrzunehmen hat. Wer Repräsentant ist, ist eine Frage des Einzelfalls.

Übt jemand auf Grund eines Vertretungs- oder ähnlichen Verhältnisses die Verwaltung des Versicherungsvertrages eigenverantwortlich aus, so kann er Repräsentant sein.[303] Wenn ein Familienangehöriger als eigenverantwortlicher Geschäftsführer auftritt, gilt er als Repräsentant.[304] Der Niederlassungsleiter ist meist Repräsentant. Wenn ein Disponent auf Grund seiner internen Vertretungsverhältnisse tätig wird, kann er u.U. Repräsentant sein.[305] Der Lageraufseher oder Prokurist kann, muss aber nicht Repräsentant sein. Es kommt darauf an, ob sie selbstständig Personen für das Lager einstellen dürfen und selbstständige Hoheit über das Lager haben. Ein LKW-Fahrer ist kein Repräsentant.[306] Die Überlassung der Obhut für die Waren allein genügt nicht. Repräsentant wäre er nur, wenn ihm der LKW zur eigenverantwortlichen Nutzung, wie dies bei Handelsvertretern der Fall sein kann, überlassen worden wäre.[307] Anders ist es nur, wenn der Inhaber der versicherten Firma selbst der Fahrer war, der die Obliegenheit verletzt hat.

---

299 *Abele* TranspR **2009** 60, 64.
300 *Abele* TranspR **2009** 60, 64; Thume/de la Motte/*Ehlers* § 28 Rn. 61ff.
301 A Rn. 35ff.
302 Terbille/*Gerke*/*Gerhard* MAH § 11 Rn. 248 m.w.N.
303 BGH 21.4.1993 VersR **1993** 828ff.
304 BGH 4.7.1990 RuS **1990** 310 ff; van Bühren/*Ehlers* Rn. 444.
305 LG München 10.2.2015 13 HK O 5832/14.
306 Prölss/Martin/*Koller* Ziff. 7 DTV-VHV Rn. 4.
307 BGH 1.10.1969 NJW **1970** 43.

199 cc) **Kausalität und Beweislast.** Leistungsfreiheit für den Fall vorsätzlicher oder grob fahrlässiger Obliegenheitsverletzung besteht nach Ziff. 7.3.1 S. 1 der DTV-VHV 2003/2011 nicht, wenn die Verletzung weder Einfluss auf den Eintritt des Versicherungsfalles noch auf die Feststellung oder den Umfang der Versicherungsleistung gehabt hat. Ein solcher dem VN eröffneter Kausalitätsgegenbeweis ist zulässig.

Die Beweislast für das Vorliegen einer Obliegenheitsverletzung liegt beim VR. Das Fehlen der groben Fahrlässigkeit oder des Vorsatzes und damit die fehlende Kausalität muss der VN beweisen.[308]

8 Maximum (Ziff. 8 DTV-VHV 2003/2011)

Ziff. 8 Begrenzung der Versicherungsleistung

(Bausteinsystem)

8.1 Schadenfall

Begrenzung der Versicherungsleistung bei gesetzlicher oder vertraglicher Haftung

Die maximale Versicherungsleistung beträgt je Schadenfall, also je Geschädigten und je Verkehrsvertrag

– für Frachtverträge:

bei Güterschäden: €;

bei reinen Vermögensschäden: €;

– für Speditionsverträge:

bei Güter- und Güterfolgeschäden: €;

bei reinen Vermögensschäden: €;

– für Lagerverträge:

bei Güter- und Güterfolgeschäden: €;

bei Differenzen zwischen Soll- und Ist-Bestand des Lagerbestandes leistet der Versicherer jedoch maximal .... €, unabhängig von der Zahl der für die Inventurdifferenz ursächlichen Schadenfälle;

– bei reinen Vermögensschäden; €,

– für Ansprüche nach dem Recht der unerlaubten Handlung (Deliktsrecht) – unabhängig von der Art des Verkehrsvertrages oder des Schadens – €,

8.2 Schadenereignis

Begrenzung der Versicherungsleistung je Schadenereignis

Der Versicherer leistet höchstens ....€. Die durch ein Ereignis mehreren Geschädigten entstandenen Schäden werden unabhängig von der Anzahl der Geschädigten und der Verkehrsverträge anteilmäßig im Verhältnis ihrer Ansprüche ersetzt, wenn sie zusammen die äußerste Grenze der Versicherungsleistung übersteigen.

8.3 **Jahresmaximum**

8.3.1 **Begrenzung der Versicherungsleistung pro Versicherungsjahr**

Die Höchstersatzleistung des Versicherers beträgt für alle Schadenereignisse der versicherten Verkehrsverträge eines Versicherungsjahres .... €.

8.3.2 **Zusätzliche Begrenzung bei qualifiziertem Verschulden**

Die Versicherungsleistung des Versicherers ist zusätzlich je Versicherungsjahr bei Schäden, die vom Versicherungsnehmer, seinen gesetzlichen Vertretern oder seinen leitenden Angestellten durch Leichtfertigkeit und in dem Bewusstsein, dass ein Schaden mit Wahr-

---

308 Prölss/Martin/*Koller* VVG III Ziff. 7 DTV-VHV Rn. 4; van Bühren/*Ehlers* § 19 Rn. 447.

scheinlichkeit entstehen werde, herbeigeführt, durch Kardinalpflichtverletzung oder durch grobes Organisationsverschulden verursacht worden sind, über die gesetzliche oder vertragliche Regelhaftung (§ 449 HGB-Korridor) und unabhängig vom Schadenfall und -ereignis, begrenzt bis maximal .... €.

a) **Allgemeines.** Das **Versicherungsmaximum** ist der Betrag, der die Obergrenze jeder Leistungspflicht des Versicherers bildet. Dies kann ein Maximum pro Versicherungs- oder Schadenfall, pro Jahr oder pro Police sein. Meist sind einzelne Beträge pro Transportmittel oder Lager angegeben. Über das jeweilige Maximum hinausgehende Beträge sind nicht versichert. Jedes VU wird zur Verringerung seiner eigenen Zahlungspflichten Grenzen (Maxima) der Versicherungsleistung setzen. Unabhängig von der Höhe des tatsächlich entstandenen Schadens ist die Leistungsverpflichtung des VR durch maximale Versicherungssummen begrenzt. Damit sorgt der VR dafür, dass das versicherte Risiko kalkulierbar und überschaubar bleibt. Es muss ein angemessenes Verhältnis zwischen Risiko und Prämie erzielt werden. **200**

Die Summen, bis zu denen Zahlungen maximal erfolgen, werden im Versicherungsvertrag der Höhe nach festgehalten. Das ist das Leistungsversprechen der Haftpflichtversicherung.

Die in den Verkehrshaftungspolicen standardmäßig vorgesehenen Grenzen der Ersatzleistung können durch individuelle Vereinbarung aufgestockt werden, soweit der VN dies für notwendig hält. Jeder Unternehmer muss daher im Fragebogen bzw. in der Betriebsbeschreibung angeben, welche Deckungssummen er haben möchte. Der VR wird dann mitteilen, ob er solche Versicherungssummen zur Deckung der Haftungsschäden zur Verfügung stellen will.

In den DTV-VHV 2003/2011 sind die Summen aus kartellrechtlichen Gründen freigelassen. VR haben die Summen mit eigenen Beträgen ausgefüllt. Die bis 2003 versicherten Summen (€ 7,5 Mio. pro Schadenereignis) wurden erheblich reduziert. Es kann keine generelle Aussage erfolgen, welche Summen hier in der Praxis eingesetzt wurden. Zu unterschiedlich sind die Konzepte der VR für die einzelnen Verkehrsträger (Frachtführer, Speditionen, Lagerhalter) und die eingesetzten Summen. Fast immer werden jedoch die Grenzen des Pflichtversicherungsregelung des § 7a GüKG mit € 600.000 übertroffen (Ausnahme: Briefbeförderer, KEP). **201**

Bei den Versicherungsmaxima wird pro Schadenfall, d.h. pro Verkehrsauftrag, pro Schadenereignis, d.h. für mehrere Schadenfälle aus einer Ursache, und pro Versicherungsjahr (Jahresaggregat), d.h. für alle Versicherungsfälle eines Jahres, unterschieden. **202**

b) **Maximum je Schadenfall (Ziff. 8.1 DTV-VHV 2003/2011).** Als **Schadenfall** wird der Schaden bezeichnet, der als Ursache eines Haftungstatbestand an einem Verkehrsauftrag eines Auftraggebers eintritt.[309] Die Begrenzung der Versicherungsleistung bei gesetzlicher oder vertraglicher Haftung pro Schadenfall kann im Regelfall erfolgen: **203**

- je Kilogramm des Rohgewichts der Sendung (mit 8,33 SZR, 40 SZR oder reduzierten bzw. erhöhten SZR),
- je €-Betrag (pro Auftrag, mit festen Pauschalsummen ohne Gewichtsangabe, wie z.B. € 500),
- festen Summen mit Kilo-Bezug (€ 5 pro Kilo).

---

[309] Prölss/Martin/*Koller* VVG III Ziff. 8 DTV-VHV Rn. 1; Terbille/*Gerke*/*Gerhard* MAH § 11 Rn. 269; Thume/de la Motte/*Ehlers*/*Kollatz* DTV-VHV Rn. 130; van Bühren/*Ehlers* Rn. 451.

Es können dabei für die jeweiligen Vertragsarten die Haftungen auf die Versicherungsebene übertragen werden. Das bedeutet, dass immer nur in Höhe der gesetzlichen oder vertraglichen Regelhaftungen Deckung besteht.

Es können dabei jeweils gesonderte Maxima-Regelungen vorgenommen werden, unterteilt nach den versicherten Risiken:

- Frachtverträge (8,33 und 40 SZR pro Kilo)
- Speditionsverträge (€ 5 pro Kilo)
- Lagerverträge (€ 5 pro Kilo, € 5.000 pro Lagervertrag, € 25.000 pro Inventur).

Zusätzlich können VR bestimmte Summen für Güterfolge- und reine Vermögensschäden einführen.

Ferner können zusätzlich von der Haftungsgrenze des allgemeinen Transportrechts unabhängige Obergrenzen benannt werden, wie z.B. für Frachtverträge bei

- Güterschäden € ...;
- reinen Vermögensschäden € ....

204 c) **Maximum je Schadenereignis** (Ziff. 8.2 DTV-VHV 2003/2011). Es können zusätzliche Begrenzungen der Versicherungsleistung je Schadenereignis eingeführt werden. Als ein **Schadenereignis** gelten mehrere zeitlich und örtlich zusammenhängende Schäden aus derselben Ursache.[310] Das sind Fälle, bei denen nicht nur Ansprüche wegen eines Verkehrsauftrags geltend gemacht werden, sondern wenn ein oder mehrere Auftraggeber mit mehreren Verkehrsaufträgen durch ein Ereignis geschädigt werden. Dann leistet der VR maximal einen festen Betrag gemäß der im Versicherungsvertrag festgeschriebenen Summe (Maxima pro Ereignis). Werden durch ein Ereignis mehrere geschädigt, werden die entstandenen Schäden unabhängig von der Anzahl der Geschädigten und der Verkehrsverträge anteilmäßig im Verhältnis ihrer Ansprüche ersetzt, wenn sie zusammen die eben genannte Grenze der Versicherungsleistung übersteigen.

205 d) **Jahresmaximum** (Ziff. 8.3.1 DTV-VHV 2003/2011). Schließlich können VR eine Begrenzung der Versicherungsleistung pro **Versicherungsjahr** einführen.[311] Diese in jeder Betriebshaftpflichtversicherung übliche Begrenzung der Höhe nach muss im Versicherungsvertrag geregelt werden. Damit wird das Risiko für den VR pro Jahr kalkulierbar. Die Höchstersatzleistung des VR für alle Schadenereignisse der versicherten Verkehrsverträge eines Versicherungsjahres wird dabei auf einen bestimmten Betrag festgelegt. Wenn diese Summe durch Auszahlung von ersatzpflichtigen Schäden verbraucht ist, besteht die Möglichkeit, zusätzlich weitere Summen anzufordern. Ein VR wird aber einem solchen Antrag auf nochmalige Gewährung eines zusätzlichen Maximums nur bei Wegfall schadenträchtiger Risiken und einem kräftigen Sanierungszuschlag stattgegeben.

e) **Jahresmaximum wegen qualifizierten Verschuldens** (Ziff. 8.3.2 DTV-VHV 2003/
206 2011). Als weiteres zusätzliches Limit kann die Versicherungsleistung je Versicherungsjahr in Fällen des sog. **qualifizierten Verschuldens**[312] eingeschränkt werden. Diese Klausel ist zulässig.[313]

---

310 Siehe B Rn. 207; Prölss/Martin/*Koller* VVG III Ziff. 7 DTV-VHV Rn. 4; Terbille/*Gerke/Gerhard* MAH § 11 Rn. 271; Thume/de la Motte/*Ehlers/Kollatz* DTV-VHV Rn. 131; van Bühren/*Ehlers* Rn. 453.

311 Van Bühren/*Ehlers* Rn. 454.

312 Siehe B Rn. 167; Knorre/Demuth/Schmid/*Kehl* D.I.1. Rn. 8 ff; *Koller* § 435 HGB Rn. 6 ff; *Pokrant* RdTW **2013** 10ff.

313 Prölss/Martin/*Koller* VVG III Ziff. 8 DTV-VHV Rn. 3.

Bei Schäden, die vom VN, seinen gesetzlichen Vertretern oder seinen leitenden Angestellten verursacht worden sind

- durch Leichtfertigkeit und in dem Bewusstsein, dass ein Schaden mit Wahrscheinlichkeit entstehen werde,
- durch eine Verletzung einer vertragswesentlichen Pflicht (sog. Kardinalpflichtverletzung),
- durch grobes Organisationsverschulden,

soll das in 2003 neu eingeführte Jahresmaximum gelten.

aa) Rechtsprechung zum qualifizierten Verschulden. Die deutschen Rechtsprechung zum qualifizierten Verschulden der Verkehrsträger ist sehr komplex und auf den Einzelfall bezogen.[314] **207**

(1) Pflichten der Verkehrsträger. Je größer die mit der Güterbeförderung verbundenen Risiken sind, desto höhere Anforderungen sind laut BGH an die zu treffenden Sicherheitsmaßnahmen zu stellen. Von erheblicher Bedeutung ist in diesem Zusammenhang, ob das transportierte Gut leicht verwertbar und damit besonders diebstahlsgefährdet ist, welchen Wert es hat, ob dem Frachtführer die besondere Gefahrenlage bekannt sein musste und welche konkreten Möglichkeiten einer gesicherten Fahrtunterbrechung es gab, um vorgeschriebene Pausen einzuhalten.[315] **208**

Der BGH hat zwar entschieden, dass allein auf Grund des allgemeinen Hinweises in einem Frachtvertrag „ACHTUNG: Diebstahlgefährdete Ware! Wagen wird verplombt!" der Verkehrsträger grundsätzlich nicht von einer „besonderen Gefahrenlage" ausgehen muss und er keinen Einsatz eines Kastenwagens statt eines Planen-LKWs oder den Einsatz eines zweiten Fahrers vornehmen muss.[316] Sobald der Auftraggeber aber die Art der Ware und dessen Wert mitteilt, muss er das in seiner Obhut befindliche Gut besonders schützen.

Diese folgenden Grundsätze hat die Rechtsprechung für den Fall des Verlustes von Transportgut entwickelt.[317] Der BGH lässt jedoch keine schematische Betrachtungsweise zu. Es sind bei der Abwägung sämtliche festgestellten Umstände zu berücksichtigen.[318]

(2) Aufgaben des Auftraggebers. Der Auftraggeber muss den ungewöhnlich hohen Wert des Transportguts so rechtzeitig mitteilen, dass der Verkehrsträger eine Entscheidung darüber treffen kann, ob er angesichts des Werts und der Art des Transportguts den Verkehrsvertrag überhaupt ausführen will. Als zweites kommt hinzu, dass er besondere Sicherungsmaßnahmen nach der ständigen Rechtsprechung des BGH ergreifen muss.[319] **209**

(3) Mitverschulden. Bei Verlust von Waren, die einerseits auf einem qualifizierten Verschulden des Frachtführers und zum anderen auf dem vom Auftraggeber nicht angegebenen hohen Wert des Gutes beruhen, kann zwar nach der Rechtsprechung des BGH eine **210**

---

314 Siehe B Rn. 167; *Pokrant* RdTW **2013** 10; MüKo-HGB/*Paschke* § 435 8 ff m.w.N.
315 BGH 6.6.2007 TranspR **2007** 423 ff; *Koller* VersR **2004** 1346.
316 BGH 1.7.2010 TranspR **2011** 78f.
317 BGH 10.12.2009 TranspR **2010** 78; BGH 24.11.2010 TranspR **2011** 161; BGH 13.1.2011 TranspR **2011** 218.
318 BGH 18.12.2008 TranspR **2010** 143; BGH 13.12.2012 TranspR **2013** 286; *Koller* VersR **2004** 1346; *Pokrant* RdTW **2013** 10.
319 BGH 3.7.2008 TranspR **2008** 394; BGH 13.6.2012 MDR **2012** 1423ff.

Schadenteilung nach § 254 BGB erfolgen. Es kann ferner trotz eines qualifizierten Verschuldens des Frachtführers eine Haftung entfallen, wenn der Auftraggeber sog. „Verbotsgüter" übergibt, d.h. Güter die der Frachtführer in seinen AGB von der Beförderung ausschließt.[320] Wenn der Wert der Sendung sehr deutlich über dem Betrag liegt, ab dem ein Hinweis auf einen ungewöhnlich hohen Schaden hätte erfolgen müssen, kommt dieser vollständige Ausschluss der Haftung des Frachtführers in Betracht.[321]

211 (4) **Beweislast.** Generell regelt der BGH die **Beweislast** wie folgt: Wenn der Vortrag des Klägers ein qualifiziertes Verschulden mit gewisser Wahrscheinlichkeit nahelegt oder sich Anhaltspunkte für ein derartiges Verschulden aus dem unstreitigen Sachverhalt ergeben, muss der Frachtführer substantiiert darlegen (**sekundäre Darlegungslast**), welche Sorgfalt er zur Vermeidung des eingetretenen Schadens konkret angewendet hat. Kommt er dem nicht nach, kann nach den Umständen des Einzelfalls auf ein qualifiziertes Verschulden geschlossen werden, mit der Folge, dass der Frachtführer in voller Höhe den Schaden erstatten muss.[322] Angesichts des unterschiedlichen Informationsstands der Vertragsparteien muss dem Frachtführer die Beweislast nach Treu und Glauben übertragen werden, soweit möglich und zumutbar, zu den näheren Umständen des Schadenfalls im Prozess im Hinblick auf das qualifizierten Verschulden vorzutragen.[323]

212 bb) **Jahresmaximierung.** Wenn der Schaden entsprechend den genannten Kriterien „qualifiziert verschuldet" verursacht wurde, werden alle entsprechenden Ansprüche eines Jahres auf die Gesamtsumme eines in der Police festgelegten so genannten Aggregats angerechnet. Die Versicherungsleistung wird für solche Ansprüche bis maximal zu einer festen Summe, die immer unter dem Jahresgesamtmaximum liegt, begrenzt.[324]

Es werden nach den DTV-VHV 2003/2011 alle Ansprüche, die über die versicherten gesetzlichen oder vertraglichen Haftungen hinausgehen, zunächst versichert. Es besteht also grundsätzlich Deckung, d.h. es erfolgt Freistellung und Abwehr unbegründeter Ansprüche. Die Freistellung ist jedoch summenmäßig pro Jahr begrenzt. Dies bedeutet, dass der VR primär die gesetzliche Haftung mit den in den vorherigen Ziff. genannten Summen zur Verfügung stellt. Zusätzlich werden weitere Zahlungen bei höheren Haftungssummen wegen eines so genannten qualifizierten Verschuldens des VN nur bis zu einem festen Betrag pro Jahr erstattet.

Wenn das Jahresaggregat für diese Ansprüche verbraucht ist, kann dem VN maximal die versicherte Grundhaftung (also 8,33 SZR oder 40 SZR) ausgezahlt werden. Den nicht versicherten Rest bis zur vollen Haftung wegen Organisationsverschuldens muss der Verkehrsträger dann aus eigener Tasche tragen. Anders ausgedrückt: Wenn eine über die versicherte Haftung hinausgehende Summe ausgezahlt werden soll, erfolgt dies nur, wenn das Sublimit (**Jahresaggregat**) nicht ausgeschöpft wurde.

Jede Zahlung, die die gesetzliche Haftung betrifft, wird unter Berücksichtigung der Maximalregelungen der vorherigen Ziff. abgewickelt. Die dort versicherten Summen werden in der Regel nach den gesetzlichen und vertraglichen Haftungssummen bezahlt.

Jede Zusatzzahlung, die deshalb erfolgen muss, weil eine höhere Haftung wegen des so genannten qualifizierten Verschuldens gegeben ist, wird automatisch auf das vereinbarte Aggregat angerechnet, das als Jahresbetrag für das Organisationsverschulden bereitsteht.

---

[320] BGH 5.2.2007 TranspR **2007** 164.
[321] BGH 13.8.2009 TranspR **2010** 143.
[322] Abele TranspR **2012** 391; *Marx* TranspR **2010** 174ff.
[323] B Rn. 167.
[324] GDV/*Flach/Supp/Bremke* 110; Thume/de la Motte/*Ehlers/Kollatz* DTV-VHV Rn. 139ff.

Durch das Jahresaggregat für Ansprüche aufgrund qualifizierten Verschuldens werden zusätzlich Ansprüche der Höhe nach bis zu einem bestimmten Betrag pro Jahr versichert, wenn diese über die gesetzliche oder sonst vertraglich vereinbarte Haftung hinausgehen.

Diese zusätzliche Begrenzung ist unter Kaufleuten nicht überraschend und daher zulässig.[325]

9 Schadenbeteiligung (Ziff. 9 DTV-VHV 2003/2011)

Ziff. 9 Schadenbeteiligung

Die allgemeine Schadenbeteiligung des Versicherungsnehmers beträgt ... % der Versicherungsleistung je Schadenfall, mindestens € ... höchstens € ...

Für die Schadenbeteiligung des Versicherungsnehmers bei Manko- oder Fehlmengenschäden bei verfügter Lagerung wird das Ausmaß eines Schadenfalls mit € ... angenommen, es sei denn, er weist einen anderen Betrag nach.

Bei der **Schadenbeteiligung** wird der VN vom VR in bestimmter Höhe am Schaden „beteiligt". Der Versicherungsschutz bleibt aber in vollem Umfang bestehen. Der VR leistet nach außen in der Regel in voller Höhe, weil er nur dem Geschädigten gegenüber mit befreiender Wirkung als Haftpflichtversicherer zahlen kann. Vom VN kann er den verauslagten Betrag im Innenverhältnis zurückverlangen. Ein sprachlicher Unterschied zum **Selbstbehalt** besteht nicht, weil auch dort der VN einen Teil des von ihm zu verantwortenden Schadens ebenfalls wirtschaftlich selbst tragen muss.[326] **213**

Bagatellschäden sollen zur Vermeidung von Schadenbearbeitungskosten aus dem Versicherungsschutz herausfallen. Wenn der Schaden wegen der SB nicht in voller Höhe vom VR zu zahlen ist, wird insgesamt das Risiko des VR gemindert. Ferner soll der Anreiz gefördert werden, zur Schadenminderung oder -verhütung tätig zu werden. Wenn der VN unmittelbar an den Schadenkosten jedes einzelnen Schadens beteiligt wird, wird der VN aus kaufmännischen Gründen schadenmindernde Maßnahmen an Schwachstellen einführen.

Die Selbstbeteiligung des VN kann ein fester Betrag pro Schadenfall oder aber ein Prozentsatz aus der vom VR zu regulierenden Summe sein. Kombinationen von beiden sind zulässig. Häufig werden 15 % des ersatzpflichtigen Schadens, mindestens € 125/150, max. € 2.500 als Standardsummen eingesetzt. Hinzu kommt die Regelung, dass bei Inventurdifferenzen € 500/600 als ein Schadenfall gelten.

Ferner gibt es in der Praxis individuelle Möglichkeiten, die unterschiedlichsten Selbstbehalte zu vereinbaren. **214**

Abzugsfranchise: Der VR ersetzt nur den über den Franchisebetrag hinausgehenden Schadenanteil. Der Franchisebetrag geht in jedem Schadenfall zu Lasten des VN.

Integralfranchiste: Alle Beträge bis zum vereinbarten Franchisebetrag trägt der VN selbst. Schäden, die über den Franchisebetrag hinausgehen, werden vom VR ohne Abzug erstattet.

In der Praxis gibt es viele Regelungen, die in diesem Zusammenhang nicht ausgeführt werden können. Ein Argument für hohe Selbstbeteiligungen bei gleichzeitiger Absenkung der Prämie ist die anteilige Einsparung der Versicherungssteuer.

Die Höhe des Selbstbehalts können die Parteien im Rahmen der Privatautonomie grundsätzlich frei festlegen. Regelungen zum Selbstbehalt können der AGB-Kontrolle nach **215**

---

[325] GDV/*Flach/Supp/Bremke* 110 m.w.N; kritisch zur Berechnung van Bühren/*Ehlers* Rn. 457.

[326] *Franz/Spielmann* VersR **2012** 960; **a.A.** Prölss/Martin/*Koller* VVG III Ziff. 9 DTV-VHV Rn. 1.

§ 307 Abs. 2 Nr. 2 BGB unterliegen.[327] Der Selbstbehalt darf weder den Zweck der Pflichtversicherung nach § 7a GüKG oder den jeweiligen vertraglichen Regelungen in den AGB zur Versicherung gefährden noch gegen Rechtsvorschriften verstoßen (§ 114 Abs. 2 S. 1 VVG). Da Einschränkungen des Versicherungsschutzes zulasten des Geschädigten und der Mitversicherten im Bereich der Pflichtversicherung zwar unzulässig sind (§ 114 Abs. 2 S. 2 VVG), § 7a GüKG als lex specialis eine andere Regelung hat, indem im Gesetzestext pauschal Selbstbehalte als zulässig erachtet werden, darf der Selbstbehalt auch gegenüber dem Direktanspruch eingewendet werden.[328]

Es ist den Kaufleuten (VN und VR) im Rahmen der Privatautonomie überlassen, welche Höhe der Schadenbeteiligung sie angesichts der Prämie und der Anzahl der Schäden wählen. In der Praxis kommen insbesondere bei großvolumigen Versicherungsverträgen deutlich höhere SB-Varianten vor.

10 Rückgriff, Regress (Ziff. 10 DTV-VHV 2003/2011)

Ziff. 10 Rückgriff, Regress

10.1 Der Versicherer verzichtet auf einen Rückgriff gegen den Versicherungsnehmer und seine Arbeitnehmer. Der Versicherer ist jedoch berechtigt, gegen jeden Rückgriff zu nehmen, der den Schaden vorsätzlich herbeigeführt hat.

10.2 Der Versicherer ist ferner berechtigt, gegen den Versicherungsnehmer Rückgriff zu nehmen, wenn

10.2.1 er seine Anmelde- oder Zahlungspflichten vorsätzlich verletzt hatte, der Versicherer aber dennoch gegenüber dem Geschädigten zu leisten verpflichtet ist;

10.2.2 ein Versicherungsausschluss gegeben war, eine Obliegenheitsverletzung durch den Versicherungsnehmer oder seine Repräsentanten zur Leistungsfreiheit des Versicherers geführt hätte oder ein nicht versicherter Verkehrsvertrag zugrunde lag, der Versicherer aber dennoch gegenüber dem Geschädigten zur Leistung verpflichtet ist.

216 Der VR verzichtet grundsätzlich auf einen **Rückgriff** gegen den VN und seine Arbeitnehmer. Wenn diese den Schaden jedoch vorsätzlich herbeigeführt haben, nimmt der VR nach Zahlung an den geschädigten Anspruchsteller Rückgriff. Das ist z.B. dann der Fall, wenn der VR zunächst versehentlich zahlen musste, dann aber feststellt, dass die Zahlung zu Unrecht erfolgt ist.[329]

Durch den Abschluss einer VHV schützt sich der Verkehrsträger gegen das schwer abschätzbare Haftungsrisiko aus Verkehrsverträgen und die im Betrieb beschäftigten Mitarbeiter. Der VR kann jedoch bei Vorsatzhandlungen den VN, dessen Repräsentanten und jeden Mitarbeiter, gleichgültig in welcher Funktion, in Regress nehmen.

Wenn der VN seine Anmelde- oder Zahlungspflichten vorsätzlich verletzt, der VR aber gegenüber dem Geschädigten zu leisten verpflichtet war, besteht ebenfalls die Regressmöglichkeit.[330] Dasselbe gilt, wenn ein Versicherungsausschluss gegeben war oder eine Obliegenheitsverletzung zur Leistungsfreiheit des Versicherers geführt hätte, der VR aber dennoch zur Leistung verpflichtet war. Wenn also die VHV wegen den Pflichtversicherungsanforderungen leisten musste, hat der VR die Möglichkeit, Regress gegenüber dem eigenen VN zu nehmen.

---

[327] Langheid/Wandt/*Brand* § 114 Rn. 26; van Bühren/*Ehlers* Rn. 467ff.

[328] A Rn. 37 m.w.N.

[329] Van Bühren/*Ehlers* Rn. 462.

[330] Prölss/Martin/*Koller* VVG III Ziff. 10 DTV-VHV Rn. 1.

11 Prämien (Ziff. 11 DTV-VHV 2003/2011)

Ziff. 11 Anmeldung, Prämie, Zahlung und Sanierung

11.1 Anmeldepflicht

Durch den Abschluss dieser laufenden Versicherung wird der Versicherungsnehmer verpflichtet, sämtliche unter diesen Versicherungsvertrag fallenden Verkehrsverträge nach Maßgabe der Ziffer 11.2 oder die vereinbarte Prämiengrundlage anzumelden.

11.2 Anmeldeverfahren

(Bausteinsystem: Raum für individuelles Anmeldeverfahren je vereinbarter Prämiengrundlage, z.B. Umsatz-, Einzel- oder summarische Anmeldungen, Deckungszusagen uvm.)

11.3 Verletzung der Anmeldepflicht

11.3.1 Hat der Versicherungsnehmer die Anmeldung unterlassen oder fehlerhaft vorgenommen, so ist der Versicherer von der Verpflichtung zur Leistung frei, ohne dass es einer Kündigung durch den Versicherer bedarf, es sei denn, dass der Versicherungsnehmer die Sorgfaltspflicht eines ordentlichen Kaufmannes nicht verletzt hat und dass er die Anmeldung unverzüglich nach Entdeckung des Fehlers nachgeholt oder berichtigt hat.

11.3.2 Verletzt der Versicherungsnehmer die Anmeldepflicht vorsätzlich, so kann der Versicherer den Vertrag fristlos kündigen. Dem Versicherer gebühren die Prämien, die ihm im Falle gehöriger Erfüllung des Vertrages bis zum Wirksamwerden der Kündigung zu zahlen gewesen wären.

11.4 Prämie (Bausteinsystem)

11.5 Zahlung (Bausteinsystem)

11.6 Sanierung (Bausteinsystem)

a) **Prämienanmeldung (Ziff. 11.1 DTV-VHV 2003/2011).** Ziff. 11.1 DTV-VHV stellt den Grundsatz der laufenden Police nach der gesetzlichen Begriffsbestimmung in § 53 klar: Der VN muss alle Verkehrsverträge und die daraus folgenden Umsätze oder ggf. andere Meldungen dem VR mitteilen. **217**

Klargestellt wird durch den Hinweis „sämtliche unter den Versicherungsvertrag fallende“, dass nur die Verkehrsverträge zu melden sind, die Gegenstand des Versicherungsvertrags sind. Nicht anzumelden sind erstens alle Risiken, die in Ziff. 1.1 DTV-VHV ausgenommen werden (bsp. nur Frachtführer im **Straßen**güterverkehr).[331] Zweitens alle Risiken, die nicht Gegenstand der VHV gem. Ziff. 1.4 DTV-VHV sind.[332] Alle anderen Verkehrsverträge sind dem VR zu melden. Bei der VHV gibt es verschiedene Kriterien, anhand derer der VR eine Prämie errechnen und quotieren kann und dementsprechend der VN die Prämien anmelden muss.

b) **Anmeldung (Ziff. 11.2 DTV-VHV 2003/2011).** Damit die Fragen der laufenden Police geregelt beantwortet werden können, wurde folgende Anregung in den DTV-VHV 2003/2011 gegeben: Anmeldeverfahren erfolgt nach dem Bausteinsystem: Raum für individuelles Anmeldeverfahren je vereinbarter Prämiengrundlage, z.B. Umsatz-, Einzel- oder summarische Anmeldungen, Deckungszusagen etc. **218**

In der Praxis erfolgt die Prämienanmeldung wie folgt:

331 B Rn. 39.

332 B Rn. 62ff.

219 aa) **Umsatz.** Bei Versicherungen für mittlere und größere Verkehrsträger kann der Umsatz des Unternehmens als Prämienberechnungsgrundlage herangezogen werden. Dabei ist es gleichgültig, ob es sich um einen Frachtführer, Spediteur oder Lagerhalter handelt. Anhand von Erfahrungswerten versucht der VR den Schadenbedarf pro Jahr zu ermitteln und setzt diesen ins Verhältnis zum Umsatz. Daraus ergibt sich dann ein Prozent- oder Promillesatz als Prämiensatz.

Von der Fracht sind gemäß § 420 Abs. 1 S. 2 HGB die vom Absender zu erstattenden Aufwendungen zu unterscheiden. Diese zählen nicht zur Fracht und damit nicht zum Umsatz des VN, wenn keine Sonderregelungen bei der Beitragsberechnung in der Police vorhanden sind.[333] Es handelt sich vielmehr um Aufwendungen, die der Frachtführer zusätzlich für das Gut erbringt, d.h. im Rahmen einer zusätzlichen Geschäftsbesorgung über die allgemeinen Beförderungskosten hinaus.[334] Zum Frachtentgelt gehören die Kosten, die regelmäßig anfallen. Lohnkosten der Angestellten, Vergütung der Subunternehmer und die Wegekosten gehören zum Frachtentgelt. Wenn ein Benzinkostenzuschlag wegen der Verteuerung der Benzinpreise verlangt wird, dann gehört dies genauso zum Umsatz wie Aufwendungen für den verauslagten Zoll. Die LKW-Maut gehört ebenfalls zu den allgemeinen Betriebskosten, und zwar unabhängig davon, ob der Frachtführer die Maut pauschal in die Fracht einrechnet oder einzeln berechnet. Ob der jeweilige Umsatz und die darin enthaltenen Aufwendungen risikorelevant sind, ist gleichgültig. Sie dienen lediglich als Berechnungsfaktor für die zu zahlende Prämie.

220 bb) **Fahrzeuganzahl.** Bei LKW-Transportunternehmen wird teilweise die Anzahl der Fahrzeuge als Prämienberechnungsgrundlage herangezogen. Pro Fahrzeug wird ein bestimmter Jahrespauschalbetrag als Prämie festgelegt. Die Pauschalprämien pro Fahrzeug sind unterschiedlich hoch. Man kann nach folgenden Kriterien differenzieren:

- Größenordnung der Fahrzeuge (Nutzlast)
- technische Ausstattung der Fahrzeuge (Kühl-, Tank-, Silofahrzeuge)
- Transportart (Regional-, Langstrecken-, grenzüberschreitender Verkehr)
- Art der beförderten Güter (Schwergut, PKW, Schüttgut, Kühlgut).

Ein Kühlfahrzeug kann eine höhere Prämie erfordern als ein normales Planenfahrzeug, weil bei der Verwendung eines Kühlfahrzeugs zusätzlich eine Gefahr wegen Nichtfunktionierens des Kühlaggregats besteht. Das Risiko ist für den VR höher als bei einem Planenfahrzeug.

221 cc) **Festprämien.** Es können Jahrespauschalprämien mit einem festen Beitrag pro Jahr vereinbart werden. Weil der Umsatz nicht immer eine Aussage über das tatsächliche Schadenrisiko darstellt, kann diese Prämienberechnung richtig sein. Auf der anderen Seite sind keinerlei Änderungen des Risikos erfassbar. Sinkt der Umsatz, weil ein Großkunde nicht mehr mit dem Verkehrsträger zusammenarbeitet, bleibt die Prämie für den Verkehrsträger gleich. Eine Festprämie kann also auch nachteilig sein.

222 c) **Verletzung der Prämienanmeldungspflicht (Ziff. 11.3 DTV-VHV 2003/2011).** Es besteht die Möglichkeit, dass der VN seine Anmeldepflichten verletzt. Der VN kann die Prämienanmeldung entweder unterlassen oder inhaltlich die Anmeldung fehlerhaft vornehmen. Der VR ist von der Leistungsverpflichtung frei, ohne dass es einer Kündigung durch den VR bedarf, sofern der VN die Sorgfaltspflicht eines ordentlichen Kaufmannes

---

333 *Koller* § 431 HGB Rn. 17.

334 *Koller* § 420 HGB Rn. 9ff.

verletzt hat und er die Anmeldung nicht unverzüglich nach Entdeckung des Fehlers nachgeholt oder berichtigt hat. Dies entspricht dem gesetzlichen Leitbild des § 54 Abs. 1 S. 2 VVG.[335]

Der VR kann den Versicherungsvertrag fristlos kündigen, wenn der VN seine Anmeldepflicht vorsätzlich verletzt hat. Dem VR gebühren die Prämien, die ihm im Falle gehöriger Erfüllung des Vertrages bis zum Wirksamwerden der Kündigung zu zahlen gewesen wären.

Je nachdem, welche Art von Prämienberechnungsgrundlage Gegenstand des Versicherungsvertrags ist, kann sich die Notwendigkeit zur monatlichen oder vierteljährlichen Prämienanmeldung ergeben. Bei Umsatzpolicen ist je nach Vereinbarung monatlich, vierteljährlich oder nur jährlich der in der zurückliegenden Periode erzielte Unternehmensumsatz aufzugeben und die sich entsprechend dem vereinbarten Prämiensatz ergebende Prämie anzumelden und zu zahlen.

d) **Prämie/Zahlung (Ziff. 11.4 und 5 DTV-VHV 2003/2011).** Der VR kann die Einzelheiten der Fälligkeit der Prämien samt der Zahlungsweise (jährlich, monatlich) und die Modalitäten der Zahlung mit dem VN vereinbaren und entsprechend regeln. **223**

In der Praxis wird dies häufig nicht in Ziff. 11 DTV-VHV geregelt, sondern über einen Nachtrag zum Versicherungsvertrag (Prämienvereinbarung), in dem die Prämien (Fest-, Umsatz oder Einzelanmeldung) und die Anmeldungsweise samt den Zahlungsmodalitäten geregelt werden. Der Vorteil liegt darin, dass diese Vereinbarung jederzeit geändert werden kann und nicht jeweils die gesamten AVB geändert werden müssen.

e) **Sanierung (Ziff. 11.6 DTV-VHV 2003/2011).** Viele VHV haben eine eigene **Sanierungsklausel.** In dieser wird festgelegt, dass der VN einen bestimmten oder individuell zu vereinbarenden Prämienzuschlag zu zahlen hat, wenn die Schadenquote einen bestimmten Satz übersteigt. Der Prämienzuschlag ist meist dann zu zahlen hat, wenn die Schadenquote den Satz von 70 % (teilweise auch schon 60 %) übersteigt. **224**

Hinter diesem Mechanismus steht folgende Erfahrung: Die Risikoprämie, mit welcher der VR kalkuliert, ist die Nettoprämie, also ohne Versicherungssteuer. Nahezu einheitlich kalkulieren die VR einen Verwaltungskostenanteil von mindestens 30 % bis max. 50 % der Nettoprämie. Die Kosten für den laufenden Versicherungsbetrieb beinhalten die Kosten für die interne Verwaltung, für den Vertrieb (inklusive Maklercourtage), für die Policierung, für das Prämieninkasso und – besonders in der Verkehrshaftung – für die Schadenbearbeitung. Um keinen Verlust zu machen, dürfen für Schadenzahlungen maximal 70 % der gezahlten Nettoprämie aufgewendet werden. Jeder darüberhinaus gehende Betrag ist ein Verlustgeschäft für den VR.

Mittels der Sanierungsklausel wird vertraglich festgelegt, in welchem Umfang der VN eine erhöhte Prämie zu zahlen hat, damit die Schadenquote unter Berücksichtigung der höheren Prämie wieder unter 70 % absinkt. **225**

Folgende Sanierungsklausel existiert beispielsweise:

„Übersteigt die Schadenbelastung 70 % (oder 50 %) des Beitrags, ist für das Folgejahr ein Zuschlag zum Beitrag nach folgender Staffel zu verlangen.

1.1.bis 100 %	50 % Zuschlag
1.2.bis 150 %	120 % Zuschlag
1.3.bis 200 %	200 % Zuschlag.

[335] Terbille/*Gerke*/*Gerhard* MAH § 11 Rn. 275.

2. Übersteigt die Schadenbelastung 200 %, können Sanierungsmaßnahmen verlangt werden. Kommt hierüber innerhalb einer Frist von 2 Monaten ab Zugang des Sanierungsverlangens keine Einigung zustande, kann der Vertrag mit einer Frist von 2 Wochen gekündigt werden.

Die Schadenbelastung ist das Verhältnis der für den Beobachtungszeitraum gezahlten zuzüglich den reservierten bekannten Schäden zu den für den gleichen Zeitraum insgesamt geschuldeten Beiträge ohne Versicherungssteuer."

12 Bucheinsichts- und -prüfungsrecht (Ziff. 12 DTV-VHV 2003/2011)

Ziff. 12 Bucheinsichts- und -prüfungsrecht

Der Versicherer ist berechtigt, die Prämienanmeldungen durch Einsichtnahme in die entsprechenden Geschäftsunterlagen des Versicherungsnehmers zu überprüfen. Er ist verpflichtet, über die erlangten Kenntnisse Stillschweigen gegenüber Dritten zu bewahren.

226 Wenn der VR es verlangt, muss der VN Einsichtnahme in die Geschäftsunterlagen zulassen. Die Überprüfung der Umsätze, wenn die Prämien auf dieser Basis kalkuliert sind, ist zulässig. Alles das, was zur Steuerung der Police erforderlich ist, kann der VR prüfen. Die Buchprüfung wird in der Praxis durchaus von VR oder deren Maklern durchgeführt. Bei Beanstandungen muss der VN ggf. Prämien nachzahlen. Der VR wird ferner eine fristlose Kündigung nach Ziff. 11.3.2 DTV-VHV aussprechen, wenn er erkennt, dass bewusst die Prämienanmeldungen nicht ordentlich durchgeführt wurden.

13 Kündigung (Ziff. 13 DTV-VHV 2003/2011)

Ziff. 13 Kündigung

13 Kündigung

13.1 Der Versicherungsnehmer und die Versicherer sind berechtigt, den Versicherungsvertrag in Textform zum Ende des Versicherungsjahres zu kündigen. Die Kündigung muss drei Monate vor Ablauf des Vertrages zugegangen sein.

13.2 Nach Eintritt eines Versicherungsfalles können beide Parteien den Versicherungsvertrag kündigen. Die Kündigung ist in Textform zu erklären. Sie muss spätestens einen Monat nach dem Abschluss der Verhandlungen über die Entschädigung zugehen. Der Versicherer hat eine Kündigungsfrist von einem Monat einzuhalten. Kündigt der Versicherungsnehmer, so kann er bestimmen, dass seine Kündigung sofort oder zu einem späteren Zeitpunkt wirksam wird, jedoch spätestens zum Schluss der laufenden Versicherungsperiode.

13.3 Der Versicherungsschutz bleibt für alle vor Beendigung des Versicherungsvertrages abgeschlossenen Verkehrsverträge bis zur Erfüllung aller sich daraus ergebenden Verpflichtungen bestehen. Bei verfügten Lagerungen endet der Versicherungsschutz jedoch spätestens einen Monat nach Beendigung des Versicherungsvertrages.

227 **a) Ordentliche Kündigung (Ziff. 13.1 DTV-VHV 2003/2011).** Üblicherweise haben VHV-Versicherungen die Laufzeit von 1 Jahr. Längere Vertragszeiten (bis 3 Jahre) bestehen bei großvolumigen Policen, sind aber eher die Ausnahme.

Häufig gibt es eine automatische Verlängerung der Laufzeit, sofern keine rechtzeitige Kündigung erfolgt. Die Vertragsklausel lautet dann wie folgt: „Der Versicherungsvertrag verlängert sich jeweils um ein Jahr, wenn er nicht drei Monate vor Ablauf schriftlich gekündigt wird." Dies stimmt mit § 11 VVG überein.

Beide Seiten, also der VR und der VN, müssen die ordentliche Kündigung nicht mehr schriftlich aussprechen, da **Textform** (siehe § 126 b BGB) genügt. Demnach werden in den AVB nicht mehr die Schriftformerfordernisse des § 126 BGB gefordert, also eigenhändige Unterschrift eines Mitarbeiters des VR oder des VN. **228**

Die Monatsfrist wird in den DTV-VHV vorgeschlagen (§ 11 Abs. 2), während in der Praxis die VHV-Policen aus historischen Gründen und damit der VN genügend Zeit hat, um sich einen neuen VR zu suchen, meist eine Dreimonatsfrist enthalten. **229**

b) **Schadenfallkündigung (Ziff. 13.2 DTV-VHV 2003/2011).** Nach dem Eintritt des Versicherungsfalles kann der VR oder der VN das Versicherungsverhältnis kündigen. Die Regelung entspricht im Wesentlichen den gesetzlichen Regeln des § 92 zur Schadenfallkündigung. Dass Textform für die Kündigung erforderlich ist, ist eine Klarstellung. Die Voraussetzung, dass die Kündigung beim VR innerhalb der Monatsfrist zugehen muss, ebenfalls. Insoweit wird auf die Kommentierung zu § 92 verwiesen.[336] **230**

c) **Aufrechterhaltung des Versicherungsschutzes und Lagerung (Ziff. 13.3 DTV-VHV 2003/2011).** Der Versicherungsschutz beginnt, wenn der Verkehrsvertrag durch zwei sich **231** deckende Willenserklärungen des Auftraggebers und des Verkehrsträgers zustande gekommen ist. Schriftlichkeit wird nicht vorausgesetzt. Der Vertrag kann also mündlich, insbesondere am Telefon, abgeschlossen werden und bereits dann ist dieser Vertrag, wenn er ein grundsätzlich unter die VHV fallender Vertrag ist, versichert. Der Verkehrsvertrag kann später in Textform, also durch Email oder andere Arten (z.B. Fax), durch Übersendung eines *Borderos* oder Frachtbriefs bestätigt werden. Das Bordero ist eine Liste des Versandspediteurs, mit der er dem Empfangsspediteur alle erforderlichen Einzelheiten über jede in der Sammelladung enthaltene Einzelsendung mitteilt. Der Versicherungsschutz beginnt jedoch mit Vertragsschluss.

Zweitens müssen sie dem VR später „aufgegeben" werden. Die Deklaration ist eine Pflicht aus dem Versicherungsvertrag, die in Ziff. 11 DTV-VHV 2003/2011 weiter ausformuliert wird. „Aufgeben" ist ein Sammelbegriff für die je nach gewählter Prämiengrundlage und den jeweils verschiedenen Anmeldeformen (Umsatz, Festbeitrag o.a.). Näheres sollte vom jeweiligen VR im auszuformulierenden Anmeldeverfahren in Ziff. 11.2 DTV-VHV 2003/2011 geregelt werden.

Eine Sonderregelung gibt es hinsichtlich einer sog. Nachhaftung bei Lagerverträgen. Hierbei wird die Dauer der Versicherung auf einen Monat nach Beendigung des jeweiligen Lagervertrags ausgedehnt. **232**

Jeder Verkehrsvertrag ist nach dieser klarstellenden Regelung trotz der Kündigung des Versicherungsvertrags gedeckt, wenn er zwischen Beginn und Ende des vereinbarten Versicherungszeitraumes abgeschlossen wurde. Wenn ein Lagervertrag Mitte Dezember geschlossen wurde, der Schadeneintritt am 1.2. eintritt, obwohl die VHV-Lagerhalterhaftpflicht zum 31.12. endete, liegt ein außerhalb des Versicherungszeitraums liegender Schadenfall vor. Weil aber der betreffende Verkehrsvertrag vor Ende der Versicherung geschlossen wurde, besteht Deckung. Entscheidend ist nicht der Eintritt des Schadens (Verlust, Beschädigung, Lieferfristüberschreitung oder sonstiger Vermögensschaden), sondern der Abschluss des Verkehrsvertrages.

[336] Bruck/Möller/*Johannsen* § 92 Rn. 1ff.

14 Anwendbares Recht, Gerichtsstand (Ziff. 14 DTV-VHV 2003/2011)

Ziff. 14 Gerichtsstand, anwendbares Recht

14.1 Auf diesen Versicherungsvertrag findet deutsches Recht Anwendung, insbesondere die Vorschriften des VVG.

14.2 Für Klagen gegen den Versicherungsnehmer wegen Prämienzahlung, Zahlung von Schadenbeteiligung, Regressansprüchen oder aus sonstigem Grund ist das Gericht am Ort der Niederlassung oder des Sitzes des Versicherungsnehmers zuständig.

14.3 Für Klagen gegen den Versicherer ist das Gericht am Ort der zuständigen geschäftsführenden Stelle des Versicherers zuständig. Für Klagen gegen den Versicherungsnehmer wegen Prämienzahlung, Zahlung von Schadenbeteiligung, Regressansprüchen oder aus sonstigem Grund ist das Gericht am Ort der Niederlassung oder des Sitzes des Versicherungsnehmers zuständig.

233 a) **Rechtswahl (Ziff. 14.1 DTV-VHV 2003/2011).** Grundsätzlich kann der deutsche VR mit deutschen VN deutsches Recht, d.h. die Geltung des VVG vereinbaren. Mittels der Rechtswahlklausel wird als anzuwendendes Recht deutsches Recht gewählt.

Gelten die Art. 27ff. EGBGB, ist die Rechtswahl wirksam, weil die Parteien dieses Recht im Rahmen ihrer Privatautonomie frei wählen können.[337]

234 Die Frage ist, ob die Ausfertigung einer VHV nach deutschem Recht mit der vereinbarten Geltung des VVG für **ausländische VN innerhalb der EU** durch einen **deutschen VR** ohne Probleme möglich ist. Am 17.6.2008 hat die EU die Verordnung des Europäischen Parlaments und des Rates über das auf vertragliche Schuldverhältnisse anzuwendende Recht erlassen. Sie gilt seit 17.12.2009 als vereinheitlichtes europäisches Recht in allen EG-Mitgliedstaaten mit Ausnahme von Dänemark und Großbritannien, und zwar für alle grenzüberschreitenden Schuldverträge, die nach diesem Datum abgeschlossen werden. Für Versicherungsverträge, die nach dem 17.12.2009 geschlossen werden, beurteilt sich das anwendbare Recht nach dieser **Rom-I-Verordnung.**[338] Es besteht nur noch für Großrisiken im Sinne der EG-rechtlichen Definition Rechtswahlfreiheit (s. Art. 7 Abs. 2 der Rom-I-Verordnung).

Art. 7 Abs. 2 Rom-I-Verordnung regelt jene Versicherungsverträge, die Großrisiken betreffen. Soweit keine Rechtswahl getroffen wurde, unterliegen Versicherungsverträge über Großrisiken dem Recht des Staates, in dem der VR seinen gewöhnlichen Aufenthalt hat. Das ist der Ort der Hauptverwaltung (Art. 19 Abs. 1 Rom-I-Verordnung). Anders kann es liegen, wenn eine engere Verbindung zu einem anderen Staat besteht.[339]

Versicherungsverträge, die keine Großrisiken zum Gegenstand haben, also auch die Verträge über eine laufende Versicherung, sind in der freien Rechtswahl eingegrenzt (Art. 7 Abs. 3 Rom-I-Verordnung). Eine Rechtswahl ist nur unter den in S. 1 a)–e) genannten Kriterien möglich. Wenn keine Rechtswahl getroffen wird, gilt das Recht des Mitgliedsstaates, in dem zum Zeitpunkt des Vertragsschlusses das Risiko belegen ist. Dies wiederum gilt nur für die gedeckten Risiken, die im Gebiet eines oder mehrerer Mitgliedsstaaten belegen sind. Laufende Versicherungsverträge mit Risikobelegenheit außerhalb der EU unterfallen somit Art. 3, 4 und 6 der Rom-I-Verordnung.[340]

---

337 Zur Wirksamkeit siehe Beckmann/Matusche-Beckmann/*Heiss/Trümper* Rn. 400ff.

338 Rom-I-Verordnung ABl. EU L 177 vom 7.4.2008, 6.

339 *Fricke* VersR 2008 443, 447

340 Thume/de la Motte/Ehlers/*Ehlers* 4. Aufl. Einführung Rn. 21.

Die „Haftpflicht aus Landtransporten (Frachtführerhaftung)" als ein Teilbereich der VHV fällt zwar unter die Sparte 10 b der Anlage A zum VAG. EG-rechtlich ist die Frachtführerhaftung nach der geänderten 1. Schadenversicherungs-Richtlinie kein Großrisiko kraft „Natur", sondern nur bei Überschreitung der Schwellenwerte für Großrisiken.[341] Die frühere einseitige deutsche Erweiterung in § 10 Abs.1 Nr.1 EGVVG, wonach auch Risiken nach Sparte 10 b) Großrisiken kraft „Natur" darstellten, ist nicht mehr anwendbar. Auch die Bestimmungen zur „laufenden Police" im VVG und die Bestimmung in § 210 sind bei ausländischem VN ohne Belang, da diese nur die Vertragsfreiheit unter dem VVG betreffen, nicht aber Fragen der Rechtswahlfreiheit nach der Rom-I-Verordnung regeln. 235

In der VHV kann mit ausländischen VN grundsätzlich nur dann die Anwendbarkeit deutschen Rechts vereinbart werden, wenn die bekannten Schwellenwerte für Großrisiken überschritten werden. Werden die Grenzen nicht erreicht, was regelmäßig bei den Verkehrsträgern mit Ausnahme weniger Großspeditionen der Fall ist, findet auf den Vertrag das Recht des Staates Anwendung, in dem der VN seinen gewöhnlichen Aufenthalt bzw. Sitz hat.

Eine Ausnahme kann dennoch vorliegen, weil nach Art. 7 Abs. 3 Rom-I-Verordnung für die EU/EWR-Mitgliedsstaaten die Möglichkeit besteht, eine größere Rechtswahlfreiheit einzuräumen. Das bedeutet, dass für jedes Land, in dem der jeweilige ausländische VN sitzt, zu prüfen ist, ob nach dessen Landesrecht für VHV ein anderes als das nationale Versicherungsvertragsrecht gewählt werden kann. Deutsches Recht kann mit solchen ausländischen VN bei VHV-Risiken also nur gewählt werden, wenn dies das jeweilige nationale Recht des VN ausdrücklich zulässt. 236

Wenn keine solchen Ausnahmeregeln bestehen, bedeutet dies, dass bei Abschluss einer VHV mit einem ausländischen VN zu prüfen ist, ob die deutschen Versicherungsbedingungen mit dem jeweiligen nationalen Versicherungsrecht vereinbar sind. Ob allein wegen der deutschen Sprache (keine AVB in der Landessprache) die Unwirksamkeit der Versicherungsbedingungen in Betracht käme, kann dahingestellt bleiben. Denn um sicherzustellen, dass vertragliche Risikobeschreibungen, -ausschlüsse und Obliegenheiten tatsächlich wirksam sind, müssten die VHV-Versicherungsbedingungen generell für jedes in Betracht kommende Land auf Konformität mit dem nationalen Recht hin überprüft und ggf. entsprechend angepasst werden. Nur so kann Rechtssicherheit erzielt werden, dass die in der VHV-Versicherung besonders wichtigen Klauseln Bestand haben.

Verwendet ein VR Bedingungen und Klauseln (hier Klausel: Vereinbarung deutschen Rechts), die nicht dem maßgeblichen nationalen Versicherungsrecht entsprechen, ist dies grundsätzlich ein aufsichtsrechtlicher Missbrauchstatbestand. Aufsichtsrechtliche Probleme können außerdem dann entstehen, wenn ausländische Risiken gezeichnet werden und der VR hierfür nicht die notwendigen Erlaubnisse/Zulassungen besitzt. Auf Fragen der jeweils fälligen Versicherungssteuer für die ausländischen VN soll in diesem Zusammenhang nicht eingegangen werden. 237

Diese Ausführungen gelten dann nicht, wenn der Versicherungsvertrag mit einer deutschen Mutter abschlossen wurde und das ausländische Tochterunternehmen sozusagen im deutschen Hauptvertrag mitversichert wird. Hier kann deutsches Recht auch für die Risiken der Tochterunternehmen vereinbart werden, wenn das Mutterunternehmen in Deutschland sitzt und für die Tochter die Rechtswahl ausüben kann. 238

---

[341] **A.A.** Thume/de la Motte/Ehlers/*Ehlers* 4. Aufl. Einführung Rn. 33.

239 **b) Gerichtsstand für Klagen gegen den VN (Ziff. 14.2 DTV-VHV 2003/2011).** Für Klagen gegen den VN ist das Gericht der Niederlassung bzw. Sitz des VN, da er als Verkehrsträger i.d.R. Kaufmann ist, örtlich zuständig. Dies entspricht § 215 Abs. 1 S. 2. Dass beispielhaft Klagearten wie Prämien-, Selbstbehaltsrückzahlung oder Regresse genannt werden, schadet nicht. Dies sind Klarstellungen, die durch die generelle Regelung „Klagen aus sonstigem Grund" ergänzt wird. Abweichende Vereinbarungen wären nach § 215 Abs. 3, § 29 c Abs. 3 ZPO auch bei Großrisiken oder einer laufenden Versicherung zulässig.[342]

240 **c) Gerichtsstand für Klagen gegen den VR (Ziff. 14.3 DTV-VHV 2003/2011).** Für Klagen gegen den VR ist das Gericht am Ort der zuständigen geschäftsführenden Stelle zuständig. Damit wird klargestellt, dass der Gerichtsstand des Vertreters nach § 48 Abs. 1 a.F., der durch § 215 geändert wurde, nicht mehr gilt. Klagen gegen den VR können also nicht mehr am Gerichtsstand der Agentur oder des Maklers geltend gemacht werden.[343]

15 Bundesdatenschutzgesetz (Ziff. 15 DTV-VHV 2003/2011)

241 Der GDV hat keinen Vorschlag zur einer Datenschutzklausel erarbeitet, weil jedes VU eigene Standards hat. Es handelt sich nur um einen Merkposten für die VR, welche die DTV-VHV verwenden wollen, dass sie eine solche Klausel einfügen sollen.

16 Beteiligungsliste und Führungsklausel (Ziff. 16 DTV-VHV 2003/2011)

242 Wenn die VHV durch mehrere VR als Risikoträger versichert werden soll, so erinnert der GDV daran, dass in Ziff. 16 die beteiligten VR aufgelistet werden sollen.

Der VN muss wissen, mit wem er den Vertrag abgeschlossen hat. Deshalb muss klar erkennbar sein, wer zu welchem Prozentsatz das VHV-Risiko trägt.

Bei der Versicherung eines Verkehrsträgers über sog. Fachmakler oder Assekuradeure sind traditionell mehrere Versicherer an einem Vertrag beteiligt. Fachmakler sind Firmen, die sich speziell auf VHV-Risiken spezialisiert haben (Schunck, Aktiv-Assekuranz, DEAS u.a.).

Es wird meist vertraglich vereinbart, dass einer der beteiligten Versicherer aktiv und passiv bevollmächtigt sein soll. Dieser „führende Versicherer" fertigt den Versicherungsschein sowie etwaige Nachträge rechtsverbindlich für alle beteiligten Gesellschaften aus. Er erhält i.d.R. eine Führungsprovision. Der Sinn und Zweck einer Führungsklausel bei mehreren VR besteht darin, die Schwierigkeiten bei der Handhabung des Versicherungsvertrages für alle Beteiligten zu vereinfachen.[344]

243 Der VN wird nur mit dem führenden VR korrespondieren, weil dieser für alle Mitversicherer die erforderlichen Maßnahmen (Schadenfeststellung, -bearbeitung, usw.) durchführt und die Entscheidung fällt. Ob der führende Versicherer berechtigt ist, die den Mitversicherern zustehenden Ansprüche in eigenem Namen nach den Grundsätzen der gewillkürten Prozessstandschaft einzuklagen,[345] hängt vom Wortlaut der Klausel ab. Da es in diesem Zusammenhang besonders in der Transportwarenversicherung unterschiedliche

342 Bruck/Möller/*Renger* § 215 Rn. 25; Beckmann/Matusche-Beckmann/*Heiss/Trümper* Rn. 396ff.

343 Zur Wirksamkeit siehe Beckmann/Matusche-Beckmann/*Heiss/Trümper* Rn. 397.

344 BGH 7.6.2001 VersR **2002** 117.

345 BGH 7.6.2001 VersR **2002** 117; OLG Hamburg 19.2.2008 VersR **2008** 1249.

Klauseln gibt (Ziff. 25 DTV-Güter 2000/2011, ADS Güterversicherung 73/84/94),[346] hat der GDV keine Klausel vorgeschlagen.

17 Schlussbestimmungen (Ziff. 17 DTV-VHV 2003/2011)

Ziff. 17 Schlussbestimmungen

Die Bestimmungen des Vertrages gelten nur, soweit nicht die zwingende gesetzliche Pflichtversicherungsvorschrift gemäß § 7a GüKG mit den dort genannten Beschränkungen und Summen entgegen steht.

In Ziff. 17 DTV-VHV wird nur auf § 7a GÜKG und nicht auch auf Art 50 MÜ hingewiesen, weil die Pflichtversicherung nach MÜ in den DTV-VHV nicht direkt versichert wird. Insoweit wird auf die Ausführungen zu Luftfrachtführern verwiesen.[347] **244**

Soweit gesetzliche Pflichtversicherungsvorschriften gemäß § 7a GüKG zwingend sind, kann der VR nicht abweichen. Da aber in § 7a GüKG Beschränkungen und Versicherungssummen genannt werden, sind die dort aufgeführten Regelungen insoweit auch zwingend.[348] Auf die Ausführungen zur Pflichtversicherung und die dort genannten Selbstbehalte, Ausschlüsse und Versicherungssummen wird verwiesen.[349]

Wenn und soweit Pflichtversicherungsvorschriften gelten, gelten die sonstigen Regelungen der Ziff. 1–16 DTV-VHV nicht. Besteht also erstens kein Direktanspruch nach den Pflichtversicherungsvorgaben des § 115 Abs. 1 VVG mangels der Voraussetzungen der Ziff. 1–3 oder macht zweitens der Transportwarenversicherer und nicht der Geschädigte nach § 117 Abs. 3 S. 2 VVG den Anspruch geltend, gelten die Regelungen der DTV-VHV in vollem Umfang, weil keine zwingende Vorschrift „entgegen steht". Insoweit werden also die DTV-VHV dann nicht überschrieben, wenn keine Pflichtversicherung gegeben ist. Aus Transparenzgründen wurde am Ende der Bedingungen darauf hingewiesen, dass bei der Pflichtversicherung die jeweiligen Regeln der Pflichtversicherung vorgehen.[350] **245**

346 Thume/de la Motte/*Ehlers* 278 ff.
347 G Rn. 1 ff.
348 Thume/de la Motte/*Kollatz* 681.
349 A Rn. 35 ff; siehe auch *Abele* TranspR 2006 62, 64; van Bühren/*Ehlers* 2468 ff.
350 *Abele* TranspR 2006 62, 64.

C. Besondere Bedingungen für die Beförderung und Lagerung hochwertiger Güter 2005/2008 (BB hochwertige Güter 2005/2008)

Schrifttum

Pröls/Martin/*Koller* Versicherungsvertragsgesetz: VVG III 29. Aufl. (2015); *Koller* Die Leichtfertigkeit im deutschen Transportrecht, VersR **2004** 1346; *Pokrant* Die Rechtsprechung des Bundesgerichtshofs zur sekundären Darlegungslast des Frachtführers, RdTW **2013** 10; *Marx* Die Darlegungs- und Beweislast beim qualifizierten Verschulden im Transportrecht nach der aktuellen Rechtsprechung des Bundesgerichtshofs, TranspR **2010** 174.

Besondere Bedingungen für die Beförderung und Lagerung hochwertiger Güter 2005/2008 (BB hochwertige Güter 2005/2008)

1 Gegenstand der Besonderen Bedingungen

Abweichend von Ziffer 1.4 DTV-Verkehrshaftungsversicherungs-Bedingungen für die laufende Versicherung für Frachtführer, Spediteure und Lagerhalter 2003/2011 (nachfolgend DTV-VHV genannt) sind die nachfolgenden Güter versichert: ....

2 Obliegenheiten

2.1 Sofern der Warenwert ..... EUR je Verkehrsvertrag, maximal ...... EUR je Transportmittel/Lager übersteigt, obliegt es dem Versicherungsnehmer, ergänzend zu den Obliegenheiten gemäß Ziffer 7 DTV-VHV,

2.1.1 für die Beförderung ausschließlich Koffer- oder Kastenfahrzeuge, Container oder Kofferwechselbrücken zu verwenden, die zusätzlich durch besonders geeignete Riegel- oder Schließsysteme gesichert sind;

2.1.2 Beförderungen nur ohne Aufenthalt, oder wenn dies nicht möglich ist, nur mit zwei Fahrern durchzuführen, es sei denn, der Auftraggeber ist mit der Beförderung durch nur einen Fahrer vor Beginn der Beförderung schriftlich ausdrücklich einverstanden. Bei Fahrten mit nur einem Fahrer muss vor Fahrtantritt sichergestellt sein, dass der Fahrer auf seiner Fahrtroute bewachte Parkplätze oder bewachte Speditions-/Frachthöfe auch tatsächlich anfahren kann;

2.1.3 dafür zu sorgen, dass das Fahrpersonal während der Dauer der Beförderung durch Mobiltelefone erreichbar ist;

2.1.4 dafür zu sorgen, dass jegliche Lagerung, einschließlich transportbedingte Zwischenlagerungen (auch kurzfristig), nur in besonders gesicherten Lagerstätten erfolgen, die

2.1.4.1 mit einer durch die VdS Schadenverhütung GmbH oder gleichermaßen qualifizierten Prüfstelle anerkannten Einbruchmeldeanlage überwacht werden, die auf die zuständige Polizei oder auf ein durch die VdS Schadenverhütung GmbH oder eine gleichermaßen qualifizierte Zertifizierungsstelle anerkanntes Wach- und Sicherheitsunternehmen aufgeschaltet ist;
sowie

2.1.4.2 mit einer Brandmeldeanlage ausgestattet sind, die in Übereinstimmung mit den Richtlinien der VdS Schadenverhütung GmbH oder vergleichbaren Regelwerken erstellt und betrieben wird und auf die zuständige Feuerwehr oder auf ein durch die VdS Schadenverhütung GmbH oder eine gleichermaßen qualifizierte Zertifizierungsstelle anerkanntes Wach- und Sicherheitsunternehmen aufgeschaltet ist;

2.1.5 dafür zu sorgen, dass innerhalb der Lagerstätten (Ziffer 2.1.4) zusätzlich ein besonders abgeschlossener und gesicherter Raum (Wertverschlag), sowie eine genau definierte Wertverschlagsorganisation vorgehalten und genutzt werden.

2.1.6 dafür zu sorgen, dass neben der Schnittstellenkontrolle gemäß Ziffer 7.1.8 DTV-VHV auch jede innerbetriebliche Übergabe/Übernahme dokumentiert, wird

2.1.7 besonders vertrauenswürdige Mitarbeiter einzusetzen, die im Umgang mit hochwertigen Gütern und den zusätzlichen Sicherheitsmaßnahmen vertraut sind und regelmäßig geschult werden;

2.1.8 seine Mitarbeiter hinsichtlich der Einhaltung der Obliegenheiten gemäß Ziffer 2.1.1 bis 2.1.7 sowie 2.2 zu überwachen;

2.1.9 bei Beauftragung von Subunternehmern und Erfüllungsgehilfen dafür Sorge zu tragen, dass auch sie sich zur Einhaltung der Obliegenheiten gemäß Ziffer 2.1.1 bis 2.1.7 sowie 2.2 schriftlich verpflichten;

2.2 Darüber hinaus hat der Versicherungsnehmer sicherzustellen, dass bei einem Warenwert, der ...... EUR je Verkehrsvertrag, maximal ...... EUR je Transportmittel übersteigt, das Fahrzeug durch ein Überwachungssystem (z.B. GPS/GSM) mit Aufschaltung zu einer ständig besetzten Notrufzentrale überwacht wird und im Alarmfall ein vorher definierter Notfallplan ausgelöst wird.

2.3 Im Übrigen bleiben die Versicherungsleistungen gemäß Ziffer 8 DTV-VHV unberührt.

3 Besondere Selbstbeteiligung

Die Schadenbeteiligung des Versicherungsnehmers beträgt für die in Ziffer 1 genannten Güter EUR .... je Schadenfall.

4 Beginn des Versicherungsschutzes

Der Versicherungsschutz beginnt mit Wirkung vom ....

5 Besonderes Kündigungsrecht

Diese besonderen Bedingungen können mit einer Frist von 3 Monaten zum Ende eines Versicherungsjahres gesondert gekündigt werden.

6 Anderweitige Bestimmungen

Im Übrigen gelten die Bestimmungen der DTV-VHV.

I. Entstehungsgeschichte

Der GDV hat 2005 die Besonderen Bedingungen für die Beförderung und Lagerung hochwertiger Güter 2005/2008 (BB hochwertige Güter 2005/2008) unverbindlich veröffentlicht.[1] **1**

[1] http://www.tis-gdv.de/tis/bedingungen/avb/vhv/verkehr.html.

2003 hatte der GDV in den Ziff. 1.3 DTV-VHV 2003 (a.F.) pauschal Güterrisiken ausgeschlossen. Man wollte mit den **BB hochwertige Güter** die Versicherung bestimmter, zunächst nicht unter die VHV fallende Güter wieder ermöglichen. Die Erfahrung hatte gezeigt, dass die VR, welche die DTV-VHV ab 2003 anwendeten und Güter ausschlossen, dem VN eine Gelegenheit bieten mussten, wie und in welchem Umfang sie die nicht versicherten Risiken wieder einschließen konnten. VR mussten die erhöhten Haftungsrisiken bei diesen besonderen Gütern bewerten und hierzu hat der GDV die unverbindliche Möglichkeiten über die BB hochwertige Güter den VU angeboten.[2]

II. Inhalt und Zweck der Regelung

1. Ausschluss und Wiedereinschluss

2 Der VHV-VR muss sich bewusst sein, dass er bei dem Transport oder bei der Lagerung sog. „diebstahlsgefährdeter Waren" in vielen Schadenfällen in voller Höhe für seinen VN zahlen muss, d.h. ohne die Geltendmachung von Haftungshöchstgrenzen (§§ 429–434 HGB und Ziff. 23 und 24 ADSp 2003[3] u.a.). Der GDV hat deshalb zunächst pauschal die Nichteinbeziehung der Güter in Ziff. 1.4 DTV-VHV 2003/2011 vorgeschlagen. Wenn er den Wiedereinschluss der bisher ausgeschlossenen Güter mit besonderen Klauseln zulässt, so muss die Versicherung der Beförderung oder Lagerung dieser zumeist hochwertigen Waren mit speziellen versicherungstechnischen Mitteln wie Obliegenheiten, Selbstbehalten, kurzfristigen Kündigungsmöglichkeiten usw. ausgestattet werden.

Diese Technik des Wiedereinschlusses mit einer beschränkten Versicherungsmöglichkeit soll für einen schadenfreien Ablauf in der Transportwirtschaft sorgen, damit besonders gefährdete Güter sicher befördert werden können. Dies liegt im Interesse aller Beteiligten (Verlader, Verkehrsträger, VR).

3 Versender und Empfänger verlangen in Rahmenverträgen häufig die Einhaltung besonderer Richtlinien bei besonderen Gütern. Sie verlangen zusätzliche Sicherheitsmaßnahmen, die über das hinausgehen, was die Rechtsprechung von einem ordentlichen Spediteur bzw. Frachtführer verlangt. Vom Auftraggeber sind die durch die Sicherheitsmaßnahmen erforderlich gewordenen Mehrkosten auf Seiten der Verkehrsträger zu zahlen. Am Markt hat man längst erkannt, dass Sicherheit erstens Geld kostet, zweitens Geld für Reklamationen und Schadenbearbeitung samt weiteren immateriellen Rufschäden und Ärger bei den Empfängern spart. Es liegt im Interesse des Verkehrsträgers, dass er seine Fahrer und Mitarbeiter vor Diebstählen und Überfällen schützt. Eine Gefährdung des Lebens seiner Mitarbeiter muss vermieden werden. Ferner muss der Verkehrsträger für seinen Auftraggeber die Güter sicher befördern und besondere Maßnahmen für jeden Einzelfall vornehmen.

Um dies über die VHV wieder versicherbar zu machen, hat der GDV in den BB besondere Maßnahmen vorgeschlagen.

[2] Thume/de la Motte/*Ehlers*/*Kollatz* BB hochwertige Güter Rn. 159.

[3] http://www.transportrecht.org/dokumente/ADSp_2003.pdf.

III. Besondere Obliegenheiten

1. Allgemeines

Die BB hochwertige Güter geben gegenüber den DTV-VHV zusätzliche Obliegenheiten vor. Diese Obliegenheiten orientieren sich stark an der zitierten Rechtsprechung der deutschen Gerichte zum qualifizierten Verschulden.[4] Welche Sicherheitsvorkehrungen der Verkehrsträger zur Erfüllung seiner verkehrsvertraglichen Verpflichtung, das in seiner Obhut befindliche Transportgut während der Beförderung oder Lagerung vor Diebstahl oder Raub zu bewahren, haftungsseitig ergreifen muss, hängt von den Umständen des Einzelfalls ab. Entscheidend ist, ob die getroffenen Maßnahmen den aktuell erforderlichen Sorgfaltsanforderungen genügen. Versicherungsvertraglich mussten Versicherer angesichts des Transparenzgebotes des § 307 Abs. 1 S. 2 BGB und den Auslegungskriterien der laufenden Versicherung[5] entscheiden, welche zusätzlichen Maßnahmen sie verlangen können und dürfen. **4**

Um das Haftungsrisiko des VN zu minimieren, vereinbaren die VR die besonderen Obliegenheiten gemäß den BB Güter. Sie verlangen genau das, was die Rechtsprechung vom VN verlangt. Insoweit sind alle Obliegenheiten zulässig, transparent und können rechtlich von einem Verkehrsträger eingehalten werden. **5**

2. Allgemeine Voraussetzungen (Ziff. 2.1 BB Güter)

Die BB sollen nur dann gelten, wenn der VR in die Klausel bestimmte Eurobeträge Warenwert je Verkehrsvertrag oder je Transportmittel bzw. Lager einfügt. Wenn der vorher vom VR festzulegende Betrag objektiv überschritten wird, werden dem VN zusätzliche Obliegenheiten auferlegt. Diese gelten dann ergänzend zu den Obliegenheiten gemäß Ziff. 7 DTV-VHV.[6] **6**

3. Besondere Obliegenheiten

a) **Koffer/Kastenfahrzeuge (Ziff. 2.1.1 BB Güter).** Der VN muss Koffer- oder Kastenfahrzeuge, Container oder Kofferwechselbrücken einsetzen. Diese müssen zusätzlich durch besondere Riegel- oder Schließsysteme gesichert werden und zur Schadenabwehr auch konkret geeignet sein. **7**

b) **Aufenthalt/zwei Fahrer (Ziff. 2.1.2 BB Güter).** Der VN muss den Transport so organisieren, dass der Transport ohne Aufenthalt durchzuführen ist.[7] Soweit dies unmöglich ist, weil auf Grund von Fahrzeitbeschränkungen ein Halt erforderlich ist, muss er zwei Fahrer einsetzen. Nur dann, wenn sein Auftraggeber dem Transport durch nur einen Fahrer schriftlich zustimmt, kann eine Ausnahme vom Einsatz von zwei Fahrern gemacht werden. Ansonsten muss der VN beim Einsatz eines einzigen Fahrers diesem bewachte Parkplätze oder bewachte Speditions-/Frachthöfe nennen. Er darf seinen Fahrer hinsichtlich der Frage bewachter Parkplätze nicht alleine lassen. **8**

Kritisch ist in diesem Zusammenhang, dass Schriftlichkeit nach § 126 BGB für die Zustimmung des Auftraggebers gefordert wird. Das ist überraschend, weil sonst entweder **9**

---

[4] B Rn 167 und 206ff.

[5] BGH 18.12.2008 TranspR **2009** 134.

[6] B Rn. 228; Prölss/Martin/Koller/*Koller* VVG III Rn.1.

[7] Zum Aufenthalt s. Prölss/Martin/Koller/*Koller* VVG III Rn.1.

keine Formvorschriften vom eigenen VN bei seinen Obliegenheiten verlangt werden (Ziff. 7.2.1 und 7.2.3 DTV-VHV 2003/2011), oder aber die Textform in den DTV-VHV (siehe Ziff. 13.1. und 2 bei Kündigung) ausreicht. Dabei handelt es sich zwar um Obliegenheiten des VN, während es bei dem Schriftlichkeitserfordernis hier um die Zustimmung des Auftraggebers geht. Dennoch ist es für den VN überraschend, wenn er statt einer üblichen E-Mail plötzlich ein Schreiben mit einer Unterschrift seines Auftraggeber wegen des zweiten Fahrers anfordern muss.

10 c) **Mobiltelefon (Ziff. 2.1.3 BB Güter).** Der VN muss seinen Fahrer mit einem Mobiltelefon ausstatten, damit er jederzeit erreichbar ist. Er kann dann rasch Hilfe durch die Polizei holen oder Weisungen einfordern, wenn unvorhergesehene Ereignisse eintreten. Heute ist dies eine Selbstverständlichkeit.

11 d) **Sichere Lagerstätten (Ziff. 2.1.4 BB Güter).** Bei sog. disponierten, also dauernden Lagerungen und bei sog. „transportbedingten Zwischenlagerungen“ (Umschlagslager) muss das Lagerhaus mit speziell zugelassenen Einbruchmeldeanlagen (mit Aufschaltung zur Polizei oder zugelassenen Wach- und Sicherheitsunternehmen) besonders gesichert werden.

Ferner muss das Lagerhaus mit einer Brandmeldeanlage ausgestattet sein (mit Aufschaltung zur Feuerwehr oder zugelassenen Wach- und Sicherheitsunternehmen).

12 e) **Wertverschlag (Ziff. 2.1.5 BB Güter).** Innerhalb der eben genannten Lagerstätten muss zusätzlich ein Wertverschlag, d.h. ein besonders abgeschlossener und gesicherter Raum mit einer Wertverschlagsorganisation vorhanden sein und genutzt werden.

13 f) **Schnittstellen (Ziff. 2.1.6 BB Güter).** Neben der sog. Schnittstellenkontrolle (siehe Ziff. 7.1.8 DTV-VHV)[8] muss der VN auch jede innerbetriebliche Übergabe/Übernahme dokumentieren, damit der Schadenort und ggf. die handelnden Personen festgestellt werden können.

14 g) **Mitarbeiterauswahl und -überwachung (Ziff. 2.1.7 BB Güter).** Der VN muss Mitarbeiter einsetzen, die besonders vertrauenswürdig im Umgang mit den besonderen Gütern sind. Diese müssen mit allen internen Sicherheitsmaßnahmen vertraut sein. Regelmäßige Sicherheitsschulungen müssen vom VN nachgewiesen werden.

h) **Mitarbeiter, Erfüllungsgehilfen, Subunternehmer (Ziff. 2.1.8 und 9 BB Güter).**
15 Wenn der VN Subunternehmer oder sonstige Erfüllungsgehilfen beauftragt, muss er diese ebenfalls wie bei seinen eigenen Mitarbeitern zur Einhaltung der Obliegenheiten schriftlich verpflichten. Er muss diese anhalten, die besonderen Obliegenheiten einzuhalten. Der VN muss die Einhaltung auch überwachen.

Im Gegensatz zur Ziff. 2.1.2 BB Güter, dürfte hier das Erfordernis der Schriftlichkeit deshalb zulässig sein, weil eine Unterschrift zu Beweiszwecken gefordert werden kann und dies nicht überraschend ist. Die eigenen Mitarbeiter erhalten dadurch eine Warnung, wenn sie etwas unterschreiben müssen. Dasselbe gilt für die Subunternehmen, die meist mit zuvor unterschriebenen Rahmenverträgen mit dem Verkehrsträger zusammenarbeiten. Hier kann Schriftlichkeit wegen der Warnfunktion vom VR verlangt werden.

---

8 B Rn. 178.

4. Besondere Voraussetzungen (Ziff. 2.2 BB Güter)

Ferner kann der VR von seinem VN eine weitere Obliegenheit verlangen, wenn ein höherer Warenwert vorliegt, den er wiederum je Verkehrsvertrag, sowie Transportmittel in den BB angeben muss. Dann kann er verlangen, dass das Kfz durch ein Überwachungssystem (z.B. GPS/GSM) mit Aufschaltung zu einer ständig besetzten Notrufzentrale überwacht wird und im Alarmfall ein vorher definierter Notfallplan ausgelöst wird. **16**

5. Maximale Leistung (Ziff. 2.3 BB Güter)

Die Versicherungsleistungen gemäß Ziff. 8 DTV-VHV sollen unberührt bleiben, d.h. die maximalen Leistungen pro Verkehrsvertrag, d.h. pro Schadenfall, pro -ereignis und pro Versicherungsjahr und besonders die Maximierung für qualifiziertes Verschulden i.S.d. Ziff. 8.3.2 DTV-VHV 2003/2011 sind zur berücksichtigen, wenn es zu einer Schadenzahlung kommt.[9] **17**

6. Besondere Selbstbeteiligung (Ziff. 3 BB Güter)

Der VR kann in Abänderung der Selbstbeteiligung der DTV-VHV dann, wenn Güter der Ziff. 1 der BB Güter betroffen sind, eine erhöhte Schadenbeteiligung je Schadenfall vereinbaren. **18**

7. Beginn und Ende (Ziff. 4 und 5 BB Güter)

Der Versicherungsschutz beginnt mit einem vom VR bestimmten Zeitpunkt und endet wenn der Vertrag nach den DTV-VHV endet. In Ziff. 5 wird ein besonderes Kündigungsrecht mit einer Frist von 3 Monaten zum Ende eines Versicherungsjahres bestimmt. Dies ist zulässig. **19**

8. Anderweitige Bestimmungen (Ziff. 6 BB Güter)

Es wird klargestellt, dass es sich um besondere Bedingungen zu den DTV-VHV handelt. Dies bedeutet, dass im Übrigen alle Bestimmungen der DTV-VHV (Ziff. 1 bis 17) auch für die BB Güter gelten. **20**

---

[9] B Rn. 206.

D. Allgemeine Bedingungen für die Versicherung gegen Abgabenforderungen (DTV-AVB Zoll 2005/08)

Schrifttum

Görtz Nämlichkeitssicherung im TIR-Verfahren, BDZ **2009** F 63-F 65; *Hartenstein/ Reuschle* Handbuch des Fachanwalts Transport- und Speditionsrecht, **2012** Kap. 20 Zollrecht; Pröls/Martin/ *Koller* Versicherungsvertragsgesetz: VVG III 29. Aufl. (2015); *Witte/Wolffgang* Lehrbuch des Europäischen Zollrechts, **2009**.

Allgemeine Bedingungen für die Versicherung gegen Abgabenforderungen (DTV-AVB Zoll 2005/08)

1 Gegenstand des Versicherungsschutzes

1.1 Gegenstand des Versicherungsschutzes sind alle dem Versicherungsnehmer während der Laufzeit der Versicherung erteilten Zollaufträge zur Durchführung von Zollabfertigungen jeglicher Art einschließlich IT-gestützter Zollabwicklungen, die dem Versicherer nach Maßgabe der Ziffer 9 aufgegeben werden, wenn sie

1.1.1 im Zusammenhang mit einem Verkehrsvertrag (Fracht-, Speditions- und Lagerverträge im Sinne des HGB) stehen und / oder;

1.1.2 ohne Übernahme der Verpflichtung zur Besorgung oder Durchführung der Beförderung der Sendung, die Eröffnung eines gemeinschaftlichen/gemeinsamen Versandverfahrens zum Inhalt haben, wenn der Versicherungsnehmer sich von dem im Geltungsbereich des Versandverfahrens ansässigen Empfänger der Sendung vor Eröffnung des Versandverfahrens schriftlich hat bestätigen lassen, dass er die Ware bestellt hat und erwartet.

1.2 Zollaufträge von Privatpersonen sind nicht versichert.

2 Versichertes Interesse

Versichert sind die von Zollbehörden der Staaten des europäischen Wirtschaftsraumes (EWR), Schweiz, Liechtenstein und Island gegen den Versicherungsnehmer erhobenen Abgabenforderungen, wie z.B. Zölle, Abschöpfungen, Einfuhrumsatzsteuer (EUSt) und Verbrauchsteuern, aufgrund von ihm verursachter fehlerhafter Ausführung der erteilten Zollaufträge in seiner Eigenschaft als Anmelder (Zollbeteiligter, Hauptverpflichteter eines gemeinschaftlichen/gemeinsamen Versandverfahrens, Zollanmelder, Zollwertanmelder oder dessen Vertreter), Zoll-, Steuer- oder Haftungsschuldner.

3 Umfang des Versicherungsschutzes

Die Leistungsverpflichtung des Versicherers umfasst die Befriedigung begründeter und die Abwehr unbegründeter Abgabenforderungen, die gegen den Versicherungsnehmer erhoben werden.

4 Ausschlüsse

Ausgeschlossen sind Abgabenforderungen sowie Ansprüche,

4.1 entstanden aus Schäden durch Naturkatastrophen (z.B. Erdbeben, Blitzschlag, vulkanische Ausbrüche);

4.2 verursacht durch vorsätzliches oder grob fahrlässiges Handeln oder Unterlassen des Versicherungsnehmers oder seines Repräsentanten;

4.3 die dadurch entstanden sind, dass der Versicherungsnehmer das Zollgut veredelt, bearbeitet, verarbeitet, verändert oder in sonstiger Weise auf dieses eingewirkt hat;

4.4 aufgrund von dem Versicherungsnehmer überlassenen fehlerhaften Dokumenten oder ihm gegenüber gemachten falschen Angaben bzw. aufgrund schuldhaften Verhaltens des Auftraggebers;

4.5 aus Aufträgen zur Zollabfertigung
– folgender Marktordnungswaren: ....
– folgender verbrauchsteuerpflichtigen Erzeugnisse: ....
Dieses Risiko kann gegen gesonderte Prämie und aufgrund schriftlicher Vereinbarung versichert werden;

4.6 aus Carnet-TIR-Verfahren;

4.7 die dem Abgaben- oder Wirtschaftsstrafrecht zuzuordnen sind oder strafähnlichen Charakter haben, wie z.B. Geldstrafen, Verwaltungsstrafen, Bußgelder, Erzwingungs- und Sicherungsgelder und sonstigen Zahlungen mit Buß- oder Strafcharakter sowie damit zusammenhängenden Kosten;

4.8 entstanden aus Schäden durch Krieg, kriegsähnliche Ereignisse, Bürgerkrieg, innere Unruhen oder Aufruhr;

4.9 entstanden aus Schäden durch Streik, Aussperrung, Arbeitsunruhen, terroristische Gewaltakte oder politische Gewalthandlungen;

4.10 entstanden aus Schäden infolge der Verwendung – gleichgültig durch wen – von chemischen, biologischen, biochemischen Substanzen oder elektromagnetischen Wellen als Waffen mit gemeingefährlicher Wirkung, und zwar ohne Rücksicht auf sonstige mitwirkende Ursachen;

4.11 entstanden aus Schäden durch Kernenergie oder sonstige ionisierende Strahlung;

4.12 entstanden aus Schäden durch Beschlagnahme, Entziehung oder sonstige Eingriffe von hoher Hand;

4.13 insoweit, als die Durchsetzung von Rückgriffs- oder Erstattungsforderungen durch Handlungen oder Unterlassungen des Versicherungsnehmers oder seiner Repräsentanten ausgeschlossen ist.

5 Obliegenheiten
Dem Versicherungsnehmer obliegt es,

5.1 vor Eintritt des Versicherungsfalles

5.1.1 dafür zu sorgen, dass für die Auftragsdurchführung erforderliche Genehmigungen vorliegen und behördliche Auflagen eingehalten werden;

5.1.2 Mitarbeiter sorgfältig auszuwählen, einzuarbeiten und hinsichtlich der für die Zollabwicklung relevanten Vorschriften sowie der IT-gestützten Zollabwicklung nach dem jeweils neuesten Stand aus- und weiterzubilden;

5.1.3 die Auswahl der Subunternehmer und sonstiger Erfüllungsgehilfen mit der Sorgfalt eines ordentlichen Kaufmanns zu treffen und die von ihm beauftragten Verkehrsträger über die zoll- und steuerrechtliche relevanten Vorschriften im Zusammenhang mit der Abwicklung des Zollauftrages zu belehren;

5.1.4 das Zollgut an einen von ihm beauftragten Verkehrsunternehmer nur gegen Abgabe einer von diesem bzw. dessen Fahrer unterzeichneten Übernahmeerklärung inkl. Anweisungen im Versandverfahren für die Zollabwicklung zu übergeben;

5.1.5 dafür zu sorgen, dass die für die Auftragsabwicklung im IT-Verfahren eingesetzten elektronischen Geräte auf ihre Funktionsfähigkeit geprüft sind und ordnungsgemäß gewartet werden sowie die Soft- und Hardware immer den jeweiligen Erfordernissen des aktuellen Zollanmeldeverfahrens entsprechen;

5.1.6 ferner dafür zu sorgen, dass eine den jeweiligen Erfordernissen entsprechende Sicherung der Daten und den gesetzmäßige Archivierung gewährleistet ist;

5.2 nach Eintritt des Versicherungsfalles

5.2.1 jede Inanspruchnahme dem Versicherer unverzüglich schriftlich zu melden, spätestens 14 Tage nachdem er davon Kenntnis erlangt hat;

5.2.2 dem Versicherer alle zur Beurteilung des jeweiligen Zolltatbestandes notwendigen Unterlagen, einschließlich eines Ausdrucks der elektronischen Zollanmeldung vorzulegen;

5.2.3 für die Abwendung und Minderung des Schadens zu sorgen, dem Versicherer jede notwendige Auskunft zu geben und etwaige Weisungen des Versicherers zu befolgen;

5.2.4 Ersatzansprüche gegen Dritte zu sichern;

5.2.5 bei Eingang von Zoll- und Steuerbescheiden, Mahnbescheiden und Klagen gegen den Versicherungsnehmer sowie für den Fall, dass der Versicherungsnehmer selbst Klage beim Finanzgericht erheben will, den Versicherer unverzüglich zu benachrichtigen und die erforderlichen Rechtsmittel oder Rechtsbehelfe wie Einspruch, Beschwerde und Widerspruch fristgerecht einzulegen;

5.2.6 sich auf Verlangen und Kosten des Versicherers auf einen Prozess einzulassen und dem Versicherer die Prozessführung zu übertragen.

6 Leistungsfreiheit bei Obliegenheitsverletzung

6.1 Verletzt der Versicherungsnehmer oder einer seiner Repräsentanten diese oder sonst vertraglich vereinbarte Obliegenheiten vorsätzlich oder grob fahrlässig, ist der Versicherer von der Leistung frei, es sei denn, die Verletzung war weder für den Eintritt oder die Feststellung des Versicherungsfalles noch für die Feststellung oder den Umfang der Leistungspflicht ursächlich. Satz 1 gilt nicht, wenn der Versicherungsnehmer die Obliegenheit arglistig verletzt hat.

6.2 Bezieht sich die Verletzung von Obliegenheiten auf eine nach Eintritt des Versicherungsfalles bestehende Auskunfts- oder Aufklärungsobliegenheit wie z.B. nach Maßgabe der Ziffern 5.2.1, 5.2.2, 5.2.3 oder 5.2.5 wird der Versicherer auch ohne gesonderte Mitteilung der Rechtsfolge an den Versicherungsnehmer von der Leistung frei.

7 Begrenzung der Versicherungsleistung

Die Versicherungsleistung ist je Tatbestand, d.h. jedes Handeln und Unterlassen, welcher eine Inanspruchnahme durch eine Zollbehörde im Sinne von Ziffer 2 zur Folge hat, mit € .... begrenzt, maximal mit € .... je Kalenderjahr.

Die Begrenzung je Kalenderjahr umfasst alle über diese Police zu erbringenden Versicherungsleistungen einschließlich der gerichtlichen und außergerichtlichen Kosten, soweit sie den Umständen nach geboten waren. Maßgebend für die Errechnung dieses Betrages ist jeweils der Zeitpunkt der fehlerhaften Ausführung des Zollauftrages.

8 Selbstbeteiligung

Die allgemeine Schadenbeteiligung des Versicherungsnehmers beträgt ....% der Versicherungsleistung je Tatbestand, mindestens € ...., höchstens € ....

9 Anmeldung, Prämie, Zahlung und Sanierung

9.1 Anmeldepflicht

Durch den Abschluss dieser laufenden Versicherung wird der Versicherungsnehmer verpflichtet, sämtliche unter diesen Versicherungsvertrag fallenden Zollaufträge nach Maßgabe der Ziffer 9.2 oder die vereinbarte Prämiengrundlage anzumelden.

9.2 Anmeldeverfahren

(Bausteinsystem: Raum für individuelles Anmeldeverfahren, z.B. Umsatz-, Einzel- oder summarische Anmeldungen, Deckungszusagen uvm.)

9.3 Verletzung der Anmeldepflicht

9.3.1 Hat der Versicherungsnehmer die Anmeldung unterlassen oder fehlerhaft vorgenommen, so ist der Versicherer von der Verpflichtung zur Leistung frei, ohne dass es einer Kündigung durch den Versicherer bedarf, es sei denn, dass der Versicherungsnehmer die Sorgfaltspflicht eines ordentlichen Kaufmannes nicht verletzt hat und dass er die Anmeldung unverzüglich nach Entdeckung des Fehlers nachgeholt oder berichtigt hat.

9.3.2 Verletzt der Versicherungsnehmer die Anmeldepflicht vorsätzlich, so kann der Versicherer den Vertrag fristlos kündigen. Dem Versicherer gebühren die Prämien, die ihm im Falle gehöriger Erfüllung des Vertrages bis zum Wirksamwerden der Kündigung zu zahlen gewesen wären.

I. Entstehungsgeschichte

Historisch sind Zölle eine der ältesten Abgabenformen, ursprünglich Entgelt für die Benutzung von Wegen, Brücken Märkten etc. Später gab es folgende wirtschaftlichen Überlegungen: Schutzzollgedanke durch Regulierung der Einfuhr mit dem Ziel, bessere Einfuhrbedingungen für die eigenen Produzenten zu schaffen. 1

Wichtige Schritte in der Entwicklung:
- 1834 Gründung Deutscher Zollverein
- 1869 Vereinszollgesetz
- 1871 Gründung deutsches Reich mit einheitlichem Zollgebiet
- 1939 neues Zollgesetz
- 1949 Gründung BRD und DDR
- divergierende Zollrechtsentwicklung
- 1958 Bildung EWG mit Ziel der Schaffung einer Zollunion
- 1968 Verwirklichung Zollunion in der EG und gemeinsamer Zolltarif
- 1990 Einheit Deutschlands/Einbeziehung neue Bundesländer
- 1992 Zollkodex der EG.

Im Zollbereich sind EG-Rechtsverordnungen die wichtigsten Rechtsquellen, die unmittelbar auf jene anwendbar sind, die an Warenbewegungen über die Zollgrenzen der EU beteiligt sind. Die wichtigste Rechtsverordnung ist der **Zollkodex** (ZK). Er wurde zur europaweiten Vereinheitlichung der Zollvorschriften am 12.10.1992 erlassen[1] und ist die Grundlage des EU-Zollrechts. Der Zollkodex ist nur im Zollgebiet der Europäischen Gemeinschaft (Art. 3 ZK) anwendbar. Es wird die Erhebung der Ein- und Ausfuhrabgaben geregelt, die beim Warenverkehr zwischen Mitgliedstaaten und Drittländern anfallen. Er wird durch die Bestimmungen der Zollkodex-Durchführungsverordnung (ZK-DVO) ergänzt. Ferner gibt es die Verordnung (EWG) Nr. 2454/93 der Kommission mit Durchführungsvorschriften zu der Verordnung (EWG) Nr. 2913/92 des Rates zur Festlegung des Zollkodex der Gemeinschaften vom 2.7.1993, der Zollbefreiungsverordnung (ZollbefreiungsVO) Verordnung (EG) Nr. 1186/2009 des Rates über das gemeinschaftliche System der Zollbefreiungen, dem Gemeinsamen Zolltarif der Europäischen Gemeinschaften.

Hinzu kommt das **nationale Zollrecht** mit dem Zollverwaltungsgesetz (ZollVG) vom 21.12.1992 und der zu seiner Durchführung erlassenen Zollverordnung (ZollV) vom 2

[1] http://eur-lex.europa.eu/LexUriServ/LexUriServ.do?uri=CELEX:31992R2913:DE:NOT.

23.12.1993.[2] Darin sind die Grundlagen für die Erhebung der Einfuhr- und Ausfuhrabgaben, der Zolltarif, Ursprung, Zollwert der Waren, das Verbringen ins Zollgebiet, Gestellen, Anmelden, vorübergehende Verwahrung, zollrechtliche Bestimmung, Zollverfahren, Befreiungen, die Zollschuld samt deren Entstehen, Erhebung, Erlöschen, Erstattung oder Erlass der Abgaben und die Rechtsbehelfe geregelt. Während einer zollamtlichen Überwachung gibt es besondere Pflichten für Verkehrsträger, weil sie die Ware im Besitz haben. Zollamtliche Überwachung besteht bis zur Überführung in den zollrechtlich freien Verkehr, Verbringung in eine Freizone oder ein Freilager, Wiederausfuhr oder Vernichtung oder Zerstörung.

3 Wenn ein speditioneller Fehler bei einer vereinbarten Nebenpflicht zur Verzollung zur Haftung führt, ist dieser zivilrechtliche Haftungstatbestand grundsätzlich über die DTV-VHV versichert. Der Verkehrsträger haftet nach den jeweiligen verkehrsvertraglichen Vorschriften für den beim Geschädigten eingetretenen **Zollschaden**. Im Regelfall besteht eine entsprechende VHV-Deckung für den zivilrechtlichen HGB-Anspruch des Geschädigten.

Wenn jedoch bei gleichem Sachverhalt eine Zollbehörde einen hoheitlichen Bescheid (Zollbescheid) statt gegen den Absender bzw. Empfänger gegen den Verkehrsträger erlässt, weil dieser gegenüber dem Zoll seine Pflichten verletzt hat, dann ist dieses Risiko nicht über die DTV-VHV 2003/2011 oder die meisten „normalen“ VHV-Deckungen versichert.

4 Zollforderungen können sehr hoch sein, so dass ein Versicherungsbedürfnis besteht. *Schneider* hat dies für das Jahr 1992 so kommentiert: *„Der Verkehrshaftungsmarkt hatte daher eine Zollpolice entwickelt, die allerdings häufig sehr schlecht verlief. Mit Zolltätigkeiten befasste Spediteure sind im Berichtsjahr vor allem bei Hochzollgütern (Zigaretten, Fleisch, Lebendvieh u.a.) aufgrund betrügerischer Machenschaften – zum Teil unter Mitwirkung von Zollbeamten – mit Zollforderungen und Eingangsabgaben weit über die 100-Millionen-Grenze hinaus konfrontiert worden. Aufgrund der in der Regel sehr niedrigen Maxima der Zoll-Police sind die VR hiervon nur in relativ geringem Umfang tangiert. Dennoch ist deutlich geworden, dass solche Risiken in der bisherigen Weise nicht mehr versicherbar sind, zumal seit der Öffnung der Ostgrenzen auch in diesem Spezialbereich mit einer weiteren Zunahme der Kriminalität gerechnet werden muss. Die VR werden hieraus die notwendigen Konsequenzen für den künftigen Umfang des Deckungsschutzes ziehen müssen.“*[3]

5 Der GDV hat für dieses spezielle eigentlich nicht unter die klassische VHV fallende Risiko 2005 die **Allgemeinen Bedingungen für die Versicherung gegen Abgabenforderungen (DTV-AVB Zoll 2005/08)** entwickelt.[4] Weil der Markt diese Versicherungsvariante seit längerer Zeit kannte und man aus dem schlechten Verlauf der Zolldeckungen gewisse Schlüsse zog, wurde unverbindlich diese Empfehlung ausgesprochen, der viele VR gefolgt sind.

6 Im Gegensatz dazu bestehen am Markt allerlei Varianten zum Thema „Zollversicherung“. Teilweise werden die genannten GDV-Einschränkungen so nicht übernommen. Teilweise wird in zusätzlichen Klauseln der VS ausgeschlossen, wenn der Auftraggeber dem VN nicht bekannt ist. Es besteht beispielsweise bei nur einem einzigen Auftrag eines Unbekannten, der Zollbetrügereien begeht, für die der VN gegenüber dem Zoll einzustehen hat, kein Deckungsschutz. Dies gilt für die Zollspedition, die z.B. an den Ostgrenzen sitzt und keinerlei Bezug zu einem Auftraggeber hat und gegen geringstes Entgelt die Ver-

---

[2] http://www.zoll.de/DE/Fachthemen/Zoelle/Rechtsgrundlagen/rechtsgrundlagen_node.html.

[3] *Schneider* Verkehrshaftungs-Versicherung und Verkehrshaftungs-Fragen 1992 VW **1993** 1250.

[4] http://www.tis-gdv.de/tis/bedingungen/avb/vhv/verkehr.html.

zollung vorzunehmen hat. Wenn etwa gefälligkeitshalber das T-Dokument anderen Personen zur Verfügung gestellt wird und diese Fälle häufig vorkommen, wollen manche VHV-VR dieses Risiko zusätzlich ausschließen.

II. Inhalt und Zweck der Regelung

1. Gegenstand der Versicherung (Ziff. 1. DTV-AVB Zoll 2005/08)

Versicherungsgegenstand sind bei der DTV-AVB Zoll 2005/08 Zölle und sonstige Einfuhrabgaben, die der Zoll wegen fehlerhafter Handlung des Verkehrsträgers nicht beim eigentlichen Abgabenschuldner, dem Importeur, sondern per Bescheid beim Verkehrsträger geltend macht. Versichert sind die von Zollbehörden gegen den VN erhobenen Abgabenforderungen, die dieser in seiner Eigenschaft als Zollschuldner „zu vertreten" hat. 7

Wenn der VN während der Laufzeit einer DTV-VHV Zollaufträge zur Durchführung von Zollabfertigungen jeglicher Art einschließlich IT-gestützter Zollabwicklungen erhält, kann er Deckung für die Deckung von öffentlich-rechtlichen Abgabenforderungen des Zolls direkt an ihn erhalten. Über die DTV-VHV hat er nur Deckung für die zivilrechtliche Haftung gegenüber seinem Auftraggeber wegen fehlerhafter Verzollung, nicht jedoch für die „öffentlich-rechtlichen Ansprüche der Zollbehörden".

Die Erhebung von Abgaben setzt beim Eingang einer Ware in den Wirtschaftskreislauf (Einfuhrzoll) bzw. beim Verlassen (Ausfuhrzoll) an. Alle Waren, die in ein Zollverfahren überführt werden sollen, sind unabhängig von ihrem Status als Gemeinschafts- oder Nichtgemeinschaftsware zu dem betreffenden Verfahren vom Zollschuldner anzumelden. Artikel 5 Zollkodex sieht vor, dass sich der Versender/Eigentümer gegenüber den Zollbehörden bei der Vornahme der das Zollrecht betreffenden Verfahrenshandlungen vertreten lassen kann. Die Vertretung kann direkt, wenn der Vertreter im Namen und für Rechnung eines anderen handelt oder indirekt erfolgen, wenn der Vertreter in eigenem Namen, aber für Rechnung eines anderen handelt. Zur Zahlung der Einfuhrabgaben wird nach Art. 201 Abs. 3 ZK die Person verpflichtet, welche die Zollanmeldung in eigenem Namen abgibt oder in deren Namen eine Zollanmeldung abgegeben wird, also der Anmelder. Im Falle der indirekten Stellvertretung werden gesamtschuldnerisch sowohl der Stellvertreter als auch der Vertretene **Zollschuldner**. 8

Soweit ein Verkehrsträger gegenüber der Zollbehörde als „Zollbeteiligter" auftritt, gerät dieser in ein öffentlich-rechtliches Verhältnis zum Staat. Wenn er Zollanmeldungen für den Auftraggeber vornimmt oder gar Versandscheinverfahren eröffnet, ist er ein solcher Zollbeteiligter. Nach dem Zollkodex ist der Verkehrsträger für Fehler aus nicht gesetzesmäßiger Erledigung von Zollformalitäten haftbar.

Für dieses spezielle „**öffentlich-rechtliche Haftungsrisiko**" wird über die DTV-AVB Zoll Versicherungsschutz geboten.

2. Bestätigung des Empfängers (Ziff. 1.1.1 DTV-AVB Zoll 2005/08)

Wenn die Eröffnung eines gemeinschaftlichen/gemeinsamen Versandverfahrens erfolgt ist, besteht Deckung gem. den DTV-AVB Zoll nur dann, wenn sich der VN von dem im Geltungsbereich des Versandverfahrens ansässigen Empfänger der Sendung vor Eröffnung des Versandverfahrens schriftlich hat bestätigen lassen, dass er die Ware bestellt hat und erwartet. 9

3. Zusammenhang mit Verkehrsvertrag (Ziff. 1.1.2 DTV-AVB Zoll 2005/08)

10 Wenn kein Zusammenhang mit einem Verkehrsvertrag (Fracht-, Speditions- und Lagerverträge im Sinne des HGB) besteht, greift die Zollversicherung nicht ein. Dies gilt für die sog. Zollagenten. Wenn eine Spedition einen Zollauftrag annimmt, ohne gleichzeitig auch die Durchführung der Sendungsbeförderung zu besorgen, besteht nach den DTV-AVB Zoll ebenfalls keine Deckung.

4. Privatpersonen (Ziff. 1.2 DTV-AVB Zoll 2005/08)

11 **Nicht** Gegenstand der Zollversicherung nach DTV-AVB Zoll sind Zollaufträge von Privatpersonen.

5. Versichertes Interesse (Ziff. 2 DTV-AVB Zoll 2005/08)

12 a) **Zollbehörden.** Versichert sind erstens die den Staaten des europäischen Wirtschaftsraumes (EWR), Schweiz, Liechtenstein und Island erhobenen Forderungen. Alle Zoll-Bescheide der nicht in dieser Auflistung genannten Zollbehörden sind nicht gedeckt.

Zuständige **Zollbehörden** in Deutschland sind die Zollverwaltung, d.h. das Bundesministerium der Finanzen, das Zollkriminalamt, bei der Oberfinanzdirektion die jeweiligen Zoll- und Verbrauchssteuerabteilungen, die Bundeskasse, die Hauptzollämter, die Zollämter (Zollabfertigungsstellen) und die Zollkommissariate (Grenzaufsichtsstellen). Der Zoll kümmert sich um die Verbrauchsteuern (Mineralölsteuer, Stromsteuer, Tabaksteuer, Branntweinsteuer, Kaffeesteuer, Schaumweinsteuer, Biersteuer usw.) um die Einfuhrumsatzsteuer für Einfuhren aus Drittländern und um Zölle (Einnahmen der EU).

13 b) **Zollforderungen.** Versichert sind die gegen den VN erhobenen Abgabenforderungen, wie z.B. Zölle, Abschöpfungen, Einfuhrumsatzsteuer (EUSt) und Verbrauchsteuern. Als **Zölle** werden Abgaben oder Steuern bezeichnet, die im grenzüberschreitenden Verkehr mit Drittländern zu entrichten sind. Einfuhrumsatzsteuer ist eine weitere Steuer, die bei der Einfuhr aus Drittländern erhoben wird. Als Verkehrssteuer wird die Umsatzsteuer wirtschaftlich vom Endverbraucher getragen (Vorsteuerabzug). Sie entspricht weitgehend der Umsatzsteuer (Mehrwertsteuer). Besondere Verbrauchssteuern sind z.B. Mineralöl-, Branntwein-, Tabaksteuer.

14 c) **Öffentlich-rechtliche Haftung (Zollschuld).** Voraussetzung der Erstattung eines Schadens nach den DTV-AVB Zoll ist, dass der VN aufgrund von ihm verursachter fehlerhafter Ausführung der erteilten Zollaufträge von den Zollbehörden in Anspruch genommen wird.

Zollschuld ist nach Art. 4 Nr. 9 ZK die Verpflichtung einer Person, die für eine bestimmte Ware im geltenden Gemeinschaftsrecht vorgesehenen Einfuhrabgaben (Einfuhrzollschuld) oder Ausfuhrabgaben (Ausfuhrzollschuld) zu entrichten. Die Sachverhalte, die das Entstehen einer Zollschuld begründen, sind in den Vorschriften des Gemeinschaftszollrechts einzeln festgelegt. Insoweit wird auf die Literatur zum Zollrecht verwiesen.[5]

Dennoch sollen im Folgenden zum Verständnis einige Kriterien des Zollrechts erläutert werden.

---

[5] *Witte/Wolfgang* Lehrbuch des Europäischen Zollrechts (2009) m.w.N.

d) Zoll-Anmelder. Das Versandverfahren darf nur durch bekannte Personen durchgeführt werden, die für die ausgesetzten Einfuhrabgaben während des Versands haften. Diese müssen beim Zoll eine Sicherheit (Bürgschaft) zur Absicherung der finanziellen Verpflichtungen abgeben. Solche Personen können in der Regel die Verkehrsträger, insbes. Spediteure, sein. 15

Bei Waren, die in die EU eingeführt werden, sind die Einfuhrabgaben grundsätzlich im Zeitpunkt des Grenzübertritts zu entrichten. Weil die zu befördernden Güter für einen Empfänger im EU-Binnenland bestimmt sind, wurde das sog. Versandverfahren geschaffen. Es bietet die Möglichkeit, die Verzollung am endgültigen Bestimmungsort der Waren vorzunehmen. Das **Versandverfahren** soll die zeitweilige Nichterhebung von Zöllen, Abgaben und MwSt, auf Waren, die aus einem Drittland stammen, während ihrer Beförderung durch ein bestimmtes Zollgebiet ermöglichen. Die zeitweilige Nichterhebung von Zöllen und Abgaben dauert so lange, bis die Waren das betreffende Zollgebiet verlassen, einer anderen Zollregelung unterstellt werden oder die Zölle und Abgaben gezahlt werden und die Waren in den freien Verkehr gelangen.

Der VN muss in seiner Eigenschaft als Schuldner der genannten Zollverfahren tätig werden. Als Zollbeteiligter, Hauptverpflichteter eines gemeinschaftlichen/gemeinsamen Versandverfahrens, Zollanmelder, Zollwertanmelder oder dessen Vertreter ist er der Zoll-, Steuer- oder Haftungsschuldner.

Anmelder ist die Person, die entweder in eigenem Namen die Zollanmeldung abgibt oder in deren Namen eine Zollanmeldung abgegeben wird. Der Zollanmeldung sind alle Unterlagen beizufügen, die für das betreffende Zollverfahren erforderlich sind, z.B. Rechnung für Zollwertanmeldung, Überführung in ein Zollverfahren, vorübergehende Verwendung (Messeware), passive Veredelung, Ausfuhrverfahren, Verbringen in eine Freizone oder ein Freilager, Wiederausfuhr, Vernichtung oder Zerstörung, Aufgabe zugunsten Staatskasse.

Wenn der VN verpflichtet ist, die Einfuhr- oder Ausfuhrabgaben zu entrichten, wird er Zollschuldner. Zollschuldner ist der Anmelder. Der Einfuhrzoll entsteht bei Überführung einer einfuhrabgabenpflichtigen Ware in den zollrechtlich freien Verkehr, wenn vorschriftswidriges Verbringen von Waren in das Zollgebiet stattfindet. Ferner bei Entziehung aus der zollamtlichen Überwachung, Diebstahl von Waren, die sich in einem Zollverfahren befinden, usw. 16

Im Versandverfahren werden also Waren unter Aussetzung der eigentlich zu zahlenden Einfuhrabgaben (unverzollt) befördert. Das Abgabenrisiko, welches mit der Beförderung unter zollamtlicher Überwachung verbunden ist, trägt als Beteiligter des Zollverfahrens der VN.

Folgende Arten der Versandverfahren gibt es: gemeinschaftliches oder gemeinsame Versandverfahren, Beförderung mit Carnet TIR oder mit Carnet ATA.

aa) Externes gemeinschaftliches Versandverfahren T1. Seit dem 1.7.2005 werden die gemeinschaftlichen/gemeinsamen Versandverfahren, die bis dahin mit Einheitspapier T1 und T2 abgewickelt wurden, mit dem sog. New Computerised Transit System (NCTS) als Regelverfahren durchgeführt. Als Inhaber des Versandverfahrens ist der Verkehrsträger dafür verantwortlich, dass die Waren der Bestimmungsstelle unverändert, d.h. mit intaktem Zollverschluss innerhalb einer festgelegten Frist unter Vorlage der Versandanmeldung gestellt werden. Die vom VN durchgeführte Zollanmeldung wird im NCTS-Verfahren auf elektronischem Weg an die Abgangsstelle geschickt. 17

Das **gemeinschaftliche/gemeinsame Versandverfahren** beginnt mit der Eingabe der Daten ins EDV-System durch den VN. Im Regelverfahren ist die Gestellung der Waren bei der Abgangsstelle möglich, im vereinfachten Verfahren mit Gestellung der Waren an einem anderen zugelassenen Ort. Die Zollstelle nimmt die Versandanmeldung an, sofern die Voraussetzungen vorliegen. Dann können die Zollbehörden stichprobenartige Kontrollen durchführen. Nach Art. 357 Zollkodex-Durchführungsverordnung (ZK-DVO) sichert die Abgangsstelle die sog. Nämlichkeit der in das Versandverfahren zu überführenden Waren, die von deren Verschluss abhängig ist.

Die Beendigung des Versandvorgangs setzt voraus, dass die Waren zusammen mit den Unterlagen den Zollbehörden an der Bestimmungsstelle gestellt oder einem zugelassenen Empfänger übergeben wurden.

Der Versandvorgang ist erledigt, wenn die Zollbehörde durch Vergleich der bei der Abgangsstelle und bei der Bestimmungsstelle vorliegenden Angaben das Zollverfahren als ordnungsgemäß beurteilt hat. Die Nachricht über die Gestellung der Waren bei der Bestimmungsstelle und über die Beendigung des Verfahrens wird auf elektronischem Weg an die Abgangsstelle gesandt.

Wenn Waren während eines Zollverschluss des LKW befördert werden und die Verschlüsse manipuliert wurden, liegt keine ordnungsgemäße Erledigung vor. Eine Unregelmäßigkeit besteht auch, wenn die Bestimmungsstelle eine Differenz zwischen den angemeldeten Waren und den ihr tatsächlich gestellten Waren feststellt.

18 bb) **TIR-Verfahren.** Ziel des **Carnet-TIR-Verfahrens** (Transports Internationaux Routiers) ist es, die Warenbeförderung durch möglichst wenige Grenzformalitäten zu behindern. Ein- und Ausfuhrabgaben werden während des Beförderungsvorgangs nicht erhoben, sondern erst am Bestimmungsort. Die Güterbeförderung erfolgt unter Zollverschluss. Im Gegensatz zum gemeinschaftlichen/gemeinsamen Versandverfahren wird das TIR-Verfahren von jeder Vertragspartei für sich erledigt. Jede Nichterledigung des Carnet TIR, insbesondere das Versäumnis, die Ware ordnungsgemäß am Bestimmungszollamt zu gestellen, lässt den Frachtführer selbst zum Steuerschuldner dieser Abgaben werden. Jeder ausgebende Verband eines TIR-Vertragsstaates ist aber Zollbürge für Forderungen, die in seinem Land aus Nichterledigung von Carnet TIR entstehen, und wenn der Frachtführer nicht zahlt, tritt die Bürgschaftskette in Kraft.[6]

Versichert ist jedes Carnet TIR aber bereits über ein internationales Konsortium, so dass in der VHV immer ein Versicherungsausschluss steht.[7]

6. Versicherungsumfang (Ziff. 3 DTV-AVB Zoll 2005/08)

19 Wie bei jeder Haftpflichtversicherung, insbesondere der DTV-VHV ist die Befriedigung begründeter und die Abwehr unbegründeter Abgabenforderungen die Versicherungsleistung des VR. Voraussetzung ist, dass die Abgabenforderung direkt gegen den VN erhoben wurde. Es muss also ein Verwaltungsbescheid mit einer Zollforderung gegen den VN von einer unter die Versicherung fallenden Zollbehörde ergangen sein, damit die Freistellung und der Rechtsschutz vom VR gewährt werden.

---

6 *Fuchs* Die Haftung des Bürgen im TIR-Verfahren ZfZ 2007 57.

7 B Rn. 159.

7. **Ausschlüsse (Ziff. 4 DTV-AVB Zoll 2005/08)**

a) **Allgemeine Ausschlüsse (Ziff. 4.1 und 4.6–4.12 DTV-AVB Zoll 2005/08).** Genauso wie in der DTV-VHV 2003/2011 sind in der Zolldeckung diverse Risiken wie Naturkatastrophen, Krieg, kriegsähnliche Ereignisse, Bürgerkrieg, innere Unruhen oder Aufruhr, Streik, Aussperrung, Arbeitsunruhen, terroristische Gewaltakte oder politische Gewalthandlungen, dirty bombs, Kernenergie oder sonstige ionisierende Strahlung, Beschlagnahme, Entziehung oder sonstige Eingriffe von hoher Hand, Strafen und das Carnet-TIR-Verfahren ausgeschlossen, so dass auf die dortige Kommentierung verwiesen werden kann.[8] 20

b) **Vorsatz, grobe Fahrlässigkeit (Ziff. 4.2 DTV-AVB Zoll 2005/08).** Ausgeschlossen sind Abgabenforderungen sowie Ansprüche, die durch vorsätzliches oder grob fahrlässiges Handeln oder Unterlassen des VN oder seines Repräsentanten verursacht wurden. Somit wird nicht nur Vorsatz (§ 81 Abs. 1), sondern auch grobe Fahrlässigkeit (in Abänderung des § 81 Abs. 2 nach § 210) des VN und dessen Repräsentant ausgeschlossen. Dies ist deshalb keine verdeckte Obliegenheit, weil es sich um die vorsätzliche oder grobfahrlässige Verursachung des Schadenfalls analog Ziff. 6.20 DTV-VHV 2003/2011 handelt.[9] 21

c) **Logistik (Ziff. 4.3 DTV-AVB Zoll 2005/08).** Unter den objektiven Risikoausschluss fallen Tätigkeiten des VN im Zusammenhang mit der Veredelung, Be- oder Verarbeitung, Veränderung oder in sonstiger Einwirkung auf das Zollgut. Dies hängt mit der in der Regel nicht versicherten „Logistik" in der VHV zusammen.[10] 22

d) **Auftraggeberverschulden (Ziff. 4.4 DTV-AVB Zoll 2005/08).** Bei Schäden aufgrund schuldhaften Verhaltens des Auftraggebers, insbesondere bei fehlerhaften Dokumenten oder falschen Angaben kann dennoch ein Zollbescheid gegen den VN ergehen. Die Ziff. 4.4 DTV-AVB Zoll schließt aber solche Forderungen des Zolls gegen den VN von der Zollversicherung aus. 23

e) **Besondere Güter (Ziff. 4.5 DTV-AVB Zoll 2005/08).** Besondere mit teils hohen Zöllen belegte Waren wie lebende Tiere, Fleisch und Fleischwaren, Getreide, Tabakwaren, Alkohol und alkoholische Getränken (Branntwein, Likör und andere Spirituosen) werden von der Zollversicherung ausgeschlossen. Hier haben die VR sehr negative Erfahrungen mit Betrügereien gemacht, so dass der GDV den Ausschluss dieser Waren angeregt hat. Dieses Risiko wird teilweise gegen gesonderte Prämie versichert. 24

f) **Allgemeine Ausschlüsse (Ziff. 4.13 DTV-AVB Zoll 2005/08).** Es besteht kein objektiver Risikoausschluss, wenn die Rückgriffs- oder Erstattungsforderungen nicht durchgesetzt werden können, weil diese durch Handlungen oder Unterlassungen des Versicherungsnehmers oder seiner Repräsentanten ausgeschlossen wurden. Dies ist eine verdeckte Obliegenheit, weil in erster Linie ein bestimmtes Verhalten des VN gefordert wird, von dem es abhängt, ob er einen zugesagten Versicherungsschutz behält oder ihn verliert.[11] 25

---

8 **A.A.** Prölss/Martin/*Koller* Ziff. 4 Rn.1.

9 B Rn. 165.

10 B Rn. 19 und 82ff.

11 Prölss/Martin/*Koller* Ziff. 4 VVG III Rn.1.

8. **Obliegenheiten (Ziff. 5 DTV-AVB Zoll 2005/08)**

26 Besondere Obliegenheiten werden dem VN in der Zolldeckung auferlegt, die teilweise über die DTV-VHV-Obliegenheiten nur wegen den zollrechtlichen Verfahren Zusätze erhalten haben.

a) **Vor Eintritt des Versicherungsfalles (Ziff. 5.1 DTV-AVB Zoll 2005/08)**

27 aa) **Genehmigungen (Ziff. 5.1.1 DTV-AVB Zoll 2005/08).** Dem VN obliegt es zusätzlich, dass alle für die Auftragsdurchführung erforderlichen Genehmigungen vorliegen. Behördliche Auflagen im Zusammenhang mit der Zollabfertigung sind einzuhalten.

28 bb) **Mitarbeiter (Ziff. 5.1.2 DTV-AVB Zoll 2005/08).** Der VN muss mit dem Umgang von Zollformalitäten besonders geschulte Mitarbeiter einsetzen, die speziell einzuarbeiten sind und sich mit den sich ständig ändernden Zoll-Vorschriften samt der dazugehörenden IT auskennen und weiterbilden. Die Mitarbeiter müssen den jeweils neuesten Stand der Zollformalitäten kennen.

29 cc) **Subunternehmer (Ziff. 5.1.3 DTV-AVB Zoll 2005/08).** Der VN alle muss von ihm eingesetzten weiteren Verkehrsträger (Subunternehmer) über die zoll- und steuerrechtlichen Vorschriften in Bezug auf den Zollauftrag belehren.

30 dd) **Übernahmeerklärungen (Ziff. 5.1.4 DTV-AVB Zoll 2005/08).** Es darf der VN das Zollgut an einen von ihm beauftragten Verkehrsunternehmer nur gegen Abgabe einer von diesem bzw. dessen Fahrer unterzeichneten Übernahmeerklärung inkl. Anweisungen im Versandverfahren für die Zollabwicklung übergeben.

31 ee) **Genehmigungen (Ziff. 5.1.5 und 5.1.6 DTV-AVB Zoll 2005/08).** Die Soft- und Hardware muss den Erfordernissen des aktuellen Zollanmeldeverfahrens entsprechen und es muss eine Sicherung der Daten und gesetzmäßige Archivierung gewährleistet sein.

b) **Nach Eintritt des Versicherungsfalles (Ziff. 5.2 DTV-AVB Zoll 2005/08)**

32 aa) **Schadenmeldung (Ziff. 5.2.1 DTV-AVB Zoll 2005/08).** Dem VN obliegt es, jede Inanspruchnahme dem VR unverzüglich **schriftlich** zu melden, spätestens 14 Tage nach Kenntnis. Dem VR sind alle notwendigen Unterlagen, einschließlich eines Ausdrucks der elektronischen Zollanmeldung vorzulegen, damit er den jeweiligen Zolltatbestand, der die Zollschuld hat entstehen lassen, beurteilen kann.

Die in diesem Zusammenhang verlangte Schriftlichkeit ist überraschend und damit unwirksam. Bei der Kündigung wird in Ziff. 10.1 und 2 nur auf die Textform abgestellt. In den DTV-VHV werden bei den Vorgaben für die Meldung des VN an den VR sonst keine Formvorschriften vom eigenen VN bei Erfüllung seiner Obliegenheiten verlangt (Ziff. 7.2.1 und 7.2.3 DTV-VHV 2003/2011).

33 bb) **Unterlagen (Ziff. 5.2.2 DTV-AVB Zoll 2005/08).** Der VN muss dem VR alle mit dem betreffenden Zolltatbestand zusammenhängenden notwendigen Unterlagen, einschließlich eines Ausdrucks der elektronischen Zollanmeldung vorlegen.

34 cc) **Abwendung und Minderung (Ziff. 5.2.3 DTV-AVB Zoll 2005/08).** Der VN muss für die Abwendung und Minderung des Schadens sorgen. Ferner muss er notwendige Aus-

künfte zur Verzollung und den näheren Umständen, wie es zum Zollschaden gekommen ist, erteilen. Er muss dabei etwaige Weisungen des Versicherers befolgen.

dd) Ersatzansprüche sichern (Ziff. 5.2.4 DTV-AVB Zoll 2005/08). Der VN muss Ersatzansprüche gegen Dritte sichern. Hat er beispielsweise einen Zollagenten mit der Verzollung beauftragt und hat dieser den Fehler begangen, muss er diesen haftbar halten. 35

ee) Unterlagen (Ziff. 5.2.5–5.2.6 DTV-AVB Zoll 2005/08). Sobald Zoll- oder Steuerbescheide aber auch Klagen gegen den VN eingehen bzw. bevor der VN selbst eine Klage beim Finanzgericht erheben will, ist der VR unverzüglich zu benachrichtigen. Einspruch, Beschwerde und Widerspruch usw. sind fristgerecht einzulegen. 36

Der VN muss sich auf einen Prozess einlassen und dem VR die Prozessführung übertragen. Der VR übernimmt allerdings die Kosten des Verfahrens.

c) Rechtsfolgen bei Obliegenheitsverletzungen (Ziff. 6 DTV-AVB Zoll 2005/08). Es besteht eine Leistungsfreiheit der VHV-VR bei Obliegenheitsverletzungen, wenn der VN oder einer seiner Repräsentanten Obliegenheiten vorsätzlich oder grob fahrlässig verletzt. Wie in der DTV-VHV 2003/2011 gilt das Alles-Oder-Nichts-Prinzip, da es sich bei den Zoll-AVB ebenfalls um eine laufende Versicherung[12] handelt. Denn jeder Zollauftrag ist gem. Ziff. 9.2 Zoll-AVB anzumelden. 37

Nur wenn die Verletzung weder für den Eintritt oder die Feststellung des Versicherungsfalles noch für die Feststellung oder den Umfang der Leistungspflicht ursächlich war, gilt dies nicht, es sei denn der VN handelte arglistig.

Bei Obliegenheiten nach Eintritt des Versicherungsfalles nach Ziff. 5.2.1, 5.2.2, 5.2.3 oder 5.2.5 DTV-AVB Zoll wird der VR auch ohne gesonderte Mitteilung der Rechtsfolge an den VN von der Leistung frei.

8. Maximum (Ziff. 7 DTV-AVB Zoll 2005/08)

Je Tatbestand ist in vielen Policen die maximale Leistung des VR mit € 10.000 je Dokument begrenzt, maximal mit € 100.000 je Kalenderjahr. 38

Der Versicherungsfall wird in der Zollversicherung als jedes Handeln und Unterlassen, welcher eine Inanspruchnahme durch eine Zollbehörde zur Folge hat, bezeichnet. Im Zweifel ist jede einzelne Zollanmeldung ein Versicherungsfall.

Die Begrenzung pro Kalenderjahr umfasst alle über diese Police zu erbringenden Versicherungsleistungen. Alle gerichtlichen und außergerichtlichen Kosten werden eingerechnet, soweit sie den Umständen nach geboten waren.

9. Selbstbeteiligung (Ziff. 8 DTV-AVB Zoll 2005/08)

Die Schadenbeteiligung des VN beträgt meist 15 % der Versicherungsleistung je Tatbestand, mindestens € 125 höchstens € 2.500. 39

[12] A Rn. 22.

10. Anmeldung, Prämie, Zahlung und Sanierung (Ziff. 9 DTV-AVB Zoll 2005/08)

40 Klargestellt wird, dass auch die Zollversicherung eine laufende Versicherung ist, weil alle Zollaufträge dem VR anzumelden sind. In Bezug auf die Prämie, die Zahlung und die Sanierung kann auf die Ausführungen zur DTV-VHV verwiesen werden.[13]

11. Kündigung, Gerichtsstand, anwendbares Recht (Ziff. 10 und 11 DTV-AVB Zoll 2005/08)

41 In Bezug auf die Kündigung (hier Textform), den Gerichtsstand und das anwendbare Recht kann auf die Ausführungen zur DTV-VHV verwiesen werden.[14]

---

13 B Rn. 217.

14 B Rn. 233.

E. Straßenfrachtführerversicherungen

Schrifttum

Boettge Versicherungsrechtliche Probleme der Straßengüterkabotage, VersR **2011** 21; *Heuer* Versicherungen des gewerblichen Straßengüterverkehrs, TranspR **2006** 22.

I. Vorbemerkung

Im Folgenden soll die Grundstruktur der Straßenfrachtführerpolicen dargestellt werden, ohne dass auf ein konkretes Konzept eines Maklers oder Versicherers eingegangen werden kann. Aus diesem Grund wird den folgenden Ausführungen kein Versicherungskonzept vorangestellt. **1**

II. Entstehungsgeschichte

Seit es die ersten Fuhrbetriebe gab, existierte eine von den Speditions- und Lagerhalterrisiken gesonderte Versicherung von Frachtführerrisiken. Insbesondere galt dies für die Straßenfrachtführer. Eisenbahnen, Binnenschiffe oder Seeschiffe und Luftfahrzeuge zählen in diesem Zusammenhang nicht dazu. Mit dem häufig verwendeten Begriff „Unternehmer des gewerblichen Güterverkehrs mit Kraftfahrzeugen“ waren alle Unternehmer gemeint, die gewerbsmäßig die Beförderung von Gütern mit Kraftfahrzeugen durchführen. Unter diesen Begriff fiel auch ein Unternehmer, der die von ihm geschlossenen Frachtverträge immer durch Subunternehmer ausführen ließ. Diese wurden am deutschen VHV-Markt (wegen des SVS/RVS bzw. des SLVS/SpV als Anlage zur ADSp 2003) separat behandelt.[1] **2**

Versicherungsschutz genießen die reinen Frachtführerrisiken im Straßengüterverkehr also gesondert von den Speditionspolicen. Nicht versichert wurde in solchen Policen die Haftung aus Speditions- oder Lagerverträgen. Der Risikobereich Frachtführerhaftung wurde also stets von Speditions-oder Lagerrisikobereichen scharf getrennt. Diese Frachtführerversicherung bestand als eigenständiges Produkt neben der Speditionsversicherung.

Es gab die Police für den gewerblichen Güterkraftverkehr und Policen für den gewerblichen Güternahverkehr, CMR-Policen und GüKU-MT-Policen für den Möbelspediteur u.v.m.; sowie die sog. BZG-Bundespolice mit einem Pool aus diversen Versicherungsgesellschaften unter Führung der Allianz mit einem Versicherungskonzept der Bundes-Zentralgenossenschaft Straßenverkehr.[2]

Seit Anfang der 90er Jahre gibt es beispielsweise die sog. EUROPA-Police Landverkehr Straße oder andere Policen, die in standardisierter Form Frachtführerrisiken versichern. Der Grundsatz des Gleichlaufs von gesetzlicher Haftung und Versicherungsschutz soll so eingehalten werden. Vorsorgeversicherung, Baukastensysteme für die Haftung, Sublimits für qualifiziertes Verschulden oder eine Betriebsbeschreibung wie bei der DTV-VHV 2003/2011 werden meist nicht verwendet.

---

[1] *Schneider* 189ff.

[2] *Schneider* 223.

III. Inhalt und Zweck der Regelung

1. Gegenstand der Versicherung

3 Gegenstand des Versicherungsschutzes ist die Haftung des VN aus der Durchführung von entgeltlichen Frachtverträgen. Haftungen aus Speditionsverträgen nach § 458 HGB (Selbsteintritt), § 459 HGB (Spedition zu festen Kosten) und § 460 HGB (Sammelladung) sind genauso wenig vom Versicherungsschutz umfasst wie Lagerverträge.

4 a) **Landverkehr Straße.** Voraussetzung ist zweitens, dass die Beförderungen von Gütern im Landverkehr, d.h. auf der Straße erfolgt. Meist wird ausdrücklich nur die Beförderung mit **Kraftfahrzeugen** versichert, so dass alle sonstigen Straßenbeförderungen (per Fahrrad, Kutsche o.a.) zunächst ausgeschlossen sind. Nicht versichert ist die Haftung der Binnenschifffahrt, Seeschifffahrt, Eisenbahn oder Luftfahrt.

Wenn demnach eine reine „Haftpflicht aus Landfahrzeugen mit eigenem Antrieb" versichert wird, handelt es sich bei einer solchen Versicherung um ein **Großrisiko** i.S.d. § 210 VVG.[3]

5 b) **Fahrzeuge des eigenen Betriebs.** Häufig wird nur die Beförderung mit den Fahrzeugen des eigenen Betriebes versichert. Nur wenn der VN die Beförderung sozusagen als „actual carrier" selbst durchführt, besteht Deckung. Um dies kontrollieren zu können, muss der VN eine Fahrzeugliste erstellen. Nur die Transporte gelten als versichert, die mit einem in der Liste genannten Fahrzeug ausgeführt wurden. VR geben die Möglichkeit, als Ausnahme einen Transport dann zu versichern, wenn nachweisbar ein anderes Fahrzeug zu deren Ersatz verwendet wurde.

6 c) **Subunternehmereinsatz.** Wenn der VN die Beförderung nicht mit eigenen Fahrzeugen ausführt, sondern fremde Subunternehmer einsetzt, ist dieser Transport nicht versichert. Der Einsatz fremder Frachtführer (Subunternehmer), kann jedoch zusätzlich versichert werden, wenn der VN einen entsprechenden Deckungsschutz beantragt.

7 d) **Betriebsbeschreibung, Vorsorge.** Bei den meisten Frachtführerpolicen gibt es weder eine Betriebsbeschreibung noch eine Vorsorgeversicherung. Im Gegensatz zu den DTV-VHV soll das den Vorteil haben, dass die damit verbundenen Risiken und möglichen Deckungslücken für den VN entfallen.

2. Versicherte Haftung

8 Die gesetzliche und vertragliche Haftung des VN wird in vielen Frachtführerpolicen mit den typischen Frachtrechtsvorschriften umschrieben. Erfasst wird insbesonderse die Haftung aus Frachtverträgen.

9 a) **Nationale Haftung.** Bei nationalen Beförderungen wird die Haftung nach dem HGB immer versichert. Ferner nach einzeln aufgeführten oder pauschal genannten marktüblichen Allgemeinen Geschäftsbedingungen (AGB). AGB, bei denen auch ein Frachtvertrag zu Grunde liegen kann, sind die Vertragsbedingungen für den Güterkraftverkehr-, Speditions- und Logistikunternehmer (VBGL),[4] die Allgemeinen Deutschen Spediteur-

---

[3] A Rn.18.

[4] http://www.bgl-ev.de/images/downloads/service/vbgl.pdf.

Bedingungen (ADSp 2003)[5] und die Allgemeinen Bedingungen der Bundesfachgruppe Schwertransporte und Kranarbeiten (BSK)[6]. Die ehemaligen Verbandsbedingungen der Umzugsunternehmen (Allgemeine Bedingungen der deutschen Möbelspediteure für Beförderungen von Handelsmöbeln (ABBH)) und die Allgemeinen Bedingungen der deutschen Möbelspediteure für Beförderungen von EDV-Anlagen, medizintechnischen Geräten und ähnlichen transportempfindlichen Gütern (ABB-EDV) werden vom Möbelverband AMÖ nicht mehr empfohlen, da im April 2014 die Allgemeinen Geschäftsbedingungen für Umzüge und Lagerungen veröffentlicht wurden.[7]

Häufig wird auch noch das sonstige nationale Recht versichert. Dies kann als Anspruchsgrundlage das Recht der außervertraglichen Haftung nach §§ 823, 831 BGB sowie Vertragsrecht nach § 280 BGB sein. Es wird die Einschränkung in der Police gemacht, dass frachtvertragliche Ansprüche neben oder anstelle der Haftung aus dem Frachtvertrag geltend gemacht werden müssen, damit Versicherungsschutz besteht.

Versichert wird ferner entweder nach entsprechendem Antrag oder pauschal die mit **10**
den Auftraggebern vereinbarte weitergehende Haftung bis zu 40 SZR je kg brutto. Das sind die maximal zulässigen Summen im Rahmen des vorgesehenen gesetzlichen Haftungskorridors gemäß § 449 Abs. 2 HGB.

b) **Internationale Haftung.** Bei internationalen Beförderungen ist die zwingende Haf- **11**
tung nach dem Übereinkommen über den Beförderungsvertrag im internationalen Straßengüterverkehr (CMR) versichert. Teilweise wurden auch die Türkei und einige Mittelmeeranrainerstaaten, in denen die CMR gilt, ausdrücklich in der Police genannt. Damit wird der Geltungsbereich auf alle CMR-Länder erweitert.

Andere Haftungen wie WA/MÜ, CIM oder CMNI werden meist nicht mitversichert. Dies kann zu Deckungslücken führen, wenn die LKW mit anderen Beförderungen beauftragt sind, wie beispielsweise im Luftfrachtersatzverkehr, rollende Landstraße usw. Wenn in diesen Fällen die CMR als Anspruchsgrundlage nicht gilt, besteht keine Deckung.

c) **Kabotage.** Ferner werden Haftungen nach den jeweiligen nationalen Rechtsvor- **12**
schriften über den innerstaatlichen oder grenzüberschreitenden Gütertransport mit Kraftfahrzeugen auf der Straße einzelner außereuropäischen Staaten versichert. Zu den diversen Problemfeldern der Kabotage siehe die besonderen Ausführungen von *Boettge*.[8]

3. Umfang der Leistung

Analog den DTV-VHV 2003/2011 bestehen in den üblichen Frachtführerpolicen ohne **13**
wesentliche inhaltliche Veränderung die Leistungsverpflichtung des VR mit der Befriedigung begründeter und die Abwehr unbegründeter Schadenersatzansprüche, die gegen den VN erhoben werden.

Ferner werden diverse Kosten fast mit gleichem Wortlaut analog den DTV-VHV 2003/2011 versichert. Insbesondere die aufgrund gesetzlicher oder behördlicher Verpflichtung erforderlichen Kosten zur Bergung und/oder Vernichtung oder Beseitigung des be-

---

5 http://www.transportrecht.org/dokumente/ADSp_2003.pdf.

6 http://www.transportrecht.org/dokumente/BSK-AGB-Kran-Transport_6Seitig-Deutsch_10.2013.pdf.

7 http://www.transportrecht.org/dokumente/AGB_2014.pdf.

8 *Boettge* Versicherungsrechtliche Probleme der Straßengüterkabotage VersR **2011** 21ff.

schädigten Ladegutes werden versichert. Voraussetzung ist auch hier, dass kein anderer VR geleistet hat.

Auf die Ladung entfallende Havarie-Grosse-Beiträge und geleistete Sicherheiten werden ebenfalls erstattet.

4. Ausschlüsse

14 a) **Übliche Ausschlüsse.** Ausgeschlossen sind wie in fast allen VHV-Policen Krieg, kriegsähnliche Ereignisse, Bürgerkrieg, innere Unruhen, Aufruhr, Streik, Aussperrung, Verfügung von hoher Hand und Wegnahme oder Beschlagnahme seitens einer staatlich anerkannten Macht gem. Ziff. 6.2, 6.3 und 6.4 DTV VHV.[9]

15 b) **Rechtswidriger Transport.** Ausdrücklich sind Ansprüche aus **rechtswidrigen Gütertransporten** ausgeschlossen.[10] Die Frage der Rechtswidrigkeit des Transports bezieht sich auf den Gegenstand des Verkehrsvertrags, nicht auf das konkret zu transportierende Gut oder auf das Transportmittel. Teilweise wird in diesem Zusammenhang bereits vertreten, dass das versicherbare Interesse nicht besteht, wenn gegen ein gesetzliches Verbot (rechtswidriges Interesse) oder die guten Sitten verstoßen wird.[11]

Es ist darauf abzustellen, ob der Transportvertrag wegen des Gegenstands des Transports (Kriegswaffen, Drogen) gegen geltendes Recht verstößt und deshalb „rechtswidrig" ist.

16 Die Rechtswidrigkeit der Beförderung muss von Beginn des Transports bestanden haben. Beispiele sind die vereinbarte Beförderung illegaler Drogen oder die beiden Vertragsparteien bekannte Überladung des Fahrzeugs.[12]

Ein Verstoß gegen verkehrsrechtliche Vorschriften (STOP-Schild, rote Ampel, Überholverbot o.a.) genügt nicht. Lag jedoch bei Fahrtbeginn eine Überladung vor, und war dies beiden Parteien (Auftraggeber und Frachtführer) bekannt, dann liegt ein objektiver Risikoausschluss vor.[13]

Die öffentlich-rechtliche Regelung z.B. des GüKG sieht für den Straßengüterverkehr vor, dass bei den unter das GüKG fallenden Transporten der Unternehmer über die dafür vorgesehenen behördlichen Erlaubnisse verfügen muss. Bei Transporten mit Gewichts- oder Lademaßüberschreitungen sind spezielle Ausnahmegenehmigungen bei den Behörden zu beantragen. Die ungenehmigte Transportdurchführung ist verboten. VR wollen für gesetzeswidrige Handlungen ihres VN keinen Versicherungsschutz anbieten.

Wenn der Verstoß gegen die gesetzlichen Vorschriften im konkreten Fall die Ursache für den eingetretenen Schaden war, liegt ein objektiver Ausschlussgrund und keine verhüllte Obliegenheit vor.

17 c) **Besondere Güter.** Üblicherweise werden zunächst Ansprüche aus Schäden an und Verlusten von ungemünzten und gemünzten oder sonst verarbeiteten Edelmetallen sowie Juwelen, Edelsteinen, Papiergeld, Wertpapieren aller Art, Dokumenten und Urkunden ausgeschlossen.[14]

---

[9] B Rn. 139.

[10] OLG Saarbrücken 28.9.1999 VersR **2000** 760; grundlegend Thume/de la Motte/Ehlers/*Ehlers* VVG Rn. 333, *Schneider* 204.

[11] Beckmann/Matusche-Beckmann/*Heiss*/*Trümper* Rn. 360.

[12] Offen gelassen OLG Celle 10.2.2011, 8 U 118/10 (unveröffentlicht).

[13] **A.A.** OLG München 3.3.2011 RuS **2011** 437.

[14] B Rn. 146.

Eine Ausnahme für Frachtführerpolicen gegenüber den Speditionspolicen gibt es jedoch, weil hier traditionell Schäden an Kunstgegenständen, Gemälden, Skulpturen und anderen vergleichbaren Kostbarkeiten nur insoweit ausgeschlossen sind, als der Einzelwert am Ort der Übernahme den Betrag von € 5.000 nicht übersteigt. „Billige Güter" dieser Warengruppe fallen also unter den Versicherungsschutz einiger Frachtführerpolicen.

d) **Vorsatz, grobe Fahrlässigkeit.** Ferner gibt es immer den üblichen Vorsatzausschluss, welcher der Ziff. 6.18 DTV-VHV entspricht. Zusätzlich gibt es jedoch einige VR, die aus langer Tradition heraus auch die grobe Fahrlässigkeit, teilweise auch bewusste Leichtfertigkeit, ausschließen.[15] **18**

Klauseln lauten wie folgt: „Vom Versicherungsschutz ausgeschlossen sind Schäden, die der VN, dessen gesetzliche Vertreter oder dessen leitende Angestellte vorsätzlich oder grobfahrlässig verursacht haben". Solche Klauseln sind im Rahmen der Versicherung reiner Landfrachtführerrisiken wegen der Eigenschaft als Großrisiken (und auch als laufender Versicherung) zulässig.[16]

e) **Umzug /Handelsmöbel.** Häufig werden Umzugsfrachtführer nicht im Rahmen von diesen reinen Frachtführerpolicen mitversichert. Ausgeschlossen sind dann Schäden im Zusammenhang mit Umzugsgut und Handelsmöbeln. Meist hat der jeweilige VR oder Makler eine Police, die sich speziell auf Umzugsspeditionen, ggf. zusammen mit Umzugsgutlagerungen, bezieht.[17] **19**

Eine Ausnahme wird teilweise deckungsseitig gemacht, wenn dem VN und seinen Repräsentanten unbekannt war, dass es sich um Umzugsgut gehandelt hat.

f) **Schwergutbeförderungen.** Schäden im Zusammenhang mit der Übernahme von Schwergutaufträgen werden häufig in reinen Frachtführerpolicen ausgeschlossen. Dabei kann es gesonderte Definitionen in der Police geben, was als Schwergut definiert wird.[18] Genehmigungspflichtige Sondertransporte sowie Transporte mit einer Gesamtmasse über 40 t können einer gesonderten Versicherung nämlich der Schwergutversicherung zugewiesen werden. **20**

5. Obliegenheiten

Die Obliegenheiten der Frachtführerpolicen entsprechen dem bis zur Schaffung der DTV-VHV 2003/2011 einheitlichen marktüblichen Standard. Die Obliegenheiten beschränken sich vor und nach dem Versicherungsfall auf Maßnahmen, die auch tatsächlich im Einflussbereich des VN liegen. In manchen Policen werden diese auch auf die Subunternehmer ausgedehnt, sofern dieses Risiko mitversichert wird. Die Obliegenheiten sind im Gegensatz zu den DTV-VHV 2003/2011 erheblich reduziert. Dies leuchtet ein, da alle Obliegenheiten im Zusammenhang mit speditionellen Tätigkeiten oder Lagerungen entfallen konnten. **21**

a) **Vor Eintritt des Versicherungsfalles.** Als Obliegenheit vor Eintritt des Versicherungsfalles wird dem VN vorgeschrieben, nur **im grenzüberschreitenden Straßengüterverkehr** Fahrzeuge einsetzen, die mit zwei unabhängig voneinander funktionierenden Dieb- **22**

---

[15] *Ehlers* VersR **2003** 1080.
[16] *Abele* TranspR **2004** 152, 155.
[17] http://www.transportrecht.de/transportrecht_content/1024646059.pdf.
[18] B Rn. 75.

stahlsicherungen (hierzu zählen nicht Türschlösser) ausgestattet sind. Innerhalb der BRD wird also auch der Einsatz anderer Fahrzeuge zugelassen. Im Falle des Einsatzes von Subunternehmern sind diese vom VN allerdings anzuweisen, entsprechend ausgerüstete Fahrzeuge einzusetzen.

VR geben mit dem Versicherungsvertrag eine sog. „Fahreranweisung" heraus, in welcher dem Fahrer gewisse Verhaltensweisen nahegelegt werden. Da die Anweisungen der Versicherer sehr unterschiedlich sind, kann in diesem Zusammenhang auf Einzelheiten nicht eingegangen werden. Diese Anweisung ist jedenfalls als vorvertragliche Obliegenheit ausgestaltet. Die Fahreranweisung ist dem Fahrer auszuhändigen und von ihm gegenzeichnen zu lassen.

Neben der sorgfältigen Auswahl der Subunternehmer wird die Obliegenheit vereinbart, Subunternehmer anzuweisen, beladene Transportbehältnisse verschlossen auf einem gesicherten Grundstück, bewachten Parkplatz oder sonst beaufsichtigt abzustellen.

In vielen Policen gibt es darüber hinaus kaum noch Obliegenheiten.

23 b) **Nach Eintritt des Versicherungsfalles.** Nach Eintritt des Versicherungsfalles muss wie in den DTV-VHV 2003/2011 auch bei der Frachtführerversicherung der VN den VR unverzüglich Schadenfälle melden, spätestens vier Wochen nach Kenntnis. Der VN hat für die Abwendung und Minderung des Schadens zu sorgen, dem VR jede notwendige Auskunft zu geben und etwaige Weisungen des VR zu befolgen. Ferner muss er erforderliche Rechtsmittel oder Rechtsbehelfe einlegen, wenn ein Anspruch gerichtlich geltend gemacht wird. Regressansprüche sind gegen den Schadenstifter, insbesondere gegen den eingesetzten Subunternehmer oder andere Verkehrsträger zu wahren. Der VN darf keinen Anspruch ohne vorherige Zustimmung des VR anerkennen oder befriedigen. Häufig werden hier also Anerkenntnisse des VN nicht zugelassen, was kritisch zu bewerten ist. Es existiert darüber hinaus ein Abtretungsverbot, was jedoch im Rahmen der Großrisiken nach § 210 zulässig ist.[19]

24 c) **Rechtsfolgen bei Obliegenheitsverletzung.** Wie in den DTV-VHV 2003/2011 wird bei einer Obliegenheit, die mindestens grob fahrlässig verletzt wurde, die Leistungsfreiheit des VR in die AVB aufgenommen. Ferner existiert die zulässige Klausel, dass bei einer Obliegenheitsverletzung vor Eintritt des Versicherungsfalles die Leistungsfreiheit des VR auch ohne Kündigung des Versicherungsvertrages eintritt.

6. Geltungsbereich

25 a) **Räumlicher Geltungsbereich.** Der räumliche Geltungsbereich umfasst sehr unterschiedliche Bereiche in den üblichen Frachtführerpolicen.

26 aa) **Nahverkehr.** Teilweise erstreckt sich der Geltungsbereich nur auf einen kleinen räumlichen Bereich (Regionalverkehr). Diesen nannte man früher den **Nahverkehr.**[20] Das können jetzt 50, 75, 150 km oder mehr um den Standort des Fahrzeugs sein. Andere Anknüpfungspunkte als den Standort gibt es ebenfalls. Dies kann der Sitz des VN oder Sitz einer Niederlassung sein.

27 bb) **Fernverkehr.** Haftungsseitig gab es den Fernverkehr gemäß der Kraftverkehrsordnung (KVO).[21] Das waren Beförderungsbedingungen für den nationalen **Güterfernverkehr**

---

[19] B Rn. 187.
[20] *Schneider* 219.
[21] *Schneider* 164ff.

innerhalb der BRD, die ab 1.7.1998 entfallen sind. Fernverkehr wurde anfänglich definiert mit „mehr als 50 km vom Standort des Fahrzeugs". Als räumlicher Geltungsbereich wird in solchen Fällen einfach die BRD angegeben. Jeder grenzüberschreitende Transport ist aber nicht versichert.

Entscheidend ist der Abgangs- und der Ablieferungsort, nicht jedoch die Beförderungsstrecke. Bei den sog. „Schlenkerverkehren" wird eine Auslandsstrecke (Schnellstraße oder Autobahn) benutzt um schneller oder günstiger den Zielort zu erreichen. Passiert dann auf dieser Strecke ein Schadenereignis (Beschädigung oder Verlust bzw. Lieferfristüberschreitung), dann ist der zugrundliegende Transport ein innerdeutscher Fernverkehrstransport, auch wenn der Schaden im Ausland eingetreten ist.

cc) **Internationale Verkehre.** In Frachtführerpolicen wird als räumlicher Geltungsbereich ferner Europa (geographische Grenzen) definiert. Welche Länder zu diesem Begriff gehören, ist kompliziert, weil gewisse Staaten und exterritoriale Gebiete zwar in Europa liegen, aber einen Teil ihres Territoriums außerhalb Europas haben. Insoweit soll keine Länderliste angeboten werden, sondern es ist in jedem Schadenfall zu prüfen, was der Wortlaut der jeweiligen Police hergibt und wo der konkrete Ablieferungs- oder Ausgangspunkt liegt. **28**

Schließlich kann der VR einer Deckungserweiterung über Europa vor Risikoübernahme schriftlich zustimmen, wenn der VN ausnahmsweise für ein paar Transporte den räumlichen Geltungsbereich erweitern will. Häufig werden Staaten genannt, die die CMR gezeichnet haben. Mittlerweile sind es 55 Staaten.[22] Deshalb kommen in manchen Policen die sog. Mittelmeeranrainerstaaten hinzu.

dd) **Ausschluss.** Teilweise wird auch noch zusätzlich für Beförderungen außerhalb des räumlichen Geltungsbereiches des Versicherungsvertrages ein Ausschluss in die Police mit aufgenommen. Dieser hat jedoch nur deklaratorische Wirkung. Es gilt immer die in der Police genannte räumliche Begrenzung der Police. **29**

b) **Zeitlicher Geltungsbereich.** Der Versicherungsschutz gilt nur für Frachtverträge, die nach dem Beginn und vor der Beendigung des Versicherungsvertrages, der vom VR meist genau mit Beginn- und Ablaufdatum genannt wird, abgeschlossen werden. **30**

7. Grenzen der Versicherungsleistung

In Frachtführerpolicen gibt es im Gegensatz zu den Speditionspolicen keine hohen Grenzen der Versicherungsleistung. Es gibt die Erfahrung, dass es im Gegensatz zu Speditions- oder Lagerrisiken selten Schäden über € 1 Mio. gibt. Aufgrund des in der Regel guten Verlaufs der Frachtführerscheinrisiken haben sich nicht so hohe Versicherungsmaxima wie bei den Speditionen herausgebildet. **31**

Häufig fehlen bereits ausformulierte Grenzen pro Versicherungsfall. Es wird dann nur die Versicherungsleistung je Schadenereignis begrenzt.

Alle Ersatzleistung aus der Befriedigung begründeter Ansprüche, ferner die Schadenabwendungs-, Schadenminderungs-, Schadenfeststellungskosten sowie die gerichtlichen und außergerichtlichen Kosten fallen unter dieses Maximum.

---

[22] http://www.logistikrecht.info/cmr/info/cmr-vertragsstaaten.html.

Häufig werden runde Summen, wie € 1, 2 oder 3 Mio. genannt. Häufig erfolgt die Angabe über die maximalen Summen der Pflichthaftpflichtversicherung nach § 7a GüKG mit € 600.000 pro Ereignis, 2fach maximiert pro Jahr. Sublimits gibt es für Ansprüche wegen reiner Vermögensschäden mit € 100.000. Ferner gibt es Grenzen bei Nachnahmeversehen mit € 25.000 und für die Erstattung der Bergungs-, bzw. Beseitigungskosten mit ebenfalls € 25.000.

8. Prämie

32 Die im Vergleich zu den Speditionsrisiken samt Lagerhaltung niedrigeren Prämien werden bei den VR hauptsächlich mit festen Tarifen berechnet und hängen von verschiedenen Parametern ab, wie Einsatzgebiet (Nah-, Fern-, internationale Verkehre, beförderte Güter, Deckungssumme usw.). Die konkreten Prämienberechnungsgrundlagen und die Bedingungen für eine verlaufsabhängige Prämienänderung werden häufig nicht in den Frachtführerbedingungen oder in der Police, sondern in einem zusätzlichen Prämienblatt zum Versicherungsvertrag festgelegt. Der Grund ist einfach: Der VR will nicht, dass bei einem Abwerbungsangebot durch einen anderen VR dieser bei Übergabe der Police an den fremden Anbieter auch die Prämienseite bekannt gibt.

9. Selbstbeteiligung (SB)

33 Häufig gibt es im Gegensatz zu den Speditionspolicen im Frachtführerbereich keine Selbstbeteiligung. Das hat rein historische Gründe. Wenn eine SB vereinbart wird, beträgt die SB meist 10 % der Leistung des VR, mindestens € 100, höchstens € 500. Die SB berechnet sich immer nach der vom VR zu zahlenden Ersatzleistung.

Es gibt im Falle des Fahrzeugdiebstahls, insbesondere bei einem grenzüberscheitenden Straßengütertransport, häufiger eine SB 10 %, höchstens € 10.000. Wenn der LKW entweder auf einem gesicherten Grundstück, bewachten Parkplatz oder sonst beaufsichtigt abgestellt war oder zwei unabhängig voneinander funktionierende Diebstahlsicherungen in Betrieb waren, kann die SB jedoch wieder entfallen. Der VN muss diesen Umstand jedoch beweisen.

Wenn andererseits der Schadenfall durch den VN oder einer seiner Repräsentanten grob fahrlässig herbeiführt wurde, und kein Ausschluss oder keine Obliegenheitsverletzung vorliegt, trägt der VN 25 % der Leistung des VR, höchstens € 25.000 selbst.

10. Rückgriffsrecht

34 Auch Frachtführerversicherer sind berechtigt, gegen Dritte, die haften oder letztendlich den Schaden zu vertreten haben, Rückgriff zu nehmen.

Der Rückgriff gegen Mitarbeiter des VN ist nur bei Vorsatz oder grober Fahrlässigkeit möglich und bei grob fahrlässiger Herbeiführung des Schadens nur in den Grenzen, die in den individuellen Policen vermerkt sind.

11. Kündigung im Schadenfall

35 Besonders geregelt ist in vielen Policen das Kündigungsrecht im Schadenfall. Im Schadenfall kann dann der Versicherungsvertrag innerhalb eines Monats nach Befriedigung oder Ablehnung des Versicherungsanspruchs gekündigt werden.

F. Umzugsspeditionspolicen

Schrifttum

Andresen Die Beförderung von Umzugsgut – Neuregelung durch den Entwurf eines Transportrechtsreformgesetzes, TranspR **1998** 97; *Mittelhammer* Leitfaden für den Praktiker zum Umzugsrecht, TranspR **2011** 139; *Tschiltschke* Haftung auch für „Zufall" im Umzugsrecht? TranspR **2008**, 458; *Scheel* Die Entwicklung des Umzugsrechtes seit Inkrafttreten der Transportrechtsreform am 1.7.1998, TranspR **2005** 239.

I. Vorbemerkung

Im Folgenden soll die Grundstruktur von Möbelspediteurpolicen dargestellt werden, **1** ohne dass auf ein konkretes Konzept eines Maklers oder Versicherers eingegangen werden kann. Aus diesem Grund wird den folgenden Ausführungen kein Versicherungskonzept vorangestellt.

II. Entstehungsgeschichte

Häufig gibt es am Markt gesonderte Versicherungsbedingungen für sog. Umzugs- oder **2** Möbelspeditionen. Die verwendeten Begriffe der Unternehmen, die mit der Umzugsversicherung eine Verkehrshaftungsdeckung bekommen können, sind vielfältig. Gemeint sind zunächst die Unternehmen, die Umzugsgutverträge schließen.[1]

Als zweites kommen die Frachtführer und Lagerhalter in Betracht, die mit Handelsmöbeln und EDV-Transporten umgehen. Solche sog. „Möbelunternehmen", die meist auch Umzugstransporte oder Lagerungen ausführen, werden auch **Möbelspeditionen** genannt. Diese sind in der Regel Mitglied in einem regionalen Fachverband des Bundesverbandes Möbelspedition (AMÖ) e.V. Diese Mitgliedsunternehmen haben sich verpflichtet, nach dem folgenden Verhaltenskodex zu arbeiten:

1. Nach den Grundsätzen und Regeln eines ordentlichen Kaufmanns zu arbeiten.
2. Ein übersichtliches und detailliertes Angebot zu erstellen.
3. Gründlich und umfassend zu beraten und eine Leistungsbeschreibung als Bestandteil des Umzugsvertrages beizufügen.
4. Ausführlich über Versicherungs- und Haftungsbestimmungen zu informieren.
5. Mit seriösen Versicherern zusammenzuarbeiten.
6. Als Umzugsberater, Transportleiter und Packer sowie für vereinbarte Handwerkerleistungen Fachpersonal einzusetzen.
7. Umweltverträgliche Verpackungsmaterialien zu benutzen. Fahrzeuge zu verwenden, die für die Beförderung von Möbeln besonders eingerichtet und ausgerüstet sind und dem derzeitigen Sicherheitsstandard entsprechen.
8. Geeignete und sichere Möbellager und Standplätze für die Fahrzeuge vorzuhalten.
9. Korrekte, nachprüfbare Abrechnungen zu erstellen.
10. Bei Meinungsverschiedenheiten mit dem Kunden dem Spruch der Einigungsstelle der AMÖ zu folgen.

VR nehmen teilweise nur die Unternehmen, die Mitglied bei der AMÖ sind, als mögliche VN an (Annahmerichtlinie).

---

[1] B Rn. 74; *Mittelhammer* TranspR **2011** 139ff.

3 Der sog. „Universalmöbelversicherungsschein" (UMVS) oder ähnliche Versicherungsmöglichkeiten bestehen am Markt als Deckungsmöglichkeit. Sie orientieren sich stark an den Frachtführerbedingungen und regeln zusätzlich die Besonderheiten der Umzugsgut und Handelsmöbelrisiken. Diese Bedingungen verwenden die Formulierungen des DTV-VHV 2003/2011 häufig nicht. Bei manchen Bedingungen werden andererseits die Besonderheiten mittels AVB (z.B. Besondere Bedingungen zur Versicherung von Umzugsunternehmen) nur für den Umzugs- und Handelsmöbelbereich verwendet, die als Zusatz zu den DTV-VHV 2003/2011 mit angeboten werden.

III. Inhalt und Zweck der Regelung

1. Gegenstand der Versicherung

4 Gegenstand der Versicherung sind Umzugsverträge (Fracht-, Speditions- und Lagerverträge). Versicherte Tätigkeit ist ferner die Haftung aus Frachtverträgen im Straßengüterverkehr, aus Speditions- und Lagerverträge mit dem Hinweis, dass diese Tätigkeit dem Möbelspeditionsgewerbe entsprechen muss. Damit sind auch Tätigkeiten als Handelsmöbelfrachtführer oder EDV-Beförderer gemeint.

4 Häufig handelt es sich um eine laufende Versicherung, wenn die vom VN abgeschlossenen Umzugs- und sonstigen versicherbaren Verkehrsverträge dem VR während der Laufzeit des Versicherungsvertrages aufgegeben werden müssen. Wenn keine Lagerungen versichert werden, wären es Großrisiken.[2]

5 Voraussetzung bei vielen neueren Policen ist, dass die zu versichernden Tätigkeiten in der Betriebsbeschreibung ausdrücklich vom VN benannt werden und der VR diese in der Police ausdrücklich dokumentiert.

6 Eine Vorsorgeversicherung gibt es dann, wenn zu den im Möbelverkehrsgewerbe üblicherweise ausgeführten Tätigkeiten nach Abschluss des Versicherungsvertrages eine weitere, neue Tätigkeit aufgenommen wird. Häufig werden die weiteren Formulierungen der DTV-VHV 2003/2011 übernommen, dass nämlich der Versicherungsschutz sofort mit dem Eintritt des neuen Risikos beginnt, ohne dass es einer besonderen Anzeige bedarf. Unterlässt der VN die rechtzeitige Anzeige binnen eines Monats nach Beginn des neuen Risikos, entfällt der Versicherungsschutz für das neue Risiko rückwirkend von Beginn an. Dasselbe gilt, wenn innerhalb eines Monats nach Eingang der Anzeige beim VR keine Vereinbarung über den Beitrag für das neue Risiko zustande kommt.

7 Genau wie in der Speditionsversicherung nach DTV-VHV 2003/2011 gilt die Versicherung nicht für Verträge im Selbsteintritt bei der See- u. Binnenschifffahrt, der Luft- oder Eisenbahnfrachtführer, bei Charterverträgen. Schwergut, Kran- oder Montagearbeiten sind selbst dann, wenn es sich um einen Betriebsumzug handelt, häufig ausgeschlossen bzw. nicht Gegenstand der Versicherung.

8 Ebenfalls entweder ausgeschlossen oder nicht Gegenstand der Versicherung sind die Beförderung und Lagerung von Edelmetallen, Edelsteinen, Juwelen, echten Perlen, Schmuck, Uhren, Geld, Briefmarken, Münzen, Scheck- und Kreditkarten, gültigen Telefonkarten oder anderen Zahlungsmitteln, Wertpapieren, Dokumenten, Urkunden und anderen vergleichbaren Kostbarkeiten (Valoren). Die Vorsorgeversicherung findet hierauf keine Anwendung.

---

2 A Rn. 18.

Zusätzlich wird eine Versicherung der besonders wertvollen oder diebstahls- und raubgefährdeten Güter wie Spirituosen, Tabakwaren, Unterhaltungselektronik, Telekommunikationsgeräte und insbesondere EDV-Geräte angeboten, häufig jedoch mit bestimmten Begrenzungen pro LKW und Lager in Handelsmöbel- und EDV-Aufträgen. Die Versicherung greift bei diesen ausgeschlossenen Gütern jedoch ein, wenn die Beförderung bzw. Lagerung im Rahmen eines Umzugsvertrages erfolgt ist.

2. Umfang der Versicherung

Der VHV-VR für die Umzugsspeditionen schuldet die Befriedigung begründeter und die Abwehr unbegründeter Schadenersatzansprüche, die gegen den VN als Auftragnehmer eines Umzugsvertrages erhoben werden. **9**

Deckung besteht nach Maßgabe deutscher gesetzlichen Bestimmungen über entgeltliche Beförderungen von Umzugsgut im Umfang der §§ 451 ff. HGB. Mitversichert werden nahezu in allen Policen alle im Möbelspeditionsgewerbe üblichen Allgemeinen Geschäftsbedingungen (AGB). Das waren bis April 2014 die ABBH und die ABBEDV, die von den Allgemeinen Geschäftsbedingungen für Umzüge und Lagerungen und den Allgemeinen Lagerbedingungen des Deutschen Möbeltransports (ALB) im Juni 2014 abgelöst wurden.[3] **10**

Vereinbart ist ferner der Zusatz, dass Versicherungsschutz nach deutschen gesetzlichen Bestimmungen besteht, wenn diese im Einzelfall nicht durchzusetzen sind.

Der Begriff „durchsetzen" ist dabei nicht geklärt. Gemeint ist, dass der VN die AGB vereinbart haben muss, diese aber aus rechtlichen Gründen nicht gelten.

Deckung wird teilweise auch bei Auslandsbezug nach den jeweils anwendbaren gesetzlichen Bestimmungen anderer Staaten gewährt, sofern sich der VN nicht mit Erfolg auf die AGB oder das HGB berufen kann. Weil dann die Haftung über die € 620 je Kubikmeter Laderaum hinausgeht, der zur Erfüllung des Umzugsvertrages benötigt wird, sind auch solche Güterschäden grundsätzlich versichert.

Wie bei Frachtführerpolicen ersetzt der VR die Abwehr- oder Minderungskosten eines ersatzpflichtigen drohenden Schadens (besser: **unmittelbar** drohenden) sowie die gerichtlichen und außergerichtlichen Kosten, soweit sie den Umständen nach geboten waren. Aufgewendete Beförderungsmehrkosten aus Anlass einer Fehlleitung kann es auch im Umzugsbereich geben. Wenn sie zur Verhütung eines ersatzpflichtigen Schadens erforderlich waren, kann eine Erstattung in manchen Policen häufig nur bis zu 50 % des Warenwertes, höchstens gemäß dem gesondert geregelten Maximum, erfolgen. **11**

Subsidiär werden etwaige Kosten zur Bergung, Vernichtung oder Beseitigung des beschädigten Gutes, die aufgrund gesetzlicher oder behördlicher Verpflichtung aufgewendet wurden, erstattet, soweit ein ersatzpflichtiger Schaden vorliegt. Stets ist die Begrenzung der Versicherungsleistung insgesamt zu beachten. **12**

3. Versicherungsausschlüsse

Soweit nicht zwingende Vorschriften der Pflichtversicherung entgegenstehen (z.B. § 7a GüKG), sind auch bei Umzugsgutpolicen die meisten üblichen Haftungsausschlüsse der jeweiligen Umzugspolice oder den DTV-VHV 2003/2011 vorhanden, wie z.B. Schäden **13**

[3] http://www.transportrecht.org/dokumente/AGB_2014.pdf; http://www.transportrecht.org/dokumente/ALB_2014.pdf.

durch Naturkatastrophen (z.B. Erdbeben, Blitzschlag, vulkanische Ausbrüche, Überschwemmungen), Krieg, kriegsähnliche Ereignisse, Bürgerkrieg, innere Unruhen, Aufruhr, Streik, Aussperrung, Arbeitsunruhen, terroristische Gewaltakte oder politische Gewalthandlungen.

14 Wichtig ist der Ausschluss, wenn der Umzugsspediteur eine Transportwaren- oder Sachversicherung weisungswidrig nicht oder nicht ausreichend eindeckt. Dann erstattet der VR den Schaden nicht über die Haftungsversicherung. Soweit eine Haftung für den entstandenen Schaden nach HGB deshalb zu bejahen ist, weil er eine Nebenpflicht gegebenenfalls bewusst leichtfertig verletzt hat, ist dieser Haftungstatbestand nicht versichert. Versichert ist der Sachverhalt aber dann, wenn eine Haftung des VN für den eingetretenen Schaden wegen der Verletzung der Hauptpflicht des Verkehrsvertrags, die Beförderung oder Lagerung schadenfrei auszuführen, besteht.

4. Anfragepflicht für besondere Risiken

15 Der VN ist verpflichtet, vor Risikobeginn anzufragen, wenn Beförderungen nach und von außereuropäischen Ländern und bei Transporten von, nach und durch Staaten der Gemeinschaft unabhängiger Staaten der ehemaligen Sowjetunion (GUS) in Betracht kommen.

Weitere Anfragepflichten gibt es, wenn der deklarierte Wert aller auf einem Transportmittel (Lastzug) zu befördernden Güter € 250.000 übersteigt.

16 Ein besonderer für den Umzugsbereich wichtigen Fall gibt es, wenn die Einbeziehung sonstiger besonderer Haftungsausschlüsse, wie z.B. die Beförderung von Pflanzen, Tieren, Edelmetallen, Edelsteinen, Juwelen, echten Perlen, Schmuck, Uhren, Geld, Briefmarken, Münzen, Scheck- und Kreditkarten, gültigen Telefonkarten oder anderen Zahlungsmitteln, Wertpapieren, Dokumenten, Urkunden und anderen vergleichbaren Kostbarkeiten (Valoren), vertraglich vereinbart werden soll.

Wenn der Umziehende den Wert des Umzugsguts über die Haftungsversicherung versichert haben will, muss der VN diesen besonderen Versicherungsschutz bei seinem VR zusätzlich versichern. Weil aber in den meisten VHV-Policen der Ausschluss der Wert- und Interessendeklaration verankert ist, muss der VN gesondert nachfragen, ob und zu welchem Preis der Höherwert versichert werden kann. Häufig gibt der VHV-VR seinem VN einen festen Prämiensatz für die Höherwertversicherung und versichert dann automatisch den vom Umzugskunden genannten Wert.

5. Umzugsguttransportversicherung

16 Weil der Umzugsspediteur seinem Kunden im Umzugsvertrag meist die Möglichkeit anbietet, die Güter zu versichern, ist der Abschluss einer Umzugsguttransportversicherung sinnvoll. Nach § 451 g Ziff. 1 HGB muss der Umzugsspediteur den Umziehenden auf eine Möglichkeit der Versicherung des Gutes, sei es über eine Transportversicherung oder eine Lagerversicherung hinweisen. Wenn der Umziehende den Wert des Umzugsguts über die Transportversicherung versichert haben will, muss der VN diesen besonderen Versicherungsschutz bei seinem VR mit einer zusätzlichen Versicherungspolice besorgen.

Nicht eingegangen wird in diesem Zusammenhang auf diese besondere Art der Transportversicherung. Dies ist keine Haftpflichtversicherung, sondern eine Schadenversicherung.

G. Luftfrachtpolicen

Schrifttum

Müller-Rostin Art. 50 Montrealer Übereinkommen – eine unscheinbare, aber bedeutungsvolle Vorschrift zur Pflichtversicherung für Luftfrachtführer, VersR **2004** 832; *Mühlbauer* Die Schnittstellen der Luftfahrtversicherung zu anderen Versicherungssparten, VersR **2008** 1045.

I. Vorbemerkung

Im Folgenden soll die Grundstruktur dieser Luftfrachtpolicen dargestellt werden, ohne dass auf ein konkretes Konzept eines Maklers oder Versicherers eingegangen werden kann. Aus diesem Grund wird den folgenden Ausführungen kein Versicherungskonzept vorangestellt. 1

II. Entstehungsgeschichte

Die von Luftfahrzeugen ausgehenden Gefahren stellen ein besonderes Risikopotenzial dar. Luftfahrtrisiken werden daher als besonders hoch eingestuft. Viele Besonderheiten sind zu berücksichtigen. Für Luftfahrtrisiken sind höhere Deckungssummen als bei anderen Verkehrsträgern üblich, mit der Folge, dass diese Risiken von einem speziellen Rückversicherungsmarkt versichert werden.[1] 2

Für das **luftfahrtspezifische Haftpflichtrisiko** bieten die Luftfahrtversicherer seit 1908 umfassenden Versicherungsschutz.[2] In § 29 LuftVG vom 1.8.1922 wurde bereits die Verpflichtung zum Nachweis einer Haftpflichtversicherung für Luftfahrzeughalter, Flughafenunternehmer und Veranstalter öffentlicher Flugveranstaltungen angeordnet. Im die Haftung des Luftfrachtführers regelnden Warschauer Abkommen (WA) ging es zwar um luftfrachtrechtliche Schadenersatzansprüche. Die Frage der Absicherung dieser Ansprüche durch eine Versicherung wurde im Abkommen nicht geregelt. Es oblag dem nationalen Gesetzgeber, dem Luftfrachtführer eine Verpflichtung zur Absicherung seiner frachtvertraglichen Haftung aufzuerlegen. In Deutschland unterliegt der Luftfahrzeughalter einer Pflichtversicherung (oder Sicherheitsleistung) gem. § 43 LuftVG. Am 28.6.2004 ist das Übereinkommen zur Vereinheitlichung bestimmter Vorschriften über die Beförderung im internationalen Luftverkehr (Montrealer Übereinkommen (MÜ)) in Kraft getreten. Gem. Art. 50 MÜ wurde erstmalig durch ein internationales Abkommen die Verpflichtung für den Luftfrachtführer eingeführt, Versicherungsschutz für seine beförderungsvertragliche Haftung einzudecken.[3] Vorher gab es auf völkerrechtlicher Ebene lediglich die Verpflichtung für den Luftfahrzeughalter, seine Haftung für solche Schäden, die einer Person oder Sache auf dem Erdboden von einem Luftfahrzeug im Flug zugefügt werden, durch Versicherung (oder durch Sicherheiten) abzusichern.

Für Güterschäden bestimmt § 4 Abs. 2 des Gesetzes zur Durchführung des Übereinkommens vom 28.5.1999 zur Vereinheitlichung bestimmter Vorschriften über die Beförderung im internationalen Luftverkehr (Montrealer-Übereinkommen-Durchführungsge-

---

1 *Müller-Rostin* VersR **2004** 832, Thume/de la Motte/*Ehlers*/*Mühlbauer* F Rn. 354.

2 Zu den Einzelheiten Langheid/Wandt/*Mühlbauer* Luftfrachtversicherung.

3 Geigel/*Mühlbauer* Der Haftpflichtprozess, 29 Rn. 164.

setz (MontÜG)), dass der Luftfrachtführer für seine frachtvertragliche Haftung nach dem MÜ eine Versicherung abzuschließen hat.[4] In Ziff. 25 der Verordnung über die Berichterstattung von Versicherungsunternehmen gegenüber der Bundesanstalt für Finanzdienstleistungsaufsicht (Versicherungsberichterstattungs-Verordnung, Anlage 1 Abschnitt c) wird unter Luft- und Raumfahrzeug-Haftpflichtversicherung die Luftfahrt-Haftpflichtversicherung (einschließlich der Luftfrachtführer-Haftpflichtversicherung) genannt.

3 Der GDV hat Musterbedingungen unverbindlich bekannt gegeben. Sie lauten **Luftfahrt-Haftpflichtversicherungs-Bedingungen für Luftfahrzeughalter und Luftfrachtführer** (LHB 2008).[5]

4 In der DTV-VHV 2003/2011 wird das Luftfahrtrisiko im Selbsteintritt ausgeschlossen. In vielen anderen Versicherungssparten ist dies ebenso (Betriebshaftpflicht-, Produkthaftpflicht-, Unfallversicherung u.v.m.). Bei der allgemeinen Haftpflichtversicherung werden Luftfahrtrisiken aus Verträgen mit einer Reihe von Klauseln in den AHB, beispielsweise der kleinen Kraft-, Luft- und Wasserfahrzeugklausel in der Privathaftpflichtversicherung und die große Luftfahrzeugklausel, die in Betriebs- und Produkthaftpflichtversicherungen verwendet wird, ausgeschlossen.[6]

III. Inhalt und Zweck der Regelung (LHB 2008)

5 Mittels einer Luftfrachtführer- oder Passagierhaftpflichtversicherung werden Haftpflichtansprüche wegen Schäden an beförderten Personen oder Sachen versichert.

Generell ist die LHB als Haftpflichtversicherung aufgebaut. Versicherungsschutz besteht für den Fall, dass der VN wegen eines eingetretenen Versicherungsfalles aufgrund gesetzlicher Haftpflichtbestimmungen privatrechtlichen Inhalts von einem Dritten auf Schadenersatz in Anspruch genommen wird. Personen-, Sach- oder sich daraus ergebende Vermögensschäden werden erstattet. Der Versicherungsschutz umfasst zunächst die gesetzliche Haftpflicht aus dem Gebrauch von Luftfahrzeugen wegen Schäden von Personen und Sachen, die nicht im Luftfahrzeug befördert werden (Halter-Haftpflichtversicherung).[7]

Ferner wird u.a. die gesetzliche Haftpflicht aus der geschuldeten Beförderung der Luftfracht ohne Wertdeklaration (**Luftfrachtführer-Haftpflicht-Versicherung**) versichert. In dieser Luftfrachtführer-Haftpflicht-Versicherung wird der Versicherungsschutz auf die gesetzliche Haftpflicht privatrechtlichen Inhalts des VN wegen Luftfracht ohne Wertdeklaration erweitert.

6 In diesem Zusammenhang können Ausschnittsdeckungen der VHV als spezieller Teil der Luftfrachtversicherung nicht besprochen werden, so dass auf die spezielle Kommentarliteratur zur Luftfahrtversicherung verwiesen wird.

---

[4] Zur Pflichtversicherung siehe A Rn. 41.

[5] Thume/de la Motte/*Ehlers*/*Mühlbauer* F Rn. 353ff.

[6] *Mühlbauer* VersR **2008** 1045; Geigel/*Mühlbauer* Der Haftpflichtprozess, 29 Rn. 165.

[7] Thume/de la Motte/*Ehlers*/*Mühlbauer* F Rn. 358.

H. Fremdunternehmerpolice

Schrifttum

De la Motte CMR: Schaden – Entschädigung – Versicherung, VersR **1988** 317; *Thume* Zum Umfang des Versicherungsschutzes einer Fremdunternehmerpolice im internationalen Transportrecht, RIW **1999** 453.

I. Vorbemerkung

Im Folgenden soll die Grundstruktur der Fremdunternehmerpolicen dargestellt werden, ohne dass auf ein konkretes Konzept eines Maklers oder Versicherers eingegangen werden kann. Aus diesem Grund wird den folgenden Ausführungen kein Versicherungskonzept vorangestellt. **1**

II. Entstehungsgeschichte

In vielen Schadenfällen war bei der Beauftragung ausländischer Transportunternehmer deren Versicherungsschutz nicht ausreichend. Der Spediteur hatte daher die Möglichkeit, den Subunternehmer im Rahmen der **Fremdunternehmerpolice** zu versichern. Dies war dann der Fall, wenn der Spediteur nicht mit einer bestehenden und von der Versicherungsdeckung ausreichenden VHV des beauftragten Frachtführers gerechnet hat.[1] Den Spediteur, der einen Transportauftrag an ein nicht oder nicht ausreichend versichertes Fremdunternehmen vergibt, trifft ein Auswahlverschulden.[2] Diese Haftung ist in der Regel über die normale Speditionspolice versichert (aber Obliegenheit der sorgfältigen Auswahl). Um die Inanspruchnahme seiner eigenen VHV mit der Sanierungsgefahr im Fall des erfolglosen Regresses zu verhindern, schließt der Spediteur die Fremdunternehmerversicherung ab. **2**

Für VHV-VR ist diese Deckung kritisch, da er Haftungen von unbekannten Fremdfrachtführern deckt, bei denen sein VN Zweifel hat, ob dieser ausreichend versichert ist. Mit Abschluss dieser Police hat der VR die Risikoauslese aus der Hand gegeben. Dies entspricht nicht den Grundideen eines risikobewussten und transparenten Underwritings. Nur historisch kann erklärt werden, dass diese Police weiterhin existiert, wobei einige VR diese Policenart überhaupt nicht anbieten (Zeichnungsverbot).

III. Inhalt und Zweck der Regelung

1. Gegenstand der Versicherung

Mit der Fremdunternehmerpolice wird die Haftung der vom Spediteur eingesetzten fremden Frachtführer aus den mit ihm geschlossenen Frachtverträgen nach den gesetzlichen Bestimmungen (HGB/CMR) versichert. Fremdunternehmerpolice ist eine Versicherung für fremde Rechnung nach § 43.[3] **3**

Gegenstand des Versicherungsvertrages ist die Haftung des Versicherten, also des eingesetzten Fremdunternehmers, aus mit dem Spediteur geschlossenen Verträgen über ent- **4**

---

[1] *De la Motte* VersR **1988** 317; *Schneider* 145, *Helm* in Großkomm. HGB, 4. Aufl., Anh. I § 429 Rdn. 48; *Heuer* Gütertransport und Versicherungen 60f.

[2] *Schneider* 145.

[3] *Schneider* 145.

geltliche Beförderungen von Gütern mit Kraftfahrzeugen. Der Versicherungsschutz ist auf separat dem VR anzumeldende Frachtverträge beschränkt. Es handelt sich daher um eine laufende Versicherung, obwohl die Frachtverträge **vor Transportbeginn** nach den meisten Policenformulierungen angemeldet werden müssen. Ferner ist die Fremdunternehmerpolice eine Haftpflichtversicherung.[4]

2. Versicherungsnehmer/Versicherter

5 Der Spediteur ist der VN der Police. Versichert ist nicht dessen Haftung aus dem mit dem Auftraggeber abgeschlossenen Speditionsvertrag. Versichert ist vielmehr die Haftung des von ihm eingesetzten Frachtführers, der den entgeltlichen Straßentransport durchführt. Dieser ist der Versicherte.

6 Der versicherte fremde Unternehmer kann **nicht in Regress** genommen werden.[5]

7 Streitig war, ob der begünstigte Dritte des Versicherungsvertrages, also der Fremdunternehmer, grundsätzlich nur derjenige sein kann, der von dem VN direkt mit der Transportdurchführung beauftragt wurde. Der BGH hat entschieden, dass Fremdunternehmer und damit Versicherter jedenfalls bei der von der Fa. Oskar Schunck KG betreuten Police für grenzüberschreitende Transporte von Fremdunternehmern nach der CMR aus dem Jahr 1980 nur der Frachtführer oder Fixkostenspediteur ist, der in direkten vertraglichen Beziehungen zum VN steht, unabhängig davon, ob und inwieweit er den Transport selbst ausführt.[6] *Thume* weist aber darauf hin, dass angesichts der unterschiedlichen Policen nur ein Einzelfall entschieden worden ist.[7]

3. Umfang der Versicherung

8 Versichert ist die Haftung wegen Güterschäden nach HGB und CMR. Zusätzlich ist die Vereinbarung über einen Haftungsbetrag von bis zu 40 SZR/kg (§ 449 Abs. 2 HGB) versichert, wenn es sich nicht um einen grenzüberschreitenden Transport handelt. Ansprüche wegen reinen Vermögensschäden und Nachnahmeversehen sind grundsätzlich versichert. Mitversichert werden auch reine Kabotagetransporte, d.h. wenn der eingesetzte Frachtführer innerhalb eines bestimmten Landes die Transporte ausführt.[8]

9 Nicht versichert sind speditionelle Tätigkeiten, ein etwaiger Vorsatz des VN oder des Versicherten. Nicht Gegenstand der Versicherung sind alle Wert-, Umzugs-, Großraum- und Schwerguttransporte. Wie in Frachtführerpolicen üblich, sind ferner auch eine Wert- und Interessendeklaration ebenso wie abweichende AGB oder Vereinbarungen, die über den Haftungsrahmen der nationalen Rechtsvorschriften hinausgehen, nicht vom Versicherungsschutz umfasst.

10 Die Maxima werden nach Bedarf und Risikosituation individuell vereinbart.

11 Der räumliche Geltungsbereich gilt für Transporte innerhalb Europas (geografische Grenzen). Teilweise werden Mittelmeeranrainerstaaten hinzugenommen.

12 Besonders wichtig sind die Obliegenheiten in Bezug auf die sorgfältige Auswahl des Unternehmers und die Sicherung des Fahrzeugs während des Transports gegen Diebstahl etc. (z.B. Diebstahlsicherungen).

13 Die Prämie wird aus dem zwischen Spediteur und Unternehmer vereinbarten Gesamtentgelt berechnet und ist dem VR für jeden einzelnen angemeldeten Transport fällig.

---

[4] *De la Motte* VersR **1988**, 317; *Schneider* 145.
[5] *Schneider* 145.
[6] BGH 10.12.1998 TranspR **1999** 155ff.
[7] *Thume* RIW **1999** 453ff.
[8] *Boettge* VersR **2011** 21ff.

I. Schwergutpolice

Schrifttum

Rebler Die Genehmigung der Durchführung von Großraum- und Schwertransporten, SVR **2012** 299.

I. Vorbemerkung

Im Folgenden soll die Grundstruktur der Schwergutpolicen dargestellt werden ohne dass auf ein konkretes Konzept eines Maklers oder Versicherers eingegangen werden kann. Aus diesem Grund wird den folgenden Ausführungen kein Versicherungskonzept vorangestellt. 1

II. Entstehungsgeschichte

Die Bundesfachgruppe Schwergut und Kranarbeit (BSK) ist ein Verband, in dem ca. 200 Schwergutunternehmer organisiert sind. BSK-Schwergutunternehmer sind in der Regel Transportunternehmer mit Schwerlast-Fahrzeugen. Daneben gibt es auch Kranunternehmer und Montagebetriebe. Deren Tätigkeitsprofile sind mehr als komplex. Neben Transportleistungen mit den dazugehörenden Kranbeförderungen, Betriebsverlegungen, Binnenschiffstransporten, Multimodalbeförderungen, Überseebeförderungen per Luft oder Schiff, Sonderprojekten und Lagerungen bzw. Verwahren von Gütern, kommen auch nicht transportspezifische Leistungen hinzu wie Montagedienstleistung, Vermietungen, Fahrzeuggestellung, Lohnfuhr u.a. hinzu. 2

Die Besonderheit der besonderen Beförderungs- oder Hebemittel ergibt sich allgemein aus der Eignung des erforderlichen Beförderungs- oder Hebemittels, dem Umfang oder Gewicht des Transportguts oder besonderen örtlichen Gegebenheiten, wo normale Transportmittel scheitern oder den Transport nachhaltig erschweren würden.

III. Inhalt und Zweck der Regelung

1. Gegenstand der Versicherung

Der HGB-Gesetzgeber verwendet den Begriff Schwergut nicht. In den ADSp 2003 wird er ebenfalls ohne Begriffsbestimmung verwendet (siehe Ziff. 2.3 ADSp 2003). In § 52 Abs. 4 Ziff. 4 StVZO wird der Begriff des Schwer- oder Großraumtransports ohne gesetzliche Begriffsbestimmung verwendet. Was unter einem **Schwergutauftrag im versicherungsvertraglichen Sinn** zu verstehen ist, muss anhand der in der Schwergut-Police gegebenen Definition bestimmt werden. Es gibt keinen allgemeingültigen Begriff. 3

Im Fall des BGH griff ein Ausschluss aus Ziff. 3.6 einer Police nicht ein, weil der Geschädigte einen gesetzlichen Schadenersatzanspruch eingefordert hatte. Dieser war versichert und es bestand Deckungsschutz über die Schwergutpolice.[1]

Ein Schwergutauftrag liegt danach vor, wenn zur Ausführung besondere Beförderungs- oder Hebemittel eingesetzt werden. Insoweit ist jede VHV-Police darauf zu prüfen, ob sie

---

[1] BGH 26.3.2003 VersR **2003** 728.

dieses Risiko decken will. In der Praxis wird der Begriff jedoch verwendet, ohne ihn zu definieren. Insoweit gilt eine weite Auslegung. Sobald also besondere Mittel eingesetzt werden, die eigens für den konkreten Transport schwerer Güter konstruiert sind, liegt ein Schwergutrisiko vor. Es kommt auf die Eignung des erforderlichen Beförderungs- oder Hebemittels, den Umfang oder das Gewicht des Transportguts an. Dort wo normale Transportmittel scheitern oder den Transport nachhaltig erschweren würden, also wegen der Eigenart der Güter besondere Hilfsmittel notwendig sind, wird der Begriff Schwergut bejaht.[2]

4 Selbst wenn der Begriff Schwergut dementsprechend zu bejahen ist, ist weiter zu prüfen, ob eine verkehrsvertragliche Tätigkeit ausgeführt wird, denn nur Verkehrsverträge sind auch nach den meisten üblichen Schwergutversicherungen versichert. Hierzu wird häufig nur mitgeteilt, dass die Haftung aus den Schwergutverträgen versichert wird. Versicherte Haftung ist dann die gesetzliche Haftung nach nationalem Recht, also HGB und BGB, und dem internationalen Recht, meist nur nach der CMR. Daneben wird die vertragliche Haftung nach den AGB des Schwergutunternehmers versichert.

5 Der BSK-Verband hat im Oktober 2013 neu gefasste allgemeine Geschäftsbedingungen, die sog. BSK-Bedingungen, für seine Mitglieder veröffentlicht. Das sind die Allgemeinen Geschäftsbedingungen der Bundesfachgruppe Schwertransporte und Kranarbeiten (AGB BSK Krantransport 2013).[3] Darin sind alle Tätigkeiten umschrieben, die ein Verbandsunternehmer durchführt und wonach er haften könnte (Kranverleih, Industriemontage, Schwertransporte, Abschleppunternehmer, Begleitdienste).

BSK-Bedingungen Ziff. 2

2. **Kranleistungen** im Sinne dieser Bedingungen werden in zwei Regelleistungstypen erbracht:

2.1. Leistungstyp 1 – Krangestellung

Krangestellung bezeichnet die **Überlassung** von Hebezeugen samt Bedienungspersonal an den Auftraggeber zur Durchführung von Arbeiten nach dessen Weisung und Disposition

2.2. Leistungstyp 2 – Kranarbeit

Kranarbeit ist Güterbeförderung, insbesondere das Anheben, Bewegen und die Ortsveränderung von Lasten und/oder Personen zu Arbeitszwecken mit Hilfe eines orstveränderlichen Hebezeuges und bezeichnet die Übernahme eines oder mehrerer vereinbarter Hebemanöver durch den Unternehmer nach dessen Weisung und Disposition.

6 a) **Krangestellung.** Die BSK benennen den **Leistungstyp 1** als einen Mietvertrag mit Arbeitnehmerüberlassung. In der Regel besteht insoweit keine verkehrsvertragliche Haftung und somit oftmals keine Deckung über die Schwergutpolice, wenn ausdrücklich nur Verkehrsverträge versichert werden. Anders kann es sein, wenn nach den Schwergutbedingungen nicht von den Verkehrsverträgen oder der verkehrsvertraglichen Haftung als Deckungsgegenstand gesprochen wird und dieser Punkt bewusst offen gelassen wird. Wenn nur die BSK als AGB versichert werden, ist auch die hinter dieser Leistungsbeschreibung stehende mietvertragliche Haftung versichert.

7 b) **Kranarbeit und Transportleistungen.** Beim **Leistungstyp 2** werden als **Kranarbeiten** vertikale oder horizontale Verbringungen von Gütern, d.h. Transportvorgänge geschuldet. **Transportleistung** im Sinne dieser Geschäftsbedingungen ist die gewerbsmäßige Beförderung von Gütern jeglicher Art sowie die Bewegung oder Ortsveränderung von Gütern insbes. mittels besonderer Transporthilfsmittel wie z.B. Schwerlastroller, Panzerrollen, Luft-

[2] BGH 26.3.2003 VersR **2003** 728.

[3] http://www.transportrecht.org/dokumente/BSK-AGB-Kran-Transport_6Seitig-Deutsch_10.2013.pdf.

kissen, hydraulischer Hubgerüsten und Hubportalen, o.ä. (sog. Flur- und Quertransporte), einschließlich der damit im Zusammenhang stehenden, transportbedingten Zwischenlagerung.

Kranarbeiten und Transportleistungen unterliegen dem Transportrecht und sind daher Beförderungsverträge.

Schwergut wird regelmäßig unverpackt transportiert. Das Verpacken und Verplanen des Ladegutes obliegt in der Regel dem Auftraggeber. Das Laden, Stauen und Zurren und das Entladen schuldet der Schwergutunternehmer, wenn dies erstens ausdrücklich vereinbart ist und zweitens, wenn sich aus den Umständen entsprechendes ergibt. Das ist dann der Fall, wenn der Auftraggeber den Schwergutauftrag an ein Unternehmen erteilt, welches besondere Beförderungsmittel auftragsgemäß bereits mitbringt. Ist ein Kran-LKW vom Auftraggeber bestellt, dann ergibt sich aus den Umständen, dass die Be- und Entladung vom Frachtführer auszuführen ist. Im Zweifel ist das Frachtentgelt in diesen Fällen erheblich teurer als bei der Gestellung eines LKW ohne Kran. **8**

c) **Grobmontagen und -demontagen.** Wenn **Montagearbeiten** ausdrücklich mit in die Schwergutpolice aufgenommen wurden, sind diese auch Bestandteil der Versicherung. Darunter fällt das Zusammenfügen oder Zerlegen sowie das Befestigen oder Lösen des Ladegutes für Zwecke der Transportvorbereitung- oder Abwicklung. Für darüber hinausgehende Montageleistungen (Endmontage, Probelauf, Feinjustierungen etc.) gelten die BSK-Montagebedingungen jeweils neuester Fassung. **9**

2. Umfang der Versicherung

Neben der Freistellung wird in der Schwergutversicherung wie bei jeder Haftpflichtversicherung Rechtsschutz bei unberechtigten Ansprüchen geboten. Daneben werden Aufwendungen wie in Frachtführerpolicen üblich erstattet. Im Gegensatz dazu gibt es aber häufig keine frachtrechtlichen Einschränkungen bei den maximalen Versicherungssummen pro Fall auf 8,33 SZR usw. **10**

Weil es sich bei Schwergutversicherungen nach den BSK um hohe Risiken nach den AGB handelt, sind die Versicherungssummen in diesen Fällen meist hoch. **11**

Die BSK-Haftungsregelung lautet wie folgt:

BSK Ziff. 15

15.1 [...] Die Haftung des Unternehmers nach diesen Vorschriften ist begrenzt auf 8,33 Sonderziehungsrechte (SZR) je Kilogramm des beschädigten oder in Verlust gegangenen Gutes.

15.2. Der Unternehmer verzichtet auf die Einrede der summenmäßigen Haftungsbegrenzung gemäß Ziffer 15.1. für Güterschäden bis zum Betrag von € 500.000 sowie für sonstige Vermögensschäden bis zum Betrag von € 125.000, jeweils pro Schadenereignis.

[...]

Für Schadenersatzansprüche oberhalb dieser Grenzen finden die Vorschriften der Ziffer 15.1 Anwendung.

Konkret kann der VR daher jeweils bis zu einem Schaden bis € 500.000 keine gesetzliche Haftungsbegrenzung einwenden. Das ist eine Begünstigung dessen, der eigentlich nur eine Haftung i.H.v. 8,33 SZR pro Kilo Rohgewicht der Sendung erhalten würde. Wenn der VR diese Haftung deckt, kann er insoweit keine Einwendung der begrenzten Haftung erheben.

J. Hakenlastpolice

Schrifttum

Saller/Winter Haftung und Versicherung beim Autokranunfall, VersR **1997** 1459; *Hammacher* Die Hakenlastversicherung – Rechtsprobleme und praktische Ausgestaltung, VersR **1997** 288.

I. Vorbemerkung

1 Im Folgenden soll die Grundstruktur dieser Policen dargestellt werden, ohne dass auf ein konkretes Konzept eines Maklers oder Versicherers eingegangen werden kann. Aus diesem Grund wird den folgenden Ausführungen kein Versicherungskonzept vorangestellt.

II. Entstehungsgeschichte

2 **Hakenlast** war früher eine Transportwarenversicherung nach den AVB Hakenlast (all risk). *Hammacher* formuliert: „*Die Hakenlastversicherung ist als besonderer Typ einer Transportversicherung einzuordnen, beschränkt auf alle Vorgänge, die mit dem Heben und Verbringen des Gutes an den Verwahrort zu tun haben, sowie die sich anschließende Verwahrung (gegebenenfalls auf Zeit)*".[1] Anders als bei der Transportversicherung war bei der Hakenlastversicherung nur das Gut versichert, das am Haken hängt („die Last am Haken"). Es war das Interesse des Eigentümers an der am Kran hängenden Sache versichert. **Nicht versichert** war das Interesse des Hakenlastunternehmers, der kein eigenes Interesse an dem bewegten Gut hat. Es gab und gibt teilweise immer noch Hakenlastpolicen unter Verwendung der ADB, der ADS Güterversicherung oder gar der DTV-Güter.

III. Inhalt und Zweck der Regelung

1. Gegenstand der Versicherung

3 Dann wurde die Hakenlastpolice als Sonderpolice konstruiert, die meist als **„Police sui generis"** bezeichnet wird.[2] Versichert werden nicht nur verkehrshaftungsmäßige, sondern auch werkvertragliche Haftungsvorschriften. Der Versicherungsschutz gilt für Schadenersatzansprüche, die für Beförderungsleistungen (Abschlepp- und Transportvorgänge), aber auch für sonstige Leistungen und Tätigkeiten aufgrund des BGB oder HGB erhoben werden. Schäden an eigenen Gütern sind nicht versichert. Der Schutz der Hakenlastversicherung gilt nicht nur während das zu bewegende Gut „am Haken" hängt, sondern es werden auch Montagetätigkeiten und Nachlagerungen mitversichert.

4 Die Hakenlast-Versicherung ist mittlerweile eine Haftungsversicherung.[3] Sie ist auch eine laufende Versicherung nach § 210 VVG.

Sie umfasst die Befriedigung berechtigter und die Abwehr unberechtigter Haftungsansprüche.

Je nach vertraglicher Vereinbarung und den Umständen des Einzelfalls müssen bürgerlich-rechtliche und handelsrechtliche Verträge unterschieden werden. Insoweit geht diese Versicherungsvariante weit über die übliche Verkehrshaftungsversicherung hinaus.

---

[1] *Hammacher* VersR **1997** 288.
[2] *Saller/Winter* VersR **1997** 1461.
[3] *Saller/Winter* VersR **1997** 1461.

Mitversichert werden Haftungen, die rechtlich außerhalb von vertragstypischen Beförderungs- oder Lagerungsvorgängen entstehen. Folgende Tätigkeiten werden auf der Rechtsgrundlage der Haftung nach BGB und oder HGB (häufig ohne AGB-Haftung) versichert: 5

- Bergen, Abschleppen, Schleppen und die Beförderung von Fahrzeugen;
- Auf-, Ab-, Um- und Entladungen von Fahrzeugen;
- Beförderung von Sachen, soweit sie im Zusammenhang mit einem Beförderungs- oder Abschleppauftrag stehen;
- Parterrearbeiten;
- Lagerung von Sachen auf dem Betriebsgrundstück (Verwahrungsverträge);
- Anheben, Absetzen und Bewegen von Schwergut mittels Kran o.ä. und die damit zusammenhängenden Transporte.

Diese Hakenlastversicherung sollte nicht mit einer Schwergutversicherung verwechselt werden, obwohl die Begriffe am Markt nicht scharf getrennt werden. Überlappungen, insbesondere bei der Schwergutbeförderung auf der Straße, gibt es. Häufig werden nicht nur die reinen Hebevorgänge mitversichert, sondern auch die Beförderung auf der Straße, die eigentlich in die Schwergutversicherung gehört. 6

Im Wesentlichen gibt es zwei Modelle für die Versicherung: Zum einen gibt es ein reines durchgeschriebenes Wording ohne jegliche AVB oder BB. Zum anderen gibt es ein Frachtführer-Grundwording, welches durch Zusatzbedingungen mit den Besonderheiten der Hakenlast angereichert wird. Bei dieser Hakenlast-Versicherung wird auf die üblichen AVB für Frachtführer verwiesen. Abweichende Vereinbarungen werden sozusagen in den besonderen Bedingungen für die Hakenlastversicherung getroffen. 7

In der Regel gilt die Versicherung ausschließlich innerhalb der Bundesrepublik Deutschland. 8

2. Umfang der Versicherung

Eine **Abschleppversicherung** gibt es für Unternehmen, die gewerbsmäßig und gegen Entgelt fremde Kraftfahrzeuge mit eigenen Abschleppfahrzeugen befördern. Gegenstand dieser Versicherung ist ausschließlich das Abschleppen von Fahrzeugen. 9

Das Abschleppunternehmen braucht meist eine Pflichtversicherung nach § 7a GüKG, wenn es die Vorgaben des GüKG erfüllt (siehe § 1 GüKG). Dann braucht dieser Beförderer auch eine Erlaubnis zum gewerblichen Güterkraftverkehr nach dem GüKG. Für die Abschleppversicherung bedeutet dies, dass diese die Vorgaben der Pflichtversicherung erfüllen muss.

So gibt es beispielsweise die **„Sonderbedingung Hakenlastversicherung für Abschleppwagen“**. Gedeckt sind Haftpflichtansprüche aufgrund Beschädigung oder Zerstörung von abgeschleppten Fahrzeugen sowie deren Ladung, die durch den Bergungs- oder Abschleppvorgang verursacht werden. Hierunter fallen z.B. behördlich angeordnete Abschleppvorgänge (Falschparker) ebenso wie das Abschleppen und Bergen von defekten und beschädigten Fahrzeugen. Aufträge werden den Abschleppunternehmen von der Polizei oder von Privatpersonen aber auch zum Zwecke der Reparatur erteilt. Mitversichert wird häufig die Lagerung oder Verwahrung von Sachen auf dem eigenen oder angemieteten Betriebsgrundstück. 10

a) **Abschleppauftrag durch Polizei.** Nach dem zugrundeliegenden Vertragsverhältnis mit den Polizeibehörden besteht meist ein Frachtvertrag, weil der Frachtauftrag gegen Entgelt von der Polizei erteilt wird und der Autohalter das Frachtentgelt beim Abholen an das 11

Abschleppunternehmen bezahlt. Es besteht also der Tatbestand der entgeltlichen Güterbeförderung.

Abschleppen von Fahrzeugen im Wege der Gefahrenabwehr usw. unterliegt daher der Pflichtversicherung des GüKG, weil durch das Abschleppunternehmen ein gewerblicher Güterverkehrstransport des abzuschleppenden Fahrzeugs vorgenommen wird. Bei den polizeilichen Maßnahmen des Abschleppens wird das Abschleppunternehmen als Hilfsperson der Behörde tätig.

Wenn beim Abschleppen im Auftrag der Polizei ein Schaden entsteht, haftet u.U. der Staat. Der BGH hatte zu entscheiden, als ein Abschleppunternehmer mit der Polizei einen auf jeweiliges Abschleppen gerichteten „Rahmenvertrag“ abgeschlossen hatte. Die dort stehende Weisung, eine Hakenlast-Haftpflichtversicherung abzuschließen, führe dazu, dass vom Staat an den geschädigten Fahrzeugeigentümer dieser Ersatzanspruch aus dem Rahmenvertrag zugewendet wird. Wenn durch den Gebrauch von Bergungsfahrzeugen, Abschleppfahrzeugen oder Kranfahrzeugen Schäden an den zu bergenden oder abzuschleppenden Fahrzeugen entstehen, können Ansprüche auch gegen den Abschleppunternehmer hergeleitet werden.[4]

12 Wenn anderseits ein Auftrag erteilt wird, das Fahrzeug zum Zwecke der Reparatur zu befördern, fehlt es i.d.R. an einem Frachtvertrag. Weil das Abschleppfahrzeug repariert werden soll, lautet der Auftrag nicht „befördere“, sondern „repariere“. Der Auftrag ist dann ein Werkvertrag und als unselbständige Nebenleistung kommt das Transportieren hinzu. Das wäre dann Werkverkehr (siehe § 1 Abs. 2 GüKG Instandsetzung Ziff. 1 und Hilfstätigkeit Ziff. 4).

Abschleppfahrzeuge von Autohäusern sind häufig keine Frachtführer. Es fehlt der gesonderte Frachtvertrag. Ausnahmen gelten nur dann, wenn der Käufer völlig separat vom Kaufvertrag den Transportauftrag erteilt, das gekaufte Kfz vom Händler an seinen Wohnort zu transportieren. Wenn das Autohaus dann eine sog. „Logistikabteilung“ (= Frachtführer) hat, kann dies eine gewerbliche Güterbeförderung sein.

13 b) **Frachtvertrag.** Wenn der Auftrag erfolgt, das Fahrzeug zu einem bestimmten Ort zu befördern, weil u.U. die Reparatur nicht von dem Autohändler auszuführen ist, liegt ein Frachtvertrag vor. Der Abschluss eines Frachtvertrages scheitert nicht daran, dass das Abschleppunternehmen den PKW deshalb nicht in seine Obhut genommen hat, weil der im Führerhaus des Abschleppwagens mitfahrende Fahrzeughalter die Obhut behält. Der Abschleppunternehmer hat vielmehr den PKW zur Beförderung übernommen und hatte während des Abschleppvorgangs die alleinige Verantwortung für die Sicherheit des aufgeladenen Fahrzeugs. Es besteht also die Obhut von Übernahme bis zur Ablieferung im frachtrechtlichen Sinn.[5]

14 c) **Kranhaftungsversicherung.** Eine Einheitlichkeit der versicherten Haftungsgrundlagen bei sog. **Kranleistungen** ist nicht zu erkennen. Je nachdem, welche Vertragsart hinsichtlich des Kranvorgangs zwischen den Parteien zugrunde gelegt wird, sind die Haftungsfolgen unterschiedlich.[6] Ein HGB-Beförderungsvertrag liegt in der Regel für den Hubvorgang vor. Haftungsrechtlich kann jedoch eine reine Maschinenmiete (Kranmiete) sowie die Maschinenmiete kombiniert mit Dienstverschaffung hinsichtlich des überlassenen Bedienungspersonals (Kranüberlassung), vereinbart werden.[7] Häufig kommt ein Lohnfuhrver-

---

[4] BGH 11.7.1978 VersR **1978** 1070ff.

[5] OLG Köln 29.7.2003 TranspR **2004** 320.

[6] *Saller/Winter* VersR **1997** 1459ff.

[7] *Saller/Winter* VersR **1997** 1459ff.

trag in Betracht, wenn eine reine Krangestellung mit einem Kranfahrer erfolgt. Insoweit ist bei jeder Police hinsichtlich der Haftungstatbestände gesondert zu prüfen, was versichert werden sollte.

d) **Höchstersatzleistung.** Je nachdem wie verkehrsvertragslastig die Police ausgestellt **15**
ist, gibt es bei den Maxima folgende übliche Maximierung in der Police. Bei Güterschäden werden als Betrag 8,33 SZR je kg Rohgewicht der Sendung, bei Schäden durch Lieferfristüberschreitung der dreifache Betrag der Fracht und bei sonstigen Vermögensschäden das Dreifache des Betrags, der bei Verlust zu zahlen wäre, als maximaler Betrag angegeben.

Häufig wird die Höchstersatzleistung des VR für alle Schäden, Kosten und Ansprüche auf insgesamt € 500.000 bis € 1 Mio. je Schadenereignis begrenzt. Es gibt jedoch auch weit geringere Maximierungen, insbesondere bei den Abschlepp-Policen.

Sachregister

Die fetten Zahlen verweisen auf die Kapitel der Einleitung bzw. auf die Paragraphen, die mageren auf die Randnummern.